THE NEW TESTAMENT IN EARLY CHRISTIANITY

BIBLIOTHECA EPHEMERIDUM THEOLOGICARUM LOVANIENSIUM

LXXXVI

THE NEW TESTAMENT IN EARLY CHRISTIANITY

La réception des écrits néotestamentaires
dans le christianisme primitif

JEAN-MARIE SEVRIN

B. ALAND – T. BAARDA – P. F. BEATRICE – J. BEUTLER
M.-É. BOISMARD – B. DEHANDSCHUTTER – J. DELOBEL – J. HELDERMAN
J. KAHMANN – A. LINDEMANN – G. P. LUTTIKHUIZEN – F. NEIRYNCK
C. M. TUCKETT – J. VERHEYDEN

LEUVEN
UNIVERSITY PRESS

UITGEVERIJ PEETERS
LEUVEN

1989

CIP KONINKLIJKE BIBLIOTHEEK ALBERT I, BRUSSEL

ISBN 90 6186 308 2 (Leuven University Press)
D/1989/1869/11
ISBN 90 6831 166 2 (Uitgeverij Peeters)
D/1989/0602/17

© Leuven University Press/Presses Universitaires de Louvain
Universitaire Pers Leuven
Krakenstraat 3, B-3000 Leuven-Louvain (Belgium)

Uitgeverij Peeters, Bondgenotenlaan 153, B-3000 Leuven (Belgium)

CONTENTS / TABLE DES MATIÈRES

INTRODUCTION

Les XXXVIes Journées Bibliques de Louvain (Colloquium Biblicum Lovaniense, 26-28 août 1986), dont le présent volume recueille la plupart des communications, ont été consacrées à la réception des écrits néotestamentaires dans le christianisme primitif. Pour insolite que le thème puisse paraître, il n'en est pas moins d'importance pour l'exégèse néotestamentaire, en ce qu'il inclut et la fixation du texte, et son émergence progressive comme Écriture faisant autorité.

Le terme final de la période considérée coïncide, en gros, avec l'activité d'Irénée, qui thématise l'usage normatif des Écritures contre l'utilisation qu'en font les hérétiques gnostiques. Plus insaisissable sera le début de cette période, puisqu'autour de la fin du premier siècle se chevauchent des textes qui prendront place dans le canon, et d'autres qui lui demeureront finalement extérieurs; mieux même: à l'intérieur du Nouveau Testament peut se suivre déjà comme un phénomène de réception, dès lors que des textes se réfèrent à d'autres ou en reprennent la substance.

Il s'agit donc du jeu de la référence, et de la référence qui reconnaît quelque autorité au texte qu'elle prend pour objet. Les formes en sont multiples, de la transmission du texte lui-même à la gamme des citations ou à l'imitation et au prolongement des genres littéraires. D'autre part, le champ des textes auxquels il est de la sorte fait référence est lui-même ouvert et ne saurait être arbitrairement réduit à partir de la constitution, postérieure, du canon. S'agissant en particulier des paroles de Jésus, dont l'autorité résidait dans la personne même du Seigneur plus que dans les textes qui les véhiculaient, d'autres traditions que les évangiles canoniques peuvent a priori être en cause: la question de la réception se mêle à celle des traditions synoptiques. Quelle est, enfin, l'autorité accordée à ce qui est ainsi objet de référence? Qu'indique la référence quant à l'autorité des textes ainsi transmis, allégués, utilisés, voire imités?

L'objet, on le voit, est vaste et diversifié. Il a donné lieu à des exposés représentant des démarches méthodologiques et des intérêts variés. L'effet de disparate était inévitable, comme il était inévitable que l'on fût incomplet. Ce recueil ne prétend donc pas offrir une somme sur la réception des écrits néotestamentaires aux premiers âges chrétiens, mais, avec modestie, en présentant quelques synthèses partielles et des monographies significatives, introduire à l'état actuel des recherches en ce domaine.

Comment est-on passé de ces zones primitives où les paroles du
Seigneur et les lettres apostoliques paraissent utilisés avec peu de
rigueur et sans une nette conscience du texte, au recours normatif aux
textes chrétiens fondateurs considérés comme Écriture sainte, tel qu'il
s'affirme à partir d'Irénée? C'est la formation progressive d'une conscience du texte que met en évidence B. Aland (*Die Rezeption des
neutestamentlichen Textes in den ersten Jahrhunderten*). Les citations des
auteurs chrétiens du milieu du IIᵉ siècle, gnostiques alexandrins aussi
bien qu'apologètes, montrent la même manière, malgré des apprécia-
tions différentes de l'Écriture: on a conscience de citer un texte et on le
fait fidèlement, mais en conformité avec les règles du goût et de la
rhétorique. Ceci nous renvoie à l'usage général de la citation dans
l'antiquité tardive, qu'il conviendrait de mieux explorer. L'image
fournie par la tradition manuscrite dans les papyrus des IIᵉ-IIIᵉ siècles
est tout autre: citations et manuscrits, pour cette époque, diffèrent
radicalement. La surprise est ici de découvrir un texte moins sauvage
qu'on n'avait pu le penser: peu théologiens, les copistes n'étaient guère
enclins aux corrections ou interprétations doctrinales.

Un peu plus large est la période pour laquelle A. Lindemann dresse
un tableau de la réception de la littérature paulinienne (*Der Apostel
Paulus im 2. Jahrhundert*): s'il s'arrête lui aussi à Irénée, il commence à
la première lettre de Clément, à la fin du Iᵉʳ siècle, mais exclut (fussent-
elles postérieures) les épîtres pastorales, qui se réclament de l'autorité de
l'Apôtre lui-même. L'appropriation ou le développement de la théologie paulinienne manquent à cette époque, le dossier se limite aux
évocations de Paul lui-même et à la citation de ses écrits, afin de
déterminer si Paul et ses lettres sont importants pour les auteurs du
deuxième siècle, dans quelle mesure et comment s'exprime cette importance. De cet inventaire large, rigoureux et pondéré, je voudrais relever
l'observation, convergente avec celle de B. Aland, que la référence
formelle des gnostiques à Paul ne diffère pas vraiment de celle des
auteurs ecclésiastiques contemporains.

Trois études se sont centrées sur ce que l'on pourrait appeler un
phénomène de réception à l'intérieur même du Nouveau Testament.
Tout rapport à une tradition antérieure est réception; et cette tradition
peut être déjà représentée par des textes. On pourrait dire que la
réception des écrits néotestamentaires prolonge un mouvement déjà
présent à l'intérieur de ceux-ci.

La théorie littéraire et doctrinale que je tente d'esquisser à propos du
ch. 6 du quatrième évangile (*L'écriture du IVᵉ évangile comme phénomène de réception: l'exemple de Jn 6*), veut illustrer ce fait: le rapport
aux sources utilisées implique ou non une réception. La source qui a
fourni le discours communément appelé sapientiel du pain de vie est

traitée avec respect et, quoique pondérée et systématiquement recentrée, assumée dans sa forme comme dans sa doctrine: l'écriture fait acte d'interprétation. En revanche, la liberté dont l'auteur fait montre à l'égard des évangiles synoptiques les ravale, ici, au rang de simples matériaux.

L'analyse littéraire suggère ainsi, au-delà de l'écrivain, une communauté qui reçoit des traditions et leurs concrétions écrites. C'est le devenir de cette communauté et sa crise que dessine J. Beutler (*Krise und Untergang der johanneischen Gemeinde: das Zeugnis der Johannesbriefe*). L'évolution doctrinale de la communauté johannique prend place dans l'interprétation de la Tradition inscrite dans le IVᵉ évangile, soit par l'insistance permanente, de la part de l'auteur des lettres, sur la messianité de Jésus dans son incarnation et dans sa mort, soit, chez les adversaires, par le refus permanent de considérer comme Christ le Jésus de l'histoire. Dans la ligne de J. Blank, J. Beutler résiste à voir dans la doctrine de ces adversaires un simple docétisme gnostique: ils se trouveraient putôt à l'indécise frontière entre le judéo-christianisme et un gnosticisme naissant.

À l'intérieur encore du corpus néotestamentaire, J. Kahmann fait le point sur les rapports entre la seconde lettre de Pierre et la lettre de Jude (*The Second Letter of Peter and the Letter of Jude*). Ici encore se lit l'évolution d'une tradition en raison des crises de la communauté chrétienne: la *Secunda Petri* réécrit Jude de façon créative, utilisant ses matériaux dans une situation différente pour contrer les «faux prédicateurs», dans un cadre parénétique et eschatologique. Les adversaires étant différents de ceux de Jude, il y a moins lieu de conclure à la continuité historique qu'à la simple utilisation littéraire.

La réception des évangiles synoptiques pose, on le sait, un problème particulier. Dans la mesure où l'histoire de leur formation est complexe et débattue, il est toujours possible de se demander si les textes qui paraissent les utiliser ne recourent pas, en fait, à quelque autre document qui leur serait antérieur. Cite-t-on les synoptiques, ou quelque autre tradition, pré- ou para-synoptique?

L'évangile de Marc, maigrement cité dans la littérature chrétienne ancienne, est un peu l'hôte inattendu de cette série d'études. Les traits qu'il possède en commun avec quelques apocryphes ont été interprétés par quelques auteurs récents, dans le sillage de H. Köster, comme des indices de la dépendance de Marc par rapport à ces textes (ou à leur source): la question des sources et celle de la réception sont de la sorte liées. C'est l'occasion pour F. Neirynck (*The Apocryphal Gospels and the Gospel of Mark*) de relever le défi et de montrer que rien dans les apocryphes considérés (à savoir l'évangile selon Thomas, l'évangile de Pierre, l'évangile secret de Marc, le papyrus Egerton 2, l'évangile des

Ébionites) n'établit une dépendance de Marc par rapport à eux; ce sont eux au contraire qui trahissent une certaine connaissance de Marc, assurée, probable ou possible selon les cas.

Cette démonstration fouillée, qui illustre la tradition louvaniste en la matière, participe aussi des travaux de son auteur sur la priorité de Marc. On ne s'étonnera pas de voir M.-É. Boismard, tout aussi fidèle à lui-même, s'engager dans une autre direction et rechercher dans le dossier des citations patristiques le témoignage de traditions para-synoptiques (*Une tradition para-synoptique attestée par les Pères anciens*). Repoussant des limites de son enquête jusqu'à Épiphane de Salamine ou Eusèbe de Césarée, il suit trois citations (Mt 5,16.17.37) dont les divergences récurrentes d'avec le texte matthéen suggèrent l'utilisation d'un recueil catéchétique reprenant des traditions ou un texte évangéligue antérieur à l'activité du rédacteur matthéen.

Il était normal qu'une bonne part des communications présentées au Colloque soient de caractère monographique, consacrées à l'utilisation du Nouveau Testament dans tel ou tel écrit particulier. Trois d'entre elles défendent la connaissance des synoptiques, et en particulier de Matthieu, chez des Pères apostoliques.

Quoi qu'il en soit des théories sur sa composition et sa datation, la Didachè représente un exemple fort ancien de réception. C.M. Tuckett (*Synoptic Tradition in the Didachè*) cherche à établir si elle suppose les synoptiques achevés. L'étude vaut tant pour la clarté de ses conclusions que pour la rigueur du principe méthodologique mis en œuvre: lorsque des éléments attribuables à la rédaction d'un évangile canonique apparaissent dans un texte postérieur, il faut tenir que ce texte connaît l'évangile canonique. Le recours systématique et prudent à ce critère conduit à la conclusion que les parallèles entre la Didachè et les synoptiques s'expliquent au mieux si elle connaît Matthieu et Luc; elle est donc un témoin de la réception de ces évangiles, non de quelque étape antérieure à leur rédaction.

Par l'étude d'un cas précis, à savoir la citation explicite comme Écriture de Mt 22,14 dans l'Épître de Barnabé, P.F. Beatrice (*Une citation de l'évangile de Matthieu dans l'épître de Barnabé*) pose, de façon exemplaire, la problématique de la réception entre l'exégèse du texte évangélique et l'histoire des premières communautés chrétiennes, et montre sa fécondité pour l'une comme pour l'autre.

C'est l'attitude de la lettre de Polycarpe par rapport à toute la littérature chrétienne antérieure, y compris la première lettre de Clément, qu'évalue B. Dehandschutter (*Polycarp's Epistle to the Philippians: An Early Example of « Reception »*). Contrairement à l'opinion répandue, Polycarpe y apparaît original dans son effort pour défendre l'éthique chrétienne en s'appuyant sur des sources chrétiennes reconnues, et en invitant ses destinataires à considérer leur situation à la lumière d'une tradition chrétienne spéciffique.

La discussion à propos de l'évangile de Pierre et de son antériorité par rapport aux récits synoptiques de la passion, abordée par F. Neirynck à propos de Marc, trouve un prolongement à propos de Matthieu dans l'étude consacrée par J. Verheyden à l'Ascension d'Isaïe (*L'Ascension d'Isaïe et l'évangile de Matthieu. Examen de AI 3,13-18*). Moins timidement qu'on ne l'a fait jusqu'ici, celui-ci tient pour clairement fondée la dépendance littéraire de l'Ascension d'Isaïe par rapport à Matthieu.

Avec la Prière du Seigneur, la réception du texte évangélique croise l'usage liturgique. J. Delobel (*The Lord's Prayer in the Textual Tradition. A Critique of Recent Theories and Their View on Marcion's Role*) montre qu'à chaque théorie sur la transmission textuelle de la Prière du Seigneur correspond une image de la réception de celle-ci. Il soutient l'opinion majoritaire, reflétée dans les éditions critiques depuis Westcott-Hort et qui privilégie le texte court, contre des tentatives récentes. À côté de la tendance de quelques auteurs à remettre en honneur le *textus receptus*, est critiquée la théorie qui défend le caractère pré-recensionnel du texte occidental de la Prière en Luc, et l'influence de Marcion sur la formation du texte court; dans les deux cas, le rôle de Marcion serait indûment majoré.

Les contradictions ou les disharmonies entre les évangiles ont posé problème dès l'antiquité, et les Pères ont essayé d'affronter ce problème en surmontant les contradictions de diverses manières. T. Baarda, autour de l'examen fouillé de Mt 10,9s. et de ses parallèles, montre comment Tatien, dans son harmonie évangélique, parvient à réconcilier ses sources («*A Staff Only, not a Stick*». *Disharmony of the Gospels and the Harmony of Tatian*).

Deux communications, enfin, se sont intéressées au rapport des textes gnostiques de Nag Hammadi avec des écrits néotestamentaires.

J. Helderman (*Melchisedeks Wirkung. Eine traditionsgeschichtliche Untersuchung eines Motivkomplexes in NHC IX,1,1-27,10*) choisit un texte difficile, parce que pauvrement conservé et donc d'interprétation très conjecturale. On sait que le *Melchisedek* de Nag Hammadi présente plusieurs points de contact avec l'épître aux Hébreux. L'un et l'autre sont ici replacés dans la tradition concernant le personnage de Melchisédech, remontée jusqu'à l'écrit qumrânien du même nom. Plus que des relations proprement littéraires, ce sont les variations d'un motif traditionnel à travers l'apocalyptique juive, le christianisme et, peut-être, le gnosticisme, qui se trouvent ainsi mises en valeur.

Plus proprement gnostique est le type de réception des enseignements de Jésus et des textes évangéliques qui les ont transmis, que tente de décrire G.P. Luttikhuizen sur la base de quatre dialogues de révélation (*The Evaluation of the Teachings of Jesus in Christian Gnostic Revelation Dialogues*). En présentant la révélation comme donnée par le ressuscité à des disciples encore ignorants, bien qu'ayant reçu ses enseignements

antérieurs, ces dialogues tendent à rejeter comme marqués par l'ignorance ou l'incompréhension les textes non ésotériques qui transmettent
l'enseignement de Jésus; ils témoigneraient donc plutôt d'un refus de
recevoir les évangiles canoniques.

Les Journées Bibliques de 1986, organisées avec le concours du
Fonds National de la Recherche Scientifique (NFWO) ont, comme il
est de coutume, bénéficié de l'accueil toujours chaleureux du Collège du
Pape à Louvain; c'est dire qu'elles se sont déroulées dans une ambiance
cordiale de communication et d'échanges, qui soutint l'effort des parti-
cipants dans ce parcours aux étapes variées. Puisse la présente publication en prolonger le plaisir et le profit.

FOREWORD

The present volume collects most of the communications which were read at the thirty-sixth Colloquium Biblicum Lovaniense (1986), devoted to the reception of the New Testament Writings in Early Christianity. The subject of the Colloquium was broad and diversified. In effect, it embraces the manner in which the collection of New Testament writings, and also possibly writings apparently now lost, were used between the last years of the first century and the end of the second century, that is, until about the time of Irenaeus of Lyon. Moreover, the possible evidence of this reception is itself diverse: quotation, reference, various uses, textual transmission, imitation literature, etc. One should therefore not expect this collection to be either complete or homogeneous. The several partial syntheses and essays approach, with various interests, a number of aspects, but not all, of this multifaceted question.

A first section presents two articles of a more general character, one focusing on the reception of the New Testament text in the second century, the other on that of the Apostle Paul, his personage and writings.

The second section observes references within the New Testament itself, that is, in the Fourth Gospel, the Johannine Epistles, and between the First Letter of Peter and the Letter of Jude.

The third section comprises several essays touching upon the reception of one or more New Testament writings — or parallel traditions — in later writings. This ranges from the relationship between Mark and apocryphal writings to Tatian's Diatessaron, through synoptic traditions in the Fathers, the Didache, the Letter of Barnabas, the Letter of Polycarp, the Ascension of Isaiah, and the textual transmission of the Lord's Prayer.

The fourth section, finally, concerns the relationships between the New Testament and some gnostic writings, notably Melchisedek and several dialogues of revelation.

Like the Colloquium itself, the work is quite international; half the communications are presented in English, the remainder are divided between German and French. May it retain something of the studious and warm atmosphere which once again characterized the Colloquium Biblicum Lovaniense.

Jean-Marie SEVRIN

DIE REZEPTION DES NEUTESTAMENTLICHEN TEXTES
IN DEN ERSTEN JAHRHUNDERTEN

Wer mit der Aufgabe betraut ist, die Rezeption des neutestamentlichen Textes in den ersten Jahrhunderten als textgeschichtliches Phänomen darzustellen, sieht sich einem disparaten Material gegenüber: Handschriften und Zitaten. Obwohl beide ungewöhnlich früh einsetzen und, verglichen mit der Überlieferung anderer Texte, auch ungewöhnlich umfänglich und ergiebig sind, wissen wir von beiden sicherlich noch viel zu wenig. Eines aber ist gewiß: beide sind gänzlich verschieden voneinander. Die Handschriften, d.h. die frühen Papyri, sind insgesamt von bemerkenswert hoher Textqualität. Allerdings sind uns im Blick auf das einst vorhanden gewesene Ganze immer nur Einzelstücke erhalten, so daß es schwierig ist, die Gesetzmäßigkeiten der frühen Überlieferung zu durchschauen. Aber ganz unbezweifelbar ist doch, daß wir es mit einer wirklichen *Text*überlieferung, die diesen Namen verdient, von den ersten Anfängen an zu tun haben. Ihr verdanken wir es, daß das Neue Testament heute mit einem hohen Grad an Zuverlässigkeit ediert werden kann.

Ganz anders die Zitate. Was die Evangelien betrifft, so ist es sachgemäßer, bis etwa zur Mitte des 2. Jahrhunderts gar nicht von Zitaten zu reden, sondern von der Weitergabe des synoptischen Stoffes durch die umprägende, neu formulierende sowie Neues hinzufügende und erweiternde Kraft der lebendigen, vom Geist erfüllten Gemeinde und ihrer Predigt[1]. Mit dieser generalisierenden Charakterisierung läßt sich der Befund bei den frühen christlichen Autoren insofern sachgemäß zusammenfassen, als für alle bei allen Unterschieden im einzelnen gilt, daß sie für ihre «neutestamentlichen Zitate» — der Begriff ist ein zweifacher Anachronismus — kaum Texthandschriften der Evangelien herangezogen haben. Zumindest läßt sich das bei keinem der Schriftsteller oder Schriftstücke dieser Epoche nachweisen[2]. Wir haben es mithin bei den «Zitaten» aus dieser Zeit nicht mit Textzeugen aus einer Nebenüberlieferung zu tun, die textkritisch zu verwerten wären. Ein Umbruch bahnt sich bei Justin an. Doch scheint auch er seine Zitate

---

1. Vgl. dazu den charakteristischen Satz in 1. Klem 42,1-4.
2. Vgl. D.A. HAGNER, *The Use of the Old and the New Testaments in Clement of Rome*, Leiden, 1973, der die ältere Literatur, vor allem H. KÖSTER, *Synoptische Überlieferung bei den Apostolischen Vätern*, TU 65, Berlin, 1957, und A.J. BELLINZONI, *The Sayings of Jesus in the Writings of Justin Martyr*, Suppl. Nov. Test. 17, Leiden, 1967, besonnen verarbeitet. S. sein zusammenfassendes Urteil S. 311. Sehr sinnvoll ist, daß Hagner die Zitierweise des Alten Testaments und des Neuen Testaments im 1. Klemensbrief vergleicht.

zumeist nicht direkt aus Texthandschriften, sondern aus florilegienartigen Zusammenstellungen verschiedener Zweckbestimmungen zu entnehmen, die aber ihrerseits aus den Evangelien schöpfen.

Bei der neutestamentlichen Briefliteratur liegt der Fall wohl etwas anders. Hier gibt es im seltenen Falle die exakte Berufung auf einen bestimmten Brief[3]. Häufiger — wie etwa bei Polykarp — wird man davon ausgehen müssen, daß ein Autor bestimmte Briefe gelesen hat und auf sie anspielen will bzw. seinen Stil durch das Vorbild dieser bestimmten Briefe prägen ließ. Aber auch hier steht man keineswegs auf festem Grund. Um das zu demonstrieren, sei nur an die vielumstrittene Frage erinnert, ob dem Autor des 1. Klemens-Briefes (in 7,22ff u.ö.) der 1. Petrus-Brief vorlag (vgl. 1,18f) oder ob er sich nur auf eine ähnliche «Tradition» bezog, die möglicherweise Kenntnis dieses Schreibens hatte[4]. Selbst wenn man bei diesem Beispiel noch zu einem einigermaßen gesicherten Urteil kommen zu können glaubt, so überwiegen doch die unentscheidbaren Fälle bei weitem. So ergibt sich, daß, nach der christlichen Literatur der Frühzeit bis etwa 150 zu schließen, die Situation in den Gemeinden einer sorgfältigen Überlieferung des neutestamentlichen Textes — die es als solche dennoch gegeben hat — keineswegs günstig gewesen zu sein scheint. Weder besaß man ein Verhältnis zum genauen «neutestamentlichen» Text noch zu dessen exaktem Zitat.

Wann und aus welchen Gründen wird das anders? Wann wird aus den neutestamentlichen Zitaten in der christlichen Literatur eine Nebenüberlieferung im klassischen Sinne, wann sind die Zitate als Textzeugen zweiter Kategorie anzusehen, aus denen bei entsprechender Kenntnis und Behutsamkeit die Textvorlage des zitierenden Autors erschlossen werden kann? Es liegt nahe anzunehmen, daß die Kanonbildung dafür entscheidend gewesen sei. Parallel zu ihr, so ließe sich vermuten, entwickelte sich das, was ich ein «Textbewußtsein» nennen möchte, d.h. ein Bewußtsein dafür, daß der bestimmte Text bestimmter Schriften integer zu bewahren und entsprechend zu zitieren sei. Doch so sehr diese Antwort in mancher Hinsicht zutreffen mag, so reicht sie doch nicht aus. Denn schon erheblich vor Irenäus, dem allgemein und sicher zu Recht als Fixpunkt der neutestamentlichen Kanonbildung betrachteten großkirchlichen Autor[5], kann man beobachten, daß die Genauigkeit des Bezugs auf den später kanonischen Schrifttext zunimmt[6]

---

3. Vgl. den bekannten und naheliegenden Bezug des 1. Klemens auf den «Brief des seligen Apostels Paulus» (47,1).

4. Vgl. HAGNER a.a.O. 239ff mit der Schlußfolgerung S. 246.

5. Vgl. stellvertretend für andere H. VON CAMPENHAUSEN, *Die Entstehung der christlichen Bibel*, Tübingen, 1968, S. 213: «Er (scil. Irenäus) bezeichnet den Übergang aus der alten Zeit des Überlieferungsglaubens in die neue Zeit der bewußten kanonischen Normierung...».

6. Das beginnt deutlich schon bei Justin, vgl. dazu BELLINZONI (oben Anm. 2) S. 140.

und schließlich, ebenfalls noch vor ihm, einen Grad von Exaktheit erreicht, der dem des Irenäus nicht nachsteht[7]. Das gilt einerseits, andererseits wird aber auch mit und nach der Kanonbildung der neutestamentliche Text keineswegs überall und immer exakt zitiert, so daß es sich empfiehlt, nicht nur auf den Abschluß des neutestamentlichen Kanons oder auch die Entwicklung der Inspirationslehre zu blicken, wenn man genaue Zitate sucht, sondern darüber hinaus noch ganz andere Faktoren in Rechnung zu ziehen.

Die christlichen Autoren ab etwa 150 waren — mehr oder minder — griechisch bzw. römisch gebildet. Sie brachten von daher bestimmte Vorstellungen von einer angemessenen Zitierweise mit, die sie kaum schlechthin fallengelassen haben werden, als sie Christen wurden. Vor allem anderen ist dabei das bekannte «Prinzip der Einheitlichkeit» zu nennen, wonach fremde Zitate umzustilisieren und in den eigenen Zusammenhang stilgemäß einzufügen sind, weil nur so der Wahrheits-gehalt des eigenen Textes nicht nur in dessen Inhalt, sondern auch in der Form, wie es notwendig ist, zum Ausdruck kommt[8]. Umstilisierung wird damit in der paganen Literatur zwar weitgehend Pflicht, aber es begegnen doch in anderen Zusammenhängen, vor allem wenn man mit dem Zitat bestimmte Absichten verfolgt, durchaus auch wörtliche Zitate bzw. eine Fülle verschiedenartiger Abstufungen zwischen beiden. Die Vielfalt aller Möglichkeiten ist noch keineswegs erschöpfend dar-gestellt[9], eine «Geschichte des Zitats im Altertum», die Eduard Norden forderte, fehlt noch heute[10]. Umso schlechter stehen die Möglichkeiten für ein Verstehen des christlichen Zitates aus der Bibel. Es ist keine Übertreibung zu sagen, daß wir dabei noch ganz am Anfang stehen.

Als Voraussetzung dafür muß man selbstverständlich die Zitierweise, die auch ein christlicher Autor in der Schule gelernt hatte, kennen, darüber hinaus aber eine Reihe von anderen Gesichtspunkten bedenken, die eine Änderung des christlichen Zitierens der Bibel vermuten lassen. Da ist nicht nur die unvergleichlich hohe Dignität der Heiligen Schrift, die einzig ein wörtliches Zitat angemessen erscheinen läßt, sondern da ist andererseits auch deren für antike Autoren anfechtbarer Stil, der nach Umstilisierung dringend verlangt[11]. Der Bildungsstand eines

---

7. S. dazu unten S. 9f und 13f.

8. Vgl. dazu E. NORDEN, *Die antike Kunstprosa*, Darmstadt, 1958[5], I, S. 88ff.

9. Ansätze dazu liegen vor allem in Aufsatzform vor. Vgl. neben kürzeren Arbeiten zu einzelnen Autoren H. HAGENDAHL, *Methods of Citation in Post-Classical Latin Prose*, in *Eranos, Acta Philologica Suecana* 45, 1947, 114-128, und J. ANDRIEU, *Procédés de citation et de raccord*, in *Revue des Études Latines* 26, 1948, 268-293, und die ungedruckte Tübinger Dissertation von Jakob RÖTTGER, *Das Zitat bei Platon*, 1960. Röttger bespricht die vorliegende Literatur relativ ausführlich. Ein gewisser Nachteil seiner und der genannten Arbeiten ist aber darin zu sehen, daß darin das Zitat zu isoliert, völlig losgelöst vom Phänomen der μίμησις, zu dem es doch im weiteren Sinne gehört, betrachtet wird.

10. *Die antike Kunstprosa* (s. oben Anm. 8), I, 90, Anm. 1. S. unten Anm. 52.

11. Daß die Apologeten so wenig zitieren, daß insbesondere Minucius Felix, der sich am eindeutigsten von allen an eine gebildete Adressatenschicht wendet, in dieser Bezie-

B. ALAND

Autors ist ebenso zu berücksichtigen wie der seiner Adressaten. Aber auch scheinbar rein formale Fragen müssen eine Antwort finden. Was ist überhaupt ein genaues Zitat in christlichen Texten der ersten Jahrhunderte? Welches Maß an bewußter oder unbewußter Freiheit ist ihm zuzugestehen, ohne daß es den Charakter eines als «genau» zu wertenden Zitates und damit auch den eines (mit Verstand zu gebrauchenden) «Textzeugen» verliert[12]? Oder: wie soll man ein wörtliches Zitat bei einem Autor etwa der zweiten Hälfte des 2. Jahrhunderts erkennen, wenn Texthandschriften aus dieser Zeit kaum vorhanden sind? Alle

hung ganz ausfällt, hat neben anderem gewiß auch darin seine Ursache, daß man fürchtet, mit dem Stil biblischer Zitate eher abzuschrecken, als jemanden zu gewinnen. — Eben dieser Grund wird ausdrücklich genannt in der dem Gregor Thaumaturgos (fälschlich) zugeschriebenen Schrift über die Seele. Dort (MG 10,1137) heißt es in der Einleitung, das Folgende sei dem Wunsche des Adressaten Tatian gemäß mit «wirksamen und schlagenden Beweisen», nicht aber mit Schriftzeugnissen begründet. Diese seien zwar für die Frommen der sicherste Beweis, nicht geeignet aber zur Widerlegung der Andersdenkenden, die der Schrift keinen Glauben schenkten.

12. Am wichtigsten ist für die Beantwortung dieser Frage die bei Augustin-Interpreten, nicht bei Textforschern, mit Recht viel gelobte Arbeit von G.N. KNAUER, Psalmenzitate in Augustins Konfessionen, Göttingen, 1955. Knauer blendet darin zwar alle textkritischen Fragen nach der lateinischen Bibel aus, aber was er leistet, ist grundsätzlich für jeden Textforscher, der es mit Zitaten zu tun hat, bedeutsam. So macht er an Augustin deutlich, daß dieser Autor sehr genau zitiert, obwohl oder gerade weil er zuweilen stilistische oder inhaltliche Veränderungen am Bibeltext vornimmt. Denn diese haben eine bestimmte Funktion. So können etwa Omissionen dazu dienen, ein bestimmtes Wort des zitierten Verses besonders hervorzugeben oder einen ganzen Versteil zu betonen, weil das jeweils für den Zusammenhang, in dem zitiert wird, wichtig ist. Darüber hinaus können kleinere Variationen sogar für das Verständnis von Aufbau und Gedankenführung eines ganzen Abschnittes oder Buches von entscheidender Bedeutung sein, ja Schlüsselfunktion haben (vgl. S. 42,49ff, 192 u.ö.). Wenn man das erkannt hat und berücksichtigt, kann man die Textvorlage Augustins zumindest zum Teil auch dann rekonstruieren, wenn er sie variiert. — Nun ist Augustin in den Konfessionen ein stilistisch überaus bewußt formulierender Autor. Die Regeln, die für ihn in diesem Werk gelten, sind nicht zu verallgemeinern. Dennoch sind auch bei weniger fähigen Stilisten gewisse Momente scheinbarer Freiheit beim Zitieren erst dann als solche anzusehen, wenn man den Sinn des Zitates im gesamten Kontext erhoben hat. D.h. mit anderen Worten, daß der an Zitaten als Textzeugen interessierte Textkritiker gleichzeitig ein sensibler Interpret des zitierenden Autors sein muß, wenn er hoffen will, aus den Zitaten das herauszuheben, was wirklich die handschriftliche Vorlage des Autors widerspiegelt und nicht auf bewußte Änderung oder auch bewußt in Kauf genommene Nachlässigkeit zurückgeht. Auch diese zu erkennen, ist wichtig, weil nur dann mit Sicherheit entschieden werden kann, welcher Teil eines Zitates als «Textzeuge» betrachtet werden kann. (Ein Fall solcher «bewußten» Nachlässigkeit liegt im mehrfach wiederholten Zitat von Mt 11,27 bei Irenäus Adv. Haer. 4,6,1ff vor. S. dazu unten S. 16). Knauers Arbeit zeigt m.E., daß umfassende interpretatorische Untersuchungen zu den einzelnen Autoren geleistet werden müssen, auch wenn man «nur» an ihrem biblischen Text als Textkritiker interessiert ist. Das bedeutet, daß auch so vorsichtige, aber rein formale Restriktionen, wie sie Gordon Fee hinsichtlich der Verwertbarkeit oder Nicht-Verwertbarkeit eines Zitates als Textzeuge benannt hat, bei weitem nicht genügen (s. FEE, Origen's Text of the New Testament and the Text of Egypt, in NTS 28, 1982, 348-364, bes. 350f). Denn Fee berücksichtigt grundsätzlich den Sinn des Zitates bei dem zitierenden Autor nicht, sondern vergleicht nur mit den vorliegenden Handschriften.

diese Fragen werden bedacht werden müssen, insbesondere wenn wir es, wie hier, mit jener diffizilen Periode christlichen Zitierens zu tun haben, in der man erst lernt, sich auf den «neutestamentlichen» Stoff nicht weitgehend unabhängig von festen Texten zu beziehen, sondern bestimmte vorgegebene Fassungen dieses Stoffes, die vier Evangelien und die Paulinen, zu benutzen. Das Kapitel über das Zitat wird daher in einen weiten Zusammenhang zu stellen sein.

Das Folgende gliedert sich in zwei Teile:

1. Textüberlieferung und Textbewußtsein bei den christlichen Schriftstellern der Frühzeit und ihrer *Zitate* des Neuen Testaments. Dafür setzen wir bei den in dieser Hinsicht kaum untersuchten Jahrzehnten zwischen 150 und 180 an, in der textkritisch zu verwertende Zitate erstmalig begegnen[13].

2. Die Textüberlieferung in den frühen *Handschriften* (Papyri) des Neuen Testaments. Hier sollen die jetzt reichlich vorhandenen Papyri (bis zum III./IV. Jahrhundert) und die Art ihrer Textüberlieferung charakterisiert und der Befund mit dem aus den Väterzitaten verglichen werden.

I.

TEXTÜBERLIEFERUNG UND TEXTBEWUßTSEIN
BEI DEN CHRISTLICHEN SCHRIFTSTELLERN DER FRÜHZEIT
UND IHRER *ZITATE* DES NEUEN TESTAMENTS

Leider ist aus der Periode zwischen 150 und 180 wenig an christlicher Literatur erhalten. Das muß man sich nachdrücklich vergegenwärtigen, um die Grundlagen, auf denen die zu ziehenden Schlüsse aufgebaut sind, zu klären. Von den erhaltenen Schriften zitiert Tatian in seiner Apologie nicht; Melito auch nicht, soweit die neutestamentlichen Schriften betroffen sind. Athenagoras ist schon relativ spät[14]. Seine Werke enthalten auch nur sehr wenige Zitate, die kein klares Bild ergeben. So bleibt nur ein Einstieg bei der christlich-gnostischen Literatur, soweit sie eindeutig vor den altkatholischen Vätern, d.h. Irenäus, entstanden und in griechischen Originalquellen ganz oder teilweise erhalten ist. Hier erleben wir sogleich eine Überraschung. Denn weit entfernt davon, so unpräzise, ungenau und böswillig verändert zu sein, wie es sich aus der kirchlichen Polemik vermuten läßt, präsentieren sich uns die Zitate aus dieser Literatur als durchaus genau — als echte Zitate, vergleichbar denen, die wir aus der christlichen Literatur späterer Jahrhunderte kennen.

---

13. Justin, der mit seinen Zitaten eine Phase des Umbruchs markiert, wird hier ausgespart. Vgl. dazu oben S. 2 mit Anm. 6 und unten S. 14 Anm. 40.

14. S. dazu unten S. 20.

Wir beginnen mit einem kurzen Blick auf Herakleons Johannes-
kommentar. Zwar ergibt sich daraus für unser Thema nicht allzu viel.
Denn Origenes, der längere Passagen daraus zitiert, ist hauptsächlich an
der gnostischen Interpretation interessiert, die er «gewaltsam», «ehr-
furchtslos», «verwegen», «unfromm», «nicht textgemäß» u.ä.[15] nennt.
Er zitiert Herakleons Schrifttext nicht, zumindest nicht ausdrücklich.
Aber die Tatsache des Kommentars an sich ist doch ein bedeutsames
Faktum, und zwar nicht nur auf dem Wege zu einem neutestamentlichen
Kanon, sondern auch zu dem Bewußtsein von dessen zu bewahrenden
Text. Denn keiner der Autoren bis zu Justin wäre auf die Idee gekommen,
ein bestimmtes vorgegebenes Evangelium zu kommentieren. Basilides
verfaßte bekanntlich noch selbst ein Evangelium und schrieb möglicherweise eine Art Erklärung dazu. Das macht einen erheblichen Unterschied aus. Hier hat ein Bewußtseinswandel von der freien geistgewirkten
Predigt hin zu bestimmten maßgeblichen Texten stattgefunden. Darüber
hinaus scheint Herakleon auch in größerem Umfang kaum in den Text
des Johannesevangeliums eingegriffen zu haben. Denn Origenes erwähnt
nur ein einziges Mal eine unzulässige Interpolation, die er vorgenommen
habe[16]. Mehr war für ihn auch kaum nötig. Denn seine gnostische
Interpretationsweise erlaubte ihm, das aus dem Text herauszulesen, was
seiner Überzeugung nach christlicher Theologie entsprach. Wir können
also annehmen, daß es seine Absicht war, einen für seine Zeit normalen
Text als Grundlage seiner Auslegung zu bieten.

Was eine für seine Zeit «normale» Wiedergabe des Schrifttextes war,
sagt uns genauer Ptolemäus, Zeitgenosse des Herakleon und wie er
Schüler des Valentin und der sog. «italischen» Schule zugehörig. Von
ihm besitzen wir eines der wenigen im griechischen Urtext vollständig
erhaltenen Originaldokumente der christlichen Gnosis des 2. Jahrhunderts, seinen Brief an die Flora. Es geht darin — wie bekannt — um
die Beurteilung des alttestamentlichen Gesetzes. Nach Ptolemäus hat es
drei Urheber: einiges stammt von Gott, anderes von Moses, wieder
anderes geht auf die Überlieferung der Ältesten zurück. Der Brief ist für
unsere Zwecke geeignet, weil Ptolemäus die Beweise für seine These
ausschließlich aus den λόγοι τοῦ σωτῆρος nehmen will und auch

---

15. Vgl. 2,14 § 100 (βιαίως, ἀναιδῶς); 13,61 § 427 (τολμηρότερος, ἀσεβέστερος);
13,10 § 65 (ὁ Ἡρακλέων τὸ μὴ γεγραμμένον ἐκλαβὼν φησι...) und ähnlich vielfach.
Darunter begegnet immer wieder, wie 2,21 § 137, der Vorwurf, Herakleon habe πάνυ
βιαίως κατὰ τὸν τόπον γενόμενος ... eine Stelle erklärt.

16. In Joh 1,3 füge er gegen die textkritische Grundregel μήτε προσθεῖναι, μήτε
ἀφιέναι (Origenes faßt diese Regel in die Worte aus Prov. 30,6 [24,29]; gemeint ist
natürlich jener Grundsatz) bei καὶ χωρὶς αὐτοῦ ἐγένετο οὐδὲ ἕν zu οὐδὲ ἕν hinzu τῶν ἐν
τῷ κόσμῳ καὶ τῇ κτίσει (2,14 § 100, προστίθησι). Das ist für Herakleon an dieser
wichtigen Textstelle aus dem Prolog um seiner übrigen Auslegung willen ausnahmsweise
notwendig.

tatsächlich nimmt (s. 3,8)[17]. Die Zitate, die er dafür benutzt, sind mit einer Ausnahme (sie entstammt dem Johannes-Prolog) aus dem Matthäusevangelium entnommen (7 Zitate); dazu kommen noch drei Entlehnungen aus dem «Apostel Paulus», aus 1. Kor, Eph und Röm. Diese Herkunft der Zitate ist bezeichnend, sie entspricht der anderer gnostischer Schriften[18].

Was die Zuverlässigkeit der Zitate betrifft, so folgen sie im allgemeinen, abgesehen von den zu nennenden Ausnahmen, treu dem Wortlaut. Dabei ist als «Worlaut» immer das verstanden, was durch frühe handschriftliche oder versionelle Zeugen belegt ist. Man wird so vorgehen dürfen. Denn zwar kann nicht mit Sicherheit behauptet werden, daß Ptolemäus eine der Handschriften vorlag, die mit seinem Zitattext einzelne Übereinstimmungen aufweisen. Entscheidend ist aber, daß seine Zitate überhaupt Varianten (meist kleinerer Art) bieten, die auch in der handschriftlichen Überlieferung vorkommen und daher aus ihr stammen können und nicht auf freie Umformung des zitierenden Autors zurückgehen müssen. Eine Bestimmung des Textcharakters der Zitate bzw. der Handschrift, die Ptolemäus vorlag, ist jedoch nicht möglich, schon deshalb, weil dafür nicht genug Text zitiert wird[19]. Die Ausnahmen: Zitate werden in den Kontext syntaktisch eingefügt und dadurch leicht verändert (so bei Mt 12,25; Joh 1,3; Eph 2,15). Partikeln werden vertauscht, statt δέ ein γάρ (vgl. Mt 19,8; Mt 5,39) oder ausgelassen (Mt 15,4). Personalpronomina werden übergangen, wenn sie aus dem Zusammenhang klar zu erschließen sind (so ὑμῖν in Mt 19,8) oder ohne Sinnänderung umgestellt (ὠφεληθῆς ἐξ ἐμοῦ statt umgekehrt in Mt 15,5), ein generalisierender Singular steht statt des Plurals (τὴν γυναῖκα in Mt 19,8), der Inf. aor. wird mit dem des praes. ohne Sinnänderung vertauscht (Mt 19,8). Das alles sind nahezu zu vernachlässigende Einzelheiten, die der antiken Zitierweise entsprechen und der prinzipiellen Genauigkeit des zitierenden Autors keinen Abbruch tun. Dieses Urteil gilt auch für die bloßen Anspielungen und als solche gekennzeichneten Paraphrasierungen des Ptolemäus (Mt 5,21 ff, 1. Kor 5,7), in denen die zitierten Teile jeweils genau wiedergegeben sind.

Größere Freiheiten finden sich nur in drei der insgesamt 11 Zitate. Davon sind im ersten dieser Zitate, in Mt 5,39 (= Ptolem. 6,3)[20], nur

17. Für die Zeit des Ptolemäus (zwischen 160 und 180) ist charakteristisch, daß er die Beweise aus der alten Autorität, nämlich den λόγοι τοῦ σωτῆρος, entnehmen will und nicht den Evangelien, obwohl er sie faktisch ausnahmslos eben den Evangelien entnimmt.

18. So der in den clementinischen Excerpta ex Theodoto, vgl. dort.

19. A. v. HARNACK, *Der Brief des Ptolemäus an die Flora. Eine religiöse Kritik am Pentateuch im 2. Jahrhundert*, stellt eine Übereinstimmung mit «abendländischen» Zeugen fest (*Kleine Schriften* I 614,1). Das ist aber kaum überzeugend. Vgl. jedoch dazu unten S. 34.

20. Im folgenden jeweils zitiert nach der Edition von G. QUISPEL (SC 24).

Mt 5,39 N[26] ἐγὼ δὲ λέγω ὑμῖν μὴ ἀντιστῆναι τῷ πονηρῷ· ἀλλ᾽ ὅστις σε ῥαπίζει εἰς τὴν δεξιὰν σιαγόνα [σου], στρέψον αὐτῷ καὶ τὴν ἄλλην.

Ptol. 6,3 «ἐγὼ γὰρ λέγω ὑμῖν μὴ ἀντιστῆναι ὅλως τῷ πονηρῷ, ἀλλὰ ἐάν τίς σε ῥαπίσῃ, στρέψον αὐτῷ καὶ τὴν ἄλλην σιαγόνα».

leichte sprachliche Änderungen vorgenommen (Zufügung von verstärkendem ὅλως, leicht glättendes ἐάν τίς σε ῥαπίσῃ statt ὅστις σε ῥαπίζει, verkürzende Omission von εἰς τὴν δεξιὰν σιαγόνα σου, dafür Zufügung von σιαγόνα nach ἄλλην). Das alles ist im Zitat aber auf keinen Fall sonderlich auffällig.

Leicht tendenziösen Charakter hat das 2. Zitat[21]. Nach Mt 19,8 (in Ptol. 4,4 «Mose hat wegen eurer Herzenshärtigkeit gestattet,...») fügt Ptolemäus hinzu θεὸς γάρ, φησί (!), συνέζευξε ταύτην τὴν συζυγίαν, um dann mit Mt 19,6 fortzufahren καὶ ὃ συνέζευξεν ὁ κύριος, ἄνθρωπος, ἔφη, μὴ χωρίζετω. Der Einschub wird als Zitat ausgegeben (φησί), ist aber eine erweiternde Umbildung von Mt 19,6[22]. Da sie von einem Gnostiker stammt, kann man von dem besonderen Sinn, den der Terminus Syzygie bei ihnen hat, hier nicht ganz absehen, obwohl die normale Bedeutung «Paar» hier durch den Kontext im Vordergrund steht.

Starke Änderungen sind in einer Partie des 3. Zitates aus Mt 15,4-9 (in Ptol. 4,11-13) vorgenommen worden[23]. Sie waren für Ptolemäus

21. Mt 19,8.6 N[26] 8 λέγει αὐτοῖς ὅτι Μωϋσῆς πρὸς τὴν σκληροκαρδίαν ὑμῶν ἐπέτρεψεν ὑμῖν ἀπολῦσαι τὰς γυναῖκας ὑμῶν, ἀπ' ἀρχῆς δὲ οὐ γέγονεν οὕτως. 6 ὃ οὖν ὁ θεὸς συνέζευξεν ἄνθρωπος μὴ χωριζέτω.
Ptol. 4,4 ... ὁ σωτὴρ ... ἔφη αὐτοῖς ὅτι «Μωυσῆς πρὸς τὴν σκληροκαρδίαν ὑμῶν ἐπέτρεψεν τὸ ἀπολύειν τὴν γυναῖκα αὐτοῦ. ἀπ' ἀρχῆς γὰρ οὐ γέγονεν οὕτως. θεὸς γάρ, φησί, συνέζευξε ταύτην τὴν συζυγίαν, καὶ ὃ συνέζευξεν ὁ κύριος, ἄνθρωπος», ἔφη, «μὴ χωριζέτω».
22. Nach antiker Gewohnheit kann auch eine bloße Anspielung durchaus mit φησί eingeleitet werden, vgl. Belege bei E. STEMPLINGER, *Das Plagiat in der griechischen Literatur*, Leipzig-Berlin, 1912, S. 179 und 98. Da die gnostischen Autoren unter den frühchristlichen noch am ehesten gebildet sind, liegt hier antiker Umgang mit dem Zitat vor. Siehe dazu unten S. 17.
23. Mt 15,4-9 N[26] 4 ὁ γὰρ θεὸς εἶπεν· τίμα τὸν πατέρα [T] καὶ τὴν μητέρα[T], καί· ὁ κακολογῶν πατέρα ἢ μητέρα θανάτῳ τελευτάτω. 5 ὑμεῖς δὲ λέγετε· ὃς ἂν εἴπῃ τῷ πατρὶ ἢ τῇ μητρί· δῶρον ὃ ἐὰν ἐξ ἐμοῦ ὠφεληθῇς, 6 οὐ μὴ τιμήσει τὸν πατέρα αὐτοῦ· καὶ ἠκυρώσατε ⌜τὸν λόγον⌝ τοῦ θεοῦ διὰ τὴν παράδοσιν ὑμῶν. 7 ὑποκριταί, καλῶς ἐπροφήτευσεν περὶ ὑμῶν Ἠσαΐας λέγων· 8 ὁ λαὸς οὗτος τοῖς χείλεσίν με τιμᾷ, ἡ δὲ καρδία αὐτῶν πόρρω ἀπέχει ἀπ' ἐμοῦ· 9 μάτην δὲ σέβονταί με διδάσκοντες διδασκαλίας ἐντάλματα ἀνθρώπων.
4 [T] σου C² L W Θ f¹³ 33. 565. 579. 1342. 1424. 1506 pm it vg^ww sy co; Cyr | [T] σου W 892. 1424. 1506 pc it sy^{s.c.p} co; Cyr
6 ⌜ τον νομον ℵ*.² C 073 f¹³ pc
Ptol. 4,11-13 «ὁ γὰρ θεός» φησίν «εἶπεν· τίμα τὸν πατέρα σου καὶ τὴν μητέρα σου, ἵνα εὖ σοι γένηται. 12 Ὑμεῖς δέ», φησίν, «εἰρήκατε», τοῖς πρεσβυτέροις λέγων· «δῶρον τῷ θεῷ ὃ ἐὰν ὠφεληθῇς ἐξ ἐμοῦ, καὶ ἠκυρώσατε τὸν νόμον τοῦ θεοῦ διὰ τὴν παράδοσιν ὑμῶν» τῶν πρεσβυτέρων. 13 Τοῦτο δὲ Ἠσαΐας ἐξεφώνησεν εἰπών· ὁ λαὸς οὗτος τοῖς χείλεσί με τιμᾷ, ἡ δὲ καρδία αὐτῶν πόρρω ἀπέχει ἀπ' ἐμοῦ. μάτην δὲ σέβονταί με, διδάσκοντες διδασκαλίας ἐντάλματα ἀνθρώπων».
Der nach ἵνα εὖ σοι γένηται ausgelassene Versteil folgt im Zitat aus Ptol. 5,7 nach:
Mt 15,4 N[26] ὁ γὰρ θεὸς εἶπεν ... ὁ κακολογῶν πατέρα ἢ μητέρα θανάτῳ τελευτάτω.
Ptol. 5,7 ἕν τε τοῖς ἄλλοις καταρυθμεῖται τῇ παλαιᾷ αἱρέσει καὶ ἐν οἷς ἔφη· «ὁ θεὸς
¹εἶπεν· ὁ κακολογῶν πατέρα ἢ μητέρα θανάτῳ τελευτάτω».
¹ εἶπεν cj. Quispel, εἰπών mss.

notwendig, um den Beweis dafür zu erbringen, daß einige Gesetze tatsächlich, wie er behauptete, auf die πρεσβύτεροι zurückgingen. Das Zitat hat folgende Form: Mt 15,4 ist verkürzt, der ausgelassene Teil wird aber später in Ptol. 5,7 zitiert; angefügt ist das aus der LXX stammende ἵνα εὖ σοι γένηται, das aber auch neutestamentlich, in Eph 6,3 belegt ist. Das sind zwar relativ starke Veränderungen, sie können aber auch in Zitaten späterer Autoren vorkommen. In V. 5 und 6 ist noch stärker eingegriffen. Der Satzteil ὃς ἂν εἴπῃ τῷ πατρὶ ἢ τῇ μητρί in V. 5 ist ausgelassen (und dementsprechend auch der Anfang von V. 6). Dafür fügt Ptolemäus an derselben Stelle in V. 5 nach Art einer Glosse ein: τοῖς πρεσβυτέροις λέγων. Aus: «Ihr aber sagt: wer *zu Vater oder Mutter spricht*: Opfergabe soll sein, was dir von mir zusteht, der braucht seinen Vater nicht zu ehren...» wird bei Ptolemäus: «Ihr aber, so sagt er» (d.h. der Soter, nach dessen Worten alle Beweise geführt werden sollen), «sagt» (Perf.), «indem er (scil. der Soter) *zu den Ältesten spricht*: Opfergabe an Gott soll sein, was dir zusteht von mir und habt das Gesetz aufgehoben». Damit ist der Sinn des Textes im Ganzen nicht verkehrt, aber die πρεσβύτεροι sind Urheber der bösen Satzung δῶρον τῷ θεῷ... geworden[24]. Das Beweisziel ist erreicht. Die Änderung ist zudem geschickt vorgenommen, weil sie dem Wortlaut des Textes in Kasus und Wortwahl angepaßt ist (s. die kursiv gesetzten Worte). Das Folgende ist wörtliches Zitat!

Daraus ergibt sich: Ptolemäus zitiert im allgemeinen erstaunlich genau; hier fassen wir das wohl früheste Vorkommen von so genauen Zitaten aus neutestamentlichen Schriften überhaupt. Textänderungen sind von der Art, wie sie auch in späteren Zitaten begegnen. Eindeutig tendenziöse Eingriffe in den Text gibt es nicht. Autorität sind für Ptolemäus, darin altem Herkommen entsprechend, zwar noch die Herrenworte. Quelle seiner Zitate sind aber die kanonischen Evangelien, insbesondere das Matthäusevangelium sowie die Paulusbriefe. Der Autor muß seinen Text daher entweder einer bestimmten Handschrift entnehmen oder aber den Text einer bestimmten Handschrift sehr genau auswendig kennen und dann aus dem Gedächtnis zitieren. Beides läuft, textkritisch gesehen, auf dasselbe hinaus. Die Zitate entstammen auf jeden Fall nicht dem freien Umgang der Gemeinde mit den synoptischen Stoffen oder gar der mündlichen Tradition. Gegenüber den Vätern bis 150 einschließlich Justins hat sich damit ein Wandel vollzogen. Über die genauen Ursachen für dieses neue «Textbewußtsein» läßt sich hier noch nichts sagen[25]. Die allgemeine Entwicklung in diese Richtung ist jedoch

---

24. Vgl. dazu Mt 15,2 die Frage der Pharisäer und Schriftgelehrten: «Warum übertreten deine Jünger die παράδοσις τῶν πρεσβυτέρων?» Das rechtfertigt Ptolemäus' Eingriff nicht, erklärt ihn aber.

25. Die Lesung im Gottesdienst scheint hier eine bestimmte Rolle zu spielen, s. dazu unten S. 29.

schon durch den Schriftgebrauch des Justin im Unterschied zu dem der Apostolischen Väter angedeutet.

Leider wissen wir nicht, wann Ptolemäus' Brief an Flora geschrieben wurde. Da Irenäus sein Gedankensystem kennt, wird eine Ansetzung spätens zwischen 170/80 nicht ganz falsch sein. Der Brief an Flora ist jedoch nur ein relativ kurzes Dokument. Er ist möglicherweise sogar an eine orthodoxe Christin gerichtet. Hat Ptolemäus sich nur deshalb bei seinen Zitaten disziplinierte Zurückhaltung und Texttreue auferlegt? Das ist nicht der Fall.

Wenn wir uns von diesem Originaldokument zu Irenäus' Berichten über die Lehre des Ptolemäus wenden und dort insbesondere zu den Kapiteln 1,3 und 1,8, in denen Irenäus die «Schriftbeweise» des Ptolemäus zusammenfaßt, dann ergibt sich dasselbe Bild. Die Zitate aus diesen Kapiteln sind im allgemeinen ebenso sorgfältig, wie das im Brief an die Flora der Fall war. Das wirft, nebenbei, auch ein gutes Licht auf die Zitatpraxis des Irenäus. Das zu wissen ist wichtig. Denn dieselben Zitate aus Ptolemäus, die er anführt, zitiert teilweise auch Clemens in den Excerpta ex Theodoto, in dem Teil, der ebenfalls Ptolemäus' System wiedergibt, d.h. in 42,2-65,2. Clemens' Zitate weichen jedoch von denen bei Irenäus ab. In diesen Fällen ist wohl Irenäus mehr zu trauen als Clemens, der auch sonst zu allerlei Stilisierungen in seinen Schriftzitaten neigt[26]. Ptolemäus' Zitate bei Irenäus weisen dieselben kleinen Abweichungen auf, die wir auch schon im Brief an Flora fanden und die der zeitgenössischen Zitatpraxis entsprechen (Vertauschung von Possessivpronomina in Mt 3,12 bei Ir 1,3,5 ohne Sinnänderung; Auslassung des Hilfsverbums in Mt 26,39 bei Ir 1,8,2[27]; Omission von verstärkenden Wiederholungen, die für den Sinnzusammenhang nicht notwendig sind in Joh 1,14 bei Ir 1,8,5 u.ä. — wir zählen nicht alles auf). Es kommt auch vor, daß Elemente aus der jeweiligen synoptischen Parallele in das Zitat eingedrungen sind, so Lk 14,27/Mt 10,38 in Ir 1,3,5 oder verkürzte Zitate ohne Sinnänderung geboten werden, so in Mt 8,9 bei Ir 1,7,4[28] (es handelt sich hier um einen im Urtext bei Mt

---

26. Vgl. dazu aber unten S. 36.

27. Alle folgenden Zitate nach der Ausgabe von A. Rousseau/L. Doutreleau (SC 264).

Mt 26, 39 N[26] καὶ προελθὼν μικρὸν ἔπεσεν ἐπὶ πρόσωπον αὐτοῦ προσευχόμενος καὶ λέγων· πάτερ Ὅμου, εἰ δυνατόν ἐστιν, 'παρελθάτω ἀπ' ἐμοῦ τὸ ποτήριον τοῦτο· πλὴν οὐχ ὡς ἐγὼ θέλω ἀλλ᾽ ὡς σύ.
Ο p) P[53]* L Δ f¹ 205. 892. 2542 pc a vg^ww
Γ -θετω P[53] B W f¹ 892. 1006. 1342. 1506 [H 067. 0233. 69. 205. 565. 579. 700. 1424. 2542] 𝔐
Adv. Haer. I 8,2 ...τὸν δὲ φόβον ἐν τῷ εἰπεῖν· «Πάτερ, εἰ δυνατόν, παρελθέτω ἀπ' ἐμοῦ τὸ ποτήριον»,...

28. Mt 8,9 (vgl. Lk 7,8) N[26] καὶ γὰρ ἐγὼ ἄνθρωπός εἰμι ὑπὸ ἐξουσίαν, ἔχων ὑπ᾽ ἐμαυτὸν στρατιώτας, καὶ λέγω τούτῳ· πορεύθητι, καὶ πορεύεται, καὶ ἄλλῳ· ἔρχου, καὶ ἔρχεται, καὶ τῷ δούλῳ μου· ποίησον τοῦτο, καὶ ποιεῖ.
Adv. Haer. I 7,4 καὶ αὐτὸν εἶναι τὸν ἐν τῷ Εὐαγγελίῳ ἑκατόνταρχον, λέγοντα τῷ

besonders umständlichen Satz, bei dem es beim Zitieren besonders nahe lag, ihn zusammenzufassen), ebenso gibt es Zitate mit geringfügigen Wortumstellungen ohne Sinnänderungen, so in Lk 9,61-62 bei Ir 1,8,3[29]. Das ändert nichts an der prinzipiellen Genauigkeit der Zitate.

Damit ergibt sich: Der Eindruck aus den neutestamentlichen Zitaten des Briefes an Flora trog nicht: Schon Ptolemäus (nicht erst Irenäus) *hat* den Willen zum genauen Zitat der ganz bestimmten neutestamentlichen Hauptschriften. Allerdings beobachten wir bei seinen Zitaten ein Phänomen, das dem nicht ganz aufmerksamen Leser entgeht, das aber den ursprünglichen Textsinn völlig verändert. Ich meine scheinbar zufällige Zitatabbrüche oder harmlos anmutende Omissionen von Satzgliedern bei im übrigen völlig exakten Zitaten, die durch den Kontext, in den Ptolemäus sie stellt, den Charakter von erheblich tendenziösen[30] Eingriffen bekommen. So heißt es in Ir 1,3,2: Ἰῶτα ἓν ἢ μία κεραία οὐ μὴ παρέλθῃ, ἕως ἂν πάντα γένηται (Mt 5,18) unter Auslassung von ἀπὸ τοῦ νόμου hinter παρέλθῃ[31]. Das scheint harmlos, weil man ohnehin das Gesetz assoziiert. Der übrige Text ist wortgenau wiedergegeben. Aber der Kontext bei Ptolemäus lautet folgendermaßen: Jesus habe durch den Anfangsbuchstaben seines Names (ι = 10) die 10 Äonen des Pleromas anzeigen wollen und habe deshalb gesagt: «Nicht ein Iota...» Damit wird die Omission zu einem höchst tendenziösen Eingriff in den Text. — Ähnlich verhält es sich in Ir 1,3,4 bei der Zitatkette aus Kol 3,11; Röm 11,36; Kol 2,9; Eph 1,10[32]. Zu beweisen

Σωτῆρι· «Καὶ γὰρ ἐγὼ ὑπὸ τὴν ἐμαυτοῦ ἐξουσίαν ἔχω στρατιώτας καὶ δούλους, καὶ ὃ ἐὰν προστάξω, ποιοῦσι.»

29. Lk 9,61-62 N[26] Εἶπεν δὲ καὶ ἕτερος· ἀκολουθήσω σοι, κύριε· ⌜πρῶτον δὲ ἐπίτρεψόν⌝ μοι ἀποτάξασθαι τοῖς εἰς τὸν οἶκόν μου. εἶπεν δὲ [πρὸς αὐτὸν] ὁ Ἰησοῦς· οὐδεὶς ⌜ἐπιβαλὼν τὴν χεῖρα ἐπ᾽ ἄροτρον καὶ βλέπων εἰς τὰ ὀπίσω⌝ εὔθετός ἐστιν ⌜¹τῇ βασιλείᾳ⌝ τοῦ θεοῦ.
⌜ επιτρεψον δε μοι πρωτον D
⌜ εις τα οπισω βλεπων και επιβαλλων την χειρα αυτου επ'αρ. P[45] D
⌜¹ εν τη βασιλεια P[75] א[2] 579. 700 pc q

Adv. Haer. I 8,3 τὸ δὲ ψυχικὸν ἐν τῷ εἰρηκέναι τῷ εἰπόντι· «Ἀκολουθήσω σοι, ἐπίτρεψον δὲ μοι πρῶτον ἀποτάξασθαι τοῖς οἰκείοις» «Οὐδεὶς ἐπ᾽ ἄροτρον τὴν χεῖρα ἐπιβαλὼν καὶ εἰς τὰ ὀπίσω βλέπων εὔθετός ἐστιν ¹[ἐν] τῇ βασιλείᾳ τῶν οὐρανῶν».
¹[ἐν] excl. editores

30. «Tendenziös» sind die Eingriffe zumindest im Sinne des rechtgläubigen Irenäus. S. diesen Terminus auch bei C. BARTH, *Die Interpretation des Neuen Testaments in der valentinianischen Gnosis*, TU Bd. 37 (3,7), 1911, S. 33, 42 u.ö. Ob man sie auch von dem Gnostiker aus so nennen kann, ist eine andere Frage. Siehe dazu unten S. 18f zur Erklärung der gnostischen Zitatabweichungen.

31. Mt 5,18 N[26] ἀμὴν γὰρ λέγω ὑμῖν· ἕως ἂν παρέλθῃ ὁ οὐρανὸς καὶ ἡ γῆ, ἰῶτα ἓν ἢ μία κεραία οὐ μὴ παρέλθῃ ἀπὸ τοῦ νόμου, ἕως ἂν πάντα γένηται.

Adv. Haer. I 3,2 καὶ διὰ τοῦτο εἰρηκέναι τὸν Σωτῆρα · «Ἰῶτα ἓν ἢ μία κεραία οὐ μὴ παρέλθῃ, ἕως ἂν πάντα γένηται».

32. Κol 3,11 N[26] ὅπου οὐκ ἔνι Ἕλλην καὶ Ἰουδαῖος, ..., ἀλλὰ [τὰ] πάντα καὶ ἐν πᾶσιν Χριστός.

+ Röm 11,36 N[26] ὅτι ἐξ αὐτοῦ καὶ δι᾽ αὐτοῦ καὶ εἰς αὐτὸν τὰ πάντα ·

gilt es in diesem Fall, daß der «aus allen» (ἐκ πάντων), nämlich aus allen Äonen stammende Soter das All (τὸ πᾶν) selber sei. Das sieht Ptolemäus u.a. in Kol 3,11 gesagt: «καὶ αὐτός ἐστι τὰ πάντα». Der Text lautet aber: «da ist nicht mehr Grieche oder Jude...» ἀλλὰ [τὰ] πάντα καὶ ἐν πᾶσιν Χριστός — ein in dieser Bedeutung eindeutig tendenziöser Ausschnitt aus dem Gesamttext! Der gleiche Fall liegt vor im Zitat aus Kol 2,9 in derselben Zitatkette, das zwar genau wiedergegeben wird: ἐν αὐτῷ κατοικεῖ πᾶν τὸ πλήρωμα τῆς θεότητος, jedoch unter bezeichnender Auslassung des im Text des Kol folgenden σωματικῶς — In diese Richtung geht auch die sehr komprimierte Wiedergabe von Mt 8,19f in Ir 1,8,3 (vom Schriftgelehrten, der Jesus folgen möchte)[33]. Das Zitat charakterisiert in dieser Form für Ptolemäus im Rahmen der Lehre von den drei Menschenklassen den Hyliker, der vom Soter schroff zurückgewiesen wird. — In allen diesen Fällen ist der zitierte Text peinlich genau wiedergegeben (Ausnahme Kol 3,11), erst die scheinbar harmlose Omission bzw. der vorzeitige Abbruch des Zitates macht den tendenziösen Eingriff aus. Wenn man dem Gnostiker erst einmal auf die Spur dessen gekommen ist, was für unsere Augen wie subtile Fälschungen aussieht, entdeckt man immer neue, so in Mt 26,38 in Ir 1,8,2; 1. Kor 2,6 in Ir 1,8,4; Gal 6,14 in Ir 1,3,5.

Zufügungen zum Text mit tendenziösem Charakter treten demgegenüber zurück. Aber auch sie gibt es, und zwar in Kol 1,16 bei Ir 1,4,5 (add. θεότητες)[34] und in Joh 12,27 bei Ir 1,8,2[35]. Um die «Aporie» der

+ Kol 2,9 N[26] ὅτι ἐν αὐτῷ κατοικεῖ πᾶν τὸ πλήρωμα τῆς θεότητος σωματικῶς, ...

+ Eph 1,10 N[26] εἰς οἰκονομίαν τοῦ πληρώματος τῶν καιρῶν, ἀνακεφαλαιώσασθαι τὰ πάντα ἐν τῷ Χριστῷ, τὰ ἐπὶ τοῖς οὐρανοῖς καὶ τὰ ἐπὶ τῆς γῆς ἐν αὐτῷ.

Adv. Haer. I 3,4 Καὶ ὑπὸ τοῦ Παύλου δὲ φανερῶς διὰ τοῦτο εἰρῆσθαι λέγουσι· «Καὶ αὐτός ἐστι τὰ πάντα», καὶ πάλιν· «Πάντα εἰς αὐτόν, καὶ ἐξ αὐτοῦ τὰ πάντα», καὶ πάλιν· «Ἐν αὐτῷ κατοικεῖ πᾶν τὸ πλήρωμα τῆς θεότητος»· καὶ τὸ «ἀνακεφαλαιώσασθαι» δὲ «τὰ πάντα ἐν τῷ Χριστῷ [1][διὰ τοῦ Θεοῦ]».

[1][διὰ τοῦ θεοῦ] excl. editores; sed Ir[lat]: Recapitulata esse omnia in Christo per Deum.

33. Mt 8,19f N[26] καὶ προσελθὼν εἷς γραμματεὺς εἶπεν αὐτῷ· διδάσκαλε, ἀκολουθήσω σοι ὅπου ἐὰν ἀπέρχῃ. καὶ λέγει αὐτῷ ὁ Ἰησοῦς· αἱ ἀλώπεκες φωλεοὺς ἔχουσιν καὶ τὰ πετεινὰ τοῦ οὐρανοῦ κατασκηνώσεις, ὁ δὲ υἱὸς τοῦ ἀνθρώπου οὐκ ἔχει ποῦ τὴν κεφαλὴν κλίνῃ.

Adv. Haer. I 8,3 τὸ μὲν ὑλικὸν ἐν τῷ ἀποκριθῆναι τῷ λέγοντι· «Ἀκολουθήσω σοι» «Οὐκ ἔχει ὁ Υἱὸς τοῦ ἀνθρώπου ποῦ τὴν κεφαλὴν κλίνῃ».

34. Kol 1,16 N[26] ὅτι ἐν αὐτῷ ἐκτίσθη τὰ πάντα ἐν τοῖς οὐρανοῖς καὶ ἐπὶ τῆς γῆς, τὰ ὁρατὰ καὶ τὰ ἀόρατα, εἴτε θρόνοι εἴτε κυριότητες εἴτε ἀρχαὶ εἴτε ἐξουσίαι· τὰ πάντα δι' αὐτοῦ καὶ εἰς αὐτὸν ἔκτισται·

Adv. Haer. I 4,5 ... τὸν Παράκλητον δὲ ἐξέπεμψεν ⟨πρὸς⟩ αὐτήν, τουτέστι τὸν Σωτῆρα, ..., ὅπως «ἐν αὐτῷ τὰ πάντα κτισθῇ, τὰ ὁρατὰ καὶ τὰ ἀόρατα, Θρόνοι, Θεότητες, Κυριότητες»·

Der gleiche Text, ebenfalls mit dem Zusatz, ist bei Clemens, Exc. ex Theod. 43,3 überliefert. Vgl. dazu auch C. BARTH a.a.O. (oben S. 11 Anm. 30) S. 41f.

35. Jo 12,27 N[26] Νῦν ἡ ψυχή μου τετάρακται, καὶ τί εἴπω; πάτερ, σῶσόν με ἐκ τῆς ὥρας ταύτης; ἀλλὰ διὰ τοῦτο ἦλθον εἰς τὴν ὥραν ταύτην.

Adv. Haer. I 8,2 καὶ τὴν ἀπορίαν δὲ ὡσαύτως ἐν τῷ εἰρηκέναι· «Καὶ τί εἴπω οὐκ οἶδα.»

gefallenen Sophia biblisch zu belegen, wird Jesu vor der Gefangennahme gesprochenes «καὶ τί εἴπω» zitiert, jedoch fortgefahren οὐκ οἶδα, denn die bei Joh folgenden Worte paßten keineswegs zum Beweisziel der «Aporie» der Sophia.

Die Behandlung der neutestamentlichen Schriften durch Ptolemäus läßt sich in folgenden Punkten zusammenfassen:

1. Ptolemäus hat insofern ein ausgebildetes «Textbewußtsein», als er den Text bestimmter neutestamentlicher Schriften genau nach bestimmten Handschriften zitieren will. Nur deshalb nimmt er seine «Fälschungen» oder besser seine «Diorthose» so überaus behutsam und geschickt vor, am besten durch Zitatabbruch ohne jeden direkten Eingriff in den Text (ein in der Antike übrigens nicht unbekanntes, noch von Euseb in platonischen Texten geübtes Verfahren)[36]. Ein Vorgehen wie das Marcions mit seinen rigorosen Textstreichungen wäre zur Zeit des Ptolemäus nicht mehr möglich gewesen. Für Zitate aus den synoptischen Evangelien beruft Ptolemäus sich in herkömmlicher Weise fast durchgängig auf «den Soter»[37]. Dagegen zitiert er Johannes ausdrücklich mit Namensnennung (mehrfach in 1,8,5; vgl. auch 1,8,2), teils mit, teils ohne den Zusatz «der Schüler des Herrn». Ebenso wird «Paulus» meist ohne jede nähere Charakterisierung angeführt. Die Zusammenfassung: «die Propheten, der Herr und die Apostel» (vgl. 1,8,1) geht wohl auch schon auf Ptolemäus, nicht erst auf Irenäus zurück. Denn es wird ausdrücklich hervorgehoben, daß die Gnostiker sich rühmten, diese besser und tiefer (abundantius) zu verstehen als die übrigen Christen.

2. Ptolemäus muß eine Handschrift der Evangelien und der Briefe vor sich gehabt haben, und zwar eine intakte Handschrift, die er nach seinem Belieben auswahlweise zitieren konnte. Anders sind seine Zitate in ihrer Genauigkeit nicht zu erklären. Er kann nicht, wie es uns die kirchliche Polemik zuweilen glauben machen möchte, schon eine von vornherein gnostisch bearbeitete Handschrift benutzt haben[38]. — Daraus ergeben sich möglicherweise Folgerungen für die Frühgeschichte des Christentums in Ägypten. Die Papyrusfunde aus früher Zeit in Ägypten mit ihrem durchweg guten neutestamentlichen Text müssen dann nämlich nicht auf ein nicht-gnostisches, rechtgläubiges Christentum in

---

36. In der Praeparatio evangelica, entdeckt und ausgewertet von F. RICKEN, *Zur Rezeption der platonischen Ontologie bei Eusebios von Kaisareia*, in ThPh 53, 1978, 321-352, bes. 330 und H. DÖRRIE, *Die Andere Theologie, Wie stellten frühchristliche Theologen des 2.-4. Jahrhunderts ihren Lesern die «griechische Weisheit» (= den Platonismus) dar?*, in ThPh 56, 1981, 1-46, bes. 32 ff.

37. Vgl. aber auch 1,8,4 den Hinweis auf die Prophetin Hanna, «von der es *im Evangelium* heißt...».

38. Vgl. dazu Hippolyt bei Euseb, h.e., 5,28, 13-19.

Ägypten schließen lassen[39]. Sondern diese Papyri können durchaus von Gnostikern benutzt worden sein.

3. Die Herkunft der Zitate des Ptolemäus bei Irenäus entspricht der aus dem Brief an Flora. Die meisten Zitate stammen aus Mt (8 ×), es folgt Lk (6 ×), darauf Joh 5 × (davon 4 aus dem Prolog), Mk ist mit einem Zitat vertreten. Alle Zitate sind trotz einiger Harmonisierung im allgemeinen klar *einem* Evangelium zuzuordnen, auch darin also Textgenauigkeit und Textbewußtsein[40]! Alle übrigen Zitate sind den Paulinen entnommen, und zwar 5 aus 1. Kor, 3 aus Eph, 2 aus Röm und 1 aus Galater. Das ergibt ein klares Bild davon, welche neutestamentlichen Schriften Ptolemäus als γραφή ansah. Wir können annehmen, daß er damit als repräsentativ für die valentinianische Schule zu sehen ist[41]. Dieser Schriftenbestand unterscheidet sich nicht von dem der Großkirche. Daß Apg und Offenb bei Ptolemäus nicht vorkamen, besagt nicht, daß die Gnostiker sie ablehnten. Auch die Bevorzugung des Matthäusevangeliums entspricht dem Gebrauch der Großkirche, die dieses erste Evangelium am häufigsten zitiert. Irenäus sagt also völlig zu Recht, daß Marcion es «allein gewagt» habe, die «Schriften zu beschneiden»[42].

In der gleichen Weise, wie es hier für Ptolemäus geschah, habe ich nun sämtliche gnostischen Zitate, die Irenäus anführt, überprüft. Das Ergebnis kann hier nicht ebenso ausführlich, sondern nur zusammengefaßt dargestellt werden. Grundsätzlich zeigt sich überall das gleiche Bild. Es werden einzelne Verse und Textpartien aus den Evangelien und Paulinen herausgegriffen, und diese werden prinzipiell genau zitiert mit den kleineren Freiheiten, die auch bei späteren Autoren Zitate stets aufweisen. Es wird auch dann genau zitiert bzw. geringfügig verändert, wenn weder das eine noch das andere vom Beweisziel des Autors aus

39. So Colin H. ROBERTS gegen die bekannte alte These von Walter Bauer in seinem anregenden Buch *Manuscript, Society and Belief in Early Christian Egypt*, London, 1979, S. 4f, 72f, wobei Roberts jedoch seine Schlüsse aus der Papyrologie zieht, was sich mit unserem Thema nicht deckt. — Roberts folgt auch Th. C. SKEAT in seiner Beschreibung des P[90] (Joh 18,36-19,7; vgl. in *P. Oxy.* 50, 3523, S. 3-8, Taf. I-II): «In any case, 3523 makes a modest contribution to Roberts's thesis (...) that the survival of so many early Christian papyri from provincial Egypt refutes the supposition that at this period Christianity was virtually confined to Alexandria». Ist das wirklich so?

40. Auch darin liegt ein erheblicher Unterschied zur Zitierweise Justins, für den das noch nicht gilt.

41. Vgl. dazu die Zusammenstellung von Sagnard aus Clemens Exzerpten aus Theodot, die unserem Befund ziemlich genau entspricht, S. 243-250.

42. 1,27,4; vgl. ähnlich auch Tertullian, De praescr. haer. 38. Man kann denselben Tatbestand auch anders ausdrücken: Nur weil das «Textbewußtsein» zu der Zeit, als Marcion arbeitete, noch so wenig ausgebildet war, konnte er seinen «Kanon» mit seinen radikalen Streichungen schaffen. 20 bis 30 Jahre später wäre das nicht mehr möglich gewesen.

notwendig ist[43]. Daraus ergibt sich, daß das genaue Zitat als solches angestrebt wird. Ich nenne nur zwei besonders aufschlußreiche Zitate.

In 1,20,2 führt Irenäus die gnostische Auslegung einer Passage aus dem Gleichnis vom reichen Jüngling an. Das gnostische Zitat ist ein Mischtext aus Mt und seinen Parallelen[44]. Das besagt nicht viel, denn auch die handschriftliche Überlieferung dieser Perikope ist so stark von den jeweiligen Parallelen beeinflußt, daß sich nicht sagen läßt, in welcher Form das Zitat dem Gnostiker (aus der Schule des Marcus) vorlag. Das ist aber auch nicht wichtig. Denn der Kontext bei Irenäus verdeutlicht, daß es dem Gnostiker allein auf den Zusatz ἐν τοῖς Οὐρανοῖς zu ὁ Πατήρ ankam. Diese «Himmel» deutet er auf die Äonen. Gerade dieser Zusatz aber ist in keiner der uns bekannten Handschriften des Neuen Testaments bisher gefunden worden. Handelt es sich also um eine bewußte tendenziöse Zufügung, die notwendig war, um das erwünschte Beweisziel zu erreichen? Wohl nicht! Denn der Zusatz ὁ ἐν τοῖς οὐρανοῖς findet sich schon bei Justin, hier ohne jede besondere Notwendigkeit[45]. Diese Zufügung ist also möglicherweise schon sehr früh in die handschriftliche Überlieferung geraten, ohne sich darin zu erhalten, und der Gnostiker zitiert durchaus genau.

Ein ähnlicher Fall liegt bei Irenäus 1,20,3 vor, mit dem Unterschied jedoch, daß Irenäus hier berichtet, das hier angeführte Zitat von Mt 11,25-27 sei von den entsprechenden Gnostikern als «Haupt- und Kronbeweis» ihrer Lehre (ἀπόδειξιν τῶν ἀνωτάτω καὶ οἱονεὶ κορωνίδα τῆς ὑποθέσεως...) benutzt worden. Das relativ lange Zitat enthält viele kleine Abweichungen vom ursprünglichen Wortlaut, die aber seiner prinzipiellen Genauigkeit kaum Abbruch tun. Sie sind im Zitat normal. Worauf es einzig ankommt, ist der Ersatz von ἐπιγινώσκει (V. 27)

---

43. Vgl. Luk 2,49 bei Irenäus 1,20,2; Mt 21,23 und Parallelen bei Irenäus 1,20,2 (hier liegt eine untendenziöse Variante vor, die Ersetzung von ἐξουσίᾳ durch das Synonym δυνάμει. Die Benutzung des Zitats ist insgesamt aber tendenziös); Luk 19,41f in Irenäus 1,20,2; Mt 11,28f in Irenäus 1,20,2 (mit größerer Auslassung eines Versteils, die aber verständlich ist, weil der Gnostiker sie für seine Zwecke nicht gebraucht); usw. Alle bisher genannten Zitate stammen von dem Gnostiker Marcus und seinen Anhängern. Das gleiche Bild ergibt sich bei den Zitaten des Gnostikers Karpokrates, so Luk 12,58-59 (vgl. Mt 5,26) bei Irenäus 1,25,4 (Irenäus wiederholt das Zitat im selben Paragraphen mit leichten Variationen, die offenbar auf ihn zurückgehen. Das zeigt, daß selbst bei einem so genau zitierenden Autor wie Irenäus derartige Varianten normal sind). Ebenso auch die Zitate der sog. Haeretici, vgl. 1. Kor 2,6 in Irenäus 3,2,1; 2. Kor 4,4 in Irenäus 3,7,1; Eph 3,3 in Irenäus 3,13,1 und weniges andere.

44. Mt 19,16f. Luk 18,18f, Mk 10,17f; das gnostische Zitat bei Irenäus lautet: καὶ τῷ εἰπόντι αὐτῷ · «Διδάσκαλε ἀγαθέ», τὸν ἀληθῶς ἀγαθὸν Θεὸν ὡμολογηκέναι εἰπόντα · «Τί με λέγεις ἀγαθόν; Εἷς ἐστιν ἀγαθός, ὁ Πατὴρ ἐν τοῖς Οὐρανοῖς».

45. Dialog mit Tryphon 101,2. Ohne den Zusatz jedoch in der Apologie 16,7 in freier Form (οὐδεὶς ἀγαθὸς εἰ μὴ μόνος ὁ θεός, ὁ ποιήσας τὰ πάντα). Mit dem Zusatz ist das Zitat auch für die Naassener bei Hippolyt, Ref. 5,7,26 und in den Pseudoclementinen, Hom. 18,1,3 und 3,4 bezeugt.

durch ἔγνω. Wir können darin sicher sein, weil Irenäus nicht nur hier, sondern noch einmal, in 4,6,1, dieselbe Partie zitiert und die gnostische Deutung mitliefert[46]. Danach besagt der Aorist, daß vor der Ankunft des Soters der wahre Gott von niemandem erkannt worden sei. Er ist damit auch nicht von den Propheten verkündet worden bzw. der Gott, von dem sie redeten, war nicht der wahre Gott und Vater Jesu Christi. Auch dieser Aorist aber, an dem der Beweis hängt, begegnet schon in Justins Apologie 63,3, während Justin im Dialog (100,1) das von allen Handschriften gebotene Präsens liest. Justins Ausdeutung des Zitates ist natürlich nicht gnostisch: Weil die Juden nicht erkannt hätten (οὐκ ἔγνωσαν), wer der Vater und wer der Sohn sei, habe Christus, sie überführend, gesagt: οὐδεὶς ἔγνω τὸν πατέρα... Es ist durchaus möglich, daß die Variante aus diesem oder einem ähnlichen Kontext entstanden ist. Jedenfalls scheint sie nicht gnostischen Ursprungs zu sein. Andernfalls wäre sie kaum bei Justin und nach ihm einer Reihe anderer Väter ohne jeden Anstoß zitiert worden.

Das bringt uns jedoch auf die letzte, entscheidende Frage: Das Faktum des prinzipiell genauen Zitierens der Evangelien und Paulinen bei den Gnostikern scheint, nach den Zitaten bei Irenäus zu urteilen[47], sicher zu sein. Nicht sicher ist, wie dieser Befund zu erklären ist. Warum zitieren die Gnostiker die Schrift? Irenäus erweckt durchgängig den Eindruck, sie führten die Schrift als «Haupt- und Kronbeweis» ihrer Lehre an[48]. Das hieße, daß sie ihre Theologie vor der «Großkirche» durch den «Schriftbeweis» rechtfertigen wollten. Es würde aber voraussetzen, um einen Sinn zu ergeben, daß schon vor Irenäus die neutestamentlichen Schriften in der Großkirche einen derart autoritativen Charakter hatten, daß sie den Gnostikern geeignet erschienen, um daran die Richtigkeit ihrer Theologie zu erweisen. Ist das so? Oder verstehen wir — mit Irenäus' Augen — die Schriftzitate der Gnostiker falsch? Wollen sich diese christlichen Theologen, als die sie sich fühlten, nicht vielmehr in antiker Weise auf die «neutestamentlichen» Schriften als zwar angesehene aber keineswegs normative Texte beziehen? Es spricht einiges dafür, daß erst Irenäus im nachhinein die gnostischen Zitate zu «Schrift*beweisen*» umdeutet: Neben den gnostischen Schriftdeutungen stehen z.B. gleichberechtigt tiefsinnige Buchstaben-, Zahlen- und Elementeninterpretationen[49], die sich kaum zum «Beweis» gegen-

---

46. Vgl. dazu auch die lange Anmerkung in den *Notes justificatives* von ROUSSEAU, DOUTRELEAU im Kommentarband ihrer Irenäus-Edition in den *Sources Chrétiennes*, Bd. 1, 1979, S. 266ff zu p. 293, n. 3.

47. Daß Irenäus zumindest im großen und ganzen genau zitiert, ist, nach der Gesamtmasse seiner Zitate zu urteilen, anzunehmen. Im übrigen fehlte ihm wohl auch die Phantasie, um gerade auf dem Gebiet der Zitate und ihrer Darbietung etwas zu erfinden, ganz abgesehen von der mangelnden Beweiskraft etwa nur untergeschobener Beweise.

48. Vgl. auch 1,14,8.

49. Vgl. Irenäus 1,14,1-9 und 1,15f.

über den rechtgläubigen Christen eignen. Wichtiger ist noch, daß die Gnostiker nach Irenäus' Zeugnis, das durch die Nag Hammadi-Funde bestätigt wird, eine «Unmenge von apokryphen und unechten» Schriften heranziehen und sie gleichberechtigt neben den «neutestamentlichen» Schriften ausdeuten[50] und selber fruchtbar neue erdichten[51]. Ein solches Verfahren paßt schlecht zu dem angeblichen gnostischen Anspruch, aus der Schrift ihre Theologie zu beweisen. Man wird kaum neutestamentliche «Haupt- und Kronbeweise» anführen können und gleichzeitig ungescheut daneben apokryphe Schriften ersinnen können. Das nimmt dem «Beweis» seine Kraft. Wenn es aber erst Irenäus ist, der die gnostischen Schriftzitate als «Beweise» interpretiert, bleibt die Frage, wie die Gnostiker selbst ihre Schriftzitate verstanden.

Hier muß wohl viel stärker, als es bisher geschah, die antike Freude, ja die *Pflicht* zum Zitat bzw. zur Paraphrase und μίμησις in Anschlag gebracht werden. Im Rhetorikunterricht wurde dies alles geübt, und es galt als unbedingtes Erfordernis für gehobene Literatur, den eigenen Stil nicht nur durch Anpassung an große Vorbilder zu schulen, sondern ihn auch durch Zitate zu bereichern, die in den eigenen Stilzusammenhang einheitlich eingepaßt werden mußten[52]. Die Beispiele dafür sind in der antiken Literatur Legion (und zwar praktische Beispiele und theoretische Äußerungen darüber[53]). Die Zitatabbrüche, Omissionen und Umbildungen, die die gebildeten Gnostiker — bei sonst genauen Zitaten — vornahmen, passen in den Rahmen dieser zeitgenössischen Zitatpraxis durchaus hinein. Daß auch die jüdisch-hellenistischen Schriftsteller diese Erfordernisse für den guten Stil akzeptieren, zeigt ein aufschlußreiches Zitat und seine Erklärung bei Aristobul (F 4). Er

50. Vgl. 1,20,1 u.ö.

51. Das geschieht so intensiv, daß die umschreibende, wiederholende Paraphrase geradezu als ein Stilmittel gnostischer Verkündigung der einmal erkannten Wahrheit gelten kann. Vgl. dazu B. ALAND, *Die Paraphrase als Form gnostischer Verkündigung*, in *Nag Hammadi and Gnosis*, ed. R. McL. WILSON, Leiden, 1978, 75-90.

52. Vgl. K. ZIEGLER s.v. *Plagiat*, in *Pauly Wissowa* Bd. 40, Sp. 1956-1997, bes. 1965f und vor allem E. STEMPLINGER, *Das Plagiat in der griechischen Literatur*, Leipzig-Berlin, 1912, 118ff, 125ff und 171ff. Eduard NORDEN stellte schon vor rund 90 Jahren fest: «Eine Geschichte des Zitats im Altertum wäre dringend erwünscht» (*Die antike Kunstprosa*, I, 90, Anm. 1). Zwar ist seine Forderung bis heute, so weit ich sehe, nicht erfüllt, doch hat Stemplinger, weit über das Thema seines Buches hinausgreifend, so reichliches Material dafür gesammelt, daß sich die Umrisse einer solchen Geschichte des Zitats durchaus abzeichnen. Sie zur Kenntnis zu nehmen, ist für den, der sich mit den frühen christlichen Texten befaßt, außerordentlich wichtig. Denn im 2. Jahrhundert galt noch nicht, daß der Schrifttext als ein normativer inspirierter Text genau zu zitieren sei. Es lag viel näher, insbesondere für gebildete Autoren, wie es die Gnostiker häufig waren, so zu zitieren, wie man es üblicherweise in gehobenen Texten tat.

53. Belege bei STEMPLINGER a.a.O., S. 171ff. Vgl. darüber hinaus als etwa zeitgenössisches Beispiel auch Aelian, s. bei E. MENSCHING, *Favorin von Arelate. Der erste Teil der Fragmente. Memorabilien und Omnigena Historia*, hrsg. und kommentiert, Berlin, 1963, 59f mit Anm. 66.

erlaubte sich nach eigener Aussage die Änderung eines Arat-Verses, indem er «das Wort Zeus, das im Text stand, unterdrückte, wie es sich auch geziemte; denn dem Sinn des Gedichtes nach geht es auf den wahren Gott»[54]. Das entspricht nicht nur der gnostischen Zitatweise, sondern liefert auch eine Erklärung für sie. Was Irenäus als unangemessene Fälschung des Schrifttextes erscheint, ist dieses in keiner Weise, sondern die «geziemende» Zitierung und Deutung eines angesehenen, aber nicht normativen Textes durch den gnostischen Pneumatiker, der eines Schriftbeweises nicht bedarf[55], wohl aber die Anspielung auf den angesehenen Text wünscht. Denn Beweis ist ihm die eigene erleuchtete Erkenntnis genug[56].

Wenn man dieser Erklärungsweise für die Schriftzitate bei gnostischen Autoren näher treten könnte, käme man möglicherweise auch einer Lösung eines alten literarkritischen Problems näher. Irenäus' Bericht über Ptolemäus unterscheidet sich, wie bekannt, darin von dem des Clemens aus den Excerpta ex Theodoto, daß bei jenem die neutestamentlichen Zitate in einzelnen Sammelkapiteln zusammengefügt sind, bei diesem aber in den gnostischen Text eingefügt und stilistisch eingepaßt sind. Dabei muß einigens auf den Exzerptor Clemens zurückgehen, denn sonst wäre kaum zu verstehen, daß auch der Bestand an Zitaten, nicht nur ihre Darbietungsform, sich so sehr von dem bei Irenäus unterscheidet. Aber die bei Clemens gebotene Form muß nicht ganz und gar auf einer Umgestaltung durch ihn selbst beruhen. Vielmehr ist es durchaus möglich, ja wahrscheinlich, daß ein relativ gebildeter Mann wie Ptolemäus es sich angelegen sein ließ, das bekannte stilistische

---

54. Vgl. STEMPLINGER a.a.O., S. 248. Siehe dazu auch N. WALTER, *Der Thoraausleger Aristobulos*, TU Bd. 86, Berlin, 1964, S. 101 mit Anm. 2.

55. Wenn die gnostischen Schriftzitate tatsächlich aus antiker Zitierfreude zu erklären sind, ergibt sich daraus auch ein Hinweis zur Beurteilung der unterschiedlichen Berichte über das System des Ptolemäus bei Irenäus und Clemens, Excerpta ex Theodoto 42,2-65,2. Sie weichen ja insbesondere darin voneinander ab, daß bei Clemens die Anspielungen auf die neutestamentlichen Schriften im Textzusammenhang des Berichtes stehen, und zwar in einzelnen Termini oder kürzeren Halbversen elegant und ohne jede apologetische Tendenz in den Gesamttext eingefügt bzw. teilweise mit denselben gnostischen Variierungen, wie wir sie aus Irenäus kennen (vgl. Röm 8,20f bei Clemens, Exc. 49,1), während Irenäus sie (bzw. nur einige von den reichen Anspielungen bei Clemens) in geschlossenen Kapiteln jeweils an seine Berichterstattung anfügt. Es war bisher nicht klar, welcher Bericht als der ursprünglichere, dem Text des Ptolemäus näher kommende anzusehen sei. Die Zitierweise bei Clemens entspricht nun eindeutig mehr dem antiken Ideal könnte daher auch zu Ptolemäus besser passen. Von Irenäus' Absicht dagegen, der Abwehr der gnostischen «Verfälschung» der Schrift, lag er näher, bestimmte eindeutige Zitate geballt zusammenzustellen und ihre gnostische Deutung so zu widerlegen.

56. Die «Schriften» selbst haben für den Gnostiker keine eigene Autorität. Nur seine eigene Erkenntnis lehrt ihn, aus ihnen die Wahrheit zu finden, so eindeutig Irenäus 3,2,1. Der gesamte interessante Paragraph bezeugt schon eine gnostisch/rechtgläubige Debatte über die Schrift vor Niederschrift des Kapitels bzw. reflektiert Irenäus' Erfahrungen mit den Gnostikern.

Gesetz der Einpassung des Zitats in den eigenen Kontext möglichst gut zu erfüllen. Das hieße, daß sein Traktat, was die Zitate betrifft, etwa so ausgesehen haben müßte, wie wir ihn bei Clemens lesen (nur im großen, auf kleinere Umformungen des Exzerptors kommt es jetzt nicht an). Diese Annahme paßte genau zu der oben ausgesprochenen Vermutung: Ptolemäus zitiert neutestamentliche Schriften als gnostischer Christ und gebildeter Mann, der den Regeln des guten Geschmacks Genüge tun will, er zitiert nicht zum «Beweis» für Nicht-Gnostiker, sondern um die seinen Adressaten bekannten Schriften des (späteren) Neuen Testaments so in seine Ausführungen einzubeziehen, wie er es von seiner hellenistischen oder auch jüdisch-hellenistischen Bildung her sprachlich und exegetisch gelernt hatte.

Irenäus hat das nicht verstanden oder nicht verstehen wollen[57]. Für ihn sind die gnostischen Schriftdeutungen Angriff und Gefahr für die Schrift, und sie waren beides in ihrer Wirkung auf die Gemeinden wohl auch tatsächlich. Deshalb stellt er die gnostischen Zitate geballt zusammen — und wählt wohl nur die für seinen Zweck passendsten aus — deshalb bezeichnet er sie als «Haupt- und Kronbeweis», was sie vom Selbstverständnis des gnostischen Pneumatikers aus gar nicht sein können. Er unterliegt aber einem überaus fruchtbaren Mißverständnis. Denn die vermeintlichen gnostischen Schriftbeweise nötigen ihn zu seinem eigenen Schriftbeweis. So kommt es zur ersten rechtgläubigen Auseinandersetzung mit dem Neuen Testament, wodurch die Kanonisierung eingeleitet wird[58].

Von seiner Sicht aus hat Irenäus mit seiner Kritik am gnostischen Umgang mit der Schrift natürlich völlig recht. Danach «passen» die Gnostiker die Schrift ihren Mythen «gewaltsam» und «betrügerisch» «an»[59]. Dieser immer wieder erbittert vorgetragene Vorwurf[60] verkennt aber die Absicht der gnostischen und allgemein antiken Zitierweise bzw. verdreht sie geradezu ins Gegenteil. Denn ein «Anpassen» des Zitats an den Kontext war ja von den Regeln des guten Geschmacks gerade gefordert. Tendenziös und damit verwerflich sind also die gnostischen Zitatabbrüche und Omissionen nur aus der — neuen, orthodoxen —

---

57. Wie weit Irenäus hellenistisch gebildet war oder nicht, wie weit er von daher überhaupt imstande war, die gnostische Absicht beim Zitieren zu erfassen, können wir offenlassen. Sein Zitat eines homerischen Cento in 1,9,4 bezeugt nicht allzu viel an sprachlicher Bildung. So nicht ganz mit R.L. WILKEN, *The Homeric Cento in Irenaeus, «Adversus Haereses» I, 9,4*, in *Vigiliae Christianae* 21, 1967, 25-33.

58. Irenäus kennt und anerkennt als erster katholischer Theologe das Neue Testament als Kanon «dem Sinne und der Sache» nach (so CAMPENHAUSEN, *Die Entstehung der christlichen Bibel*, Tübingen, 1968, S. 237).

59. ἐφαρμόζειν βιαζόμενοι ... und δολίως ἐφαρμόζοντες 1,3,6; ἐφαρμόζειν βούλονται τοῖς μύθοις αὐτῶν τὰ λόγια τοῦ θεοῦ 1,8,1.

60. Vgl. 1,3,6; 1,9,1; 4; 1,18,11; 1,20,2 u.ö. S. auch 1,8,1 und 1,9,4: Sie reißen die Zitate auseinander und fügen sie in andere ein und «mißhandeln» so die Schrift.

Sicht des Irenäus von einem normativen Schrifttext. Von dort aus haben sie ihr volles Recht[61].

Wenn die Gnostiker aber so relativ genau zitieren, und zwar auch da, wo der Skopus ihrer Auslegung nicht berührt ist, so spiegeln sie damit wohl nur eine allgemeine Entwicklung wider, die von der Mitte des 2. Jahrhunderts an in der christlichen Literatur zu beobachten ist[62], und die — wäre uns mehr erhalten — auch in den neutestamentlichen Zitaten der großkirchlichen Literatur zu fassen wäre. Die Zitate aus der zwischen den Jahren 176 und 180 verfaßten Apologie des Athenagoras sind in ihrer Genauigkeit denen der bei Irenäus zitierten Gnostiker vergleichbar[63]. Es handelt sich um eine kontinuierliche Entwicklung,

61. Es kann keine Rede davon sein, daß Irenäus (sowohl wie Tertullian) «die Änderungen, die die von ihnen bekämpften Häretiker am Schrifttext vornahmen, entgangen» seien, wie Carola BARTH (a.a.O. oben S. 11 Anm. 30) S. 411 feststellt. Abgesehen davon, daß Irenäus auf einige Änderungen ja ausdrücklich aufmerksam macht und sie in langer Ausführung widerlegt (s. Adv. Haer. 4,6,1ff, dazu oben S. 16), besteht doch jenes «Anpassen» des Schrifttextes an die gnostische Lehre in den Zitatabbrüchen und Omissionen (bzw. diese sind die Voraussetzung für jenes). Richtig ist freilich, daß die gnostischen faktischen Textänderungen «verschwanden gegen die einschneidenden, durchgreifenden Änderungen, die Marcion sich am Text erlaubte» (BARTH 411). Der Hinweis auf Marcion verdeutlicht aber nur die Entwicklung des sich in wenigen Jahrzehnten (zwischen 150 und 180) entwickelnden Textbewußtseins. Ein Marcion war nur zu einer Zeit vor 150 möglich, in einer Zeit, die noch keine Bindung an den Schrifttext empfand. Ein Ptolemäus hätte auf keinen Fall mehr ähnlich schwerwiegende Eingriffe in den Text vornehmen können.

62. Die Gründe dafür hängen nach meiner Vermutung mit der lectio im Gottesdienst zusammen, durch die man allmählich an feste Texte gewöhnt wurde (s. dazu unten S. 43f). Die Entwicklung zum genaueren Zitat ist jedenfalls *nicht* (in Analogie zur Bestreitung bekannter Thesen über die Kanonbildung) als Reaktion auf Marcions Werk zu verstehen. Denn warum sollten gerade die Gnostiker so auf ihn reagieren? Dafür lag kaum Grund vor. Es muß also unabhängig davon zum genauen Zitat gekommen sein.

63. Mt 5,44-45 N[26] ἐγὼ δὲ λέγω ὑμῖν· ἀγαπᾶτε τοὺς ἐχθροὺς ὑμῶν ⌐καὶ προσεύχεσθε ὑπὲρ τῶν⌐ διωκόντων ὑμᾶς, ὅπως γένησθε υἱοὶ τοῦ πατρὸς ὑμῶν τοῦ ἐν[Τ] οὐρανοῖς, ⌐ὅτι τὸν ἥλιον αὐτοῦ ἀνατέλλει ἐπὶ πονηροὺς καὶ ἀγαθοὺς καὶ βρέχει ἐπὶ δικαίους καὶ ἀδίκους.
44 ⌐p) ευλογειτε τους καταρωμενους υμας (υμιν D* pc; – ε.τ.κ.υ. 1230.1242* pc lat), καλως ποιειτε τοις μισουσιν υμας (– κ.π.τ.μ.υ. 1071 pc; Cl Eus) και (– W 1506) προσευχεσθε υπερ των επηρεαζοντων υμας (– D pc) και D L W Θ f[13] 33.892. 1006.1342.1506 𝔐 lat sy(p).h mae; Cl Eus⁞ txt ℵ B f[1] 205 pc k sys.c sa bopt;
45 [Τ]τοις Θ f[13] 33.205.209.565.1006.1342.1424.1506.1582ᶜ pm; Cl ⌐ οστις 1573 pc lat? sy?; Eus Cyr⁞ ος lat? sy?; Ju Ir Tert Hipp Or Cyp.
Ath. Leg. 11,2 λέγω ὑμῖν· ἀγαπᾶτε τοὺς ἐχθροὺς ὑμῶν, εὐλογεῖτε τοὺς καταρωμένους, προσεύχεσθε ὑπὲρ τῶν διωκόντων ὑμᾶς, ὅπως γένησθε υἱοὶ τοῦ πατρὸς τοῦ ἐν τοῖς οὐρανοῖς, ὃς τὸν ἥλιον αὐτοῦ ἀνατέλλει ἐπὶ πονηροὺς καὶ ἀγαθοὺς καὶ βρέχει ἐπὶ δικαίους καὶ ἀδίκους.
Mt 5,46 N[26] ἐὰν γὰρ ἀγαπήσητε τοὺς ἀγαπῶντας ὑμᾶς, τίνα μισθὸν ἔχετε;
+ Lk 6,32 N[26] καὶ εἰ ἀγαπᾶτε τοὺς ἀγαπῶντας ὑμᾶς, ποία ὑμῖν χάρις ἐστίν;
+ Lk 6,34 N[26] καὶ ἐὰν δανίσητε παρ' ὧν ἐλπίζετε λαβεῖν, ποία ὑμῖν χάρις [ἐστίν];
Ath. Leg. 12,3 «ἐὰν γὰρ ἀγαπᾶτε», φησί, «τοὺς ἀγαπῶντας καὶ δανείζητε τοῖς δανείζουσιν ὑμῖν, τίνα μισθὸν ἕξετε;»
Theophilus von Antiochien ist in dieser Hinsicht unergiebig. Zwar kennt er wohl sicher

die etwa bei Justin einsetzt und bei Irenäus ihren ersten Abschluß findet. Er verwendet das genaue Zitat bewußt, weil er die Schrift als Norm betrachtet. Das war vor ihm nicht der Fall[64]. Textbewußtsein und Kanonbildung sind von ihm ab parallel zu sehen und bedingen einander. Doch gibt es ein Textbewußtsein schon vor ihm. Erst mit Irenäus aber wächst die Einsicht, daß es nicht nur darauf ankommt, prinzipiell genau zu zitieren, sondern daß das Schriftwort, auch das neutestamentliche Schriftwort, im einzelnen wie im gesamten Textzusammenhang integer zu bewahren ist. Anders gesagt: Es beginnt jetzt die bewußte Abkehr vom antiken Stilprinzip der Einheitlichkeit, das die Umstilisierung des Zitates und die Anpassung an den jeweiligen Zusammenhang selbst auf Kosten der Veränderung des Zitatsinnes erforderte[65]. Jetzt erst beginnt die Geschichte des bewußten wörtlichen Zitates, das für die Christenheit charakteristisch ist[66]. Zwar wird schon vorher überraschend genau zitiert, aber doch nicht so, daß nicht, wo es

die neutestamentlichen Hauptschriften und betrachtet sie sogar als inspiriert (s. dazu R.M. GRANT, The Bible of Theophilus of Antioch, in JBL 66, 1947, 173-196, bes. 188f), aber er weist eine gewisse «discrétion quant à l'utilisation de l'Évangiles» auf, die vom Adressaten seiner Schrift, Autolykos, her nur allzu verständlich ist (s. dazu N. ZEEGERS-VAN DER VORST, Citations du Nouveau Testament dans Théophile d'Antioche, in Studia patristica 12, 1975, 371-382, bes. 375 und 382).

64. Vgl. das Urteil der Gnostiker über die Schrift, das Irenäus in 3,2,1 zitiert.

65. Das oben S. 18 angeführte Zitat Aristobuls ist dafür durchaus kein vereinzeltes Beispiel. STEMPLINGER a.a.O. (S. 17 Anm. 52) S. 262 bringt eine lange Reihe von griechischen und lateinischen Zeugen dafür, daß erweiternde Übertreibungen, willkürliche Zutaten zum Original aus eigener Erfindung, ja selbst das bewußte Überschreiten der Wahrheit aus stilistischen Gründen erlaubt und geboten sind. Entsprechend können erdichtete Zitate auch mit «φασί» eingeleitet werden, und sogar Gesetzesfiktionen kommen bei athenischen Gerichtsrednern vor. — Dennoch darf man von diesen Beispielen her die antike Rhetorik nicht etwa für eine durch und durch verlogene Kunst halten. Davor schützt, wie in allen derartigen Fragen, die Lektüre Quintilians, hier insbesondere sein Kapitel über die imitatio (μίμησις), inst. or. 10,2. Die Nachahmung ist für ihn ganz und gar zur aufbauenden und kritischen Bildung des werdenden Redners geboten. Deshalb darf es aber auch keine pure imitatio geben, sondern einen kritischen Umgang mit der Vorlage, d.h. Zufügung von eigenem Gut, Ergänzung von Fehlendem und Beschneidung dort, wo etwas überschießt (10,2,28). Denn «turpe etiam illud est, contentum esse id consequi, quod imiteris» (10,2,7). In den großen Zusammenhang dieser im besten Sinne erzieherischen imitatio (s. dazu bes. auch 10,2,3) gehören auch die Vorschriften über die Stilisierung des Zitates. Wenn das Zitat erziehen, prägen und formen soll, dann kann etwa in einem Historienwerk eine Rede nicht so zitiert werden, wie sie gehalten wurde, selbst wenn ein Stenogramm vorläge, sondern ihrer inneren Bedeutung entsprechend, die sie gemäß der Geschichtsschau des Autors an ihrer bestimmten Stelle, in ihrer bestimmten Situation gehabt hat. Sie muß also in das Gesamtgefüge seiner Darstellung eingepaßt, d.h. stilisiert werden. Hier liegt der — respektable — Grund für die Vorschrift des Stilisierens. Daß das nichts mit Lüge, sondern viel mehr mit Wahrheit zu tun hat, zeigt auf seine Art auch Lukian in seinem Traktat darüber, «Wie man die Geschichte schreiben müsse».

66. Vgl. dazu K. TREU, Patristische Fragen, in Svensk Exegetisk Årsbok, 34, 1969, 170-200, bes. 182f.

für nötig erachtet wird, eine Umstilisierung, ja sogar eine Variation, auch ein vorzeitiger Abbruch des Zitates o.ä. als möglich angesehen wird. Darin spiegelt sich immer noch die antike Haltung gegenüber dem Zitat, wenn auch die zitierten Texte christlich sind.

Für Irenäus sind aber die neutestamentlichen Schriften nicht Autorität, sondern mehr als das: Offenbarung. Autorität sind ja die alten Autoren, die um der eigenen Sprachbildung willen «nachgeahmt» werden, auch[67]. Man tut das aber in der Weise, die vernünftigerweise Autoritäten gegenüber angemessen ist, nämlich ohne daß man sich zum «Sklaven der Vorlage» macht[68]. Mit der Schrift liegt für die Christen etwas grundsätzlich anderes vor, was es in der griechischen Literatur so nie gegeben hat. Sie erfordert das wörtliche Zitat und bedeutet für griechische Literaten eine völlige Umstellung. Sie erfordert auch eine andere Haltung zur Vorlage: Nicht mehr das kritische Abwägen, das bewußt nicht nachahmt, was es nicht des Nachahmens für würdig erachtet[69], ist angemessen, sondern das lebenslange Hinhören auf den Text, ein «sorgfältiges Prüfen der Worte» (βασανίζειν ... λόγους)[70], ein «Forschen» und sich in die «Tiefen des Sinnes der Wörter Versenken»[71]. Folgerichtig widmet schon wenige Jahrzehnte nach Irenäus Origenes als erster christlicher Theologe sein Leben fast ausschließlich der Wiederherstellung des Schrifttextes, d.h. der Textkritik[72] einerseits, und andererseits der Schriftexegese, die grundsätzlich vom Wortlaut des Textes ausgeht, auch dort, wo der geistliche Sinn der Wörter entwickelt wird. So sehr dabei im einzelnen antike griechische philosophische Elemente benutzt wurden und jüdisch hellenistische exegetische Methoden Vorbild waren, so entsteht doch hier etwas Neues, ganz Christliches.

67. Vgl. dazu zahlreiche Belege bei STEMPLINGER a.a.O. (oben S. 17 Anm. 52) 110 ff, die sogar noch zu vermehren wären (u.a. Quintilian, inst. or. 10,1,42 ff).

68. Vgl. Horaz, ars poetica 134f und Quintilian, inst. or. 10,2,5.

69. Quintilian, inst. or. 10,2,27-28.

70. Origenes, De princ. 4,2,3.

71. Origenes, De princ. 4,2,7 neben vielen anderen Stellen. Vgl. zu den Voraussetzungen des Verstehens des Schriftwortes bes. eindrücklich den Anfang von Origenes' Johanneskommentar I § 24 (nur der Nous Christi in uns hilft uns zum Verstehen der Worte); so auch De princ. 4,2,3.

72. Die Grundelemente seiner textkritischen Theorie sind noch heute gültig (Matth. Comm. 15,14 ff und Ep. ad Africanum 2-4). Ich nenne nur die wichtigsten Arbeitsschritte (Sie beziehen sich durchaus nicht nur auf die Rekonstruktion der LXX, wie sich aus Origenes' neutestamentlichen Beispielen im Matthäuskommentar und anderswo ergibt): 1. Sammlung der Handschriften. 2. Kollation und Feststellung ihrer Abweichungen untereinander. 3. Feststellung der Ursachen dieser Abweichungen und damit Identifizierung von Fehlern. Dafür gibt es zwei bzw. drei Möglichkeiten: a) Nachlässigkeit der Schreiber, b) verwerfliche Dreistigkeit (τόλμη μοχθηρά) der Korrektoren, c) theologisch-häretisch bedingte eigenmächtige Zufügungen oder Auslassungen im Zusammenhang mit der Korrektur. — Dabei ist Punkt c) eine spezielle Form des unter b) genannten Eingreifens in den Text, aus welchen Gründen auch immer. Diese scharfsinnige Untergliederung der Fehler und ihrer Ursachen paßt genau zu dem Befund, der sich aus den frühen Väterzitaten ergab.

Am Umgang mit dem Zitat ist das am ehesten abzulesen. Dabei ist zu berücksichtigen, daß ein bewußtes christliches Prinzip der Zitatgenauigkeit nicht mit einer sektiererhaft sklavischen Wiedergabe gleichzusetzen ist. Dazu wurde eingangs einiges gesagt[73]. Gerade bei Origenes beobachten Textkritiker immer wieder eine «tantalizing nonchalance» im Umgang mit dem Wortlaut der Schrift[74], und es ist in der Tat nicht zu leugnen, daß man in kritischen Apparaten zum Neuen Testament häufig das Sigel «Orig.» sowohl für die eine als auch die andere Variante an derselben Stelle verzeichnet findet. Dagegen steht aber u.a. die schöne Beobachtung von Vogt, Origenes forme seine Sätze so, «daß er die Wörter des Evangelientextes sogar in dem Kasus, in dem sie stehen, in seine Erklärung einbeziehen kann»[75]. Das spricht nicht für Nonchalance, sondern eher für das Bemühen, das Prinzip des wörtlichen Zitierens mit den — weiterbestehenden — griechischen Regeln des guten sprachlichen Geschmacks zu verbinden, die die geschmackvolle Einbindung und Anpassung des Zitats an die eigene Rede forderten. Auch für Origenes wäre zu erbringen, was G.N. Knauer für die Psalmenzitate in Augustins Konfessionen leistete: eine Untersuchung seiner Zitate und ihres Textes, bei der bewußt immer der Sinn des Zitates im Kontext mit berücksichtigt wird. Nur so ließe sich ermitteln, wo der Autor trotz prinzipieller Genauigkeit bewußt ändert oder aber auch — wir wissen es bis heute noch nicht — möglicherweise dort Ungenauigkeiten bewußt in Kauf nimmt, wo der ihn im Augenblick interessierende Versteil nicht betroffen ist[76]. Wir können das alte Problem der Zitierweise des Origenes hier nicht lösen[77]. Es öffnet uns

---

73. S. oben S. 3f.

74. So Bruce METZGER, *Explicit References in the Works of Origen to Variant Readings in New Testament Manuscripts*, in *Biblical and Patristic Studies*, ed. J.N. BIRDSALL and R.W. THOMSON, Freiburg, 1963, 78-95, s. bes. 93, zitiert bei Gordon D. FEE, *Papyrus Bodmer II (P⁶⁶)*, in *Studies and Documents* 34, 1968, 82. Fee vergleicht interessanterweise die Haltung zum Text, die sich bei Origenes zeigt, mit der von P⁶⁶ bzw. der Überlieferung, die sich in dieser Handschrift niederschlägt (82).

75. H.J. VOGT, *Origenes, Der Kommentar zum Evangelium nach Matthäus, eingeleitet, übersetzt und mit Anmerkungen versehen*, Teil 1, Stuttgart, 1983, 45.

76. Relativ leicht erkennt man die Ursache für genaues Zitieren einerseits und Stilisierung andererseits z.B. in Clemens von Alexandriens Traktat Quis dives salvetur: Während er sich in seinem langen Zitat von Mk 10,17-31 relativ großer Sorgfalt befleißigt, kann er sich in der folgenden Auslegung der Perikope, die sich an gebildete Alexandriner wendet, häufig gar nicht genug tun, um den Bibeltext zu variieren. So stilisiert er z.B. das πώλησον ὅσα ἔχεις (sic V. 21, unter Auslassung des ὕπαγε, s. p. 162, 26 bei Stählin/Früchtel) auf einer einzigen Seite (p. 169) in der Auslegung in mindestens 6 anderen Formen. Seine Hörer werden es ihm gedankt haben.

77. Gewöhnlich verweist man darauf, der Autor, in diesem Fall Origenes, habe eben «aus dem Gedächtnis» zitiert und meint, damit seien alle Schwierigkeiten hinreichend behoben. Ich kann mich nicht davon überzeugen, daß diese Antwort richtig ist oder besser: ausreicht. Origenes hat in seiner Jugend die Schrift zu großen Teilen auswendig gelernt, und sein Vater verlangte von ihm tägliche Bibelrezitation (Euseb h. e. 6,2,8f). Was

aber in besonders guter Weise die Augen für das, was jetzt noch zu tun ist, den Vergleich mit den frühen Handschriften des Neuen Testaments: Wenn selbst ein so bewußt den Wortlaut des Textes verehrender Schrifttheologe wie Origenes das einzelne Zitat nicht immer identisch zitiert, was ist dann zu erwarten von der frühen handschriftlichen Tradition?

II.

DIE NEUTESTAMENTLICHEN HANDSCHRIFTEN DER FRÜHZEIT

Wir verstehen darunter die Papyri und Pergamente bis zum III./IV. Jahrhundert. Denn erst um 300 etwa haben sich vor und dann mit der konstantinischen Wende die Bedingungen für die Überlieferung des neutestamentlichen Textes geändert: Redaktionen des Textes wurden vorgenommen und in großen Skriptorien vervielfältigt, so daß sie eine weite Verbreitung fanden. M.a.W. Textformen entstanden[78]. Bis zu dieser Zeit können wir annehmen, daß die erhaltenen Handschriften — so zufällig sie den einstigen Gesamtbestand auch immer repräsentieren — doch einen relativ zuverlässigen Gesamteindruck von Eigenart und Qualität der frühen Überlieferung ermöglichen. Die große Zahl der Papyri aus dieser Zeit, die alle in einen gewissen Rahmen passen, erlaubt dieses Urteil. Damit sind auch Rückschlüsse auf die Überlieferung des 2. Jahrhunderts möglich, denn die Handschriften des 3. sind ja jeweils Abschriften von früheren.

Unter den 95 heute bekannten Papyri stammen immerhin etwa die Hälfte aus dieser frühen Zeit. Es handelt sich um die 6 sog. großen Papyri (P[45.46.47.66.72.75]) und zusätzlich rund 40 sog. kleine Papyri und Pergamente. Dabei sind in dieser Zahl nur die inbegriffen, die zwar nur wenig, aber doch immerhin so viel Text enthalten, daß man einen ersten Eindruck von ihrer Qualität gewinnen kann. Ganz kleine Papyri oder Papyri ohne Varianten, die einen Text bieten, der variantenlos überliefert ist, sind nicht mitgerechnet worden. Wenn wir uns dagegen auf die frühen Handschriften beschränken wollten, die aus dem 2. Jahr-

man aber auswendig gelernt hat, wirklich gelernt und durch ständiges Üben lebendig gehalten hat, zitiert man gerade nicht jeweils verschieden. Das kann jeder mit den wenigen Bibelworten, die wir heute in dieser Weise auswendig können, vielleicht weil wir sie durch regelmäßiges Singen lebendig geübt haben, ausprobieren: die Worte einer modernen Übersetzung oder Revision des ihm vertrauten Textes werden nie die seinen werden, er wird sie stets in der Form zitieren, die er gelernt hat. Sogar an den wenigen liturgischen Texten des Gottesdienstes, die neu formuliert wurden, wird man dieselbe Beobachtung machen können. — Im übrigen ist das Phänomen auch literarisch belegt, man vergleiche die Einleitungsszene der Buddenbrooks. — Gedächtnisschwäche erklärt also bei weitem nicht jede Variante im Zitat.

78. Die am eindeutigsten nachweisbare dieser Textformen ist die sog. Koine der Evangelien. Daß andere redaktionelle Arbeiten am Text des Neuen Testaments vorgenommen wurden, ist aber wahrscheinlich.

hundert stammen, schrumpfte diese Zahl auf 4 kleine Papyri (+ 1 aus dem II./III. Jahrhundert) und 2 große ($P^{46.66}$) zusammen. Der Gesamteindruck von der Textqualität dieser ganz frühen Gruppe ist — das kann zuvor schon bemerkt werden — nicht von dem der Gesamtgruppe verschieden. Diese ungewöhnlich reiche früheste Überlieferung bedarf noch der intensiven wissenschaftlichen Erforschung nach den verschiedensten Aspekten! Das ist nicht leicht. Denn auch die Methodik, nach der eine solche Erforschung ergiebig geleistet werden kann, muß noch entwickelt werden[79]. In Münster ist, basierend

79. Gewöhnlich geht man dabei nur von einem Vergleich mit anderen erhaltenen neutestamentlichen Handschriften in verschiedener Hinsicht aus bzw. von einer Gegenüberstellung der Varianten des zu untersuchenden Papyrus mit den Sprachgewohnheiten der jeweiligen neutestamentlichen Schrift. Zu überlegen wäre m.E. darüber hinaus, in wie weit man sich nicht den Vorteil zunutze machen kann, den die neutestamentliche Textforschung gegenüber der Überlieferung anderer Texte bietet. In ihrer rund 150 Jahre andauernden neueren Geschichte ist ein Konsens über den Urtext zwar nicht erreicht worden, aber die jeweiligen verschiedenen Rekonstruktionen, die vorliegen und die aufgrund ganz unterschiedlicher methodischer Ansätze erreicht wurden, sind doch auch nicht so verschieden, daß sie nicht als eine gut begründete Hypothese für den Urtext gelten könnten, an dem die neuen frühen Papyri zu messen wären. Vielleicht stellen sich dabei noch Fehler der Hypothese heraus. Darauf kommt es aber zunächst nicht an, sondern darauf, daß wir schon bei Beginn der Arbeit mit den Papyri eine gut begründete Vorstellung vom Urtext und damit einen Bezugspunkt haben (wie das bei keinem anderen zu edierenden Text der Fall ist). Von da aus können wir die frühen Papyri nicht nur in ihrer Qualität beurteilen, sondern zunächst einmal Fehler erkennen und diese in ihrer Eigenart (im Unterschied zu späteren Handschriften) so genau wie möglich erkennen und beschreiben. Das impliziert weder Voreingenommenheit noch Zirkelschluß. Denn selbstverständlich bleibt immer die Möglichkeit offen, bei bisher unsicheren Textentscheidungen, die jetzt von neuen Papyri her in einem anderen Licht erscheinen, das Urteil aufgrund dessen zu ändern. Wenn man dagegen nur Handschriften oder bestimmte Textformen als Ausgangspunkt des Vergleichs wählt (das letztere tut Gordon Fee in seiner guten, aber, wie er selbst weiß, nicht endgültigen Arbeit zum P^{66}, s. oben S. 23 Anm. 74), dann impliziert das die Fehler der gewählten Handschriften bzw. im zweiten Fall die Unsicherheiten bei der Rekonstruktion des jeweiligen Texttyps, die sicher noch größer sind als die bei der Erstellung des «Urtextes» (dazu Fee a.a.O., S. 36f).

Wer dagegen nach einem Stemma der handschriftlichen Überlieferung verlangt, um auf diese Weise jeder vermeintlichen «Vorentscheidung» aus dem Weg zu gehen, fordert Unrealistisches. Denn die Bedingungen der handschriftlichen Transmission in der Frühzeit sind völlig andere als die der Zeit vom 9. Jahrhundert ab, für die Stemmata in der Regel herzustellen sind und hergestellt werden müssen. Die zufällig erhaltenen Papyri der Frühzeit sind daher gänzlich anders geartet als die Handschriften vom 9. Jahrhundert an. Der wesentliche Unterschied liegt darin, daß bei der späten Überlieferung eines beliebigen klassischen Textes im Regelfall disziplinierte Schreiber von einer (oder wenigen) Musteredition Abschriften nahmen, die dann, weil voneinander abhängig, aufgrund weniger charakteristischer Leitfehler in ihrer Abhängigkeit voneinander stemmatisch geordnet werden können, auch wenn nur einzelne Exemplare einer Überlieferungskette erhalten sind. In der Frühzeit dagegen haben wir weder disziplinierte Schreiber, deren Arbeitsweise wir kennen, noch sorgfältig vorbereitete Musterexemplare als Ausgangspunkt der Überlieferung. In dem, was an frühesten Handschriften erhalten ist, kommt man mit den Schulregeln zur Herstellung eines Stemmas nicht zurecht. Zwar lassen sich «Leitfehler» scheinbar entdecken, sie werden aber durch andere «Leitfehler», die in die entgegengesetzte Richtung weisen, fast immer wieder aufgehoben. Das klassische Instrumentarium

auf vollständigen Kollationen, eine vorläufige Charakterisierung und «Grobsortierung» der gesamten frühen Handschriften vorgenommen worden. Wir benutzen dafür die an anderem Ort vorgestellte Terminologie von Kurt Aland[80]: «fester Text», «Normaltext», «freier Text» und «paraphrasierender Text». Die vier Begriffe kennzeichnen die Überlieferungstreue jedes Papyrus bzw. des Überlieferungsstranges, auf den er zurückgeht, und zwar in Beziehung zum Urtext, für den im Sinne einer Arbeitshypothese der Text der 26. Auflage des Nestle angesetzt wird. Sie implizieren damit auch ein erstes Urteil über die jeweilige Textqualität[81]. In die Kategorie «fester Text» gehören demnach die Papyri, die nur eine geringe Zahl von Varianten (oder bei «kleinen» Papyri gar keine) aufweisen bzw. die besonders an den Stellen des Textes, die sprachlich oder theologisch schwierig sind und daher Ursache von Varianten waren, sich getreu bzw. «fest» an den originalen Text gehalten haben (Beispiel: P^{75}). — «Normaltext» bezeichnet die nächstfolgende Form der Überlieferungsgenauigkeit. Ein Durchschnittsmaß an Fehlern (sei es im Papyrus selbst oder in einer seiner Vorlagen), liegt vor (Beispiel: P^{46}). — Beim «freien Text» ist die Zahl der «Fehler», d.h. die der freien Umformung in Wortwahl und

zur Durchdringung einer Überlieferung reicht also nicht aus, was im übrigen schon Paul Maas wußte. Aber auch die verfeinerten Methoden, die Giorgio Pasquali und auch Alphonse Dain zur Erfassung eines kontaminierten Handschriftenbestandes entworfen haben, sind für unsere frühe Überlieferung, die von ihren Entstehungsbedingungen und daher ihrem Charakter her einzigartig ist, nicht anwendbar. Daher muß zur Entwicklung einer neuen, angemessenen Methodik von dem ausgegangen werden, was wir haben, und das ist in der Tat eine gutbegründete und in mindestens 90% sämtlicher Textentscheidungen unstrittige Hypothese vom Urtext. An ihr können die frühen und die ständig neu hinzukommenden Papyri gemessen, und umgekehrt kann die Urtexthypothese an ihnen kritisch geprüft werden. Tut man das, so erweist sich im übrigen, zumindest bisher fast immer, um nicht zu sagen: immer, daß ein neuer Papyrus die Urtexthypothese (als solche benutze ich die 26. Auflage des Nestle, aber dazu unten Anm. 81) bestätigt, was bedeutet, daß der gewählte Ausgangspunkt für eine neutestamentliche textkritische Methodik und Theorie tragfähig ist, nicht, daß damit die Theorie gar nicht mehr entworfen werden müßte.

80. Vgl. K. u. B. ALAND, *Der Text des Neuen Testaments. Einführung in die wissenschaftlichen Ausgaben sowie in Theorie und Praxis der modernen Textkritik*, Stuttgart, 1982, 69ff u.ö.

81. Das bedeutet *nicht*, für kritische Leser sei das gesagt, daß damit eine bestimmte Textrekonstruktion als angeblicher Urtext festgeschrieben werden soll. Für eine Arbeit wie die vorliegende braucht man aber einen gewissen begründeten Ausgangspunkt im Sinne der oben S. 25 Anm. 79 gemachten Ausführungen. Der Text des Nestle scheint gegenwärtig die am weitesten rezipierte Hypothese über den Urtext zu sein, der auch die Neufunde der Papyri erstaunlich weitgehend entsprechen. Daß sich das Herausgeberkomitee nicht da von Neufunden bzw. besserer Argumentation zur Änderung seines Textes entschließen wird, wo es nötig ist, wird ihm niemand unterstellen wollen. — Der Nachteil der in Münster verfolgten Methode liegt viel eher darin, daß damit nicht wirklich ein Urteil über den einzelnen vorliegenden Papyrus gewonnen wird, sondern eher über die gesamte Tradition, d.h. die Folge der Vorlagen, die zu diesem Papyrus geführt haben insgesamt. Aber das ist ja auch angestrebt. Eine erste Antwort auf die Frage soll erreicht werden, wie genau oder ungenau, die frühe handschriftliche Überlieferung insgesamt ist.

Syntax sowie auch der Nachlässigkeiten jeder Art, im Vergleich mit den beiden ersten Gruppen, relativ groß (Beispiel: P[72]). — Der «paraphrasierende Text» schließlich bezeichnet, wie der Name sagt, daß in der Folge der Vorlagen der zu dieser Gruppe gehörenden Papyri paraphrasierend in den Text eingegriffen wurde. Wir haben nur wenige Beispiele von dieser Überlieferungsform, und es besteht Grund zu der Annahme, daß es auch nur wenige davon gegeben hat (Beispiele dafür sind P[38.48], die der sog. «westlichen» Tradition angehören).

Das Arbeitsinstrument, das durch diese Terminologie bezeichnet ist, hat sich als brauchbar zur ersten Charakterisierung der frühen Überlieferung erwiesen. Es ergibt sich eine Überraschung, wenn man danach die vorhandenen frühen Handschriften einteilt[82]. Von den 40 erhaltenen sog. kleinen Papyri und Majuskeln sind immerhin 12 als sog. «fester Text» zu bezeichnen, und zwar bei strenger Anwendung der Norm, 19 gehören zur Gruppe mit «Normaltext», wobei diese Gruppe relativ weit gefaßt ist. Manches darunter könnte auch noch dem «festen» Text zuzuordnen sein. Nur 6 bieten «freien» Text, 3 «paraphrasierenden» Text (P[29.38.48]). Diese Einteilung und erste Charakterisierung enthält sicher noch Fehler. Das geht schon daraus vermutungsweise hervor, daß die 6 großen Papyri, deren Text ja ungleich genauer bestimmt werden kann als der der kleinen Fragmente, prozentual eine etwas andere Verteilung der vier «Text»arten aufweisen. Unter ihnen kann man nur P[75] den Rang eines «festen Textes» zubilligen; entsprechend wird man P[46.47] als «normalen» und P[45.66.72] als «freien Text» bezeichnen. Damit sind aber trotz gewisser Unterschiede doch auch Parallelen erkennbar, die noch deutlicher werden, wenn man sich eine Fehlerquelle bei der Charakterisierung der «kleinen» Papyri vor Augen führt. Bei ihnen ist sicher die Zahl von 6 «freien Texten» als zu niedrig angesetzt. Das liegt daran, daß der neutestamentliche Text auf weite Strecken variantenlos überliefert ist. Obwohl wir Fragmente aus solchen Textpartien möglichst gar nicht erst unter die zu beurteilenden Papyri aufgenommen haben, muß man dennoch annehmen, daß bei manchen Fragmenten der Charakter als «freier Text» wegen der Kürze des gebotenen Fragments nicht erkannt worden ist. Bedenkt man das, kann man sagen, daß die großen Papyri den Eindruck der Gesamtheit der kleinen ungefähr bestätigen. Die frühe handschriftliche Tradition zeigt sich danach als unerwartet korrekt und getreu, keineswegs «verwildert», wie man einst, unter dem ersten Eindruck der Chester Beatty-Papyri stehend, annehmen zu müssen glaubte. Die — relative —

---

82. Vgl. dazu schon K. ALAND, *Der neue «Standard-Text» in seinem Verhältnis zu den frühen Papyri und Majuskeln*, in *New Testament Textual Criticism. Its Significance for Exegesis – Essays in Honour of Bruce M. Metzger*, ed. by E.J. EPP and G.D. FEE, Oxford, 1981, 257-275.

Genauigkeit der frühen Überlieferung hat sich jüngst an diffizilen Spezialuntersuchungen zu den Katholischen Briefen erneut bestätigt[83]. In der Frühzeit ist also keineswegs alles an Varianten möglich, schon gar nicht etwa die «Varianten», die wir aus den Apostolischen Vätern und auch noch aus Justin kennen.

Das ist umso bemerkenswerter, als die Bedingungen, unter denen sehr frühe Kopisten arbeiteten, ja keineswegs der getreuen Überlieferung des Textes günstig waren bzw. ihr nicht günstig zu sein schienen. Wir lernten aus den Zitaten, daß sich erst ab 160/170 ein «Textbewußtsein» zu entwickeln beginnt, d.h. ein Bewußtsein dafür, daß der neutestamentliche Text[84] wortgetreu wiederzugeben sei. Über die Zitate hinaus ist auch ein Papias mit seiner Bevorzugung der mündlichen Überlieferung vor dem, «was aus Büchern stammt»[85], ein Indiz dafür, daß der schriftliche Text in der ersten Hälfte des zweiten Jahrhunderts keine hohe Dignität besaß[86], sei es an sich, sei es, weil es zu viel an konkurrierender, aber «unzuverlässiger» Literatur gab[87].

Die handschriftliche Überlieferung des neutestamentlichen Textes ist davon in sehr hohem Maße unbeeinflußt geblieben. Ob die Ursachen dafür darin zu suchen sind, daß sie in der Hand berufsmäßiger Kopisten, die Christen geworden waren, lag oder daß sie für bestimmte Zwecke, die sorgfältige Texte erforderten, geschrieben wurden, ist schwer zu entscheiden. Wahrscheinlich ist beides der Fall. Roberts beurteilt den paläographischen Stil der christlichen Papyri des 2. Jahrhunderts als «reformed documentary»[88] und beschreibt dementsprechend die Schreiber als zugehörig zu den «tradesmen, farmers, minor government officials to whom knowledge of and writing in Greek was an essential skill, but who had few or no literary interests»[89]. Sie hatten wohl auch kaum theologische Interessen wie ein Papias oder einer der sog. Apostolischen Väter. Insofern wäre ihnen ein getreues Kopieren der Vorlage durchaus zuzutrauen, es war ihnen auch aus dem Umfeld ihres Berufes bekannt.

---

83. B. ALAND (in Verbindung mit A. JUCKEL), *Das Neue Testament in Syrischer Überlieferung, I. Die Großen Katholischen Briefe, hrsg. und untersucht*, Berlin, 1986, Kapitel IV, VI 3 und VIII.

84. Er entsprach natürlich noch nicht unserem Kanon, sondern umfaßte u.a. auch bestimmte apostolische Väter.

85. Euseb, h.e. 3,39,4.

86. Papias bietet «aufgrund mündlicher Überlieferung» Material, das eindeutig über die neutestamentlichen Schriften hinausgeht, das er aber für geprüft und zuverlässig hält (Euseb h.e. 3,39, 11 und 17).

87. Vgl. Euseb h.e. 3,39,3b. Dazu H. VON CAMPENHAUSEN, *Die Entstehung der christlichen Bibel*, Tübingen, 1968, S. 158f mit Anm. 125. Vgl. vor allem das abschließende Urteil Campenhausens (S. 159): «Bei Papias sinkt alles wieder in den Strom der ungeordneten, sei es schriftlichen, sei es mündlichen Überlieferung zurück, die ... praktisch unkontrollierbar, ungeschützt und uferlos weiter strömt».

88. Colin H. ROBERTS a.a.O. (s. oben S. 14, Anm. 39) S. 14.

89. ROBERTS a.a.O., S. 21.

Auch Nachlässigkeitsfehler erklärten sich möglicherweise daraus, daß die Anforderungen des Abschreibens langer Texte die Fähigkeiten manches Schreibers aus der bezeichneten Berufsgruppe überstiegen. Jedenfalls würde verständlich, warum wir im ganzen in den frühen Papyri relativ wenige theologisch bewußte Varianten finden. Dafür hatten die Kopisten weder Zeit, noch Kraft, noch Neigung[90].

Auch wenn wir nach dem Zweck solcher Textabschriften fragen, dürfen wir uns von dem mangelnden Interesse am genauen Text, das sich allenthalben in der frühesten christlichen Literatur und ihren Zitaten ausdrückt, wohl nicht allzu sehr beirren lassen. Denn *einen* Ort gibt es, an dem Gemeinden einer Texthandschrift bedurften. Das ist die Lesung im Gottesdienst. Zwar ist uns erst relativ spät, in der bekannten Stelle bei Justin[91], die lectio aus den «Erinnerungen der Apostel» bezeugt. Aber so, wie schon Paulus die Verlesung seiner Briefe vor allen Brüdern doch wohl im Gottesdienst fordert[92], kann man mit der Verlesung auch neutestamentlicher Texte wohl schon vor der Mitte des 2. Jahrhunderts rechnen[93]. Irenäus betont einmal an herausgehobener, kämpferischer Stelle seines Werkes, daß es in der Kirche allein «die unverfälschte Bewahrung der Schriften, ihre vollständige Auslegung[94] ohne Zufügung und Auslassung sowie die Lesung ohne Verfälschung» gebe[95]. Diese «lectio sine falsatione» bedurfte der genauen Handschriften. Dem entspricht, daß Roberts in mehreren der christlichen Papyri des 2. Jahrhunderts Lesehilfen festgestellt hat: «accents, breathings, punctuation, marks to indicate foreign words»[96]. Er notiert das als

90. Ausnahmen bestätigen natürlich immer die Regel. Ein P[72], ohnehin innerhalb der Gruppe der hier betrachteten Papyri sehr spät, ist eine solche, wohl die Privathandschrift eines Christen, der sich kleinere Schriften, die ihm am Herzen lagen (Protevangelium Jacobi; apokrypher Korintherbrief; 11. Ode Salomos; Judasbrief; Melito, Passa-Homilie; christlicher Hymnus; Apologie des Phileas; Psalm 33 und 34; 1. und 2. Petrusbrief) in einem Codex sammelte oder selbst abschrieb. Dementsprechend finden wir hier häufig bewußte theologische und sprachliche Korrekturen.

91. Apol. 67,3.

92. 1. Thess 5,27. Dazu, wie zur Geschichte der Schriftlesung im Gottesdienst überhaupt s. jetzt F. HAHN, s.v. *Gottesdienst III (Neues Testament)*, in *TRE* Bd. 14, 28-39, bes. 33f.

93. Das muß natürlich nicht überall in gleicher Weise der Fall gewesen sein, gewiß aber doch in den Gemeinden, für die ein bestimmtes Evangelium besonders wichtig war bzw. in den paulinischen Gemeinden, die (mindestens) die Paulinen verlasen.

94. D.h. nicht nur die Auslegung einzelner aus dem Zusammenhang gerissener Sätze.

95. Der Text, der auf eine betonte Darstellung der regula fidei folgt, lautet: ... es sei auf uns gelangt «custoditio sine fictione Scripturarum, plenissima tractatio neque additamentum neque ablationem recipiens, et lectio sine falsatione, et secundum Scripturas expositio legitima et diligens et sine periculo et sine blasphemia, ...» 4,33,8.

96. ROBERTS a.a.O. (s. oben S. 14 Anm. 39) S. 21. Unter den von Roberts betrachteten sehr frühen Papyri sind natürlich nicht nur neutestamentliche, sondern 10 biblische (AT und NT) und 4 nicht-biblische (das Egerton-Fragment, der Hirte des Hermas, das Thomasevangelium und Irenäus, Adv. Haer.). Vgl. die Zusammenstellung S. 13f. Für alle gilt aber (außer vielleicht für den Irenäus-Papyrus), daß sie für die Lesung in Frage kommen.

auffällig, weil es an sich nicht zu dem «documentary style» dieser
Handschriften paßt: «all this is quite alien to the documents and not
all that common in the literary papyri, not at least in the abundance
in which they are found in some Christian texts»[97]. Umso mehr
spricht dafür, daß frühe Handschriften im wesentlichen für die lectio
geschrieben wurden. Sie konnte von schlichten Gemeindeleitern nicht
ohne Lesehilfen bewältigt werden. Wie auch? Sie hatten ja gewiß nicht
den Unterricht in der ἀνάγνωσις empfangen, mit dem die grammatische
Ausbildung begann. Die von Roberts in den frühesten Papyri beobach-
teten Lesehilfen setzen sich auch in den Handschriften der folgenden
Jahrhunderte reichlich fort, und zwar so, wie wir es bei dem anvisierten
Benutzerkreis erwarten dürfen: nicht regelmäßig, nicht Schulregeln
folgend, sondern willkürlich, unregelmäßig, d.h. eben so, wie man die
Hilfen im einzelnen Fall gebrauchte.

Das Kopieren der Texthandschriften und das Zitieren der Texte in
theologischen Traktaten scheint also in der frühesten Zeit unbeeinflußt
voneinander und nebeneinander geschehen zu sein. Nimmt man das an,
dann wird die Genauigkeit dort und die Freiheit hier verständlich. Das
positive Urteil über die Zuverlässigkeit der frühen handschriftlichen
Überlieferung bestätigt später Origenes. Er ist ein Textkritiker, und
zwar der erste unter den christlichen Schriftstellern, der diesen Namen
verdient, mit Gespür, Methode und Fleiß. Er muß es sein. Denn wenn
er den Text auch des Neuen Testaments für verbalinspiriert, wider-
spruchslos und in jedem Fall für sinnvoll hält, dann muß er auch einen
textkritisch gesicherten Text benutzen. Er verfährt auch dementsprechend, indem er sorgfältig in seinen Kommentaren die Abweichungen
der Handschriften bespricht und behutsam den Text zu heilen versucht.
Diese Abweichungen, die wir auf diese Weise kennenlernen, sind relativ
geringfügig. Sie ähneln häufig uns auch sonst bekannten Lesarten.
Auch wenn das nicht der Fall ist, wenn es sich also um Singulärlesarten
handelt, entsprechen diese doch in Ausmaß, Umfang und Gewichtigkeit
des Eingriffs etwa den uns bekannten Varianten aus den erhaltenen
frühen Papyri und Pergamenten. Daraus ergibt sich, wie Origenes den
Zustand der ihm zugänglichen Handschriften des Neuen Testaments
einschätzte: sie waren nicht fehlerfrei, aber sie waren durch einzelne
behutsame Korrekturen an verschiedenen Stellen zu heilen[98]. Die
Überlieferung in den Texthandschriften war im ganzen nicht so, daß sie
eine umfängliche textkritische Unternehmung wie die Hexapla erfordert
hätte. Das entspricht dem Befund der uns vorliegenden frühen neutestamentlichen Papyri.

Die Zitate aus der frühesten theologischen Literatur und insbesondere

97. ROBERTS a.a.O., S. 21.
98. Zu seinen textkritischen Prinzipien s. oben S. 22 Anm. 72.

die Evangelienzitate sind dagegen nicht als Textzeugen anzusehen und sollten als solche vielleicht aus den kritischen Apparaten wissenschaftlicher Editionen des Neuen Testaments ganz herausgelassen werden. Frühestens ab 150, wenn man wegen des beginnenden «Textbewußtseins» annehmen kann, daß die christlichen Autoren nicht nur den zu zitierenden Text aus den neutestamentlichen Schriften entnahmen[99], sondern ihn auch bewußt genau wiedergeben wollten, erhalten die Zitate die Qualität von Textzeugen im textkritischen Sinn. Denn nur dann besteht einige Aussicht darauf, aus dem Zitat auf die dem zitierenden Autor vorliegende Texthandschrift zurückschließen zu können.

Wir überprüfen das abschließend wieder an den Zitaten des Ptolemäus, von denen wir ausgingen. Es zeigt sich dann: Auch die sog. genauen Zitate, die prinzipiell den neutestamentlichen Text exakt wiedergeben wollen[100], sind noch um einiges freier als es die sog. «freien» Texte der frühen Handschriften sind! Auch da nämlich, wo keinerlei Verdacht auf eine tendenziöse Variation besteht, gibt es in den gnostischen Zitaten kleinere Änderungen, die in gleicher Weise in den frühen Handschriften nicht vorkommen.

Ich demonstriere das an Ptolemäus' Zitat von Lk 9,61-62 (bei Iren. 1,8,3). Der Text lautet bei ihm so:

Ἀκολουθήσω σοι, ἐπίτρεψον δέ μοι πρῶτον ἀποτάξασθαι τοῖς οἰκείοις — οὐδεὶς ἐπ' ἄροτρον τὴν χεῖρα ἐπιβαλὼν καὶ εἰς τὰ ὀπίσω βλέπων εὔθετός ἐστιν ἐν τῇ βασιλείᾳ τῶν οὐρανῶν[101].

Der griechische Text ist wie die gesamten Anfangskapitel des Irenäus bei Epiphanius erhalten. Die lateinische Übersetzung bestätigt den griechischen Text genau, mit der einzigen Ausnahme, daß sie πρῶτον ausläßt. Das bei Lukas zwischen beiden Sätzen stehende «Jesus sagte ihm» setzt Ptolemäus in paraphrasierender Form schon vor das Gesamtzitat. Das ist legitim.

---

99. Das Datum 150 wird hier genannt, weil auf die Zitate Justins in textkritischen Apparaten nicht grundsätzlich verzichtet werden kann. Er stützt sich zwar möglicherweise z.T. auf katechismusartige Zusammenstellungen aus den synoptischen Evangelien (so A.J. BELLINZONI, *The Sayings of Jesus in the Writings of Justin Martyr*, Leiden, 1967, S. 140ff), die durch Harmonisierungen gekennzeichnet sind, aber sein Zitierstil ist doch schon so genau, daß er vor allem bei Unterstützung seiner Lesarten durch andere Zeugen als besonders früher Beleg einer Variante gewertet werden kann. Justins Zitierstil paßt damit zu der hier dargestellten allmählichen Ausbildung eines «Textbewußtseins» bei den zitierenden Autoren der frühen Kirche. Er steht etwa an der Wende zweier Epochen, schon mehr der kommenden als der vergangenen zugewandt.

100. Nur wenn sie das wollen, können sie von Irenäus als gnostischer «Schriftbeweis» ausgegeben werden. Wenn sie nicht genau zitierten, hätte Irenäus das bei seiner Intention zweifellos vermerkt und nicht nur auf die falsche gnostische Auslegung der Schriften (das «Anpassen» der Texte an die gnostische Theologie) verwiesen.

101. Vgl. den ausführlichen Abdruck des Textes oben S. 11 Anm. 29.

Für das Weitere gilt: Ptolemäus läßt κύριε aus. Darin könnte vielleicht, nicht notwendig, Absicht liegen, denn κύριος ist für den Gnostiker nur Gott (vgl. aber die Omission von κύριε im parallelen V. 59 in B* D sy^s, Or). Alles übrige an Veränderungen bzw. hauptsächlich Umstellungen jedoch hat keinerlei tendenziösen Charakter. Am auffälligsten sind die Umstellungen: ἐπίτρεψον δέ μοι πρῶτον ... statt Lk: πρῶτον δὲ ἐπίτρεψόν μοι ... Hier liest allerdings D genau wie Ptolemäus, ebenfalls in Parallele zu V. 59 mit א B Ψ und einigen Minuskeln. Im unmittelbar folgenden ἀποτάξασθαι τοῖς εἰς οἶκόν μου liest D mit den übrigen, die vor οἶκον den Artikel einfügen, Ptolemäus dagegen, sprachlich gewandter: ἀποτάξ. τοῖς οἰκείοις. — Oder: οὐδεὶς ἐπ᾽ ἄροτρον τὴν χεῖρα ἐπιβαλὼν ... statt Lk: οὐδεὶς ἐπιβαλὼν τὴν χεῖρα ἐπ᾽ ἄροτρον ... — Schließlich: εἰς τὰ ὀπίσω βλέπων bei Ptolemäus, statt Lk: βλέπων εἰς τὰ ὀπίσω. Die Wortstellung des Ptolemäus finden wir auch bei P^{45 vid} und D, aber dort in einem ganz anders geordneten Satzgefüge, in dem das Zurückschauen vor dem Pflug genannt wird.

Wie soll man ein solches Zitat beurteilen? Es ist nicht unmöglich, daß Ptolemäus die Sätze wortwörtlich so, wie er sie zitiert, in der frühen Handschrift, die er benutzte, vorfand. Die Parallelen, auch zum Kontext bei Lk, wurden genannt. Die Umstellungen und die Glättung sind die Art von Varianten, die in frühen Codices vorkommen. Das zeigen die teilweisen Übereinstimmungen mit frühen Handschriften. Eine endgültige Entscheidung darüber, was Ptolemäus in diesem Fall in seiner Handschrift las und was auf das Konto seiner eigenen Veränderung ging, ist kaum möglich. Jedoch hat sein Zitat so relativ viele Varianten dieser Art, daß das die Freiheiten auch jedes «freien Textes» der Frühzeit doch wohl übersteigt. Noch einige weitere Beispiele:

— Mt 3,12 (bei Iren. 1,3,5) τὸ πτύον ἐν τῇ χειρὶ αὐτοῦ διακαθᾶραι τὴν ἅλωνα καὶ συνάξει τὸν σῖτον εἰς τὴν ἀποθήκην αὐτοῦ, τὸ δὲ ἄχυρον κατακαύσει πυρὶ ἀσβέστῳ (so auch Ir^{lat})[102].

Hier liegt zwar zusätzlich zur Vertauschung des αὐτοῦ (mit E L u.a.) Paralleleinfluß aus Lk (διακαθᾶραι) vor. Das könnte aber so in einer Texthandschrift gestanden haben.

— 1. Kor 2,14-15 (bei Iren. 1,8,3) ... ὅπου δέ · «Ψυχικὸς ἄνθρωπος οὐ δέχεται τὰ τοῦ Πνεύματος», ὅπου δέ · «Πνευματικὸς ἀνακρίνει τὰ πάντα» · τὸ δὲ «Ψυχικὸς οὐ δέχεται τὰ τοῦ Πνεύματος» ἐπὶ τοῦ Δημιουργοῦ φασιν εἰρῆσθαι (so auch Ir^{lat})[103].

---

102. Mt 3,12 N^{26} οὗ τὸ πτύον ἐν τῇ χειρὶ αὐτοῦ καὶ διακαθαριεῖ τὴν ἅλωνα αὐτοῦ καὶ συνάξει τὸν σῖτον αὐτοῦ εἰς τὴν ἀποθήκην, τὸ δὲ ἄχυρον κατακαύσει πυρὶ ἀσβέστῳ.

+ Lk 3,17 N^{26} οὗ τὸ πτύον ἐν τῇ χειρὶ αὐτοῦ διακαθᾶραι τὴν ἅλωνα αὐτοῦ καὶ συναγαγεῖν τὸν σῖτον εἰς τὴν ἀποθήκην αὐτοῦ, τὸ δὲ ἄχυρον κατακαύσει πυρὶ ἀσβέστῳ.

zu Mt 3,12 τὸν σῖτον εἰς τὴν ἀποθήκην αὐτοῦ E L u.a.

103. 1. Kor 2,14-15 N^{26} ψυχικὸς δὲ ἄνθρωπος οὐ δέχεται τὰ τοῦ πνεύματος □τοῦ

Die Gesamtheit der Zeugen liest δέ post ψυχικός und ebenso vor πνευματικός (V. 15) ein δέ, Ptolemäus ließ das wegen der jeweiligen Einleitungsformel ὅπου δέ aus. Nach πνεύματος übergeht er aber in beiden Zitierungen des Verses das τοῦ θεοῦ. Es handelt sich dabei wohl nicht um eine tendenziöse Auslassung, denn eine Reihe von frühen Vätern, u.a. Clemens und Origenes und einige verstreute Minuskeln bezeugen die Omission ebenfalls. So kann Ptolemäus sie in seiner Handschrift gelesen haben. Die Variante kann aber durchaus auch bei verschiedenen Schreibern unabhängig voneinander entstanden sein.

— Gal 6.14 (bei Iren. 1,3,5): ἐμοὶ δὲ μὴ γένοιτο ἐν μηδενὶ καυχᾶσθαι, εἰ μὴ ἐν τῷ σταυρῷ τοῦ Χριστοῦ, δι᾽ οὗ ἐμοὶ κόσμος ἐσταύρωται, κἀγὼ κόσμῳ (so auch Ir[lat])[104].

Die verstärkende Zufügung ἐν μηδενί ist in unseren Handschriften bisher unbezeugt. Sie enthält keinerlei Tendenz im Sinne des zitierenden Gnostikers.

— 1. Kor 11,10 (bei Iren. 1,8,2): δεῖ τὴν γυναῖκα κάλυμμα ἔχειν ἐπὶ τῆς κεφαλῆς διὰ τοὺς ἀγγέλους (Ir[lat]: oportere mulierem velamen habere...)[105].

Die an dieser Stelle gewöhnlich als Zeugen für die Lesart κάλυμμα aufgeführten frühen Übersetzungen tragen nichts aus. Wenn sie eine solche Übertragung lieferten, war das eine Erklärung für das schwierige ἐξουσίαν des griechischen Textes. Da Ptolemäus hier außer der Änderung an dieser Stelle auch noch das Verbum anders wählt, könnte hier eine eigene glättende Umformung von ihm selbst vorliegen.

Wir fassen zusammen: Die hier angeführten Stellen bieten nur im Verein mit den oben schon behandelten[106] ein klares Bild. Es ergibt sich, daß Ptolemäus' Zitate trotz offensichtlichen Bestrebens zur Genauigkeit zwar eine größere Anzahl von «Freiheiten» aufweisen, als es die frühen Texthandschriften (Papyri) tun[107]. Diese «Freiheiten» sind aber von derselben Art, wie sie auch die frühen Handschriften mit «freiem» Text aufweisen. In diesem Zusammenhang ist eine Beobach-

θεοῦ᾽· μωρία γὰρ αὐτῷ ἐστιν καὶ οὐ δύναται γνῶναι, ὅτι πνευματικῶς ἀνακρίνεται. ὁ δὲ πνευματικὸς ἀνακρίνει ʽ[τὰ] πάντα᾽, αὐτὸς δὲ ὑπ᾽ οὐδενὸς ἀνακρίνεται.
[□] 1506 pc sy[p]; Ir[lat] | ʽ†μεν παντα ℵ¹ B D² Ψ𝔐 ¦ παντα F G; Cl ¦ μεν τα παντα P 6. 33. 81. 365. 630. 1739 pc ¦ txt P⁴⁶ A C D* (ℵ* h.t.).

104. Gal 6,14 N²⁶ Ἐμοὶ δὲ μὴ γένοιτο καυχᾶσθαι εἰ μὴ ἐν τῷ σταυρῷ τοῦ κυρίου ἡμῶν Ἰησοῦ Χριστοῦ, δι᾽ οὗ ἐμοὶ κόσμος ἐσταύρωται κἀγὼ κόσμῳ.

105. 1. Kor 11,10 N²⁶ διὰ τοῦτο ὀφείλει ἡ γυνὴ ʽἐξουσίαν ἔχειν, ἐπὶ τῆς κεφαλῆς διὰ τοὺς ἀγγέλους.
ʽ καλυμμα vg[mss] bo[pt].

106. Vgl. S. 10ff.

107. Die Zitate aus den Paulinen sind im allgemeinen genauer als die aus den Evangelien, was aber keineswegs verwundert. Es entspricht nur dem Befund in den Handschriften. Die Möglichkeit von Paralleleinfluß entfällt. Im übrigen sind die gnostischen Paulus-Zitate bei Irenäus durchweg kürzer als die aus den Evangelien, weshalb eine Reihe von ihnen, meist wörtlich genau, hier ganz übergangen wurden.

tung von Harnack wichtig[108]. Er stellte an den neutestamentlichen
Zitaten aus dem Brief an die Flora «eine Übereinstimmung mit den
abendländischen Zeugen» fest. Das ist so zwar nicht zu halten. Denn
D, der Hauptzeuge dafür, stammt nicht aus dem Abendland. Außerdem
haben die Varianten, in denen D mit Ptolemäus' Text übereinstimmt,
keinen typisch «westlichen» Charakter. Es sind kleinere Änderungen,
die meist auch noch von wenigen anderen Zeugen mitgelesen werden,
aber weit entfernt von den großen Zufügungen und Texteingriffen des
«westlichen» Hauptredaktors sind. Dennoch ist Harnacks Beobachtung
richtig — sie läßt sich auch an den Zitaten des Ptolemäus aus Irenäus
erhärten[109] — aber anders zu deuten: Der neutestamentliche Text des
Gnostikers erinnert an einen bestimmten Typ von Handschriften, deren
Text ich an anderer Stelle als «vorwestlich» zu charakterisieren versucht habe[110], d.h. Handschriften (die bekannte späte 614 ist ein
Nachfahre davon) mit kleineren und zuweilen größeren, zum Teil
intelligenten Eingriffen in den Text, deren Schreiber ihrer Aufgabe des
Kopierens in einer freieren Überlieferungsauffassung als üblich gegen-
überstanden. Handschriftliche Vorlagen dieser Art wurden daher wohl
bei jedem Kopiervorgang wieder neu geändert. Aus dieser freieren
Kopistentradition stammt der sog. «westliche» Hauptredaktor. Ein
Manuskript dieses Typs hat er redigiert und aufgrund einer solchen
schon sehr «freien» Vorlage den sog. «westlichen» Text geschaffen. In
diese Tradition passen auch Ptolemäus' Zitate. D.h. daß wir zwar nicht
den Texttyp (im strengen textkritischen Sinn verstanden) seiner Vorlage
bestimmen können — wir haben dafür vor allem zu wenig Text-
masse — wohl aber kennen wir den Charakter seiner Vorlage und
können die Spuren davon in der frühen Überlieferung nachweisen. Mit
aller Vorsicht sei es gesagt: Ptolemäus scheint eine relativ «freie»[111]
Handschrift «vorwestlichen» Charakters benutzt und diese relativ
«freie» Vorlage wiederum relativ «frei» redigiert zu haben, ohne jedoch
— und das ist entscheidend — die Grenzen des prinzipiell genauen
Zitierens zu überschreiten, d.h. ohne sich von der Vorlage grundsätzlich
zu lösen, wie es die frühen «zitierenden» Autoren taten. Damit tritt eine

108. HARNACK a.a.O. (s. oben S. 7 Anm. 19) S. 613 und 614, dort mit Anm. 1.
109. In Lk 9,60 (Iren. I 8,3); Lk 19,5 (Iren. I 8,3); Lk 7,35 (Iren. I 8,4) weist Ptolemäus
kleinere Übereinstimmungen mit D auf. Entsprechend ließen sich aber auch einige
Varianten gegenüber dem Nestle nennen, die in anderen griechischen Handschriften
— meist schwach — bezeugt sind. Es überwiegt jedoch wohl die Parallelität zu D, was
nichts anderes heißt, als daß eine gewisse Nähe zu einer der Vorstufen des «westlichen»
Textes besteht. Die «westliche» Hauptredaktion gab es höchstwahrscheinlich zur Zeit des
Ptolemäus noch nicht. S. dazu die folgende Anm.
110. B. ALAND, *Entstehung, Charakter und Herkunft des sog. westlichen Textes,*
untersucht an der Apostelgeschichte, in *ETL* 62, 1986, 5-65, bes. 20f; 27f; 31-36; 49 und
56.
111. Der Terminus «frei» ist hier im Sinne des oben besprochenen «freien Textes»
gemeint, s. S. 26f.

erste Verbindung zwischen der Kopiertradition der Texthandschriften einerseits und dem Zitierstil christlicher Autoren andererseits in den Blick, die vorher unabhängig voneinander waren. Das Zitat ist aber immer noch freier als die freie Handschrift.

Das bestätigt die Überprüfung aller übrigen gnostischen Zitate in Irenäus' ketzerbekämpfendem Werk. Sie gleichen denen des Ptolemäus[112] in etwa demselben Verhältnis von Wörtlichkeit, leichter sprachlicher Umstilisierung und tendenziöser bewußter Variation[113]. Unter die Umstilisierungen, die auch in «freien» bis «paraphrasierenden» Texthandschriften vorkommen können, aber nicht in so großer Zahl, fallen folgende Beispiele: In Lk 19,41f (Iren. I 20,2) statt «...ἐν τῇ ἡμέρα ταύτη...» bei Marcus/Irenäus «...σήμερον...». In Mt 21,23 (und Parallelen) bei Iren. I 20,2 statt ἐν ποίᾳ ἐξουσίᾳ ταῦτα ποιεῖς bei Marcus/Irenäus «...δυνάμει...». In Lk 12,58-59 (cf. Mt 5,25) bei Irenäus I 25,4 statt «...μήποτε κατασύρῃ σε πρὸς τὸν κριτήν...» bei Carpokrates/Irenäus (neben mehreren kleineren Omissionen und Umstellungen): «...ne forte te det iudici...». Das Verbum dare kann hier allerdings von der Matthäusparallele (παραδῷ) beeinflußt sein, obwohl diese im ganzen einen anderen Text bietet als Lk/Carpokrates[114]. Lk 12,50 (Iren. I 21,2) statt: «βάπτισμα δὲ ἔχω βαπτισθῆναι,

112. S. dazu auch oben S. 10ff und 31ff.

113. Ein möglicherweise ernsthafter Einwand dagegen bzw. gegen Irenäus als zuverlässigen Zeugen von fremden Zitaten muß aber zumindest genannt werden. Bei einer parallelen Untersuchung der gnostischen Zitate bei Irenäus, der Zitate aus der sog. Presbyterpredigt (4, 27-32) bzw. anderer Stücke, die Irenäus aus ihm bekannter kirchlicher Literatur in sein Werk (vielleicht) übernommen hat, sowie schließlich der Zitate von Irenäus selbst, fiel mir auf, daß sie alle mehr oder weniger den gleichen Charakter haben. Die Hoffnung, etwa die Presbyterpredigt aufgrund einer dort anderen Zitierweise eindeutig als Fremdkörper im Werk des Irenäus ausmachen zu können, zerschlug sich also. Was bedeutet das? Es ist möglich, und ich hoffe, es ist so, daß tatsächlich in den Jahren von 160 ab (auch die übernommenen Stücke von Irenäus werden nicht viel älter sein) die Zitierweise tatsächlich so einheitlich war, wie sie sich hier darstellt. Die Zitierweise bei Athenagoras spricht dafür. Oder aber Irenäus hat die von ihm zitierten Zitate in seiner Weise umgeändert und vereinheitlicht. Das ist aber wohl bei einem Autor wie ihm, seinen Neigungen und (begrenzten) sprachlichen Fähigkeiten, kaum wahrscheinlich. Was diese Neigungen und sprachlichen Fähigkeiten angeht, war Clemens von Alexandrien, der andere «Exzerptor» aus Ptolemäus, ganz anders und ungleich lebendiger geartet. Daher sind ihm viel größere Eingriffe in den exzerpierten und zitierten Text zuzutrauen. — Immerhin bleibt das auffällige Faktum, daß die Zitate bei Irenäus sich alle, unabhängig von ihrer Provenienz, erheblich ähneln, was ihre Zitierweise angeht (von tendenziösen Änderungen der Gnostiker natürlich abgesehen). Das muß beachtet werden.

114. Den zweiten Teil dieses Zitats (Lk 12,59) bringt Irenäus im selben Paragraphen zweimal, und zwar in variierender Form: «...non exies inde, donec reddas novissimum quadrantem» (in dieser Form auch D it vg^mss mit der Mt-Parallele) und «quoadusque novissimum quadrantem reddas». Die Variation geht entweder auf den lateinischen Übersetzer oder aber, was wahrscheinlicher ist, auf den zitierenden Irenäus zurück. Denn auch seine Zitierweise ist ja nicht sklavisch. Selbst bei ihm wichtigen Zitaten bietet er in der Wiederholung geringfügige Änderungen ohne Sinnvariation bzw. geht über solche

καὶ πῶς συνέχομαι ἕως ὅτου τελεσθῇ» bei Marcus/Irenäus schon mit
der deutlicher Sinnverschiebung: «καὶ ἄλλο (scil. eine andere Taufe als
die des Johannes) βάπτισμα ἔχω βαπτισθῆναι, καὶ πάνυ ἐπείγομαι εἰς
αὐτό»[115]. Bis auf das letzte Beispiel wird man diese Synonyma in den
Texthandschriften des Neuen Testaments auch finden können, kaum
aber so gehäuft.

Die Ursache für die Differenz zwischen Zitat und Texthandschriften
liegt natürlich in der größeren Freiheit des Zitierenden im Vergleich mit
dem Kopisten eines Manuskripts. Von Bedeutung ist, daß sich an
diesem Zitierverhalten, das wir bei den Gnostikern beobachten, grundsätzlich auch bei den altkatholischen Vätern, auch noch bei Origenes,
nichts zu ändern scheint. Es bleibt bei dieser prinzipiellen Freiheit bzw.
dem Desinteresse an «Geringfügigkeiten». Das gilt für alle frühen
Väter. Erhebliche Unterschiede sind zwischen ihnen insofern zu konsta-
tieren, als diese prinzipielle Freiheit von den einzelnen Vätern indivi-
duell verschieden weit ausgelegt wird. Clemens von Alexandrien geht
dabei zeitweilig sicher am weitesten. Das hübsche Beispiel, das von
Dobschütz anführt[116], lohnt genannt zu werden. Im Zitat von Mt 9,6
(bzw. parr.) ersetzt Clemens (im Paid. 1,6,3) buchstäblich jedes Wort
durch elegantere Synonyme und ändert entsprechend auch die Wortstellung: «ὁ σωτὴρ 'ἀνάστα' φησὶ τῷ παρειμένῳ 'τὸν σκίμποδα ἐφ' ὃν
κατάκεισαι λαβὼν ἄπιθι οἴκαδε'». Doch das sind Ausnahmen. Clemens stilisiert hier das Zitat nach antiken Anforderungen und ist daran
zu messen. Im allgemeinen sind seine Zitate viel genauer und denen der
übrigen altkatholischen Väter zu vergleichen[117].

Änderungen in gnostischen Zitaten, ohne Anstoß zu nehmen, hinweg, auch wenn er eine
bestimmte gnostische Variante eines solchen Verses ausführlich kommentiert. So in dem
ausführlich besprochenen Zitat Mt 11,27, das Irenäus in 4,6,1; 4,6,3 und 4,6,7 geringfügig
variiert zitiert. Ebenso geht er über die gnostische Wortumstellung (Vater/Sohn) und die
Tempusänderung (statt βούληται ἀποκαλύψαι bei den Gnostikern ἀποκαλύψῃ) ohne ein
Wort hinweg, widmet aber der Variante ἐπιγνώσκει/ἔγνω aus demselben Vers ein ganzes
Kapitel.

115. Sinngemäß entsprechend, in den Worten anders, auch bei Epiphanius zitiert:
«...λέγει ὅτι ποτήριον ἔχω πιεῖν, καὶ τί σπεύδω ἕως οὗ πίω αὐτό · καὶ βάπτισμα ἔχω
βαπτισθῆναι, καὶ τί θέλω εἰ ἤδη ἐβαπτίσθην (Pan. haer. 69,60,4; Arianer). Das ist ein
gutes Beispiel für gnostische Umformung des Textes und häretische Weiterentwicklung
des einmal umgeformten Schriftverses (der «westlichen Weiterentwicklung der Paraphra-
sierung in den verschiedenen Stufen dieser Textform vergleichbar). Diese wilde Umformung ist aber gerade für die frühen Gnostiker der Generation des Ptolemäus nicht die
Regel.

116. E. von DOBSCHÜTZ, *Eberhard Nestle's Einführung in das Griechische Neue Testament*, 4. Aufl., Göttingen, 1923, S. 6.

117. Vgl. dazu die oben S. 23 Anm. 76 genannten Beispiele aus seinem Traktat Quis
dives salvetur. Dort sind auch die Gründe für das wörtliche Zitieren einerseits und das
freie Variieren andererseits klar zu erkennen.

Damit kommen wir zum Schluß. Das Thema, das uns im Rahmen der Tagung über die Rezeption des Neuen Testaments in der Frühzeit vorgegeben war, erwies sich zwar als viel zu umfassend für einen Aufsatz, aber doch als ungemein fruchtbar und anregend. Es zeigte sich, daß lediglich textkritisch vergleichende Arbeit der gestellten Aufgabe nicht gerecht werden kann, sondern daß der Blick in sehr viel größere Weiten gerichtet werden muß, d.h. die kirchenhistorischen und exegetischen sowie die zeitgenössischen Gegebenheiten, vor allem in sprachlich/literarischer Hinsicht, intensiv mitbedacht werden müssen, um das vorhandene Material zu verstehen. Daß das hier nur andeutungsweise durchgeführt werden konnte, versteht sich von selbst. Ich fasse hier nicht die Einzelergebnisse, sondern nur das zusammen, was vielleicht als Anregung zur Weiterarbeit dienen kann.

Die frühe Überlieferung des neutestamentlichen Textes erfolgt in Texthandschriften und Zitaten. Beide entwickeln sich zunächst unabhängig voneinander. Das Kopieren der Handschriften wird in frühester Zeit möglicherweise von unliterarischen Schreibern besorgt, was bestimmte Arten von Fehlern, aber auch eine hohe Genauigkeit zur Folge hat. Die Zitate haben in frühester Zeit zunächst keinen erkennbaren Bezug zu dieser handschriftlichen Tradition. Erst von der Mitte des 2. Jahrhunderts an bildet sich bei den christlichen Autoren ein «Textbewußtsein» aus, und man zitiert erst dann nach vorliegenden Texthandschriften. Erst jetzt beginnt die Geschichte des christlichen neutestamentlichen Zitates. Auf sie wirken gegensätzliche Komponenten ein, unter deren widersprüchlichem Einfluß man erst sehr allmählich zu einem sicheren Umgang mit dem Schriftwort gelangt. Einerseits sind insbesondere die literarisch ambitionierten christlichen Autoren (zu denen auch Ptolemäus gehört haben kann) bestrebt, den Gepflogenheiten der zeitgenössischen Zitierpraxis zu folgen, d.h. die Zitate in ihren Kontext einzupassen, sie entsprechend umzustilisieren und zu variieren, und zwar umso mehr, je beschwerlicher der Stil (besonders der der Evangelien) empfunden wurde. Dagegen steht andererseits die wachsende Einsicht, daß das Neue Testament kein Text wie andere Texte und auch keine Autorität wie andere Autoritäten ist, sondern vorgegebene Offenbarung, der wortwörtlich nachzuhören ist. Das muß Auswirkungen für die Zitierpraxis haben und hat sie. Feinfühlige Autoren wie Origenes formen insbesondere in Kommentaren ihre Sätze so, daß sie die Worte des auszulegenden Schrifttextes in dem Kasus, in dem sie im Text stehen, in ihren eigenen Satz aufnehmen können. Man paßt also dann nicht, wie es üblich war, das Zitat dem eigenen Kontext, sondern diesen dem Zitat an, was einer grundsätzlichen Kehrtwende griechischen stilistischen Empfindens gleichkommt. Dennoch findet sich bei den gleichen Autoren auch manche unbegreifliche Ungenauigkeit, ja scheinbare Leichtfertigkeit im Umgang mit dem Schriftzitat, die noch der Erklärung harrt.

Daher müssen bei künftigen Untersuchungen über den spätantiken Umgang mit dem Schriftwort drei Aspekte berücksichtigt werden: Es muß erstens gefragt werden, wie ein Autor ein bestimmtes Schriftwort verstand, und zwar nach dem Kontext bzw. parallelen Verwendungen des Wortes bei demselben Schriftsteller. Es muß zweitens untersucht werden, wie die Zitate in die Sprache der Autoren einbezogen werden bzw. ihre Sprache sowie den Aufbau und literarischen Charakter und die Gattung ihrer Werke bestimmen. Schließlich muß das christliche Zitieren immer im Verhältnis und auf dem Hintergrund zum zeitgenössischen nicht-christlichen Stilempfinden gesehen werden, weil Einflüsse von hier stets möglich bleiben[118]. Nur bei einer so weitgreifenden Betrachtung wird man hoffen können, einem Verstehen des frühchristlichen Umganges mit dem Schriftwort näher zu kommen. Nur dann wird man aber auch den textkritischen Wert der frühen Schriftzitate erfassen können. Bloßes Vergleichen mit zufällig erhaltenen Texthandschriften und entsprechendes Auflisten von Übereinstimmungen und Abweichungen genügt nicht. Nur wenn man aufgrund genauer Kenntnis eines Autors begründet vermuten kann, wo er bei Schriftzitaten variiert und wo er mit hoher Wahrscheinlichkeit einen ihm vorliegenden Text wiedergibt, kann man die Zitate textkritisch nutzen. Nur dann wird man die Väterzitate in der neutestamentlichen Textforschung als das verwenden können, was sie sind: die einzigen festen Inseln im Strom der Gesamtüberlieferung, die genau über Zeit und Ort der Bezeugung einer Variante bzw. einer Textform Auskunft geben können. Wir dürfen auf ihr Zeugnis keinesfalls verzichten, wenn wir je hoffen wollen, die Geschichte der Gesamtüberlieferung zu durchdringen. Textforschung darf niemals, und vor allem nicht in der frühesten Zeit, isoliert und ohne Bezug auf die individuellen und allgemeinen Phänomene der Zeit, in der ihre Quellen entstanden, betrieben werden.

Abgeschlossen im Januar 1987.

Einsteinstraße 12   Barbara ALAND
D-4400 Münster

---

118. Diese Einflüsse sind natürlich auch während der Kopiertradition eines christlichen Werkes niemals ganz auszuschließen, so daß in diesem Fall nicht der Autor selbst, sondern irgendein Schreiber bestimmte Variationen hervorgebracht hätte.

DER APOSTEL PAULUS IM 2. JAHRHUNDERT

A. Vorbemerkungen

1. Das Thema «Paulus im 2. Jahrhundert» ist sehr umfassend formuliert; die Möglichkeiten, ihm ebenso umfassend gerecht zu werden, sind jedoch eher gering. Denn unsere einzige Zugangsmöglichkeit zur Kirche des 2. Jahrhunderts ist die uns aus dieser Zeit überkommene christliche Literatur; sie bietet aber gewiß kein vollständiges Spiegelbild von Theologie und Kirche jener Epoche. Nach «Paulus im 2. Jahrhundert» zu fragen, kann lediglich heißen, nach literarischen Bezugnahmen auf Paulus bzw. auf paulinische Briefe zu suchen. Der Gebrauch paulinischer Texte im Gottesdienst und in der mündlichen Unterweisung läßt sich dagegen für uns nicht greifen[1]; dasselbe gilt für eine mögliche Verwendung paulinischer Texte oder paulinischer Lehraussagen in der persönlichen Frömmigkeit von Christen im 2. Jahrhundert. Eine solche Art frommer Paulusverehrung abseits der theologischen Reflexion scheint es gegeben zu haben, wie die Acta Pauli erkennen lassen; andere Zeugnisse fehlen uns aber.

2. Die Zeitangabe «2. Jahrhundert» ist in gewisser Weise natürlich künstlich — die Geschichte verläuft ja nicht ˙streng nach solchen Einteilungen. Ich beziehe mich im folgenden nur auf solche Texte, deren Autoren sich selbst und ihren Lesern den zeitlichen Abstand zu Paulus ausdrücklich bewußt machen. Ich klammere deshalb die anonymen oder pseudonymen Schriften innerhalb des Neuen Testaments aus, auch wenn sie rein chronologisch ins 2. Jahrhundert gehören. Ich setze ein beim Ersten Clemensbrief. Dieser Brief wurde zwar noch in den letzten Jahren des 1. Jahrhunderts verfaßt; aber er gehört von der Sache her schon zu den hier zu untersuchenden Texten, während die vermutlich jüngeren Pastoralbriefe sich dem Leser gegenüber noch als Paulusbriefe ausgeben, als welche sie ja in der Kirche bereits des 2. Jahrhunderts rezipiert worden sind.

3. Von erheblicher Bedeutung ist die methodische Frage, was eigentlich gemeint ist, wenn nach Paulus-«Rezeption» gefragt wird. Eine umfassende, kontrollierte Aneignung paulinischer Theologie gibt es im 2. Jahrhundert vor Irenäus, soweit wir sehen, nicht. Auch ein Vorgang, der der Markus-«Rezeption» durch Matthäus und Lukas vergleichbar

---

1. Die gottesdienstliche Verwendung paulinischer Briefe ist, trotz fehlender direkter Belege, überaus wahrscheinlich; dafür spricht schon die handschriftliche Verbreitung der Texte weit über den ursprünglichen Adressatenkreis hinaus.

wäre, läßt sich im Blick auf die paulinischen Briefe nicht wahrnehmen. Formal muß man sich also beschränken auf die Analyse der einigermaßen sicheren direkten oder indirekten Hinweise auf Paulus, wobei ein strenger Maßstab anzulegen ist, damit das Bild nicht verfälscht wird[2]. Inhaltlich wird dann auch nach dem Paulus*verständnis* zu fragen sein, das bei den jeweiligen Autoren sichtbar wird. Aber es wäre ein Fehler, würde man sogleich die Frage erörtern, ob Paulus denn auch wirklich «verstanden» worden ist. Das Urteil darüber ist ja in hohem Maße abhängig von unserem eigenen Paulusverständnis; das aber kann nicht ohne weiteres als kritischer Maßstab an die Literatur des 2. Jahrhunderts angelegt werden[3]. Die entscheidende Frage kann an dieser Stelle zunächst nur lauten, ob Paulus bzw. seine Briefe für den jeweiligen Autor überhaupt wichtig waren und in welcher Weise er diese Bedeutsamkeit des Apostels dann zum Ausdruck bringt[4]. Ob dies dann auch noch sachgerecht erfolgt, ob der Autor die nach unserem Urteil «wichtigen» oder aber die weniger wichtigen Aussagen des Paulus rezipiert — das ist eine erst in zweiter Linie zu erörternde Frage.

B. Bezugnahmen auf Paulus in der Literatur des 2. Jahrhunderts

a) Großkirchliche Autoren

1. Die erste quellenmäßig greifbare Paulusrezeption außerhalb der «Paulus-Schule»[5] begegnet uns um die Wende vom 1. zum 2. Jahrhundert mit dem *Brief der römischen Gemeinde an die* ἐκκλησία *von*

2. Zahlreiche Aussagen in paulinischen Briefen waren oder wurden kirchliches Allgemeingut. Zu den Kriterien der Analyse vgl. A. Lindemann, *Paulus im ältesten Christentum. Das Bild des Apostels und die Rezeption der paulinischen Theologie in der frühchristlichen Literatur bis Marcion* (BHTh, 58), Tübingen, 1979, pp. 15-19.
3. W. Schneemelcher, *Paulus in der griechischen Kirche des zweiten Jahrhunderts*, in *Gesammelte Aufsätze zum Neuen Testament und zur Patristik* (ed. W. Bienert und K. Schäferdiek), Thessaloniki, 1974, pp. 154-181, bemerkt einleitend, (p. 157), «daß die theologische Entwicklung des 2. Jahrhunderts wirklich nicht in den Bahnen des Paulus gegangen ist». Er stellt zunächst skizzenhaft seine eigene Deutung paulinischer Theologie dar (p. 172f) und vergleicht mit diesem Bild dann die Paulusverwendung bei Ignatius, Marcion, Justin und Irenäus. Ein solches Vorgehen ist aber schon deshalb problematisch, weil die Autoren des 2. Jahrhunderts Paulus ja notwendigerweise von ihren damaligen Interessen her lasen und seine Aussagen von daher theologisch und «kirchenpolitisch» verwerteten.
4. Argumenta e silentio sind jedenfalls zu vermelden. Weder müssen Autoren, die Paulus nicht erwähnen, Paulusgegner gewesen, noch müssen «fehlende» Themen bedeutungslos gewesen sein. Die christlichen Autoren des 2. Jahrhunderts legen keine vom Anspruch her «vollständigen» Entwürfe vor, so daß aus «Lücken» Rückschlüsse auf ihr theologisches Denken insgesamt gezogen werden dürften.
5. Vgl. zu diesem Begriff H. Conzelmann, *Die Schule des Paulus*, in C. Andresen, G. Klein (eds.), *Theologia crucis – Signum crucis*. Fs. E. Dinkler, Tübingen, 1979, pp. 85-96.

Korinth[6]. Die umfangreiche Schrift belegt für Rom ein überaus positives kirchliches Paulusbild; sie belegt außerdem, daß die römischen Christen bei den Korinthern ein ebensolches Paulusbild glauben voraussetzen zu können. Mag es um die innere und äußere Situation und um das Selbstbewußtsein beider Kirchen stehen wie es will[7]: Paulus gilt hier wie dort als offenbar unangefochtene Autorität, und zwar — zumindest was Rom angeht — nicht nur formal als Inhaber des apostolischen Amtes, sondern auch sachlich im Blick auf bestimmte theologische Aussagen.

In 5,2-7 verweist «Clemens» auf die ἀγαθοὶ ἀπόστολοι Petrus und Paulus; als «größte und gerechteste Säulen» seien sie verfolgt worden und hätten den Tod erlitten διὰ ζῆλον καὶ φθόνον (5,2). Petrus wird im folgenden dann zuerst genannt (5,4); aber über Paulus weiß der Schreiber des 1 Clem sehr viel mehr und vor allem Eindrücklicheres zu sagen: Paulus ist der Weltmissionar[8], der nach vielen Leiden schließlich in Rom[9] als Märtyrer stirbt, an den ἅγιος τόπος gelangt und sich so als ὑπομονῆς ... μέγιστος ὑπογραμμός erweist. Das Stichwort ὑπογραμμός begegnet in 1 Clem nur noch zweimal, und zwar in bezug auf Christus (16,17; 33,8). Keine Gestalt der — bislang ja noch kurzen — Kirchengeschichte und auch keine Gestalt des Alten Testaments erfährt in dem Brief eine derartige Würdigung, wie sie hier dem Paulus zuteil wird.

Selbstverständlich ist Paulus für den Verfasser des 1 Clem nicht der einzige Apostel der Kirche. In 1 Clem 42.44 und 47 werden «die Apostel» genannt als die von Christus beauftragten Missionare und Kirchenorganisatoren, deren traditionsbegründende Tätigkeit die Rechtgläubigkeit der Kirche sichere. Daß aber zu diesen Aposteln in vorderster Linie der «selige Apostel Paulus» (47,1) gehöre, steht außer Frage[10] — nicht nur in Rom, sondern jedenfalls nach der Meinung des Autors auch in Korinth, denn sonst wäre dieses Paulusbild nicht so undiskutiert zur Sprache gebracht worden.

Man könnte einwenden, daß lediglich zwei namentliche Hinweise auf Paulus in einem so umfangreichen Text im Grunde recht wenig sind; auch wird an beiden Stellen eine inhaltliche Rezeption theologischer Aussagen des Paulus nicht erkennbar. Eine solche Rezeption begegnet

---

6. Eine genaue Datierung dieses Schreibens ist nicht möglich. Die These, 1 Clem sei am Ende der Herrschaft Domitians im Jahre 96 verfaßt worden, hat von 1,1 her eine gewisse Wahrscheinlichkeit, ist aber nicht zwingend. Vgl. A. JAUBERT, *Clément de Rome. Épître aux Corinthiens* (SC, 167), Paris, 1971, p. 20: Zwischen 95 und 98 n. Chr.

7. Die Frage, welche (theologischen?) Motive zur Absetzung der korinthischen Presbyter geführt hatten, muß ebenso unbeantwortet bleiben wie die Frage, warum sich die römische Gemeinde bevollmächtigt sah, in Korinth zu intervenieren.

8. δικαιοσύνην διδάξας ὅλον τὸν κόσμον, 5,7.

9. Zu dieser Deutung der Wendung ἐπὶ τὸ τέρμα τῆς δύσεως ἐλθών vgl. LINDEMANN, *op. cit.* (Anm. 2), p. 78.

10. In 42,1-4 begegnet die Idee der apostolischen Sukzession (vgl. JAUBERT, *op. cit.* [Anm. 6] pp. 84f). Die Ausnahmestellung des Paulus wird dabei nicht reflektiert.

aber an anderen Stellen[11], wobei ein besonders deutliches Beispiel herausgehoben sei: In 1 Clem 31-33 findet sich eine, wenn auch vereinfachte, Form der paulinischen Rechtfertigungslehre; in ihrem Zentrum (32,4) steht der Satz: δικαιούμεθα οὐδὲ διὰ ... ἔργων ... ἀλλὰ διὰ τῆς πίστεως. Diese Aussage sowie insbesondere auch die im Diatribenstil angefügte Fortsetzung in 33,1 (τί οὖν ποιήσωμεν, ἀδελφοί;) erinnert inhaltlich und formal an paulinisches Denken und paulinische Argumentation, wie sie beispielsweise im Übergang von Röm 5,12-21 zu Röm 6,1 sichtbar wird. Es kann kaum ein Zweifel bestehen, daß der Autor hier bewußt das paulinische Rechtfertigungsthema aufnimmt, auch wenn das für Paulus in diesem Zusammenhang so bedeutsame Gesetzesproblem dabei ausfällt. Vermutlich ist 1 Clem an dieser Stelle von Römerbrief beeinflußt — was für ein in Rom abgefaßtes Schreiben nach Korinth ja auch nicht weiter erstaunlich sein sollte.

Ohne jeden Zweifel hat der Verfasser des 1 Clem den Ersten Korintherbrief gekannt und verwendet. In 47,1 werden die Korinther gemahnt, «die ἐπιστολή» des Paulus zur Hand zu nehmen (ἀναλάβετε); es folgt ein recht genaues Referat der Thematik von 1 Kor 1,10-17. Die einstigen «Parteien» in Korinth werden dabei zwar nicht als σχίσματα (so in 1 Kor 1,10), sondern als προσκλίσεις bezeichnet; doch der sachliche Grund für diese offenkundige Abschwächung in der Terminologie[12] liegt auf der Hand: Damals standen den Korinthern immerhin zwei «bezeugte» Apostel sowie ein «von ihnen beglaubigter Mann» (Apollos) zur Auswahl (47,4), während demgegenüber die jetzige Lage (47,5: νυνὶ δέ) gänzlich inakzeptabel ist[13]. Für eine gezielte Verwendung des Ersten Korintherbriefes spricht auch das in 37,5-38,1; 46,6f begegnende Bild vom «Leib und den Gliedern». Gegen Ende des 1. Jahrhunderts mag diese Begrifflichkeit auch unabhängig von 1 Kor 12/Röm 12 ekklesiologisch geläufig gewesen sein[14]; doch die in 38,2 folgenden Gedanken zum Thema «Starke und Schwache» sowie die (knappen) Reflexionen über den «Weisen» und die «Weisheit» können als Indizien dafür gelten, daß der Verfasser sich direkt auf den paulinischen Brief bezieht[15].

Was bedeutet aber die Aussage, der Erste Korintherbrief sei in 1 Clem «verwendet» worden? Hat der Verfasser den paulinischen Brief

11. Vgl. LINDEMANN, op. cit., 177-199.

12. Der Vf. des 1 Clem vermeidet auch das von Paulus in 1 Kor 11,19 verwendete Stichwort αἵρεσις; vgl. H. PAULSEN, Schisma und Häresie. Untersuchungen zu 1 Kor 11,18.19, in ZTK 79 (1982) 180-211, p. 206.

13. Vgl. auch den Unterschied zwischen προσκλίνειν (47,4) und στασιάζειν (47,6).

14. Zur Verbreitung des Bildes vgl. H. CONZELMANN, Der erste Brief an die Korinther (KEK V), Göttingen, ²1981, p. 257.

15. Auffallend ist in 38,1 die Wendung ὅλον τὸ σῶμα ἐν Χριστῷ Ἰησοῦ, die an Röm 12,5 erinnert. Der Gebrauch von κεφαλή in 37,5 zeigt, daß der Vf. das ekklesiologische Bild des Eph (Christus als «Haupt» des Leibes) noch nicht im Blick hat.

sorgfältig durchgesehen auf alle Aussagen hin, die für ihn selbst bzw. für seine Adressaten möglicherweise hätten bedeutsam sein können? Oder hat er lediglich bestimmte Wendungen oder Details aufgegriffen, die ihm vielleicht nur aus dem Gedächtnis gerade in den Sinn kamen? Vermutlich ist weder das eine noch das andere der Fall. Der Verfasser des 1 Clem verweist dort auf Paulus oder läßt paulinische Aussagen anklingen, wo er sich den Korinthern gegenüber in besonderer Weise auf eine Autorität beziehen will. Paulus wird also nicht als «heiliges Denkmal» behandelt; seine Aussagen werden vielmehr bewußt dort eingesetzt, wo der Verfasser sie gegenwärtig zu seinen Gunsten meint ins Feld führen zu können. Ob er Paulus dabei «gerecht» wird, ob er ihn richtig verstanden hat, bleibe dahingestellt[16]. Jedenfalls besitzt der Erste Korintherbrief für 1 Clem *aktuelle* Bedeutung. So läßt es sich auch erklären, warum in Kap. 24-26 beim Thema Auferstehung 1 Kor 15 faktisch keine Rolle spielt: Da hier zwischen Rom und Korinth keine Kontroverse besteht, braucht sich der Autor an dieser Stelle nicht auf die paulinische Autorität zu berufen[17].

Kennt der Verfasser des 1 Clem außer dem Ersten Korinther- und dem Römerbrief keine weiteren Paulusbriefe? Die Antwort kann nur lauten, daß wir es nicht wissen. Dies gilt insbesondere auch im Blick auf die Frage, ob 1 Clem indirekt eine frühe Bezeugung des Zweiten Korintherbriefes enthält. Der Singular ἡ ἐπιστολή in 47,1 belegt gewiß nicht, daß es eben nur diesen einen Korintherbrief gab und der «zweite» noch gar nicht entsprechend redigiert vorlag[18]; die Formulierung läßt aber umgekehrt

16. Das Problem ist deutlich in 32,4-33,1: Anders als Paulus argumentiert 1 Clem nicht christologisch und «antinomistisch», sondern von der Schöpfung her, «weisheitlich» (JAUBERT, *op. cit.*, pp. 64f). Heißt dies, daß er Paulus «nicht verstanden» hat? Zu beachten ist der aktuelle Sinn der Rezeption der Rechtfertigungslehre: In Korinth droht ja nicht Gesetzlichkeit, sondern (zumindest aus «römischer» Sicht) der Verlust der Bereitschaft, dem Geschenk Gottes (32,1) entsprechend zu handeln; gerade wenn «Clemens» deutlich machen kann, daß die Berufung zum Christentum nicht Verdienst ist, sondern Gabe, kann er die daraus nun resultierende Forderung stärker betonen.

17. Vgl. K. ALAND, *Methodische Bemerkungen zum Corpus Paulinum bei den Kirchenvätern des zweiten Jahrhunderts*, in A.M. RITTER (ed.), *Kerygma und Logos. Beiträge zu den geistesgeschichtlichen Beziehungen zwischen Antike und Christentum*. Fs. C. Andresen, Göttingen, 1979, pp. 29-48, hier: 46: «Daß der 1. Klem bei seinem Beweis der Auferstehung nur auf die Ausführungen des Paulus in 1. Kor über Saat und Ernte eingeht, den Auferstehungsbericht aber völlig übergeht, weist darauf hin, daß die frühen Väter die Paulusbriefe zwar kennen, aus ihnen aber nur ganz selektiv auf das eingehen bzw. das anführen, was ihnen für ihre Gedanken- und Beweisgänge zweckmäßig erscheint. Beide sind von den Intentionen des Paulus weit entfernt». Muß diese Beobachtung zwingend zu der Feststellung führen, man befinde sich «in einem Tal, was die Wirkung der Theologie des Paulus angeht» (so ALAND ebenda)?

18. Daran, daß 2 Kor sich einer späteren Redaktion verdankt, kann m.E. kaum ein Zweifel sein; vgl. G. BORNKAMM, *Die Vorgeschichte des sogenannten Zweiten Korintherbriefes*, in *Geschichte und Glaube II* (BEvTh 53), München, 1971, pp. 162-194; ferner jetzt V.P. FURNISH, *II Corinthians* (AncB 32A), Garden City, 1985, pp. 29-55. Der Befund in 1 Clem 47,1 trägt für die Frage der Datierung dieser Redaktion aber gar nichts aus (s.u.).

auch nicht erkennen, daß der Verfasser auch den zweiten Paulusbrief nach Korinth kannte und wußte, daß dieser im Unterschied zum ersten «eben nicht ἐν ἀρχῇ τοῦ εὐαγγελίου geschrieben ist», wie K. Aland meint[19]. Die Wendung ἀναλάβετε τὴν ἐπιστολήν besagt nur, daß der Verfasser von der (sicher berechtigten) Annahme ausgeht, beim Stichwort «Parteien» sei jedem Leser in Korinth sofort klar, um welche ἐπιστολή es nun geht[20]. 1 Clem sagt also über die Existenz oder Nicht-Existenz eines Zweiten paulinischen Korintherbriefes gar nichts aus.

2. Mit *Ignatius von Antiochia* kommen wir ins erste Viertel des 2. Jahrhunderts[21] und in einen geographischen Raum mit einer von Rom (und Korinth) recht verschiedenen theologischen und kirchlichen Entwicklung. Die Ignatiusbriefe ermöglichen uns — bei aller Begrenztheit ihres Aussagewerts — einen gewissen Einblick in die Situation in Antiochia/Syrien sowie in Kleinasien, jedenfalls in den von Ignatius angesprochenen dortigen Gemeinden. Paulus wird in zwei der sieben Briefe namentlich erwähnt, in Eph 12,2 und in Röm 4,3[22]. Die im Epheserbrief verwendeten Attribute sind ähnlich überschwenglich wie die in 1 Clem 5 gebrauchten: Paulus, dessen σύμμυσται die Epheser seien, wird von Ignatius als ἡγιασμένος, μεμαρτυρημένος und ἀξιομακάριστος bezeichnet, der den Weg εἰς θεόν vorangegangen sei, auf dem der antiochenische Bischof ihm jetzt folgen wolle. Die von Ignatius verwendeten Vokabeln sind natürlich noch kein Indiz dafür, daß er mit der Biographie oder gar der Lehre des Paulus in besonderer Weise vertraut gewesen wäre. Aber man kann natürlich umgekehrt fragen, warum Ignatius den Ephesern ein solches Wissen hier hätte überhaupt demonstrieren sollen? Dazu bestand für ihn doch gar kein Anlaß. Anscheinend aber sah er in der Person des Paulus gewissermaßen eine Brücke zwischen den ihm unbekannten Christen in Ephesus und sich selbst: Man war sich einig in der Zugehörigkeit zu Paulus und in der besonderen Verehrung des Apostels. In der Forschung wird gerade von Eph 12,2 her gelegentlich gesagt, Ignatius wisse von Paulus in Wahrheit offenbar sehr wenig, weil seine Aussage, der Apostel gedenke der Epheser ἐν πάσῃ ἐπιστολῇ, ja falsch ist[23]. Aber da Ignatius den Ersten

19. So K. ALAND, *Die Entstehung des Corpus Paulinum*, in *Neutestamentliche Entwürfe* (ThB 63), München, 1979, pp. 302-350, hier 326.

20. Die rhetorische Frage «was schrieb er euch πρῶτον ... ἐν ἀρχῇ τοῦ εὐαγγελίου?» ist wohl einfach darauf zu beziehen, daß Paulus die korinthischen Parteistreitigkeiten zu Beginn des (hier also als εὐαγγέλιον charakterisierten) Briefes behandelt hat. JAUBERT, *op. cit*, übersetzt die Stelle mit «au début de l'évangélisation»; andere Überlegungen bei R. KNOPF, *Die Lehre der zwölf Apostel. Die zwei Clemensbriefe* (HNT Ergänzungsband. Die Apostolischen Väter I), Tübingen, 1920, pp. 122f.

21. Zur Datierung und überhaupt zu den Einleitungsfragen der Ignatianen vgl. W.R. SCHOEDEL, *Ignatius of Antioch. A Commentary on the Letters of Ignatius of Antioch* (Hermeneia), Philadelphia, 1985, pp. 1-10.

22. Vgl. LINDEMANN, *op. cit.*, pp. 84ff.

23. So beispielsweise SCHNEEMELCHER, *op. cit.* (Anm. 3), p. 159.

Korintherbrief mit Sicherheit und den Epheserbrief mit einiger Wahrscheinlichkeit gekannt hat[24], ist seine Bemerkung in Eph 12,2 so
unverständlich nicht[25]. Überdies ist bei der Interpretation der Ignatiusbriefe ja zu beachten, daß sie im Unterschied zu den paulinischen
Briefen sehr zufällig und in einer äußerlich vermutlich schwierigen
Situation zustandegekommen sind. Die Formulierung in Eph 12,2 ist
eine keineswegs ungeschickte Anspielung auf die Tatsache, daß zwischen Ephesus und Paulus eine besonders enge, eben auch brieflich
dokumentierte Beziehung bestand. Diese Information hatte Ignatius
sicher nicht erst in Smyrna von den dorthin entsandten Gemeindever-
tretern aus Ephesus erhalten. Die Formulierung ist freilich auch kein
Beleg für die Annahme, die antiochenische Gemeinde oder ihr Bischof
habe auf eine ungebrochene Paulustradition zurückgeblickt und womöglich bereits eine Sammlung von mehreren Paulusbriefen besessen.

> Höchstwahrscheinlich kannte Ignatius den Ersten Korintherbrief recht
> genau; nicht nur Eph 12,2, sondern vor allem Röm 4,3; 9,2 verweisen auf
> eine verhältnismäßig detaillierte Kenntnis dieses Briefes. Die dialektische
> Rede von Sklavenstand und Freiheit in Christus (Röm 4,3) erinnert
> deutlich an 1 Kor 7.21ff; die Aussage des Ignatius in Röm 9,2, er sei «der
> letzte» der antiochenischen Gemeinde und ihr ἔκτρωμα, erinnert an 1 Kor
> 15,8-10. Den paulinischen Römerbrief scheint Ignatius hingegen nicht
> näher zu kennen — er würde ihn sonst wohl in seinem eigenen Brief an die
> römische Gemeinde erwähnt haben. Das muß aber nicht bedeuten, daß er
> von der Existenz des Römerbriefes gar nichts weiß; zumindest setzt Röm
> 4,3 (οὐχ ὡς Πέτρος καὶ Παῦλος διατάσσομαι ὑμῖν) Ignatius' Annahme
> voraus, beide Apostel besäßen für die römische ἐκκλησία eine — freilich
> nicht näher erläuterte — Autorität. Auffallend ist auch die Argumenta-
> tion in Eph 8,2 («Die Fleischlichen können das Geistliche nicht tun und
> die Geistlichen nicht das Fleischliche ... Aber auch das, was ihr dem
> Fleische nach [κατὰ σάρκα] tut, das ist geistlich; denn ἐν 'Ιησοῦ ...
> Χριστῷ πάντα πράσσετε»), die stark an Röm 8,5.8 erinnert — nicht nur
> in der verwendeten Begrifflichkeit, sondern auch, bei allen Unterschieden,
> im Inhalt[26]. Aber reichen derartige Übereinstimmungen mit bestimmten
> paulinischen Aussagen schon als Beleg für die Annahme, daß der betref-

---

24. LINDEMANN, op. cit., 199-221.
25. Ignatius besaß beim Gefangenentransport von Antiochia nach Rom gewiß keine
«Taschenausgabe des Corpus Paulinum», und er hatte wohl auch kaum die Absicht, die
Epheser über einen statistischen Konkordanzbefund zum Vorkommen von «Ephesus» in
den Paulusbriefen zu informieren...
26. H. PAULSEN, Die Briefe des Ignatius von Antiochia und der Brief des Polykarp von
Smyrna (HNT 18. Die Apostolischen Väter II) Tübingen, [2]1985, p. 34: Es gehe, anders als
bei Paulus, «nicht mehr um das Gegeneinander, sondern um die Vermittlung» von
σαρκικός und πνευματικός. Schärfer SCHOEDEL, op. cit. (Anm. 21), p. 64: «An almost
conscious correction of the Pauline antithesis lies before us». Dies setzt voraus, daß
Ignatius exakt zwischen ἐν σαρκί und κατὰ σάρκα unterscheidet — was nicht einmal
Paulus selbst in Röm 8 tut.

fende Text und womöglich der gesamte Brief wirklich bekannt ist? Ist es
nicht denkbar, daß bestimmte theologische Formeln — sit venia verbo:
dogmatische «Versatzstücke» — sich verselbständigt haben und längst
ohne ihren ursprünglichen Kontext tradiert werden? Indizien für einen
solchen Vorgang ließen sich jedenfalls nennen, auch schon inerhalb des
Neuen Testaments[27].

Ein entscheidender Beleg für die Annahme, daß Ignatius von Paulus
nicht unerheblich beeinflußt ist, dürfte die Tatsache sein, daß der
Bischof es überhaupt unternimmt, situationsbezogene, durchaus «offi-
zielle» Briefe an christliche Gemeinden zu schreiben; ohne das Vorbild
des Paulus ist das kaum zu erklären, auch wenn es richtig ist, daß
Ignatius das paulinische Brief*formular* nicht benutzt hat[28]. In dieselbe
Richtung weist auch eine andere Beobachtung: Es gibt bei Ignatius eine
Reihe von Textstellen, wo er «paulinisch» argumentiert, ohne dabei
ausdrücklich auf Paulus hinzuweisen oder paulinische Texte unmittel-
bar heranzuziehen. Zwei Beispiele seien genannt: In Trall 9f warnt
Ignatius in geradezu dramatischer Form vor ketzerischer Predigt; zuerst
(V. 1.2a) polemisiert er indirekt gegen den Doketismus und verweist auf
das Bekenntnis (Jesus litt, starb, wurde auferweckt — ἀληθῶς); danach
(V. 2b) folgt die Aussage, Gott werde in gleicher Weise (κατὰ τὸ
ὁμοίωμα) auch «uns, die Glaubenden, auferwecken ἐν Χριστῷ Ἰησοῦ».
Das ist eine Argumentationsweise, die an 1 Thess 4,13ff und 1 Kor 15
erinnert, wo ja ebenfalls das Bekenntnis und die daraus folgende
Konsequenz für die Auferstehungshoffnung nebeneinanderstehen. Die
in Trall 10 von Ignatius vorgetragene direkte Polemik gegen den
Doketismus argumentiert zunächst offenbar ironisch: Es heißt von den
Gegnern, sie existierten wohl auch nur «zum Schein» (αὐτοὶ ὄντες τὸ
δοκεῖν)[29]. Dann folgt, ähnlich wie bei Paulus in 1 Kor 15, der Verweis
des Schreibers auf sein persönliches Schicksal: Wenn Jesus nur zum
Schein gelitten hat[30], «warum trage ich dann Ketten? Und warum bitte
ich darum, mit den Tieren zu kämpfen[31]? Dann sterbe ich ja für nichts
und wieder nichts. So bringe ich Lügen vor gegen den Herrn»[32]. Hier
fehlt jeder Hinweis auf Paulus; und doch entspricht dieser Argumentationsstil paulinischem Reden. Das zweite Beispiel ist eher noch deutlicher. In dem umstrittenen Text Philad 8,2 setzt sich Ignatius — sei es

27. Solche Versatzstücke, die offenbar «Paulinismus» demonstrieren sollen, sind
beispielsweise Apg 13,38f und Eph 2,8f.
28. Vgl. SCHOEDEL, *op. cit.* (Anm. 21), p. 7.
29. Solcher Argumentationsstil begegnet später auch bei Irenäus und Tertullian
(vgl. PAULSEN, *op. cit.* [Anm. 26], p. 64).
30. Die folgende Übersetzung nach PAULSEN.
31. Zu θηριομαχεῖν vgl. 1 Kor 15,32.
32. Zu καταψεύδομαι τοῦ κυρίου vgl. 1 Kor 15,15: εὑρισκόμεθα δὲ καὶ ψευδομάρτυρες
τοῦ θεοῦ.

fiktiv, sei es in Erinnerung an ein reales Ereignis[33] — mit Judaisten
(vgl. 6,1) auseinander; sie wollen an das Evangelium nur glauben[34],
soweit sie es ἐν τοῖς ἀρχείοις finden, soweit es also mit der Bibel
(= dem Alten Testament) übereinstimmt[35]. Der Hinweis auf die christliche Hermeneutik (Stichwort: γέγραπται) wird von ihnen infragege-
stellt (πρόκειται). Daraufhin argumentiert Ignatius direkt und ausschließlich von Christus her: Er verweist auf *seine* ἀρχεῖα[36], nämlich
Kreuz, Tod und Auferstehung Jesu Christi sowie auf den δι' αὐτοῦ
begründeten Glauben; und er sagt abschließend, darin (fast ist man
geneigt zu übersetzen: «allein darin») wolle er «durch euer Gebet
gerechtfertigt werden» (δικαιωθῆναι). Solche Argumentation ist natürlich von keinem bestimmten paulinischen Text abhängig. Und doch ist
die zugrundeliegende Denkstruktur ohne Paulus kaum vorstellbar[37].

Bei Ignatius fehlt das paulinische Gesetzesverständnis; es fehlt — in
diesem Zusammenhang — auch die Begrifflichkeit der paulinischen
Rechtfertigungslehre[38]. Das ist aber kein Beleg für eine unzureichende
Paulusrezeption. Es ist eher ein Indiz dafür, daß in der Situation der
Ignatianen diese Thematik nicht aktuell (bzw. nicht umstritten) war.
Für Ignatius gilt insofern dasselbe wie für 1 Clem: Paulus wird dort
erwähnt oder ausdrücklich «zitiert», wo er gebraucht wird; eine Paulusrezeption um ihrer selbst willen gibt es nicht. Ignatius steht offenbar
auch nicht in der Auseinandersetzung mit Gegnern, die sich ihrerseits
positiv oder negativ auf Paulus berufen; er wird also nicht von außen
dazu gezwungen, sein Paulusverständnis darzulegen. Gerade vor diesem
Hintergrund belegen aber die genannten Beispiele (die sich im einzelnen
vermehren ließen), daß der antiochenische Bischof inhaltlich von Paulus
stärker beeinflußt ist als der römische 1. Clemensbrief.

33. Knüpft Ignatius hier an eine tatsächlich in Philadelphia geführte Diskussion an (so
SCHOEDEL, *op. cit.*, pp. 207-209)? Zwar könnten Philad 3,1; 7,1 dafür sprechen, daß
Ignatius jedenfalls in der Stadt gewesen ist; dagegen aber spricht vor allem das Fehlen
von Grüßen in Philad 11,2 (vgl. demgegenüber Smyrn 12f; dazu in der Sache LINDEMANN,
p. 212f).

34. Zu πιστεύειν ἐν vgl. Mk 1,15. Der Einwand von SCHOEDEL, *op. cit.*, p. 207
(«Ignatius could not have accomplished anything by twisting his opponents' words that
badly») ist kaum stichhaltig; die Gegner vertraten offenbar diese radikale Position.

35. Zur Rekonstruktion der Position der Gegner vgl. PAULSEN, *op. cit.* (Anm. 26),
pp. 85f und die dort genannte Literatur. Problematisch ist die Behauptung von SCHOEDEL,
p. 209, «that Ignatius' opponents in Philadelphia were relatively harmless theologically».

36. Vgl. PAULSEN ebenda: «Die τινες messen also das 'Evangelium' an den ἀρχεῖα,
während Ign von den christologischen Heilsdaten ... ausgeht und sie deshalb folgerichtig
als ἀρχεῖα bezeichnen kann».

37. Vgl. R. BULTMANN, *Theologie des Neuen Testaments*, Tübingen, ⁹1984, 546; DERS.,
Ignatius und Paulus, in *Exegetica* (ed. E. DINKLER), Tübingen, 1967, pp. 400-411, hier 403.

38. Zu beachten ist aber das theologische Gewicht der Begriffe πίστις, πιστεύειν und
χάρις.

3. Mit *Polykarp von Smyrna* kommen wir vermutlich schon in das zweite Drittel des 2. Jahrhunderts[39]. Das Problem, ob der Philipperbrief Polykarps einheitlich sei oder nicht, lasse ich hier beiseite[40], da für unser Thema ohnehin nur Phil 1-12, also der hypothetisch angenommene «zweite» Philipperbrief von Belang ist. Sicher scheint mir zu sein, daß die Polykarpbriefe von dem Konflikt mit Marcion (noch) nichts erkennen lassen[41]. Die unbestreitbare intensive Paulusbenutzung des smyrnäischen Bischofs muß also in jedem Fall andere Wurzeln haben[42].

Die Ausführungen Polykarps sind stark von neutestamentlicher Sprache bestimmt und von Anspielungen auf neutestamentliche Texte durchzogen. Dabei begegnen paulinische und andere Briefe ebenso wie ausdrückliche Zitate aus den Evangelien; letztere werden freilich mit der Bemerkung eingeleitet, es handele sich um die Lehre des Kyrios. In 2,3 werden drei Herrenworte (εἶπεν ὁ κύριος διδάσκων) zitiert (Mt 7,1.2b; Lk 6,20; Mt 5,10), wobei das Stichwort δικαιοσύνη aus Mt 5,10 Polykarp zu einem längeren «Exkurs» über Paulus veranlaßt (3,1-3). Vorausgegangen war eine Anfrage der Philipper zu diesem Thema (3,1b), die dabei freilich vornehmlich an den moralisch-ethischen Sinn des Wortes «Gerechtigkeit» gedacht zu haben scheinen. Polykarps Bemerkungen zu Paulus (3,2f) sind überschwenglich: Die Weisheit des «seligen und berühmten Paulus» ist unüberbietbar; in Philippi hat er ἀκριβῶς καὶ βεβαίως das Wort der Wahrheit gelehrt; aus der Ferne hat er «euch» Briefe geschrieben, die auch gegenwärtig noch zur Glaubenserbauung dienen können. Überhaupt gilt, daß Glaube, Hoffnung und Liebe zusammengehören, wobei die Liebe zu Gott, zu Christus und zum Nächsten im Zentrum stehe. Daß hier paulinisches Denken und Reden Pate gestanden hat, läßt sich kaum bezweifeln. Die dann folgenden Sätze in Kap. 4 und 5 orientieren sich vor allem an paränetischen Aussagen des 1. Timotheusbriefes, der Polykarp sicher als paulinisch galt[43].

Polykarps Formulierung, Paulus habe «euch» aus der Ferne «Briefe» (Plural!) geschrieben, führt in der Forschung oft zu der Frage, ob Polykarp mehrere Philipperbriefe gekannt hat und so möglicherweise die Richtigkeit der modernen Teilungshypothesen zum paulinischen

---

39. P.N. HARRISON, *Polycarp's Two Epistles to the Philippians*, Cambridge 1936, nahm eine relative Spätdatierung von Pol 2Phil an — keinesfalls vor 135.

40. PAULSEN, *op. cit.* (Anm. 26), p. 112, läßt die Frage der Teilungshypothesen offen und kommentiert den Brief auf der Basis literarischer Einheitlichkeit. M.E. ist die Annahme, Phil 13 sei der erste Philipperbrief des Polykarp, überzeugend.

41. So auch PAULSEN, *op. cit.*, p. 112 und p. 120f (zu Phil 7).

42. Man darf m.E. freilich auch nicht sagen, Polykarp könne sich nur deshalb unbekümmert auf Paulus berufen, weil Marcion eben noch gar nicht aufgetreten sei.

43. Vgl. LINDEMANN, *op. cit.*, p. 223f (mit Anm. 346); nach PAULSEN, *op. cit.*, p. 117, wäre dagegen «weniger an literarische denn an traditionsgeschichtliche Beziehungen zu denken».

Philipperbrief bestätigt[44]. Schon J.A. Fischer hat in seiner Ausgabe der «Apostolischen Väter» darauf hingewiesen, daß Polykarp in 11,3 die Kenntnis nur *eines* Paulusbriefes nach Philippi zeigt[45]. Die Aussage in 3,2 deutet eher darauf hin, daß Polykarp in Philippi eine Sammlung von Paulusbriefen voraussetzt. Diese Briefe gelten inzwischen offenbar als «katholisch», d.h. sie haben ihren individuellen Charakter als auf die ursprünglichen Adressaten bezogene Briefe verloren. Paulus, so wird man Polykarps Aussage zu verstehen haben, hat im Grunde auch die an andere Gemeinden gerichteten Briefe[46] «euch», den Philippern, geschrieben — oder, wenn man das ὑμῖν etwas weiter fassen darf: er hat diese Briefe «für euch» geschrieben; jeder, der sich in sie vertieft, empfängt aus ihnen οἰκοδομή. Hier ist wohl eine neue Stufe der Paulusrezeption erreicht: Paulus ist der Lehrer der ganzen Kirche; seine Briefe gelten allen Christen. Sie sollen sie lesen, um auf diese Weise Erbauung ihres Glaubens zu erlangen.

In seiner persönlichen Existenz als Glaubender ist Paulus ebenfalls ein Vorbild (9,1): Er hat ὑπομονή geübt (gemeint wohl: bis zum Martyrium), ebenso wie Ignatius, Zosimus und Rufus sowie die übrigen ἐξ ὑμῶν und die übrigen Apostel. Man könnte meinen, daß Paulus hier seltsam zurückgedrängt wird, daß er lediglich einer unter vielen ist. Aber dieser Eindruck täuscht. Auffallend ist nicht, daß Paulus nur en passant erwähnt zu werden scheint; auffallend ist im Gegenteil, daß er an dieser Stelle überhaupt ausdrücklich erwähnt wird — als einziger unter den ansonsten nur pauschal genannten Glaubenszeugen der Vergangenheit.

Bedeutsam ist der lateinisch überlieferte Abschnitt Phil 11 f. Polykarp warnt hier vor Habsucht und vor 'idololatria' unter Hinweis auf das 'iudicium domini'. Wie sehr dies beachtet werden müsse, zeige die paulinische Aussage, daß «die Heiligen den Kosmos richten werden» (11,2 mit offenkundiger Zitierung von 1 Kor 6,2). Der als rhetorische Frage formulierte Hinweis lautet: 'Aut nescimus quia sancti mundum iudicabunt? sicut Paulus docet'. Der Text erinnert allerdings an die Vulgatafassung von 1 Kor 6,2; man kann also den Verdacht haben, erst der Übersetzer von Phil 11 habe diesen engen Textbezug so hergestellt[47]. Doch das Zitat als solches wird nicht erst auf ihn zurückgehen. Polykarp nimmt offenbar an, daß die Philipper jenen Paulussatz kennen. Das rhetorische 'aut nescimus' ist zwar auch ein Teil des Zitats (dort

44. So vorsichtig erwogen von G. Bornkamm, *Der Philipperbrief als paulinische Briefsammlung*, in *op. cit.* (Anm. 18), pp. 195-205, hier 202.

45. J.A. Fischer, *Die Apostolischen Väter* (Schriften des Urchristentums I), Darmstadt, 1966, p. 253, Anm. 36.

46. Zu beachten ist hier vor allem die Nähe nicht nur zu 1 Tim (s.o.), sondern zu den Haustafeln generell und auch zum Gal (vgl. Lindemann, *op. cit.*, p. 224f).

47. Paulsen, *op. cit.* (Anm. 26), p. 111: Die lateinische Übersetzung ist «recht ungenau und fehlerhaft».

heißt es: ἢ οὐκ οἴδατε;); aber gerade der Wechsel von der ursprünglichen 2. Person Plural zur 1. Person Plural deutet Polykarps Meinung an, seine Adressaten wüßten, ebenso wie er selbst, daß «wie Paulus lehrt» die Heiligen den Kosmos richten werden.

Die Warnung vor Götzendienst und Habsucht ist freilich, wie Polykarp in 11,3 fortfährt, ganz unnötig; denn solche Tendenzen bestehen in Philippi, wie Polykarp aus eigener Anschauung weiß, gar nicht. 'Beatus Paulus' hat ja dort gewirkt, und die Philipper stehen «am Anfang seines Briefes». Diese Formulierung 'qui estis in principio epistulae eius' bereitet größte Schwierigkeiten. Unter den vorgeschlagenen Konjekturen scheint Harnacks Idee ('qui laudati estis...') die relativ einfachste und deshalb plausibelste zu sein; aber Sicherheit ist nicht zu erlangen. Deutlich ist jedenfalls dies: Polykarp bringt die Gemeinde von Philippi eng mit einem Paulusbrief in Verbindung, und er erklärt aus ihrer Zugehörigkeit zu Paulus noch rund 80 Jahre später die gute Situation, in der sich die Christen von Philippi befinden.

Der (zweite) Polykarpbrief läßt nicht erkennen, daß der Bischof um eine nach unseren Maßstäben theologisch reflektierte Paulusrezeption bemüht gewesen wäre. Es gilt das schon zu 1 Clem und den Ignatianen Gesagte: Auf Paulus wird dort verwiesen, wo man ihn «brauchen» kann; eine Paulusdeutung um ihrer selbst willen oder gar eine kritische Auseinandersetzung mit paulinischen Aussagen gibt es immer noch nicht. Aber es zeigt sich, daß Polykarp die Briefe des Paulus eben relativ häufig «brauchen» kann[48].

> Eine Nachbemerkung zur Bezeugung des 2. Korintherbriefes durch Polykarp: In 6,2 liegt allem Anschein nach eine Anspielung, vielleicht sogar ein Zitat von 2 Kor 5,10 vor — «wir alle müssen παραστῆναι τῷ βήματι τοῦ Χριστοῦ»[49]. Sollte diese Annahme zutreffen, dann wäre die Stelle wohl der früheste Beleg für die Verwendung des 2 Kor in der alten Kirche; jedenfalls zeigt der in 6,3 folgende Hinweis auf οἱ εὐαγγελισάμενοι ἡμᾶς ἀπόστολοι, daß Polykarp sich zumindest des Zusammenhangs seiner Aussage mit apostolischer Überlieferung bewußt ist.

4. In den Schriften der *Apologeten* begegnet Paulus explizit so gut wie gar nicht. Dieser Sachverhalt dürfte in erster Linie mit der Gattung «Apologie» zu tun haben. Aristides und Justin beispielsweise kennen und verwenden neutestamentliche Texte einschließlich paulinischer Briefe. Definitive Hinweise auf diese Schriften und insbesondere auch auf die Apostel selbst fehlen jedoch fast ganz, weil den Apologeten vor allem

---

48. Problematisch wieder das Urteil SCHNEEMELCHERS (*op. cit.* [Anm. 3], p. 163): Polykarp zitiere keine Paulusstelle, «die theologisch — sei es für Paulus, sei es für Polykarp — irgendwie relevant wäre». Wer entscheidet über solche theologische «Relevanz»?

49. Polykarp hätte, wenn wirklich ein Zitat vorliegt, lediglich die eher ungewöhnliche paulinische Formulierung φανερωθῆναι ἔμπροσθεν durch das gängigere παραστῆναι c. dat. ersetzt.

daran gelegen war, den Altersbeweis zu führen: Das Christentum, wie
es durch Jesus in die Welt gekommen war, sollte verstanden werden als
die seit jeher geweissagte Religion — in Jesus hatten sich die Verheißungen der Schrift wahrhaft erfüllt. In diesem Kontext und für dieses
Programm war die «junge» apostolische Literatur funktionslos. Wichtig
konnten die ἀπομνημονεύματα τῶν ἀποστόλων (Justin Apol I 66,3;
67,3) nur deshalb und insofern sein, als sie von Lehre und Leben Jesu
berichten — die Apostel selbst waren ohne Bedeutung[50]. Die Nicht-
Erwähnung des Paulus hat also nichts mit einem angeblichen Antipaulinismus der Apologeten zu tun; und auch von einer Furcht davor, sich
im Zuge des anti-marcionitischen Kampfes ausgerechnet auf Marcions
Kronzeugen zu berufen, ist nichts zu sehen[51].

> Eine in mehrfacher Hinsicht bemerkenswerte Ausnahmeerscheinung in der
> Apologetik ist der Diognetbrief, der eine intensive Verarbeitung paulini-
> scher Aussagen und paulinischen Denkens erkennen läßt[52]. Aber da die
> Datierung dieser Schrift höchst umstritten ist, soll er an dieser Stelle für
> das 2. Jahrhundert nicht in Anspruch genommen werden.

5. Festen Boden unter den Füßen haben wir in der Großkirche wieder
um das Jahr 180 mit *Irenäus von Lyon*. Er kennt die paulinischen Briefe,
und er setzt ihre Aussagen im antihäretischen Kampf ganz selbstverständlich ein. Seine Schrift 'Adversus Haereses' läßt nicht erkennen,
daß solche Paulusbenutzung in der Kirche etwas prinzipiell Neues
gewesen wäre oder daß Irenäus glaubte, mit der Berufung auf Paulus
ein theologisches Wagnis einzugehen. Irenäus setzt offensichtlich eine
ungebrochene Paulusbenutzung in der traditionsbezogenen Großkirche
voraus; er führt sie fort, freilich intensiver und reflektierter, als das bis
dahin der Fall gewesen war (s.u.). Insofern gehört er nicht mehr in das
2. Jahrhundert in dem hier zur Debatte stehenden Sinn.

b) Christliche Gnosis

Das 2. Jahrhundert ist gekennzeichnet durch den sich verschärfenden
Kampf zwischen der Großkirche und den «Häresien». Hauptsächliches
Gegenüber zur Großkirche ist die christliche Gnosis — «Gnosis» hier
gefaßt im weitesten Sinne des Wortes ohne Rücksicht auf die Differen-
zen, die es innerhalb der Gnosis gab.

50. Selbst im «Dialog mit Tryphon» werden von Justin lediglich Johannes (bzw. die
Zebedaiden) und Petrus erwähnt, und dies auch nur beiläufig (Dial 81,4; 100,4; 106,3).
51. Gegen SCHNEEMELCHER, *op. cit.*, p. 178, und vor allem gegen G. LÜDEMANN,
Paulus, der Heidenapostel II. Antipaulinismus im frühen Christentum (FRLANT 130),
Göttingen, 1983, 210.
52. Vgl. A. LINDEMANN, *Paulinische Theologie im Brief an Diognet*, in *op. cit.*
(Anm. 17), pp. 337-350. Für eine relative Spätdatierung plädiert jetzt K. WENGST, *Didache
(Apostellehre), Barnabasbrief, Zweiter Klemensbrief, Schrift an Diognet* (SUC II), Darm-
stadt, 1984, p. 309: «So läßt sich kaum mehr sagen, als daß die Schrift an Diognet
frühestens am Ende des zweiten Jahrhunderts verfaßt worden ist und vor der Zeit
Konstantins.»

1. Die *Kirchenväter-Referate* über die gnostischen «Systeme» und ihre teilweise sehr ausführlichen Zitate aus gnostischen Schriften lassen erkennen, daß Paulus und seine Briefe auch für die Gnosis von Bedeutung waren[53]. Wenn in den valentinianischen Excerpta ex Theodoto über Paulus gesagt wird, er habe als Nachfolger des «Parakleten» Jesus ἐν τύπῳ Παρακλήτου das Apostolat der Auferstehung erhalten, wenn also der Apostel als Stellvertreter und irdisches Abbild des erhöhten Christus verstanden wird, so ist das weit mehr, als in großkirchlichen Texten je über Paulus gesagt worden war (auch wenn man daran erinnern mag, daß das Paulusbild der lukanischen Apg zahlreiche Parallelen zum Jesusbild des dritten Evangeliums aufweist[54]). Doch eine solche Aussage ist auch in der uns sonst bekannten gnostischen Literatur ohne Parallele; sie darf deshalb mitnichten verallgemeinert und als für die gnostische Paulusdeutung «typisch» angesehen werden. Inhaltlich zeigt der vorangehende Abschnitt Exc 22,1-4 im übrigen, daß der so hoch geschätzte Paulus zwar im Wortlaut korrekt zitiert wird, daß seine Aussagen jedoch erheblich uminterpretiert und geradezu bis zur Unkenntlichkeit umgebogen werden[55]. In den bei Origenes zitierten Fragmenten aus dem Johannes-Kommentar des Herakleon finden sich nur wenige Anspielungen auf Paulus. Sie bestätigen, daß sich die Valentinianer paulinischer Aussagen zu bedienen wußten, daß aber auch sie — nicht anders als die großkirchlichen Autoren vor Irenäus — nicht daran interessiert waren, Paulustexte um ihrer selbst willen zu rezipieren und zu interpretieren. Das zeigt sogar der in mancherlei Hinsicht außergewöhnliche Brief des Ptolemäus an Flora: Die häufigen und im Wortlaut im wesentlichen korrekten Anspielungen auf paulinische Aussagen zum Thema Gesetz dienen dem Verfasser nur dazu, Gedanken autoritativ abzusichern, die er ohnehin schon für theologisch richtig hält.

In der Forschung wird nun häufig gesagt, die Paulusrezeption und -interpretation der Gnostiker habe die nichtgnostische Kirche in erhebliche Verlegenheit versetzt. In den Gnosis-Referaten der Kirchenväter, so meint etwa K. Koschorke[56], seien die gnostischen Bezugnahmen auf Paulus daher vielfach unterdrückt worden. Wie es in Wahrheit ausge-

---

53. Vgl. zum folgenden LINDEMANN, *op. cit.* (Anm. 2), pp. 97-101 und 297-343. Die dort mit der Forschung geführte Diskussion wird hier nicht wiederholt.

54. Vgl. W. RADL, *Paulus und Jesus im lukanischen Doppelwerk. Untersuchungen zu Parallelmotiven im Lukas-Evangelium und in der Apostelgeschichte* (EHS XXIII/49), Bern-Frankfurt/M.-Las Vegas, 1975.

55. In Exc ex Theod 22,1-4 wird 1 Kor 15,29 zitiert und dann so gedeutet: Die Engel, deren «Teile» wir sind, lassen sich taufen für die Toten, d.h. für die Menschen, und sie ermöglichen diesen damit den von Horos und Stauros nicht behinderten Aufstieg ins Pleroma. Das hat mit dem Sinn der paulinischen Aussagen nicht das Geringste zu tun.

56. K. KOSCHORKE, *Paulus in den Nag-Hammadi-Texten. Ein Beitrag zur Geschichte der Paulusrezeption im frühen Christentum*, in ZTK 78 (1981) pp. 177-205.

sehen habe, zeige jedoch die mit den Gnostikern geführte Detaildiskussion[57], der sich die großkirchlichen Autoren nicht hätten entziehen können. Irenäus beispielsweise eröffne in Haer IV 41 seine (dann in Buch V folgende) Darlegung der paulinischen Theologie mit der Bemerkung, er wolle die Gnostiker widerlegen «aus demselben Paulus, aus dem sie uns Fragen vorlegen»[58]. Dies zeige, daß die Gnostiker im Blick auf die Paulusbriefe die Initiative gehabt und die Kirche zu einer Reaktion gezwungen hätten. In der Tat erwähnt Irenäus schon an früheren Stellen, daß sich die Gnostiker für ihre Lehren auf Paulus berufen hätten[59]; aber daraus resultiert bei ihm mitnichten Verlegenheit, sondern er sieht in dieser Paulusbenutzung primär ein Anzeichen für die gnostische Willkür im Umgang mit der Schrift wie auch mit der Tradition[60]. Dieselbe These vertritt Irenäus nun auch in IV 41,4 und in Haer V: «Aus demselben Paulus ex quo nobis quaestiones inferunt beweisen wir, daß sie Lügner sind, Paulus aber Prediger der Wahrheit ist». In der konkreten Durchführung erweist sich im Grunde nur 1 Kor 15,50 («Fleisch und Blut können das Gottesreich nicht erben») als ein Kronzeuge gnostischer Paulusrezeption (V 9,1ff); mit erheblichem Aufwand (und nicht ohne Geschick) versucht Irenäus, den Gnostikern auch diese Textstelle zu entreißen, während ihm die Widerlegung der übrigen gnostischen Paulusexegese nur geringe Mühe bereitet. Es sind also offenbar nicht die Gnostiker, die eine qualitativ neue Epoche in der Paulusrezeption einleiten; sie gehen im Gegenteil mit Paulus grundsätzlich nicht anders um, als das 1 Clem, Ignatius und Polykarp auf ihre Weise auch getan hatten — Paulus liefert hier wie dort den Beleg für das, was in der Sache längst schon feststeht. Die wirklich neue Phase beginnt mit Irenäus. Er erkennt, daß es nicht mehr genügt, Paulus lediglich zu zitieren oder sich auf ihn zu berufen — das taten die Gnostiker auch; Irenäus erkennt, daß es unumgänglich ist, die Aussagen

57. Die im folgenden genannten Kirchenväter-Texte bei KOSCHORKE, op. cit., p. 179 Anm. 8.

58. Irenäus Haer IV 41,4: Necessarium est autem conscriptioni huic in sequenti post Domini sermones subjungere Pauli quoque doctrinam, et examinare sententiam ejus, et Apostolum exponere, et quaecumque ab haereticis in totum non intelligentibus quae a Paulo dicta sunt alias acceperunt interpretatione explanare, et dementiam insensationis eorum ostendere, et ab eodem Paulo, ex quo nobis quaestiones inferunt, manifestare illos quidem mendaces, Apostolum vero praedicatorem esse veritatis (SC 100/II, pp. 992,994).

59. Beispiele u.a. in Haer I 8,1-6; hier referiert Irenäus gnostische Verwendungen unterschiedlichster neutestamentlicher Texte und wirft den Valentinianern vor, allein hermeneutische und exegetische Willkür ermögliche es ihnen, ihre Lehren als angeblich schriftgemäß zu erweisen (I 9,2: φανερὰ οὖν ἡ τῆς ἐξηγήσεως παραποίησις); dagegen fehlt — vermutlich zu Recht — der Vorwurf, die Gnostiker veränderten den Wortlaut der Schrift (vgl. dazu den Beitrag von B. ALAND in diesem Band).

60. Besonders auffällig in III 2,1: Die Gnostiker hätten unter Berufung auf 1 Kor 2,6 die 'viva vox' zum Kriterium der Schriftexegese gemacht, behaupteten aber gleichzeitig, weiser als die Apostel zu sein.

der paulinischen Briefe wirklich auszulegen und also sie im eigentlichen Sinne wirklich zu «verstehen»[61].

Dasselbe zeigt sich auch in anderen Kirchenväter-Texten, auf die Koschorke hinweist. Tertullians Schrift «De resurrectione carnis» zeige insbesondere in dem auf Paulus bezogenen Abschnitt (§ 39-55) die Gnosis im Angriff, den Kirchenvater dagegen in der Verteidigung, da die Gnostiker sich ja auf 1 Kor 15,50 hätten berufen können[62]. Aber Tertullians Argumentation ist durchaus souverän: Gegen die gnostische Behauptung, «das Fleisch» werde in der Schrift gänzlich verworfen[63], stellt er schon in § 10,3 fest, Paulus spreche vom «Fleisch bzw. vom «Leib» durchaus auch in positiver Weise (Tertullian unterscheidet hier freilich nicht zwischen σάρξ 'caro' und σῶμα 'corpus'), und Paulus meine bei seinen negativen Aussagen über das Fleisch (beispielsweise Röm 8,8; Gal 5,17) nicht die Substanz des Fleisches, sondern dessen Handlungen ('non tamen substantia sed actus'). Ähnlich wie schon Irenäus sucht also auch Tertullian nicht mehr einfach nach formalen Belegen für schon feststehende Thesen, sondern ist um ein inhaltliches Verstehen der paulinischen Aussagen bemüht. Das wird auch deutlich in § 23; Tertullian vergleicht Kol 2,12f einerseits mit Kol 3,4 andererseits, um so nachzuweisen, daß eine rein präsentische Auferstehungslehre unpaulinisch sei (was im übrigen dann auch die Thessalonicherbriefe zeigten, § 24). Im Abschnitt § 39-55 beginnt Tertullian mit scharfer Polemik: Daß die Gnostiker sich des Paulus bedienten sei kein Wunder, denn — so schreibt er in Anspielung auf 1 Kor 11,19 — «es muß ja Häresien geben, die nicht existieren könnten, wenn ein Mißverstehen der Schrift unmöglich wäre»[64]. Tertullian läßt sich auf eine allein auf 1 Kor 15,50 beschränkte Debatte mit den Gnostikern nicht ein; er argumentiert vielmehr generell mit dem Hinweis darauf, daß der Apostel jeglichem Dualismus abhold sei und sich schon deshalb die Bestreitung der 'resurrectio carnis' nicht auf ihn berufen könne. Im übrigen dürfe man nicht nur diesen einen Vers betrachten, sondern müsse Kap. 15 insgesamt heranziehen (§ 48-56) — eine auch nach unserer exegetischen Methodik ja immerhin nicht ganz falsche Argumentation[65].

Koschorke verweist ferner auf Origenes und Clemens Alexandrinus. So bestehe die Erörterung des Themas αὐτεξούσιον ('de arbitrii libertate') in Orig Princ III 1 «weitgehend in der — von seinen Gegnern als mißlungen bezeichneten (III 1,12) — Widerlegung häretischer Berufung auf Paulus»[66].

61. Das zeigt sich im Blick auf 1 Kor 15,50 etwa daran, daß er die negativen Aussagen über das Fleisch vom paulinischen Begriff κατὰ σάρκα her deutet ('secundum carnem vivere', unter Zitierung von 1 Kor 6,9ff; Haer V 11,1). Vgl. SCHNEEMELCHER, op. cit., p. 171: Bei Irenäus lasse sich erstmals «ein wirkliches Bemühen um den Text und sein Verständnis feststellen». SCHNEEMELCHER meint zu Recht, daß für die Annahme einer Irenäus vorausgehenden intensiven gnostischen Paulusauslegung die Belege fehlen.

62. KOSCHORKE, op. cit. (Anm. 56), p. 202.

63. Tertullian stellt in § 10,2 zunächst alttestamentliche Aussagen zusammen.

64. Vgl. zu dieser Stelle PAULSEN, op. cit. (Anm. 12), pp. 207f; weitere Stellen, wo Tertullian 1 Kor 11,19 verwendet, nennt PAULSEN ebenda, Anm. 186.

65. Vgl. E. EVANS, Tertullian's Treatise on the Resurrection. The Text Edited with an Introduction, Translation and Commentary, London, 1960, p. 308: Tertullian «rightly claims ... 1 Cor 15».

66. KOSCHORKE, op. cit., p. 179 Anm. 8.

Diese Charakterisierung des Textes ist aber zumindest einseitig, da in diesem Abschnitt auch andere Texte erörtert werden; außerdem sprechen Origenes und seine Gegner die Fähigkeit zu richtiger Exegese sich gegenseitig ab. Für Clemens gilt Ähnliches: In Strom III zum Thema Ehe setzt er sich nicht, wie es Koschorke formuliert, «mit den von den Gegnern in Anspruch genommenen Paulusworten auseinander» oder müßte (Paid I) «gnostische Schlüsselstellen [sc. aus 1 Kor] ... entkräften»[67]; vielmehr befaßt er sich hier wie dort mit der gnostischen Inanspruchnahme des Paulus, die er — sicher nicht ganz zu Unrecht — für unsachgemäß hält.

2. Seit die Entdeckung der Texte von *Nag Hammadi* hat das Problem der gnostischen Paulus-Rezeption zusätzliche Brisanz erhalten. Zwei der dort gefundenen Schriften werden auf Paulus zurückgeführt; einige weitere erwähnen den Apostel oder enthalten Zitate bzw. Anspielungen auf paulinische Briefe. Entstehungszeit und -ort der Schriften sind vielfach unbekannt bzw. in der einschlägigen Forschung jedenfalls umstritten. Da eine Datierung ins 2. Jahrhundert in vielen Fällen als zumindest möglich gilt, setze ich für meine Fragestellung diese Datierung generell voraus.

Die beiden «Paulus»-Schriften von Nag Hammadi zeigen auffälligerweise weder zur Person des Apostels noch zur paulinischen Briefliteratur eine besondere Nähe. Die Codex I vorangestellte Oratio Pauli zitiert das (im 2. Jahrhundert offenbar allgemein sehr beliebte) Wort aus 1 Kor 2,9. Der Verfasser verwendet aber nur die beiden negativ formulierten Eingangszeilen («was kein Auge gesehen und kein Ohr gehört hat und was in keines Menschen Herz gedrungen ist»; in der gnostischen Fassung A, 26-29: «was kein Engelauge gesehen und kein Archontenohr gehört hat...»); die positive Schlußzeile («was Gott bereitet hat denen, die ihn lieben») fehlt hier ebenso wie in allen anderen gnostischen Schriften, die das Wort — ob mit oder ohne Hinweis auf Paulus — verwenden[68]. Weitere Bezugnahmen auf Paulus sehe ich in dem (freilich recht kurzen) «Gebet des Paulus» nicht[69]. Das ist besonders

---

67. KOSCHORKE, ebenda.

68. Auch in großkirchlichen Texten begegnet dieser Befund gelegentlich; vgl LINDEMANN, *op. cit.* (Anm. 2), pp. 187f. Auch Tertullian Resurr § 26 zitiert nur die beiden ersten Zeilen, bewahrt aber durch die Stellung im Kontext in gewisser Weise doch den ursprünglichen Sinn: Nach der Auferstehung werden wir erlangen, «was in keines Menschen...». Zur Traditionsgeschichte des Logions vgl. jetzt vor allem D.-A. KOCH, *Die Schrift als Zeuge des Evangeliums. Untersuchungen zur Verwendung und zum Verständnis der Schrift bei Paulus* (BHTh 69), Tübingen, 1986, pp. 36-41.

69. KOSCHORKE, *op. cit.*, p. 189, sieht in A, 11-14 («der Name, der erhaben ist über jeden Namen»... «durch Jesus Christus, den Herrn der Herren») eine Anspielung auf Phil 2,9.11: «In diesem 'Namen' nun, der ... der Menschenwelt unbekannt und allein den Pneumatikern faßlich ist, in diesem Namen ruft der Paulus unserer Schrift die präexistente Urgottheit an». In A, 35ff (Bitte des «Paulus» um Offenbarung) sieht KOSCHORKE, p. 191, eine Anspielung auf Gal 1,16: «Sollte dies nicht auch ein Hinweis auf den Apostel sein, der von sich bekennt, daß es Gott gefiel, ἀποκαλύψαι τὸν υἱὸν αὐτοῦ ἐν ἐμοί?» Aber

bemerkenswert, wenn man bedenkt, daß im sich anschließenden «Apokryphon des Jakobus» intensive, charakteristische Bezüge auf die Person des Jakobus (und auf Petrus) begegnen; der «gnostische Jakobus»
von NHC I/2 ist sehr viel typischer gezeichnet als der «gnostische
Paulus» von NHC I/1 [70].

Etwas anders ist der Befund in der «Apokalypse des Paulus» (NHC
V/2), die an 2 Kor 12,2-4 anknüpft und den Aufstieg des Paulus vom
dort erwähnten 3. bis in den 10. (= höchsten) Himmel schildert. Zu
beginn wird die offensichtlich erste Begegnung des Paulus mit dem als
Kind dargestellten Jesus geschildert; man kann es also für denkbar
halten, daß der Verfasser der ApkPl diese Himmelsreise als unmittelbar
im Anschluß an die Bekehrung stattfindend vorgestellt hat. ApkPl
behauptet aber keine Exklusivität des Paulus, ja nicht einmal eine
besondere Vorrangstellung; im Gegenteil: Nachdem Paulus im 7. Himmel den dort residierenden Schöpfergott überwunden hat, trifft er im
8. Himmel die zwölf Apostel, und — so heißt es dann weiter in der
1. Person — «wir gingen hinauf in den neunten Himmel» (p. 24,1-4)
und endlich in den zehnten. Wenn es tatsächlich, wie H.-J. Klauck
meint, die Absicht des Verfassers gewesen ist, «dem Paulus Aufnahme
zu verschaffen in den Kreis der Zwölf Apostel» [71], dann entspricht
solches Vorgehen ganz dem in der Großkirche Üblichen: Paulus ist
nicht weniger als die Zwölf, aber er ist auch nicht prinzipiell mehr
als sie. Im übrigen enthält ApkPl, mit Ausnahme der Anknüpfung an
2 Kor 12, nichts charakteristisch Paulinisches — weder ein Textzitat
noch eine spezifische Bezugnahme auf die Person des Paulus. Ganz
anders verhält es wiederum mit der in Codex V folgenden 3. Schrift, der
«1. Apokalypse des Jakobus», die «Jakobus den Gerechten» (P 32,2f)
eindringlich beschreibt als den geistlichen Bruder Jesu [72].

Wesentlich von Paulusbriefen bestimmt ist der Traktat über die
Auferstehung, der «Rheginusbrief» (NHC I/4). Paulus kommt in
p 45,24-28 mit dem Epitheton «der Apostel» und einem Zitat von Röm
8,17/Eph 2,5f zu Wort. Der Briefschreiber lehrt seinen Schüler eine
«präsentische» Eschatologie, für die er sich natürlich zu Recht auf

dann würde die Aussage von Gal 1,16 durch die Bitte des gnostischen Paulus ja gerade
bestritten sein.

70. Keinesfalls kann man sagen, der Autor von OrPl greife «bestimmte, in gnostischen
Kreisen beliebte und häufig meditierte Paulusworte auf» und qualifiziere die paulinischen
«Schriften (!) als die Verkündigung einer Weisheit, die über die Welt des Demiurgen
hinaus zur Offenbarung des Präexistenten zu führen vermag» (so KOSCHORKE p. 191).

71. So wohl m.R. H.-J. KLAUCK, Die Himmelfahrt des Paulus (2 Kor 12,2-4) in der
koptischen Paulusapokalypse aus Nag Hammadi (NHC V/2 (SNTU/A 10), (Linz), 1985,
pp. 151-190, hier 188.

72. Läßt sich ein Grund dafür angeben, daß in Codex I wie in Codex V jeweils eine
«Jakobus»-Schrift auf eine «Paulus»-Schrift folgt? Zum Jakobusbild der Gnosis vgl. jetzt
vor allem W. PRATSCHER, Der Herrenbruder Jakobus und die Jakobustradition (FRLANT
139), Göttingen, 1987, pp. 151-177. A.a.O. p. 177: Bemerkenswert ist, «daß bei keiner
dieser im einzelnen so verschiedenen gnostischen Gruppen Jakobus eine antipaulinische
Einstellung hat».

Eph 2 berufen kann. Neben «dem Apostel», aus dessen Briefen der Verfasser offensichtlich auch 1 Kor 15 kennt und benutzt, spielt «das Evangelium» eine wesentliche Rolle: Die Verklärungserzählung belege, daß die Rede von der Auferstehung nicht «Phantasie» ist, sondern Realität (p 48,6-11). Diese ausgeprägt synkretistische Gnosis[73] verwendet also paulinische Texte, aber ebenso auch andere Schriften und Traditionen des Neuen Testaments. Richtig ist jedoch, daß der Verfasser des Rheg intensiver als andere Autoren der Nag-Hammadi-Bibliothek darum bemüht ist, die biblischen Texte nicht nur in formaler Weise als bloße dicta probantia für immer schon feststehende Positionen zu verwenden. Ihm liegt ja daran, die Rede von der «Auferstehung», die in der Gnosis im Grunde keinen Ort hat[74], in die gnostische Anthropologie einzuführen, und dafür dienten ihm paulinische Aussagen als wesentliche Hilfe. Es muß aber wohl doch angemerkt werden, daß es in Wahrheit nicht Paulus selbst, sondern der in diesem Punkte seinerseits schon gnostisch beeinflußte Epheserbrief war, dem der Verfasser des Rheg eine so wesentliche Bedeutung beimessen konnte.

Mehrere Anspielungen bzw. Zitate aus paulinischen Briefen finden sich in «Evangelium des Philippus» (NHC II/3). In § 23 wird 1 Kor 15,50, in § 110 wird 1 Kor 8,1 zitiert und jeweils gnostisch (um)gedeutet[75]. Koschorke hat darüber hinaus auf eine weitere wichtige Stelle aufmerksam gemacht[76]: In § 94 begegnet eine auf das Gesetz bezogene Deutung der Paradies-Erzählung. Es heißt dort, die durch den Baum im Paradies ermöglichte Unterscheidung von Gut und Böse könne allein im Rahmen des Gesetzes gelten und dem Menschen lediglich moralische Erkenntnis vermitteln. Letztlich bewirke sie für die Menschen, an erster Stelle für Adam, nichts als den Tod. Dagegen stehe im künftigen Paradies ein Erkenntnisbaum, der den Menschen «belebt». Diese Aussage ist deshalb bemerkenswert, weil das Paradiesgeschehen (= der Sündenfall) in der Gnosis üblicherweise ja positiv gedeutet wird. Koschorke sieht an dieser Stelle den Einfluß von Röm 3,20 und 7,7; und da auch an anderen Stellen im EvPhil Anklänge an den Römerbrief, gerade auch an Kap. 7 (so in § 123) erkennbar sind, ist sein Hinweis auf § 94 sehr berechtigt. Ob diese Stelle aber ausreicht, um von

73. Vgl. M.L. PEEL, in *Nag Hammadi Codex I (The Jung Codex). Introductions, Texts, Translations, Indices* (ed. H.W. ATTRIDGE) (NHS XXII), Leiden, 1985, 137: «In our view, the author is a Christian Gnostic whose thought displays the distinctive impact of Platonic ideas as mediated through and altered by a Valentinian Gnostic frame of reference».

74. Vgl. K. RUDOLPH, *Die Gnosis. Wesen und Geschichte einer spätantiken Religion*, Göttingen, 1977, pp. 205-211 (zu Rheg vor allem pp. 209f).

75. Vgl. zu diesen Stellen LINDEMANN, *op. cit.* (Anm. 2), pp. 325ff. Ausführlich KOSCHORKE, *op. cit.* (Anm. 56), pp. 191-194.

76. KOSCHORKE, *op. cit.*, pp. 194-196.

einer «Übereinstimmung ... mit dem, was Paulus über das Gesetz sagt», sprechen zu können[77], ist eine andere Frage.

Scharfe Polemik gegen das Gesetz des Schöpfergottes zeigt das von der Forschung so genannte «Testimonium Veritatis» (NHC IX/3). Der gnostische Autor erhebt gegenüber der «katholischen» Kirche den Vorwurf, sie widerspreche mit der Übernahme des Gesetzes ins Christentum der Christusoffenbarung. Paulinischer Einfluß steht dahinter kaum; denn der hauptsächliche Anlaß für diese Gesetzeskritik ist das biblische Fortpflanzungsgebot. Dieses Gebot fordere den Menschen dazu auf, der Welt zu dienen, mithin nicht der Wahrheit, da man beiden Herren zugleich ja nicht dienen könne (p 29,24f mit Zitat von Mt 6,24f).

Umstritten ist die gegen Schluß (p 73,18ff) stehende Zitierung von Gal 1,8 («Wenn ein Engel vom Himmel kommt und etwas anderes predigt, so sei er verflucht»). Das Einleitungswort zu diesem Zitat ist nicht vollständig lesbar: Sind es die Gnostiker selbst, die der Großkirche das Pauluswort entgegenhalten? Dies bejaht Koschorke, und er folgert, daß sich «dieses Pauluswort sehr präzise der Gesetzespolemik unseres Traktats» einfüge[78]. Oder zitiert TestVer im Gegenteil gerade die großkirchlichen Gegner, die mit Hilfe von Gal 1,8 die gnostischen Lehren als Häresie zu brandmarken sich bemühten? Das nimmt B. Pearson an[79]. Aber wie immer es damit stehen mag: Auch TestVer läßt nicht erkennen, daß in der gnostischen Polemik gegen die allgemeine Kirche die Berufung auf Paulus von *entscheidender* Bedeutung gewesen wäre; es finden sich nämlich auch zahlreiche Anspielungen auf Evangeliumstexte[80], darunter in p 45,6-18 eine ausführliche Paraphrase von Lk 1 (mit zusätzlichen Anklängen an das Protevangelium des Jakobus).

Schließlich ist noch zu verweisen auf die «Interpretation der Gnosis» (NHC XI/1), in deren drittem Abschnitt (p 15-21) Koschorke wohl m.R. eine gnostische Gemeindeordnung findet[81]. Diese Gemeindeordnung halte, in betonter Abgrenzung zum Amtsverständnis der Großkirche, am paulinischen Bild vom Leib und den Gliedern sowie am Gedanken des durch die Charismen konstituierten Gemeindelebens fest, was in der Mitte des 2. Jahrhunderts «alles andere als selbstverständlich» gewesen sei[82]. Tatsächlich begegnet in p 16,26ff; 18,34ff der

77. So Koschorke, p. 195, der sogar von einer «Tiefenwirkung paulinischer Theologumena» spricht (p. 194).

78. Koschorke, p. 183.

79. So B.A. Pearson, in *Nag Hammadi Codices IX and X* (ed. B.A. Pearson), (NHS XV), Leiden, 1981, p. 199: «The opponents have appropriated Paul's asseveration for their own purposes».

80. Vgl. Pearson, *op. cit.*, p. 112: «The Pauline literature is used frequently (esp. Rom, I Cor, Gal., Eph), but also the gospels, both the Synoptic gospels and the Gospel of John».

81. K. Koschorke, *Eine neugefundene gnostische Gemeindeordnung. Zum Thema Geist und Amt im frühen Christentum*, in *ZTK* 76 (1979) pp. 30-60.

82. Koschorke, *op. cit.* (Anm. 56), p. 187.

Haupt-Glieder-Gedanke, der — auch wenn ein ausdrücklicher Hinweis darauf fehlt — aus 1 Kor 12/Röm 12/Eph 4 übernommen worden sein mag. Der Verfasser von Inter behauptet in diesem Zusammenhang aber eine Hierarchie von Charismen: Die den Christen vermittelten Gaben hätten unterschiedlichen Rang; die geringen Glieder, die lediglich Auge, Hand oder Fuß im Leibe seien, sollten nicht eifersüchtig oder neidisch sein, sondern dankbar dafür, daß sie überhaupt zum Leib gehören (p 18,30ff). Zeigt sich darin wirklich ein «Beharren auf der paulinischen Gemeindekonzeption»[83]? Der m.E. einzige Unterschied zur Großkirche, die im 2. Jahrhundert das Bild vom Leib ja ebenfalls verwendet[84], liegt darin, daß die Hierarchie dort durch das Amt, hier durch das spezifisch gnostische Verständnis des Pneumatikertums begründet ist; beide sind sich darin einig, daß es in der Gemeinde eine hierarchische Abstufung gibt (und geben muß).

Zwei Nag-Hammadi-Schriften, die «Hypostase der Archonten» (NHC II/4) und die «Exegese über die Seele» (NHC II/6) zeigen eine nichtchristliche Gnosis, die durch rahmende Redaktion bzw. durch Überarbeitung sekundär christianisiert worden ist. Man kann es für denkbar halten, daß beide Schriften in ihrer jetzt vorliegenden Endgestalt sogar als allgemein-kirchlich rezipierte Texte anzusehen sind. Die Zitate bzw. Hinweise auf Paulus sind wohl erst auf der Redaktionsebene in die Texte eingefügt worden[85]. Das Umgekehrte gilt für die Schrift «Lehren des Silvanus» (NHC VII/4), in der Paulustexte (vor allem aus 1 Kor) zitiert werden, in einem Fall sogar unter ausdrücklicher Namensnennung (p 108, 27-32). Silv aber ist eine nicht-gnostische Schrift, die von Gnostikern allerdings akzeptiert und dann in ihrem Sinne verwendet werden konnte. Wenn die Annahme zutrifft, daß Silv im Umkreis gnostischen Einflusses entstanden ist[86], dann würde diese Schrift zeigen, daß die Paulusbenutzung der Gnostiker — wie überhaupt deren Hinwendung zum Neuen Testament — im nichtgnostischen Christentum im wesentlichen keine Verlegenheit ausgelöst hat.

Zweifellos war die christliche Gnosis imstande, paulinische Texte und theologische Vorstellungen zu übernehmen oder sich auf die Person des Apostels zu berufen. Dasselbe gilt allerdings auch für andere NT-Schriften bzw. Gestalten des Urchristentums (zu nennen wäre neben Jakobus und Petrus beispielsweise auch Thomas). Eine spezifische Affinität zu Paulus läßt sich in den Nag-Hammadi-Schriften, vielleicht mit Ausnahme des Rheg, nirgends aufweisen. Die These, Paulus sei für die christliche Gnosis des 2. Jahrhunderts der bevorzugte theologische

83. Koschorke, ebenda.

84. In 1 Clem 37,5-38,1 begegnet die «Leib»-Ekklesiologie mit, in 2 Clem 14 und in Justin Dial 42,3 begegnet sie ohne Paulus-Einfluß.

85. Vgl. *Die Bedeutung der Texte von Nag Hammadi für die moderne Gnosisforschung* (verfaßt vom Berliner Arbeitskreis für koptisch-gnostische Schriften), in *Gnosis und Neues Testament. Studien aus Religionswissenschaft und Theologie* (ed. K.-W. Tröger), Gütersloh, 1973, pp. 13-76, hier pp. 33f. 37ff.

86. So M.L. Peel/J. Zandee, in J.M. Robinson (ed.), *The Nag Hammadi Library in English*, San Francisco, 1977, p. 346.

Gewährsmann gewesen, wird durch Nag Hammadi also nicht bestätigt. Allein der Rheginusbrief bringt die von ihm vertretene theologische Lehre ausdrücklich (und im Blick auf Eph 2 ja auch nicht zu Unrecht) mit dem Apostel in Verbindung. Der Antinomismus von TestVer und der Leib-Glieder-Gedanke bzw. die Charismenlehre von Inter werden dagegen von den Verfassern zumindest nicht explizit auf Paulus zurückgeführt; da sie sich inhaltlich von den entsprechenden paulinischen Aussagen erheblich unterscheiden, ist Einfluß des Paulus allenfalls ganz randhaft anzunehmen[87].

> Koschorke hat m.R. betont, «nach der Paulusrezeption der Gnostiker zu fragen, [könne] ... nicht heißen, eine *exklusive Inanspruchnahme* des Heidenapostels aufweisen zu wollen»; die Gnostiker hätten ja das ganze Neue Testament für ihr Denken verwendet[88]. Seine These, es gebe in der Gnosis gleichwohl «eine *spezifische Affinität* zu Paulus», ist aber in doppelter Hinsicht problematisch: Die Behauptung, Paulus sei «die am häufigsten angeführte neutestamentliche Autorität», ist zumindest kaum überprüfbar[89]. Und die Feststellung, es gebe «(außer bei Johannes) bei keinem anderen neutestamentlichen Autor so viele Motive und Einzelaussagen ...», die dem gnostischen Deutungswillen entgegenkamen und ihm ganz von selbst zu entsprechen schienen», ist im Blick auf die Paulus-Auslegung selber höchst problematisch[90]; überdies ist sie fragwürdig angesichts einer Hermeneutik, die es den Gnostikern ja ohne weiteres ermöglichte, jede biblische Aussage in ihrem Sinne zu deuten und zu ihren Gunsten zu verwenden.

c) Marcion

Anders als in der Gnosis ist der Befund natürlich bei *Marcion*; er will, wie W. Schneemelcher m.R. sagt, «bewußt paulinisch denken und reden»[91]. Aber was heißt bei Marcion überhaupt «bewußt paulinisch»? Seine theologische Basis, die Lehre von den zwei Göttern, ist alles

---

87. Gegen KOSCHORKE, *op. cit.* (Anm. 56), p. 203.

88. KOSCHORKE, p. 201 (Hervorhebung im Original); dort auch die folgenden Zitate.

89. Vor allem ist die Begrifflichkeit unklar. Es kann kaum gemeint sein, daß Paulus in gnostischen Texten als autoritative Begründung für bestimmte Aussagen explizit zitiert wird — dieser Fall begegnet ja sehr selten. Die Beobachtung von bloßen «Anspielungen» belegt gerade nicht die spezifische Normativität paulinischer Aussagen. Und schließlich wäre auch zu fragen, wie die (im Vergleich zu Paulus ungleich häufigeren) Jesusworte in gnostischen Texten einzuschätzen sind.

90. Selbst wenn es richtig wäre, daß Paulus selbst bereits von gnostischer Sprache beeinflußt war (so W. SCHMITHALS, *Zur Herkunft der gnostischen Elemente in der Sprache des Paulus*, in B. ALAND u.a. [ed.] *Gnosis*. Fs. H. Jonas, Göttingen, 1978, pp. 385-414), wäre immer noch zu fragen, ob die gnostische Paulusbenutzung etwas von diesem Wissen erkennen läßt. Vgl. SCHNEEMELCHER, *op. cit.* (Anm. 3), p. 171: «Eine gnostische Evangelienexegese hat es vielleicht früh gegeben [Herakleon, Basilides], aber über eine entsprechende Paulusexegese läßt sich nichts sagen».

91. SCHEEMELCHER, *op. cit.*, p. 175. Daß Marcion der erste Theologe war, der dies beabsichtigte, kann man allerdings bezweifeln.

andere als paulinisch. Natürlich kam die Formulierung vom «Gott dieses Äons» (2 Kor 4,4) Marcions Intention sehr entgegen[92], aber hier lag wohl kaum der Ausgangspunkt für sein Denken[93]. Marcion hat Paulus formell kanonisiert und seine Briefe zusammen mit dem Lukas-Evangelium dem (von ihm ja mitnichten «abgeschafften») Alten Testament gegenübergestellt. Es ist jedoch zu beachten, daß Marcion in Wahrheit gar nicht «die Paulusbriefe» kanonisiert hat, sondern daß es die von ihm redigierten, z.T. stark gekürzten Briefe waren, die er für verbindlich erklärte. Marcion steht also nicht «unter dem Einfluß eines überspitzten Paulinismus», und er vertritt eigentlich nicht eine «Radikalisierung der paulinischen Theologie»[94]. Er mußte im Gegenteil die paulinischen Aussagen in ihrem Zentrum geradezu bis zur Unkenntlichkeit verändern, um erst so den Apostel als Kronzeugen für sein eigenes Denken ins Feld führen zu können[95]. Vermutlich aus eben diesem Grunde hat Marcion sich auch veranlaßt gesehen, die Paulusbriefe formell zu «kanonisieren». Denn in der für seine Theologie und für seine Kirche brauchbaren Form lagen sie ja ausschließlich in der von ihm hergestellten Textfassung vor; der ursprüngliche Wortlaut der Briefe konnte als autoritativer Text keinesfalls in Betracht kommen und galt als «judaistisch verfälscht».

Leider kennen wir nicht die frühe kirchliche Reaktion auf Marcion[96] — was Euseb in dieser Hinsicht über Polykarp berichtet (HE IV 14,6f), trägt nichts aus. Eindrucksvoll ist aber, was Tertullian in seiner Schrift «Adversus Marcionem» dem «Erzketzer» (posthum) theologisch entgegenzuhalten weiß. Dabei beruft sich Tertullian ganz selbstverständlich auf Paulus, und zwar bemerkenswerterweise auch dort, wo er dazu nicht durch sein Gegenüber veranlaßt worden ist[97]. Ohne jeden Vorbehalt wird schon in I 21 «der Apostel» als Garant der kirchlichen

92. Zur Exegese dieser Stelle in der Großkirche vgl. Iren Haer III 7; Tert Marc V 11,9-11.

93. 2 Kor 4,4 kann doch wohl nur dann als ein Zentralsatz paulinischer Gotteslehre verstanden werden, wenn man von einer Zwei-Götter-Lehre schon herkommt. Die Frage, woher Marcions Lehre stammt, ist damit freilich nicht beantwortet. Vgl. G. MAY, *Markion und der Gnostiker Kerdon*, in A. RADDATZ/K. LÜTHI (eds.), *Evangelischer Glaube und Geschichte*. Fs. G. Mecenseffy, Wien, 1984, pp. 233-246, der die altkirchliche Behauptung, Marcion sei Schüler des Gnostikers Kerdon gewesen, mit guten Gründen zurückweist.

94. So B. ALAND, *Marcion. Versuch einer neuen Interpretation*, in ZTK 70 (1973) pp. 420-447, hier 446. 436.

95. Daß bestimmte Formulierungen bei Paulus dem Bemühen Marcions entgegenkamen, ist natürlich nicht zu bestreiten.

96. Zum «Presbyter» bei Irenäus vgl. LINDEMANN, *op.cit.* (Anm. 2), pp. 391f und die dort genannte Literatur.

97. Vgl. beispielsweise Tert Marc I 20f: Gal zeige, daß aus der Unterscheidung von Gesetz und Evangelium und der Kritik am Gesetz keineswegs die Ablehnung des Gottes des Gesetzes folgen müsse. Zur Verwendung des NT durch Tertullian vgl. J.F. JANSEN, *Tertullian and the New Testament*. in *The Second Century* 2 (1982) pp. 191-207.

Tradition gegen die Zwei-Götter-Lehre ins Feld geführt. Zu Beginn von
Buch II, in dem es um den Schöpfergott und das Alte Testament geht,
verweist Tertullian auf den Propheten Jesaja (40,13 ff) und dann
wiederum auf «den Apostel», einmal mit einem ausdrücklichen Zitat
(Röm 11,33ff; Marc II 2,4) und einmal ohne ein solches (wobei 1 Kor
1,25 jedoch fast wörtlich, wenn auch ohne Zitateinleitung angeführt
wird; Marc II 2,5). Wie läßt sich vor diesem Hintergrund Tertullians
vielzitierte Aussage verstehen, Paulus sei der 'haereticorum apostolus'
(III 5,4)? Oft wird gesagt, mit diesem Stichwort werde die Situation der
Paulusrezeption im 2. Jahrhundert gekennzeichnet — wenn schon nicht
als historisch zutreffendes, so doch zumindest als für Tertullian persönlich geltendes Urteil[98]. Tatsächlich aber verhält es sich anders: Das
Thema von Marc III ist der Nachweis, daß Christus und der Schöpfergott auf dieselbe Seite gehören; nach Tertullians Meinung läßt sich
dieser Nachweis führen mit Hilfe der Methode der Allegorese. Daß
diese Methode von den Marcioniten zu Unrecht abgelehnt werde,
brauche er gar nicht weiter ausführen, sagt Tertullian; denn Paulus
selbst als der 'haereticorum apostolus' wende ja in 1 Kor 9,9 die
allegorische Methode an. Das scheinbar pauluskritische Stichwort 'haereticorum apostolus' ist also in Wahrheit eine ironische Kennzeichnung
der Tatsache, daß Paulus von den 'haeretici' (d.h. von den Marcioniten)
für sich in Anspruch genommen wird — was, wie Tertullian durch sein
Beispiel glaubt zeigen zu können, natürlich ganz zu Unrecht geschieht[99].
In gleicher Weise stellt Tertullian am Ende von Buch IV im Blick auf
das Lukas-Evangelium mit einem Unterton ironischen Bedauerns fest:
'Misereor tui, Marcion, frustra laborasti. Christus enim Iesus *in evangelio tuo* meus est' (IV 43,9). Nicht in den Augen Tertullians also ist
Paulus der «Apostel der Häretiker» und Lk das «häretische Evangelium» (V 1,9); es sind die Marcioniten, die beide für sich in Anspruch
nehmen — jedoch, wie Tertullian triumphierend feststellt, zu Unrecht
und ohne Erfolg.

d) *Gesetzestreues Judenchristentum*

Definitive Ablehnung des Paulus wird im 2. Jahrhundert nur sichtbar
im *gesetzestreuen Judenchristentum*. Dabei kann offenbleiben, ob sich
hier eine direkte Verbindung zum Antipaulinismus der zeitgenössischen
Gegner des Paulus herstellen läßt[100] oder nicht[101]. Nähere Informa-

---

98. Vgl. nur J. LEIPOLDT, *Geschichte des neutestamentlichen Kanons I. Die Entstehung*,
Leipzig, 1907, p. 204: Tertullian ließ «keine Gelegenheit vorübergehen, Paulus, den
'Apostel der Häretiker', herabzusetzen».

99. Vgl. auch Marc III 14,4f. Tertullian spricht von Paulus als dem 'communis
magister', und er spricht von 'tuus Christus'.

100. G. LÜDEMANN, *op. cit.* (Anm. 51), passim (vgl. insbesondere die Zusammenfassung pp. 261-263.

101. Fraglich ist insbesondere, ob Antipaulinismus und Judenchristentum unbedingt

tionen über den Inhalt und die theologische Substanz dieses judenchristlichen Antipaulinismus fehlen uns. Das gilt für die judenchristlichen
Gegner Justins[102] ebenso wie insbesondere für Hegesipp. Dessen bei
Stephan Gobarus überlieferte Kritik an einer Verwendung des (verkürz-
ten!) Logions von 1 Kor 2,9 (s.o.) wird zwar immer wieder zum
Ausgangspunkt für weitreichende Erwägungen zum Antipaulinismus im
2. Jahrhundert gemacht[103]; aber in Wahrheit läßt die Quellenlage ein
Urteil über Hegesipps Einstellung zu Paulus gar nicht zu[104]. Die
einzige judenchristliche Quelle, die eine nähere Beschreibung des Antipaulinismus im 2. Jahrhundert zu ermöglichen scheint, sind die (freilich
umstrittenen und jedenfalls höchst mühsam zu rekonstruierenden)
«Kerygmata Petrou»[105]. Sie wollen in Anlehnung vor allem an Gal 1
und 2 den Nachweis führen, daß Paulus (= «Simon Magus») kein
wahrer Apostel sein könne, denn ihm fehle die Berufung durch den
irdischen Jesus, und er habe überdies dem wirklichen Apostel Petrus
«ins Angesicht widerstanden» (Hom XVII 19,4). Der Erzähler der
«Kerygmata» scheint vorauszusetzen, daß seine Leser mit bestimmten
paulinischen Aussagen, insbesondere aus Gal und 1 Kor, vertraut sind;
manche Anspielungen sind im Grunde nur für denjenigen verständlich,
der Gal 1.2 (und in einem Falle 1 Kor 15,8) im Wortlaut kennt. Die
«Kerygmata Petrou» zeigen keinen theologisch reflektierten Antipaulinismus, sondern eine in erster Linie auf die Person des Paulus bezogene
generelle Ablehnung.

Die den Kerygmata voranstehende «Epistula Petri» spricht davon, daß
einige Heiden an die Stelle des von Petrus gepredigten νομικὸν ...
κήρυγμα eine gesetzlose und unsinnige διδασκαλία gerückt hätten, deren
Urheber der ἐχθρὸς ἄνθρωπος sei. Der Begriff «feindlicher Mensch»

immer ein und dasselbe sind; Jak beispeilsweise ist in der Rechtfertigungslehre antipauli-
nisch (2,14-26), aber er ist — wie das Fehlen der Gesetzesproblematik zeigt — nicht
judenchristlich. Problematisch LÜDEMANN, op. cit. p. 204: Jak ist «Ausläufer eines antipaulinischen Judenchristentums ..., dessen Verf., selbst ein christlicher Lehrer (Jak 3,1),
nicht mehr als Judenchrist anzusprechen ist. Der Befund der Attacke gegen Paulus sichert
aber seinen Ursprung aus oder seine Bekanntschaft mit einem Judenchristentum ab».

102. LÜDEMANN, p. 209, argumentiert mit Blick auf Justin Dial 46f so: Die dort
erwähnte judenchristliche Verweigerung der Gemeinschaft mit Heidenchristen war, weil
man Paulus im 2. Jahrhundert in der Kirche überall kannte, «in vielen Fällen notwendig
mit einer Ablehnung des Paulus verbunden» (Hervorhebung im Original).

103. So jetzt auch bei LÜDEMANN, pp. 212-227, der allerdings meint, daß für Hegesipp
selbst der Antipaulinismus nicht konstitutiv gewesen sei.

104. Wir erfahren von Euseb (HE IV 22f) immerhin, Hegesipp habe die Kirche von
Korinth für rechtgläubig gehalten — und diese Bewertung mag den Gemeindegründer
vielleicht doch mit eingeschlossen haben.

105. Zur Analyse vgl. G. STRECKER, Das Judenchristentum in den Pseudoklementinen
(TU 70), Berlin, ²1981, pp. 137-220 (und die Nachträge pp. 274-282). Kritisch LÜDEMANN,
op. cit., pp. 229f. Die von STRECKER den Kerygmata Petrou zugewiesenen Texte aus den
pskl. Homilien behandelt LÜDEMANN, op. cit., pp. 248-257.

begegnet als Paulusbezeichnung auch in den judenchristlichen «Anabath-moi Jakobou» (Recg I 70)[106]. Es ist m.E. auch nicht ausgeschlossen, daß das (doch wohl immer schon allegorische) Gleichnis vom Unkraut unter dem Weizen (Mt 13,24ff) ursprünglich als antipaulinischer Text entworfen war[107]; dann wäre dieses Gleichnis einer der ganz wenigen Texte des antipaulinischen gesetzestreuen Judenchristentums, der Eingang ins Neue Testament gefunden hat.

C. APOKRYPHE APOSTELAKTEN

Die hier gegebene Skizze wäre unvollständig, würde nicht wenigstens mit einigen Sätzen auf die *Acta Pauli* hingewiesen[108], die uns immerhin eine regelrechte Personenbeschreibung des Apostels liefern: Er ist «klein, glatzköpfig, krummbeinig, in edler Haltung, mit zusammenge-wachsen Augenbrauen und ein klein wenig hervortretender Nase, voller Freundlichkeit» (ActPl et Thecl §3; Lipsius I p 237)[109]. Neben der lukanischen Apg sind für die Acta Pauli auch paulinische Briefe zu Rate gezogen worden, wie beispielsweise der (literarisch und theolo-gisch freilich überaus einfach konstruierte) «Dritte Korintherbrief» zeigt. Theologische Charakteristika weist der apokryphe Paulus nicht auf; wie seine Kollegen aus den anderen Apostelakten ist er ein Verkündiger des Gotteswortes περὶ ἐγκράτειας καὶ ἀναστάσεως (ActPl et Thecl §5; Lipsius I p 238), dem während seiner Missionstätigkeit allerlei Abenteuer widerfahren. Die Acta Pauli zeigen, daß sich im 2. Jahrhundert auch eine schlichte christliche Frömmigkeit des Paulus annehmen konnte[110].

D. NICHTERWÄHNUNG DES PAULUS

Es ist klar, daß beim Thema «Paulus im 2. Jahrhundert» diejenigen Texte unberücksichtigt bleiben müssen, die Bezugnahmen auf Paulus gar nicht erkennen lassen. Keinesfalls wäre es zulässig, wollte man in den Autoren solcher Schriften heimliche Paulusgegner sehen; Nichter-

106. Vgl. LÜDEMANN, pp. 228-248.

107. Matthäus selbst hätte von dieser ursprünglichen Funktion des Textes dann vermutlich nichts mehr gewußt. H. WEDER, *Die Gleichnisse Jesu als Metaphern* (FRLANT 120), Göttingen, 1978, pp. 120-128 rechnet mit einem ursprünglichen (= nicht-allegori-schen) Jesusgleichnis; aber der sekundäre Charakter von VV. 25.27.28a (vgl. VV. 37-39) läßt sich methodisch kaum erweisen.

108. Vgl. LINDEMANN, *op. cit.*, pp. 68ff.

109. Vgl. zu dieser Stelle R.M. GRANT, *The Description of Paul in the Acts of Paul and Thecla*, in *Vig Chr* 36 (1982) pp. 1-4, der es wahrscheinlich macht, daß Paulus hier mit den in der Antike gängigen Attributen einer «Führerpersönlichkeit» ausgestattet wird.

110. Im übrigen ist die Quellenlage für die Frage einer frühen frommen Paulusver-ehrung wenig günstig; vgl. E. DASSMANN, *Paulus in frühchristlicher Frömmigkeit und Kunst* (Rheinisch-Westfälische Akademie der Wissenschaften. Vorträge G 256), Opladen, 1982.

währung des Apostels in einer literarischen Quelle aus dem 2. Jahrhundert läßt keinen Rückschluß zu auf das tatsächliche Fehlen von Pauluskenntnis oder überhaupt auf die theologische Position, die der betreffende Verfasser in Sachen Paulus insgesamt vertreten haben mag[111]. Ohnehin sind es nur wenige Schriften, die gar keine Hinweise auf Paulus bzw. auf paulinische Briefe enthalten — im Grunde nur die Didache, der Hermas-Hirte, der Barnabasbrief[112] und der 2. Clemensbrief. Hingegen sind die Papias- und die Hegesipp-Überlieferung zu fragmentarisch, als daß ein Urteil über ihr mögliches Verhältnis zu Paulus bzw. zu paulinischer Theologie möglich wäre. Die Annahme, daß die Verfasser der apologetischen Literatur, allen voran Justin, paulinische Texte zwar kannten und benutzten, es im übrigen aber für unsachgemäß hielten, ausdrücklich darauf hinzuweisen, habe ich zu begründen versucht (s.o.).

E. DIE ENTSTEHUNG DES CORPUS PAULINUM

Kirchliche Autoren haben im 2. Jahrhundert Paulus nicht nur erwähnt oder aus seinen Briefen zitiert; die Gemeinden haben vielmehr — und das war wahrscheinlich sogar die intensivste Form der Paulusrezeption — die paulinischen Briefe in Abschriften aufbewahrt und weiter überliefert[113]. Die Paulusbriefe gehören, wie K. Aland m.R. betont, von Anfang an zu den festen Gegebenheiten der Kanonsgeschichte[114]. Wann man damit begann, die an die eigene Gemeinde gerichteten Briefe auch anderen weiterzugeben, läßt sich allerdings nicht sagen; die entsprechende Bemerkung in Kol 4,16 gehört zur pseudepigraphischen Gestalt dieses Briefes[115], und Alands Hinweis auf die Bewahrung des Galaterbriefes[116] trägt ebenfalls wenig aus[117]. Richtig dürfte Alands

111. Insbesondere darf man nicht sagen, die betreffenden Autoren hätten sich aus Rücksicht gegenüber der Paulusbenutzung der Häretiker so verhalten (gegen LÜDEMANN, op. cit., p. 210).

112. Im Blick auf Barn kann man es für denkbar halten, daß der Vf. Tradition verwendet hat, die mit paulinischer Theologie Berührungspunkte hatte; vgl. LINDEMANN, op. cit., pp. 272-282.

113. Ein beachtlicher Zeuge sind die Acta Scilitanorum (§ 12): Die vor Gericht stehenden Christen besitzen in einem (Bücher-)Kasten 'libri et epistulae Pauli viri iusti'.

114. K. ALAND, op. cit. (Anm. 17), p. 47.

115. Vgl. A. LINDEMANN, Die Gemeinde von «Kolossä». Erwägungen zum «Sitz im Leben» eines pseudopaulinischen Briefes, in WuD NF 16 (1981) pp. 111-134. K. ALAND (s. die vorige Anm.) sieht hier einen ersten Hinweis auf Briefsammlungen (p. 33).

116. ALAND ebenda: Gal müsse sehr früh an andere Gemeinden weitergegeben worden sein, da sich die galatischen Gemeinden alsbald nach dem Empfang des Briefes aufgelöst hätten. Vgl, DERS., op. cit. (Anm. 19), p. 350: Es sei «anzunehmen, daß die frühen paulinischen Gemeinden in ihrer Vereinzelung bei ihnen eintreffende Schreiben des Paulus zur Stärkung des Zusammengehörigkeitsbewußtseins so bald wie möglich an die Nachbargemeinden weitergaben. Nur so ist ... die Erhaltung des Galaterbriefes zu erklären». Diese Vermutung wird durch den Inhalt des Gal geradezu widerlegt.

117. Vgl. 1 Petr 1,1, wo Gemeinden in Galatien als Empfänger des Briefes genannt

Annahme sein, daß es vor der Entstehung des eigentlichen Corpus Paulinum zunächst kleinere Sammlungen in den Gemeinden gab; seine These, selbst um das Jahr 200 seien Paulusbriefe auch noch einzeln vorhanden gewesen, ist dagegen problematisch[118]. Welche und wieviele Paulusbriefe zu solchen frühen Klein-Sammlungen gehört haben, läßt sich nicht ermitteln. Beispielsweise setzt der 2. Petrusbrief eine solche Sammlung sicher voraus; doch über ihren Umfang können wir gar nichts sagen. Polykarp kennt und verwendet mehrere Paulusbriefe (einschließlich des 1 Tim); aber ein Urteil über die Zugehörigkeit der von ihm offenbar nicht verwendeten Briefe zu einer ihm vorliegenden Sammlung ist unmöglich.

> Kaum haltbar ist die vor allem von W. Schmithals vertretene These, das Corpus Paulinum sei zu einem bestimmten Zeitpunkt in Korinth aus einer Vielzahl von kleinen paulinischen Briefen durch einen einmaligen redaktionellen Vorgang hergestellt worden als eine «Hauptsammlung» von sieben Briefen, die dann durch eine «Nebensammlung» mit drei Briefen ergänzt wurde[119]. Schon die Textgeschichte spricht gegen diese Annahme[120]. Das bedeutet umgekehrt aber nicht, daß die paulinischen Briefe überhaupt nicht redaktionell bearbeitet worden sein können, wie K. Aland meint. Der Zweite Korintherbrief wurde m.E. sehr früh in Korinth sekundär zusammengestellt[121]; in den ersten Korintherbrief ist, möglicherweise in Rom, die frauenfeindliche Glosse 14,33b-36(38) eingefügt worden[122]. Beides geschah so früh, daß die gesamte weitere Textüberlieferung die in dieser Weise bearbeiteten Briefe voraussetzte.

Beim Auftreten Marcions muß eine kirchlich weithin anerkannte Sammlung von Paulusbriefen bereits vorgelegen haben; die Annahme, eine solche Sammlung sei im Raum der Großkirche erst in Reaktion auf Marcions Kanon entstanden, ja, Marcion habe die Kirche geradezu

---

werden. Dieser Aspekt ist auch dann zu beachten, wenn man bezweifelt, daß die Adresse «überhaupt ernstlich exakt gemeint ist» (so N. BROX, *Der erste Petrusbrief* [EKK XXI], Zürich/Neukirchen, 1979, p. 56).

118. K. ALAND, *op. cit* (Anm. 19), p. 343, verweist auf Tertullian Praescr Haer 36,1. Dort werden gegenwärtig existierende Gemeinden genannt, die einst von Paulus Briefe empfangen hatten; aber setzt Tertullian wirklich voraus, in Korinth, Philippi, Thessaloniki, Ephesus und Rom seien die ja immerhin ca. 140 Jahre alten Originalbriefe des Paulus noch vorhanden und einzusehen?

119. Vgl. zuletzt W. SCHMITHALS, *Die Briefe des Paulus in ihrer ursprünglichen Form*, Zürich, 1984, p. 17: Ursprünglich 25 Briefe an 6 Adressaten seien zu sieben großen Briefen «verdichtet» worden; die «Nebensammlung» umfaßte Phm, Eph und den (ursprünglich paulinischen) Kol.

120. Die zahlreichen kurzen Paulusbriefe müßten (doch wohl in Abschriften) unversehrt nach Korinth gelangt, dann aber spurlos verschwunden sein.

121. Insoweit verdient die Analyse von BORNKAMM, *op. cit.* (Anm. 18), Zustimmung.

122. Für Rom als Entstehungsort jener Glosse spricht die Übereinstimmung mit «römischer» Paränese; vgl. 1 Tim 2,9-15; 1 Clem 1,3; vor allem 1 Clem 21,7: Die Frauen sollen die Milde ihrer Zunge durch Schweigen kundtun.

erst auf eine solche Idee gebracht, hat nach den oben dargestellten Fakten alle historische Wahrscheinlichkeit gegen sich [123].

F. Ergebnis

Sicher wäre es falsch, das 2. Jahrhundert der christlichen Kirche als eine Epoche allgemeiner Paulusrezeption zu charakterisieren — aber von welchem Jahrhundert ließe sich solches auch schon sagen? Noch verkehrter ist es aber, der Theologie des 2. Jahrhunderts und insbesondere der Großkirche gleichsam «Paulusvergessenheit» vorzuwerfen. Paulus wird von zahlreichen Autoren zitiert und als Beleg für das eigene Denken eingesetzt. Richtig ist aber, daß seine Briefe dabei durchweg nicht als Korrektiv, nicht als kritische Anfrage an die eigene Theologie gelesen werden; sie dienen vielmehr in erster Linie dazu, das zu bestätigen, was im eigenen Denksystem ohnehin schon Gültigkeit besitzt — und das stimmt zwar manchmal, aber eben durchaus nicht immer mit Paulus überein. Doch auch darin unterscheidet sich die Gestalt der Paulusrezeption des 2. Jahrhunderts kaum von derjenigen anderer Zeitalter der Kirche. Von weitreichender Bedeutung ist die Tatsache, daß einerseits in der Gnosis eine spezifisch gnostische Paulusbenutzung zu beobachten ist, daß aber andererseits die Großkirche im Kampf gegen die Gnosis wie insbesondere auch in der Auseinandersetzung mit Marcion sich ebenfalls auf Paulus berufen hat. Irenäus und Tertullian sind offenbar die ersten, denen bewußt wird, daß es nicht genügt, sich formal auf Paulus (oder auf andere Autoritäten) zu berufen, sondern daß es darauf ankommt, sich um die «richtige» Auslegung zu bemühen. Sie eröffnen also eine neue Phase der Kirchen- und Theologiegeschichte; sie knüpfen jedoch an eine Paulusrezeption an, die es im Raum der Großkirche das ganze 2. Jahrhundert hindurch kontinuierlich — wenn auch noch nicht auf diesem Niveau — bereits gegeben hat.

An der Rehwiese 38   Andreas Lindemann
D-4800 Bielefeld 13

123. Ob man eine solche Sammlung dann als «Kanon» bezeichnet, ist eine Frage der Terminologie. Irenäus jedenfalls spricht von den Paulusbriefen als von der «Schrift» (vgl. P. Nautin, *Irénée et la canonicité des Épîtres pauliniennes*, in *RHR* 182 [1972] pp. 113-130). Ist ein solcher Sprachgebrauch möglicherweise schon in 2 Petr 3,15f vorausgesetzt?

L'ÉCRITURE DU IVᵉ ÉVANGILE
COMME PHÉNOMÈNE DE RÉCEPTION
L'exemple de Jn 6

Dès la période néotestamentaire, des écrits chrétiens, que nous avons ou non conservés, ont été utilisés par d'autres, qui les citent, les reprennent ou se démarquent d'eux. D'une certaine façon, on peut dèjà poser la question de la réception du Nouveau Testament à l'intérieur même de celui-ci, pour autant que l'on fasse l'hypothèse que des écrits néotestamentaires se situent par rapport à des textes antérieurs. En particulier, il est difficile d'aborder l'exégèse du IVᵉ évangile, pour peu que l'on ne s'en tienne pas à une démarche rigoureusement synchronique, sans chercher quels rapports il entretient d'une part avec les évangiles synoptiques, d'autre part avec les matériaux propres à sa tradition, et qu'il aurait utilisés. En fait, si toute exégèse qui se veut complète, tente finalement de saisir le fonctionnement et le sens du texte tel qu'il se présente à nous, elle n'en doit pas moins le prendre avec les références, cachées ou non, qu'il opère: les déplacements par rapport à ce qui précède le texte et qu'il connaît, font partie intégrante de son sens. Quels textes connaît Jean, et quelle attitude adopte-t-il par rapport à eux? La question est certes trop vaste pour cette communication; je tenterai donc non de la résoudre, mais de l'illustrer, en esquissant (non sans quelque présomption, car le sujet a été cent fois traité[1]) une théorie du chapitre 6 du IVᵉ évangile.

I. LE DISCOURS SAPIENTIEL DU PAIN DE VIE (v. 26-51a)

À l'intérieur du discours prononcé dans la synagogue de Capharnaüm (v. 26-58), nous distinguerons deux sections: les v. 26-51a et les v. 51b-58[2]. L'argumentation qui soutient ce choix est connue[3]: la

---

1. Il est vrai qu'en dehors des commentaires, les considérations d'ensemble du ch. 6 sont rares; la plupart des études monographiques s'attachent à l'une ou à l'autre de ses composantes, et principalement au discours du pain de vie. Sur Jn 6 considéré comme un tout dont l'écriture reflète la croissance et l'interprétation progressive d'une tradition, voir H. WEDER, *Die Menschwerdung Gottes. Überlegungen zur Auslegungsproblematik des Johannesevangeliums*, dans *ZTK* 82 (1985) 325-360. Sur le discours lui-même, orientations dans H. THYEN, *Aus der Literatur zum Johannesevangelium (4. Fortsetzung)*, dans *TR* 43 (1978); M. ROBERGE, *La composition de Jean 6, 22-59 dans l'exégèse récente*, dans *Laval théologique et philosophique* 40 (1984) 91-125.

2. Cette division au milieu du v. 51, qui est classique, se fonde sur la rupture de langage qui se marque à cet endroit, et sur la structure concentrique du morceau 30-51a, que je propose ci-dessous; elle est concurrencée par une autre division à partir du v. 48, ou même du v. 47 (voir H. THYEN, *art. cit.*, p. 340).

3. Exposé p.ex. dans G. BORNKAMM, *Die eucharistische Rede im Johannes-Evangelium*,

cohérence en soi de la première partie (en tout cas des v. 30-51a), les différences dans le vocabulaire et dans son emploi, les différences de problématique et de doctrine. Au demeurant, il n'y a là encore qu'une hypothèse de travail; la suite le confirmera ou non.

1. *La construction du discours*

L'ensemble en est cohérent et construit. J'y distinguerai six unités repérables à leur vocabulaire et à leur contenu, et qui ne se superposent pas aux divisions marquées par le dialogue. La première, qui demeure relativement extérieure, a fonction d'introduction; les cinq autres, organisées suivant un plan concentrique, forment le corps du commentaire d'Ex 16.

a. Les v. 26-30 forment l'introduction du discours.

Le v. 26 est une transition qui relie le discours à la section narrative qui précède. Le vocabulaire des récits synoptiques de la multiplication des pains s'y mêle à des catégories johanniques ordonnées au contenu du discours: chercher, signes, et le pluriel «pains» opposé au pain singulier descendu du ciel.

La séquence d'introduction elle-même est construite autour des termes ἔργον/ἐργάζεσθαι, liés par le v. 27 à la nourriture et à l'antithèse périr/vie éternelle. Elle culmine au v. 29 où l'œuvre de Dieu se révèle être la foi en celui qu'Il a envoyé. Il est clair que ceci est programmatique de tout le discours: l'œuvre de Dieu est en effet d'envoyer son Fils pour que celui qui croit ait la vie éternelle (v. 37-40), en même temps que d'attirer et d'instruire le croyant (v. 44-45).

Le v. 30 qui reste dans le registre de l'ἔργον, parce qu'il pose la question de l'œuvre de Jésus, introduit cependant la section suivante; comme le v. 36, qui use pareillement du couple «voir et croire», et avec lequel il forme une inclusion autour du bloc 31-35, il a une fonction de transition.

b. Les v. 31-35 sont commandés par la citation ἄρτον ἐκ τοῦ οὐρανοῦ ἔδωκεν αὐτοῖς φαγεῖν, qu'ils explicitent progressivement comme s'appliquant à l'envoi de Jésus par le Père (c'est lui le pain descendu du ciel) et à la foi en lui (manger, c'est venir à lui, v. 35b). Le v. 35 marque le sommet de ce développement.

c. Les v. 37 à 40 abandonnent l'allégorie du pain pour exprimer en langage direct la mission vivificatrice du Fils par le Père. On retrouve ici le couple antinomique périr/vie éternelle de la section d'introduction. L'œuvre de Dieu est vue sous l'angle de la mission du Fils qui descend du ciel et vivifie le croyant.

dans *Geschichte und Glaube*, t. 3, München, 1968, pp. 60-67; G. RICHTER, *Zur Formgeschichte und literarischen Einheit von Joh 6,31-58*, dans *Studien zum Johannesevangelium*, Regensburg, 1977, pp. 88-119.

d. Par-dessus la section des murmures (v. 41-43) ce développement est poursuivi aux v. 44-45, sous l'angle corrélatif de la foi: l'œuvre de Dieu est ici que l'on vienne à Jésus et que l'on croie en lui. Le v. 46 appartient à cette section et n'a d'autre fonction que d'empêcher de lire aux versets précédents une révélation directe de Dieu; renvoyant à la médiation du Fils, il souligne le lien étroit entre les sections 37-40 et 44-45.

e. Le v. 47 peut se lire comme une conclusion de la section 37-40; 44-46. Cependant il peut fonctionner aussi comme une transition, puisque, introduit par la clausule ἀμὴν ἀμὴν λέγω ὑμῖν, il paraît commander toute la section 47-51 qui le développe selon une construction très élaborée et en revenant à l'allégorie de la manne. Les correspondances avec les v. 31-35 sont nombreuses; les deux sections encadrent les v. 37-46; les v. 48-51a, bouclant la boucle ouverte au v. 31, en font une construction close.

f. Revenons aux v. 41-43. Les v. 41a et 43, par la mention du murmure (ἐγόγγυζον, γογγύζετε) réintroduisaient la thématique de l'Exode (Ex 16,2) dans une section qui l'avait abandonnée: 41b reprend le langage de 31-35. Ces deux versets encadrent l'objection des Juifs: comment le fils de Joseph peut-il prétendre à une origine céleste? On oppose donc l'origine terrestre ou charnelle, vérifiable, à l'origine céleste ou divine, non vérifiable, pour nier celle-ci. Cette objection est structurellement au centre du discours. Elle s'enfonce comme un coin dans le développement non allégorique sur l'envoi du Fils et la foi en lui, en même temps qu'elle s'encadre de deux versets qui renvoient à la thématique de l'Exode.

2. Cette esquisse de la construction du discours en suggère l'interprétation. Un midrash sur l'épisode de la manne au désert permet de développer la doctrine johannique sur l'envoi du Fils et la réponse de la foi: l'un comme l'autre sont œuvre du Père et confèrent la vie éternelle, conçue formellement comme négation de la mort ou de la perdition.

Ce n'est pas le dialogue qui marque les articulations de ce développement. S'il soutient parfois les progressions thématiques, il n'amène pas de progression de contenu (tout est déjà dans le v. 29, qui explicite le v. 27a) non plus qu'il ne marque de modifications dans l'attitude des interlocuteurs de Jésus, dont le refus de croire est constant (v. 26 et surtout v. 36 qui, renvoyant à une parole antérieure du discours, fige la situation comme intemporelle).

En fait, le principal effet du genre dialogal est ici de mettre en vis-à-vis la proposition de foi et le refus de croire ou, si l'on veut, de développer le discours théologique de façon polémique sur l'arrière-fond d'un refus dont les Juifs sont à la fois les acteurs historiques et le type.

3. Dans la mesure où ce qui précède est admis, quelques éléments apparaissent étrangers au texte.

a. La transition du v. 26, en ce qu'elle suppose le récit synoptique de la multiplication des pains; elle s'appuie plus sur le texte du discours qu'elle ne s'y intègre.

b. Le v. 27b (ἦν ὁ υἱὸς τοῦ ἀνθρώπου ὑμῖν δώσει ...ὁ θεός). Si le deuxième terme — la σφραγίς du Père — peut à la rigueur se ramener à la thématique de l'envoi, le premier terme par contre est étranger au discours lui-même: le titre de Fils de l'Homme, comme le fait que ce soit le Fils qui donne la βρῶσις, sont caractéristiques de l'ajout eucharistique des v. 51b-58. Ce demi-verset s'insère d'ailleurs maladroitement entre 27a et 28, dont il rompt la suite normale (ἐργάζεσθε/ἵνα ἐργαζώμεθα) en expliquant l'énigme qui appelle la question des Juifs, par une autre qu'ils semblent ne pas entendre.

c. À la fin des v. 39.40.44, la mention de la résurrection au dernier jour, étrangère au langage de l'ensemble, d'une doctrine singulière (c'est le Fils qui ressuscite le croyant) et littérairement isolable comme un intrus, est habituellement reconnue avec raison comme un ajout postérieur qui corrigerait l'eschatologie présente du discours en une eschatologie plus classique de la fin des temps.

II. L'AJOUT DIT EUCHARISTIQUE DES v. 51b-58

Le discours-dialogue que l'on pouvait considérer comme clos en 51a, rebondit néanmoins par un enchaînement qui en déséquilibre la construction. En outre, la section suivante (v. 60-65) paraît l'ignorer et offre une meilleure continuité avec les v. 26-51a. Pour une part, le vocabulaire reste celui du discours sapientiel (pain, vie, donner, manger) mais de nouvelles catégories s'introduisent (terminologie eucharistique, inhabitation réciproque), en même temps que les termes repris au discours précédent fonctionnent ou sont interprétés de façon différente. L'opinion la plus répandue est qu'il s'agit là d'un second discours, dont l'intérêt pour le sacrement et l'eschatologie future trahirait les préoccupations d'un rédacteur ecclésiastique. Reprenons donc quelques observations sur l'écriture et la théologie de cette section, en sorte de déterminer comment et pourquoi elle est articulée au discours qui la précède.

1. Le v. 51b pose une thèse qui va se trouver contestée parmi les auditeurs (v. 52), puis développée avec une accentuation des catégories eucharistiques (v. 53-57), pour être ramenée enfin à la thématique générale du discours du pain de vie par la conclusion du v. 58.

a. En 51b, la rupture se marque par le fait que le pain n'est plus donné par le Père, mais par Jésus; que ce don n'est pas présent, mais futur; que le pain est identifié à la chair, et que cette chair donnée est pour la vie du monde.

Si la forme est clairement démarquée des formules traditionnelles de l'institution de l'eucharistie, la pointe eucharistique n'est pourtant encore que virtuelle: la «chair pour la vie du monde», qui va d'ailleurs être dite «chair du Fils de l'Homme», peut viser au premier chef la passion du Fils de l'Homme élevé sur la croix. Le remplacement de σῶμα par σάρξ — quoi qu'il en soit des substrats araméens de la formule — marque sans aucun doute cette insistance sur la fragilité humaine du Fils manifestée dans sa mort[4].

b. C'est d'ailleurs bien ainsi que paraît l'entendre l'objection des Juifs, «Comment celui-là peut-il donner sa chair à manger?». Deux considérations s'imposent ici. La première, souvent négligée, est que la formule qui introduit l'objection non seulement s'écarte de celle qu'on lisait avec insistance aux v. 41-43, mais est même singulière dans l'évangile. Bien qu'une seule opinion soit rapportée, à la manière d'une objection, elle est mentionnée comme l'objet d'une querelle (ἐμάχοντο) entre les juifs. Les fréquentes divergences entre les juifs ne se présentent jamais de la sorte. Μάχη/μάχεσθαι, absent ailleurs du corpus johannique, est un terme fort. On ne le trouve dans le Nouveau Testament que pour désigner des querelles violentes et, dans les épîtres pastorales, des querelles doctrinales[5]. Il est clair que si le murmure des juifs à propos de l'origine céleste de Jésus peut bien être attribué aux juifs tels que les dépeint le IVᵉ évangile, une polémique aiguë à propos de sa chair (même si une seule opinion est exprimée) doit viser un tout autre horizon.

Or — et c'est la seconde considération —, l'objection qui semble alimenter la querelle est à l'opposé de celle qui motivait les murmures: aux v. 41-43, l'origine céleste de Jésus était contestée à cause de sa naissance charnelle; ici, c'est sa chair qui paraît inacceptable. La mort de Jésus, liée à l'eucharistie et signifiée par le terme de chair, est au centre de la polémique: il est difficile de ne point rapporter cette situation à celle décrite par les lettres johanniques, où des adversaires docètes ne confessent pas Jésus-Christ venu dans la chair[6]. En d'autres termes, alors que le discours sapientiel se développait en contrepoint d'un refus de l'origine divine de Jésus, l'ajout eucharistique est dirigé d'emblée contre un refus de sa condition charnelle et de sa mort.

c. Au v. 53, le pain déjà interprété comme chair de Jésus, est appelé la chair du Fils de l'Homme. Le sang lui est adjoint: la référence à la

---

4. Si Jn emploie σῶμα pour désigner le corps mort du crucifié (Jn 19,31-40; 20,12), il utilise aussi ce mot dans la perspective de la résurrection: «le temple de son corps» (Jn 2,21) est le temple détruit et rebâti en trois jours. Au contraire, la chair désigne l'impuissance humaine, qui devient celle du Verbe (Jn 1,4); cf. e.a. R. SCHNACKENBURG, *Das Johannesevangelium*, Freiburg, 1971, pp. 82-84.

5. Ac 7,26; Jc 4, 1. 2; 2Tm 2,23.24; Tt 3,9.

6. 1Jn 4,2; 2Jn 7. Voir la position nuancée de R.E. BROWN, *The Epistles of John*, New York, 1982, pp. 76-79.

passion en est soulignée en même temps que la référence eucharistique. Dans toute cette section, *manger* n'est jamais mis en équivalence avec la foi en Jésus mais est régulièrement apparié au verbe *boire*.

Les v. 54 et 56 sont construits en symétrie autour du v. 55. Le terme βρῶσις, emprunté au discours sapientiel est conjoint à la πόσις, dans la logique de l'ajout eucharistique; le v. 55 est très proche de ce que nous avions considéré comme un ajout second en 27b. Le v. 54 reprend de façon positive l'énoncé négatif du v. 53 et se répète avec un dépassement interprétatif au v. 56: avoir la vie éternelle, ou avoir la vie en soi, c'est l'unité avec le Fils, exprimée en termes d'inhabitation réciproque. Le progrès est visible par rapport au discours sapientiel, où la vie éternelle n'était définie que formellement, comme le contraire de la mort.

Le v. 57 explicite cette unité de vie par une formule en καθώς qui établit une analogie entre les rapports Père/Fils et les rapports Fils/ disciples: la formulation comme la thématique nous renvoient ici aux discours d'adieu.

d. Il reste au v. 58, résumé des v. 48-51a, à parachever la suture: l'ajout eucharistique, malgré la rupture de vocabulaire, de construction et de contenu, s'accrochait à la fin du discours sapientiel sans autre transition qu'un καί conjonctif (v. 51b): il se clôt par une phrase qui, revenant au midrash de l'Exode, se pose en conclusion de l'ensemble du discours.

2. Le propos de ce discours est clairement marqué par l'objection à laquelle il répond: il est au premier chef une réaction anti-docète qui s'appuie sur le lien traditionnel, exprimé par les récits de l'institution et les développements de 1 Co 11,23-27, entre l'eucharistie et la mort du Christ. En d'autres termes, et comme dans le discours sapientiel, le propos doctrinal n'est pas d'abord sacramentaire, mais christologique; on ne recourt à l'eucharistie que parce qu'elle est le lieu où se confesse la mort du Fils de l'Homme, et que le pain en fournit l'occasion. La tradition liturgique et la pratique sacramentaire soutiennent la réflexion christologique.

Reste à voir pourquoi ce développement intervient précisément ici. Certes, les catégories du pain et de la manducation l'amènent naturellement. Mais ce n'est encore là qu'un lien extérieur et formel; la cohérence est plus grande entre ces deux unités littéraires qui, répondant à des objections opposées, paraissent se diriger dans des sens divers. L'articulation est parfaite si l'on admet que le discours sapientiel qui propose, comme on dit, une christologie haute, insistant sur l'origine (et donc la nature) divine du Christ, ait pu être reçu par certains dans un sens proprement docète, avec une telle insistance sur la divinité du Christ que sa chair soit niée. L'ajout eucharistique fonctionne dès lors comme une interprétation rivale de celle-ci et un recentrage du discours sapientiel. En fait, il n'y a pas d'autre explication possible. Dès lors en effet que le discours sapientiel est intégré presque sans retouches dans une construction plus vaste, c'est que sa doctrine est toujours reçue comme normative. Mais si, étant reçu, il est complété d'une pièce qui souligne la réalité charnelle du Christ en contrepoint de son origine divine, c'est qu'il pouvait donner lieu à des interprétations de type docète. La première lettre de Jean, comme le v. 52a, invitent à penser que l'auteur de l'actuel ch. 6 non seulement a perçu ces interprétations comme possibles, mais s'y est trouvé réellement confronté.

3. On observera enfin que la clausule «et moi je le ressusciterai au dernier jour» (v. 54) est, d'un point de vue littéraire, au moins aussi mal venue dans cette section qu'elle l'était aux v. 39.40.44 puisqu'elle rompt le parallélisme strict et significatif entre les v. 54 et 56. Elle n'offre pas moins de difficulté quant au sens, puisqu'elle superpose une interprétation future de la vie éternelle à une construction qui identifie la vie éternelle à l'unité présente avec le Christ (v. 56). Cette clausule constitue donc une glose dans l'ajout eucharistique tout autant que dans le discours sapientiel: ni l'un ni l'autre n'envisagent la vie éternelle sous l'angle de l'eschatologie future. On peut raisonnablement voir ici un effet d'entraînement de la thématique eucharistique: dès lors que tout le discours est lu dans une perspective eucharistique, la tension eschatologique — traditionnelle dans la célébration de l'eucharistie — ne peut que s'introduire tôt ou tard par un correctif — ici systématique et stéréotypé — à l'absence de tension vers le dernier jour dont témoigne l'ensemble du chapitre.

III. LES RÉACTIONS AU DISCOURS OU LA PARTIE CONCLUSIVE DU CHAPITRE (v. 60-71)

a. On a noté que les parentés de vocabulaire et de pensée entre les v. 60-65 et le discours sapientiel sont patentes, alors que par exemple l'emploi du terme σάρξ (v. 63) s'accorde très mal avec son usage dans l'ajout eucharistique[7]. Nous sommes donc revenus à la même main qui a écrit le discours sapientiel; on attribuera pourtant à la rédaction dernière le remplacement des juifs par les disciples (v. 60-61) et l'introduction de l'allusion au traître (v. 65) qui préparent les v. 66-71.

b. Les v. 66-71 sont une version johannique de la profession de foi de Pierre. Les analogies formelles avec les versions synoptiques sont minces[8] et les ressemblances sont plutôt de structure: la place après la

---

7. P.ex. G. BORNKAMM, art. cit., pp. 63-64.

8. Outre quelques chevilles du dialogue, trop minces pour établir une parenté littéraire, essentiellement la formule de la confession: «*tu es le* saint *de Dieu*» (Mt 16,16 «*tu es le* Christ, le Fils *de Dieu*»; Lc 9,21 «*le* Christ *de Dieu*»). Un tel emploi de ἅγιος est unique en Jn et peut donc suggérer l'utilisation d'une tradition parallèle; néanmoins, aucune des

multiplication des pains et avant une annonce de la passion, la question posée aux disciples, dont Pierre se fait le porte-parole, la mention du diable dans la réponse de Jésus. L'emprise de la rédaction johannique est assez profonde pour que la source, si elle diffère des synoptiques, soit hors de notre portée. Parmi les traits qui marquent cette rédaction johannique, retenons-en trois, utiles à notre propos:

— la confession de Pierre reprend en partie son langage au discours sapientiel et à la section 60-65 (croire, vie, éternelle, «aller vers», προσέρχεσθαι, qui induit dans l'introduction narrative son contraire, ἀπέρχεσθαι εἰς τὰ ὀπίσω);

— le recours à la trahison de Judas pour introduire la thématique de la passion induit un contraste Pierre/Judas et un traitement du personnage de Judas très proche du ch. 13[9];

— le dialogue entre Pierre et Jésus a pour occasion la défection de nombreux disciples.

Bref, la confession de Pierre se colore de la théologie du discours du pain de vie, est confrontée par Jésus à l'annonce de sa passion et s'inscrit dans une crise au sein de la communauté des disciples. On reconnaît là les intérêts de l'ajout eucharistique: cette section vient compléter la section des réactions aux v. 60-65 comme l'ajout eucharistique complète le discours sapientiel. C'est avec raison que plusieurs auteurs trouvent dans cette section la trace d'une crise dans l'histoire de la communauté[10].

Si cette interprétation se soutient, le récit de la confession de Pierre appartient au même niveau d'écriture que la section dite eucharistique des v. 51b-58.

Je suis passé rapidement sur l'hypothèse de l'utilisation des synoptiques dans cette section. Il n'y a pas d'évidence contraignante; l'examen de la multiplication des pains permettra à cet égard de plus riches observations.

---

formules de confession utilisées par les synoptiques ne semble, à ce point de l'évangile, devoir exprimer la christologie johannique; or pour ce qui est de l'intérêt christologique, on doit au moins faire l'hypothèse que le travail d'écriture est rigoureux, maîtrisant bien soit le choix, soit la modification des matériaux employés. Il n'est donc pas invraisemblable, même pour cet hapax, de compter avec l'activité de l'évangéliste, qui trouve un écho en 10,36 (ὃν ὁ πατὴρ ἡγίασεν), à rapprocher de 6,27 (τοῦτον γὰρ ὁ πατὴρ ἐσφράγισεν).

9. Jn 6,71 (et déjà 6,64) est à rapprocher de la référence récurrente à Judas en 13,2.11.18.21: cet élément structurant du récit de la Cène, qui centre celle-ci autour de la mort de Jésus, est ainsi annoncé dès la conclusion du discours du pain de vie.

10. P.ex. W. LANGBRANDTNER, *Weltferner Gott oder Gott der Liebe* (BET, 6), Frankfurt, 1977, pp. 9-10; R.E. BROWN, *The Community of the Beloved Disciple*, New York, 1979, p. 74.

IV. LA SECTION NARRATIVE: LA MULTIPLICATION DES PAINS (v. 1-15)

Le dialogue-discours du chap. 6 est précédé d'une section narrative qui trouve ses parallèles dans les évangiles synoptiques. Les auteurs qui pensent que cette pièce est tirée, au moins pour une large part, de traditions propres à l'évangile de Jean, éventuellement d'une *Semeia-Quelle*, semblent aujourd'hui majoritaires[11]. J'estime néanmoins que la dépendance par rapport aux récits synoptiques peut non seulement être raisonnablement soutenue, mais aussi que cette hypothèse fait mieux ressortir les caractères propres de la rédaction johannique. Démontrer cette position exigerait une étude de détail longue et précise, dont je ne puis retenir ici que les arguments les plus saillants et les principales conclusions.

1. Si l'on compare systématiquement le texte de Jn aux cinq versions synoptiques de la multiplication des pains, on trouve aussi bien des éléments communs avec un ou plusieurs textes de la version I (Mc 6,33-44//) que de la tradition II (Mc 8,1-9//). Relevons-en quelques-uns parmi les plus significatifs:

a. Il existe des traits communs avec l'introduction de la seconde multiplication des pains en Mt: on ne peut nier la correspondance formelle entre Jn 6,3 (ἀνῆλθεν εἰς τὸ ὄρος Ἰησοῦς καὶ ἐκεῖ ἐκάθητο) et Mt 15,29 (καὶ ἀναβὰς εἰς τὸ ὄρος ἐκάθητο ἐκεῖ), qui est un trait rédactionnel de Mt. Plus largement, Jn 6,2b.3.5 offrent un faisceau groupé de convergences avec Mt 15,29-31[12]. La connaissance de Mt II est donc indéniable dans l'introduction de la multiplication des pains, même si elle n'est pas exclusive de quelques traits attestés en Mc I (ἀπῆλθεν), Mt I / Mc I (passage de l'autre côté du lac), Mt I / Lc (ἠκολούθει).

b. De même Jn doit très probablement connaître Mc I. Il rapporte un élément attesté seulement par cette version, les 200 deniers. D'autre part la séquence des motifs qui interviennent dans le dialogue de Jn 6,5-9 est celle de Mc I (acheter pour qu'ils mangent, 200 deniers de pains, cinq pains et deux poissons): c'est l'économie du dialogue qui diffère,

---

11. R.T. FORTNA, *The Gospel of Signs* (SNTS MS, 11), Cambridge, 1963, pp. 199-211; J. BECKER, *Das Evangelium des Johannes*, t.I., Gütersloh, 1979, pp. 189-194; H. WEDER, *art. cit.*, pp. 329-330; 332-335. M.-É. BOISMARD - A. LAMOUILLE, *L'Évangile de Jean* (Synopse des quatre évangiles en français, t. III), Paris, 1977, pp. 178-185 compte avec une source johannique (Jean II-A), retouchée d'après les synoptiques (Jean II-B); position discutée dans F. NEIRYNCK, *Jean et les Synoptiques. Examen critique de l'exégèse de M.-É. Boismard* (BETL, 49), Louvain, 1979, pp. 182-187.

12. V. 1 περὰν τῆς θαλάσσης τῆς Γαλιλαίας (Mt 15,29 παρὰ τὴν θάλασσαν τῆς Γαλιλαίας); v. 2 ὄχλος; ὅτι ἑώρων (Mt 15,31 τὸν ὄχλον; βλέποντας); v. 3 ἀνῆλθεν δὲ εἰς τὸ ὄρος (Mt 15,29 καὶ ἀναβὰς εἰς τὸ ὄρος); v. 5 θεασάμενος ὅτι πολὺς ὄχλος ἔρχεται πρὸς αὐτόν (Mt 15,30 καὶ προσῆλθον αὐτῷ ὄχλοι πολλοί; mais aussi Mc 6,34; Mt 14,14).

non les éléments matériels qu'il intègre. De même la proximité formelle est assez grande pour l'ordre de faire asseoir la foule et son exécution:[13] le modèle dominant pour les v. 5-9 est Mc I.

c. La situation est moins claire pour le geste de partage du pain, plus proche de la tradition II (pas de regard levé vers le ciel; le verbe εὐχαριστεῖν; dissociation des pains et des poissons comme en Mc II); les analogies sont dispersées pour le ramassage des pains et le retrait dans la montagne. Quant à la phrase conclusive des récits de la tradition I, avec le verbe χορτάζειν, elle trouve son correspondant comme suture au début du discours du pain de vie: ἐφάγετε ἐκ τῶν ἄρτων καὶ ἐχορτάσθητε (6,26).

L'ensemble des contacts formels que l'on peut relever entre Jn et les synoptiques dans ce récit ne peuvent s'expliquer par le seul hasard. Que l'introduction dépende de Mt 15,29-31 est patent; que le corps de la narration (v. 5-9) dépende de Mc 6,34a.36-38 est hautement probable. On acceptera dès lors difficilement que Jn ignore Mt II et Mc I; pourquoi, dans ce cas, ignorerait-il Mt I et Mc II? La connaissance de Lc est ici moins évidente.

On ne saurait objecter que les ressemblances par rapport aux synoptiques sont trop vagues, puisqu'il s'en trouve de précises et indiscutables, et que plusieurs se présentent en faisceaux structurés. On ne saurait davantage trouver invraisemblable un travail d'harmonisation de plusieurs sources parallèles, puisque ces sources peuvent pour l'essentiel se ramener à deux modèles dominants. Un tel penchant à la conflation est bien attesté ailleurs dans la réception des textes, que ce soit dans les tendances harmonisantes de la tradition manuscrite, le travail systématique du Diatessaron ou les réécritures combinatoires dont l'Évangile de Thomas offre, à côté des gnostiques des hérésiologues, un assez bon exemple.

Il convient surtout de souligner qu'on ne peut comparer le IVe évangile aux synoptiques comme on compare les synoptiques entre eux. Jn en effet, dont le genre littéraire s'écarte de celui des synoptiques, peut les utiliser non comme des sources, mais comme des matériaux, les pliant avec liberté à la logique de son écriture, alors que la rédaction des synoptiques ne procède que par des retouches beaucoup plus économiques. Cette considération cependant n'acquerra quelque crédibilité que si l'on peut présenter un modèle de rédaction johannique qui rende compte à suffisance des variations et déplacements par rapport aux parallèles synoptiques.

2. Nombre de traits propres au récit du IVe évangile peuvent facile-

13. En particulier, la combinaison ordre/réalisation, avec chaque fois le verbe ἀναπεσεῖν (Jn 6,10; Mc 6,40). L'herbe, simplement mentionnée en Mt, est *verte* chez Mc, et *abondante* chez Jn.

ment être qualifiés de johanniques en ce qu'ils trouvent un correspondant ailleurs dans l'évangile[14]. Quelques-uns sont plus singuliers, qui
servent d'argument en faveur d'une tradition distincte. C'est notamment le cas des traits qui amplifient le miracle (v. 7b;13), de ceux qui
renvoient au modèle d'Élisée en 2R 4,42-44 (le παιδάριον, les pains
d'orge, v. 9), de l'effacement des disciples et de l'intervention de Philippe
et d'André et, dans une certaine mesure, du geste de partage du v. 11.

Ces traits peuvent-ils s'intégrer dans un modèle rédactionnel cohérent? On peut tenir, me semble-t-il, que les écarts par rapport aux
données synoptiques se ramènent aux tendances suivantes:

a. Le récit est centré christologiquement.

La foule est toujours située par rapport à Jésus: elle le suit (v. 2), voit
ses signes (v. 2.14), est vue de lui (v. 5) et est objet de sa bienveillance;
elle s'assied selon son ordre (v. 12). Elle n'est vue en elle-même que
comme rassasiée (v. 12), encore n'est-ce énoncé que comme une circon-
stance.

Quant aux disciples, ils perdent l'initiative qu'ils pouvaient avoir dans
les récits synoptiques. S'ils sont encore intermédiaires, c'est seulement
pour présenter le παιδάριον à Jésus (v. 9) et ramasser les restes (v. 13);
si Jésus les charge de faire asseoir la foule (v. 10), seul le résultat est
énoncé, et non leur action. Ils sont passés sous silence au moment du
don du pain. Cependant, s'ils sont aux côtés de Jésus dès le début du
récit (v. 3), c'est manifestement qu'ils ont un rôle à jouer. Ce rôle
apparaît au mieux dans le dialogue des v. 5-9: Philippe, interrogé de
façon factice par Jésus, amplifie l'impossibilité de nourrir la foule: 200
deniers ne suffiraient pas; et André présente comme dérisoires les cinq
pains et les deux poissons. Relativement effacés de l'action, les disciples
jouent le rôle d'un chœur; et s'ils sont montrés en train de recueillir les
morceaux, c'est qu'ils sont avant tout témoins du miracle.

Au contraire, l'initiative revient toujours à Jésus: il traverse le lac,
gravit la montagne, s'assied, lève les yeux, interroge Philippe, ordonne,
partage le pain, ordonne encore et, au v. 15, se retire. Son initiative de
nourrir la foule est dépourvue des motivations de temps, de lieu et de
miséricorde qu'elle avait dans les synoptiques, elle ne répond pas à une
demande et n'a d'autre objet que le don du pain (pas de guérisons ni
d'enseignement); son action est de bout en bout souveraine et lucide.

b. Le miracle est systématiquement accentué. Ce trait, bien que tardif
du point de vue de la Formgeschichte, est d'ordinaire mis au compte
d'un stade primitif de la théologie johannique. Mais s'agit-il bien d'une
accentuation du merveilleux? On y pourrait fort bien voir une indication d'abondance et de gratuité: accentuation du don (c'est bien Jésus

---

14. P.ex. la personnalisation des disciples, correspondant à des types de l'évangile
(André, le frère de Simon Pierre, et Philippe); la référence à la proximité de la Pâque;
l'une ou l'autre particularité de vocabulaire.

qui donne, à partir d'éléments dérisoires), accentuation de la largesse. Cette tendance à marquer la largesse apparaît ailleurs dans le texte: l'abondance de l'herbe verte (v. 12) et le fait que le contraste entre les cinq pains et les douze couffins soit souligné par un ἐπερίσσευσαν assez johannique[15]. Si le récit est écrit en fonction du discours, c'est la plénitude du don de la vie plus que le merveilleux du miracle que vise cette insistance sur la surabondance (cf. 6,36).

c. Les symboliques intertextuelles sont modifiées par rapport aux synoptiques. Le désert, lieu de la manne (Mt 6,36; 14,13) est effacé au profit de la montagne. Le modèle d'Élisée est, sinon introduit, du moins systématisé. Le parallèle avec la manne au désert semble évité, tout comme le discours du pain de vie repousse le parallèle avec Moïse au profit d'une antithèse: ce n'est pas Moïse qui vous a donné le pain du ciel. Au v. 15, confessé comme le Prophète (où l'on peut voir le prophète-comme-Moïse)[16], Jésus se retire, repoussant la confession comme inadéquate. Il est dès lors compréhensible que l'insistance porte sur l'autre référent vétérotestamentaire de la multiplication des pains, Élisée, d'autant plus qu'on connaît l'intérêt du IVe évangile pour le cycle d'Élie et d'Élisée[17].

d. Il est probable que le v. 11 témoigne d'un langage eucharistique particulier, assez proche de la Didachè[18], et qui serait celui de la communauté johannique. Nul besoin, de toute manière, de recourir à des traditions plus anciennes que les traditions liturgiques qui sont en vigueur au moment de l'écriture.

e. Certains traits opèrent des jonctions avec le discours. C'est le cas du déplacement au début du discours des mots ἐφάγετε ἐκ τῶν ἄρτων καὶ ἐχορτάσθητε, de la présence de μή τι ἀπόληται au v. 12 (cf. v. 27) et de τοῖς βεβρωκόσιν au v. 13 (cf. v. 27.55), et sans doute aussi de σημεῖον/σημεῖα aux v. 2.14 (cf. v. 26).

f. Enfin, si l'on ne peut exclure quelques améliorations narratives ou stylistiques, on doit bien constater aussi un faible souci de la cohérence narrative: c'est la stylisation symbolique qui intéresse l'auteur. Ainsi Jésus, au v. 15, se retire dans la montagne, où il était déjà assis au v. 2; son initiative est ex abrupto; la réponse de Philippe s'articule relativement mal à la question de Jésus; les deux parenthèses — celle qui date la scène à proximité de la Pâque (v. 4) et celle qui mentionne l'abondante herbe verte (v. 10) — paraissent gratuites dans l'économie du récit.

---

15. Cf. Jn 10,10.

16. W.A. MEEKS, *The Prophet-King. Moses Tradition and the Johannine Christology*, Leiden, 1967; R. SCHNACKENBURG, *Das Johannesevangelium*, pp. 25-26.

17. F. NEIRYNCK, *Jean et les Synoptiques*, pp. 105.108.172.

18. Outre l'emploi de εὐχαριστεῖν (Did 9,1ss.; 10,1-4.7; 14,1), les κλάσματα et leur rassemblement (Did 9,3.4). La présence des κλάσματα invite à ne pas invoquer l'absence de κλάσας/κατέκλασεν au v. 11 pour minimiser la portée eucharistique du récit.

On pourrait ainsi se résumer: tous les déplacements par rapport aux synoptiques concourent à articuler un sens. C'est Jésus qui donne, avec surabondance et dans une souveraine liberté, un pain qui évoque l'eucharistie, mais que l'on évite d'assimiler à la manne donnée par Moïse.

Il n'est donc point nécessaire à l'intelligence du texte de supposer d'autres sources que les synoptiques. De telles sources ne peuvent certes être exclues, en particulier pour les traits éliséens; mais si elles existent, elles sont assumées par l'auteur dans la mesure où elles servent son propos. Ne pouvant mesurer, comme pour les synoptiques, les déplacements qu'il opère par rapport à elles, nous devons les considérer comme hors de notre portée.

3. Situons maintenant notre récit par rapport au discours du pain de vie. Les v. 12-14 et 26-27 sont visiblement marqués par le souci d'assurer le raccord littéraire (annonce et rappel) entre le récit et le discours. Interprété comme nous l'avons fait, le récit est ordonné au discours, écrit en vue de lui. Quelques traits, comme les raccords littéraires, l'effacement de la symbolique de Moïse, la surabondance, supposent le discours sapientiel des v. 26-51a; mais il est clair que la pointe est celle de l'ajout eucharistique des v. 51b-58. C'est Jésus qui donne le pain surabondamment et d'une façon qui évoque clairement l'eucharistie. La mention de la proximité de la Pâque, guère différente du πρὸ τῆς ἑορτῆς τοῦ πάσχα de 13,1, appartient au même registre et établit, avec l'annonce de la trahison de Judas, un correspondant supplémentaire avec les récits de la Cène. On peut donc tenir raisonnablement que le récit de la multiplication des pains répond aux mêmes préoccupations et est de la même main que l'ajout eucharistique des v. 51b-58 et la conclusion du chapitre, v. 66-71.

V. La rédaction du chapitre 6

Le noyau autour duquel l'auteur de l'actuel chapitre 6 développe son écriture est un discours-dialogue qui couvre les v. 27a.28-51a.59-65. La pointe de ce midrash du récit de la manne est une doctrine christologique développée en polémique avec l'incrédulité juive: Fils envoyé par le Père, d'origine céleste, Jésus donne vie éternelle à ceux qui croient en lui. La rencontre entre le Fils envoyé et la démarche croyante est l'œuvre du Père.

Bien que l'ensemble du chapitre aille à contrer une interprétation docète de cette source, celle-ci est néanmoins traitée avec un respect extrême: les quelques modifications qui y sont apportées (en dehors d'une glose plus tardive) ne sont que des sutures indispensables entre les parties anciennes et les nouvelles.

Pour l'essentiel, l'écriture de l'auteur du chapitre — à savoir l'évangéliste — ne consiste pas à retoucher sa source, mais à l'interpréter en l'encadrant. C'est dans l'ajout eucharistique des v. 51b-58 que se manifeste le mieux le déplacement doctrinal qui commande la rédaction du chapitre: contre toute interprétation docète, il faut dire que c'est dans sa mort que le Fils de l'Homme accomplit sa mission de dispenser la vie éternelle, qui est communion avec lui et le Père. Il faut bien voir que ce déplacement n'abolit en rien le discours sapientiel, mais au contraire l'assume entièrement. Dès lors, les deux sections narratives que l'évangéliste pose en encadrement du chapitre, multiplication des pains et confession de Pierre, vont supposer et illustrer l'ensemble du discours, tout en soulignant sa dimension pascale (annonce de la trahison) et eucharistique (multiplication des pains). Ces deux sections sont, à des degrés divers, mais avec beaucoup de liberté, inspirées des synoptiques.

VI. L'ÉCRITURE DU CHAPITRE 6 COMME RÉCEPTION

Cette théorie du texte, qui fait droit à l'activité de l'évangéliste et présente l'avantage de la cohérence et de l'économie, permet de considérer, à l'intérieur même de l'écriture johannique, un double phénomène de réception. L'auteur en effet élabore son texte en référence à d'autres textes chrétiens primitifs, intérieurs et extérieurs à la communauté johannique.

Sa source principale appartient à la communauté et est traitée avec un respect religieux: le texte du discours primitif n'est pas retouché et sa doctrine est pleinement assumée. Cependant, bien que repris avec respect, ce discours est intégré dans un ensemble plus vaste qui l'interprète en recentrant sa doctrine. Constitué, le texte de référence n'est pas pour autant un texte clos et terminé. S'il est recentré, c'est parce qu'a surgi à son sujet un conflit d'interprétation: la christologie haute de la source peut mener au docétisme. C'est à partir de l'expérience de foi de la communauté, et singulièrement de sa pratique sacramentaire, que s'opère la réinterprétation d'un texte qu'il faut bien, dès lors qu'il est l'objet d'un tel conflit d'interprétation, considérer comme un dépôt sacré de la communauté. Le texte de la source, d'ailleurs, malgré les évolutions du vocabulaire et de son emploi, impose largement son écriture au rédacteur évangélique.

Tout autre est le rapport aux évangiles synoptiques. Il n'est pas douteux que l'auteur connaît et utilise Mt; il est à peu près sûr qu'il utilise Mc; pour Lc il n'y a pas ici d'évidence contraignante. Mais, contrairement au discours sapientiel, ces textes n'imposent à l'auteur ni leur forme, ni leur doctrine. Il les utilise et les combine avec une grande liberté et un éclectisme qui, quant à la forme, semble annoncer les procédés rédactionnels qu'on trouvera dans certaines utilisations gnostiques des évangiles, particulièrement dans l'Évangile de Thomas. Les synoptiques ne paraissent ici lui fournir que des matériaux; la rédaction s'en sert, les brise et les ploie entièrement à sa logique, alors qu'elle se mettait au service du discours sapientiel en l'amplifiant et en l'interprétant.

Il n'en est pas moins vrai que l'utilisation des synoptiques à ce niveau va de pair avec un recentrement doctrinal qui s'appuie sur une doctrine de l'eucharistie enracinée dans la tradition commune. Ce peut n'être pas un hasard qu'une communauté johannique déchirée, et qui renforce dans un sens catholique la doctrine de ses propres textes sacrés, recoure ainsi à des matériaux de la tradition synoptique.

Avenue du Chant d'oiseau 2   Jean-Marie SEVRIN
B-1150 Bruxelles

KRISE UND UNTERGANG DER JOHANNEISCHEN GEMEINDE
DAS ZEUGNIS DER JOHANNESBRIEFE

I. DIE ÄUSSERE ENTWICKLUNG:
DER ZWEITE UND DER DRITTE JOHANNESBRIEF

1. *Der geschichtliche Ort der Johannesbriefe*

Die Johannesbriefe bilden innerhalb der urchristlichen Literatur sowohl den Ziel- als auch den Ausgangspunkt einer Entwicklungslinie[1]. Auf der einen Seite scheinen sie das Endstadium eines Überlieferungsprozesses zu dokumentieren, der mit den frühesten Schichten des Johannesevangeliums beginnt, sich im Traditionsprozeß innerhalb dieses Evangeliums fortsetzt und über die doch wohl anzunehmende Endredaktion des Johannesevangeliums hinweg zu eben den Briefen des Johannes führt[2]. Auf der anderen Seite markieren die Johannesbriefe den Übergang des johanneischen Überlieferungsgutes in den Kanon hinein. Dieser Übergang scheint jedoch nicht selbstverständlich gewesen zu sein. Wie bekannt, brauchte das Johannesevangelium eine nicht geringe Zeit, um sich innerhalb der christlichen Kirchen des 2. Jahrhunderts durchzusetzen. Noch vor der Großkirche scheint sich der gnostische Zweig des Christentums für das Vierte Evangelium interessiert zu haben, wie seine frühe Kommentierung durch Gnostiker im 2. Jahrhundert zeigt. Es war offenbar erst Irenäus, der die Bedeutung des Johannesevangeliums in der Auseinandersetzung mit den gnostischen Systemen des ausgehenden zweiten Jahrhunderts erkannte und so seinen Platz im Kanon der Großkirche sicherte und festigte[3].

Da die Johannesbriefe im Gegensatz zur Offenbarung des Johannes — die wir hier außer Betracht lassen — nicht den Namen des Apostels oder Sehers Johannes führen, sondern sich als Schreiben eines «Ältesten» ausweisen, war ihre Zugehörigkeit zum Kanon ebenfalls von Anfang an nicht unumstritten, und es sollte bis ins 5. Jahrhundert dauern, bis sie in Ost und West allgemeine Anerkennung fanden[4].

---

1. Zu diesem Ausdruck vgl. J.M. ROBINSON, *Die johanneische Entwicklungslinie*, in H. KÖSTER, J.M. ROBINSON (Hrsg.), *Entwicklungslinien durch die Welt des frühen Christentums*, Tübingen, 1971, 223-250.

2. Vgl. das Referat über die diesbezüglichen neuen Arbeiten bei R. SCHNACKENBURG, *Das Johannesevangelium* IV (Herders Theologischer Kommentar zum Neuen Testament = HThK IV/4), Freiburg i. B., 1984, 90-102.

3. Vgl. R. SCHNACKENBURG, *Das Johannesevangelium* I (HThK IV/1), Freiburg i. B., 1965, 171-179, der darauf hinweist, daß auch schon frühere als kirchlich anerkannte Autoren des 2. Jahrhunderts das Johannesevangelium kannten und benutzten.

4. Vgl. E. LOHSE, *Die Entstehung des Neuen Testaments* (Theologische Wissenschaft, 4),

Welches ist nun der geschichtliche Ort dieser drei Briefe, die bei allen Unterschieden formaler und inhaltlicher Art doch auch sprachlich und theologisch zahlreiche Gemeinsamkeiten aufweisen?

Wir könnten versuchen, diese Frage global für alle drei Briefe gemeinsam zu beantworten. Dies würde voraussetzen, daß sie dem gleichen Zeitraum und dem gleichen Verfasser oder doch Verfasserkreis angehören. Mit einer solchen Annahme würde aber vielleicht doch mehr von vornherein vorausgesetzt, als innerhalb der heutigen Exegese erwiesen erscheint. Nicht selten stellt die Untersuchung der theologischen Probleme der Johannesbriefe den Ersten Johannesbrief in die Mitte und läßt ihm gegenüber die beiden kleineren Briefe in den Hintergrund treten. Dies Vorgehen wird auch durch die Reihenfolge in unseren neutestamentlichen Textausgaben und Kommentaren gefördert. Um jedoch den Konflikt innerhalb der johanneischen Gemeinde, der für uns literarisch ihren Endpunkt bedeutet, recht zu begreifen, empfiehlt sich möglicherweise auch ein andere Weg, nämlich der von den beiden kleinen Briefen zurück zum ersten Johannesbrief[5]. Dies Vorgehen hat zwei Vorteile: soziologisch wird uns der Konflikt zwischen dem «Presbyter» und seiner Gruppe und dem oder den Gegnern auf der anderen Seite in den beiden kleineren Briefen leichter greifbar. Im zweiten Brief sehen wir den Presbyter in deutlicher Auseinandersetzung mit Repräsentanten eines gnostisierenden, die wahre Lehre über Christus bestreitenden Christentums, wie wir im weiteren Verlauf dieser Studie noch sehen werden, im dritten Brief erscheint der Verfasser gegenüber Diotrephes offensichtlich in die Defensive gedrängt, und dies vielleicht nicht nur aus Fragen um die Kirchenordnung, wie wir gleichfalls zu zeigen versuchen werden. So erhält ein Konflikt deutlichere Konturen, der im ersten Brief fast nur von seiner lehrmäßigen Seite erscheint und als gemeindespaltende Auseinandersetzung nur an einer Stelle im 1 Joh, nämlich 2,19 deutlich faßbar wird. So gehen wir also in der Weise voran, daß wir erst einen Blick auf den vermutlichen Verlauf der Krise nach dem Zeugnis der beiden kleinen Johannesbriefe werfen, bevor wir uns dann dem inneren Verlauf der Krise, d.h. der lehrmäßigen Auseinandersetzung nach dem Zeugnis des ersten Johannesbriefes zuwenden.

2. *Der Konflikt im dritten Johannesbrief*

Der dritte Johannesbrief stimmt insofern mit dem zweiten überein, als beide Briefe eine Situation voraussetzen, in der im Bereich der

Stuttgart, 1972, 15f. Der erste Johannesbrief erlangte freilich schon um die zweite Jahrhundertwende allgemeine Anerkennung: ebd., 15.

5. Diese Reihenfolge wählten u. a. H.H. WENDT, *Die Johannesbriefe und das johanneische Christentum*, Halle, 1925; I.H. MARSHALL, *The Epistles of John*, Grand Rapids, Mich., 1976.

johanneischen Gemeinden Sendboten unterwegs sind, die bei ihrer Aufnahme Schwierigkeiten finden. Während es im zweiten Johannesbrief Sendboten von als nicht rechtgläubig eingestuften Gemeinden sind, vor deren Aufnahme der Presbyter warnt (2 Joh 10f), bleibt im dritten Johannesbrief zunächst offen, warum der vom Presbyter genannte Diotrephes den Abgesandten des Presbyters die Aufnahme verweigert, ja sie sogar vor die Tür setzt (3 Joh 9f). Zwei Möglichkeiten scheinen sich hier aufzutun: entweder handelt es sich bei dem Streit zwischen dem «Alten» und Diotrephes nur um eine Auseinandersetzung um Kirchenverfassung und konkrete amtskirchliche Zuständigkeit, oder der Konflikt hat seine Wurzel auch in Lehrfragen. Beide Auffassungen werden bis in die Gegenwart hinein vertreten.

Nach der einen Auffassung handelt es sich bei der Auseinandersetzung zwischen dem «Alten» und Diotrephes nur um ein Problem der Kirchenordnung. Die stärker der Tradition verpflichtete Meinung sieht in dem «Alten» den Apostel Johannes. Diotrephes wäre dann einer, der als monarchischer Bischof dem Apostel seinen Rang als Zeuge und Jünger Jesu streitig machen würde, indem er die Kirchenleitung für sich beansprucht. Diese Meinung findet bis in neuere Zeit hinein ihre Vertreter[6]. Eine Abwandlung dieses Gedankes läßt Diotrephes zumindest als Bischofsprätendenten erscheinen[7]. Etwas stärker ins Grundsätzliche gewendet sieht der Kommentar der Johannesbriefe von R. Schnackenburg Diotrephes als Vertreter einer anderen kirchlichen Organisationsform, in der Ortsgemeinden größere Autonomie selbst gegenüber apostolischer Autorität beanspruchen[8].

Einflußreich wurde die Meinung A. v. Harnacks, nach der Diotrephes der älteste monarchische Bischof sei, dessen Namen wir kennen[9], und demgegenüber der «Alte» der Vertreter einer regionalen Kirchenverfassung, die sich auf die Dauer nicht habe halten können. Die Existenz einer solchen Kirchenverfassung wurde freilich bald in Frage gestellt[10]. Erfolgreicher waren Versuche, im «Alten» entweder einen Propheten oder Lehrer[11] oder einen Traditionsträger etwa in dem Sinne zu sehen,

6. Vgl. die Kommentare zu den Johannesbriefen von BELSER (1906), SCHLATTER (1921) und F.M. BRAUN ([2]1960).

7. So W. MICHAELIS, Einleitung in das Neue Testament, Bern, [3]1961, § 28.2; vgl. C.C. BLACK II, The Johannine Epistles and the Question of Early Catholicism, in NT 28 (1986) 131-158.

8. So R. SCHNACKENBURG, Der Streit zwischen dem Verfasser von 3 Joh und Diotrephes und seine verfassungsgeschichtliche Bedeutung, in Münchener Theologische Zeitschrift 4 (1953) 18-26; DERS., Die Johannesbriefe (HThK XIII), Freiburg i. B., [5]1975.

9. Über den 3. Johannesbrief (TU XV, 3), Leipzig, 1897, 3-27.

10. Vgl. G. KRÜGER, Zu Harnack's Hypothese über den dritten Johannesbrief, in Zeitschrift für wissenschaftliche Theologie (= ZWT) 41 (1898) 307-311.

11. Vgl. H. v. CAMPENHAUSEN, Kirchliches Amt und geistliche Vollmacht in den ersten drei Jahrhunderten (Beiträge zur historischen Theologie, 14), Tübingen, 1953, 132, u. a.

wie sie Papias in einem von Eusebius überlieferten Text schildert: sie stehen offenbar zwischen den Aposteln als Augenzeugen Jesu und der Generation des ausgehenden 2. Jahrhunderts als diejenigen, die die Botschaft noch persönlich von den Augenzeugen entgegengenommen haben[12]. Der Konflikt bestünde dann zwischen einer Ekklesiologie, die die Einheit der Kirche vornehmlich in der Traditionsbindung sieht, und einer anderen, durch Diotrephes repräsentierten, die sie stärker durch die Beobachtung einer formalen Autorität sichert, nämlich den heraufkommende monarchischen Bischof einer Ortsgemeinde.

Die Hauptschwierigkeit, der sich die dargestellte Deutung des Konfliktes zwischen dem «Alten» und Diotrephes gegenüber sieht, liegt darin, daß die Maßnahmen des Diotrephes gegen die Abgesandten des Ältesten unproportioniert zu sein scheinen. Selbst wenn man zugibt, daß das «Hinauswerfen» (ἐκβάλλειν) der Leute des Alten durch Diotrephes, von dem in 3 Joh 10 die Rede ist, nicht den technischen Sinn des Kirchenausschlusses zu haben braucht[13], so fällt doch die Schärfe auf, mit der Diotrephes gegen die Parteigänger des «Alten» vorgeht. Sie scheint nicht nur einen Konflikt um Einfluß und Prestige, sondern darüber hinaus auch einen um Fragen der kirchlichen Lehre vorauszusetzen.

Zwei grundsätzliche Sichten erscheinen hier möglich. Nach der einen, älteren, die in der Antike bereits von Beda Venerabilis vertreten wurde[14], war Diotrephes ein Ketzerhaupt, das mit dem Alten und seinen Sendboten die Kirchengemeinschaft aufgekündigt hatte. Diese Auffassung findet sich in unterschiedlicher Form auch noch in unserem Jahrhundert[15]. Die Hauptschwierigkeit gegenüber dieser Auffassung liegt darin, daß der Presbyter keinerlei lehrmäßige Vorwürfe gegenüber Diotrephes erhebt, obwohl er dies leicht hätte tun können, wie der vergleichende Blick auf den zweiten Johannesbrief zeigt. Eher scheint der Verfasser gegenüber Diotrephes, der ihn «verschwatzt» (3 Joh 10), in der Defensive zu sein. So nimmt es nicht wunder, daß auch die umgekehrte These vertreten worden ist, daß nämlich nicht Diotrephes, sondern der «Alte» selbst ein Ketzer war oder zumindest für einen solchen gehalten wurde. F. Chr. Baur hielt den Presbyter bereits im 19. Jahrhundert für einen Montanisten, der sich gegen Diotrephes als

---

12. Vgl. R.E. BROWN, *The Epistles of John* (The Anchor Bible = AncB 30), Garden City, N.Y., 1982, 647-651, mit älterer Literatur.

13. Vgl. BROWN, a.a.O., 720.

14. Zitiert bei BELSER, 158, vgl. PL 93, 124.

15. Vgl. A. H(ILGENFELD), Besprechung von HARNACK (siehe oben, Anm. 9), in *ZWT* 41 (1898) 216-220; B. BRESKY, *Das Verhältnis des zweiten Johannesbriefes zum dritten*, Münster, 1906; H.H. WENDT (Anm. 5), 27, sowie W. BAUER und E. SCHWEIZER bei v. CAMPENHAUSEN (Anm. 11), 133. Unter den neueren Kommentatoren vertreten diese Auffassung P. BONNARD, *Les épîtres johanniques* (Commentaire du Nouveau Testament XIIIc), Neuchâtel, 1983, 135, sowie S.S. SMALLEY, *1, 2, 3 John* (Word Biblical Commentary, 51), Waco, Texas, 1984, 356.

Vertreter der römischen Bischofsgewalt zur Wehr zu setzen hatte[16]. Berühmt wurde in unserem Jahrhundert die Göttinger Antrittsvorlesung E. Käsemanns aus dem Jahre 1951 «Ketzer und Zeuge»[17], in der er den «Alten» als einen Vertreter des johanneischen Christentums deutet, das auf dem Wege zur Gnosis ist. Diese Deutung wird dadurch möglich, daß Käsemann die beiden kleinen Johannesbriefe eng an den ersten und alle drei in die Nähe des Johannesevangeliums rückt, welches von ihm im Gefolge R. Bultmanns als stark von frühgnostischen Strömungen beeinflußt gesehen wird. Diotrephes gegenüber wäre der «Presbyter» dann vermutlich ein von Diotrephes wegen mangelnder Orthodoxie aus dem Presbyterium seiner Gemeinde ausgeschlossener Einzelpresbyter, der seinen Titel trotzig weiterführte und in Schreiben wie den Johannesbriefen um Unterstützung für seine Position warb.

Käsemann selbst hat diese extreme Sicht aufgrund aufkommender Kritik später aufgegeben, was die Deutung des Presbytertitels anlangt[18]. Von seinem Vorschlag ist freilich soviel von der anschließenden Forschung aufgenommen worden, daß der «Alte» zumindest dem Verdacht mangelnder Orthodoxie vonseiten des Diotrephes unterlag. Diese Meinung findet sich vor allem in einer Reihe neuerer deutscher Beiträge und Kommentare zu den Johannesbriefen, insbesondere evangelischen[19], aber auch andeutungsweise in dem katholischen Kommentar von W. Thüsing[20]. Sie hat in der Tat meiner Auffassung nach viel für sich. Nur so wird eigentlich die Schärfe des Vorgehens des Diotrephes gegen den «Alten» und seine Leute in 3 Joh 9f verständlich, und auf der anderen Seite das Fehlen jedes Versuches des «Alten», lehrmäßige Vorwürfe gegen Diotrephes zu erheben.

Ist hier richtig gesehen, so stünde der «Alte», wie W. Thüsing (a.a.O.) schon richtig gesehen hat, in einer Art Zweifrontenkrieg: auf der einen Seite hätte er sich mit Diotrephes gegen die aufkommende Gnosis zu erwehren, auf der anderen Seite gegen die Machtansprüche des Diotrephes, der ihm aufgrund seiner größeren Nähe zu den speziell

16. Vgl. J.E. HUTHER, *Kritisch-exegetisches Handbuch über die drei Briefe des Johannes* (Kritisch-Exegetischer Kommentar über das Neue Testament = KEK, 14), Göttingen, ²1861, 253 mit 19ff.

17. In DERS., *Exegetische Versuche und Besinnungen* I, Göttingen, 1960, 168-187.

18. Vgl. DERS., op. cit. II, Göttingen, 1964, 133f, Anm. 1.

19. Vgl. A. HILGENFELD (Anm. 15); R. BULTMANN, *Die drei Johannesbriefe* (KEK, 14), Göttingen, 1967; 99f; H. BALZ, *Die Johannesbriefe*, in H. BALZ, W. SCHRAGE, *Die «Katholischen» Briefe. Die Briefe des Jakobus, Petrus, Johannes und Judas* (Das Neue Testament Deutsch = NTD, 10), Göttingen, 1973, 156-222, hier 220; Ph. VIELHAUER, *Geschichte der urchristlichen Literatur* (de Gruyter Lehrbuch), Berlin, 1975, 477-480; K. WENGST, *Der erste, zweite und dritte Brief des Johannes* (Ökumenischer Taschenbuchkommentar zum Neuen Testament = ÖTK, 16), Gütersloh-Würzburg, 1978, 249; G. SCHUNACK, *Die Briefe des Johannes* (Zürcher Bibelkommentare, Neues Testament, 17), Zürich, 1982, 110.

20. *Die Johannesbriefe* (Geistliche Schriftlesung), Leipzig, 1970, 222f.

johanneischen Verkündigungsinhalten die Rechtgläubigkeit streitig machte und dementsprechend die Kirchengemeinschaft verweigerte. Daß das Johannesevangelium selbst in vielen seiner Aussagen ambivalent, d.h. mehrdeutig interpretierbar war — katholisch und gnostisch —, hat auch R.E. Brown gesehen und seiner Interpretation der Johannesbriefe zugrundegelegt, auch wenn er diese Sicht nicht der Deutung des Dritten Johannesbriefes und des Konfliktes mit Diotrephes dienstbar macht[21].

Vielfach wird für die Bestreitung einer lehrmäßigen Komponente im Streit zwischen dem «Alten» und Diotrephes darauf hingewiesen, daß der zweite Johannesbrief, der mit dem dritten ja starke Verwandtschaft aufweise, jeden Verdacht einer gnostischen Beeinflussung des «Alten» ausschließe. Hier gehe es ja gerade deutlich um die Bekämpfung der gnostischen Irrlehre. Doch darf der zweite Johannesbrief nicht isoliert und abhängig vom ersten Brief, ja auch vom Johannesevangelium gesehen werden, in dessen «Entwicklungslinie» er steht. Es wird sich im II. Abschnitt, in dem wir uns mit dem ersten Brief auseinandersetzen werden, noch zeigen, daß die Bekämpfung gnostischer Sätze durchaus mit einer gleichzeitigen Verpflichtung gegenüber gnostisierenden Einflüssen einher gehen konnte. Man denke nur an die gleichzeitige Behauptung der Notwendigkeit des Sündenbekenntnisses durch Christen und ihrer Sündlosigkeit im ersten Brief (1 Joh 1,8-10; 3,9), die uns noch beschäftigen wird. Damit sind wir bereits bei den Problemen, die uns die Interpretation des zweiten Johannesbriefes aufgibt.

3. *Der Konflikt im zweiten Johannesbrief*

Erscheint der lehrmäßige Konflikt im dritten Johannesbrief nur indirekt, so tritt er im zweiten Brief unmittelbar zu Tage. Es ist dabei von untergeordneter Bedeutung, ob der zweite Brief den gleichen Verfasser hat wie der dritte, und ob beide mit demjenigen des ersten Briefes oder sogar des Evangeliums identisch sind[22]. Wie der dritte Johannesbrief, so beginnt auch der zweite mit der Selbstvorstellung des Verfassers als «der *presbyteros*». Die Bezeichnung will offenbar nicht nur das Lebensalter, sondern auch den Rang des Verfassers hervorheben. J.B. Lightfoot dürfte recht haben, wenn er in dem Titel «authority and antiquity» verbunden sieht[23]. Auf der einen Seite nimmt der Presbyter Lehrautorität für sich in Anspruch, auf der anderen Seite weiß er sich als Wahrer der Tradition, wobei wir an die Presbyteroi als eine Gruppe

---

21. Vgl. seine Einführung in die Johannesbriefe, op. cit. (Anm. 12), 69-115; DERS., *The Relationship to the Fourth Gospel Shared by the Author of I John and by His Opponents*, in E. BEST, R. MCL. WILSON (eds.), *Text and Interpretation*. Fs. M. Black, Cambridge, UK, 1979, 57-68.

22. Vgl. die ausführliche Behandlung der Verfasserfrage in BROWN (Anm. 12), 14-35.

23. Zitiert bei J. MUNCK, *Presbyter and Disciples of the Lord in Papias*, in *Harvard Theological Review* 52 (1959) 223-243.

denken können, die nach dem Zeugnis des Papias zwischen den Augenzeugen Jesu und der dritten nachapostolischen Generation steht, die zu Jesus von Nazareth keine unmittelbare Verbindung mehr hat[24]. Die Presbyteroi wären dann Männer, die die unmittelbaren apostolischen Zeugen noch persönlich kannten und so die Authentizität des Evangeliums nach der geschichtlichen Seite verbürgen konnten.

Mit der «auserwählten Herrin» dürfte in der adscriptio nicht eine Einzelpersönlichkeit gemeint sein, wie ältere Autoren meinten[25], sondern eine Gemeinde, wie heute allgemein angenommen wird[26]. Der Titel geht dann parallel zu der Angabe am Schluß des Briefes, wo es heißt: «Es grüßen dich die Kinder deiner auserwählten Schwester» (V. 13)[27]. Der Brief geht also von Gemeinde an Gemeinde, und dies ordnet seinen Inhalt bereits in die Auseinandersetzungen um das Verständnis des Glaubens im Bereich des «johanneischen Kreises» ein.

Daß es im zweiten Johannesbrief um Lehrfragen geht, wird in V. 7f deutlich, wo es um das rechte «Bekenntnis» geht, und in V. 9f, wo zweimal von der rechten «Lehre» die Rede ist. Es bestätigt sich auch durch die häufige Verwendung des Begriffes der «Wahrheit» in den ersten vier Versen, wo das Wort nicht weniger als fünfmal vorkommt. Zwar dürfte es über das Ziel hinausschießen, im Begriff der «Wahrheit», wie er vom Ende des ersten Verses an begegnet, einfachhin die christliche Lehre zu sehen[28]. Dennoch ist die «Wahrheit» insofern der «Lehre» verwandt, als sie in den johanneischen Schriften die von Gott herkommende Offenbarung meint, die, durch Christus vermittelt, Richtschnur menschlichen Handelns wird[29]. Der praktische Gesichtspunkt wird vom Verfasser des zweiten Johannesbriefes in den Versen 5f vorangestellt: es geht um den Wandel gemäß den «Geboten» oder dem «Gebot», das die Gemeinde von Christus her empfangen hat. Wie im ersten Brief, so besteht auch im zweiten die Treue zur Tradition im Halten des Gebotes oder der Gebote Christi und im Festhalten am

24. Vgl. ebd.

25. J.R. HARRIS, *The Problem of the Elders in the Second Epistle of John*, in *The Expositor*, sixth series 3 (1901) 194-203; vgl. W.M. RAMSAY, *Note on the Date of Second John*, *ibd.*, 354-356.

26. Vgl. H.J. GIBBINS, *The Second Epistle of St. John*, *ibd.* 6 (1902) 228-236; DERS., *The Problem of the Second Epistle of St. John*, *ibd.* 12 (1905) 412-424; unabhängig davon F.J. DÖLGER, *Domina Mater Ecclesia und die 'Herrin' im zweiten Johannesbrief*, in DERS., *Antike und Christentum* V (1936) 211-217, sowie die Kommentare seitdem.

27. Zur Geschichte dieses Wortes im Neuen Testament vgl. J. BEUTLER, ἀδελφός, ἀδελφή, in H. BALZ, G. SCHNEIDER (Hrsg.), *Exegetisches Wörterbuch zum Neuen Testament* I, Stuttgart, 1980, 67-72.

28. Vgl. R. BERGMEIER, *Zum Verfasserproblem des II. und III. Johannesbriefes*, in *ZNW* 57 (1966) 93-100; dagegen R. SCHNACKENBURG, *Zum Begriff der Wahrheit in den beiden kleinen Johannesbriefen*, in *BZ* NF 11 (1967) 253-258.

29. Vgl. SCHNACKENBURG, ebd.; I. DE LA POTTERIE, *La Vérité dans Saint Jean* I-II (AB 73/74), Rom, 1977.

rechten Bekenntnis. Von diesem ist nun in den folgenden Versen die Rede.

Das wahre Bekenntnis hat nach V. 7 zum Inhalt, daß «Jesus Christus im Fleisch kommt». Wer das leugnet, ist «der Verführer und Antichrist» (vgl. 1 Joh 2,18). Der Sinn des Bekenntnisses ist nicht ganz so einfach zu bestimmen, wie es vielleicht den Anschein hat. Eine erste Schwierigkeit liegt darin, ob das Partizip ἐρχόμενον präsentische oder futurische Bedeutung hat. Die breite Mehrheit der Autoren nimmt eine präsentische Bedeutung an: es geht um das Bekenntnis zum inkarnatorischen Kommen Jesu, das in der Vergangenheit erfolgte und in der Gegenwart zumindest seiner Wirkung fortdauert[30].

Eine ganz andere Deutung des Bekenntnisses hat jüngst G. Strecker vorgelegt[31]. Nach ihm steht der zweite Johannesbrief am Anfang der johanneischen Schule. Der Verfasser des Briefes wird von ihm als Chiliast eingestuft, d.h. als Vertreter einer Auffassung, die vor der Weltvollendung ein tausendjähriges irdisches Reich des Messias annahm. Diese Lehre wurde nicht nur von den Montanisten, sondern auch von Justin in seinem Dialog mit dem Juden Tryphon, vom jugendlichen Irenäus sowie von Papias von Hierapolis (nach dem Zeugnis des Irenäus) vertreten[32]. Strecker sieht sie auch im Barnabasbrief 6.9 gegeben, wo vom zukünftigen Kommen des Messias «im Fleische» die Rede ist. Den gleichen Sinn sieht Strecker auch in 2 Joh 7 gegeben. Es geht also um ein Kommen Jesu als Messias in fleischlicher Gestalt bei der Parusie oder noch eher vorgängig zu dieser. Den Streit zwischen dem Presbyter und Diotrephes im dritten Johannesbrief erklärt Strecker dann als Folge der lehrmäßigen Abweichung des «Alten»: er wurde von Diotrephes offenbar der Ketzerei verdächtigt, freilich nicht einer gnostischen Irrlehre, sondern des Chiliasmus. Erst im ersten Johannesbrief sei von einem anderen Verfasser die Frage der wahren Fleischlichkeit Jesu aufgeworfen und diese Lehre gegenüber Doketen verteidigt worden. Das Johannesevangelium sieht Strecker parallel zum ersten Brief mit wiederum anderer, antijudaistischer Zielsetzung entstanden.

Der Vorschlag Streckers ist originell, dürfte aber doch auf zu schwachen Füßen stehen. Die Hauptbelegstelle, nämlich Barn 6,9, kann von Strecker kaum für seine Konstruktion herangezogen werden, da dort vom Kommen Jesu als einem zukünftigen aus der Sicht der alttestamentlichen Prophetie, d.h. der Sicht des Mose, gesprochen wird. Die Stelle bezieht sich also auf die Inkarnation Jesu[33]. Die Chiliasten

---

30. Vgl. zuletzt WENGST (Anm. 19) 240 mit R. SCHNACKENBURG; R.E. BROWN (Anm. 12) 679f mit Diskussion der Alternativen.

31. *Die Anfänge der johanneischen Schule*, in NTS 32 (1986) 31-47.

32. Vgl. ebd., 35.

33. Vgl. den Hinweis auf SCHNACKENBURG, *Johannesbriefe* (Anm. 8), 313, bei STRECKER, a.a.O., 12, mit Anm. 24.

dürften sich die Wiederkunft Jesu zum Antritt seiner tausendjährigen Herrschaft in Macht und Herrlichkeit und nicht in der betonten Niedrigkeit des menschlichen Fleisches gedacht haben. Die Entsprechung der Formulierung in 2 Joh 7 zu 1 Joh 4,2 kann nicht übersehen werden und verbietet es, der Formel an beiden Stellen einen völlig verschiedenen Sinn zu geben. Faßt die Formel in 1 Joh 4,2 die Auseinandersetzung mit einem Christentum zusammen, das die wahre Fleischwerdung Jesu entweder leugnete oder ihr zumindest doch die Heilsbedeutung absprach, wie weiter unten noch zu zeigen wird, so dürfte der Sinn in 2 Joh 7 nicht sehr weit davon entfernt liegen, zumal die Formulierung von «Verführer und Antichristen» in 2 Joh 7 deutlich auf den ersten Brief anzuspielen scheint (2,18.22).

Es könnte sein, daß der Verfasser des zweiten (und ersten) Briefes die Formulierung vom «Kommen Jesu im Fleische» durch Umformulierung der geläufigeren Formel vom «Kommen Jesu vom Vater» gewonnen hat[34]. Dies würde der gewandelten Zielsetzung der Briefe gegenüber dem Evangelium des Johannes entsprechen, in dem das Kommen Jesu von Gott, vom Vater eindeutig im Mittelpunkt steht. Umstritten ist vor allem in jüngster Zeit, wieweit dieses Bekenntnis zum Kommen Jesu als Messias und Gottessohn vom Vater auch noch in den Briefen, hier speziell im zweiten Johannesbrief gemeint oder wenigstens mitgemeint ist. Nimmt man den zweiten Brief für sich allein, so steht die Qualifikation des Kommens Jesu als Kommen im Fleische eindeutig im Vordergrund. Nimmt man den ersten Brief vergleichend mit hinzu, so fällt die Häufigkeit auf, mit der dort der Glaube an Jesus als den vom Vater gekommenen Messias und Gottessohn gefordert wird (vgl. 1 Joh 2,12ff; 3,23; 4,15; 5,1.5 cf 10ff). Diese Beobachtung wird uns im zweiten Teil unserer Untersuchung noch beschäftigen müssen. Das generelle Erscheinungsbild der Gegner im ersten Johannesbrief, wie es nicht zuletzt in den zahlreichen Antithesen zutage tritt, schließt es auf jeden Fall aus, in ihnen nur Juden oder Judenchristen zu sehen, die sich dem Glauben an Jesus als Messias und Gottessohn verschließen[35]. Die Formulierung von 2 Joh 7 läßt in Verbindung mit 1 Joh 4,2 ebenfalls eher an gnostisierende Christen denken, die sich nach 1 Joh 2,19 von der Gemeinde des Verfassers getrennt haben.

Daß ein solcher Bruch tatsächlich erfolgte, wird auch aus dem zweiten Johannesbrief selber deutlich. In den Versen 9f verbietet der Presbyter, die Vertreter des christologischen Irrglaubens ins Haus aufzunehmen oder auch nur ihnen den Gruß zu entbieten. Er verhält sich also gegenüber der Gegenseite genau so, wie es Diotrephes gegenüber ihm und seinen Abgesandten tat (3 Joh 9f). Mangelnde Gemeinschaft

---

34. Vgl. Ph. PERKINS, *The Johannine Epistles* (New Testament Message, 21), Wilmington, Del., 1979, 85; BROWN (Anm. 12) 670.

35. Doch vgl. die ausführlichere Behandlung unten, II.

im Glauben dürfte in beiden Fällen der Grund für den gegenseitigen Ausschluß sein.

Daß die Gegner im zweiten Johannesbrief auf der «progressiven» Seite zu finden waren, geht vermutlich auch aus dem Ausdruck προάγων in V. 9 hervor: er dürfte nicht transitiv, sondern intransitiv zu verstehen sein und bezeichnet dann eine angeblich «fortschrittliche» Theologie, wie sie vermutlich die Gnostiker für sich in Anspruch nahmen[36]. Ob sich das «Ausgehen» der Falschlehrer nach V. 7 auf ihren Abfall von der Gemeinde bezieht, wie St. Smalley meint[37], muß zweifelhaft bleiben. Auf jeden Fall läßt es eine missionarische Wandertätigkeit erkennen, wie Smalley auch selber hervorhebt.

Im Gegensatz zum dritten Johannesbrief geht es im zweiten also ganz offensichtlich um Lehrfragen. Das Wort «Lehre» kommt dabei in V. 9f zweimal ausdrücklich vor. Es bleibt dabei umstritten, ob in V. 9 von der «Lehre Christi» im gen. subi. oder gen. obi., d.h. von der Lehre, die Christus verkündet, oder der Lehre über ihn die Rede ist. Vom Kontext her liegt das zweite nahe, auch wenn die Parallelen im Johannesevangelium eher den ersten Sinn befürworten (Joh 7,16; 18,19)[38]. Dem Sinne nach handelt es sich auf jeden Fall um die Lehre, die Jesus betrifft, ob nun ihre Herkunft von Jesus her betont wird oder nicht. Um sie geht es auch, und zwar in ganz anderem Umfang, im ersten Johannesbrief.

II. DIE INNERE ENTWICKLUNG: DER ERSTE JOHANNESBRIEF

1. Der Auszug der Gegner

Anders als im zweiten und dritten Johannesbrief wird im ersten Brief das Profil der Gegner erheblich deutlicher. Dabei ist freilich die Frage einstweilen zurückzustellen, wieweit es sich zumindest beim ersten und zweiten Brief um die gleiche Gegnergruppe handelt — beim dritten Brief war die Fragestellung ohnehin anders gelagert. Daß sich auch der erste Johannesbrief mit einer Gegnergruppe auseinandersetzt, gibt sein Text selbst deutlich zu erkennen. Im ersten der beiden Abschnitte, in denen der Verfasser seine Leser ausdrücklich vor der Gefahr der Verführung durch Irrlehrer warnt, nämlich 1 Joh 2,18-27 (der zweite befindet sich in 4,1-6), spricht er deutlich von Menschen, die einmal zur Gemeinde gehört haben und es jetzt nicht mehr tun: «Meine Kinder, es

---

36. Vgl. A.J. MALHERBE, *Through the Eye of the Needle: 'The Doctrine of Christ'*, in *Restoration Quarterly* 6 (1962) 12-18, sowie die Kommentare von BAUER, BÜCHSEL, DODD, SCHNACKENBURG, BULTMANN und BROWN.

37. Op. cit. (Anm. 15), 313.327f.

38. Im Sinne des gen. obi. MALHERBE (Anm. 36); J.W. ROBERTS, *The Genitive with Nouns of Action*, in *Restoration Quarterly* 1 (1957) 35-40; die Kommentare sind geteilt.

ist die letzte Stunde. Ihr habt gehört, daß der Antichrist kommt, und jetzt sind viele Antichriste gekommen. Daran erkennen wir, daß es die letzte Stunde ist. Sie sind aus unserer Mitte gekommen, aber sie gehörten nicht zu uns; denn wenn sie zu uns gehört hätten, wären sie bei uns geblieben. Es sollte aber offenbar werden, daß sie alle nicht zu uns gehörten» (1 Joh 2,18f).

Deutlich liegt hier also in der Perspektive des Verfassers die Initiative für die Trennung bei den Gegnern. Man nennt sie deswegen auch die «Sezessionisten». Ihre Kennzeichnung als «Antichriste» spielt einerseits auf den kommenden endzeitlichen «Antichrist» (vgl. 2,33; 4,3; 2 Joh 7) an, anderseits spielt sie vielleicht auch mit dem Gedanken der «Salbung», auf die sich offenbar sowohl die Gegner als auch die Christen auf der Seite des Verfassers beriefen. Mit einem frühchristlich verbreiteteren Ausdruck können die Gegner bzw. ihre Führer auch als «Pseudopropheten» gekennzeichnet werden (4,1; vgl. Mt 7,15; 24,11.24; Mk 13,22; Lk 6,26; Apg 13,6; 2 Petr 2,1; Offb 16,13; 19,20; 20,10). Ihr Werk besteht darin, daß sie die Christen «in die Irre führen» (1 Joh 2,26; 3,7; 4,6; 2 Joh 7).

Pheme Perkins vom Boston College hat in einem Artikel[39] wie in ihrem neuen Kommentar zu den Johannesbriefen[40] auf die gruppensoziologischen und -psychologischen Aspekte beim johanneischen Schisma hingewiesen. Der Konflikt und Bruch mag beim Tod des Evangelisten Johannes als Traditionsträger der Gemeinde entstanden sein, nachdem nun keine Autorität mehr vorhanden war, die die an manchen Stellen mehrdeutig interpretierbare Johannestradition eindeutig und für alle verbindlich auslegen konnte. Selbstsicherheit nach innen und Konkurrenzverhalten nach außen begünstigten möglicherweise den Bruch und machten seine Beseitigung schwierig oder gar unmöglich. Es steht außer Zweifel, daß solche Faktoren beim Bruch innerhalb der johanneischen Gemeinde ihre Rolle gespielt haben dürften, und es ist lehrreich, ihnen nachzugehen. Dennoch sollte man den lehrmäßigen Aspekt des Konflikts deswegen nicht herunterspielen. Schon der Zusammenhang zwischen der Charakterisierung der Gegner als «Antichristen» und «Pseudopropheten» und «Verführer» macht auf den Zusammenhang zwischen Schisma und Häresie aufmerksam. Welcher Art waren also die Lehrunterschiede zwischen der Gruppe des Verfassers des ersten Briefes (bzw. aller drei Briefe) und der Gegnergruppe?

2. Die übliche Charakterisierung der Gegner

Die in unserem Jahrhundert vorherrschende Meinung, die wir sowohl in einer Reihe von bedeutenden Kommentaren zu den Johannesbriefen[41]

---

39. *Koinonia in 1 Joh 1,3-7. The Social Context of Division in the Johannine Letters*, in *CBQ* 45 (1983) 631-641.

40. Vgl. Anm. 34.

41. Vgl. zuletzt R. SCHNACKENBURG (Anm. 8), WENGST (Anm. 19), SCHUNACK (ebd.),

als auch in zahlreichen Artikeln und Monographien zum Thema[42] finden, sieht in den im 1 Joh bekämpften Gegnern eine einheitliche Gruppe, und zwar eine gnostische oder doketische Strömung. Diese Auffassung hat den Vorteil, daß sie die unterschiedlichen Aspekte im Bilde der Gegner von einem einheitlichen Gesichtspunkt aus zu erklären vermag. Fast überall wird die Christologie als der entscheidende Unterschied in der Lehre zwischen der Gruppe des Verfassers und den Sezessionisten gesehen. Zwar wird anerkannt, daß die verschiedenen christologischen Bekenntnisformeln im 1 Joh eine Auseinandersetzung mit einer doketischen oder gnostischen Lehre über Christus nicht auf den ersten Blick erkennen lassen. Heißt es doch etwa in 1 Joh 2,22 markant: «Wer ist der Lügner — wenn nicht der, der leugnet, daß Jesus der Christus ist», wobei der Christus im folgenden Vers mit dem «Sohn» gleichgesetzt wird (vgl. die weiteren, ähnlichen Formeln 1 Joh 3,23; 4,2.14f; 5,1.5.10-13). R.E. Brown[43] hat es im Anschluß an Bultmann u.a. stellvertretend für viele Autoren gedeutet, wie die Formel von 1 Joh 2,22 zu erklären ist: sie besagt nicht — wie im Johannesevangelium, z.B. 20,31 — daß Jesus von Nazareth der Christus und Sohn Gottes ist, sondern hält fest, daß Christus, der Gottessohn identisch mit dem Menschen Jesus von Nazareth ist. Nicht wenige Autoren sehen dabei die Kerinth zugeschriebene Auffassung zurückgewiesen, nach der sich der himmlische Christus nur auf Zeit mit dem Menschen Jesus verbunden habe, nämlich seit seiner Taufe im Jordan, und daß er ihn vor der Passion wieder verlassen habe[44]. Andere äußern sich zurückhaltender[45].

Was ist der Grund, daß die Formeln im ersten Johannesbrief antignostisch verstanden werden, obwohl ihr Wortlaut dies offensichtlich nicht zwingend verlangt? Die meisten Autoren heben als Parallele zu den christologischen Formeln des 1 Joh vor allem 2 Joh 7 hervor, wo es um das Bekenntnis zu dem im Fleische gekommenen Jesus Christus geht. Das antidoketische oder -gnostische Verständnis steht den meisten

---

R.E. Brown (Anm. 12) und K. Grayston, *The Johannine Epistles* (New Century Bible Commentary), Grand Rapids – London, 1984.

42. Vgl. A. Škrinjar, *Errores in epistola 1 Jo impugnati*, in *Verbum Domini* 41 (1963) 60-72; J. Bogart, *Orthodox and Heretical Perfectionism in the Johannine Community as Evident in the First Letter of John* (Society of Biblical Literature Dissertation Series = SBLDS 33), Missoula, Mont., 1977; R.E. Brown, *The Community of the Beloved Disciple*, New York, 1979 (Deutsch: *Ringen um die Gemeinde*, Salzburg, 1982); G. Ghiberti, *Ortodossia e eterodossia nelle lettere giovannee*, in *Rivista Biblica* 30 (1982) 381-400; J. Painter, *The 'Opponents' in 1 John*, in *NTS* 32 (1986) 48-71.

43. *Community* (Anm. 42), 110f; *Ringen* (ebd.), 85f.

44. Vgl. vor allem K. Wengst (Anm. 19); auch seine Monographie *Häresie und Orthodoxie im Spiegel des ersten Johannesbriefes*, Gütersloh, 1976, und die dort aufgeführte Literatur.

45. Vgl. u. a. Schnackenburg (Anm. 8) und Brown (Anm. 12), nach denen die Gegner des 1 Joh keiner uns bekannten Sektengruppe zuzuordnen sind.

Autoren außer Frage. Wird es einmal vorausgesetzt, so führt von hier ein direkter Weg zu der fast gleichlautenden Formulierung von 1 Joh 4,2. «Daran erkennt ihr den Geist Gottes: Jeder Geist, der bekennt, Jesus Christus sei im Fleisch gekommen, ist aus Gott». Auch hier wird eine antignostische oder -doketische Spitze fast allgemein herausgehört. Ist diese Zielrichtung erst einmal an dieser einen Stelle gesichert, dann liegt es nahe, auch die übrigen Stellen im 1 Joh mit christologischen Bekenntnisformeln im gleichen Sinne aufzufassen. Sie wollen also die Einheit des Gottmenschen Jesus Christus festhalten, und zwar gegenüber gnostischen Bestreitern, die den Christus «auflösen», wie eine Lesart in 1 Joh 4,3, die freilich einer späteren Zeit angehören dürfte, ausdrücklich liest.

Ist dieses Verständnis der bekämpften christologischen Irrlehre anerkannt, dann lassen sich auch die übrigen Aspekte der Theologie und Praxis der Schismatiker sinnvoll einander zuordnen. Die Sezessionisten fühlen sich als himmlische Geistesmenschen offensichtlich über die Sünde erhaben, womit sich der Abschnitt 1 Joh 1,6-2,2 kritisch auseinandersetzt. Sie nehmen Gotteserkenntnis (vgl. 1 Joh 2,4) und Gottesliebe (1 Joh 4,20) für sich in Anspruch, halten sich für mit dem Geist Gottes gesalbt (1 Joh 2,18-27) und begabt (4,1-6). Dabei stellen sie vor allem die Bruderliebe in Frage, wie aus deren Betonung durch den Verfasser hervorgeht (2,3-11; 3,11-18.23f; 4,7-21). Offenbar war die Vernachlässigung des Gebots der Bruderliebe die konkrete Form, in der die Gegner sich von den Geboten überhaupt distanzierten. Es wird ihnen also heute generell kein allgemeiner Antinomismus mehr vorgeworfen, sondern eher eine elitäre Einstellung, mit der sie sich vom Rest der Gemeinde distanzierten und auch deren materielle Bedürfnisse nicht mehr wahrnahmen (vgl. 1 Joh 3,17f) — vielleicht begünstigt durch die Tatsache, daß sie eher begüterteren Schichten entstammten und sich eine solche Distanz zum gemeinen Volk also eher leisten konnten.

Hand in Hand mit der Bestreitung der wahren Menschheit Jesu geht dann auch bei den Gegnern eine Bestreitung des Heilstodes Jesu. Nach Brown hätten die Irrlehrer zumindest die Heilsbedeutung der Inkarnation und des Kreuzestodes Jesu geleugnet[46]. Von hier aus fällt Licht auf die dunkle Stelle 1 Joh 5,6ff: Jesus ist im Wasser und im Blut gekommen. Offenbar handelt es sich um das Wasser seiner Taufe, bei der der Geist auf ihn herabkam und Jesus seine Messiasweihe empfing, und das Blut seines Kreuzestodes! Sie können nur dann glaubwürdige Zeugen der Sendung Jesu sein, wenn sie als Realität ernstgenommen werden. So dient die Stelle 1 Joh 5,6ff dann als weiterer Beleg für die Bekämpfung einer Irrlehre, die die wahre Menschheit Jesu leugnet und so auch deren Heilsbedeutung untergräbt. In den weiteren Zusammen-

46. (Anm. 12), bes. 75-79.

hang dieser Stelle gehören diejenigen Abschnitte oder Verse 'im ersten Johannesbrief, die von der reinigenden Kraft des Blutes Jesu sprechen wie 1 Joh 1,7 oder Jesus als «Sühne» (ἱλασμός) für unsere Sünden bezeichnen: 1 Joh 2,2; 4,10.

3. Neuere Vorschläge und Fragen

So bestechend auf den ersten Blick die von der Christologie und Anthropologie her vermittelte Gesamtschau der Position der Gegner im ersten Johannesbrief zu sein scheint, so ist sie doch nicht ohne Probleme. Die größte Schwierigkeit ist wohl, daß die christologischen Bekenntnisformeln, die der Verfasser der Auffassung der Gegner entgegenstellt, bei unbefangenem Durchlesen eine antignostische oder -doketische Tendenz nicht unbedingt erkennen lassen. Nehmen wir als Beispiel erneut 1 Joh 2,22f. Es geht hier offensichtlich um das Bekenntnis zu Jesus als Messias und Gottessohn. Die Bekenntnisformel unterscheidet sich äußerlich zunächst nicht von der ganz ähnlichen Stelle Joh 20,31, auf die bereits hingewiesen wurde. Der Verfasser kann den geforderten Glauben als Glauben an den Namen des Sohnes Gottes Jesus Christus formulieren (1 Joh 3,23): «Jeder, der glaubt, das Jesus der Christus ist, stammt von Gott... (5,1)»; «Wer sonst besiegt die Welt, außer dem, der glaubt, daß Jesus der Sohn Gottes ist» (5,5). Dies Bekenntnis deckt sich der Formulierung nach mit demjenigen, daß das ganze Johannesevangelium durchzieht, von seinem ersten Kapitel angefangen (1,34.49). Im Evangelium wird dieses Bekenntnis als Hoheitsaussage gegenüber jüdischen oder allenfalls judenchristlichen Bestreitern festgehalten, wie durchweg festgehalten wird. Die Frage ist, wieweit in den Briefen diese ursprüngliche Ausrichtung der Formeln noch durchgehalten ist.

A. Wurm hat diese Frage bereits zu Beginn dieses Jahrhunderts in seiner Studie Die Irrlehrer im ersten Johannesbrief[47] gestellt. Er möchte an einer einheitlichen Gegnergruppe im Brief festhalten. Er denkt sie sich judenchristlich zusammengesetzt. Sie verbindet einen christologischen Irrtum mit einer moralischen Irrlehre. «Was ist also die christologische Irrlehre im Briefe? Geben wir als Resumé am Ende dieses ersten Teiles mit zwei Worten die Lösung: Man leugnete daß Jesus = der Christus = der verheißene Messias = der vom Vater als Versöhnung für unsere Sünden zur Lebenbringung Gesandte = der im Fleisch erschienene Sohn Gottes = der im Wasser der Messiastaufe und im Blute des Messiastodes Gekommene. Man bekannte, daß Jesus im Wasser gekommen, d.h. bei der Jordantaufe durch den Geist zu einem besonders hohen, wohl prophetischen Amt ausgerüstet worden sei»[48]. Das christologische Bekenntnis zielt also eher auf Hoheits- als

47. (Biblische Studien, 8/1), Freiburg i. B., 1903.
48. A.a.O., 84.

auf Niedrigkeitsaussagen ab und stimmt damit mit dem im Evangelium formulierten überein. Der moralische Irrtum der Gegner bestünde nach Wurm darin, daß sie eine Gerechtigkeit ohne das Tun der Gerechtigkeit für sich in Anspruch nahmen. Auch eine solche Auffassung kann aus einer judenchristlichen Perspektive heraus erklärt werden[49]. So kommt Wurm zu dem Schluß bezüglich der Identität der Gegnergruppe: «Es waren vorwiegend Judenchristen, wohl gut situiert, erfüllt von dem Streben, etwas zu gelten bei ihren christlichen Mitbrüdern, ihren jüdischen Stammesgenossen und wohl auch bei den angesehenen Heiden ihrer Gemeinde...»[50].

Es dürfte mit dem großen Einfluß Bultmanns in der Erklärung der johanneischen Schriften zu tun haben, wenn die Sicht Wurms mehr oder weniger vergessen blieb und sich nicht durchzusetzen vermochte. Zugegeben, sie war einseitig, sah aber doch eine Schwäche in der verbreiteten Einstufung der Gegner im ersten Johannesbrief als Frühgnostiker oder Doketen. Warnungen vor einer solchen Sicht wurden auf einer Tagung um 1967 in Ost-Berlin zu schismatischen Strömungen im Neuen Testament laut: K. Weiss warnte vor einer zu raschen Vergabe des Prädikats «doketische Gnosis» bei der Kennzeichnung der Gegner im ersten Johannesbrief[51] und J. Rohde verwies auf die Verbindung jüdischer und doketischer Gegnermeinungen im Spiegel der Ignatiusbriefe[52]. Wenige Jahre später warnt der Südafrikaner W.S. Vorster[53] vor der unkritischen Einstufung der Johannesbriefgegner als Gnostiker: sie seien allenfalls Doketen. Begriffe wie «Gott erkennen» oder «Salbung» erlaubten als solche noch nicht den Schluß auf die gnostische Provenienz der Gegnergruppe. J.J. Gunther sieht 1979 gerade in der Verbindung von hellenistischem Milieu und antijüdischer Frontstellung ein Argument für die alexandrinische Herkunft der johanneischen Schriften[54]. 1982 verweist G. Ghiberti auf die alttestamentlich-jüdischen Wurzeln der Irrlehre im 1 Joh[55]. Freilich läuft für ihn dann der Konflikt doch wieder auf das Auseinanderreißen des Jesus und des Christus hinaus.

Ausführlich geht J. Blank in einem Artikel aus dem Jahre 1984 auf die Frage der Irrlehrer des Ersten Johannesbriefes ein[56]. Es handelt

---

49. Ebd., 108.

50. Ebd., 157.

51. *Orthodoxie und Heterodoxie im 1. Johannesbrief*, in *ZNW* 58 (1967) 247-255, bes. 259f.

52. *Häresie und Schisma im ersten Clemensbrief und in den Ignatiusbriefen*, in *NT* 10 (1968) 217-233.

53. *Heterodoxy in 1 John*, in *Neotestamentica* 9 (1975) 87-97.

54. *The Alexandrian Gospel and Letters of John*, in *CBQ* 41 (1979) 581-603.

55. Vgl. Anm. 42.

56. *Die Irrlehrer des Ersten Johannesbriefes*, in *Kairos* NF 26 (1984) 166-193.

sich dabei um ein erweitertes Referat auf einer Arbeitstagung der
Mitarbeiter des «Evangelisch-Katholischen Kommentars zum Neuen
Testament». Einleitend verweist Blank auf Vorarbeiten zum Verhältnis
des frühen Christentums zum Judentum und zur Gnosis mit der
vermittelnden Rolle des Judenchristentums von J. Daniélou (1958) und
E. Peterson (1959) sowie auf die Arbeiten seines Lehrers R. Schnackenburg[57]. Hinzu kommen u.a. Arbeiten des Schnackenburg-Schülers Karlheinz Müller zum frühen Judentum und seinem Verhältnis zum Christentum[58]. Aufgrund paralleler Untersuchungen auch zur entstehenden
Gnosis im 2. Jahrhundert kommt Blank zu der Feststellung: «Für den
kleinasiatisch-syrischen Raum wird man doch stärker mit den Nachwir-
kungen judenchristlicher und jüdischer Traditionen rechnen müssen, so
daß sich eher die Frage nach dem Verhältnis von 'Judenchristentum
und Gnosis' einstellt. Sind etwa judenchristliche Gruppen, die eine
'häretische Tendenz' einschlagen, oder einzuschlagen beginnen, vielleicht auch der Raum, wo es zu einer Begegnung zwischen 'Christentum
und Gnosis', also zu einer christlich beeinflußten Gnosis, oder auch
umgekehrt, zu einem gnostisch beeinflußten Christentum — hier muß
man ja immer einer Wechselwirkung rechnen — gekommen ist?» (167).
   Dementsprechend ergibt sich für den theologiegeschichtlichen Ort der
Johannesbriefe die Wahrscheinlichkeit einer Berührung mit judenchristlichen und frühgnostischen Strömungen. Während das Johannesevangelium sich noch vorwiegend mit der jüdischen Bestreitung der Messianität und Gottessohnschaft Jesu auseinandersetzte, ist die Situation zur
Zeit der Johannesbriefe komplexer geworden. Bei Kerinth verbinden
sich offenbar judenchristliche, jüdische und frühgnostische Elemente,
wie die Kirchenväter (Irenäus, Eusebius) erkennen lassen. Wenn einmal
angenommen werden darf, daß für das Johannesevangelium wie für die
Johannesbriefe in der Auseinandersetzung mit den jeweiligen Gegner
die Frage zentral ist, wo — nach der Ablösung von Tempel und
israelitischem Kult — der Ort der Gegenwart Gottes und seiner Sche-
khina zu suchen ist, dann erscheint es plausibel, daß für den Verfasser
des Evangeliums wie den der Briefe Jesus und die christliche Gemeinde
dieser Ort geworden sind. Jesus scheint für frühe Judenchristen wie die
Ebioniten nicht mehr als ein Prophet, vielleicht der endzeitliche Prophet
von Dtn 18,15.18 gewesen zu sein, auf den gewiß der Geist Gottes (bei
der Taufe) herabkam, auf dem er aber nicht notwendigerweise bis zum
Tode blieb. Damit wären wir sehr nahe bei der Auffassung, mit der sich
1 Joh 5,6ff kritisch auseinandersetzt. Die Gegner im 1 Joh verträten
dann eine «'judenchristliche' Fehlinterpretation der joh. Schekhina-
Christologie, die ... auch das christliche Heilsverständnis, wie die joh

---

57. BLANK, ebd., 166.
58. Zuletzt: *Das Judentum in der religionsgeschichtlichen Arbeit am Neuen Testament.*
Eine kritische Rückschau auf die Entwicklung der Methodik bis zu den Qumranfunden
(Reihe: Judentum und Umwelt), Frankfurt a.M. – Bern 1983.

Schule es vertrat, letztlich bedrohte und in Frage stellte. Zur 'christologischen Fehlinterpretation' und der Differenz in der Eschatologie kommt auch eine Differenz in der Soteriologie» (177).

Im Zusammenhang der Soteriologie stellt sich dann auch das Problem des Verhältnisses des Christen zur Sünde. Auch hier scheint sich der judenchristlich-frühgnostische Ansatz ausgewirkt zu haben in der Position der Gegner. Wie die Christologie durch den Geistbesitz Jesu geprägt ist, so offenbar auch die Anthropologie durch ein Pneumatikertum, das in etwa an dasjenige der Enthusiasten erinnert, mit denen sich Paulus im 1 Kor auseinandersetzt (187). Wer sich im Vollbesitz des Geistes weiß oder wähnt, der steht sehr leicht über der Sünde, und so verblaßt auch für ihn die Notwendigkeit der Sündenvergebung und des geschichtlichen Kreuzestodes Jesu für die Sünden der Welt. Von da aus erklärt sich die Auseinandersetzung in 1 Joh 1,6-2,2 mit Christen, die für sich beanspruchen, keine Sündenvergebung zu brauchen. Wenn der gleiche Verfasser in 1 Joh 3,6.9 in etwa das gleiche für die in Christus Erlösten in Anspruch nimmt, so besteht der Unterschied darin, daß die Gegner die Befreiung von der Sünde offenbar naturhaft auffaßten und nicht mehr bedachten, daß sie auch existentiell — nicht zuletzt in der Bruderliebe — gelebt werden muß. (Vgl. 185).

Der Vorschlag von Blank, der weiterer Überprüfung bedarf, hat den Vorteil, daß er mit einer einheitlichen Gegnergruppe im 1 Joh rechnet und religionsgeschichtlich einem unhistorischen Gegensatz zwischen «Judentum und Hellenismus» bzw. Gnosis entgeht. So besitzt er mehr Wahrscheinlichkeit als das geschichtliche Modell, das im gleichen Jahr 1984 St. S. Smalley in seinem Kommentar zu den Johannesbriefen[59] vorgelegt hat. Auch Smalley erkennt die doppelte Zielrichtung vor allem im ersten Johannesbrief, d.h. die Auseinandersetzung mit judaisierenden und gnostisierenden Tendenzen in Christologie und Ethik. Nur sind diese beiden Tendenzen nach ihm auf zwei verschiedene Gegnergruppen innerhalb der joh. Gemeinde zurückzuführen, zu denen noch eine gesonderte Gruppe der Sezessionisten hinzukäme. Die eine Gruppe innerhalb der johanneischen Gemeinde, mit der sich der Verfasser kritisch auseinandersetzt, ist judenchristlich geprägt. Sie vertritt eine Christologie, die an der Messianität und Gottessohnschaft Jesu rüttelt, also eine Niedrigkeitschristologie, wie sie den Ebioniten zugeschrieben wird. Diese Christologie verbindet sich bei ihr mit einer hohen Auffassung vom jüdischen Gesetz, demgegenüber etwa das Gebot Christi Schwierigkeiten der Einordnung macht. Die andere Gruppe kommt offenbar aus dem Heidentum. Sie besitzt eine Hoheits-

---

59. (Anm. 15). Vgl. DERS., *What About 1 John*, in E.A. LIVINGSTONE (ed.), *Studia Biblica* III (JSNT Suppl Ser. 3), Sheffield, 1980, 337-343.

christologie und sieht in Jesus den himmlischen Gottessohn, hat aber
mit seiner fleischlichen Wirklichkeit Schwierigkeiten. Damit gerät dann
auch die Soteriologie und die Ethik in Gefahr. Sie besitzt ein pneuma-
tisches Bild vom Christsein und ist geneigt, die ethischen Implikationen
des Glaubens zu übersehen. Der Verfasser des ersten Briefes hätte sich
mit beiden Strömungen kritisch auseinandergesetzt, indem er der judenchristlichen Gruppe die Messianität und Gottheit Jesu sowie den eigenen
Stellenwert der christlichen Ethik verkündete, der anderen dagegen das
Kommen Jesu im Fleische und die Notwendigkeit des Haltens von
Geboten überhaupt, allen voran des Gebots der Bruderliebe.

Insofern Smalleys Beitrag im ersten Johannesbrief die Auseinandersetzung mit judenchristlichen Strömungen erkennt, liegt er auf der Linie
von Blank und wird mit ihm dem Wortlaut der christologischen
Bekenntnisformeln ungezwungener gerecht als diejenigen, die in ihnen
eine antidoketische Tendenz erkennen wollen. Insofern er aus der
doppelten Zielsetzung jedoch auf eine doppelte Zielgruppe in der
johanneischen Gemeinde schließt, muß gefragt werden, ob hier nicht
eine andere, einfachere Erklärung übersehen wird, nämlich in der
Richtung, in die der Vorschlag von J. Blank geht[60]. Schwierig scheint
nicht zuletzt die Behauptung der Hochschätzung des Gesetzes bei den
judaisierenden Gegnern im 1 Joh zu sein. So wird man den 1 Joh besser
auf einer «Entwicklungslinie» von einem judaisierenden Christentum
hin zu Vorformen christlicher Gnosis hin sehen.

K. Grayston hat einleuchtend gemacht, wie die Abwertung Jesu als
Messias und Gottessohn bei den Gegnern im 1 Joh mit deren Selbstverständnis zusammenhängen könnte[61]. Der Gedanke war bereits bei
Blank angeklungen. Wenn die Gegner sich als Pneumatiker verstanden,
die aufgrund ihrer «Salbung» mit dem Geist Gotteserkenntnis und
Gottesliebe besaßen und damit volle Gemeinschaft mit Gott, dann
konnte ihnen in der Tat fraglich werden, was ein «Christus» ihnen noch
zu geben hätte. Er verliert dann auch seine Relevanz als Leitbild
sittlichen Handelns, und damit verliert auch sein «neues und altes
Gebot» an Kraft. Die christologischen Bekenntnisformeln im 1 und 2
Joh behalten bei diesem Verständnis ihren naheliegenden Sinn und
müssen nicht in erster Linie antidoketisch verstanden werden.

Das pneumatische Selbstverständnis der Gegner war vermutlich in
der johanneischen Tradition selber angelegt. Es könnte mit der «Ein-
wohnungs»-Christologie zusammenhängen, auf die J. Blank gewiesen
hatte. Neuere Versuche, den alttestamentlichen Hintergrund der Johannesbriefe zuzuhellen, könnten hier innere Zusammenhänge aufzeigen helfen.
Edward Malatesta hat in seiner römischen Dissertation *Interiority and
Covenant. A Study of* εἶναι ἐν *and* μένειν ἐν *in the First Letter of Saint*

---

60. Vgl. auch die in diesem Punkte kritische Besprechung des Kommentars durch
H.-J. KLAUCK, in *BZ* NF 30 (1986) 144f.

61. Vgl. seinen Kommentar (Anm. 41), bes. 14-22.

John[62] die Sprache und Gedankenwelt der alttestamentlich-jüdischen Bundestheologie im Ersten Johannesbrief herauszuarbeiten versucht. Sie findet sich bereits in den johanneischen Abschiedsreden[63]. Sowohl dem Verfasser des Ersten Johannesbriefes als auch seinen Gegnern ging es offenbar um die Bedingungen der Gemeinschaft mit Gott oder näherhin der Bundesgemeinschaft mit Gott im Sinne des Neuen Bundes. Für den Verfasser des Briefes steht fest, daß wahre, nicht nur behauptete Gemeinschaft mit Gott das Halten der Gebote, vor allem des Gebots der Bruderliebe, impliziert, wie dies schon von Sprache und Gedankenwelt des Alten Testaments, vor allem des deuteronomisch-deuteronomistischen Schriftenkreises her zu sehen ist. Steht das Bundesvolk treu zu seinen Bundesverpflichtungen, so erfährt es auch die Verheißungen an sich, die Gott für die Zeit des Neuen oder erneuerten Bundes gegeben hat: daß er in seiner Mitte wohnen oder bleiben wird. Von hier aus erklären sich die johanneischen Immanenzformeln als Ausdruck der in die Wirklichkeit der christlichen Gemeinde transponierten Verheißungen des Alten Testaments für den Neuen Bund (vgl. bes. Ez 36,26ff und 37,26ff mit Jer 31,31-34). Es erscheint reizvoll, diese Linie einmal weiterzuverfolgen[64].

Als weniger fruchtbar hat sich der Versuch erwiesen, die theologische Eigenart des Ersten Johannesbrief aus der Auseinandersetzung um den «Frühkatholizismus» heraus zu erklären, wie C.C. Black II, dem wir diesen Versuch verdanken[65], selber zugibt. Der Begriff des «Frühkatholizismus» stammt aus der theologischen Diskussion seit der letzten Jahrhundertwende und setzt eine Problemstellung voraus, wie sie zur Zeit der ersten Jahrhundertwende noch nicht gegeben war. Versucht man die typischen Merkmale des «Frühkatholizismus» wie Entwicklung einer Ämterlehre, neue Betonung des Gesetzes, hoher Stellenwert der Sakramente oder Verblassen einer Zukunftseschatologie auf den Ersten Johannesbrief anzuwenden, so läßt sich dieser Brief nur bedingt in ein solches Schema einordnen. Sicher erscheint nur dies, daß sich die Spuren der johanneischen Gemeinde nach der ersten Jahrhundertwende im Dunkeln verlieren und der sezessionistische Teil zur Gnosis fand, der traditionelle den Weg in die «Großkirche» der zweiten Jahrhunderthälfte[66].

Offenbacherlandstraße 224   Johannes BEUTLER
D-6000 Frankfurt/Main

---

62. (AB 69), Rom, 1978.

63. Vgl. J. BEUTLER, *Habt keine Angst. Die erste johanneische Abschiedsrede (Joh 14)* (SBS 116), Stuttgart, 1984, bes. 51-86.

64. Vgl. jetzt J. BEUTLER, *Das Hauptgebot im Johannesevangelium*, in K. KERTELGE (Hrsg.), *Das Gesetz im Neuen Testament* (QD 108), Freiburg i. B., 1986, 222-236; DERS., *Die Johannesbriefe in der neuesten Literatur (1978-1985)*, in *ANRW* II.25.5, Berlin - New York, 1988, 3773-3790, bes. 3782f.

65. Vgl. Anm. 7.

66. Vgl. BROWN, *Community* (Anm. 42) 145-164; *Ringen* (ebd.) 113-128.

THE SECOND LETTER OF PETER AND THE LETTER OF JUDE
Their Mutual Relationship*

The Second Letter of Peter represents itself as a "testament" or farewell address. The content of the three chapters and subdivisions is fairly diverse, but the letter is dominated by one central idea: the certainty of eschatological fulfillment, a certainty which rests on God's promises. 2 Pet develops this notion against those who doubt the parousia, but also as a motive for a consequent Christian life. Even the threat of judgment, which especially appears in ch. 2, supports this theme. For most scholars, 2 Pet is a pseudepigraphical composition[1].

The Letter of Jude is mainly a polemical work directed against "infiltrators" who preach heresy with a libertine character. The tone is very stringent. The letter closes with an exhortation to its readers to stand firm in the faith they have received. Literarily, Jude is a well-balanced whole. This letter also is considered pseudepigraphical by many, although many also defend its authenticity.

2 Pet and Jude both originate from the late-apostolic period and each witnesses in its own way to a crisis in which the apostolic heritage is subject to collapse in both orthodoxy as well as orthopraxis.

I. *Comparison of Both Letters*

1. Even a superficial comparison of the two letters shows that they are closely related. Most verses in Jude have a parallel in 2 Pet, except for Jude 1.14-15.20-23. These parallels are especially found in 2 Pet 2, but in the other two chapters as well: cp. Jude 2 with 2 Pet 1,2; Jude 3 with 2 Pet 1,5; Jude 5 with 2 Pet 1,12; Jude 17 with 2 Pet 3,2; Jude 18 with 2 Pet 3,3; Jude 24 with 2 Pet 3,14; Jude 25 with 2 Pet 3,18. These will be discussed individually below.

In some cases the parallels concern only the identity of words apart from corresponding contexts. Thus Jude 3 cp. 2 Pet 1,5 and Jude 5 cp. 2 Pet 1,12. Nevertheless, the agreement in form in both instances is too striking not to consider mutual dependence. In all other cases the parallels belong to the same context.

The relationship between both letters becomes even clearer as we determine that certain words in the New Testament appear only in

* Translated into English by Peter Judge.

1. The authenticity of 2 Pet has been defended recently by M. GREEN, *The Second Epistle General of Peter and the General Epistle of Jude*, Leicester, ⁵1977, pp. 13-15, and J. CREHAN, *New Light on 2 Peter from the Bodmer Papyrus*, in *Studia Evangelica* VII, Berlin, 1982, pp. 145-149.

these two letters: συνευωχεῖσθαι Jude 12 and 2 Pet 2,13; ὑπέρογκος Jude 16 and 2 Pet 2,18; ἐμπαῖκτης Jude 18 and 2 Pet 3,3. Other words occur in the NT only once outside Jude and 2 Pet: ζόφος Jude 6.13 and 2 Pet 2,4.17, otherwise only at Heb 12,18; ἄλογος Jude 10 and 2 Pet 2,12, otherwise only at Acts 25,27. The parallelism between σπιλάς Jude 12 (hapax legomenon) and σπίλος 2 Pet 2,13 (otherwise only at Eph 5,27) is dubious. σπιλάς means a "reef", σπίλος a "stain" or "blemish". In view of the similar contexts one could suppose that the rare σπιλάς is understood as σπίλος by 2 Pet.

2. These observations bring us to the question of the dependence of one letter upon the other. There are three possibilities, each of which has its defenders: 2 Pet is dependent on Jude; Jude on 2 Pet; both are dependent on a common source.

The consensus opinion leans toward priority of Jude over 2 Pet[2]. The chief arguments are as follows:

— The agreements between both letters form a well fit-together whole in Jude, but lay spread out over the entire three chapters of 2 Pet. It seems more likely that 2 Pet made free use of Jude than that the latter has collected dispersed material from 2 Pet to construct a homogeneous whole.

— If Jude is dependent on 2 Pet, it is difficult to see why Jude has employed chiefly the contents of 2 Pet 2 and, in particular, says nothing about doubts regarding the parousia, which is explicitly identified and rebutted in 2 Pet. 2 Pet seems to reflect a further stage of development.

— To the series of Old Testament examples of God's judgment in Jude 5-7, corresponds a chronologically better arranged series of three in 2 Pet. This appears to be a deliberate correction of Jude.

The opinion that Jude depends on 2 Pet corresponds for certain authors with their opinion that 2 Pet is the work of the apostle or one of his disciples.

For others, 2 Pet and Jude are both dependent on a common source, either a document with anti-heretical Testimonia that must have existed in the church at that time[3], or an analogous oral tradition[4]. The fact, however, that there is little in Jude that is not found in 2 Pet in one

2. See R. HEILIGENTHAL, *Der Judasbrief. Aspekte der Forschung in den letzten Jahrzehnten*, in *TR* 51 (1986) p. 120. The priority of 2 Pet has been defended in recent times by G. de RU, *De authenticiteit van II Petrus*, in *Nederlands Theologisch Tijdschrift* 24 (1969) pp. 8-9, and by J. CREHAN, *op. cit.*, p. 148. According to P.H.R. VAN HOUWELINGEN, *De tweede Trompet. De authenticiteit van de tweede brief van Petrus* [The Second Trumpet. The Authenticity of the Second Epistle of Peter], Kampen, 1988, pp. 35-45, the Epistle of Jude depends on the apostolic preaching as an oral source and on the Second Epistle of Peter as well.

3. C. SPICQ, *Les Épîtres de saint Pierre*, Paris, 1966, p. 197; M. GREEN, *op. cit.*, pp. 50-55.

4. B. REICKE, *The Epistles of James, Peter and Jude*, Garden City, 1964, pp. 148-149.

form or another makes the hypothesis of a common source superfluous and difficult to prove.

It can indeed be asked whether the writer of 2 Pet had the text of Jude before him or quoted it from memory[5].

3. The following comparison of individual verses from 2 Pet and Jude with one another is based on the priority of Jude as the acceptable position. The comparison itself should make clear *that* and *how much* 2 Pet has rewritten the Letter of Jude.

a. *2 Pet 2,1-3 compared with Jude 4*

2 Pet 2,1-3 corresponds with Jude 4. First, there is the underground activity by people whom Jude calls "infiltrators" and 2 Pet "false teachers". The expression ψευδοδιδάσκαλοι calls to mind the charism διδάσκαλος, well-known in apostolic times, and reflects an ecclesiological background. The false teachers constitute a threat to the believing community, wherefore 2 Pet speaks of "destructive heresies".

We find several elements from Jude 4 in 2 Pet 2,1-3: πάλαι, κρίμα, ἀσέλγεια and the saying about denying the Master. We can make the following observations. The word κρίμα is used only here in both letters. Otherwise they speak frequently of κρίσις (Jude 6.9.15; 2 Pet 2,4; 3,7-11). This "condemnation" receives a clearly eschatological content in 2 Pet by its parallel with ἀπώλεια. The latter is a favorite word of 2 Pet (see also 2,1; 3,7.16; not found in Jude), which, as elsewhere in the New Testament, expresses total destruction.

Where Jude speaks of perverting the grace of God into licentiousness, 2 Pet 2,2 calls this licentiousness (ἀσέλγεια) an element of temptation: "and many will follow their licentiousness". While this racks the believing community from within, the "way of truth" will be reviled from without (2 Pet 2,2b). It is by this "way of truth" that the Christian community stands out in contrast to its non-christian environment.

Finally, in 2 Pet 2,1, the word δεσπότης, by the addition of τὸν ἀγοράσαντα, becomes an unambiguous reference to Jesus Christ which is not so clearly the case in Jude 4. The denial of "the Master who bought them", expresses the same thought, in fact, as perverting the grace of God into licentiousness (Jude 4).

b. *2 Pet 2,4 compared with Jude 6*

The series of three examples from the OT given by Jude has been altered by 2 Pet. Whereas Jude speaks about the deliverance from Egypt and desert journey, the angels, and Sodom and Gomorrah, 2 Pet recalls the angels, the Flood, and Sodom and Gomorrah. This gives not only a better chronological order, but offers a striking example of the

5. J.N.D. KELLY, *A Commentary on the Epistles of Peter and Jude*, London, ³1977, p. 227.

two methods for destroying the world, by water and by fire, to which 2 Pet returns in 3,5-7. 2 Pet describes the three examples in an especially vivid way and builds to a climax in 2,9-10 by means of style and content.

In comparison with Jude, it is striking that the sin of the angels is not precisely mentioned by 2 Pet, and that attention is given more to their punishment than in Jude: by the addition of οὐκ ἐφείσατο and by placing παρέδωκεν εἰς κρίσιν τηρουμένους in the emphatic final position. Otherwise, 2 Pet follows the imagery of Jude in describing the punishment.

c. *2 Pet 2,6.10a compared with Jude 7*

Jude 7 has been radically rewritten by 2 Pet. The latter does not mention the sin of Sodom and Gomorrah, as Jude does; only the punishment of the two cities, using the hapax legomenon τεφρώσας, a punishment which serves as a warning for the fate of the godless. The conduct of the heretics, on the other hand, which Jude connects closely with the sins of Sodom and Gomorrah (ὁμοίως v. 8) is detached from this context by 2 Pet and mentioned separately in 2,10a, with almost the same words as Jude 7.

In the intervening verses (2,8-9) 2 Pet shifts attention to the righteous Lot, whom Jude does not mention, and so presents a double thought: the testing and endurance of Lot amidst the bad example of his neighbors, and God's rescuing and punishing activity respectively in favor of his faithful and against sinners. This back-to-back comparison of righteous and sinners is typical of 2 Pet. The past thereby is made to serve the present with the intention of strengthening the readers against the temptation assailing them from within the community itself, and of holding up God's threatening judgment to the sinful members of the community.

d. *2 Pet 2,10b-11 compared with Jude 8-9*

Jude 8 specifies the three-fold sin of the "infiltrators" in a rythmically well-constructed sentence, in order to illustrate the revilement of the heavenly powers more precisely in v. 9. 2 Pet separates this revilement of "the glorious ones" from the context in Jude 8 and gives it in 2,10b as an example of the boldness of the false teachers.

2 Pet 2,11 is a generalization of Jude 9. The angels stand in place of the Archangel Michael; the aorist (οὐκ) ἐτόλμησεν is replaced by the present (οὐ) φέρουσιν. It is clear that 2 Pet presupposes Jude's statement, for without it the former's vague indication would remain mysterious.

e. *2 Pet 2,12 compared with Jude 10*

Jude 10 is a clearly understood sentence in which revilement and the following of natural instincts like animals are denounced. The "corruption" or "ruin" of which the text speaks (φθείρονται, present) lies above all on a moral level.

In comparison, the construction of 2 Pet 2,12 is cumbersome and artificial. The main point focuses on the "corruption" as annihilation in the absolute sense (future of φθαρήσονται). The comparison with animals no longer lies in their instinctive behavior but in the extermination, which also awaits the blasphemers. Thus a shift is made in the meaning of φθορά and φθείρειν. The concept φθορά plays a large roll otherwise in 2 Pet (1,4; 2,12 twice; 2,19), but is lacking in Jude.

f. *2 Pet 2,15-16 compared with Jude 11*

Of the three Old Testament examples that Jude employs, again in a well-constructed sentence, 2 Pet retains only that of Balaam and expands it. From the example of Cain in Jude, 2 Pet certainly uses "the way" and applies it to the false teachers: they have forsaken the right way and followed the way of Balaam. This image, as a term for Christian teaching or way of life, is likewise a favorite of 2 Pet (see also 2,2 and 2,21). 2 Pet further characterizes Balaam's "gain" expressly as "gain from wrongdoing" (see also 2,13).

2 Pet's use of only the Balaam example has a certain reasonableness, since Balaam can serve as the proto-type par excellence of the false teachers. The figure of Balaam is represented in the OT and Jewish tradition as the "greedy one" (Dt 2,2; Neh 13,2; PHILO, *De migr. Abrah.* 113-114; *Vita Mos.* I, 268; JOSEPHUS, *Ant.* IV, 5,3; see also Strack-Billerbeck, III, 771) and the tempter to licentiousness (Num 31,16; Rev 2,14; PHILO, *Vita Mos.* I, 264-300; see also Strack-Billerbeck III, 793). These two ideas are the very ones with which 2 Pet reproaches the false teachers (greed 2,3.14; seduction 2,2.13.14.18). Also, the presentation of Balaam as a mad prophet (2,16) who is restrained by a dumb ass, has in view the false teachers, who are compared in 2,1 with earlier false prophets. Their behavior is shameful and puts them on a sub-human level (see 2,12).

g. *2 Pet 2,13b.17 compared with Jude 12.13*

Jude depicts the disastrous and eventual fate of the "infiltrators" with a series of images. 2 Pet 2,13b.17 employs some of these from Jude 12.13. The first is "carousing". In Jude the "infiltrators" appear as a separate group, who look after only themselves at the love-feasts. Jude speaks of *your* love-feasts, as if the others stand off on their own.

2 Pet inserts ὑμῖν after συνευωχούμενοι: they revel "with you" in deceitful carousing. This insertion is not without significance. The persons in question are not depicted as a separate group: they have meals together with the others. In precisely this way they gain a foothold, their deceptive action misleading and seducing.

In 2 Pet 2,17 the imagery of Jude 12.13 is recognizable in ἄνυδροι, which 2 Pet somewhat clumsily connects with πηγαί in place of νεφέλαι, in the mists being driven by the wind, and especially in the conclusion of 2,17. 2 Pet avoids the allusion to Enoch (Eth) which Jude infers in the element "wandering stars" (see Enoch 21 and 90,24), and retains only mention of the darkness as the place of punishment. Thus, the relative οἷς, which Jude joins directly to ἀστέρες πλανῆται, hangs somewhat in the air in 2 Pet 2,17.

Jude 12-13 therefore has been rewritten by 2 Pet with an interruption of the context. J.B. Mayor remarks rightly: "How could the latter (Jude) have had the patience to gather the scattered fragments out of P. in order to form the splendid cluster of figures in *vv.* 12,13?"[6].

h. *2 Pet 3,2 compared with Jude 17*

2 Pet and Jude agree in inciting their readers to "remember". The object of this self-reminder, however, is presented differently by 2 Pet than by Jude. In the latter it has to do with the predictions of the apostles about the activity of heretics (Jude 18). The theme is also well-known in other places in the NT and intertestamental literature. 2 Pet gives attention first to the predictions of the holy prophets and then, in a somewhat labored construction, to the *commandment* of the apostles, that is, of the Lord and Savior. The reference to the prophets corresponds to 2 Pet 1,19: "And we have the prophetic word made more sure", and has the parousia in view. The command of the apostles is the apostolic tradition as normative for life. Its content is thus not the same as that of the predictions of the apostles in Jude 18.

Jude 17-18 has been reformulated by 2 Pet into a statement about the authority of the prophetic predictions and the apostolic tradition, and this as a preparation for what the writer is going to say about the parousia. Also, 2 Pet differs form Jude in calling Jesus Christ "Savior".

i. A final observation concerns 2 Pet's non-use of the quotations from intertestamental literature in Jude.

According to most authors, the description of the sins of the angels in Jude 6 has been borrowed from Enoch. 2 Pet only refers to the sins of the angels in general. Jude 9 is usually seen as a reminiscence of the Ascension of Moses. 2 Pet 2,11 has only a general statement about the conduct of the angels. The quotation from Enoch in Jude 14-15 has been completely omitted by 2 Pet.

That 2 Pet is vague in the first two instances above and omits the third entirely can be reasonable in the fact that writings like Enoch and the Ascension of Moses were less well-known to his Gentile-Christian readers. The quotation in Enoch from Jude 14-15 would, in itself, certainly go well in 2 Pet's outlook.

There could be another reason: 2 Pet wants to avoid the appearance of any explicit preference for what, in his time, is not unambiguously accepted as Scripture. 2 Pet attaches great value to the prophets of the OT and is concerned with their correct interpretation (2 Pet 1,19-21). A collection of Paul's letters is developing which 2 Pet places on a line

---

6. *The Epistle of St. Jude and the Second Epistle of St. Peter*, London, 1907, p. XI.

with "the other Scriptures", the books of the Old Testament (2 Pet 3,15-16), and against the distortion of which he likewise warns. In this light it is to be understood that he avoids any dubious quotations that could be conceived as taken from the Scriptures.

4. The results thus far can be summarized in a few points.

a. 2 Pet rewrites Jude in a creative way. He agrees with Jude's formulation in many places, especially in chapter 2, but makes it serve his own objective. He finds it necessary to break the context in several instances (cp. 2 Pet 2,6.10a with Jude 7; 2 Pet 2,10 with Jude 8; 2 Pet 2,13.17 with Jude 12-13), and frequently arrives at an awkward construction (cp. 2 Pet 2,12 with Jude 10; 2 Pet 3,2 with Jude 17; 2 Pet 3,3 [ἐν] ἐμπαιγμονῇ ἐμπαῖκται with Jude 18).

b. As for the content of the verses dealt with, Jude makes a clear distinction between the "infiltrators" and his readers; thus, v. 12; v. 17 and v. 20, where the words ὑμεῖς δέ, ἀγαπητοί oppose the readers to the others; v. 19 ("It is these who set up divisions"); v. 23, which speaks about avoiding a certain group who are no longer redeemable in a human way. The "infiltrators" are called "ψυχικοί", people who do not have the Spirit (v. 19), while the readers are exhorted to pray in the power of the Spirit (v. 20).

2 Pet does not make this sharp distinction. The false teachers are seen here as externally still connected with the community (see our comparison of 2 Pet 2,13b-17 with Jude ·12-13)[7]. They exercise a pernicious influence, however. They are deceitful tempters by their licentious practices (2,13-14) and a serious peril to the newly converted (2,18-22)[8].

All this is reminiscent of a Christian community within which a crisis is occuring and which 2 Pet wants to protect from apostasy and moral decay. The examples of Noah and Lot, their steadfastness in face of trial and God's saving action for his faithful, are intended to strengthen the good element in the community. This goes well with the paraenetic character of the letter as a whole.

Let us remain for a moment with this paraenetic character of 2 Pet to compare it elsewhere with Jude. Jude 24-25 is a closing doxology which attributes to God the power to keep the readers from falling and to preserve them unblemished (ἀμώμους). The parallel in 2 Pet 3,14 (ἀμώμητοι) is an exhortation to the readers: "Be zealous to be found by him without spot or blemish, and at peace". This tone is sustained in the following verses until just before the doxology: "But grow in the

---

7. T. FORNBERG, *An Early Church in a Pluralistic Society. A Study of 2 Peter*, Lund, 1977, p. 106. Otherwise, E. FUCHS - P. REYMOND, *La deuxième épître de saint Pierre, l'épître de saint Jude*, Neuchâtel-Paris, 1980, pp. 23.24.27.

8. The verb δελεάζειν appears twice in 2 Pet (2,14.18), and otherwise only at James 1,14.

grace and knowledge of our Lord and Savior Jesus Christ. To him be the glory both now and to the day of eternity" (3,18).

As for the adverse element in the community, 2 Pet is no less fierce in his accusation against them than Jude, but lays more stress on their punishment, a punishment which bears an eschatological character (2,9.12.14end: "accursed".17)[9]. This eschatological character of the punishment appears also in the repeated use of ἀπώλεια (2,2.3; 3,7.16), a word that Jude does not use[10].

But this falls within the paraenetic intention of 2 Pet. It can be deduced from 2 Pet 3,9: "The Lord is not slow about his promise as some count slowness, but is forbearing toward you, not wishing that any should perish, but that all should reach repentence". It is difficult not to understand this repeated τινες ... τινας as the same persons. The "some" who doubt the parousia (3,3-4), and who are the same as the false teachers, are also the "some" to whom God gives time for repentance.

Thus, 2 Pet, more clearly than Jude, represents a community of which all, good and bad, are the object of the writer's pastoral concern.

5. To conclude, let us look briefly at the points of agreement between 2 Pet and Jude. First, they concern the indictment against heresy of a libertine nature. This has a dogmatic background in 2 Pet: doubt about the parousia.

Second, Jesus Christ is called "our Lord", "the Lord" (Jude 4.17.21.25; 2 Pet 1,8.14.16; 2,20; 3,18). Alongside this, it is striking that Jude attributes the title σωτήρ to God, while 2 Pet confers it on Jesus Christ (cp. Jude 25 with 2 Pet 3,18; see also 2 Pe 1,1.11; 2,20; 3,2).

Third, we find the concluding exhortation of Jude 20-21 in 2 Pet 1,5-7 where we read a series of entreaties beginning with faith and ending with love. And, like Jude 21, 2 Pet 3,13.14 speaks about Christian expectation, which in both letters is directed toward eternal life (Jude 21; 2 Pe 1,11).

Finally, Christian doctrine is presented as an institution, originating with the apostles and handed on as a heritage, referred to by Jude as "the faith which was once for all delivered to the saints" (v. 3), "your most holy faith" (v. 20), and by 2 Pet as "the truth that you have" (1,12), "the way of truth" (2,2), "the way of righteousness" (2,21), "the commandment of the Lord and Savior through your apostles" (3,2).

The general conclusion can be drawn that 2 Pet has used Jude for his attack upon the false teachers and places this in a paraenetic and eschatological frame: 2 Pet 1,5-11 and 3,11-12.14.17-18. Both, paraenesis

---

9. See also οὐκ ἐφείσατο 2 Pet 2,4.5; in 2 Pet 2,6 only punishment is mentioned.

10. Jude 5 does indeed use the verb ἀπολλύειν in the aorist for the historical punishment during the rescue from Egypt.

and eschatology, are most closely connected. In this way, 2 Pet, in spite
of the disparate contents of the subsections, is a well-balanced whole
which desires to give as complete a response as possible to an ecclesiastical crisis in the time of the writer.

II. *The Background of the Two Letters*

By "background" we mean the situation out of which and the
reasons why 2 Pet and Jude were written. This situation is characterized
by a crisis in the respective communities, caused by people whom Jude
labels as infiltrators, 2 Pet as false teachers.

The authors of Jude and 2 Pet are considered by most to be Jewish
Christians with a strong Hellenistic education. Their Jewishness appears
from their familiarity not only with the Old Testament but also with
Jewish apocalyptic and Haggadah[11]. The language and style of their
letters betray their Hellenistic background. They have a rather varied
vocabulary, richer than the average New Testament text. They use a
number of hapax legomena; one should say numerous in proportion to
the length of their texts[12]. In addition, there are a number of Semitisms
to be noted.

The writer of 2 Pet puts his letter more explicitly under apostolic
authority than does Jude (1,1 the salutation; 1,13-15.16-18; 3,1). This
and his concern for correct interpretation of the Scriptures (1,20-21;
3,16) and the preservation of the apostolic heritage (3,1-2) portray him
as an ecclesiastical author.

A familiar trend in exegesis since E. Käsemann is to regard the
writers of Jude and 2 Pet as representatives of so-called Early Catholicism.

Concerning those for whom Jude and 2 Pet were intended, there is
less agreement among exegetes.

For the geographic milieu out of which Jude arose and in which the
intended community is to be found, many point to Palestine and Syria,
principally because the names of Jude and James, the brothers of the
Lord (see Jude 1,1), enjoyed prestige in this territory. Others, on the
contrary, prefer to see the audience in a Hellenistic milieu, particularly
in Asia Minor[13].

As far as the character of the intended communities in Jude is
concerned, many argue for "mixed" communities, that is, Gentile-
Christian communities with a strong Jewish influence, or strongly
hellenized Jewish-Christian communities. The readers are indeed apparently familiar not only with the Old Testament, but also with the
Jewish apocalyptic literature. On the other hand, the state of affairs

---

11. See Jude 5-11.14; 2 Pet 2.4-6.15-16.

12. See E. FUCHS - P. REYMOND, *op. cit.*, pp. 16-17.137-138.

13. E. FUCHS - P. REYMOND, *op. cit.*, p. 153: Osrhoene (the region around Edessa,
northeast of Syria).

being challenged is hardly thinkable in a Jewish-Christian milieu. It is precisely for this last reason that others are of the opinion that we have to do with Gentile-Christian communities, possibly in close contact with the Jewish-Christian wing of the church. Some, however, see Jewish-Christians in the readers.

2 Pet presents itself as a general treatise. But the letter presupposes a concrete situation and a certain circle of readers. On the basis of the reference in 2 Pet 3,1, we could think of a community in Asia Minor (see 1 Pet 1,1). Given the conditions and the heresy that the writer opposes, the letter is undoubtedly addressed to Gentile-Christians. Some see Christians of Jewish origin in the readers.

The question of background for the two letters comes down "in concreto" to the identity of the "opponents" against whom the writers set themselves. Are those whom Jude labels "infiltrators" and 2 Pet "false teachers" to be more precisely identified? Opinions here are diverse. A survey follows, with a few critical remarks.

1. Many see in the opponents the representatives of an incipient gnosticism. They advance these arguments:

a. The presentation of these people as possessing a higher "knowledge". They appeal to revelations and visions, called "dreamings" in Jude 8. 2 Pet's emphatic mention of true knowledge (gnosis 1,5.6; (epi)gnosis of God and our Lord Jesus Christ 1,2.3.8; 2,20; 3,18) is intended as a dismissal of the other "gnosis". Perhaps also the "cleverly devised myths" of which 2 Pet 1,16 speaks strikes a polemic note against the gnostic myths.

b. The distinctions made by the opponents between two kinds of people. When Jude 19 reproaches them with being unspiritual, "worldly people" (ψυχικοί), who do not have the spirit (pneuma), he is attacking them apparently with their own categories. The accusation "It is these who set up divisions" would then turn upon the division made by them between two kinds of people. This distinction is typical for gnostic thinking.

c. The dissolute life of the infiltrators and false teachers. Such a mode of living would fit with gnostic dualism and the prevalent disdain for the corporal in certain gnostic sects. This would go together with a false interpretation of Christian freedom suggested by 2 Pet 2,19[14]. We certainly also have to take into account that the description of the abuses have to do in part with stereotypical expressions[15].

d. Certain deviations in teaching. There is mention of blaspheming the

14. Jude 4 can also be understood in this sense; see J. KAHMANN-B. DEHANDSCHUTTER, *De tweede brief van Petrus. De brief van Judas*, Boxtel, 1983, p. 127.

15. For this see M. DE JONGE, *De nieuwtestamenticus als historicus en theoloog*, Leiden, 1966, p. 12 with note 28.

higher powers or "glories" (δόξαι, Jude 8-10; 2 Pet 2,10b) and of denying the Lord Jesus Christ (Jude 4; 2 Pet 2,1), perhaps even of the one God (Jude 4)[16]. This, as well as rejecting expectation of the parousia, would be characteristic of the gnostic conception of life[17].

Against all this can be opposed:

a. The distinction between spiritual and unspiritual or worldy people is already to be found in apostolic times (1 Cor 2,14; 15,44-49; see also James 3,15), and does not necessarily presuppose the gnostic system of thought. To be sure, making an explicit distinction and separation between two kinds of people in the community, as Jude 19 presupposes, has no parallel in the New Testament.

b. Paul had already taken a stand against misunderstanding Christian freedom (Rom 6,15-16; 1 Cor 6,12; 10,23; Gal 5,13; Phil 3,19). That the libertinism or antinomianism attacked by Jude and 2 Pet has precisely gnostic dualism as its background remains unproven. One might rather view the persons in question with F. Spitta as "degenerierte Pauliner"[18].

c. The denial of the Master "who bought them" (2 Pet 2,1) does not necessarily have a doctrinal background. It can consist in the moral misconduct by which they "pervert the grace of God into licentiousness" (Jude 4). In the same sense Tit 1,16 has: "They profess to know God, but they deny him by their deeds". In Jude as well as in 2 Pet the denial of the Lord is contextually and grammatically closely connected with licentious living (Jude 4.8.10; 2 Pet 2,1.2.10.12). Otherwise, denying the Lord and blaspheming the glorious ones is neither more precisely defined nor expressly refuted. A derivation from gnosticism remains therefore uncertain[19].

2. Among those who consider the letter of Jude to be directed

16. In case Jude 4 δεσπότης would refer to God; see J. KAHMANN-B. DEHANDSCHUTTER, op. cit., p. 127. Authors also refer to the expression in Jude 25 about "the only God, our Savior".

17. For the preceding, see K.H. SCHELKLE, Die Petrusbriefe. Der Judasbrief, Freiburg-Basel-Wien, 1961, pp. 230-234; J.N.D. KELLY, op. cit., pp. 231. 253; H. BALZ-W. SCHRAGE, Die katholischen Briefe, Göttingen, 1973, pp. 120-121.217-219; W. GRUNDMANN, Der Brief des Judas und der zweite Brief des Petrus, Berlin, 1974, pp. 17-19; M. GREEN, op. cit., pp. 35.37-40; E. FUCHS-P. REYMOND, op. cit., pp. 142-143; J. SCHMITT, Pierre (IIe Épître), in DBS VII, Paris, 1966, pp. 1461-1462. For early gnosis in general, see L. CERFAUX, Gnose préchrétienne et biblique, in DBS III, Paris, 1938, pp. 659-701. Cerfaux also sees the precursers of libertarian gnosis in the opponents of 2 Pet and Jude.

18. F. SPITTA, Der zweite Brief des Petrus und der Brief des Judas, Halle a.d. Saale, 1885, pp. 510.515.

19. Concerning the attempt to identify the false teachers in 2 Pet with certain sects from the first or second centuries, C. SPICQ, op. cit., p. 201, says: "Autant vouloir reconnaître des nègres dans un tunnel".

toward Jewish-Christian communities[20], special attention is merited by
the inaugural address of M. de Jonge: "The New Testament Scholar as
Historian and Theologian. Some Remarks toward an Introduction to
the Letter of Jude"[21]. Jude, according to de Jonge, is addressed
to Jewish-Christian communities in Palestine, Trans-jordan, and the
western part of Syria, who are in serious crisis. It appears from Jude 19
that the opponents represent themselves as "pneumatici" and deem
themselves not bound by the laws which hold for ordinaray mortals.
The Sitz-im-Leben of the letter can be deduced from the term ἐνυπνιαζόμενοι ("dreamers") by which Jude characterizes these people. Now it
is with this term that the false prophets are branded in the Septuagint.
De Jonge refers especially to Dt 13,2-6 (LXX), where the false prophet
is described as someone who instigates denial of the Lord who rescued
Israel. The conduct of the infiltrators corresponds to that of the false
prophet. They also deny "our only Master and Lord Jesus Christ"
(Jude 4) and do not acknowledge authority (v. 8). Jude thus qualifies
the opponents as false prophets[22].

According to de Jonge, false prophets within the Christian community
are mentioned especially in the Gospel of Matthew and the Didache,
writings which probably originated in Palestine or western Syria, are
very clearly connected with Jewish traditions, and are intended for
communitites having much contact with Jews. Particularly the situation
described in Mt 7,15-23 appears to be very much like that presupposed
in the letter of Jude: denial of the Lord, false appeal to the Spirit, and
sinful, "lawless" life (Mt 7,23).

Jude's problem is that of the Jewish-Christian communities in Palestine
and West Syria, who want to distinguish between true and false
prophecy[23].

De Jonge has rightly seen, in my opinion, that the opposition
between "pneumatici" and "physici" plays an important role in Jude
(see v. 19). 2 Pet does not know this distinction at all; neither term
appears in 2 Pet. Jude thus is addressed to different opponents than
2 Pet. Also, the term ἐνυπνιαζόμενοι is lacking in 2 Pet and this term
is the first qualification with which the broader description of the
opponents in Jude begins (Jude 8-13). Thus, Jude seems directed
against a false appeal to the Spirit and to certain "revelations" that the
letter calls "dreamings".

Is all this sufficient to support de Jonge's thesis that Jude has to do
with the difference between true and false prophecy?

20. See the authors named by J. CHAINE, Les épîtres catholiques. La seconde épître de
S. Pierre, les épîtres de S. Jean, l'épître de S. Jude, Paris, ²1939, p. 287.
21. See note 15.
22. M. DE JONGE, op. cit., pp. 12-14.17-18, with note 60.
23. Ibid., p. 18-20. The "fruitless trees in late autumn" of Jude 12 may be reminiscent
of Mt 7,16-20.

As for 2 Pet, according to de Jonge it is a "general ecclesiastical version" of Jude[24].

3. Others seek the background, especially of 2 Pet, in a condition of moral and doctrinal decline that would have arisen in the Christian communities toward the end of the first and the beginning of the second centuries. The root of this decline would lay in the pressure of the pagan evironment with its secularized style of life and its scepticism concerning life after death. 2 Pet identifies the scoffers, who doubt the parousia, with the false teachers, who live according to their passions (cp. 2 Pet 3,3 with 2,2). Apparently, the slackening of eschatological expectation goes hand in hand with a relaxation of moral bounds.

Already, the letters of Paul, the deutero-Pauline letters, and 1 Pet warn against a relapse into pagan ways of life (1 Cor 6,9-11; Eph 4,17-31; Col 3,5-11; 1 Pet 1,14; 2,11.16; 4,1-3). This peril would have increased so much in Jude and 2 Pet that only fierce polemic and the threat of judgment remain as a remedy.

Of particular concern in 2 Pet would be doubt of the parousia appearing from a deterministic outlook about the beginning and end of the world, paired with a libertinism that desires to know nothing of a punishing God[25]. 2 Pet argues against this from Scripture and Jewish tradition (3,5-7; see also 1,19)[26], and from personal experience of Christ's glory at the Transfiguration as a preview of the parousia (1,16-18)[27]. Moreover, he uses the prospect of eschatological completion as the chief motive for a holy Christian life (1,10-11; 3,11-12.14).

This opinion about the opponents against whom 2 Pet is directed has recently been defended by Tord Fornberg in his above mentioned book: *An Early Church in a Pluralistic Society*[28].

Fornberg starts from the spiritual climate of the pagan world of the time, in which wide-spread scepticism prevailed about the possibility of life after death, and daily life was dominated by a thorough-going secularism, resulting in a declining moral standard. It is very probable that after the initial zeal slackened, Gentile Christians once again yielded to the pressure of their pagan environment. 2 Pet 2,18-22 addresses itself against the pernicious influence of false teachers who tempt the newly converted by false promises of freedom.

According to Fornberg 2 Pet rewrites the Letter of Jude for a new situation[29].

24. *Ibid.*, p. 43 n. 59.
25. See J. KAHMANN-B. DEHANDSCHUTTER, *op. cit.*, p. 90.
26. *Ibid.*, pp. 90-93.
27. *Ibid.*, pp. 46-51.
28. Lund, 1977. See especially pp. 88-89.96-97.130-135.
29. *Ibid.*, p. 39.

4. Recently, J.H. Neyrey and Kl. Berger have each made attempts to identify the opponents in 2 Pet.

In 1978, J.H. Neyrey defended his dissertation, "The Form and Background of the Polemic in 2 Peter: The Debate over Prophecy and Parousia"[30]. He has summarized it in an article[31].

Neyrey thinks that the position of the opponents in 2 Pet is the same as that of the opponents of Plutarch in "De Sera Numinis Vindicta". Plutarch is debating with the Epicureans who deny divine Providence. Their argument is that there is no justice: the good lose and the evil win. Therefore there is no God who judges, punishes, or rewards. Hand in hand with this goes denial of life after death and of any retribution in the other life.

The Jewish tradition witnesses to a similar polemic. We find the clearest example in the discussion between Cain and Able in a midrash contained in the Palestinian Targum of Gen 4,8. Because of the injustice in the world, Cain rejects a judgment by God and, consequently, life after death or any post-mortal retribution. This polemic also has an Epicurean background. The Sadducees, as Josephus describes them, hold a similar position.

Neyrey compares these positions with that of the opponents in 2 Pet, as the latter describes them. 2 Pet 3,9a is supposed to reflect the opponents, who because of God's "slowness" reject a divine judgment, just as the Epicureans do. The writer also takes a stand against the denial of judgment in 2 Pet 2,3b, a position that is worked out further in 2 Pe 2,4-9. The denial of the Lord in 2 Pet 2,1 indicates a practical atheism that rejects God's judgment.

Further, Neyrey refers to the promise of freedom which 2 Pet 2,19 mentions. He places this freedom on a line with the Epicurean ἀταραξία, which frees people from fear, superstition, death, and retribution, and thus from the notion of judgment and life after death. Neyrey even places the denial of the parousia by the opponents (2 Pet 3,3-4) against the background of the Epicureans' polemic against Providence, inasmuch as the parousia tradition includes the elements of judgment, life after death, and retribution, the classic threesome against which the Epicurean system sets itself.

Against all this, 2 Pet contends that God punishes without a doubt: he preserves the godless for the coming judgment (2 Pet 2,4.9.17), just as he will reward the righteous after death (2 Pet 3,13, see also 1,11).

An apologetic response to the position of the Epicureans appears both in the Jewish tradition and in Plutarch. We discover the same apology in 2 Pet. Like the Jewish tradition and Plutarch, 2 Pet also

30. Yale, 1978.
31. *The Form and Background of the Polemic in 2 Peter*, in *JBL* 99 (1980) 407-431.

interprets the "slowness" of God as a possibility for conversion and as a sign of God's forbearance (2 Pet 3,9b).

Neyrey makes an original attempt to situate the polemic of 2 Pet against the background of a clearly demonstrable tradition of Jewish and non-Jewish origin at that time. The question may be put as to whether 2 Pet offers sufficient points of contact to think precisely of the anti-Epicurean polemic. The Epicurean starting point, that there is no justice in the world and therefore no rewarding or punishing God, is not to be found in 2 Pet. The texts that speak of a future judgment of the godless could have a more general paraenetic purpose and need not be derected against a fundamental denial of God's judgment. And is the "promise of freedom" (2 Pet 2,19) not more reminiscent of the warning already present in Paul of a wrong understanding of Christian freedom than of the ἀταραξία of the Epicurean system? Can Neyrey go any further than the *possibility* of an anti-Epicurean polemic in 2 Pet?

5. Kl. Berger developed his opinion in an article: "Streit um Gottes Vorsehung. Zur Position der Gegner im 2. Petrusbrief"[32]. Berger rejects the identity of the opponents in 2 Pet with gnostics, and expresses agreement with Neyrey's thesis. Berger wants to try to situate the opponents in 2 Pet still more precisely: how did Christians come to such a position out of Judaism or out of a Gentile background?

For this purpose Berger puts together once more the traits of the opponents as 2 Pet describes them: they repudiate and blaspheme (2 Pet 2,1; see also Jude 4; 2 Pet 2,2.10.18). They practice what has been forbidden by the decrees of the apostles (Acts 15,28-29) and related New Testament texts (Rev 2,14-20.21). This especially concerns eating and on-going dissipation coupled with it (2 Pe 2,2.13.18) and immorality (2,7.14.18). They misuse the word "freedom" (2,19). They do what is typically pagan: run after their passions (2,10-18; 3,3, cp. 1,4). They doubt the parousia and reproach God for lingering with his promises (3,3-4.9).

Berger tries to coordinate these elements. He refers in the first place, as does Neyrey, to Plutarch's "De Sera Numinis Vindicta". Berger also thinks that the agreements between 2 Pet and Plutarch are best explained from a common basis in anti-Epicurean tradition.

Berger, however, goes into more detail than Neyrey in comparing 2 Pet with Philo's "De Providentia" and others of his writings. For Philo, scorn and blasphemy are the way in which people vent their displeasure with God's rule over the world, and especially heavenly beings and divine Providence. Philo normally connects God's Provi-

---

32. In J.W. van Henten, H.J. de Jonge, P.T. van Rooden, W. Wesselius (eds.), *Tradition and Re-interpretation in Jewish and Christian Literature. Essays in honour of Jürgen C.H. Lebram*, Leiden, 1986, pp. 121-135.

dence with God's judgment of the world. In this way Providence receives a universal dimension which is lacking in Plutarch but which we discover in 2 Pet 3. Also for Philo, rejection of Providence and crimes against righteousness are closely connected with one another, and denying Providence is no less than denying God. Philo's work also exhibits traits of agreement with the apocalyptic eschatology of 2 Pet.

Thus, on the basis of Philo the possibility arises for connecting together the elements "blasphemy", "judgment", apocalyptic eschatology, and the "lawlessness" of the blasphemers. They could have a common origin in the debate over the question of whether God still cares about the world.

Berger supplements these facts with others derived from Jewish and Christian texts from the first and second centuries after Christ. The Syrian Apocalypse of Baruch knows the notion of the fathers passing away, as in 2 Pet 3,4, and the prayer not to postpone the promises, which recalls 2 Pet 3,9. From this apocalypse it also seems that there were sceptics after the destruction of Jerusalem who said, "God no longer cares for the world". 1 and 2 Clement also attest that such outcries were in circulation within Judaism toward the end of the first century[33].

From all this Berger draws the conclusion that the failure of the promises to the fathers was a problem in the Judaism of the first century after Christ, probably as a result of the destruction of Jerusalem, while for 2 Pet Jesus in his Transfiguration and future parousia is the fulfillment of all the expectation of Judaism. The above-mentioned problem for 2 Pet, however, presents itself in the framework of a scepticism that has also touched the Gentile-Christian readers of the letter. The writer treats this problem with the help of traditional material from the debate over God's Providence.

According to Berger, the opponents in 2 Pet are Gentile Christians who would dispose of remaining Jewish-Christian notions like apocalyptic eschatology, the necessity of observing certain purity regulations, and the belief in angels. Against them, 2 Pet defends his Jewish worldview with the help of material from the anti-Epicurean tradition, and with it tries at the same time to safely establish an older Pharisaic position. This latter includes belief in angels and respect for such higher beings by the greatest possible cultic purity, rejection of immorality and carousing, and observance of certain legal prescriptions.

From 2 Pet, as from other places in the New Testament, it seems, in Berger's opinion, that a strong Jewish-Christian influence throws up a dam against a leveling adaptation of Christianity to a pagan outlook on life. More than one thinks, a wide-spread scepticism stands in back of New Testament polemic, and not certain exotic heresies. The fact that

33. 1 Clem 23,3; 2 Clem 11,1-2.

this intellectual attitude is even now very much in vogue gives 2 Pet significance for today as well.

Berger supplements Neyrey's data with other material from the Jewish tradition and from it illuminates especially the connection between blaspheming God and the "glorious ones", universal judgment, apocalyptic eschatology, and the crimes against righteousness in 2 Pet. The question indeed is whether we can bring the polemic of 2 Pet so clearly into connection with a typical Jewish Pharisaism as Berger wants to. In my opinion, Berger's interpretation of 2 Pet 2,10ff as a demand for respect of the "glorious ones" by cultic purity, depending on the Pharisaic aspiration to a cultic unity with the angels, finds no support in the text. 2 Pet concerns the demand for a distinguished moral life by the Christian in general.

The following may serve as provisional conclusions from the preceding overview.

1. The opponents in Jude and 2 Peter are not the same. The opinion that both letters are addressed against the representatives of an early gnosticism is beginning to lose ground in light of the latest studies.

2. The Letter of Jude is dominated by the conflict between the so-called "pneumatici" and those regarded by the latter as "psuchikoi". Does this go together with the question of the distinction between true and false prophecy?

3. As for 2 Pet, the background of an anti-Epicurean polemic and a specific Pharisaic position by the writer do not appear to be conclusively proven.

4. It seems that provisionally the position of Fornberg must stand as far as 2 Pet is concerned: it has to do with a crisis in the Gentile-Christian community under pressure form the pagan environment; a crisis in which doctrinal and ethical elements are on a par. The writer of 2 Pet has integrated the Letter of Jude into a larger whole, in which it functions as a warning against certain elements within the circle of readers of 2 Peter[34].

Wittemer Allee 32
NL-6286 AB Wittem

Johannes KAHMANN

---

34. On the use of Jude by the author of 2 Peter, see now also D.F. WATSON, *Invention, Arrangement, and Style. Rhetorical Criticism of Jude and 2 Peter* (SBL Diss. Ser., 104), Atlanta, GA, 1988 (Ph. D. Diss., Duke University, 1986), esp. pp. 163-187.

THE APOCRYPHAL GOSPELS
AND THE GOSPEL OF MARK

In a Colloquium on the acceptance of the New Testament writings in Early Christianity, the "reception" of Paul and John, the use of the Gospel of Matthew, the survival of Q, and of sayings collections similar to Q, are normally expected to be treated in one or more contributions. The Gospel of Mark is more or less the unexpected guest at our symposion. In Édouard Massaux's list of citations only two passages in Mark are noted as instances of "contact littéraire certain"[1]. And more recently, after a careful reexamination of all Christian writings before Irenaeus, Wolf-Dietrich Köhler had to conclude: "So gut wie nie positiv wahrscheinlich zu machen war die Rezeption des Mk"[2]. The interpretation of Justin's *Dialogue* 106,3 as a reference to the Gospel of Peter[3] is rightly corrected by Köhler[4], but this exceptional use of Mk 3,16-17 (Βοανηργές, ὅ ἐστιν υἱοὶ βροντῆς, peculiar to Mk), together with the unique expression ἐν τοῖς ἀπομνημονεύμασιν αὐτοῦ (i.e., Peter's), does not change the general picture.

As far as I see, nothing sensational has been produced in recent studies regarding the use of Mark in extracanonical writings. The occasion for my paper is rather the opposite thesis of Mark's dependence upon apocryphal gospels, the provocative new paradigm in the interpretation of Mark.

1. É. MASSAUX, *Influence de l'Évangile de saint Matthieu sur la littérature chrétienne avant saint Irénée*, Louvain-Gembloux, 1950; (BETL, 75), Leuven, 1986, pp. 681 and 684: Mk 12,14 in the Unknown Gospel (pp. 330-331) and Mk 16,3-4.5.8 in the Gospel of Peter (pp. 373-375). On p. 681, correct the reference to Mk 11,52 (= Lk 11,52).

2. W.-D. KÖHLER, *Die Rezeption des Matthäusevangeliums in der Zeit vor Irenäus* (WUNT, 2/24), Tübingen, 1987, p. 522 (Doctoral dissertation, Bern, 1985, under U. Luz).

3. MASSAUX, *Influence*, p. 556: "On peut croire qu'on a ici un texte de Justin qui dépend littérairement du deuxième évangile. Un léger doute cependant subsiste du fait que notre apologiste connaît et utilise parfois l'Évangile de Pierre" (with reference to A. Harnack).

4. *Die Rezeption*, pp. 255-256. See also Luise ABRAMOWSKI, *Die "Erinnerungen der Apostel" bei Justin*, in P. STUHLMACHER (ed.), *Das Evangelium und die Evangelien* (WUNT, 28), Tübingen, 1983, pp. 341-353, esp. 353: "ist Mc. 3,16f. entnommen"; and recent studies on Mark: Martin HENGEL, *Studies in the Gospel of Mark*, London, 1985, p. 68: "It emerges from the context that he is quoting Mark 3,16f." (see also pp. 50; 150, n. 69; 165, n. 25). Petr POKORNÝ, *Das Markusevangelium. Literarische und theologische Einleitung mit Forschungsbericht*, in *ANRW* II.25.3 (1985) 1969-2035, esp. 1975, n. 33. Contrast H. KOESTER, *History* (cf. *infra*, n. 18), p. 37: "there is no certain quotation from Mark before Irenaeus and Clement of Alexandria".

1. THE SOURCES OF MARK

The most recent, and perhaps most radical, expression of this thesis is John Dominic CROSSAN's book, *Four Other Gospels*[5]. His position can be summarized as follows. The Gospel of Thomas (Th) is completely independent of the canonical Gospels: there are no traces of common order and there is no evidence of intracanonical redactional elements in Thomas's version of the gospel sayings. Crossan's case study in the triple tradition concerns the parable of the Wicked Husbandmen: the original non-allegorical parable is preserved in Th 65; it came to Thomas together with the aphorism of the Rejected Stone, Th 66, appended to the parable but not yet integrated into a narrative sequence as it is found in Mark 12,1-12 and in the parallel versions of Matthew and Luke[6].

Not all sayings are more original in Thomas than in Mark. In Th 100 the final phrase "and give me what is mine" is a secondary addition to the saying, "Give Caesar what belongs to Caesar, give God what belongs to God" (the Question about Tribute in Mk 12,13-17). In this case the original version appears in the Unknown Gospel of Papyrus Egerton 2. The text of the mutilated papyrus (fragment 2r 43ff.) breaks off with line 59 and the final answer of Jesus (Mk 12,17) is no longer present. The text ends with the quotation of Isa 29,13, καλῶς Ἡσαΐας περὶ ὑμῶν ἐπροφήτευσεν εἰπών..., the accusation element in the dialogue (lines 54-59). The introduction and the quotation are found elsewhere in Mark, and Crossan proposes that Mk 12,13-17 is directly dependent on the papyrus text and that Mark himself relocated the accusation to Mk 7,6-7 as part of his new composition, Mk 7,1-23[7].

The Secret Gospel of Mark (SG) is even more important in Crossan's hypothesis. Canonical Mark is a deliberate revision of SG: Mark eliminated both SG units, the Resurrected Youth after 10,32-34 (1v 23 – 2r 11) and Jesus and the Women after 10,46a (2r 14-16), and redistributed the dismembered elements of these units throughout his gospel[8]. "The key argument ... here is how those dismembered fragments have kept ancient and modern interpreters puzzling over their meaning in canonical Mark"[9].

5. J.D. CROSSAN, *Four Other Gospels. Shadows on the Contours of Canon*, Minneapolis, MN, 1985.

6. "Part One: The Gospel of Thomas" (pp. 13-62), with two case studies: "The Great Supper", Th 64 (pp. 39-52), and "The Evil Tenants", Th 65-66 (pp. 53-61).

7. "Part Two: Egerton Papyrus 2" (pp. 63-87), with the case study: "The Question about Tribute" (pp. 77-87).

8. "Part Three: The Secret Gospel of Mark" (pp. 89-121), with the case study: "The Resurrected Youth", SG 2 (pp. 111-121). Crossan counts five SG units: SG 1 = Mk 10,32-34; SG 2: The Resurrected Youth; SG 3 = Mk 10,35(-45?); SG 4 = Mk 10,46a; SG 5: Jesus and the Women.

9. *Ibid.*, p. 120.

The fourth other gospel is the Gospel of Peter (GP). For Crossan the Gospel of Peter is an integrated composition of later and dependent units (3-5a.23-24.26-27.43-44.50-60) and earlier and independent ones. Three traditional units formed an original, linked and self-consistent complex, a Passion-Resurrection source (the Cross Gospel): Crucifixion and Deposition (1-2.5b-22), Tomb and Guards (25.28-34), Resurrection and Confession (35-42.45-49)[10]. Mark knew and used this passion source: "I see no compelling evidence that Mark's passion narrative includes anything more than a profound redaction of *Peter*"[11].

	GP	Mk 15
Jesus handed over	5b	15b
Mockery	6-9	16-20
Between criminals	10	27
Superscription	11	26
Garments by lot	12	24
Darkness starts	15	33a
Gall and vinegar	16-17	23.36
Cry of Jesus	19a	34
Jesus dies	19b	37
Temple veil rent	20	38
Darkness ends	22	33b

Mark deliberately omitted certain elements which are reinserted, or conflated with Mark, in Matthew, Luke and John[12]:

	GP	Mt	Lk	Jn
Hand washing	1	27,24a		
Herod's role	1-2		23,6-12	
Eve of passover	5b			19,14
Criminal confesses	13		23,39-43	
Legs unbroken	14			19,31-37
Deposition and quake	21	27,51b		
Repentance of the people	25.28		23,48	
Guards at the tomb	28-34	27,62-66		
Arrival from heaven	36	28,2		
Two men	36.39		24,4	
Reaction of guards	38	28,4		
Preaching to the dead	41-42	27,51-53		
Report from tomb	45-49	28,11-15		

10. "Part Four: The Gospel of Peter" (pp. 123-181), with case studies on each of the three parts (pp. 131-148.149-164.165-181). — For Crossan's thesis on the composition of the Gospel of Peter, see now his more recent book, *The Cross that Spoke. The Origins of the Passion Narrative*, San Francisco, CA, 1988. The Passion-Resurrection source in GP is now called the Cross Gospel. See already the presentation of this book in *The Cross that Spoke. The Earliest Narrative of the Passion and Resurrection*, in *Forum* 3.2 (1987) 3-22. For a reproduction of the source text, see our Appendix (and n. 247).

11. *Four Other Gospels*, p. 145. See nos. 3.5.6.7.8.11.12.14.15.16.18 in his list of parallels (p. 137).

12. In the three parts: passion (p. 137: nos. 1.2.4.9.10.17), guards (pp. 150-151), resurrection (pp. 166-167).

The original resurrection narrative (35-42) is relocated by Mark and completely recast into the Transfiguration scene (Mk 9,2-8). The final confession at the moment of Jesus' miraculous resurrection (45 ἀληθῶς υἱὸς ἦν θεοῦ) is removed to become the centurion's confession at the crucifixion (Mk 15,39)[13]. The burial and empty tomb stories in Mk 15,42-47; 16,1-8 are Markan creations.

On this last issue Crossan's position is not new[14], but he now adds the derivation of "the νεανίσκος in the tomb" from the Secret Gospel of Mark[15]. His view on the parable of the Wicked Husbandmen is not really different from the interpretation he gave already in 1971[16]. The massive use he is making now of noncanonical narrative gospels is not prepared for in his earlier studies. The influence of H. Koester is undeniable. Crossan himself presents his book as a partial answer to Koester's challenge to the scholarly world "to write the literary history of the gospels in early Christianity considering all gospel materials which are available"[17].

Crossan refers here to Helmut KOESTER's intervention at the Collo-quy on New Testament Studies in 1980: "We can no longer put all of the apocryphal materials into some special boxes and suggest that they didn't exist, which scholarship has done up to the publication of Hennecke-Schneemelcher"[18]. In his studies on the Gospel of Thomas, Koester has always emphasized its independence of the synoptic gos-pels: "form-critical analysis should enable us to assess the parallel development of the same tradition of sayings which is preserved in both the *Gospel of Thomas* and the synoptic gospels"[19]. In 1965 he prudently noted that "the time of its writing must have been ca. A.D. 150 or earlier"[20]. The date he now proposes is "at the end of the 1st century A.D." (or: "during I CE"), because of "the absence of any influence from

13. *Ibid.*, pp. 140-141 (Mk 15,39) and pp. 172-174 (Mk 9,2-8); *The Cross*, pp. 347-351.

14. Cf. *Empty Tomb and Absent Lord (Mark 16,1-8)*, in W.H. KELBER (ed.), *The Passion in Mark. Studies on Mark 14-16*, Philadelphia, 1976, pp. 134-152.

15. *Four Other Gospels*, p. 162. Cf. *The Cross*, pp. 283-284.

16. Cf. *The Parable of the Wicked Husbandmen*, in *JBL* 90 (1971) 451-465; *In Parables: The Challenge of the Historical Jesus*, New York, 1973, pp. 86-96. See also *Structuralist Analysis and the Parables of Jesus*, in *Semeia* 1 (1974) 192-211, pp. 208-209.

17. *Four Other Gospels*, p. 183. See also *The Cross*, p. xi, and regarding the Secret Gospel: "In 1985, accepting the 1983 thesis of Koester that our canonical Mark was derived from the *Secret Mark* and not vice versa (see also Schenke), ..." (p. 283).

18. *History and Development of Mark's Gospel (From Mark to Secret Mark and "Canonical" Mark)*, in B. CORLEY (ed.), *Colloquy on New Testament Studies: A Time for Reappraisal and Fresh Approaches*, Macon, GA, 1983, pp. 35-57; and: *Seminar Dialogue with Helmut Koester*, pp. 59-85 (quotation from p. 62).

19. *GNOMAI DIAPHOROI: The Origin and Nature of Diversification in the History of Early Christianity*, in *HTR* 58 (1965) 279-318; = *Trajectories through Early Christianity*, Philadelphia, 1971, pp. 114-157, esp. 132.

20. *Ibid.*, p. 129.

the canonical gospels", and on the basis of a "politico-ecclesiastical" interpretation of the Sayings 12 and 13[21]. Two other Nag Hammadi writings are also based upon the older and independent tradition of the sayings of Jesus: the Dialogue of the Saviour and the Apocryphon of James[22]. Koester's list of five other gospels that must have circulated as early as the canonical gospels, and independently of the canonical gospels, now also includes the narrative texts of the Unknown Gospel (Papyrus Egerton 2) and the Gospel of Peter[23].

The Unknown Gospel shows a stage of the tradition that is older than the Gospel of John: "the author of the Fourth Gospel seems to have utilized pieces from the much more tightly composed *Unknown Gospel* in order to construct his elaborate discourses"[24]. No traces of Synoptic redaction are found in the story of the healing of the leper. But Mark's dependence is not suggested by Koester[25].

The Gospel of Peter is an independent witness of the formation of the passion narrative; the miraculous resurrection account is an original tradition. Matthew knew this story. Mk 15,39 is a displaced fragment, and Mk 9,2-8 may be "a very faint echo of the old account of a resurrection-epiphany which the *Gospel of Peter* has preserved in full"[26]. Koester accepts the presence of secondary expansions, without making as clear-cut a delineation as Crossan does and without suggesting dependence upon Mark and the other canonical gospels. In some instances there is quite a contrast in the evaluation of what is original and what is late. Koester and Crossan agree that the man descending from heaven and entering into the tomb (44) is a later insertion in preparation for the story of the empty tomb, but for Crossan the empty tomb story (50-57) and the apparition to the disciples (58-60) are "dependent tradition" whereas Koester finds no traces of dependence upon the canonical gospels[27]. Both agree that the counsel to report to Pilate (43) is secondary. For Crossan the description of the report itself (45b.46-49) is part of the original story, but for Koester it interrupts the context and is only designed to exonerate Pilate, and this is clearly a secondary apologetic motif[28]. Other features such as the report to the centurion and the elders (38-39a), the preaching to the dead (41) and

21. *Apocryphal and Canonical Gospels*, in *HTR* 73 (1980) 105-130, esp. pp. 116-119.

22. *Ibid.*, pp. 123-126. See also Ron CAMERON, *Sayings Traditions in the Apocryphon of James* (HTS, 34), Philadelphia, 1984 (Diss. Harvard, 1983).

23. *Ibid.*, pp. 119-123 (the Unknown Gospel) and 126-130 (the Gospel of Peter). See also *Überlieferung und Geschichte der frühchristlichen Evangelienliteratur*, in *ANRW* II.25.2 (1984) 1463-1542, esp. 1487-1490, 1522, 1525-1527.

24. *Apocryphal*, p. 123.

25. The controversy apophthegm on the question of tribute (2r 43-59) is a secondary composition (pp. 122-123; ctr. Crossan, p. 85: "was always an integrated dialogue").

26. *Ibid.*, p. 130.

27. *Überlieferung*, p. 1527, with reference to B.A. Johnson (n. 289).

28. *Apocryphal*, p. 129, n. 74; *Überlieferung*, p. 1526, n. 286.

the speaking cross (42) are all secondary expansions according to Koester[29].

It was only late that Koester came to a discussion of the Secret Gospel of Mark and its relationship to canonical Mark: it involves "complex issues ... for which I do not know a persuasive solution" (1980)[30]. "The miracle narrative of the raising of a young man by Jesus seems to reflect a tradition that is older than the form of the same story in the Gospel of John (John 11)"[31]. In his Introduction to the New Testament (1980) he suggests that "an older edition of the Gospel of Mark" contained this story, but he makes a distinction between "the story itself" and "some remarks about the initiation of this young man (which) may be later accretions"[32]. In 1982 he adds the following sentence in the English translation: "An explanation is also required for the occurrence of parallels to the *Secret Gospel of Mark* in the canonical text (such as the present version of Mark 9:14-29 and the incident of Mark 14:51-52) which are not supported by the corresponding texts of Matthew and Luke: is the preserved text of Mark dependent upon the Secret Gospel of Mark?"[33]. Finally he develops a comprehensive theory in "History and Development of Mark's Gospel", published in 1983[34]. It can be summarized in the following diagram:

```
Proto-Mark
    ┌──────Luke
Proto-Mark + 6,45 – 8,26
    ┌──────── Matthew
Secret Mark (early in the 2nd century)
    ┌──────── Carpocratian Mark
Canonical Mark (some time thereafter)
    ┌──────── Clement of Alexandria
Mark + 16,9-20 and Freer Logion
```

Canonical Mark is a purified version of the Secret Gospel (used in a different edition by the Carpocratians): the story of the raising of the youth after 10,32-34 and the reference to this story after 10,46a were eliminated by Mark. In Koester's proposal, (Public) Mark preceding Secret Mark (cf. Clement's letter) is replaced by Proto-Mark; Markan

29. *Apocryphal*, p. 128, nn. 72 and 73; *Überlieferung*, p. 1526, nn. 284-286.

30. *Apocryphal*, p. 112, n. 24.

31. *Ibid.* The narrative in SG is "formgeschichtlich gesehen ursprünglicher" (*Überlieferung*, p. 1502). Cf. *Einführung in das Neue Testament im Rahmen der Religionsgeschichte und Kulturgeschichte der hellenistischen und römischen Zeit*, Berlin, 1980, p. 604: "redaktionsgeschichtlich gesehen älter"; *Introduction to the New Testament*. Vol. II: *History and Literature of Early Christianity*, Philadelphia-Berlin, 1982, p. 168: "a form that is free of all Johannine redactional elements".

32. *Einführung*, p. 604; *Introduction*, p. 168. Cf. *infra*, n. 38 (H.-M. Schenke).

33. *Introduction*, p. 168. Cf. *infra*, n. 35.

34. Cf. *supra*, n. 18.

peculiarities throughout the Gospel, i.e., negative minor agreements of Matthew and Luke against Mark including Mk 4,11; 10,21; and 14,51-52, are attributed to the Secret Gospel redaction[35].

Crossan's theory of the dismembered and scattered fragments looks like a "purified" version of Koester's hypothesis: for Crossan there is no Proto-Mark I, and no Proto-Mark II, and no extension of the Secret Gospel beyond the stories preserved in the Clementine letter.

Hans-Martin SCHENKE, in his paper on "The Mystery of the Gospel of Mark"[36], has adopted Koester's thesis, with one significant modification. In connection with the heretical beginnings of Christianity in Alexandria, he proposes the Carpocratian Gospel of Mark as no. 1 in the sequence, and canonical Mark as "a later version of the Gospel that was peculiar to the early nonorthodox Christianity of Alexandria"[37]. In his view, we should distinguish between two parts in SG 1v 23 — 2r 11: an originally separately circulating resurrection story (cf. Jn 11), which extends unto ἦν γὰρ πλούσιος (2r 6a), and ἐκεῖθεν δὲ ἀναστὰς ἐπέστρεψεν εἰς τὸ πέραν τοῦ Ἰορδάνου (10b-11) as its conclusion, and a later insertion, καὶ μεθ᾽ ἡμέρας ἕξ ... (6b-10a)[38]. This is a supplement which makes the resurrection story "a mere antecedent of something like an institution story". With this new focal point, "the risen youth now appears as a prototype and a symbol of all those who are to be initiated into the higher discipleship of Jesus"[39]. The SG text sheds light on the original meaning of two passages in Mark. First, the scene of the naked young man in Mk 14,51-52 (which presumably was no longer understood by the redactor of canonical Mark as the true conclusion of the SG text) "ought to be meant symbolically": "whatever they are able to seize is only his corporeal cover"[40]. Second, the motif of the six days in SG (at the beginning of the initiation) confirms the interpretation of καὶ μετὰ ἡμέρας ἕξ in Mk 9,2 (the beginning of the transfiguration) in relation with a post-resurrection narrative[41].

Crossan and Schenke not only support "the view initiated by Koester

35. See pp. 42-49 (εὐαγγέλιον, διδάσκω, μυστήριον, βάπτισμα in Mark) and 49-54 (Mk 9,14-29; 9,30-32 and 10,32-34; 10,17-31; 14,51-52); and the conclusion: the story in SG is "closely related to a number of other Markan features which were not present in the copies of Proto-Mark used by Matthew and Luke: a special understanding of Jesus' teaching in terms of resurrection and initiation, the concept of 'mystery' as the sum total of Jesus' message to the disciples and probably a similar interpretation of the term εὐαγγέλιον, and the elevation of Jesus to a supernatural being endowed with magical powers and with a 'new teaching'" (p. 55).

36. *The Mystery of the Gospel of Mark*, in *The Second Century* 4 (1984) 65-82.

37. *Ibid.*, p. 76.

38. Compare Koester's suggestion (cf. *supra*, n. 32).

39. *Ibid.*, pp. 76-77.

40. *Ibid.*, pp. 78-79.

41. *Ibid.*, pp. 79-82.

about the value of early Christian apocryphal writings for the history of traditions", they accept, each in his own way, his interpretation of the Gospel of Mark as "a purified abridgment of the Alexandrian apocryphon"[42]. The place given to SG in "the Markan trajectory" is much more than Morton Smith ever expected[43]. Smith's own hypothesis remains closer to the data of the Clementine letter (i.e., the sequence Mark - SG):

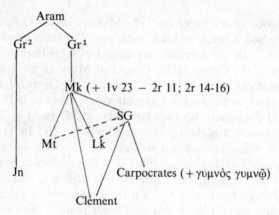

The debate about the apocryphal gospels is not new. The question of independence of or dependence upon the canonical gospels has been raised after the publication of each of them, the Gospel of Peter in 1892, the Unknown Gospel in 1935, the Gospel of Thomas in 1956 and the Secret Gospel of Mark in 1973. It will be no surprise when I say that the alignment of Louvain never followed the Koester line[44]. L. Vaganay's

42. *Ibid.*, p. 72.

43. M. SMITH, *Clement of Alexandria and a Secret Gospel of Mark*, Cambridge, MA, 1973; *The Secret Gospel: The Discovery and Interpretation of the Secret Gospel according to Mark*, New York, 1973; *Clement of Alexandria and Secret Mark: The Score at the End of the First Decade*, in *HTR* 75 (1982) 449-461.

44. In addition to the studies mentioned in notes 18, 19, 21, 23, 31: H. KOESTER, *One Jesus and Four Primitive Gospels*, in *HTR* 61 (1968) 203-247; = *Trajectories*, 158-204; *Dialog und Spruchüberlieferung in den gnostischen Texten von Nag Hammadi*, in *Evangelische Theologie* 39 (1979) 532-556; *Gnostic Writings as Witnesses for the Development of the Sayings Tradition*, in B. LAYTON (ed.), *The Rediscovery of Gnosticism*, vol. I, Leiden, 1980, pp. 238-256; *Three Thomas Parables*, in A.H.B. LOGAN & A.J.M. WEDDERBURN (eds.), *The New Testament and Gnosis. FS R. McL. Wilson*, Edinburgh, 1983, pp. 195-203; and the introduction to "The Apocryphon of James" (p. 29) and to "The Gospel of Thomas" (p. 117) in James M. ROBINSON (ed.), *The Nag Hammadi Library in English*, Leiden, 1977. Cf. J.M. ROBINSON, *On Bridging the Gulf from Q to the Gospel of Thomas (or Vice Versa)*, in C.W. HEDRICK & R. HODGSON, Jr. (eds.), *Nag Hammadi, Gnosticism, & Early Christianity*, Peabody, MA, 1986, pp. 127-175, esp. 143-149 (on Koester's view).

New textbooks focus attention on the apocryphal gospels: R. CAMERON (ed.), *The Other Gospels. Non-Canonical Gospel Texts*, Philadelphia, 1982; Guildford, 1983 (the "other gospels" in English translation, with a Foreword by H. Koester, pp. 9-10);

book on the Gospel of Peter (1930) was welcomed by J. Coppens: "nous voudrions que l'étude de M. Vaganay soit entre les mains de nos étudiants comme un modèle accompli d'un ouvrage de critique littéraire et historique"[45]; and É. Massaux has heard this recommendation: "Les ressemblances de l'*Évangile de Pierre* avec les évangiles canoniques sont trop caractéristiques pour provenir de la tradition orale précédant nos évangiles"[46]. One of the first analyses of the Unknown Gospel was written by L. Cerfaux: "Le nouvel évangile dépend littérairement de Luc"; and concerning the Fourth Gospel: "L'hypothèse de la dépendance littéraire de l'apocryphe vis-à-vis de l'évangile canonique est la plus vraisemblable"[47]. And again in 1957 Cerfaux published the first study on the parables in the Gospel of Thomas: "Cette comparaison avec les évangiles canoniques illustre la familiarité de l'auteur avec la littérature évangélique traditionnelle. *Mt.* est spécialement utilisé. ... Nous avons cependant remarqué que *Thom.* s'inspirait de *Mc.* pour la parabole du grain de sénevé"[48]. In the 1970s more illustrations of dependence on the synoptic gospels were given by B. Dehandschutter[49]. Finally, I may refer to some observations regarding the Secret

R.W. FUNK, *New Gospel Parallels. I. The Synoptic Gospels. II. John and the Other Gospels*, Philadelphia, 1985; J.D. CROSSAN, *Sayings Parallels. A Workbook for the Jesus Tradition*, Philadelphia, 1986 (with J.M. Robinson's acclaim on the cover: "For the first time in the history of biblical scholarship the apocryphal texts will have a fair chance to present their versions of what Jesus said").

For an up-to-date introduction to the apocryphal gospels (and German translation) we can refer to the new edition of W. SCHNEEMELCHER (ed.), *Neutestamentliche Apokryphen in deutscher Übersetzung. I. Band: Evangelien*, Tübingen, ⁵1987, esp. pp. 82-85 (P. Egerton 2); 89-92 (Secret Gospel of Mark); 93-113 (Gospel of Thomas); 138-142 (Gospel of the Ebionites); 180-188 (Gospel of Peter). Bibliographical information is also provided by J.H. CHARLESWORTH, *The New Testament Apocrypha and Pseudepigrapha: A Guide to Publications, with Excursuses on Apocalypses* (ATLA Bibliography Series, 17), Metuchen, NJ - London, 1987 (no. 24: GEb; 71: GP; 95: GTh; PEg is included in no. 5; the Secret Gospel of Mark is not included; p. 380: Nierynck, read Neirynck); ID., *Research on the New Testament Apocrypha and Pseudepigrapha*, in *ANRW* II.25.5 (1988) 3919-3968. The author refers to Koester's Introduction (but, curiously enough, not to his *ANRW* article: cf. *supra*, n. 23): pp. 3921 and 3934 ("how refreshing..."). Special attention is given to the Gospel of Peter (pp. 3934-3940). See also S. GERO, *Apocryphal Gospels: A Survey of Textual and Literary Problems (ibid.*, 3969-3996). More special studies will be mentioned in the footnotes of this essay.

45. In *ETL* 8 (1931) 456-458, p. 458. On Vaganay's book, cf. *infra*, n. 104.

46. *Influence* (n. 1), 1950, p. 387. On the Gospel of Peter, see pp. 358-388.

47. *Parallèles canoniques et extra-canoniques de "l'Évangile inconnu" (Pap. Egerton 2)*, in *Le Muséon* 49 (1936) 55-77; = *Recueil L. Cerfaux*, t. 1 (BETL, 6), 1954, pp. 279-299, esp. 297 and 298.

48. *Les paraboles du Royaume dans l'"Évangile de Thomas". II. Commentaire*, in *Le Muséon* 70 (1957) 311-327; = *Recueil L. Cerfaux*, t. 3 (BETL, 18), 1962; = (BETL, 71), 1985, pp. 65-80, esp. 69.

49. *Les paraboles de l'Évangile selon Thomas. La parabole du trésor caché (log. 109)*, in *ETL* 47 (1971) 199-129; *L'Évangile selon Thomas: témoin d'une tradition prélucanienne?*, in F. NEIRYNCK (ed.), *L'Évangile de Luc* (BETL, 32), 1973, pp. 287-297; *La parabole des*

Gospel in connection with the scene of the young man in Mk 14,51-52[50] and to my study of the story of the leper in P. Egerton 2[51]. Thus, Koester's challenge to "the scholarly world" is, in particular, a challenge for the Louvain exegetical tradition.

The integration of the Secret Gospel of Mark and the new look at the passion-resurrection story in the Gospel of Peter have serious consequences for the interpretation of the Gospel of Mark. On a more limited scale, the acceptance of primitive tradition in the Unknown Gospel (Egerton 2) would imply secondary composition in three Markan passages. The discussion about Mark and the Gospel of Thomas mainly concentrates upon the parable of the Wicked Husbandmen. In fact, the study of the Gospel of Thomas is at the origin of the new interest for apocryphal gospels. Benjamin A. Johnson's dissertation on the Gospel of Peter was written at Harvard with the purpose of applying Koester's method of studying the sayings material in the Gospel of Thomas to the narrative tradition and the passion material outside the canonical gospels (1965)[52]. And from Johnson the line can be drawn over Jürgen Denker (Kiel, 1972)[53] back to Koester[54] and Crossan[55].

---

vignerons homicides (Mc. XII,1-12) et l'Évangile selon Thomas, in M. SABBE (ed.), L'Évangile selon Marc (BETL, 34), 1974; ²1988, pp. 203-219 (with additional note, pp. 219-220); La parabole de la perle (Mt 13,45-46) et l'Évangile selon Thomas, in ETL 55 (1979) 242-265; The Gospel of Thomas and the Synoptics: The Status Quaestionis, in Studia Evangelica VII (TU 126), 1982, pp. 157-160; L'Évangile de Thomas comme collection de paroles de Jésus, in J. DELOBEL (ed.), Logia (BETL, 49), 1982, pp. 507-515.

50. F. NEIRYNCK, La fuite du jeune homme en Mc 14,51-52, in ETL 55 (1979) 43-66; = Evangelica (BETL, 60), 1982, pp. 215-238, esp. pp. 223-224. Compare M. Smith's reaction in The Score (cf. supra, n. 43), pp. 457-458 (n. 19). — On M.-É. Boismard's use of SG in the interpretation of Jn 11, see Jean et les Synoptiques (BETL, 49), 1979, pp. 95 and 207 (n. 493).

51. Papyrus Egerton 2 and the Healing of the Leper, in ETL 61 (1985) 153-160. — Cf. W. SCHNEEMELCHER, Neutestamentliche Apokryphen, I, ⁵1987: "Für den Abschnitt, in dem die Heilung des Aussätzigen berichtet wird, hat Neirynck überzeugend nachgewiesen, daß der Text 'post-Synoptic' ist und daß der Verf. wahrscheinlich die drei Synoptiker, besonders aber Lukas gekannt hat" (p. 84).

52. B.A. JOHNSON, Empty Tomb Traditions in the Gospel of Peter, Th.D. Dissertation, Harvard, 1965 (under H. Koester). Cf. p. 2: "While a way has been shown into the sayings tradition outside of the synoptic gospels by Helmut Koester [in HTR 1965], little has been done in the study of the narrative tradition and the passion material. It is for this reason that I have selected the Gospel of Peter for investigation". — His study is limited to the empty tomb material in GP, the Guard at the Tomb (28-49), the Women at the Tomb (50-57).

53. J. DENKER, Die theologiegeschichtliche Stellung des Petrusevangeliums. Ein Beitrag zur Frühgeschichte des Doketismus (Europäische Hochschulschriften, XXIII/36), Bern-Frankfurt, 1975 (Doctoral dissertation, Kiel, 1972). Cf. pp. 31-57: "Das Verhältnis des Petrusevangeliums zu den kanonischen Evangelien" (esp. 37-42: "Das Verhältnis des PE zu Mk"). — See p. 37: "Johnson hat ... zu zeigen versucht, daß das PE in v 28-57 Traditionen benutzt, die älter als die Traditionen im Mk-Ev und Mt-Ev sind, zumindest

2. THE GOSPEL OF THOMAS

The debate on dependence/independence of Thomas is still very lively. The polarization of the scholarly world can be illustrated with two reactions to Stevan L. Davies's monograph on *The Gospel of Thomas*[56]: "the best yet written [book] on the theology of *Thomas*" (Crossan)[57], and "the most extreme example of this one-sided approach to Thomas...: he begins by assuming without any argument Thomas's independence from the Synoptics, claiming it as consensus opinion" (Blomberg)[58]. But I can be brief here since others have indicated how this discussion is "in danger of reaching a position of stalemate"[59].

My concern here is with the Gospel of Mark. Scholars who accept dependence on the Synoptics agree about the influence of Matthew and Luke, but what about Mark? "The fact that almost the whole of Mark has been incorporated into either Matthew or Luke, or both, makes it difficult to find parallels to Mark alone which would afford clear evidence of Thomas's use of the second Gospel"[60]. For McArthur, Grant and Freedman, *et al.*, the Gospel of Thomas is "demonstrably dependent on the Synoptics" but no traces of Markan influence can be determined[61].

aber eine andere Entwicklungsstufe der Tradition aufweisen. Ich bin der Meinung, daß dieser Versuch geglückt ist".

54. Cf. *Apocryphal* (1980), p. 126 ("In a recent investigation, Jürgen Denker has demonstrated..."); *Überlieferung* (1984), p. 1525.

55. Cf. *Four Other Gospels*, pp. 132 (Koester) and 138 (Denker); *The Cross*, p. 14. — Crossan also refers to another Harvard dissertation written under H. Koester (p. 14) by Delvin D. HUTTON, *The Resurrection of the Holy Ones (Mt 27:51b-53). A Study of the Theology of the Matthean Passion Narrative*, 1970. For a response to Hutton's thesis on the relationship to the Gospel of Peter, see D. SENIOR, *The Passion Narrative According to Matthew. A Redactional Study* (BETL, 29), Leuven, 1975, ²1982 (Doctoral dissertation, 1972), p. 424; *The Death of Jesus and the Resurrection of the Holy Ones, Matthew 27:51-53*, in *CBQ* 38 (1976) 321-329; *Matthew's Special Material in the Passion Story: Implications for the Evangelist's Redactional Technique and Theological Perspective*, in *ETL* 68 (1987) 272-294, esp. pp. 277-285: "Mt 27,51b-53".

56. S.L. DAVIES, *The Gospel of Thomas and Christian Wisdom*, New York, 1983.

57. *Four Other Gospels*, p. 32.

58. Craig L. BLOMBERG, *Tradition and Redaction in the Parables of the Gospel of Thomas*, in D. WENHAM (ed.), *The Jesus Tradition Outside the Gospels* (Gospel Perspectives, 5), Sheffield, 1985, pp. 177-205, esp. 179.

59. C. TUCKETT, *Thomas and the Synoptics*, in *NT* 30 (1988) 132-157, esp. p. 132 (compare notes 5 and 24). See also BLOMBERG, *Tradition* (cf. *supra*, n. 58) and B. DEHANDSCHUTTER's additional note, 1988 (cf. *supra*, n. 49). Cf. J.M. ROBINSON, *On Bridging the Gulf*, p. 160 (on the antithesis to the position of Koester). — Cf. F.T. FALLON & R. CAMERON, *The Gospel of Thomas: A Forschungsbericht and Analysis*, in *ANRW* II.55.6 (1988) 4195-4251 (esp. pp. 4213-4224: "Relationschip to the Canonical Gospels"): "On this issue scholars remain sharply divided and have not yet reached a conclusion that would solve the problem to everyone's satisfaction" (p. 4213).

60. R. McL. WILSON, *Studies in the Gospel of Thomas*, London, 1960, p. 49.

61. H.K. McARTHUR, *The Gospel according to Thomas*, in *New Testament Sidelights*.

Sayings from the triple tradition (and Markan material) are relatively well represented in Thomas:

Thomas	Mark	Thomas	Mark
4b	10,31	33b	4,21
5b.6b	4,22	35	3,27
8b.21.24	4,9.(23)	41	4,25
63.65.96		44	3,28-29
9	4,3-8	47c	2,21-22
12a	9,34	48.106	11,23
14b	7,15	65	12,1-8
20	4,30-32	66	12,10
21b	3,27	99	3,31-35
25	12,31	100	12,13-17
31	6,4		

A few similarities with the Markan version can be noted. Thus, e.g., Th 35:

> Dixit Iesus: non potest quisquam intrare in domum fortis (et) vim inferre ei nisi (εἰ μή τι) alligaverit manus eius; tunc (τότε) transferet domum eius[62].

Compare Mk 3,27 ἀλλ᾽ οὐ δύναται οὐδείς... (statement), par. Mt 12,29 ἢ πῶς δύναταί τις...; (question) and diff. Lk 11,21-22.

The most significant case[63] remains the parable of the Mustard Seed in Th 20:

> Dixerunt discipuli ad Iesum: dic nobis cui regnum caelorum simile sit. Dixit eis: simile est grano sinapis, minimum quam (παρά) semina omnia; quando autem (ὅταν δέ) cadet super terram ad quam operantur, profert magnum ramum et fit tectum (σκέπη) volucribus caeli[64].

Cf. Mk 4,32 καὶ ὅταν σπαρῇ ... ποιεῖ κλάδους μεγάλους ... ὑπὸ τὴν

FS A.C. Purdy, Hartford, CT, 1960, pp. 43-77, on p. 59; cf. The Dependence of the Gospel of Thomas on the Synoptics, in ExpT 71 (1959-60) 286-287; R.M. GRANT-D.N. FREEDMAN, The Secret Sayings of Jesus, London, 1960, p. 104.

62. The text of Th is quoted from Boismard's adaptation of G. Garitte's translation (cf. Aland's Synopsis), in M.-É. BOISMARD & A. LAMOUILLE, Synopsis Graeca Quattuor Evangeliorum, Leuven-Paris, 1986, p. 123.

63. CERFAUX, 1957, p. 315 = 69 (cf. supra, n. 48); Wolfgang SCHRAGE, Das Verhältnis des Thomas-Evangeliums zur synoptischen Tradition und zu den koptischen Evangelienübersetzungen. Zugleich ein Beitrag zur gnostischen Synoptikerdeutung (BZNW, 29), Berlin, 1964, p. 11: "wenn einige Autoren feststellen, daß in keinem Fall sicher ein Bezug des Th auf Mk zu erweisen ist, so gilt das eben nur, solange man die sahidische Übersetzung unberücksichtigt läßt (vgl. zu Log 20)" (cf. ibid., pp. 62-64); Andreas LINDEMANN, Zur Gleichnisinterpretation im Thomas-Evangelium, in ZNW 71 (1980) 214-243, p. 225: "Die einleitende Frage lehnt sich deutlich an Mk 4,30/Lk 13,18 an; der folgende Text entspricht weitgehend der markinischen Parallele".

64. BOISMARD - LAMOUILLE, p. 139. Compare Garitte's translation: "super terram quae colitur (litt.: ad quam operantur)" (1957: "la terre qui est travaillée"). Cf. infra, n. 67.

σκιὰν αὐτοῦ... (diff. Mt and Lk). For Crossan Th 20 depends directly on the earliest version of the parable from which the (pre-)Mk and Q versions developed[65]. Thomas "wished to apply it to the true gnostic and so made only minor changes in 84:26 ('disciples') and 84:31 ('tilled')"[66]. Most interpreters agree about the gnostic emphasis on "the tilled earth". This does not exclude, however, that the phrase ὅταν δὲ πέσῃ εἰς τὴν γῆν τὴν ἐργαζομένην[67], Thomas's substitute for ὅταν σπάρῃ ἐπὶ τῆς γῆς in Mk 4,31, may contain a reminiscence of the parable of the Sower: ἔπεσεν εἰς τὴν γῆν τὴν καλήν (Mk 4,8)[68]. The resemblance is particularly striking if ἡ γῆ is correctly understood as the subject of the following verb both in Th 9 (ἔπεσεν ἐπὶ τὴν γῆν τὴν καλὴν) καὶ ἐδίδου καρπὸν ἄνω καλόν[69] and in Th 20 (ὅταν δὲ πέσῃ εἰς τὴν γῆν τὴν ἐργαζομένην) ποιεῖ κλάδον μέγαν[70]. The introductory

65. *The Seed Parables of Jesus*, in *JBL* 92 (1973) 244-266, pp. 258-259; reprinted in *In Parables*, pp. 37-52.

66. *Ibid.*, p. 259.

67. In H. Greeven's translation in Greek (*Synopse*, p. 94); R. Kasser (1961, p. 54): ...εἰργασμένην. Cf. CERFAUX, p. 319 = 73: "c'est la terre qui a été 'travaillée' (le verbe ἐργάζομαι?) qui produit le grand rameau".

68. CERFAUX, p. 312 = 69: "'La terre qui a été travaillée' rappelle 'la terre de la parabole du semeur'; Rodolphe KASSER, *L'Évangile selon Thomas. Présentation et commentaire théologique*, Neuchâtel, 1961, p. 57: "une touche empruntée à la parabole du semeur"; BLOMBERG, p. 187: "this phrase also harks back to the parable of the sower".

69. This Greek text is an adaptation of Greeven's version (p. 86; cf. R. KASSER, p. 42). The text is correctly rendered in the Brill edition (1959) and by E. Haenchen (in Aland's Synopsis): "Und andere fielen auf das gute Land, und es brachte gute Frucht hervor" (see also Beate BLATZ, in *NTApo*, [5]1987, p. 100: "auf die gute Erde, und sie gab eine gute Frucht gen Himmel"; but see LINDEMANN, p. 222, n. 38: "nicht 'zum Himmel', sondern einfach: 'nach oben'"). Cf. SCHRAGE, p. 47: "die Erde ist es also, die die gute Frucht hervorbringt, nicht der Same (vgl. zu diesem merkwürdigen Zug Log 20)"; Jacques É. MÉNARD, *L'Évangile selon Thomas* (NHS, 5), Leiden, 1975, p. 93; LINDEMANN, p. 223 (n. 45).

Contrast the English translation: "And others fell on the good soil and produced good fruit: it bore sixty per measure and a hundred and twenty per measure" (Lambdin). The translation of Th made by Thomas O. Lambdin for *The Nag Hammadi Library in English*, 1977 (cf. *supra*, n. 44), pp. 117-130, is reprinted in R. CAMERON (ed.), *The Other Gospels*, 1982, pp. 25-37; R.W. FUNK, *New Gospel Parallels*, 1985 (vol. 2, pp. 93-187); J.D. CROSSAN, *Sayings Parables*, 1986. See also H. KOESTER, *Three Thomas Parables* (1983; cf. *supra*, n. 44). In a reaction to A. Lindemann, he mentions the translation problem in Th 9: "It may be correct that, in Gos. Thom. 9, the subject of the last clause ('it bore sixty per measure...') is 'the earth' and not 'the seed', but that could also be argued for the corresponding clause in Mark 4:8. If the supposedly Gnostic author expressed his interpretation in this way only, he did it in such a subtle fashion that it can be discovered only by a trained philological eye" (p. 196). As clearly indicated in the aforementioned studies, the preceding clause "and *produced* good fruit" reads ⲁϥϯ (instead of ⲁⲅⲧ): "Le sujet ne peut être que la terre, et non la semence. ... c'est la terre qui produit. Cela correspond à une interprétation gnostique classique de la parabole" (MÉNARD, p. 93). Nothing suggests a change of subject in the text of Mk 4,8: ἔπεσεν, ἐδίδου (ἀναβαίνοντα καὶ αὐξανόμενα), ἔφερεν. Cf. J. MARCUS, *The Mystery* (n. 71), p. 34, n. 58.

70. Greeven: "ποιεῖ (sc. ἡ γῆ)..." (p. 94). Cf. SCHRAGE, p. 65: all earlier translations are "merkwürdigerweise sämtlich fehlerhaft" (but see CERFAUX, cf. *supra*, n. 67);

question by the disciples (μαθητής) in Th 20 may have been suggested
by the plural in Mark's question[71]: πῶς ὁμοιώσωμεν, ἐν τίνι ...
θῶμεν[72]. A pre-Markan origin of this double question in Mk 4,30 is
highly questionable[73], and at any rate the plural form is almost
certainly redactional[74].

Crossan describes the size reference in Mk 4,31c, μικρότερον ὄν
πάντων τῶν σπερμάτων τῶν ἐπὶ τῆς γῆς, as an example of Markan
insertion technique, with ὃς ὅταν σπαρῇ ἐπὶ τῆς γῆς (v. 31b) resumed
after the insertion in καὶ ὅταν σπαρῇ (v. 32a)[75]. One can expect that
scholars who agree with Crossan on this point[76] will take "smaller than

MÉNARD, p. 109; LINDEMANN, p. 225. See also TUCKETT, p. 152 (and 156), who in this
question seems to neglect the merit of Schrage's work (1965). — Contrast again
Lambdin's translation: "But when it falls on tilled soil, it produces a great plant and
becomes a shelter for birds of the sky".

71. Cf. CERFAUX, p. 311 = 65: "L'interrogation qui l'introduit ... pourrait être
suggérée par la tournure interrogative de l'introduction de *Mc.* [n. 3:] *Lc.* possède
également une introduction interrogative; noûs pensons plutôt à *Mc.* parce que la finale
de la parabole révèle un contact avec le second évangile et que *Lc.* ... ne souligne pas la
petitesse du grain de sénevé". It can be added that the question in Luke is not put in the
plural and that its first part is not personal. — Cerfaux has many followers: cf. Vittorio
FUSCO, *Parola e regno. La sezione delle parabole (Mc. 4,1-34) nella prospettiva marciana*
(Aloisiana, 13), Brescia, 1980, p. 377, n. 49; Joel MARCUS, *The Mystery of the Kingdom of
God* (SBL DS, 90) Atlanta, GA, 1986, p. 204, n. 9.

72. Cf. MÉNARD, p. 109. See also TUCKETT, p. 153: "the question of the disciples in Th
is scarcely different from the first of Mark's two questions, so that there is no need to look
outside Mark to explain the text of Th here" (in reply to Schrage, who emphasizes the
similarity with Luke).

73. F. NEIRYNCK, *Duality in Mark* (BETL, 31), Leuven, 1972, ²1988, p. 56; *ETL* 53
(1977), p. 178 = *Evangelica*, p. 516; *Recent Developments in the Study of Q*, in J. DELOBEL
(ed.), *Logia*, 1982, pp. 29-75, on p. 52. The Q origin of the double question in Lk 13,18,
though accepted in many reconstructions of the source, remains uncertain. See now also
H. SCHÜRMANN, *Das Zeugnis der Redenquelle für die Basileia-Verkündigung Jesu*, in *Logia*,
pp. 121-200, on p. 162, n. 190: "Lukas paßt sich in Lk 13,18.20 an Mk an, wenn er hier
ebenfalls eine Doppelfrage bildet und offensichtlich von Mk ein Glied derselben
Lk 13,18b.20 (ὁμοιώσω) übernimmt (welche Redeweise freilich Lukas auch bereits aus Q
kannte: vgl. Lk 7,31 par. Mt 11,16)"; = *Gottes Reich - Jesu Geschick*, Freiburg-Basel-
Wien, 1983, p. 114, n. 190. — Contrast CROSSAN, pp. 258-259: "The earliest version had
an opening with a double question in Semitic parallelism. This is still visible in the form of
Q and of Mark, but it is changed to emphasize the disciples in Gos Thom 84:26-27".

74. Compare the first person singular τίνι ὁμοιώσω in Lk 13,18.20 (diff. Mt) and in
Lk 7,31/Mt 11,16 (Q). — The plurals in Mk 4,30 possibly represent "an explicit reference
to the listening crowds" (CROSSAN, p. 255) or are "Mark's work, introduced by him to
associate Jesus with the disciples" (MARCUS, p. 207; cf. p. 210).

75. *The Seed Parables*, pp. 256-257. On Markan "insertion technique" (J.R. Donahue),
cf. *ETL* 56 (1980), pp. 335-338; = *Evangelica*, pp. 175-178.

76. Crossan's article has contributed much to the acceptance of Markan redaction in
Mk 4,31c.32a (cf. C.H. Dodd 1935, *et al.*; ctr. H.-W. Kuhn 1971: an expansion of the
parable in the pre-Markan community; M.-É. Boismard 1972: by the Proto-Markan
"Mc-intermédiaire"). See, e.g., with reference to Crossan: J. DUPONT (1975), in *Études sur
les évangiles synoptiques* (BETL, 70), Leuven, 1985, p. 618, n. 32; H.-J. KLAUCK, *Allegorie
und Allegorese in synoptischen Gleichnistexten* (NTAbh, NF 13), Münster, 1978, p. 212,
n. 128 (cf. p. 217); V. FUSCO, 1980, p. 379, n. 60; J. MARCUS, 1986, p. 208, n. 26;

all seeds" in Th 20 as a reminiscence of Mark's redactional phrase[77]. Crossan himself can only avoid this conclusion by positing, quite unconvincingly, that Thomas's phrase was present in the earliest version of the parable[78].

The parable of the Seed Growing Secretly (Mk 4,26-29: peculiar to Mark!) also has a fragmentary parallel in Th 21c:

> *May there be among you a man of understanding* (ἐπιστήμων)! After the fruit (καρπός) ripened, he came quickly with his sickle [*litt*.: τοῦ δρεπάνου αὐτοῦ ὄντος] in his hand (and) reaped it. *He who has ears to hear, let him hear*[79].

Cf. Mk 4,29 ὅταν δὲ παραδοῖ ὁ καρπός, εὐθὺς ἀποστέλλει τὸ δρέπανον, ὅτι παρέστηκεν ὁ θερισμός. "The reference to the sickle is an adaptation of Mark iv.29; since this passage is peculiar to Mark this would seem to add the final proof that if Thomas used our Gospels he employed all three Synoptics, and not merely Matthew and Luke" (Wilson)[80]. Dependence on the parable is much more likely than an independent allusion to Joel 4,13[81] or the use of an independent logion in a sayings collection, common source of Thomas and Mark[82]. According to Crossan the threesome of ripening, coming and harvesting in Th 21c forms the original conclusion of the parable: Thomas depends on the pre-Markan form of the parable in its earliest version, i.e., before the allusion to Joel 4,13 was added[83].

C. TUCKETT, 1988, p. 150, n. 66. See also A.M. Ambrozic, 1972; J. Lambrecht, 1974; *et al.* (ctr. H. Weder, 1978; R. Laufen, 1980: pre-Markan insertion).

77. J. MARCUS, p. 204, n. 9: "Mark's phrase about the smallness of the seed is almost certainly his redaction, but Thomas has copied this element"; C. TUCKETT, pp. 150-151: "the very presence of the size phrase in Th presupposes the existence of the Markan version, if it was Mark himself who introduced the phrase into the tradition". — Note that the comparative ⲡⲁⲣⲁ (in the phrase "smaller than all seeds") is used in the Sahidic versions of the gospels at Mk 4,31 and nowhere else. The word used for μικρός (ⲥⲟⲃⲕ) occurs only here in the Sahidic New Testament (always ⲕⲟⲩⲓ). The omission of τῶν ἐπὶ τῆς γῆς and the reading ὅταν δέ also correspond with the Sahidic version (par. Mt). Cf. W. SCHRAGE, p. 63.

78. *The Seed Parables*, p. 259. On the inconsistency of Crossan's argument, see also C. TUCKETT, pp. 150-151 (with reference to my 1986 paper, in n. 69).

79. Metzger's translation, slightly adapted. The bracketed words are added.

80. R. McL. WILSON, *Studies in the Gospel of Thomas*, London, 1960, p. 73 (cf. p. 87). Wilson's words are referred to by Blomberg (1985, p. 181).

81. J. GNILKA, *Das Evangelium nach Markus*, vol. I, 1978, p. 183, n. 7: "vermutlich Anspielung auf Joel 4,19" [= 4,13].

82. O. CULLMANN, *Das Thomasevangelium und die Frage nach dem Alter der in ihm enthaltenen Tradition* (1960), in *Vorträge und Aufsätze 1925-1962* (ed. K. FRÖHLICH), Tübingen-Zürich, 1966, pp. 566-588, on p. 581.

83. *The Seed Parables*, p. 253. On Crossan's hypothesis concerning the parable in Mark (following H.-W. Kuhn: v. 28 a pre-Markan expansion in 4,26-27.29), see J. DUPONT, *Études*, pp. 329-331.

The suggestion has been made by other scholars that Mk 4,29 is a rewriting of a brief reference to harvesting. For Klauck the original conclusion may have been: "Wenn die Frucht reif ist, kommt er, um sie zu ernten"[84]. For others Mk 4,29 is a later addition to the parable[85]. In the Gospel of Mark the Seed Growing Secretly and the Mustard Seed form a pair of twin parables, both ending with a biblical allusion. It may be tempting to assign 4,29 and 4,32b (and 12,10-11) to Markan redaction: "Alttestamentliche Anklänge in Gleichnisschlüsse sind nur für Markus kennzeichnend" (Schenk)[86]. For Weder the biblical allusions are pre-Markan ("ein Werk der Urgemeinde")[87]. But so long as the intervention of a pre-Markan redactor in Mk 4 remains an unproven hypothesis[88], Markan rewriting of the parallel conclusions of the parables in Mk 4,29b (cf. Joel 4,13) and 4,32b (cf. Ez 17,23)[89] is not

84. *Allegorie*, p. 220, n. 171. See also Hans WEDER, *Die Gleichnisse Jesu als Metaphern* (FRLANT, 120), Göttingen, 1978, ³1984, p. 117.

85. M.-É. BOISMARD, *Synopse*, vol. II, Paris, 1972, p. 190: "Il y a un hiatus entre la citation de Jl 4,13 et le reste de la parabole; comme certains l'ont pensé, c'est un ajout; nous l'attribuons avec vraisemblance à l'ultime Rédacteur marcien". Cf. A. Jülicher, J. Wellhausen, *et al.*. See, e.g., Günter KLEIN, *Erntedankfest*. *Markus 4,26-29*, in *Göttinger Predigtmeditationen* 17 (1962-63) 320-326; C.H. CAVE, *The Parables and the Scriptures*, in *NTS* 11 (1964-65) 374-387, pp. 384-385; Alfred SUHL, *Die Funktion der alttestamentlichen Zitate und Anspielungen im Markusevangelium*, Gütersloh, 1965, pp. 154-157.

Others raise the objection that Mk 4,29 uses the MT, and not the LXX: Rainer STUHLMANN, *Beobachtungen und Überlegungen zu Markus iv.26-29*, in *NTS* 19 (1972-73) 153-162, esp. 161-162; cf. R. PESCH, *Mk* I, p. 258, n. 18; J. GNILKA, *Mk* I, p. 183, n. 7. However, the use of MT is far from certain. Compare Joel 4,13 LXX: ἐξαποστείλατε δρέπανα, ὅτι παρέστηκεν τρύγητος. The singular τὸ δρέπανον (MT *maggâl*) in Mk 4,29 is explicable by the use of the singular subject: ἀποστέλλει τὸ δρέπανον (cf. Rev 14,15.18 πέμψον τὸ δρέπανόν σου). The change of τρύγητος (the gathering of grapes) in LXX and θερισμός (the gathering of wheat) in Mark is "dictated by the context in the respective text" (K. Stendahl). The occurrence of θερισμός in Rev 14,15b (cf. J. DUPONT, *Études*, p. 328) is not a real difficulty: the motif of Joel 4,13 is used rather freely (ὅτι ἦλθεν ἡ ὥρα θερίσαι); the substantive (ἐξηράνθη) ὁ θερισμός does not designate the time of harvesting; and both θέρισον in v. 15 and τρύγησον in v. 18, clearly distinguished, are connected with Joel 4,13. Finally, the use of παρέστηκεν in Mk 4,29 is a significant agreement with the LXX: Joel 4,13 is the only case where *bâšal* is rendered by παρίστημι.

86. W. SCHENK, *Der Einfluß der Logienquelle auf das Markusevangelium*, in *ZNW* 70 (1979) 141-165, p. 145. For Schenk, the parable of the Mustard Seed in Q ends with δένδρον. Is it, however, not too bold a suggestion that Matthew and Luke, in parallel with Mk 4,32b (ὥστε δύνασθαι ὑπὸ τὴν σκιὰν αὐτοῦ τὰ πετεινὰ τοῦ οὐρανοῦ κατασκηνοῦν), independently concur in omitting ὑπὸ τὴν σκιὰν αὐτοῦ before, and in adding ἐν τοῖς κλάδοις αὐτοῦ (cf. Dan 4,21 Theod) after the common phrase τὰ πετεινὰ τοῦ οὐρανοῦ κατασκηνοῦν?

87. *Die Gleichnisse*, pp. 104-105.

88. See J. LAMBRECHT, *Redaction and Theology in Mk.*, *IV*, in M. SABBE (ed.), *L'Évangile selon Marc*, 1974, ²1988, pp. 269-307 (on the hypothesis of Mark's use of Q); H. RÄISÄNEN, *Die Parabeltheorie im Markusevangelium*, Helsinki, 1973. Cf. C.M. TUCKETT, *Mark's Concerns in the Parables Chapter (Mark 4,1-34)*, in *Biblica* 69 (1988) 1-26, p. 5.

89. Ez 17,23e καὶ πᾶν πετεινὸν (τὰ πετεινὰ) ὑπὸ τὴν σκιὰν αὐτοῦ ἀναπαύσεται. See also Ez 31,6. Cf. H.-J. KLAUCK, *Allegorie*, p. 212; R. PESCH, *Mk* I, p. 262, n. 12.

unlikely. If that is so, the "shelter (σκέπη) for the birds of heaven"[90] in Th 20 and the reaper "his sickle in his hand" in Th 21c can be cited as contacts of Thomas with editorial texts of Mark (without parallel in Matthew and Luke)[91]. These are only a few minor elements, but at least they show the possibility of contacts with the Gospel of Mark, and not only the text of Mark through Matthew and Luke.

The paucity of demonstrable contacts with Mark in a "sayings gospel" like Thomas is not beyond expectation. A comparable situation is shown in the Gospel of Philip: "For Mark there is no apparent evidence, since most of the possible echoes are of passages which have parallels in other Gospels" (Wilson)[92]. The Gospel of Philip "clearly refers to Matthew's redactional work at least once (Mt 3,15) and probably more often. Thus Matthew's gospel appears to be the Gospel of Philip's primary source of information for sayings of Jesus from the synoptic tradition"[93]. But dependence on Mark remains a theoretical possibility[94].

Note on Intertextuality

"Most probably the biblical citation [Mk 4,29] is a sharpening of an original conclusion which was something like that in the Gospel of Thomas". "There is no explicit allusion to earlier biblical texts in the final phrase in 84:33. Does it mean that they were present in his source and were then excised or muted in the adaptation? It is more probable that the OT allusions were never present"[95]. In Mk 12,1-12 "texts from the Old Testament, from Ps 118:22-23 and Isa 5:17, have entered the very fabric of the parable"; there is no such "infiltration" of OT texts in the Gospel of Thomas which presents a "simple juxtaposition" of the

90. Variant translations in Ez 31,6 ἐν τῇ σκιᾷ αὐτοῦ, 12 ἀπὸ τῆς σκέπης αὐτῶν, 17 ὑπὸ τὴν σκέπην αὐτοῦ. Cf. Plato, *Timaeus* 76d: σκιὰν καὶ σκέπην.

91. On Crossan's hypothesis, cf. *infra*, n. 95.

92. R. McL. WILSON, *The New Testament in the Nag Hammadi Gospel of Philip*, in *NTS* 9 (1962-63) 291-294, p. 291.

93. C. TUCKETT, *Synoptic Tradition in Some Nag Hammadi and Related Texts*, in *Vigiliae Christianae* 36 (1982) 173-190, p. 178; *Nag Hammadi and the Gospel Tradition. Synoptic Tradition in the Nag Hammadi Library*, Edinburgh, 1986, pp. 72-81, on p. 81. See also Eric SEGELBERG, *The Gospel of Philip and the New Testament*, in *The New Testament and Gnosis* (cf. *supra*, n. 44), 1983, pp. 204-212, esp. 205: "When one cannot distinguish between quotations from Matthew and Mark the ... plausibility speaks in favour of Matthew"; with reference to Hans-Georg GAFFRON, *Studien zum koptischen Philippusevangelium unter besonderer Berücksichtigung der Sakramente*, Dissertation, Bonn, 1969, esp. p. 45.

94. Thus, e.g., in GPh 72 (68:26-27), cf. Mk 15,34/Mt 27,46; GPh 76 (70:1-3), cf. Mk 15,38/Mt 27,51. See also GPh 122 (82:23-24), cf. Mk 7,28/Mt 15,27 (closer to Matthew).

95. CROSSAN, *The Seed Parables*, pp. 253 and 258. Cf. p. 259: "the earliest version had no OT allusion ... or, at the very most, there may have been some vague recall of Ps 104:12".

parable and the aphorism in Th 65 and 66[96]. These conclusions of Crossan are very much in the line of Koester: "the Gospel of Thomas indeed preserved a more original and non-allegorical version of this parable", and "it was Mark who invented the interpretation of the one by the other" (the parable and the saying)[97].

The same processes of intertextuality are studied by Crossan with regard to the passion narrative: "Intertextuality created the narrative details of the Passion story"[98]. Here, too, he observes a contrast between extracanonical and intracanonical traditions, but now rather in the opposite direction[99]. The first stage of the passion narrative, which is preserved in the Gospel of Peter, was written in the spirit of "scriptural memory": "The very first narratives about Jesus' suffering and death ... would have found both the rationale and content of Jesus' suffering and death in the memory of those passages in the Psalms and Prophets which spoke about the suffering of the righteous. ... The canonical gospels ... show an increasing historicizing interest..."[100].

3. THE GOSPEL OF PETER

a. *The Akhmîm Codex and POxy 2949*

The text of the Gospel of Peter begins with the washing of hands in the trial scene and it ends, in the middle of a sentence, with the setting for a post-resurrection appearance story. Since the manuscript of the Akhmîm codex (eighth/ninth century), our sole witness, has initial and terminal decorations, we can presume that the text was already fragmentary when it was copied. The latest edition of the Greek text was published in 1973 by Maria G. Mara[101]. The text which is reproduced in our Appendix is that of Mara's edition, with one exception in GP 2 (παραλημφθῆναι)[102]. It differs from Klostermann's text (in the Synopses of Aland and Huck-Greeven) only in a few conjectures[103]:

96. *Four Other Gospels*, pp. 60-61 and 146.
97. *Three Thomas Parables*, pp. 199-200. Cf. p. 201: "the Gospel of Thomas shares with Jesus the ability to tell stories".
98. *Four Other Gospels*, p. 164.
99. And contrary to what Crossan seems to suggest in *Four Other Gospels*, p. 146. Having referred to cases of "words of Jesus' teaching" he notes that "exactly the same processes took place and indeed took place even more profoundly, in the *events* of Jesus' life".
100. *Four Other Gospels*, pp. 138 and 187: quotations from KOESTER, *Apocryphal*, p. 127.
101. M.G. MARA, *L'Évangile de Pierre* (Sources chrétiennes, 201), Paris, 1973, pp. 39-67: "Texte et traduction".
102. Cf. Klostermann ("Bouriant vgl. Mt 27,17; Jo 19,16") and Vaganay (p. 205: cf. GP 6 οἱ δὲ λαβόντες). Ctr. MARA, p. 40: "παρ[απη]μφθῆναι. Lejay Manchot par analogie avec *Justin, Dial.* 40,4" (read: παραπεμφθῆναι). Other correction: GP 10 ἤνεγκον (Mara: ἔ-). See our Appendix, pp. 171-175.

Klostermann

1	[ε]ἷς	τις
10	μηδὲν πόνον	μηδένα πόνον
18	νομίζοντες ὅτι νύξ ἐστιν < καὶ > ἐπέσαντο |
		< καὶ > νομίζοντες ὅτι νύξ ἐστι< ν ἀν >επαύσαντο
19	δύναμις²	+ < μου > Vaganay¹⁰⁴
24	εἴλησε	< ἐν >εἴλησε
28	ὅτι πόσον	ὁπόσον
29	οἱ πρεσβύτεροι	om.
31	Πετρώνιον	Πειρώνιον
50	φοβουμένη	pr. < ἢ >
	ἀγαπωμένοις	pr. καί
54	κλαύσωμεν	pr. < καί >
55	ἀπελθοῦσαι	ἐπελθοῦσαι

POxy 2949 (late second or early third century) was published in 1972 by R.A. Coles as "Fragments of an Apocryphal Gospel (?)", with a tentative identification: "Among the Apocrypha its closest resemblances are to the Gospel of Peter, § 2, although even from this it has considerable variations"¹⁰⁵. The papyrus fragment was examined more

103. Cf. *infra*, nn. 120 (50 ἢ), 135 (55 ἐπ-). For other editions, see the apparatus in the editions of Mara (cf. n. 101), Vaganay (n. 104), and E. KLOSTERMANN, *Apocrypha I* (Kleine Texte, 3), Bonn, 1903, pp. 3-7: "Reste des Petrusevangeliums"; ²1908, pp. 4-8 (= ³1933). — For bibliographical references (up to 1976), cf. Albert FUCHS, *Das Petrusevangelium* (SNTU, B/2,1), Linz, 1978, pp. 81-115 (in the same volume, pp. 13-80: *Konkordanz*, on the basis of Mara's text). The German translation by C. Maurer is reprinted, with a new *Einleitung* by W. Schneemelcher (pp. 180-185), in *Neutestamentliche Apokryphen*, I, Evangelien, Tübingen, ⁵1987, pp. 185-188. The English translation (C. Maurer and G. Ogg), in *New Testament Apocrypha I*, Guildford, 1963, pp. 183-187 is reprinted in R. CAMERON, *The Other Gospels*, pp. 78-82 (with introduction, pp. 76-78); R.W. FUNK, *New Gospel Parallels*, vol. II, pp. 291-304; CROSSAN, *The Cross*, pp. 409-413 (cf. p. 6: "the standard English translation"), with two corrections: GP 21 "they", for "the Jews" (cf. p. 227); 29 "The elders", added (for ,—).
    Two divisions of the text are currently used, 14 sections (J.A. Robinson) and 60 verses (A. Harnack; adopted in our text above): 1:1-2; 2:3-5; 3:6-9; 4:10-14; 5:15-20; 6:21-24; 7:25-27; 8:28-33; 9:34-37; 10:38-42; 11:43-49; 12:50-54; 13:55-57; 14:58-60. Funk's *New Gospel Parallels* creates new confusion by adding a division in twelve sections: (S1) *1-6* = **1-6** (but *2/3* at **2**:5a/5b); *7* = **7**:25-**9**:34; (S2) *8* = **9**:35-**11**:43; *9* = **11**:44-49; (S3) *10-11-12* = **12-13-14**.
    104. In the other cases listed here Mara agrees with Vaganay. Cf. Léon VAGANAY, *L'Évangile de Pierre* (Études bibliques), Paris, 1930, pp. 197-340: "Texte, traduction et commentaire". In a few instances Mara agrees with Klostermann against Vaganay:

14	ἀποθάνῃ	ἀποθάνοι	Vaganay (MS)
30	φυλάξω< μεν >	φυλάξω< σιν >	Vaganay (Robinson, Zahn, Preuschen)
35	ἀνὰ δύο	ἀνὰ δύο δύο	Vaganay (MS)
60	κύριος	< ὁ > κύριος	Vaganay (Robinson, Zahn)

Vaganay's text is quoted in the *Synopsis* of Boismard-Lamouille (but see the corrigenda in *ETL* 63, 1987, p. 132).

105. BROWNE, G.M. (ed.), *The Oxyrhynchus Papyri*, vol. XLI, London, 1972, pp. 15-16: "2949. Fragments of an Apocryphal Gospel (?)" (ed. R.A. COLES). POxy 2949 is

closely by Dieter Lührmann in 1981[106]. His identification of Fr.(1), lines 5-8, with GP 3 is quite convincing:

5 Ἱστήκει δὲ ἐκεῖ Ἰωσήφ, ὁ φίλος Πειλάτου καὶ τοῦ κυρίου
6 καὶ εἰδὼς ὅτι σταυρίσκειν αὐτὸν μέλλουσιν
7 ἦλθεν πρὸς τὸν Πειλᾶτον
8 καὶ ᾔτησε τὸ σῶμα τοῦ κυρίου πρὸς ταφήν.

Line 8 reads εἰς for πρός and possibly αὐτοῦ] τ. σ. (cf. GP 4) for τ. σ. τοῦ κ(υρίο)υ. Line 6 has a more significant difference: ἐκέλευσεν for σταυρίσκειν αὐτὸν μέλλουσιν. The use of σταυρίσκειν is absolutely unique[107]. The verb ἐκέλευσεν (in the singular) seems to resume GP 2: καὶ τότε κελεύει Ἡρῴδης ὁ βασιλεὺς παρ[αλη]μφθῆναι τὸν κύριον. This emphasis on the responsibility of Herod is one of the characteristics of the Gospel of Peter. It has an echo in the Syriac Didascalia 21 (cf. Apostolic Constitutions V,19: καὶ Ἡρῴδης ὁ βασιλεὺς ἐκέλευσεν αὐτὸν σταυρωθῆναι).

The story continues in GP 4 with Pilate's request to Herod. POxy line 9 apparently preserves a fragment of this sentence: καὶ ὁ Πειλᾶτος πέμψας πρὸς Ἡρῴδην ᾔτησεν αὐτοῦ τὸ σῶμα. Coles compares the use of the verb ᾔτησα[with Mt 27,58 par. (ᾐτήσατο τὸ σῶμα τοῦ Ἰησοῦ). For line 10 (ηναι ειπω) he refers again to Mt 27,58 (ἀποδοθῆναι). But GP (Akhmîm) prefers simple verbs to compounds and reads δεδώκασιν in GP 23 (δοθ]ῆναι?). The POxy text was probably less concise than GP 4. Lührmann combines lines 10 and 11 in the following reconstruction: εἰπὼ[ν· Ἰωσὴφ αὐτοῦ τὸ σῶμα] ᾐτήσατ[ο (repetition of line 8). Herod's answer in GP 5 (εἰ καὶ μή τις αὐτὸν ᾐτήκει) seems to imply that it was said by Pilate that the request came from Joseph (cf. GP 23: the Jews gave the body to Joseph)[108].

referred to in J. Van Haelst, *Catalogue des papyrus littéraires juifs et chrétiens*, Paris, 1976 (no. 592), but not in K. Aland, *Repertorium der griechischen christlichen Papyri. Vol. I. Biblische Papyri: Altes Testament, Neues Testament, Varia, Apokryphen* (Patristische Texte und Studien, 18), Berlin-New York, 1976, and until 1981 it remained unnoticed in special studies on the Gospel of Peter (J. Denker, with *Nachtrag*, 1975; J.W. McCant, 1978; A. Fuchs, 1978; R. McL. Wilson, in *TRE* 3, 1978, pp. 331-332.358). Since 1981 (cf. n. 106) it is now mentioned in reference works (Koester's *Introduction*, 1982, p. 163; R. Cameron, *The Other Gospels*, 1982, p. 76; C.H. Roberts and T.C. Skeat, *The Birth of the Codex*, London, 1983, p. 44). See now also *Jahrbuch HAW 1983*, Heidelberg, 1984, p. 125: addendum to Aland's *Repertorium*, vol. I (no. Ap 33).

106. D. Lührmann, *POx 2949: EvPt 3-5 in einer Handschrift des 2./3. Jahrhunderts*, in *ZNW* 72 (1981) 216-226. See also, with reference to Lührmann, David F. Wright, *Apocryphal Gospels: The 'Unknown Gospel' (Pap. Egerton 2) and the Gospel of Peter*, in D. Wenham (ed.), *The Jesus Tradition Outside the Gospels* (Gospel Perspectives, 5), Sheffield, 1985, pp. 207-232, esp. 222-225; J.D. Crossan, *Four Other Gospels*, pp. 127-128; *The Cross*, pp. 6-9.

107. It is corrected by Blass to σταυρῶσαι and by Wilamowitz and von Gebhardt to σταυρώσειν.

108. Any reconstruction or alignment (cf. Crossan, p. 8) of the fragmentary lines 9-13 (Fr. 1) and 14-18 (Fr. 2) is mere guesswork:

At least two conclusions can be drawn for the interpretation of the Gospel of Peter. First, the location of Joseph's request in GP 3-5a (a redactional insertion in the trial scene of the Cross Gospel for Crossan and an interpolated section for D. Völter) is supported by this early witness. Secondly, the textual variations in POxy, minor differences but also some major divergences (lines 6 and 9-11), make us more cautious when we read the Akhmîm codex and compare its text with the canonical Gospels[109].

b. *The Women at the Tomb: GP 50-57 and Mk 16*

My own work on the post-Markan development of the empty tomb story in Matthew, Luke, and John is one of Crossan's presuppositions in his study of GP 50-57[110]. In his composition theory, this episode is the largest segment of "dependent tradition" in GP. It is "redactionally created from the intracanonical tradition", primarily from Mk 16,1-8. The omission of Mk 16,7 (and 8b) in GP is "quite explicable" and Johnson's thesis of a pre-Markan Vorlage can be dismissed[111].

9	]ην ητησα[	14	.μου[
10	]ηναι ειπω[	15	Πειλ[
11	]ητησα.[	16	τις α[
12	]αυτου[	17	μεν
13	].οτι α[	18	.[

109. Cf. D. LÜHRMANN, p. 226, n. 41; D.F. WRIGHT, p. 223: "As a consequence, any arguments based on the Akhmîm text for *EvP*'s relations to the Synoptic and Johannine traditions must now be less secure". Of course, POxy is only fragmentary and Wright's own further investigations are based upon the Akhmîm text. See *Apocryphal Gospels* (cf. *supra*, n. 106), 1985, pp. 225-227 (on GP 3-5a); *Apologetic and Apocalyptic: The Miraculous in the "Gospel of Peter"*, in D. WENHAM & C. BLOMBERG (eds.), *The Miracles of Jesus* (Gospel Perspectives, 6), Sheffield, 1986, pp. 401-418; *Papyrus Egerton 2 (the Unknown Gospel) - Part of the Gospel of Peter?*, in *The Second Century* 5 (1985-86) 129-150 (but see p. 141: the use of ὁ κύριος missing in POxy). Wright reckons with "the strong likelihood that the Oxyrhynchus version of *EvP* is earlier than the Akhmîm one" (p. 131; cf. p. 141: "the primitive *EvP*"; p. 150: "it [POxy] patently proves that by the date of the Akhmîm MS the text of *EvP* had undergone some development"). The evidence for the conclusion that "at some points it may well have been closer to the Synoptics" (1985, p. 225) is limited to the participle ἐλ]θών in line 7 (but compare GP 3 ἦλθεν πρὸς τὸν Π. with Mk 15,43 εἰσῆλθεν πρὸς τὸν Π.); the form ἠτήσα[το in line 9 (for ᾔτησεν in GP 4); and ἀποδοθ]ῆναι (?) in line 10 (but see *supra*, p. 142: δοθ]ῆναι?). Contrast R.E. Brown who reckons with the possibility of "later scribal harmonizing" in the Akhmîm text. Cf. R.E. BROWN, *The* Gospel of Peter *and Canonical Gospel Priority*, in *NTS* 33 (1987) 321-343, p. 325; "Nevertheless, we have to work with Akhmîm text as if it existed exactly in its present form in the 2nd cent." (*ibid.*)

For Wright "the new evidence that the Akhmîm *EvP* is, at least in part, a secondary text" calls for fresh examination of the parallels between the Apocalypse of Peter and GP (p. 132, n. 8: a common reviser?) and between P. Egerton 2 and GP (p. 150: "the possibility of the identity ... has in the past been overhastily dismissed").

110. *The Cross*, pp. 281-283 (and 289); *Four Other Gospels*, pp. 162-164. See also *Empty Tomb* (cf. *supra*, n. 14), 1976, pp. 139, 142, 144.

111. *The Cross*, pp. 281-290, esp. 290; *Four Other Gospels*, pp. 157-160, esp. 160: ctr. B.A. JOHNSON (cf. *supra*, n. 57), pp. 15-17.

This reply to Johnson[112] is particularly noticeable because the Johnson position is expressly supported by J. Denker[113] and, in more general terms, by H. Koester[114]. Much earlier than Johnson, Percival Gardner-Smith questioned the critical consensus; for him, too, the most important indication of a more primitive tradition in GP 50-57 is the fact that GP knows nothing of Mark's addition "Go, tell his disciples..."[115]. And following Johnson (1965), other scholars cite the Gospel of Peter as a witness for a pre-Markan empty tomb story in which verse 16,7 and οὐδενὶ οὐδὲν εἶπαν in v. 8 had not yet been introduced[116].

GP 50-57 is undoubtedly the most "Markan" section in the Gospel of Peter[117].

GP 50-57	Mk 16
50 ὄρθρου δὲ τῆς κυριακῆς	2a καὶ λίαν πρωΐ τῇ μιᾷ τῶν σαββάτων
Μαριὰμ ἡ Μαγδαληνή ...	1 Μαρία ἡ Μαγδαληνή
51 λαβοῦσα μεθ᾽ ἑαυτῆς τὰς φίλας	καὶ Μαρία ... καὶ Σαλώμη ...
ἦλθεν ἐπὶ τὸ μνημεῖον	2b ἔρχονται ἐπὶ τὸ μνημεῖον
ὅπου ἦν τεθείς.	(6 ὅπου ἔθηκαν αὐτόν) (15,47 ποῦ τέθειται)
52 ... καὶ ἔλεγον· ...	3 καὶ ἔλεγον πρὸς ἑαυτάς·
53 τίς δὲ ἀποκυλίσει ἡμῖν καὶ τὸν λίθον	τίς ἀποκυλίσει ἡμῖν τὸν λίθον
τὸν τεθέντα ἐπὶ τῆς θύρας τοῦ μνημείου,	ἐκ τῆς θύρας τοῦ μνημείου;
ἵνα εἰσελθοῦσαι ...;	(5 καὶ εἰσελθοῦσαι)

112. Johnson's conclusion on p. 17: "If GP has neither the silence nor the command and reference to Galilee, it is probably because he did not read these features in his Vorlage. This means that his Vorlage was not Mk, but rather a pre-Mkn written account of the women at the tomb story". It should be noted, however, that Johnson, in his treatment of "The Women at the Tomb" (pp. 10-36), correctly describes the similarities between GP 50-57 and Mk 16,1-8 and recognizes the "developed" and "advanced" form of some themes in GP. — See also p. 8: "Here we approach the dependence hypothesis where it is the strongest". Johnson presents the pericope as "the stumbling block even for Harnack" (ibid.). Compare CROSSAN, Four Other Gospels, p. 132: Harnack "argued for independence, except for the possible use of Mark especially in the Women and Youth incident" (with reference to Johnson). This oversimplification of Harnack's position is partially corrected in The Cross, pp. 13-14.

113. Cf. supra, n. 53. Johnson's analysis of GP 50-57 is summarized by Denker on pp. 37-38.

114. Cf. supra, n. 27.

115. P. GARDNER-SMITH, The Gospel of Peter, in JTS 27 (1929) 255-271, pp. 264-270: "'Peter' and Mark" (esp. p. 270).

116. Max BRÄNDLE, Die synoptischen Grabeserzählungen, in Orientierung 31 (1967) 179-184, p. 184; Xavier LÉON-DUFOUR, Résurrection de Jésus et message pascal, Paris, 1971, p. 150 (see also p. 151). On the hypothesis of the Markan additions in Mk 16,7.8b, cf. Evangelica, pp. 251-255 (= ETL 56, 1980, 68-72).

117. For a synopsis of the Greek texts, see H. VON SCHUBERT, Das Petrusevangelium. Synoptische Tabelle nebst Übersetzung und kritischem Apparat, Berlin, 1893, pp. 24-29. Cf. Die Composition des pseudopetrinischen Evangelien-Fragments, Berlin, 1893, pp. 117-141. See also VAGANAY, pp. 43-82: "L'Évangile de Pierre et les évangiles canoniques" (and the commentary on GP 50-57, pp. 314-330); Jerry Walter McCANT, The Gospel of Peter: The Docetic Question Re-examined, Unpublished Ph.D. Dissertation, Emory University (under L.E. Keck), Atlanta, GA, 1978, pp. 35-115: "The Gospel of Peter: Its Relationship to Canonical Literature" (Chapter II), esp. 57-78 ("GP and the Relationship to Mark").

54 μέγας γὰρ ἦν ὁ λίθος,   4b ἦν γὰρ μέγας σφόδρα.
55 καὶ ἀπελθοῦσαι εὗρον τὸν τάφον ... a καὶ ἀναβλέψασαι θεωροῦσιν ...
  καὶ προσελθοῦσαι...   5 καὶ εἰσελθοῦσαι ...
  καὶ ὁρῶσιν ἐκεῖ τινα νεανίσκον   εἶδον νεανίσκον
  καθεζόμενον <ἐν> μέσῳ τοῦ τάφου   καθήμενον ἐν τοῖς δεξιοῖς
  ... περιβεβλημένον στολὴν λαμπροτάτην, περιβεβλημένον στολὴν λευκήν, ...
  ὅστις ἔφη αὐταῖς·   6 ὁ δὲ λέγει αὐταῖς·...
56 τί ἤλθατε; τίνα ζητεῖτε;   Ἰησοῦν ζητεῖτε τὸν Ναζαρηνὸν
  μὴ τὸν σταυρωθέντα ἐκεῖνον;   τὸν ἐσταυρωμένον·
  ἀνέστη καὶ ἀπῆλθεν·   ἠγέρθη, οὐκ ἔστιν ὧδε·
  ... ἴδετε τὸν τόπον ἔνθα ἔκειτο, ἴδε ὁ τόπος ὅπου ἔθηκαν αὐτόν.
  ὅτι οὐκ ἔστιν·   (οὐκ ἔστιν ὧδε·)
  ... ἀπῆλθεν ἐκεῖ ὅθεν ἀπεστάλη. 7 ...προάγει ὑμᾶς εἰς τὴν Γαλιλαίαν· ἐκεῖ...
57 τότε αἱ γυναῖκες   8 καὶ ἐξελθοῦσαι
  φοβηθεῖσαι ἔφυγον[118]   ἔφυγον ...· ἐφοβοῦντο γάρ.

Crossan rightly emphasizes the Johannine background of the material added to Mk 16. Four repetitions of twin themes from John, fear of the Jews and weeping for Jesus, are inserted into the Markan sequence[119]: 50a (50b) 51 (52) 53a (53b) 54a (54b) 55-57. It is more important for our purpose to observe how the new material is related to Mark. First, there is a parenthetical addition[120] to the presentation of Mary Magdalene in GP 50b. The literary model[121] can be found in the burial story of Jn 19,38-42:

Μαριὰμ ἡ Μαγδαληνή,   38 Ἰωσὴφ ὁ ἀπὸ Ἀριμαθαίας,
μαθήτρια τοῦ κυρίου   ὢν μαθητὴς τοῦ Ἰησοῦ
               κεκρυμμένος δὲ
- φοβουμένη διὰ τοὺς Ἰουδαίους..., διὰ τὸν φόβον τῶν Ἰουδαίων,
οὐκ ἐποίησεν ἐπὶ τῷ μνήματι τοῦ κυρίου
ἃ εἰώθεσαν   40 καθὼς ἔθος ἐστὶν
ποιεῖν αἱ γυναῖκες   τοῖς Ἰουδαίοις ἐνταφιάζειν.
ἐπὶ τοῖς ἀποθνήσκουσι τοῖς ἀγαπωμένοις αὐταῖς -

118. The version of GP 50-57 contains some verbal similarities with Luke: 50 ὄρθρου (Lk 24,1 ὄρθρου βαθέως); 54 ἃ φέρομεν (Lk 24,1 φέρουσαι ἃ ...); 55 εὗρον τὸν τάφον ἠνεῳγμένον (Lk 24,2 εὗρον τὸν λίθον ἀποκεκυλισμένον); παρέκυψαν ... καὶ ὁρῶσιν (Lk 24,12 παρακύψας βλέπει); 56 τίνα ζητεῖτε; (Lk 24,5 τί ζητεῖτε ...;); ἀνέστη (cf. Lk 24,7 ἀναστῆναι); and with Matthew: 55 εὗρον τὸν τάφον ἠνεῳγμένον (Mt 28,1 θεωρῆσαι τὸν τάφον; cf. 27,52 ἀνεῳχθησαν); 56 ἴδετε τὸν τόπον ἔνθα ἔκειτο (Mt 28,6b ἴδετε τὸν τόπον ὅπου ἔκειτο); οὐκ ἔστιν· ἀνέστη γάρ (Mt 28,6a οὐκ ἔστιν ὧδε· ἠγέρθη γάρ). A few of them and some other divergences from Mark may be due to the redactional style of GP: 50 τῆς κυριακῆς (35 ἡ κυριακή); 51 τὰς φίλας (3 ὁ φίλος ...; cf. Lc 15,9 τὰς φίλας); 53 τὸν λίθον τὸν τεθέντα (32 ἔθηκαν); 55 τὸν τάφον, τοῦ τάφου (24, 31, 36, 37, 45); ἠνεῳγμένον (37 ὁ τάφος ἠνοίγη); ὁρῶσιν ... νεανίσκον καθεζόμενον (39 ὁρῶσιν ἐξελθόντας ... ἄνδρας); τινα νεανίσκον (44 ἄνθρωπός τις); καθεζόμενον (27 ἐκαθεζόμεθα); 56 ἀνέστη bis (30 ἀνέστη; diff. Mt 27,64 ἠγέρθη).
119. *The Cross*, p. 285, and Table 24 (GP 50-54) on p. 287.
120. The parenthesis (φοβουμένη ... αὐταῖς) is sometimes mitigated by the addition of ἤ (Klostermann; cf. Wilamowitz; James: "which"); other conjectures: ἥτις (Robinson), ὅτι (Blass), γάρ (Piccolomini).
121. Brown (cf. *supra*, n. 109) rightly emphasizes the transferal of details affecting the dramatis personae (p. 334). Less correctly, however, he compares Mary Magdalene in GP 50 with the disciple whom Jesus loved in Jn 20,2 (*ibid.*).

When Mary Magdalene's coming to the tomb is separated from its context in Mark, some questions could arise: who is Mary Magdalene, why does she go to the tomb, and why now, and not on the day of Jesus' death? These questions are answered in GP 50b.

Secondly, GP 52-54 is clearly an expansion of the women's deliberative question in Mk 16,3 (see the heavy print):

52 καὶ ἐφοβοῦντο μὴ ἴδωσιν αὐτὰς οἱ Ἰουδαῖοι
   καὶ ἔλεγον·   3a
         εἰ καὶ μὴ ἐν ἐκείνῃ τῇ ἡμέρᾳ ᾗ ἐσταυρώθη
              ἐδυνήθημεν κλαῦσαι καὶ κόψασθαι,
         κἂν νῦν ἐπὶ τοῦ μνήματος αὐτοῦ ποιήσωμεν ταῦτα.
53   **τίς δὲ ἀποκυλίσει ἡμῖν καὶ τὸν λίθον**   3b
              τὸν τεθέντα ἐπὶ **τῆς θύρας τοῦ μνημείου,**
         ἵνα **εἰσελθοῦσαι** παρακαθεσθῶμεν αὐτῷ   (5a)
              καὶ ποιήσωμεν τὰ ὀφειλόμενα;
54   **μέγας γὰρ ἦν ὁ λίθος,**   4b
         καὶ φοβούμεθα μή τις ἡμᾶς ἴδῃ.
         καὶ εἰ μὴ δυνάμεθα,
         κἂν ἐπὶ τῆς θύρας βάλωμεν ἃ φέρομεν   (1c)
              εἰς μνημοσύνην αὐτοῦ,
         κλαύσωμεν καὶ κοψώμεθα
              ἕως ἔλθωμεν εἰς τὸν οἶκον ἡμῶν.

The fear of being seen by the Jews becomes the dominant theme. It is suggested that for that reason they went to the tomb in the early morning (52 καὶ ἐφοβοῦντο μὴ ἴδωσιν αὐτὰς οἱ Ἰουδαῖοι); for that reason, too, they are anxious about the removal of the stone (54 καὶ φοβούμεθα μή τις ἡμᾶς ἴδῃ). The author of GP not only explains what they had to do "on the day when he was crucified" but also what they intend to do now "at his sepulchre" and even what they would do if they could not go in. "Here GP represents an advanced form of the theme of the spices"[122].

Further reflexion on the text of Mark is also found in the words of the youth: ἀνέστη γὰρ καὶ ἀπῆλθεν ἐκεῖ ὅθεν ἀπεστάλη (56). The return to Galilee (Mk 16,7) is replaced by the return "thither whence he was sent", and this, too, has a Johannine background (Jn 20,17)[123].

Finally, from Mk 16,8, GP 57 retains φοβηθεῖσαι ἔφυγον. For Johnson, this fear "represents the reaction of the women to the angelic manifestation and the message received" and differs from the fear of the Jews mentioned in GP 50.52.54[124]. However, ἐξεθαμβήθησαν - μὴ ἐκθαμβεῖσθε from Mk 16,5-6 is missing in GP (and in GP 35-44 no reaction of fear to the heavenly appearences is noted). The suggestion

122. Cf. JOHNSON, p. 28.
123. Cf. Jn 16,5 ὑπάγω πρὸς τὸν πέμψαντά με (= 7,33), 7 ἐγὼ ἀπέλθω.
124. *Ibid.*, pp. 30-31. Is it also Crossan's understanding of GP 57 (p. 290: "retained only two motifs, ... fear and flight")?

to read "for they were afraid *of the Jews*"[125] in Mk 16,8 certainly misses the point of Mark but such an understanding of ἐφοβοῦντο could easily be united with the Johannine theme of "fear of the Jews"[126].

The message of Mk 16,7 (ἐκεῖ αὐτὸν ὄψεσθε) and the silence of the women (16,8 οὐδενὶ οὐδὲν εἶπαν) are omitted but not necessarily ignored by the author of GP. The section of GP 50-57 is followed by the beginning of a story of the twelve disciples returning to their home (GP 58-60: presumably an appearance story). The fact that the disciples are still weeping and mourning a week later (GP 59) presupposes the silence of the women: "The redactor ... preferred to have Jesus encounter them directly"[127]. Just before the story of the Women at the Tomb, the Gospel of Peter has the conclusion of the resurrection story ending with the request to Pilate: κελεῦσαι ... μηδενὶ εἰπεῖν ἃ εἶδον, and Pilate's reaction: ἐκέλευσεν ... μηδὲν εἰπεῖν (GP 47-49). Is it not an echo of the conclusion of the story of the Women in Mk 16,8?

In agreement with Crossan, we can regard the use of the term νεανίσκοι in GP 37 (instead of ἄνδρες) and the vision of the man coming from heaven in GP 44 as a preparation of "the νεανίσκος in the tomb" in GP 55:

36 καὶ εἶδον ἀνοιχθέντας τοὺς οὐρανοὺς καὶ δύο **ἄνδρας** κατελθόντας ἐκεῖθεν ...	44 καὶ ... φαίνονται πάλιν ἀνοιχθέντες οἱ οὐρανοὶ καὶ **ἄνθρωπός** τις κατελθὼν
37 ... καὶ ὁ τάφος ἠνοίγη καὶ ἀμφότεροι οἱ **νεανίσκοι** εἰσῆλθον.	
	καὶ εἰσελθὼν εἰς τὸ μνῆμα.
	55 καὶ ... εὗρον τὸν τάφον ἠνεωγμένον
39 καὶ ... πάλιν ὁρῶσιν ἐξελθόντας ἀπὸ τοῦ τάφου τρεῖς **ἄνδρας** ...	καὶ ... ὁρῶσιν ἐκεῖ **τινα νεανίσκον** καθεζόμενον ἐ. μ. τ. τάφου ...

The motif of the great stone in GP 54 is clearly connected with GP 32 (λίθον μέγαν ... ἔθηκαν ἐπὶ τῇ θύρᾳ τοῦ μνήματος, cf. 53 τὸν τεθέντα ἐπὶ ...) and 37 (the opening of the tomb).

125. See, e.g., K. LAKE, *Historical Evidence for the Resurrection of Jesus Christ*, London-New York, 1907, pp. 71-72; Grotius: "Et nemini quidquam dixerunt: Obvio scilicet; idque prae metu Judaeorum" (cf. Euthymius, *et al.*).

126. Recapitulation of possible contacts with John 19-20 in GP 50-57: 50 Mary Magdalene: by herself in Jn 20,1, 50 μαθήτρια τοῦ κυρίου: Jn 19,38 μαθητὴς τοῦ Ἰησοῦ (τοῦ κυρίου is GP style); 50, 52, (54) fear of the Jews: Jn 19,38; 20,19; 7,13; 9,22; 50 εἰώθεσαν: cf. Jn 19,40 ἔθος; 52 κλαῦσαι, 54 κλαύσωμεν: Jn 20,11 κλαίουσα 13.15 (M.M.); 55 παρέκυψαν ... ὁρῶσιν, 56 παρακύψατε καὶ ἴδετε: Jn 20,5 παρακύψας βλέπει (= Lk 24,12) and 20,11-12 παρέκυψεν ... καὶ θεωρεῖ (cf. *Evangelica*, pp. 436-438; = *ETL* 53, 1977, 148-150); 55 καθεζόμενον: Jn 20,12 καθεζομένους; 56 τί ἤλθατε; τίνα ζητεῖτε: cf. Jn 20,15 τί κλαίεις; τίνα ζητεῖς; 56 ἀπῆλθεν ἐκεῖ ὅθεν ἀπεστάλη: cf. Jn 16,5.7; (20,17).

127. CROSSAN, *The Cross*, p. 290.

By combining Mk 16,3-4 with v. 5 (the νεανίσκος in the tomb)
Matthew can answer the question of the women, τίς ἀποκυλίσει. The
opening of the tomb is described in Mt 28,2 as an action of the angel
(ἀπεκύλισεν τὸν λίθον)[128]. In the common view on the Gospel of
Peter, the opening of the tomb in GP 37 is parallel to and dependent
upon Mt 28,2[129]. Crossan inversed the direction of dependence: GP 37
in the Cross Gospel[130] is the source of Matthew[131].

There is, however, a significant difference in GP 37: the stone rolls
away by itself. For Johnson and Denker[132] and also for Nikolaus
Walter[133], who propose a common tradition behind GP 35-37 and Mt
28,2-4, this is a novelistic embellishment added by the author of the
Gospel of Peter. In their reconstruction of the resurrection story, the
angel(s) rolled away the stone, went into the tomb and came out with
Jesus[134]. But for Crossan the description of the opening in GP 37 (ἀφ᾽
ἑαυτοῦ κυλισθείς ...) is part of the original Cross Gospel.

Crossan himself observes that both GP 37 and Mk 16,5 (diff. Mt)
"have the heavenly being(s) inside the tomb", and that the word
νεανίσκοι is used in GP 37 under the influence of Mk 16,5 (diff.
Mt)[135]. In contrast to Mt 28,2, it is not said in Mk 16,4 how the stone
was rolled away ("And looking up they saw, that the stone was rolled
back"). A transition from Mark's ἀποκεκύλισται ὁ λίθος to the self-
rolling stone in GP 37 is an easy step to take[136].

128. Cf. F. NEIRYNCK, Les femmes au tombeau. Étude de la rédaction matthéenne
(Matt. xxviii.1-10), in NTS 15 (1968-69) 168-190 (= Evangelica, 273-296, esp. 275-277).

129. VAGANAY, p. 295: "un embellissement du premier évangile". See also H. VON
SCHUBERT, Die Composition, pp. 97-98; Das Petrusevangelium, p. 20. The parallel in
Mk 16,3-4 is not even mentioned in the Markan column of the synoptic table (p. 21).

130. The presentation in Four Other Gospels, p. 134, may give the impression that
GP 37, together with 43-44, is seen as a redactional preparation of 50-57. Cf. R.E. BROWN,
art. cit. (n. 109), p. 341, n. 30. In Crossan's view, however, only the use of νεανίσκοι
instead of ἄνδρες is redactional: see pp. 156-157 and the clarification in The Cross,
pp. 25-26 (and 284, 361-362): a case of "word integration".

131. Four Other Gospels, p. 166; The Cross, pp. 356-357. It is rather strange that,
when Crossan discusses GP 50-57, my conclusion that "Matthew xxviii.1-10 does not
presuppose any other gospel tradition than Mark xvi.1-8" is cited as one of his
presuppositions (p. 281) but when he comes to discuss GP 35-38 he defends the view that
Matthew is conflating two sources in 28,2-4 (p. 352).

132. JOHNSON, p. 104 (reconstruction: "They rolled away the stone"; cf. p. 81);
DENKER, p. 149, n. 68: "Das selbsttätige Fortrollen des Steines PE 37 ist novellistische
Steigerung" (see also p. 43).

133. N. WALTER, Eine vormatthäische Schilderung der Auferstehung Jesu, in NTS 19
(1972-73) 415-429, p. 423 (reconstruction).

134. Contrast D.D. Hutton's reconstruction (cf. supra, n. 55): "The stone ... was
rolled away".

135. The Cross, pp. 356 and 361.

136. C.H. Turner refers to GP 37 in his comment on Mk 16,4: "the stone had been,
not indeed rolled away, but shifted, 'rolled a little' (κυλισθεὶς ἐπεχώρησε παρὰ μέρος,
Ev. Petri), sufficiently to permit of their entrance" (in JTS 26, 1925, p. 155; cf. JTS 14,

Note on the Gospel of Peter and the Text of Mk 16,4

The critical apparatus of the NT text mentions a variant reading at Mk 16,4: ἦν γὰρ μέγας σφόδρα καὶ ἔρχονται καὶ εὑρίσκουσιν ἀποκεκυλισμένον τὸν λίθον D Θ 565 c ff² n (sy^s); Eus[137]. The history of this reading commences with Theodore Beza: "in meo vetustissimo codice ista huius versiculi particula [v. 4b] superiori [v. 3] annectitur: idque sane rectius. Nec enim viderunt avolutum lapidem, quod ingens esset; sed ideo de illo amovendo laboraverunt"[138]. The reading of *Cant.* is noted by Mill and the witness of Eusebius is added by Wettstein. Griesbach refers to D and the Latin codices Cantabrigiensis, Colbertinus, Corbeiensis (d c ff²) in 1774 and adds "Eus. item Syr. hieros."[139] in ²1796. Tischendorf's list (⁷1859; ⁸1869) will include two more witnesses, 2^{pe} (= 565) and Sangallensis (n). At the end of the 19th century[140] sy^s will be added, and also GP. I quote from Agnes Smith Lewis's notes on the Sinaitic Syriac version: "In Mark xvi.3 we read that the women said among themselves, '*But who shall roll us away the stone of the sepulchre? for it was very great.*' The last clause of this verse seems to be here in its true and original place, *i.e.* in the thoughts of the women, whence it wandered, at a very early period, to the end of ver. 4. Possibly a scribe left it out by accident, and afterwards inserted it on the margin; then a later scribe, copying his work, embodied it in the text at the wrong place. Codex Bezae, and the Palestinian Syriac Version have it also at the end of ver. 3, whilst the Gospel of Pseudo-Peter, published in 1892, actually puts it into the speech of the women as they walked to the sepulchre, instead of only into their thoughts, as it is here"[141]. The authority of GP is cited in support of the originality

1913, p. 194: "moved of itself and yielded slightly"). But see VAGANAY, p. 295: "*se retira sur le côté*. Certains critiques traduisent à tort comme s'il y avait κατὰ μέρος, 'en partie'"; MAURER: "geriet von selbst ins Rollen und wich zur Seite" ("started of itself to roll and give way to the side").

137. Apparatus in Nestle-Aland²⁶ and in Aland's Synopsis. The parentheses in (sy^s) indicate variation in v. 4a ("and they went, and saw ..."). Huck-Greeven (p. 276) adds: z (cf. Merk ⁵1944); Ss[c] (sy^c deficient); Sj (sy^{pal}: cf. *infra*, n. 139); Δ a ad i l^{FG} md n (Diatessaron: cf. *infra*, nn. 140, 147 and 151).

138. T. BEZA, *Annotationes maiores in Novum Dn. Nostri Iesu Christi Testamentum*, ²1594, p. 229.

139. Sy^{pal}: cf. J.G. ADLER, *Novi Testamenti Versiones Syriacae Simplex, Philoxeniana et Hierosolymitana*, Copenhagen, 1789, p. 177; A.S. LEWIS & M.D. GIBSON, *Palestinian Syriac Lectionary of the Gospels*, London, 1899, p. xlii: "All three have καὶ ἐλθοῦσαι εὗρον instead of καὶ ἀναβλέψασαι θεωροῦσιν".

140. Finally, Θ will be added in the 20th century (Lagrange, 1921; Vaganay, 1930; Huck, ⁸1934; Nestle, ¹⁶1936). The Diatessaron is included by von Soden, Vogels, Merk (⁵1944: Ta^a ¹ ⁿ), Greeven (cf. *supra*, n. 137); see also F.C. Burkitt (*Evangelion Da-Mepharreshe*, Cambridge, 1904, vol. 2, p. 242) and Vaganay (1930, p. 69): Tat^{ar}. Vaganay (*ibid.*) also mentions 81, but this is not a gospel codex.

141. A.S. LEWIS, *Light on the Four Gospels from the Sinai Palimpsest*, London, 1913, pp. 77-78; = *ExpT* 12 (1900-01), pp. 118-119.

of the D reading[142], or at least as a witness for its early date: "La leçon du texte dit occidental n'en est pas moins très ancienne, puisque le pseudo-Pierre la connaît"[143]. For Vaganay "l'ancien texte d'Antioche" is the common ancestor: "Nous avons pensé au vieux texte antiochien que l'écrivain apocryphe a connu sans doute directement, que Tatien Syr[s.p] et Eusèbe, d'une part, D Θ et les manuscrits latins, de l'autre, ont pu utiliser d'une manière plus ou moins immédiate"[144]. Vaganay's theory is now adopted in the recent commentary on GP by M.G. Mara (1973)[145].

Does the Gospel of Peter really presuppose the so-called Western-Syriac variant? The sequence of Mk 16,3.4b.4a can be seen in GP 53.54.55: τίς δὲ ἀποκυλίσει ..., μέγας γὰρ ..., καὶ ἀπελθοῦσαι[146] εὗρον ... . The clause μέγας γὰρ ἦν ὁ λίθος is put into the women's speech. This is not necessarily so with ἦν (!) γὰρ μέγας σφόδρα at the end of v. 3 in Mk 16, where it can be understood as the evangelist's comment after the words of the women (τίς ἀποκυλίσει ...;)[147]. The

---

142. Wilhelm BRANDT, *Die evangelische Geschichte und der Ursprung des Christentums auf Grund einer Kritik der Berichte über das Leiden und die Auferstehung Jesu*, Leipzig, 1893, p. 315, nn. 2-3: "An diesen beiden Stellen [16,3.4] findet sich in den Urkunden der Zusatz 'denn er war sehr groß'. Es ist eine Randbemerkung, die natürlich für erstere Stelle gemeint gewesen, in weitaus den meisten Handschriften und Übersetzungen aber an die letztere gerathen ist. Freilich hat schon der Autor des Evang. Petri die Worte des Marcus gelesen, und zwar, wie im abendländischen Text (D etc.) an der richtigen Stelle. Man lese sie dort oder gar nicht"; [W.R. CASSELS], *The Gospel according to Peter: A Study by the Author of "Supernatural Religion"*, London, 1894, pp. 98-99; A. PALLIS, *Notes on St Mark and St Matthew*, Oxford-London, ²1932, p. 56 (in answer to S.T. Bloomfield, ⁶1845, p. 253, who refers to Newcome and Wakefield and adds: "But for *that* there is little authority"): "But there is authority, indeed very excellent authority, in the Gospel according to St Peter 12, where μέγας γὰρ ἦν ὁ λίθος comes immediately after the women's questioning. But no authority is needed; the necessity for transposition is imperative".

For Brandt's more radical solution, cf. J.H. SCHOLTEN, *Das älteste Evangelium*, Elberfeld, 1869, p. 168: "diese Worte (stehen) nicht an ihrer rechten Stelle und erscheinen als ein nach Matth. 27,60 geformtes Glossem"; J. WEISS, *Die drei älteren Evangelien* (SNT, 1), Göttingen, 1906, p. 210: "Wahrscheinlich ist es eine Randglosse, die an verkehrter Stelle in den Text gedrungen ist" (= ³1917, p. 223).

143. VAGANAY, p. 324.

144. *Ibid.*, p. 325. Cf. pp. 66-75 (esp. 69, 71-72, 74-75).

145. *Évangile de Pierre*, p. 204.

146. Klostermann ἐπ-, correction suggested by J. Kunze: the arrival of the women, understood as progression of the story after ἦλθεν ... in 51. But see VAGANAY, p. 326. Contrast the translations of Turner ("on arrival") and Mara ("arrivées") with Maurer: "Und als sie hingingen", "So they went", and Vaganay: "Elles allèrent".

147. It is true that Lewis and Burkitt give a different interpretation of the clause in sy[s], probably under the influence of the (Arabic) Diatessaron where the clause is followed by "cum ita dicerent" (and Mt 28,2: "factus est terrae motus magnus ..."). In other versions of the Diatessaron the text simply continues with Mt 28,2.

It is much more difficult to understand the clause in GP 54 as an explanatory parenthesis of the redactor, though von Schubert once uttered this possibility (*Die*

original place of the clause is, I think, at the end of v. 4 (ἦν γὰρ ... following on ὁ λίθος)[148] and, though not uncontested, its meaning is most probably that of a delayed parenthesis[149]. Thus, not a misunderstanding[150] but a correct understanding of Mk 16,4 may be at the

Composition, p. 130; but see his translation in *Das Petrusevangelium*, p. 31). The clause is treated as a parenthesis in Maurer's translation: - *denn der Stein war groß* - (E.T.: — For the stone was great,—), and Vaganay emphasizes this parenthetical character: "La réflexion sur la grosseur de la pierre, bien qu'elle soit introduite par γάρ, reste sans lien avec ce qui précède. Elle n'est pas davantage reliée avec ce qui suit: καὶ φοβούμεθα μή τις ἡμᾶς ἴδῃ" (p. 325). The clauses in GP are perhaps less unconnected than Vaganay would admit: there can be no one to roll away the great stone for them because they are afraid of being seen by anyone. Vaganay's interpretation of the tomb as a refuge for the women (p. 323: "Elles veulent pénétrer à l'intérieur du tombeau, sans doute pour éviter d'être vues des Juifs") has no basis in the text of GP.

148. Cf. Mk 1,16; 2,15; 5,42; 10,22: ἦν/ἦσαν γάρ without repetition of the subject. On explanatory γάρ in Mark, see, e.g., E.J. PRYKE, *Redactional Style in the Marcan Gospel* (SNTS MS, 33), Cambridge, 1978, pp. 126-135.

149. See, e.g., E.P. GOULD, *St. Mark* (ICC), Edinburgh, 1896, p. 300: "The greatness of the stone is really the reason of their question, but he [Mark] adds to the question the way that it turned out, as a part of the one event, before he introduces the explanation"; P. SCHANZ, *Marcus*, Freiburg, 1881, p. 415: "Marcus, nachdem er die Besorgnis erzählt hat, (berichtet) zur Erhöhung des Contrastes gleich die Beseitigung der Besorgniß, um dann erst die reflexionsmäßige Bemerkung beizufügen" (with reference to "die meisten Exegeten": Jansenius, Fritzsche, Bleek, Ritschl, Bisping, Schegg). Many more names can be added (W.M.L. de Wette: "erklärt die vorhergehende Sorge"; cf. F. Hauck, J. Schniewind, E. Schweizer, *et al.*). In the older commentaries it is cited as an example of *trajectio*: G.F. HEUPEL, *S. Marci Evangelium notis grammatico-historico-criticis illustratum*, Strasbourg, 1716, p. 542: "Haec verba ad finem versus praecedentis pertinent", with reference to 12,12 for another instance of "vocum trajectio" (p. 339); J.C. WOLFIUS, *Curae Philologicae et Criticae*, Hamburg, 1725, p. 539: "Haec verba ratione sensus ad finem v. 3 pertinent: cujusmodi trajectionis exempla alias in Sacris et profanis Scriptoribus passim obvia sunt". In more recent literary-critical studies Mk 16,3 and 4b are taken together as a later insertion by a glossator (E. HIRSCH, *Frühgeschichte*, 1941, p. 177: "eine in sich geschlossene Glosse, die in zwei Stücken, das eine vor, das andere nach 4, in den Text geraten ist") or by the evangelist into the traditional story (e.g., U. Wilckens, M.-É. Boismard, D. Dormeyer, *et al.*). P. Gardner-Smith defends the opposite view: v. 4a inserted into 16,3.4b (*The Narratives of the Resurrection. A Critical View*, London, 1926, p. 36, n. 1: "How much more easily ἦν γὰρ μέγας σφόδρα reads if the previous clause be omitted"; cf. p. 133, n. 1). Two possible views also appear in the definition of the parenthesis: éither v. 4b is a "delayed parenthesis" (N. Turner), a "delayed explanatory clause" (V. Taylor), or, less correctly, v. 4a is taken as a parenthesis: thus Lucas Brugensis ("Ut ergo clarior sit oratio, possint haec verba parentheseos notis includi"); A. Calovius (1719); C. Wolfius (1725); and C.H. TURNER, *Parenthetical Clauses in Mark*, in *JTS* 26 (1925) 145-156, p. 155: "The parenthesis explains that after all their anxiety was unnecessary: the stone had been not indeed rolled away, but shifted, ... sufficiently to permit their entrance" (cf. *infra*, n. 136). For criticism, see M. ZERWICK, *Untersuchungen zum Markus-Stil*, Rome, 1937, pp. 135-136: "Da der Gedankengang eben nicht unterbrochen, sondern geradlinig in einem letzten Glied zu Ende geführt und dann erst eine Ergänzung beigefügt, die nun allerdings nicht zum letzten, sondern zum vorletzten Glied gehört" (this is what is meant by "delayed parenthesis" in v. 4b).

150. Thus, Vaganay (p. 324), *et al.*, who explain v. 4b in connexion with v. 4a, by supposing an omitted clause or an implied thought. Grotius is much quoted: "Ἔλλειψις. Sensus enim est, *quod commode ipsis evenit; quia magnum erat saxum*". For others, it

origin of the change of order and even of the introduction of the clause into the words of the women. Following Lagrange[151], Vaganay himself observes how the D reading[152], influenced by the parallel in Lk 24,1-2, differs from the harmonization in the Diatessaron: two ways of using the text of Mark. The Gospel of Peter possibly represents a third and independent way.

c. *The Cross Gospel: Source of Mark?*

Another reminiscence of Mark can be noted in GP 60: "Levi, the son of Alphaeus" (cf. Mk 2,14). One may suppose with good reason that the last words of the fragment, Λευεὶς ὁ τοῦ Ἀλφαίου, ὃν κύριος... (after the mention of Peter and Andrew who took their nets and went to the sea) refer to the call of Levi. The phrase "Levi, son of Alphaeus" only appears in Mk 2,14. Since GP 60 is one of the three units which can be explained as "redacted versions of intracanonical data" (GP 23-24.50-57.60), this contact with Mark is not unacceptable in Crossan's theory[153]. Dependence upon Mark is not acceptable in the original Cross Gospel. A few contacts with the vocabulary of the canonical gospels can be isolated as redactional changes (νεανίσκοι for ἄνδρες in 37; μνῆμα in 30.31.32 and μνημεῖον in 34 for τάφος) or redactional insertions (πρεσβύτεροι and ἱερεῖς in 25, γραμματεῖς and Φαρισαῖοι in 28, γραμματεῖς in 31)[154], but the passion and resurrection narrative in GP 1-2.5b-22|25.28-34|35-42.45-49 is supposed to be the source of Mark and the other canonical Gospels.

It is hardly demonstrable that the original stratum of GP uniformly used the word ἀνήρ for heavenly beings, τάφος for tomb, and πρεσβύτεροι for the Jewish authorities. Crossan recognizes that "the three cases ... are not equally secure", the third is "only a guess", and only "the

---

explains v. 4a: "it was so large that they could see its position at some distance" (*e longinquo*). But see E. KLOSTERMANN, 1907, p. 145: "Es wird der Grund angegeben ... für den unausgesprochenen Hinter-Gedanken, daß man sich über die Tatsache von v. 4 wohl wundern konnte"; C.G. MONTEFIORE, 1909, p. 387 (with reference to Klostermann): "a loose way of expressing the implied thought that the rolling away of the stone was something very portentous and remarkable" (= D.E. NINEHAM, p. 444, without reference). See also R. Pesch, J. Gnilka, *et al.* Cf. VAGANAY, p. 324: "la réflexion ... a pour but de souligner le prodige de la pierre roulée". But, of course, this is also the sense of the women's question in v. 3!

151. M.-J. LAGRANGE, *L'ancienne version syriaque des évangiles*, in *RB* 29 (1920) 321-352; 30 (1921) 11-44, pp. 19-21: "Le changement de place de ην γαρ μεγας σφοδρα a pu venir à l'esprit de plusieurs personnes" (p. 20).

152. Regarding Mk 16,4a in sy⁵, Lagrange rightly observes: "Mais dans cette partie, Sin ne s'associe au groupe que par 'elles vinrent'; le reste est d'après le texte critique de Mc" (p. 20).

153. *The Cross*, p. 21 (cf. p. 293).

154. *Ibid.*, pp. 24-29: "Word Integrations"; 244-248 (tomb); 261-265 (Jewish authorities); 361-362 (νεανίσκος).

case of the heavenly beings is quite persuasive"[155]. But if the use of
τινα νεανίσκον in GP 55 (with its preparation in 37 and 44) is
dependent upon Mk 16,5, can we securely neglect the parallel in Lk
24,4 (ἄνδρες δύο) when we read δύο ἄνδρας in GP 36 (cf. 39)? And
how can one prove that the more or less indiscriminate use of the three
words for "tomb" only appeared at the stage of a secondary redaction?
The argument that ὁ τάφος in Mt 27,61.64.66; 28,1 depends on the
Cross Gospel is at the least reversible[156]. GP has five references to
Jewish groups: the elders and the priests (25), the scribes and Pharisees
and elders (28), the elders (29), elders and scribes (31), the elders (38).
Crossan thinks that the original Cross Gospel used only "elders"
because it is the only word always used in every group and the only
word ever used by itself[157]. Johnson made a different choice: the
original word is probably "Pharisees" (cf. Mt 27,62), the most unlikely
reference in the passion material and used only once in GP[158].

Johnson's description of the redaction in GP 28-49 (the guard at the
tomb)[159] shows much similarity with the redaction in GP 50-57 (the
women at the tomb). He does not limit the redactional process to the
addition of GP 43-44 and the conjunctions of Jewish groups (cf.
Crossan). "The attribution of cowardly fear to the Jewish leaders ... is
likely his own insertion" (GP 28-29a.30end.48). This fear motif as
reason for the setting of a guard "appears to be a response to a
reflection upon the question: Why did the Jewish leaders think that the
theft of the body would cause a stir? This is a formation analogous to
GP 50, where the author goes to great lengths to explain why the
women could not come to the tomb until Sunday morning"[160]. To the
traditional story of the request for a guard and the resulting placement
of the guard, novelistic embellishment is added in the name given to the
centurion (31), in the emphasis upon the size of the stone (32), the
mention of the seven seals, together with the pitching of a tent
emphasizing the permanency of the installation (33), the emphasis upon

155. *Ibid.*, p. 29.
156. Crossan knows perfectly well that it can be argued that ὁ τάφος is Matthean
usage. Cf. Mt 23,27.29: "it seems most likely that Matthew introduced the ὁ τάφος term"
(p. 247). See also Mt 28,1 (par. Mk 16,1-2: μνημεῖον). Add Mt 27,61 (Crossan: "no
Markan parallel") καθήμεναι ἀπέναντι τοῦ τάφου (Mk 15,47 ἐθεώρουν ποῦ τέθειται) and
Mt 14,12 ἔθαψαν αὐτό (Mk 6,29 ἔθηκαν αὐτὸ ἐν μνημείῳ).
157. *The Cross*, p. 265. However, at least one of the five instances is supposed to be
redactional (GP 25: "and the elders and priests" is added by mistake).
158. *Empty Tomb Tradition*, p. 63: "it is possible that the Pharisee reference is a part
of the special tradition behind both Mt and GP".
159. The main part of Johnson's dissertation is devoted to the study of GP 28-49.
Crossan has only one reference to this study (on the timing in Mt 28,1 as after-Saturday-
sunset: pp. 279 and 355), and no confrontation with the overall interpretation of GP.
160. *Empty Tomb Tradition*, p. 65. Cf. pp. 99-100 (and note 46): "Verse 48 is likely an
anti-Jewish addition to the story by the author of GP".

the wide circle of witnesses who saw the sealed tomb (34: "added, most likely by the author")[161]. The hand-washing and the declaration of innocence, together in one traditional unit, are separated in GP 1 and 46: "We have an analogy in GP's separation of the Joseph of Arimathea story into two parts" (GP 3 and 23: redactional for Crossan)[162]. Not unlike GP 50-57, the story of the guard has striking verbal agreements with the canonical gospel text (Mt 27,64)[163].

But let us concentrate on Mark. Crossan adopts the theory that an original resurrection-ascension appearance is relocated and transformed into the Transfiguration narrative in Mk 9,2-9 and that the empty tomb story in Mk 16,1-8 is created by Mark as its replacement. Crossan's proposal is quite specific. Four main items from the original epiphany in GP 35-42 are "still residually evident" in Mk 9,2-8: (1) the "two men" (GP 36): "Elijah with Moses" in Mk 9,4; (2) the motif of the height of the men (GP 40) and "a high mountain" in Mk 9,2; (3) the "great brightness" (GP 36) and the white, glistening garments in Mk 9,3; (4) the "voice out of the heavens" (GP 41) and "a voice from the cloud" in Mk 9,7[164]. Crossan's own comment: "I do not think that those preceding parallels are very persuasive in themselves ... . I myself am primarily persuaded of it because he [Mark] knew and transposed the Final Confession from the Resurrection unit in *Gos. Pet.* 11:45 to become the Centurion's Confession at the crucifixion in Mark 15:39"[165].

Crossan's proposal is that Mark could not accept the story of a Gentile centurion who confesses Jesus as Son of God because of epiphanic manifestation (in the Cross Gospel: GP 45 ἀληθῶς υἱὸς ἦν θεοῦ) and therefore relocated this confession from resurrection to

161. *Ibid.*, pp. 66 (n. 8), 71-72. See also the reconstruction of the tradition on pp. 104-105, with omission of the self-rolling stone in 37 (cf. *supra*, n. 132) and the references to the cross in 40 and 41.

162. *Ibid.*, p. 94. Cf. p. 97: the present position of GP 46 and the addition of the confessional τοῦ υἱοῦ τοῦ θεοῦ are attributed to the author of GP. The hand-washing in GP 1 is expanded with the refusal on the part of the Jewish leaders.

163. GP 30   παράδος ἡμῖν στρατιώτας, ἵνα φυλάξωμεν τὸ μνῆμα   αὐτοῦ ἐπὶ
Mt 27,64   κέλευσον οὖν   ἀσφαλισθῆναι τὸν τάφον   ἕως
(GP)   τρεῖς ἡμέρας,   μήποτε ἐλθόντες οἱ μαθηταὶ αὐτοῦ κλέψωσιν αὐτὸν καὶ
(Mt)   τῆς τρίτης ἡμέρας, μήποτε ἐλθόντες οἱ μαθηταὶ αὐτοῦ κλέψωσιν αὐτὸν καὶ
(GP)   ὑπολάβῃ ὁ λαὸς ὅτι ἐκ νεκρῶν ἀνέστη,   (καὶ ποιήσωσιν ἡμῖν κακά.)
(Mt)   εἴπωσιν τῷ λαῷ·   ἠγέρθη   ἀπὸ τῶν νεκρῶν, (καὶ ἔσται ἡ ἐσχάτη πλάνη
(Mt)   χείρων τῆς πρώτης.)
On the redactional purpose of Mt 27,63-64, see P. HOFFMANN, *Das Zeichen für Israel. Zu einem vernachlässigten Aspekt der matthäischen Ostergeschichte*, in ID. (ed.), *Zur neutestamentlichen Überlieferung von der Auferstehung Jesu* (Wege der Forschung, 522), Darmstadt, 1988, pp. 416-452, esp. 421-423.

164. *The Cross*, pp. 349-351; *Four Other Gospels*, pp. 172-174.

165. *Four Other Gospels*, pp. 173-174.

crucifixion (Mk 15,39 ἀληθῶς οὗτος ὁ ἄνθρωπος υἱὸς θεοῦ ἦν).
Matthew combined both Mk 15,39 (the location after Jesus' death) and
GP 45 (a situation of watch over Jesus and a plural confession because
of the wonders seen)[166]. However, the question should be raised
whether the author of GP, if he knew Mk 15,39 (Mt 27,54), could
accept the location of this confession at the death of Jesus. It is a
characteristic feature of GP that Pilate has no part in the crucifixion;
Roman soldiers are absent in the mockery and crucifixion scenes. In the
logic of the story, there is no place for a centurion witness of Jesus'
death. That the reaction of those who witnessed the epiphany is "no
more than might be expected"[167] does not diminish the greater plausibility of a removal from Mk 15,39 (Mt 27,54) to GP 45. It is followed
by Pilate's declaration of innocence, another example of a transferred
motif in GP[168], and here connected with the preceding confession by
the use of τοῦ υἱοῦ τοῦ θεοῦ (GP 46)[169]. Crossan astutely compares
GP 45-46 with Mk 15,44-45: "It may have been Mark's way of
retaining through rephrasing the conversation between Pilate and the
centurion found in the Cross Gospel"[170]. Here, too, is it not more likely
that the direction of influence goes from Mark to GP? The burial by
Joseph in GP 23-24, with its preparation in 3-5a, is assigned by Crossan
to the intracanonical stratum (cf. Mk 15,42-46). In Mk 15,44-45 Pilate
only takes his decision after consultation, and that, together with the
Herod episode in Luke, may have contributed to the transformation of
the story in GP 3-5a[171]. The centurion watching Jesus' death has no
direct parallel in GP, but Mk 15,39 and 44-45 may have influenced the
story of the centurion[172] watching Jesus' tomb and witnessing the
resurrection in GP 45-46.

Crossan's refusal of this possibility is a consequence of his general
theory, neatly separating an original stratum from the later dependent
text (GP 3-5a.23-24.26-27.43-44.50-60). He compares the Cross Gospel

166. *The Cross*, pp. 348-349. Cf. *Four Other Gospels*, pp. 140-141. — On the relation
to Mt 27,54, cf. BROWN (*art. cit.*, n. 109), pp. 329-330.

167. *Four Other Gospels*, p. 140.

168. Cf. *The Cross*, pp. 98-99: "although the washing of the hands and the declaration
of innocence go together, the *Cross Gospel* has them disassociated, almost as frames of the
entire proceedings".

169. On the contrast to the malevolence of the Jewish leaders, cf. BROWN (*art. cit.*,
n. 109), p. 329.

170. *Ibid.*, p. 239.

171. On the "redactional scene preparation" in GP 3-5a, cf. *The Cross*, pp. 102-104
(p. 103: "the opening words in 2:3-4 refer to the intracanonical burial by friends"). — On
the "insertion" of GP 3-5a, cf. DENKER, p. 34 ("Die Nahtstellen sind deutlich sichtbar":
GP 2 resumed in 5b. But on "resumption" and its source-critical use, see F. NEIRYNCK,
L'epanalepsis et la critique littéraire, in *ETL* 56 (1980) 303-338 (= *Evangelica*, 143-178).

172. The word used in GP 31.32.38.45.47.49 is κεντυρίων: cf. Mk 15,39 (diff. Mt and
Lk) and 44-45 (no par.).

with the synoptic Q source, and for the double hypothesis of both dependence and independence in the final document he refers to the analogy in John, dependent on the synoptics in the passion and resurrection narratives[173] but independent in his pre-passion text[174]. However, Q is the common source of *two* gospels (and that makes a difference!)[175]. Those who opt for John's dependence in the passion and resurrection narratives can hardly exclude some influence of the synoptics in other parts of the gospel, and with that proviso a comparison of GP with John is not unacceptable. In Crossan's own interpretation, GP 50-57 is clearly dependent on Mk 16 and "the νεανίσκος in the tomb" is prepared for in GP 37b and 44. In addition, we noted possible influences of Mark in 37a (the opening of the tomb: cf. Mk 16,4); 45-46 (the confession of the centurion: cf. Mk 15,39.44-45); 49 (the silence motif: cf. Mk 16,8). In contrast to GP 50-57, the Gospel of Mark is not the predominant "source" in GP 28-49 (the guard at the tomb)[176] but Mark is not wholly absent, and I prefer to retain "the author of GP" responsible for both stories.

I conclude with one item of the first section of the Cross Gospel (GP 1-2.5b-22). The title "King of Israel" is used twice, in GP 7 (the abuse) and 11 (the inscription). Mark has the title "King of the Jews" in the trial before Pilate (15,2.9.12) and in the parallels to GP 7 and 11 (15,18.26). "King of Israel" appears only once in Mark (15,32): "in this case, he retains the title 'King of Israel' which he found in *Gospel of Peter* 3:7 and 4:11"[177]. Crossan correctly observes that Mark "consi-

---

173. *The Cross*, p. xiii, with reference to my *Evangelica*, 1982, pp. 181-488.

174. *The Cross*, pp. xi-xiv (Introduction).

175. The example of Q is cited by Brown against Crossan's thesis that the canonical gospels depend on the Cross Gospel: "The existence of Q rests on the observation that Matt and Luke agree closely with each other in large bodies of sayings material absent in Mark. But in the passion narrative where Matt, Luke, or John have material not in Mark but found in some form in *GP*, they do *not* agree with each other" (*art. cit.*, p. 333). Crossan refers to a similar objection raised by D. MacDonald (p. 19: "a very cogent objection", "the most serious general one that can be made to my thesis"): "one would expect that there would be some cases when at least two of them [Matthew, Luke, John] would decide to prefer the *Cross Gospel* to Mark rather than Mark to it all the time" (*The Cross*, p. 18). Crossan notes one exception: "both Luke 24:4 and John 20:12 prefer the *Cross Gospel* to Mark and have two individuals in their account" (p. 19). But see p. 361: "that may well be indirectly through Luke rather than directly from the *Cross Gospel* itself".

There is no reference in Crossan's book (1988) to Brown's presidential address delivered at the SNTS meeting in Atlanta, August 1986 (and published in *NTS*, July 1987). Crossan presented his thesis at the SBL Convention in Atlanta, November 1986, and at that occasion D. MacDonald offered his objection comparing with Matthew and Luke using Mark and Q.

176. Mt 27,62-68; 28,1-4.11-15 (and 27,51-53.54), or, for Johnson, *et al.*, the tradition used by Matthew. For the "parallel" in the Ascension of Isaiah, see the contribution by J. Verheyden in this volume, pp. 247-274.

177. *The Cross*, p. 60.

ders that Romans would say 'King of the Jews' but Jews would say 'King of Israel'". Once more, the observation is reversible. The author of GP may have changed Mark's τῶν 'Ιουδαίων to 'Ισραήλ for the same reason: "from 3:6 through 6:22, the protagonists are simply 'they', that is to say, 'the people'. Hence, in this account, the accusatory title in both mockery and Crucifixion comes, not from Romans, but from Jews"[178]. In parallel to GP 11 (the inscription: "this is the King of Israel") is it Mark who "abbreviates"[179] or is it the author of GP who "expands" by adding οὗτός ἐστιν (cf. Mt 27,37)?

Minor details of the passion narrative in Mark are seen by Crossan in the light of the Cross Gospel. The disrobing/rerobing motif in the mockery scene (Mk 15,17.20) is "a simple framing device": "Having removed the frames of the 'Son of God' acclaim used in *Gospel of Peter* 3:6,9, Mark needed some other frames and Matthew simply followed him"[180]. The influence of the Cross Gospel also extends far beyond the passion narrative. The mention of the Herodians (3,6; 12,13) and of Herod (8,15) "is simply because Mark knows the *Cross Gospel* account in which Herod is in charge of Jesus' Crucifixion"[181]. But this paper is not the appropriate place for a more detailed analysis of Crossan's book[182].

4. THE GOSPEL OF THE EBIONITES

Very little attention has been given by Koester, *et al.*, to the Gospel of the Ebionites: "It drew from Matthew and Luke, and perhaps also from Mark. As far as the few preserved citations allow us to judge, there are no traces of independent special traditions. ... *Not much* can be learned from the extant fragments" (Koester). "A date of composition in the middle of the second century, when several other gospel harmonies were also being written, is most likely" (Cameron)[183].

178. *Ibid.*
179. *The Cross*, p. 188.
180. *Ibid.*, p. 154.
181. *Ibid.*, p. 91.
182. See the reproduction of GP (Greek text) in the Appendix.
183. H. KOESTER, *Introduction*, II, pp. 202-203 (italics added; cf. *Einführung*, pp. 642-643: "*Mehr* läßt sich ... *nicht* entnehmen"); R. CAMERON, *The Other Gospels*, pp. 104. Compare H. KOESTER, *Überlieferung und Geschichte der frühchristlichen Evangelienliteratur* (1984), pp. 1499 and 1540: contrast "nicht vor der Mitte des 2. Jahrhunderts" and "in der ersten Hälfte des 2. Jahrhunderts"; "Vielleicht liegt eine Harmonie ... zugrunde" and "Eine Evangelienharmonie war...".

For a recent revision of P. Vielhauer's presentation of GEb by G. STRECKER, see *Neutestamentliche Apokryphen* (cf. *supra*, n. 51), ⁵1987, pp. 138-142. The fragments are no longer given in the order of their citation by Epiphanius (Vielhauer, followed by Bertrand, Cameron, Funk, *et al.*) but in the order of occurrence in the gospel: 1 (= 3), 2 (=), 3

There is a general agreement about GEb's dependence on the synoptic gospels. However, in a study of the fragments on John the Baptist, M.-É. Boismard makes a distinction between the original text and later expansions[184]. Thus, in Fragment 2: καὶ ἐγένετο Ἰωάννης βαπτίζων καὶ ἐξῆλθον πρὸς αὐτὸν Φαρισαῖοι καὶ ἐβαπτίσθησαν καὶ πᾶσα Ἱεροσόλυμα. καὶ εἶχεν ὁ Ἰωάννης ἔνδυμα.... Compare Mk 1,4 ἐγένετο Ἰωάννης [ὁ] βαπτίζων ἐν τῇ ἐρήμῳ[185] καὶ κηρύσσων βάπτισμα μετανοίας εἰς ἄφεσιν ἁμαρτιῶν. 5 καὶ ἐξεπορεύετο πρὸς αὐτὸν πᾶσα ἡ Ἰουδαία χώρα καὶ οἱ Ἱεροσολυμῖται πάντες, καὶ ἐβαπτίζοντο ὑπ᾽ αὐτοῦ ἐν τῷ Ἰορδάνῃ ποταμῷ ἐξομολογούμενοι τὰς ἁμαρτίας αὐτῶν. GEb is supposed to depend on the source of Mark (Document B)[186]. The added elements are taken from Matthew (all MtR): "Pharisees" (cf. Mt 3,7), "all Jerusalem" (Mt 3,5; cf. 2,3); and verse Mt 3,4. Without discussing here the three-stage composition of Mark, questions may be raised about GEb and the plausibility of the two stages. The dependence on Matthew, rightly accepted by Boismard, can be combined with dependence on Mark. The dependence on Mt 3,4 is evident in the second part of the fragment (καὶ εἶχεν ὁ Ἰωάννης ἔνδυμα ἀπὸ ...) but the order is clearly that of Mk 1,4-5.6. The opening phrase (ἐγένετο Ἰωάννης βαπτίζων) can be another contact with Mark (1,4) without suggesting any dependence on earlier levels of composition[187].

Massaux notes that in Fragment 2 "le début de la notice semble influencé par *Mc*", but elsewhere he refers to the synoptic tradition, and in his conclusion he only retains the influence of Matthew and Luke[188]. More recently, W.-D. Köhler is even more critical: he explains

(= 4), 4 (= 1), 5, 6, 7 (=). The reference "haer. 30,14.3" should be added for the words enclosed in angle brackets in no. 1 (= 3). The introduction is updated, with one significant correction: gnosticizing christology in GEb is "unwahrscheinlich" (p. 140).

184. *Synopse des quatre évangiles en français*, II, Paris, 1972, pp. 69-74 (§ 19). Cf. *Évangile des Ébionites et problème synoptique (Mc., I, 2-6 et par.)*, in *RB* 73 (1966) 321-352. For criticism, see F. NEIRYNCK, *Une nouvelle théorie synoptique (à propos de Mc., I, 2-6 et par.)*, in *ETL* 44 (1967) 141-153 (esp. pp. 143-148: "L'évangile des Ébionites"); = *Jean et les Synoptiques* (BETL, 49), 1979, pp. 299-311 (esp. 301-306).

185. N²⁶ [ὁ] βαπτίζων ... καὶ κηρύσσων: Boismard prefers the reading ὁ βαπτίζων ... κηρύσσων: *Synopse*, II, p. 70; *Synopsis Graeca*, 1986, p. 14 (cf. *ETL* 63, 1987, p. 128).

186. The Intermediate Mark changed the verb ἐξέρχεσθαι to ἐκπορεύεσθαι (*Synopse*, II, p. 72). But see *RB*, 1966: ἐξεπορεύοντο and ἐβαπτίζοντο in *Mc-primitif* and the imperfects changed to aorists by GEb (p. 342). Mk 1,6 is added by Intermediate Mark; and all other elements in vv. 4-5, and verses 1 and 2-3, are added by the final redactor of Mark (partially from Intermediate Matthew).

187. Cf. *Une nouvelle théorie synoptique*, pp. 144-145 (= 302-303): "Si l'on suppose une seconde couche littéraire, il faut envisager que le remanieur peut ajouter des traits, mais également qu'il peut en recouper et donner au texte son caractère schématique. On s'étonne devant le contraste dans le style des deux parties, mais dans le fragment, tel qu'il nous est transmis, c'est précisément la seconde section qui est en vedette. Le commentaire d'Épiphane sur le ψεῦδος n'est pas menteur!".

188. *Influence de l'Évangile de saint Matthieu*, pp. 347-357, esp. 350 and 357.

the agreements with Mark in no. 2 as fortuitous, "aus gedächtnis-
mäßiger Zitation der matthäischen Geschichte resultierend"[189]. And he
concludes in general: "Daß er auch das Mk gekannt hat, läßt sich nicht
beweisen, aber auch nicht ausschließen"[190]. Daniel A. Bertrand's thesis
is the extreme opposite. He considers GEb a harmony of the three
synoptic gospels and reckons with the use of Mark in nos. 2, 3, 4
(Strecker's nos. 2, 1, 3)[191]. Köhler may be right, GEb is not simply a
harmony of gospel parallels. The author of GEb makes a free use of the
gospel text and also combines and conflates different passages of the
same gospel[192]. The possibility that GEb used Mark is not denied by
Köhler. But at least the influence of Mk 1,4-6, in the case of no. 2, is
more than just "possible". The same passage in Mark may have
influenced the other fragment on John the Baptist (no. 3; Strecker
no. 1):

... Ἰωάννης ... βαπτίζων	Mk 1,4a
βάπτισμα μετανοίας	4a
ἐν τῷ Ἰορδάνῃ ποταμῷ ...	5b
καὶ ἐξήρχοντο πρὸς αὐτὸν πάντες.	5a

The omission of κηρύσσων can result from the association of "in the
river Jordan", the complement to ἐβαπτίσθησαν in Mk 1,5b, with the
active verb βαπτίζων. The figura etymologica corresponds to the Lukan
style of the fragment (cf. Lk 7,29; Acts 19,4)[193]. The fragment on the
baptism of Jesus (no. 4; Strecker no. 3) shows similarities with Mk 1,9
(καὶ ἐβαπτίσθη ὑπὸ τοῦ Ἰωάννου) and 1,11 (the first version of the
heavenly voice)[194].

189. *Die Rezeption des Matthäusevangeliums*, pp. 272-278, esp. 278.
190. *Ibid.*, p. 287 (cf. p. 276).
191. D.A. BERTRAND, *L'Évangile des Ébionites: Une harmonie évangélique antérieure
au* Diatessaron, in *NTS* 26 (1979-80) 548-563, pp. 559-560: nos. 1 (Mt + Lc); 2 (Mt +
Mc); 3 (Mc + Lc); 4 (Mt + Mc + Lc); 5 (Mt + Lc); 6 (Mt); 7 (Mt + Lc). Cf.
W. SCHENK, *Das "Matthäusevangelium" als Petrusevangelium*, in *BZ* 27 (1983) 58-80,
p. 66: "wahrscheinlich ... die älteste uns bekannte Evangelienharmonie des Mt, Mk und
Lk" (with reference to Bertrand). See now also G. HOWARD, *The Gospel of the Ebionites*,
in *ANRW* II.25.5 (1988) 4034-4053 (with reference to Bertrand on p. 4037).
On the absence of John, cf. BERTRAND, p. 560: "*Jean* lui était en revanche vraisemblablement inconnu ou étranger" (cf. p. 563: Tatian's harmony must "rendre sa place à
Jean"). Compare Köhler: "Keine Spur ist zu entdecken von Bekanntschaft mit dem Joh"
(p. 287); see also Strecker (p. 140). A possible contact with John in no. 4 (Strecker no. 3)
remains unnoticed: the Baptist's question σὺ τίς εἶ; (before the Matthean version of the
heavenly voice) can be compared with the question addressed to John the Baptist in
Jn 1,19 (σὺ τίς εἶ;). See also n. 196.
192. Cf. KÖHLER, p. 276: "Auch sein 'Springen' von Perikope zu Perikope fände so
kaum eine Erklärung".
193. On the redactional unity of the fragment (ctr. Boismard), see *Une nouvelle théorie
synoptique* (n. 184), pp. 146-147 (= 304-305). Cf. p. 147 (= 305): the use of ἦλθεν
(HOWARD, p. 4044: "alternation of synonyms", Mk 1,4 ἐγένετο/Mt 3,1 παραγίνεται) may
be influenced by Lk 3,3.
194. For Köhler (p. 281), the first version can be Lk 3,22 and the second Lk 3,22 D

The most problematic fragment is certainly no. 1 (Strecker no. 4)[195]. This complex composition is not simply a harmony of parallel versions. It contains reminiscences of different synoptic texts on the call of the disciples[196], in particular the Matthean and Lukan parallels to Mk 1,16 (and 1,21a.29a); 2,14; 3,13-19. I quote here the text of this fragment as a preparation for our reading of the Unknown Gospel and the Secret Gospel of Mark:

	Mt	Mk	Lk
ἐγένετό τις ἀνὴρ ὀνόματι Ἰησοῦς			(Lk)
— καὶ αὐτὸς ὡς ἐτῶν τριάκοντα —			3,23
ὃς ἐξελέξατο ἡμᾶς.			6,13 (Acts 1,2)
καὶ ἐλθὼν εἰς Καφαρναοὺμ	4,13	1,21	4,31
εἰσῆλθεν εἰς τὴν οἰκίαν Σίμωνος	(8,14)	(1,29)	4,38
τοῦ ἐπικληθέντος Πέτρου	(4,18; 10,2)	(3,16)	6,14
καὶ ἀνοίξας τὸ στόμα αὐτοῦ εἶπεν·	5,2		
παρερχόμενος παρὰ τὴν λίμνην Τιβεριάδος	(4,18)	(1,16)	5,1
ἐξελεξάμην			6,13 (Acts 1,2)
Ἰωάννην καὶ Ἰάκωβον, υἱοὺς Ζεβεδαίου,	10,2-4	3,16-19	6,14-16; Acts 1,13
καὶ Σίμωνα καὶ Ἀνδρέαν			
καὶ Θαδδαῖον καὶ Σίμωνα τὸν ζηλωτὴν			
καὶ Ἰούδαν τὸν Ἰσκαριώτην·			
καὶ σὲ τὸν Ματθαῖον	9,9	(2,14)	(5,27-28)
καθεζόμενον ἐπὶ τοῦ τελωνίου ἐκάλεσα			
καὶ ἠκολούθησάς μοι.			
ὑμᾶς οὖν βούλομαι εἶναι			
δεκαδύο ἀποστόλους	10,2	(3,14)	(6,13)
εἰς μαρτύριον τοῦ Ἰσραήλ.	10,6		

(Ps 2,7). GEb's correspondence to the Markan order ("dove" first, then "coming down") is emphasized by Howard (p. 4041; see also p. 4037, n. 8). See also p. 4044: the alternation of synonyms in κατελθούσης for Mark's καταβαῖνον.

195. In contrast to other scholars (cf. Bertrand, Schenk, Köhler), G. Strecker is perfectly aware of the problems connected with this fragment (p. 139, under 1: independent tradition?; under 2: two units combined?). On the basis of this fragment, W. Schenk comes to far-reaching conclusions: "the Gospel of Matthew" was originally "Selbstbezeichnung" of this gospel harmony (beginning 2nd century); and the witness of Papias (around 130) concerns this "Matthew", and not "das erst fünfzig Jahre später sicher so bezeichnete erste Jesusbuch der Synoptiker" (pp. 65-67).

196. Cf. KÖHLER, pp. 272-277: "Nicht so sehr die Ersetzung des Mt und Lk durch einen Mischtext als vielmehr die Ersetzung der verschiedenen Berichte durch eine neuakzentuierte Neufassung des synoptischen Stoffes scheint Intention des Verfassers gewesen zu sein" (p. 277).

Is John wholly absent? "L'appellation de Tibériade [line 8] est propre à Jean, mais insuffisante à fonder seule une dépendance à l'égard de cet évangile" (BERTRAND, p. 554, n. 31: italics added). More significant is the use of direct discourse with ἐξελεξάμην (line 9); cf. ἐξελέξατο ὑμᾶς (line 3: Lk 6,13 ἐκλεξάμενος; Acts 1,2 ἐξελέξατο). Compare ἐξελεξάμην in Jn 6,70 (ὑμᾶς τοὺς δώδεκα); 13,18; 15,16.19 (ὑμᾶς).

5. PAPYRUS EGERTON 2

a. *The Date of P. Egerton 2*

"Since Papyrus Egerton 2 displays no dependence upon the gospels of the New Testament, its date of composition is not contingent upon that of these or any other documents which we now possess" (Cameron)[197]. "It must be a text that is older than the Gospel of John. ... It belongs to a stage of the tradition that preceded the canonical gospels" (Koester)[198]. In the case of P. Egerton 2, external evidence is cited in favor of the early date: "the script of this manuscript has been dated into the beginning of II CE" (with reference to the editors of the papyrus)[199]. In fact, Bell & Skeat were more cautious: (not later than) the middle of the second century; "as palaeographical considerations suggest, about the period A.D. 140-160"[200]. They indicate resemblances with the hands of papyri dated in the first half of the second century[201], and refer to W. Schubart who remarked that "some features of the hand might suggest an even earlier date"[202]. However, as it is noted in the Preface, "it should be added that he emphasizes the uncertainty of the palaeographical factor, which in the present case is the sole evidence of date"[203]. This uncertainty has to do with the fact that "literary hands were in general somewhat more conservative than documentary"[204]. If we have to trust the palaeographers, let us at least cite them correctly and not forget their own "uncertainty". As for me, it remains an unanswered question of how conservative may have been the hand of a second-century papyrus writer.

In the paper I delivered in August 1986 I added here: "I must confess that I am not aware of any new examination of the evidence since 1935.

197. *The Other Gospels*, p. 73. Cf. p. 74: "it was probably composed in the second half of the first century" (compare the dating of GP on p. 78). Note that Funk adopts this date for GP but not for P. Egerton 2 (p. xvii: "dated to the beginning of II CE"; or is this a confusion with Koester's dating of the manuscript?).

198. *Introduction*, II, 1982, pp. 181-183, esp. 182.

199. *Ibid.*; see also *History and Development of Mark's Gospel* (cf. *supra*, n. 18), p. 83 (correct the names of the editors); *ANRW*, 1984, pp. 1488-1490, esp. 1490. Compare also M.-É. BOISMARD, *La guérison* (cf. *infra*, n. 219), 1981, p. 288: "vers 125".

200. H.I. BELL & T.C. SKEAT, *Fragments of an Unknown Gospel and Other Early Christian Papyri*, London, 1935, p. 1; *The New Testament Fragments*, London, 1935, p. 17. Cf. J. VAN HAELST, *Catalogue*, 1976, no. 586; K. ALAND, *Repertorium*, 1976, no. Ap 14.

201. *Fragments*, pp. 1-2. See also pp. 6-7, on the similarity with P. Oxy. 656 (Aland, no. AT 8; Van Haelst, no. 13), dated in the second century by Bell & Skeat (*ibid.*) and again by Skeat in the edition of P. Oxy. 3523 (P⁹⁰; Jn 18,36 – 19,7), also assigned to the second century. Cf. *The Oxyrhynchus Papyri*, vol. L, London, 1983, pp. 3-8, esp. 3 (*ibid.*: "In general appearance the hand resembles that of the Egerton Gospel").

202. *Ibid.*, p. 7.

203. *Ibid.*, p. vi.

204. *Ibid.*, p. 2.

And this is strange enough since we are probably dealing with 'the earliest specifically Christian manuscript' and its date may have serious consequences for the study of the gospels". One year later, Michael Gronewald published a new fragment from the same codex (P. Köln 255)[205] and added a question mark to the date assigned by Bell & Skeat: "ca. 150 (?)". Gronewald refers to E.G. Turner's refutation of the early date of P[66] (suggested by H. Hunger)[206]. He draws attention to affinities with P[66], more particularly the use of an apostrophe between consonants (in the new fragment: ανενεγ'κον)[207]. "Doch auch bei einer eventuellen Datierung um 200 würde P. Egerton 2 immer noch zu den frühesten christlichen Papyri zahlen"[208]. W. Schneemelcher already drew the right conclusion: "Auch wenn man die Schwierig-keiten einer genauen Datierung beachtet, so wird man hinsichtlich des P. Egerton 2 mit einer Frühdatierung wohl sehr viel zurückhaltender sein müssen als bisher"[209].

b. *Papyrus Köln 255 (Inv. 608)*

In Fragment 1 verso (P. Eg. 2) the controversy ends with a reply of Jesus: νῦν κατηγορεῖται | [ὑμῶν ἡ ἀ]πιστεί[α (ll. 18-19), followed by a lacuna. P. Köln 255 contains the missing words in ll. 19-(23)[210]:

νῦν κατηγορεῖται [ὑμῶν τὸ ἀ]πιστεῖ[ν][211] τοῖς ὑπ' αὐτοῦ [με-
μαρτυρη]μένοις·
εἰ γὰρ ἐπι[στεύσατε Μω(ϋσεῖ)] ἐπιστεύσατε ἂ[ν] [ἐμοί· πε]ρ[ὶ] ἐμοῦ
γὰρ ἐκεῖνο[ς] [ἔγραψε]ν τοῖς πατ[ρά]σιν ὑμῶ[ν].

205. M. GRONEWALD, *Unbekanntes Evangelium oder Evangelienharmonie (Fragment aus dem "Evangelium Egerton"),* in *Kölner Papyri (P. Köln),* Band 6; = *Papyrologica Coloniensia* (Abh. RWA, Sonderreihe), vol. VII, Opladen, 1987, pp. 136-145 (no. 255). This P. Köln 255 is a small scrap (it measures 5,5 x 3 cm) which comes from the lost lower part of P. Eg. 2, Fragment 1. — I am grateful to D. Lührmann (Marburg) who first informed me about the new fragment.
206. E.G. TURNER, *Greek Manuscripts of the Ancient World,* Oxford, 1971, p. 108 (no. 63). — Note that more recently, in a personal communication to K. Aland, H. Hunger maintains the early date of P[66]: "not later than the middle of the second century". Cf. K. ALAND, *Der Text des Johannesevangeliums im 2. Jahrhundert,* in W. SCHRAGE (ed.), *Studien zum Text und Ethik des Neuen Testaments.* FS H. Greeven (BZNW, 47), Berlin, 1986, p. 1-10, esp. 1.
207. "Was nach E.G. Turner, Greek Manuscripts 13,3 eher ins dritte Jahrhundert weist" (pp. 136-137).
208. *Ibid.,* p. 137.
209. *Neutestamentliche Apokryphen,* I, [5]1987, pp. 82-87, esp. 82. The text of the new fragment is included in the German translation (1v l. 20; 1r l. 41). Bell & Skeat's sequence of the fragments (1v, 1r, 2r, 2v) and the numbering of the lines remain unchanged.
210. According to the new numeration of the lines by Gronewald: p. 138 (fragment ll. 19-24; l. 24 only has one or two letters), and p. 140 (reconstruction of the text).
211. Gronewald's reconstruction differs from Bell & Skeat's text: l. 10 γ[ομίζετε], for δ[οκεῖτε]; l. 15 ὅ[τι], for ε[ὔ]; l. 19 [τὸ ἀ]πιστεῖ[ν], for [ἡ ἀ]πιστεί[α].

Cf. Jn 5,46 εἰ γὰρ ἐπιστεύετε Μωϋσεῖ, ἐπιστεύετε ἂν ἐμοί· περὶ γὰρ ἐμοῦ ἐκεῖνος ἔγραψεν. For the addition τοῖς πατράσιν ὑμῶν, see Jn 6,31(-32) and 49.

Gronewald's conjecture in l. 20 is not entirely convincing. The three letters of P. Eg. 2 read as μεν (Bell & Skeat: ιλε? λλο?)[212] can be combined with οις (P. Köln) in [μεμαρτυρη]μένοις, following on τοῖς ὑπ᾽ αὐτοῦ. But neither ,the space of the lacuna in l. 20[213] nor the Johannine context[214] recommend the reading μεμαρτυρη- (nine letters). I would suggest reading [γεγραμ]μένοις (six letters)[215] because of Jn 5,46 (ἔγραψεν) followed by εἰ δὲ τοῖς ἐκείνου γράμμασιν οὐ πιστεύετε (v. 47).

The corresponding lacuna in P. Eg. 2, Fragment 1 recto, concerns the conclusion of the Healing of the Leper. Bell & Skeat, ll. 39-41: [ὁ δὲ κ(ύριο)ς εἶπεν αὐτῷ·] πορε[υθεὶς ἐπίδειξον σεαυτὸ]ν τοῖ[ς ἱερεῦσι ...]. Gronewald's reconstruction, ll. 42-47 (new numbering)[216]:

[λέγει] δὲ αὐτῷ ὁ Ἰησ(οῦς)[·]
πορε[υθεὶς σεαυ]τὸν ἐπίδειξον τοῖ[ς ἱερεῦσιν]
καὶ ἀνένεγκον [περὶ τοῦ καθ]αρισμοῦ ὡς προ[σ]έ[ταξεν Μω(ϋσῆς)
καὶ μ]ηκέτι ἁ[μά]ρτανε ...

Cf. Lk 17,14 πορευθέντες ἐπιδείξατε ἑαυτοὺς τοῖς ἱερεῦσιν.
Mt 8,4 ὕπαγε   σεαυτὸν δεῖξον τῷ ἱερεῖ
Mk 1,44 ὕπαγε   σεαυτὸν δεῖξον τῷ ἱερεῖ
Lk 5,15 ἀπελθὼν δεῖξον σεαυτὸν τῷ ἱερεῖ
Mt καὶ προσένεγκον τὸ δῶρον   ὃ προσέταξεν Μωϋσῆς
Mk καὶ προσένεγκε περὶ τοῦ καθαρισμοῦ σου ἃ προσέταξεν Μωϋσῆς
Lk καὶ προσένεγκε περὶ τοῦ καθαρισμοῦ σου καθὼς προσέταξεν Μωϋσῆς.
Jn 5,14 μηκέτι ἁμάρτανε (cf. 8,11).

First of all, the new evidence confirms Bell & Skeat's conjectural restoration on the basis of πορε[ ]υτοι and the contact with the Lukan parallel in Lk 17,14[217]: [σεαυ]τὸν ἐπίδειξον, in the inverted order of Mt/Mk (σεαυτὸν δεῖξον). Second, Jesus' demand that the man "offer

---

212. Compare the now voided conjectures suggested on that basis by Cerfaux (*art. cit.*, n. 47), p. 59 (= 283).

213. Cf. *Fragments*, Plate 1: the first letter in l. 20 (Gronewald: μεν) is placed under the iota of πιστ in l. 19.

214. The participle μεμαρτυρημένος (1 Clement, Ignatius: cf. Kraft's *Clavis*) is not used in John (never in the New Testament). Contrast: γεγραμμένος 10 times in Jn.

215. See line 21 in Gronewald's reconstruction:]επιστευσατε (cf. p. 138: under]οις in l. 20!) is preceded by στευσατεΜω, ten letters (or nine letters, if στευετε is read), and compare the corresponding γεγραμμεν in l. 20 (nine letters). — Note Tischendorf's apparatus to Jn 5,46: ἐπιστεύετε, ἐπιστεύσατε *alii pauci*.

216. *Art. cit.*, p. 140 (reconstruction; written here in sense-lines). Cf. p. 138 (P. Köln).

217. Most critics agree about this contact with Lk 17,14. For a negative reaction, see G. MAYEDA, *Das Leben-Jesu-Fragment Papyrus Egerton 2 und seine Stellung in der urchristlichen Literaturgeschichte*, Bern, 1946, pp. 35-36.

for the cleansing as Moses commanded" is now attested, in close
similarity with the synoptic versions[218], and P. Eg. 2 can no longer be
used as a witness for a shorter version in which τοῖς ἱερεῦσιν was
immediately followed by the final phrase εἰς μαρτύριον αὐτοῖς[219].
Third, there is the addition at the end of Jesus' words[220]: καὶ μηκέτι
ἁμάρτανε (cf. Jn 5,14). The presence of this Johannine reminiscence in a
synoptic story has a "parallel" in the reminiscence of Jn 3,2 in the
Question about Tribute, the other synoptic unit in P. Eg. 2.

c. *The Question about Tribute in P. Eg. 2*

2r, ll. 43-59 (= 78-94)[221]:

11a παραγενόμενοι πρὸς αὐτὸν   Mk 12,13-15a
  b ἐξεταστικῶς ἐπείραζον αὐτὸν λέγοντες·
  c διδάσκαλε Ἰησοῦ

---

218. The synonym ἀναφέρω (for προσ- in the Synoptics) is frequently used in the
LXX, e.g. in the chapter on the leper: Lev 14,20 καὶ ἀνοίσει ὁ ἱερεὺς ... καὶ καθαρισθή-
σεται. For the verbal form -ένεγκον, cf. Mt; περὶ τοῦ καθαρισμοῦ, cf. Mk/Lk; ὡς, cf.
Lk καθώς.

219. This is the thesis of M.-É. Boismard, in *Synopse*, II, 1972, pp. 101-105, esp. 103;
La guérison du lépreux (Mc 1,40-45 et par.), in R. AGUIRRE - R. GARCIA LOPEZ (eds.),
Escritos de Biblia y Oriente (Bibliotheca Salmanticensis. Estudios, 35), Salamanca-Jerusalem,
1981, pp. 283-291, esp. 289. For criticism, see F. NEIRYNCK, *Papyrus Egerton 2 and the
Healing of the Leper*, in *ETL* 61 (1985) 153-160, p. 156. As indicated there, the use of the
plural τοῖς ἱερεῦσιν can be influenced by εἰς μαρτύριον αὐτοῖς. It is clear now that this
synoptic phrase itself did not appear in P. Eg. 2. See Gronewald's remark on the cross-
stroke in the final E (cf. *infra*, n. 220).

220. See Gronewald's note on l. 47 (]ρτανε): "Die mittlere Horizontale des letzten E
ist lang in den freien Raum vor der Bruchstelle des Papyrus ausgezogen, wie sonst am
Zeilenende" (p. 139).

The new fragment does not solve the problem of the connection between verso and
recto in Fragment 1: "Ob der Steinigungsversuch in Fr. 1 recto des Papyrus sich
unmittelbar an die am Ende des Verso kenntlichen Worte anschloss oder, wie bei
Johannes, an eine andere als blasphemisch empfundene Selbstaussage Jesu, lässt sich nicht
ermitteln" (*ibid.*, p. 143). The sequence 1v-1r itself is not certain. It was adopted by Bell &
Skeat because of internal evidence: "The first eight lines of the recto follow so naturally
on the verso that it seems safe to take them as the continuation of the incidents there
related. Thus we can assume that the verso page of this leaf preceded the recto"
(*Fragments*, p. 139). However, the blasphemous word of Jesus is missing; and the attempt
to explain the small Fragment 3 as the upper portion of Fragment 1 (*The New Gospel
Fragments*, pp. 14-16) was not very convincing. The editors rightly note that there is "no
external evidence on this point" (*Fragments*, p. 39; see also p. 41). We do not even know
whether Fragment 1 was placed in the first part of a quire. The alternative 1r 1v was
suggested in 1936 by H. Vogels (on the basis of Tatian: cf. *Theologische Revue* 34, 1935,
p. 315). Can this be reconsidered in light of the new evidence, with Jn 5,14 at the end of
the leper incident followed by the controversy of 1v (Jn 5,39.45.46)?

221. The text is quoted according to Bell & Skeat's restoration (cf. nn. 222-223) and in
an arrangement of sense-lines. The numbers in the margin are those of Bell & Skeat's
verse numeration.

d οἴδαμεν ὅτι ἀπὸ θεοῦ ἐλήλυθας   Jn 3,2
e ἃ γὰρ ποιεῖς μαρτυρεῖ ὑπὲρ τοὺς προφήτας πάντας.
12a εἶπε²²² οὖν ἡμῖν·
 b ἐξὸν τοῖς βασιλεῦσιν ἀποδοῦναι τὰ ἀνήκοντα τῇ ἀρχῇ
 c ἀποδῶμεν αὐτοῖς ἢ μή
13a ὁ δὲ Ἰησοῦς εἰδὼς τὴν διάνοιαν αὐτῶν
 b ἐμβρειμησάμενος εἶπεν αὐτοῖς·
 c τί με καλεῖτε τῷ στόματι ὑμῶν διδάσκαλον·   Lk 6,46
 d μὴ ἀκούοντες ὃ λέγω·
14a καλῶς Ἠσαΐας περὶ ὑμῶν ἐπροφήτευσεν εἰπών·   Mk 7,6-7
 b ὁ λαὸς οὗτος τοῖς χείλεσιν αὐτῶν τιμῶσίν με
 c ἡ δὲ καρδία αὐτῶν πόρρω ἀπέχει ἀπ' ἐμοῦ·
 d μάτην με σέβονται²²³
 e ἐντάλματα ...

The fragment breaks off in line 59 with εvταλ[ματα. We can suppose that the lost text completed the quotation: (καὶ διδασκαλίας?) ἀνθρώπων διδάσκοντες, and continued with an answer to the question about tribute (cf. Mk 12,15-17 par.)²²⁴. It is more difficult to agree with Crossan's thesis that the citation of Isa 29,13 is part of the original dialogue and that Mark relocated this *Accusation* element to Mk 7,6-7²²⁵. His first argument concerns the introduction of the citation: καλῶς ... ("*Well did* Isaiah prophesy of you"). This formulation appears only here in Mk 7,6 and in the parallel text of Mt 15,7 and in Acts 28,25, both dependent on Mark. "I consider, therefore, that this unusual introduction, 'well did ...' came from Eger P 2, line 54, into Mark 7:6"²²⁶. This is a very strange argument. Is it not more obvious to conclude that the "unusual" introduction came from Mk 7,6 into Mt, Acts... and P. Eg.? But is it really so unusual in Mark? Καλῶς is used again in the same context in v. 9 (καλῶς ἀθετεῖτε...)²²⁷, and it also appears twice in another pericope, 12,28 and 32 (both with a verb of saying, ἀπεκρίθη and εἶπεν). The second argument regards the omission of ἐν τῷ στόματι αὐτοῦ in the citation. P. Eg. has a reminiscence of these words in the preceding clause (13c τῷ στόματι ὑμῶν) but there is no obvious reason for the omission in Mark, except dependence on P. Eg. 2²²⁸. A few observations can be made. First, the

---

222. Editio princeps: [λέγε οὖν], revised by Bell & Skeat to εἶπε οὖν (cf. Mt εἶπον οὖν).
223. For [με σέβονται] "which suits the space better" (p. 23), Gronewald reads δὲ σέβονταί με (= Mt/Mk).
224. But see n. 238.
225. Cf. *supra*, n. 7.
226. *Four Other Gospels*, p. 84.
227. Cf. E. WENDLING, *Die Entstehung des Marcus-Evangeliums*, Tübingen, 1909, p. 89: the introduction in 7,6 is an imitation of 7,9 "denn hier hat καλῶς ironisches Pathos".
228. *Four Other Gospels*, pp. 84-85.

LXX-A has a shorter version of the text without ἐν τῷ στόματι αὐτοῦ καί. Second, Mark is interested in the antithesis lips-heart and therefore may present the citation in a compressed form, by omitting ἐγγίζει μοι ... ἐν τῷ στόματι αὐτοῦ καὶ and changing the verb τιμῶσιν to the singular τιμᾷ (cf. ἐγγίζει). Third, the citation taken from Mk 7,6-7 may have been rewritten in P. Eg. 2 under the influence of the LXX: the word order ὁ λαὸς οὗτος (= Mt) and τιμῶσίν με, the pronoun αὐτῶν, the plural τιμῶσιν (and possibly τῷ στόματι ὑμῶν in l. 52: LXX-B ἐν τῷ στόματι αὐτοῦ). Fourth, although P. Eg. 2 displays in the first line greater similarity to the LXX text, the application of the citation can be secondary. In Mark, as Crossan observes[229], "it refers, as it did originally, to God", whereas P. Eg. 2 "refers the biblical text to Jesus himself": τιμῶσίν με follows on τί με καλεῖτε ...

The counter-question in P. Eg. 2 provides "a smooth transition" to the citation[230], but was the saying "originally created" for this context? It has a close parallel in Lk 6,46. This Q saying *and its context* deserve serious consideration:

	(45 ...λαλεῖ τὸ στόμα αὐτοῦ)
τί με καλεῖτε	τί δέ με καλεῖτε·
(τῷ στόματι ὑμῶν)	
διδάσκαλον	κύριε κύριε,
μὴ (ἀκούοντες) ὃ λέγω.	καὶ οὐ ποιεῖτε ἃ λέγω.
	(47 ἀκούων ... ποιῶν)
	(49 ἀκούσας ... μὴ ποιήσας)

The address διδάσκαλε and the counter-question τί με πειράζετε in Mk 12,15 (par. Mt)[231] may have suggested to the author of P. Eg. 2 this adaptation of Lk 6,46. The verb πειράζειν is transferred to the introduction: ἐξ[ετασ]τικῶς ἐπείραζον αὐτὸν λέγοντες· διδάσκαλε Ἰησοῦ. For Crossan, πειράζειν in Mk 12,15 comes from P. Eg. 2[232], but there is no need of a pre-Markan source to explain Mark's use of πειράζειν (cf. 8,11; 10,2)[233].

The introduction of Jesus' reply (the *Protest*) is a rephrasing of Mk 12,15: ὁ δὲ εἰδὼς αὐτῶν τὴν ὑπόκρισιν εἶπεν αὐτοῖς[234]. The addition of the name Ἰησοῦς (cf. Mt) is not without parallels in P. Eg. 2: compare the Debate with the Authorities (l. 17) and the Healing of a Leper (l. 40). The words ὑπόκρισις (12,15) and ὑποκριτής (7,6) are both unique in Mk. In P. Eg. 2, the first is replaced with διάνοια

229. *Ibid.*, p. 87.
230. *Ibid.*, pp. 74 and 79-80.
231. Compare also Mk 10,17-18 (par. Lk): διδάσκαλε ἀγαθέ (question) and τί με λέγεις ἀγαθόν;
232. *Ibid.*, p. 80 (see also p. 81).
233. Cf. F. NEIRYNCK, *Mt 12,25a/Lc 11,17a et la rédaction des évangélistes*, in *ETL* 62 (1986) 118-133, p. 123, n. 2.
234. *Ibid.*, p. 81.

(compare διανοήματα with εἰδώς in Lk 11,25)[235] and the second is omitted (περὶ ὑμῶν). But their presence in Mark may have contributed to the transference of the citation (Isa 29,13) from Mk 7,6-7 to the Question about Tribute (cf. Mk 12,15) in P. Eg. 2. There is one addition in the introduction: ἐμβριμησάμενος (cf. Mk 1,43). This can mean that the author retained a memory of what he had read in Mk 1,40-44 (the Healing of the Leper)[236].

The formulation of the question in P. Eg. 2 is apparently influenced by Mark. Both Matthew and Luke omit the second element of Mark's characteristic double question. P. Eg. 2 retains a double question but omits the disjunctive ἢ οὔ in the first question[237]:

ἐξὸν ... ἀποδοῦναι ...	Mk 12,14 ἔξεστιν δοῦναι ... ἢ οὔ;
ἀποδῶμεν αὐτοῖς ἢ μή;	δῶμεν ἢ μὴ δῶμεν;

The verb used in P. Eg. 2 and the phrase (τοῖς βασιλεῦσιν) τὰ ἀνήκοντα τῇ ἀρχῇ seem to suggest that Jesus' answer, ἀπόδοτε and τὰ Καίσαρος, is anticipated in the question[238].

Finally, the complimentary words in Mk 12,14 and Jn 3,2 are combined in P. Eg. 2:

Mk	Jn	
διδάσκαλε,	ῥαββί,	διδάσκαλε Ἰησοῦ,[239]
οἴδαμεν ὅτι	οἴδαμεν ὅτι	οἴδαμεν ὅτι
...	ἀπὸ θεοῦ ἐλήλυθας διδάσκαλος·	ἀπὸ θεοῦ ἐλήλυθας·
οὐ γὰρ...	οὐδεὶς γὰρ ... ἃ σὺ ποιεῖς ...	ἃ γὰρ ποιεῖς
	5,36; 10,25	μαρτυρεῖ...

Not unlike the use of Lk 6,46 in Jesus' reply, this use of Jn 3,2 may have been suggested by the similarity to the opening words in Mk 12,14.

Crossan rightly emphasizes that P. Eg. 2 and Mk 12,13-17 are not unrelated[240] but the direction of the influence is, I think, from Mark to P. Eg. 2.

235. Cf. supra, n. 233.

236. Cf. Papyrus Egerton 2 (cf. supra, n. 219), p. 158. Another possible reminiscence is ἐκτείνας τὴν χεῖρα αὐτοῦ (τὴν δεξιάν) in l. 68 (cf. Mk 1,42).

237. This difference is not noted by Crossan who simply observes that Mark (in 12,14) "retains the double format of the question in P. Eg. 2" (p. 81; cf. p. 79). On the double disjunctive questions in Mk 3,4 and 12,14, cf. Duality in Mark, ²1988, p. 55.

238. Cf. BELL & SKEAT, Fragments, p. 34: "The question is not answered so far as the fragment extends", and: "it is impossible to say whether or not a reply to it is lost in the lacuna". Crossan is too assertive on this point (p. 86). Compare J. GNILKA, Markus, p. 152: τὰ ἀνήκοντα ("was der Obrigkeit zusteht") expresses the opinion of the questioners and "In der Antwort geht Jesus auch nicht auf die Frage ein, sondern zitiert Jes 29,13" (n. 12).

239. See also l. 33 (the Healing of the Leper). Cf. Papyrus Egerton 2, p. 155.

240. Contrast Bell & Skeat who suggest the possibility that the episode in P. Eg. 2 was not a different version of the Question about Tribute but a conflict scene located before Mk 3,6, "the subject of παραγενόμενοι being the Herodians, or, more probably, the Herodians and Pharisees combined" (Fragments, p. 40).

6. THE SECRET GOSPEL OF MARK

In answer to Crossan's theory of the dismembered and scattered fragments of SG we could examine the passages in Mark he has cited as difficult or awkward, as anomalies which, in his opinion, are due to the insertion of SG elements[241]. I went through this exercise and will not repeat it here[242]. But after this analysis of the Markan passages we still have to answer the more difficult question about the origin of SG. It has been argued that it would be impossible for a second-century writer to bring together all those bits of Markan and Johannine text into a coherent story. The inverse would be more likely: the decomposition and dismantling of an original story.

THE SECRET GOSPEL[243]		Fragments
		(according to Crossan)
(Mk 10,32-34)	Jn	Mk
1v 23 καὶ ἔρχονται εἰς Βηθανίαν.		11,1
καὶ ἦν ἐκεῖ μία γυνὴ		
24 ἧς ὁ ἀδελφὸς αὐτῆς ἀπέ|θανεν.		
καὶ ἐλθοῦσα προσεκύνησε τὸν Ἰησοῦν		
25 καὶ λέγει αὐτῷ· υἱὲ Δαβὶδ ἐλέησόν με.		10,47.48
οἱ δὲ μαθηταὶ ἐπετίμησαν αὐτῇ.		
26 καὶ ὀργισθεὶς ὁ | Ἰησοῦς	11,33.38	1,43
ἀπῆλθεν μετ' αὐτῆς		
εἰς τὸν κῆπον ὅπου ἦν τὸ μνημεῖον.	19,41	
2r 1 καὶ | εὐθὺς ἠκούσθη ἐκ τοῦ μνημείου φωνὴ μεγάλη.	11,43	
καὶ προσελθὼν ὁ Ἰησοῦς		
2 ἀπε|κύλισε τὸν λίθον ἀπὸ τῆς θύρας τοῦ μνημείου		16,3
3 καὶ εἰσελθὼν εὐθὺς ὅπου | ἦν ὁ νεανίσκος		16,5
ἐξέτεινεν τὴν χεῖρα		
4 καὶ ἤγειρεν αὐτὸν κρατήσας | τῆς χειρός.		1,31; 5,41; 9,27
ὁ δὲ νεανίσκος ἐμβλέψας αὐτῷ ἠγάπησεν αὐτὸν		10,20.21
5 καὶ | ἤρξατο παρακαλεῖν αὐτὸν ἵνα μετ' αὐτοῦ ᾖ.		5,18
6 καὶ ἐξελθόντες ἐκ | τοῦ μνημείου		
ἦλθον εἰς τὴν οἰκίαν τοῦ νεανίσκου·		3,20
ἦν γὰρ πλούσιος.		10,22
7 καὶ μεθ' | ἡμέρας ἓξ ἐπέταξεν αὐτῷ ὁ Ἰησοῦς.		9,2

241. Cf. *supra*, n. 8.

242. E.g., on Mk 14,51-52, cf. *supra*, n. 50; on Mk 10,46, cf. *ETL* 54 (1978), pp. 96-97, n. 142 (= *Evangelica*, pp. 207-208).

243. For introduction and translation in German, see now H. MERKEL, *Das "geheime Evangelium" nach Markus*, in *Neutestamentliche Apokryphen*, I, [5]1987, pp. 89-92. See M. Smith's 1982 survey of studies in *HTR* (cf. *supra*, n. 43). Compare also S. LEVIN, *The Early History of Christianity, in Light of the 'Secret Gospel' of Mark*, in *ANRW* II.25.6 (1988) 4270-4292 (no bibliographical data beyond 1977). Regarding this author's suggestions concerning Mk 14,51-52 and Mk 16 (pp. 4278-4280, 4282-4286) I may refer to my earlier studies (in *Evangelica*, 1982, pp. 181-272).

8 καὶ ὀψίας γενομένης ἔρχεται ὁ | νεανίσκος πρὸς αὐτὸν
   περιβεβλημένος σινδόνα ἐπὶ γυμνοῦ.   14,51-52
9 καὶ | ἔμεινε σὺν αὐτῷ τὴν νύκτα ἐκείνην.   3,2
10 ἐδίδασκε γὰρ αὐτὸν ὁ | ᾽Ιησοῦς
   τὸ μυστήριον τῆς βασιλείας τοῦ θεοῦ.   4,11
   ἐκεῖθεν δὲ ἀναστὰς |
11 ἐπέστρεψεν εἰς τὸ πέραν τοῦ ᾽Ιορδάνου.   10,1
(Mk 10,35-45)
14 (46a καὶ ἔρχεται εἰς ᾽Ιεριχώ.)   10,46a
15 καὶ ἦ|σαν ἐκεῖ ἡ ἀδελφὴ τοῦ νεανίσκου   11,5...
               ὃν ἠγάπα αὐτὸν ὁ ᾽Ιησοῦς   10,21
16   καὶ | ἡ μήτηρ αὐτοῦ καὶ Σαλώμη.   15,40;16,1
   καὶ οὐκ ἀπεδέξατο αὐτὰς ὁ ᾽Ιησοῦς.

"Harmonization" is a general characteristic of the extracanonical gospel literature in the second century. Because of the predominance of Markan phrases in SG, the influence of Matthew has sometimes been neglected, or has been relegated to the secondary stage of a later revision (Smith)[244]. Contacts with Matthew can be noted in:

1v 24-25 (the request of the woman)
        Mt 15,22 γυνὴ ... λέγουσα· ἐλέησόν με, υἱός Δαυίδ 23 οἱ μαθηταί 25 ἐλθοῦσα
        προσεκύνει
2r 1-2 (the removal of the stone)
        Mt 28,2 καὶ προσελθὼν ἀπεκύλισεν τὸν λίθον
2r 4-6 (the rich young man)
        Mt 19,20.22 ὁ νεανίσκος (diff. Mk) 22a ἦν γὰρ... (cf. Lk)
2r 15-16 (the women)
        Mt 27,55-56 ἦσαν δὲ ἐκεῖ...

The contacts with Luke are less evident. But compare 2r 6 (ἦν γὰρ πλούσιος) with Lk 18,23b ἦν γὰρ πλούσιος σφόδρα. The word ἀποδέχομαι (2r 16 ἀπεδέξατο) is exclusively Lukan in the New Testament (Lk 2, Acts 5); compare also 9,52 καὶ οὐκ ἐδέξαντο αὐτόν (and the contrasting ὑπεδέξατο αὐτόν in 10,38; 19,6: Zacchaeus in Jericho!). We can add, I think, Lk 7,14: νεανίσκε, σοὶ λέγω, ἐγέρθητι. The synoptic νεανίσκος passages constitute the backbone of the SG story:

        the tomb story (Mk 16,5)
          Jesus' garden tomb (Jn 19,41)
        the resurrection of the youth (Lk 7,14)
          Lazarus (Jn 11)
        the rich young man-disciple (Mt 19,20.22)
          Beloved disciple (Jn)
        the nightly encounter (Mk 14,51)
          Nicodemus (Jn 3,2)

The similarities with Mark are more important than the parallels listed by Crossan. The successive reactions of the disciples and Jesus in 1v 25 can be compared with Mk 10,13 (ἐπετίμησαν αὐτοῖς) and 14 (ἠγανάκτη-

244. The SG is not included in W.-D. Köhler's survey (cf. *supra*, n. 2).

σεν). The parallel to Mk 5,41 (κρατήσας τῆς χειρὸς ... ἔγειρε) in 2r 3
is prepared for by ἀπῆλθεν μετ' αὐτῆς in 1v 26 (Mk 5,24 ἀπῆλθεν μετ'
αὐτοῦ) and καὶ εἰσελθὼν εὐθὺς ὅπου ἦν ὁ νεανίσκος in 2r 2-3 (Mk
5,39-40 καὶ εἰσελθὼν ... καὶ εἰσπορεύεται ὅπου ἦν τὸ παιδίον). The
entry into the house in 2r 5-6 recalls the entry into the house of Peter
(Mk 1,29 καὶ εὐθὺς ἐκ τῆς συναγωγῆς ἐξελθὼν ἦλθεν [v.l. -όντες -ον]
εἰς τὴν οἰκίαν τοῦ Σίμωνος).

The complexity of Synoptic and Johannine reminiscences and the
combination of the parallels do not allow for the reconstruction of a
pre-Markan or pre-Johannine source. The contacts with the Lazarus
story are undeniable (Jn 12,1; 11,1 Bethany, 2 ἧς ὁ ἀδελφός, 32 fell at
his feet, μου ἀπέθανεν ὁ ἀδελφός)[245] but scarcely enough to form a
coherent story. When we accept a secondary formation on the basis of
the canonical gospels, the Secret Gospel of Mark becomes a less
exceptional literary product, not very much different from a composition like the GEb's Fragment 1 and other noncanonical gospel
fragments of the mid-II century. For Koester's and Schenke's, more
explicit, suggestion of a double stage of composition I hardly see any
justification[246].

CONCLUSION

Recent attempts to uncover the sources of Mark in the apocryphal
gospel literature have not yielded any certain conclusion. On the
contrary, the extracanonical gospels examined in this study reveal some
knowledge of the Gospel of Mark, less evident in the sayings of the
Gospel of Thomas but undeniable in the Gospel of Peter and in the
Secret Gospel of Mark, and also present, I think, in the Gospel of the
Ebionites and in the Unknown Gospel of P. Egerton[247].

245. Cf. R.E. BROWN, *The Relation of "The Secret Gospel of Mark" to the Fourth
Gospel*, in *CBQ* 36 (1974) 466-485; J. KREMER, *Lazarus. Die Geschichte einer Auferstehung.
Text, Wirkungsgeschichte und Botschaft von Joh 11,1-46*, Stuttgart, 1985, pp. 116-118:
"Als ein altes Zeugnis der Wirkungsgeschichte von Joh 11 zeigt dieses Fragment, wie nahe
ein symbolisches Verständnis der Totenerweckung lag und wie frei man damals mit
Angaben der Heiligen Schrift umgehen konnte" (p. 117).
246. Cf. H. MERKEL (*supra*, n. 243), p. 92: "das 'geheime Evangelium' (ist) ein auf der
Grundlage der kanonischen Evangelien beruhendes Apokryphon" (and see in n. 17, his
reaction to R.H. Fuller's reconstruction).
247. Note on the APPENDIX: The Greek text of the Gospel of Peter is reproduced here
in an arrangement of sense-lines. On the text of GP, cf. *supra*, n. 102; on the paragraph
divisions, see n. 103. To facilitate the study of J.D. Crossan's theory (cf. n. 10), ordinary
type is used to indicate the source text (his *Cross Gospel*); all redactional passages are in
boldface and word substitutes in italics.

APPENDIX: THE GOSPEL OF PETER

1:1 τ[ῶν] δὲ Ἰουδαίων οὐδεὶς ἐνίψατο τὰς χεῖρας,
οὐδὲ Ἡρῴδης
οὐδὲ [ε]ἷς [τ]ῶν κριτῶν αὐτοῦ.

2 κ[αὶ μὴ] βουληθέντων νίψασθαι ἀνέσ[τ]η Πειλᾶτος·
καὶ τότε κελεύει Ἡρῴδης ὁ βασιλεὺς παρ[αλη]μφθῆναι τὸν κύριον,
εἰπὼν αὐτοῖς ὅτι
ὅσα ἐκέλευσα ὑμῖν ποιῆσαι αὐτῷ ποιήσατε.

2:3 ἱστήκει δὲ ἐκεῖ Ἰωσήφ, ὁ φίλος Πειλάτου καὶ τοῦ κυρίου,
καὶ εἰδὼς ὅτι σταυρίσκειν αὐτὸν μέλλουσιν
ἦλθεν πρὸς τὸν Πειλᾶτον
καὶ ᾔτησε τὸ σῶμα τοῦ κυρίου πρὸς ταφήν.

4 καὶ ὁ Πειλᾶτος πέμψας πρὸς Ἡρῴδην
ᾔτησεν αὐτοῦ τὸ σῶμα·

5 καὶ ὁ Ἡρῴδης ἔφη·
ἀδελφὲ Πειλᾶτε,
εἰ καὶ μή τις αὐτὸν ᾐτήκει,
ἡμεῖς αὐτὸν ἐθάπτομεν, ἐπεὶ καὶ σάββατον ἐπιφώσκει.
γέγραπται γὰρ ἐν τῷ νόμῳ ἥλιον μὴ δῦναι ἐπὶ πεφονευμένῳ.
καὶ παρέδωκεν αὐτὸν τῷ λαῷ
πρὸ μιᾶς τῶν ἀζύμων, τῆς ἑορτῆς αὐτῶν.

3:6 οἱ δὲ λαβόντες τὸν κύριον
ὤθουν αὐτὸν τρέχοντες καὶ ἔλεγον·
σύρωμεν τὸν υἱὸν τοῦ θεοῦ ἐξουσίαν αὐτοῦ ἐσχηκότες.

7 καὶ πορφύραν αὐτὸν περιέβαλον
καὶ ἐκάθισαν αὐτὸν ἐπὶ καθέδραν κρίσεως λέγοντες·
δικαίως κρῖνε, βασιλεῦ τοῦ Ἰσραήλ.

8 καί τις αὐτῶν ἐνεγκὼν στέφανον ἀκάνθινον
ἔθηκεν ἐπὶ τῆς κεφαλῆς τοῦ κυρίου,

9 καὶ ἕτεροι ἑστῶτες ἐνέπτυον αὐτοῦ ταῖς ὄψεσι
καὶ ἄλλοι τὰς σιαγόνας αὐτοῦ ἐράπισαν,
ἕτεροι καλάμῳ ἔνυσσον αὐτὸν
καί τινες αὐτὸν ἐμάστιζον λέγοντες·
ταύτῃ τῇ τιμῇ τιμήσωμεν τὸν υἱὸν τοῦ θεοῦ.

4:10 καὶ ἤνεγκον δύο κακούργους
καὶ ἐσταύρωσαν ἀνὰ μέσον αὐτῶν τὸν κύριον·
αὐτὸς δὲ ἐσιώπα ὡς μηδὲν πόνον ἔχων·

11 καὶ ὅτε ὤρθωσαν τὸν σταυρὸν
ἐπέγραψαν ὅτι
οὗτός ἐστιν ὁ βασιλεὺς τοῦ Ἰσραήλ.

12 καὶ τεθεικότες τὰ ἐνδύματα ἔμπροσθεν αὐτοῦ
διεμερίσαντο, καὶ λαχμὸν ἔβαλον ἐπ' αὐτοῖς.

13 εἷς δέ τις τῶν κακούργων ἐκείνων ὠνείδισεν αὐτοὺς λέγων·
ἡμεῖς διὰ τὰ κακὰ ἃ ἐποιήσαμεν οὕτω πεπόνθαμεν,
οὗτος δὲ σωτὴρ γενόμενος τῶν ἀνθρώπων
τί ἠδίκησεν ὑμᾶς;
14 καὶ ἀγανακτήσαντες ἐπ᾽ αὐτῷ ἐκέλευσαν ἵνα μὴ σκελοκοπηθῇ
ὅπως βασανιζόμενος ἀποθάνῃ.

5:15 ἦν δὲ μεσημβρία,
καὶ σκότος κατέσχε πᾶσαν τὴν Ἰουδαίαν·
καὶ ἐθορυβοῦντο καὶ ἠγωνίων
μήποτε ὁ ἥλιος ἔδυ ἐπειδὴ ἔτι ἔζη·
γέγραπται <γὰρ> αὐτοῖς ἥλιον μὴ δῦναι ἐπὶ πεφονευμένῳ.
16 καί τις αὐτῶν εἶπεν·
ποτίσατε αὐτὸν χολὴν μετὰ ὄξους·
καὶ κεράσαντες ἐπότισαν.
17 καὶ ἐπλήρωσαν πάντα
καὶ ἐτελείωσαν κατὰ τῆς κεφαλῆς αὐτῶν τὰ ἁμαρτήματα.
18 περιήρχοντο δὲ πολλοὶ μετὰ λύχνων
νομίζοντες ὅτι νύξ ἐστιν
<καὶ> ἐπέσαντο.
19 καὶ ὁ κύριος ἀνεβόησε λέγων·
ἡ δύναμίς μου, ἡ δύναμις, κατέλειψάς με·
καὶ εἰπὼν ἀνελήφθη.
20 καὶ αὐτῆς ὥρας
διεράγη τὸ καταπέτασμα τοῦ ναοῦ τῆς Ἰερουσαλὴμ εἰς δύο.

6:21 καὶ τότε ἀπέσπασαν τοὺς ἥλους ἀπὸ τῶν χειρῶν τοῦ κυρίου
καὶ ἔθηκαν αὐτὸν ἐπὶ τῆς γῆς·
καὶ ἡ γῆ πᾶσα ἐσείσθη
καὶ φόβος μέγας ἐγένετο.
22 τότε ἥλιος ἔλαμψε καὶ εὑρέθη ὥρα ἐνάτη.

23 ἐχάρησαν δὲ οἱ Ἰουδαῖοι
καὶ δεδώκασι τῷ Ἰωσὴφ τὸ σῶμα αὐτοῦ ἵνα αὐτὸ θάψῃ,
ἐπειδὴ θεασάμενος ἦν ὅσα ἀγαθὰ ἐποίησεν.
24 λαβὼν δὲ τὸν κύριον ἔλουσε καὶ εἵλησε σινδόνι
καὶ εἰσήγαγεν εἰς ἴδιον τάφον
καλούμενον κῆπον Ἰωσήφ.

7:25 τότε οἱ Ἰουδαῖοι καὶ οἱ πρεσβύτεροι καὶ οἱ ἱερεῖς
γνόντες οἷον κακὸν ἑαυτοῖς ἐποίησαν
ἤρξαντο κόπτεσθαι καὶ λέγειν·
οὐαὶ ταῖς ἁμαρτίαις ἡμῶν·
ἤγγισεν ἡ κρίσις καὶ τὸ τέλος Ἰερουσαλήμ.
26 ἐγὼ δὲ μετὰ τῶν ἑταίρων ἐλυπούμην,
καὶ τετρωμένοι κατὰ διάνοιαν ἐκρυβόμεθα·
ἐζητούμεθα γὰρ ὑπ᾽ αὐτῶν ὡς κακοῦργοι
καὶ ὡς τὸν ναὸν θέλοντες ἐμπρῆσαι.

27 ἐπὶ δὲ τούτοις πᾶσιν ἐνηστεύομεν
    καὶ ἐκαθεζόμεθα πενθοῦντες καὶ κλαίοντες
    νυκτὸς καὶ ἡμέρας ἕως τοῦ σαββάτου.

8:28 συναχθέντες δὲ
    οἱ **γραμματεῖς καὶ Φαρισαῖοι καὶ** πρεσβύτεροι πρὸς ἀλλήλους,
    ἀκούσαντες ὅτι
        ὁ λαὸς ἅπας γογγύζει καὶ κόπτεται τὰ στήθη λέγοντες ὅτι
            εἰ τῷ θανάτῳ αὐτοῦ ταῦτα τὰ μέγιστα σημεῖα γέγονεν,
            ἴδετε ὅτι πόσον δίκαιός ἐστιν,
29 ἐφοβήθησαν οἱ πρεσβύτεροι
    καὶ ἦλθον πρὸς Πειλᾶτον δεόμενοι αὐτοῦ καὶ λέγοντες·
30   παράδος ἡμῖν στρατιώτας,
           ἵνα φυλάξωμεν τὸ *μνῆμα* αὐτοῦ ἐπὶ τρεῖς ἡμ[έρας],
              μήποτε ἐλθόντες οἱ μαθηταὶ αὐτοῦ κλέψωσιν αὐτὸν
              καὶ ὑπολάβῃ ὁ λαὸς ὅτι ἐκ νεκρῶν ἀνέστη,
              καὶ ποιήσωσιν ἡμῖν κακά.
31 ὁ δὲ Πειλᾶτος παραδέδωκεν αὐτοῖς Πετρώνιον τὸν κεντυρίωνα
                  μετὰ στρατιωτῶν φυλάσσειν τὸν τάφον.
    καὶ σὺν τούτοις ἦλθον πρεσβύτεροι **καὶ γραμματεῖς** ἐπὶ τὸ *μνῆμα*.
32 καὶ κυλίσαντες λίθον μέγαν
        μετὰ τοῦ κεντυρίωνος καὶ τῶν στρατιωτῶν
        ὁμοῦ πάντες οἱ ὄντες ἐκεῖ
        ἔθηκαν ἐπὶ τῇ θύρᾳ τοῦ *μνήματος.*
33 καὶ ἐπέχρισαν ἑπτὰ σφραγῖδας,
    καὶ σκηνὴν ἐκεῖ πήξαντες ἐφύλαξαν.

9:34 πρωΐας δὲ ἐπιφώσκοντος τοῦ σαββάτου,
        ἦλθεν ὄχλος ἀπὸ Ἰερουσαλὴμ καὶ τῆς περιχώρου
        ἵνα ἴδωσι τὸ *μνημεῖον* ἐσφραγισμένον.

35 τῇ δὲ νυκτὶ ᾗ ἐπέφωσκεν ἡ κυριακή,
        φυλασσόντων τῶν στρατιωτῶν ἀνὰ δύο κατὰ φρουράν,
        μεγάλη φωνὴ ἐγένετο ἐν τῷ οὐρανῷ.
36 καὶ εἶδον ἀνοιχθέντας τοὺς οὐρα[ν]οὺς
        καὶ δύο ἄνδρας κατελθόντας ἐκεῖθεν,
            πολὺ φέγγος ἔχοντας καὶ ἐγγίσαντας τῷ τάφῳ.
37 ὁ δὲ λίθος ἐκεῖνος ὁ βεβλημένος ἐπὶ τῇ θύρᾳ
        ἀφ᾽ ἑαυτοῦ κυλισθεὶς ἐπεχώρησε παρὰ μέρος,
    καὶ ὁ τάφος ἠνοίγη
    καὶ ἀμφότεροι οἱ *νεανίσκοι* εἰσῆλθον.

10:38 ἰδόντες οὖν οἱ στρατιῶται ἐκεῖνοι
        ἐξύπνισαν τὸν κεντυρίωνα καὶ τοὺς πρεσβυτέρους
        — παρῆσαν γὰρ καὶ αὐτοὶ φυλάσσοντες —,
39 καὶ ἐξηγουμένων αὐτῶν ἃ εἶδον,
    πάλιν ὁρῶσιν ἐξελθόντας ἀπὸ τοῦ τάφου τρεῖς ἄνδρας
        καὶ τοὺς δύο τὸν ἕνα ὑπορθοῦντας
        καὶ σταυρὸν ἀκολουθοῦντα αὐτοῖς,

40   καὶ τῶν μὲν δύο τὴν κεφαλὴν
            χωροῦσαν μέχρι τοῦ οὐρανοῦ,
          τοῦ δὲ χειραγωγουμένου ὑπ᾽ αὐτῶν
            ὑπερβαίνουσαν τοὺς οὐρανούς·
41   καὶ φωνῆς ἤκουον ἐκ τῶν οὐρανῶν λεγούσης·
      ἐκήρυξας τοῖς κοιμωμένοις;
42   καὶ ὑπακοὴ ἠκούετο ἀπὸ τοῦ σταυροῦ ὅτι
      ναί.

11:43   **συνεσκέπτοντο οὖν ἀλλήλοις ἐκεῖνοι ἀπελθεῖν**
                    καὶ ἐνφανίσαι ταῦτα τῷ Πειλάτῳ·
44   **καὶ ἔτι διανοουμένων αὐτῶν**
     φαίνονται πάλιν ἀνοιχθέντες οἱ οὐρανοὶ
       καὶ ἄνθρωπός τις κατελθὼν καὶ εἰσελθὼν εἰς τὸ μνῆμα.
45   ταῦτα ἰδόντες οἱ περὶ τὸν κεντυρίωνα
     νυκτὸς ἔσπευσαν πρὸς Πειλᾶτον,
       ἀφέντες τὸν τάφον ὃν ἐφύλασσον,
     καὶ ἐξηγήσαντο πάντα ἅπερ εἶδον,
     ἀγωνιῶντες μεγάλως καὶ λέγοντες·
       ἀληθῶς υἱὸς ἦν θεοῦ.
46   ἀποκριθεὶς ὁ Πειλᾶτος ἔφη·
     ἐγὼ καθαρεύω τοῦ αἵματος τοῦ υἱοῦ τοῦ θεοῦ,
     ὑμῖν δὲ τοῦτο ἔδοξεν.
47   εἶτα προσελθόντες πάντες ἐδέοντο αὐτοῦ
     καὶ παρεκάλουν κελεῦσαι τῷ κεντυρίωνι καὶ τοῖς στρατιώταις
            μηδενὶ εἰπεῖν ἃ εἶδον·
48   συμφέρει γάρ, φασίν, ἡμῖν
     ὀφλῆσαι μεγίστην ἁμαρτίαν ἔμπροσθεν τοῦ θεοῦ
     καὶ μὴ ἐμπεσεῖν εἰς χεῖρας τοῦ λαοῦ τῶν Ἰουδαίων
       καὶ λιθασθῆναι.
49   ἐκέλευσεν οὖν ὁ Πειλᾶτος τῷ κεντυρίωνι καὶ τοῖς στρατιώταις
     μηδὲν εἰπεῖν.

12:50   **ὄρθρου δὲ τῆς κυριακῆς**
     Μαριὰμ ἡ Μαγδαληνή, μαθήτρια τοῦ κυρίου
     — **φοβουμένη διὰ τοὺς Ἰουδαίους,**
       ἐπειδὴ ἐφλέγοντο ὑπὸ τῆς ὀργῆς,
     οὐκ ἐποίησεν ἐπὶ τῷ μνήματι τοῦ κυρίου
     ἃ εἰώθεσαν ποιεῖν αἱ γυναῖκες
       ἐπὶ τοῖς ἀποθνήσκουσι τοῖς ἀγαπωμένοις αὐταῖς —,
51   **λαβοῦσα μεθ᾽ ἑαυτῆς τὰς φίλας**
     ἦλθεν ἐπὶ τὸ μνημεῖον ὅπου ἦν τεθείς.
52   **καὶ ἐφοβοῦντο μὴ ἴδωσιν αὐτὰς οἱ Ἰουδαῖοι**
     καὶ ἔλεγον·
     εἰ καὶ μὴ ἐν ἐκείνῃ τῇ ἡμέρᾳ ᾗ ἐσταυρώθη
         ἐδυνήθημεν κλαῦσαι καὶ κόψασθαι,
     κἂν νῦν ἐπὶ τοῦ μνήματος αὐτοῦ ποιήσωμεν ταῦτα.

53   τίς δὲ ἀποκυλίσει ἡμῖν καὶ τὸν λίθον
    τὸν τεθέντα ἐπὶ τῆς θύρας τοῦ μνημείου,
    ἵνα εἰσελθοῦσαι παρακαθεσθῶμεν αὐτῷ
      καὶ ποιήσωμεν τὰ ὀφειλόμενα;
54   μέγας γὰρ ἦν ὁ λίθος,
    καὶ φοβούμεθα μή τις ἡμᾶς ἴδῃ.
    καὶ εἰ μὴ δυνάμεθα,
    κἂν ἐπὶ τῆς θύρας βάλωμεν ἃ φέρομεν
      εἰς μνημοσύνην αὐτοῦ,
    κλαύσωμεν καὶ κοψώμεθα
    ἕως ἔλθωμεν εἰς τὸν οἶκον ἡμῶν.

13:55 καὶ ἀπελθοῦσαι εὗρον τὸν τάφον ἠνεῳγμένον·
   καὶ προσελθοῦσαι παρέκυψαν ἐκεῖ,
   καὶ ὁρῶσιν ἐκεῖ τινα νεανίσκον
    καθεζόμενον <ἐν> μέσῳ τοῦ τάφου
    ὡραῖον καὶ περιβεβλημένον στολὴν λαμπροτάτην,
   ὅστις ἔφη αὐταῖς·
56   τί ἤλθατε; τίνα ζητεῖτε;
    μὴ τὸν σταυρωθέντα ἐκεῖνον;
    ἀνέστη καὶ ἀπῆλθεν·
    εἰ δὲ μὴ πιστεύετε,
    παρακύψατε καὶ ἴδετε τὸν τόπον ἔνθα ἔκειτο,
      ὅτι οὐκ ἔστιν·
    ἀνέστη γὰρ καὶ ἀπῆλθεν ἐκεῖ ὅθεν ἀπεστάλη.
57 τότε αἱ γυναῖκες φοβηθεῖσαι ἔφυγον.

14:58 ἦν δὲ τελευταία ἡμέρα τῶν ἀζύμων,
   καὶ πολλοί τινες ἐξήρχοντο ὑποστρέφοντες εἰς τοὺς οἴκους αὐτῶν
    τῆς ἑορτῆς παυσαμένης.
59 ἡμεῖς δὲ οἱ δώδεκα μαθηταὶ τοῦ κυρίου ἐκλαίομεν καὶ ἐλυπούμεθα,
   καὶ ἕκαστος λυπούμενος διὰ τὸ συμβὰν
   ἀπηλλάγη εἰς τὸν οἶκον αὐτοῦ.
60 ἐγὼ δὲ Σίμων Πέτρος καὶ Ἀνδρέας ὁ ἀδελφός μου
   λαβόντες ἡμῶν τὰ λίνα ἀπήλθαμεν εἰς τὴν θάλασσαν·
   καὶ ἦν σὺν ἡμῖν Λευεὶς ὁ τοῦ Ἀλφαίου, ὃν κύριος...

Tiensevest 27   Frans NEIRYNCK
B-3200 Leuven

UNE TRADITION PARA-SYNOPTIQUE ATTESTÉE
PAR LES PÈRES ANCIENS

Quand les anciens auteurs chrétiens citent telle ou telle parole de Jésus, ils la donnent souvent selon une forme qui diffère plus ou moins profondément de celle qui est attestée par les évangiles synoptiques, spécialement ceux de Matthieu et de Luc. Comment expliquer ce fait?

Une première réponse vient spontanément à l'esprit: les Pères anciens auraient cité de mémoire, sans trop se préoccuper de la forme exacte du logion qu'ils rapportaient. On pourrait ajouter aussi qu'ils avaient le soucis d'adapter l'enseignement de Jésus à la mentalité de leur auditoire, voire même à leurs propres préoccupations christologiques. Ainsi s'expliquerait pourquoi leurs citations s'écartent si souvent du texte donné par Matthieu ou par Luc.

Mais ces réponses valent-elles encore lorsqu'un même auteur cite à plusieurs reprises le même logion avec des variantes identiques par rapport au texte des évangiles canoniques? Ces réponses valent-elles encore lorsque plusieurs auteurs, sans se copier les uns les autres, attestent les mêmes variantes par rapport au texte de Matthieu ou de Luc? Dans ces cas-là, ne faut-il pas admettre que les auteurs en question ont connu et utilisé des formes évangéliques différentes de celles qui sont attestées par Matthieu et par Luc? N'auraient-ils pas connu et utilisé des documents extra-canoniques, ou plus exactement, puisqu'il s'agit de textes parallèles à ceux des Synoptiques, des documents para-synoptiques?

Ce problème a déjà fait couler beaucoup d'encre. Il s'est posé spécialement à propos des citations faites par l'apologiste Justin, qui écrivit son Dialogue avec Tryphon et ses deux Apologies entre 150 et 165, date de sa mort. Mais on l'a posé aussi à propos de presque tous les écrivains chrétiens qui se sont succédés depuis Clément de Rome, à la fin du premier siècle, jusqu'à Clément d'Alexandrie, mort en 215. Esquissons rapidement l'historique des solutions qui ont été proposées depuis un siècle et demi pour résoudre ce problème; il nous sera plus facile ensuite de voir en quels termes il doit être posé.

En 1832, Karl August Credner[1] publiait un volume dans lequel, entre autres, il étudiait les citations évangéliques faites par Justin. Ces citations, remarque-t-il, sont dans leur ensemble assez différentes du texte de nos évangiles canoniques, mais elles offrent une parenté avec les citations que l'on peut trouver dans les Homélies pseudo-clémentines.

1. K.A. CREDNER, *Beiträge zur Einleitung in die biblischen Schriften*, Halle, 1832.

Justin et l'auteur de ces Homélies doivent dépendre d'un ouvrage non canonique. Credner croit pouvoir l'identifier à l'évangile de Pierre, dont l'existence est attestée par plusieurs auteurs ecclésiastiques anciens. Cette hypothèse audacieuse fut contestée dès 1848 par Karl Semisch[2]; cet auteur s'efforça de prouver que les citations de Justin pouvaient toutes s'expliquer à partir de nos évangiles canoniques; si elles s'écartent souvent du texte de Matthieu ou de Luc, c'est parce que Justin cite de mémoire, sans se soucier outre mesure de rapporter exactement la forme des paroles de Jésus. Deux ans plus tard, en 1850, Adolf Hilgenfeld[3] réfuta les objections de Semisch et reprit à son compte l'hypothèse de Credner, qu'il étaya de nouveaux arguments.

Quelques 25 ans plus tard, en 1876, William Sanday[4] élargit les horizons en analysant les citations évangéliques faites par tous les auteurs chrétiens du second siècle. Il conclut à l'existence d'une harmonie évangélique qui aurait été utilisée par nombre de Pères anciens, spécialement Justin et l'auteur des Homélies pseudo-clémentines. Mais pour Sanday, cette harmonie aurait été composée à partir de nos évangiles canoniques. Une telle hypothèse avait l'avantage de justifier l'existence de variantes communes aux citations faites par différents auteurs anciens, sans avoir recours à une tradition autre que celle des évangiles canoniques. Une hypothèse analogue fut soutenue deux ans plus tard, en 1878, par Moritz von Engelhardt[5] à propos des citations faites par Justin. Avec Theodor Zahn[6], en 1888, nous revenons aux positions de Semisch: Justin dépendrait directement des évangiles canoniques. Avec beaucoup d'ingéniosité, Zahn s'efforce de montrer pourquoi Justin aurait éprouvé le besoin de modifier les textes de Matthieu ou de Luc qu'il citait.

Trois ans plus tard, en 1891, paraît l'importance thèse de Wilhelm Bousset[7], sur les citations évangéliques faites par Justin. De façon plus systématique qu'on ne l'a fait jusqu'ici, Bousset compare ces citations à celles que l'on trouve, non seulement dans les Homélies pseudo-clémentines, mais encore dans les Constitutions Apostoliques et la Didachè, chez Clément d'Alexandrie, Origène, Eusèbe de Césarée, voir même Épiphane de Salamine. Quand Justin s'écarte du texte des évangiles canoniques, il est presque toujours soutenu par l'un ou l'autre de ces auteurs, souvent par plusieurs à la fois. Par ailleurs, telle ou telle

2. K. SEMISCH, *Die apostolischen Denkwürdigkeiten des Märtyrers Justinus*, Hamburg, 1848.

3. A. HILGENFELD, *Kritische Untersuchungen über die Evangelien Justin's, der Clementinischen Homilien und Marcion's*, Halle, 1850.

4. W. SANDAY, *The Gospels in the Second Century*, London, 1876.

5. M. VON ENGELHARDT, *Das Christentum Justins des Märtyrers*, Erlangen, 1878.

6. Th. ZAHN, *Geschichte des neutestamentlichen Kanons*, Vol. I, Part 2, Erlangen, 1888.

7. W. BOUSSET, *Die Evangeliencitate Justins des Märtyrers in ihrem Wert für die Evangelienkritik*, Göttingen, 1891.

citation faite par Justin pourrait être l'écho d'un texte plus archaïque que celui des évangiles synoptiques. Il faut donc admettre l'existence d'un document extra-canonique utilisé par Justin et par beaucoup d'autres auteurs anciens, document qui semble indépendant de nos évangiles canoniques. Bousset rejoint donc les intuitions de Credner et de Hilgenfeld; mais, avec sagesse, il renonce à faire appel à l'évangile de Pierre pour identifier le document dont il postule l'existence. Il penserait plutôt à une recueil de logia.

Mentionnons ici l'immense travail accompli par Alfred Resch[8] et dont les résultats furent publiés de 1893 à 1897 dans les TU. Resch a rassemblé systématiquement toutes les citations évangéliques faites par les Pères allant du deuxième au cinquième siècle, et il a constitué là une mine à laquelle vont venir piocher tous les auteurs qui écriront désormais sur le problème des citations patristiques. Par ailleurs, Resch s'est efforcé de prouver que les variantes offertes par ces citations pouvaient souvent s'expliquer comme des traductions différentes d'un même original hébreu, ce qui, par le fait même, impliquait l'utilisation de textes para-synoptiques.

En 1901, Ernest Lippelt[9] revient sur le problème des citations faites par Justin. Comme Sanday et von Engelhardt un quart de siècle plus tôt, il admet l'existence d'une harmonie évangélique dont dépendrait Justin. Mais il se sépare de ces deux auteurs sur un point essentiel: cette harmonie aurait été composée en utilisant, non pas notre Matthieu canonique, mais un Matthieu plus ancien. D'une façon plus précise: le Matthieu canonique et le Matthieu qui aurait servi à la composition de cette harmonie dériveraient tous deux d'un Matthieu araméen, aujourd'hui perdu.

En 1904 paraît, dans les TU, l'importante étude de Hans Waitz[10] sur la littérature pseudo-clémentine. Dans les Homélies, Waitz distingue plusieurs niveaux rédactionnels. Le plus ancien serait constitué par le *kerygma Petrou*. Les citations évangéliques qu'il contient n'offrent aucun contact avec celles de Justin; elles seraient reprises de traditions extra-canoniques, parfois plus anciennes que celles de Matthieu ou de Luc. À côté de ce *kerygma Petrou*, il existe ce que Waitz appelle les «sections anti-marcionites»; c'est dans ces sections que les citations évangéliques rejoignent celles de Justin. Ces citations seraient faites d'après une recension propre, indépendante des évangiles canoniques.

Après être resté en sommeil pendant près d'un demi siècle, le problème des citations patristiques anciennes revient à la mode dans les

---

8. A. RESCH, *Paralleltexte zu den Evangelien* (TU, 10,1-3), Berlin, 1893-1899. Voir aussi *Agrapha, Aussercanonische Schriftfragmente* (TU, 15,3-4), Leipzig, 1906.

9. E. LIPPELT, *Quae fuerint Justini Martyris ΑΠΟΜΝΗΜΟΝΕΥΜΑΤΑ quaque ratione cum forma evangeliorum syro-latina cohaeserint*, Halle, 1901.

10. H. WAITZ, *Die Pseudoklementinen* (TU, NF 10,3), Leipzig, 1904.

années 50. Édouard Massaux[11] rouvre le débat, d'abord dans sa thèse sur l'utilisation de l'évangile de Matthieu chez les Pères anciens, parue en 1950, puis dans un article des *Ephemerides* de Louvain paru en 1952, article dans lequel il veut réfuter, à propos de Justin, les positions tenues par Bousset 60 ans plus tôt. Comme l'avaient fait Semisch et Zahn, Massaux s'efforce d'expliquer pourquoi et comment Justin aurait remanié les paroles de Jésus qu'il lisait dans les évangiles canoniques de Matthieu et de Luc; inutile de postuler l'existence d'un document extra-canonique dont nous n'aurions plus aucune trace manuscrite.

En 1957 parut l'ouvrage de Helmut Köster[12] consacré au problème des citations patristiques anciennes. Ses positions sont assez nuancées. Pour Clément de Rome et Ignace d'Antioche, Köster admet qu'ils ont ignoré nos évangiles canoniques. Clément de Rome, en particulier, aurait peut-être utilisé un catéchisme local, transmis oralement. Quand à Justin, il dépendrait de nos évangiles canoniques, mais par l'intermédiaire d'une harmonie évangélique; c'était déjà la position de Sanday, comme le reconnaît Köster. L'auteur de la Didachè, lui, aurait utilisé un recueil de logia, composé à partir des évangiles canoniques.

Dans son commentaire de la Didachè, paru en 1958, Jean-Paul Audet[13] pense au contraire que l'auteur de cet ouvrage dépendrait, non pas de nos évangiles canoniques, mais d'un ou de plusieurs témoins aujourd'hui perdus de la tradition évangélique primitive.

Disciple de Helmut Köster, Arthur J. Bellinzoni[14] publia en 1967 un volume consacré à l'étude des paroles de Jésus dans les écrits de Justin. À la suite de Köster, Bellinzoni admet que Justin aurait utilisé une harmonie évangélique composée à partir de nos évangiles canoniques; il ajoute que Justin lui-même pourrait être l'auteur de cette harmonie. Il aurait utilisé en outre un catéchisme à l'usage des catéchumènes ou des missionnaires. Ces deux documents auraient été connus aussi de Clément d'Alexandrie, d'Origène et de l'auteur des Homélies pseudo-clémentines.

En 1970 enfin parurent deux volumes consacrés à l'étude des citations faites, non plus par Justin, mais par Clément d'Alexandrie. Le premier, de M. Mees[15], analyse toutes les citations du Nouveau Testament qui se rencontrent dans l'œuvre de Clément. En ce qui concerne

---

11. É. MASSAUX, *Influence de l'évangile de saint Matthieu sur la littérature chrétienne avant Irénée*, Louvain, 1950. — *Le texte du sermon sur la montagne de Matthieu utilisé par saint Justin*, in *ETL* 28 (1952) 411-448. Repris dans *Influence* (BETL, 75), ²1986, p. 725-762.

12. H. KOESTER, *Synoptische Überlieferung bei den Apostolischen Vätern* (TU, 65), Berlin, 1957.

13. J.-P. AUDET, *La Didachè* (EB), Paris, 1958.

14. A.J. BELLINZONI, *The Sayings of Jesus in the Writings of Justin Martyr* (Suppl. to NT, 17), Leiden, 1967.

15. M. MEES, *Die Zitate aus dem Neuen Testament bei Clemens von Alexandrien*, Bari, 1970.

les citations évangéliques, Mees reconnaît que, si Clément utilise à l'occasion nos évangiles canoniques, il a recours aussi à une sorte de catéchisme impératif composé à partir de sources para-synoptiques. C'est aussi la position de Gerassime Zaphiris[16] qui, s'en tenant aux citations de Matthieu faites par Clément, retrouve les variantes connues de Clément jusque chez des auteurs grecs du XV° siècle.

Que conclure de cet aperçu historique qui, même s'il n'est pas complet, donne une vue générale de la situation? La très grande majorité des auteurs que nous avons passés en revue admettent l'existence d'un ou de plusieurs documents non canoniques dont dépendraient les Pères anciens, de Clément de Rome à Épiphane de Salamine, pour nous limiter aux quatre premiers siècles, en passant par Justin, Clément d'Alexandrie, Origène, Eusèbe de Césarée, l'auteur des Homélies pseudo-clémentines, et d'autres encore. On a parlé d'un recueil de logia, d'une harmonie évangélique, d'un catéchisme pour catéchumènes; ces trois hypothèses ne sont pas exclusives l'une de l'autre, comme je le dirai en terminant. Si des auteurs comme Semisch, Zahn ou Massaux ont rejeté cette hypothèse, c'est pour avoir sous-estimé le fait suivant: lorsqu'ils citent les paroles de Jésus, les Pères anciens s'accordent sur un grand nombre de variantes importantes inconnues de nos évangiles canoniques. Ils doivent donc dépendre d'un ou de plusieurs documents non canoniques.

Reste une question cruciale: ce ou ces documents non canoniques, quels qu'ils soient, ont-ils été composés à partir de nos évangiles canoniques, ou ne dépendraient-ils pas plutôt de sources para-synoptiques pouvant nous donner, à l'occasion, des traditions plus anciennes que celles qui sont attestées par les évangiles canoniques, spécialement par Matthieu et par Luc?

La première hypothèse fut soutenue par Sanday, von Engelhardt, Köster et son disciple Bellinzoni. Mais le plus grand nombre ont opté pour la seconde hypothèse: Credner, Hilgenfeld, Bousset, Resch, Lippelt, Waitz, Audet, Mees, Zaphiris, et en partie Köster. À mon avis, ce sont ces derniers qui ont raison. Je vais essayer de le prouver à partir de trois exemples en relation avec l'évangile de Matthieu.

I

Le premier exemple concerne Mt 5,17. Voici le texte grec tel qu'il est attesté par tous les manuscrits grecs et toutes les versions de l'évangile de Matthieu: μὴ νομίσητε ὅτι ἦλθον καταλῦσαι τὸν νόμον ἢ τοὺς

---

16. G. ZAPHIRIS, *Le texte de l'évangile selon saint Matthieu d'après les citations de Clément d'Alexandrie comparées aux citations des Pères et des Théologiens du IIe au XVe siècle*, Gembloux, 1970.

προφήτας οὐκ ἦλθον καταλῦσαι ἀλλὰ πληρῶσαι. — «Ne pensez pas que je sois venu détruire la Loi ou les prophètes; je ne suis pas venu détruire, mais accomplir».

Justin ne s'intéresse pas à ce texte. En revanche, il est abondamment cité par les auteurs suivants: Clément d'Alexandrie, Origène, Didyme l'aveugle, Cyrille d'Alexandrie, Eusèbe de Césarée, les Homélies pseudo-clémentines, la Didascalie, Cyrille de Jérusalem, Épiphane de Salamine, Chrysostome, Tertullien, Hilaire, d'autres encore[17]. Or, tous ces Pères connaissent une forme beaucoup plus courte: οὐκ ἦλθον καταλῦσαι τὸν νόμον ἀλλὰ πληρῶσαι — «Je ne suis pas venu détruire la Loi, mais accomplir». La structure de la phrase est simplifiée de façon à éviter la redondance μὴ νομίσητε ὅτι ἦλθον καταλῦσαι ... οὐκ ἦλθον καταλῦσαι... De plus, il n'y est pas question des prophètes, mais seulement de la Loi.

Il faut ajouter que, dans leur ensemble, les Pères citent beaucoup plus souvent la forme courte du logion que sa forme longue attestée dans l'évangile de Matthieu. Origène, par exemple, n'utilise qu'une seule fois la forme longue, mais cinq fois la forme courte. Épiphane ne cite jamais selon la forme longue, mais sept fois selon la forme courte. Cyrille d'Alexandrie utilise huit fois la forme longue, mais neuf fois la forme courte.

Que penser de cette forme courte du logion: οὐκ ἦλθον καταλῦσαι τὸν νόμον ἀλλά πληρῶσαι?

La première question qui se pose est celle-ci: cette forme courte se lisait-elle dans un document non canonique connu de presque tous les Pères anciens? Ou ne pourrait-on pas penser plutôt que les Pères anciens dépendent tous du seul évangile de Matthieu, dont ils auraient simplifié le texte, spontanément, chacun de leur côté, afin d'éviter une redondance qui alourdissait la phrase de façon inutile?

Si la forme courte du logion ne comportait que la simplification de la phrase, on pourrait hésiter sur la réponse à donner. Mais elle comporte aussi l'absence des mots ἢ τοὺς προφήτας; il n'y est question que de la Loi. Les deux variantes sont étroitement liées dans la tradition patristique en ce sens que toutes les citations du logion qui n'ont pas les mots ἢ τοὺς προφήτας comportent aussi la simplification de la phrase[18].

Or, pourquoi presque tous les Pères anciens auraient-ils, spontanément, supprimé de la parole de Jésus la mention des prophètes? L'expression «la Loi et les prophètes» était si connue, si souvent

---

17. Voir les références dans: RESCH, *Paralleltexte*, 71-73; ZAPHIRIS, *Le texte de l'évangile*, 232-237; cf. M.-É. BOISMARD et A. LAMOUILLE, *Synopsis Graeca Quattuor Evangeliorum*, Leuven, 1986 (sur Mt 5,17).

18. La seule exception est le Diatessaron persan; mais que peut-on tirer de ce témoignage tardif? L'inverse n'est pas vrai: quelques citations patristiques ont le texte court et mentionnent les prophètes.

employée dans le Nouveau Testament, que la tendance des Pères aurait été d'ajouter la mention des prophètes à la suite de celle de la Loi, non de la retrancher. Zaphiris a d'ailleurs montré que, chez certains Pères qui citent la forme courte du logion, les développements ultérieurs font allusion à une certaine activité prophétique, si bien qu'il devient impensable qu'ils aient supprimé la mention des prophètes s'ils la lisaient dans leur texte [19].

Non, les Pères connaissaient un texte qui ne comportait pas la mention des prophètes après celle de la Loi. Et puisque l'absence de la mention des prophètes est liée à la forme simplifiée de la phrase, nous devons conclure que la forme courte du logion se lisait bien dans un document non canonique, ou plus exactement para-synoptique.

Nous en avons encore pour preuve ce qu'écrivait Marc, un disciple de Marcion vers 180 : «Les judaïsants ont écrit ceci : 'Je ne suis pas venu détruire la Loi, mais accomplir'; mais ce n'est pas ainsi que le Christ a parlé; il a dit en effet : 'Je ne suis pas venu accomplir la Loi, mais détruire!'» [20]. Marc cite donc le logion sous sa forme courte. Mais puisqu'il s'agit d'une polémique sur la teneur exacte d'une parole de Jésus, il serait inconcevable que Marc ait tronqué de lui-même cette parole. Il lisait certainement la forme courte du logion dans un document accepté officiellement dans les églises du second siècle.

Ajoutons enfin, en faveur de l'existence d'une forme courte du logion, le témoignange du Talmud. On lit dans le traité *shabbat* : «Moi, évangile, je ne suis pas venu détruire la Loi de Moïse, mais je suis venu pour ajouter à la Loi de Moïse» [21]. La citation n'est pas absolument littérale; mais elle est certainement faite d'après la forme courte du logion telle qu'elle est attestée par les Pères anciens.

Il faut alors poser une seconde question : des formes du logion, la forme longue attestée dans l'évangile de Matthieu, et la forme courte des citations patristiques, laquelle est la plus primitive? Il faut répondre que la forme courte est la plus primitive; la forme longue est due à l'activité du Rédacteur matthéen.

Envisageons d'abord le problème de la mention des prophètes. Albert Descamps a déjà répondu à notre question sur ce point précis. Il l'a fait sans s'occuper des citations patristiques, en analysant simplement le texte tel qu'il est donné dans l'évangile de Matthieu. Les mots ἤ τοὺς προφήτας sont une addition du Rédacteur matthéen [22].

Descamps note d'abord que les formules καταλύειν et πληροῦν τὸν νόμον d'une part, καταλύειν et πληροῦν τοὺς προφήτας d'autre part,

---

19. Sur ce problème, voir ZAPHIRIS, *Le texte de l'évangile*, 238-240.

20. Cité par Adamantius, *De Recta Fide* 2,15.

21. Talmud, traité *Shabbat* 116[ab].

22. A. DESCAMPS, *Essai d'interprétation de Mt 5,17-48*, in *Studia Evangelica* (TU 73), Berlin, 1959, 156-173.

ne sont pas homogènes. Quand il s'agit de la Loi, la formule recouvre des notions morales: abolir ou maintenir les exigences de la Loi; mais quand il est question des prophètes, elle a une portée salvifique. πληροῦν τοὺς προφήτας devrait normalement signifier: réaliser ce qui avait été annoncé par les prophètes, et non pas vivre en accord avec les exigences des prophètes. Et quel sens faudrait-il donner à la formule καταλύειν τοὺς προφήτας? Les mots τοὺς προφήτας sont donc une addition qui vient sucharger la formule καταλύειν et πληροῦν τὸν νόμον.

Par ailleurs, note encore Descamps, ce texte de Mt 5,17 sert d'introduction à une série d'antithèses scandées par les formules: «Vous avez entendu dire que … et bien moi je vous dis…» Or ces antithèses portent toutes sur des points de la Loi mosaïque, ou qui pouvaient se rattacher à la Loi mosaïque; il n'y est nullement question des prophètes. De ce point de vue encore, les mots ἢ τοὺς προφήτας doivent être considérés comme une addition au texte primitif du logion.

Descamps fait enfin remarquer que le thème de l'accomplissement des prophéties est prédominant dans l'évangile de Matthieu, mais doit se situer au niveau rédactionnel. Je complète cet argument en renvoyant à deux textes matthéens. Mt 7,12, en parallèle avec Lc 6,31 rapporte la règle d'or sous la forme positive que le Christ lui a donnée. Tous deux doivent dépendre ici de la source Q, dans la perspective du moins de la théorie des Deux Sources. Or Matthieu ajoute cette petite phrase: «Tel est en effet la Loi et les prophètes». De même, Mt 22,34-40 rapporte un dialogue de Jésus avec les Pharisiens touchant le plus grand commandement de la Loi: ποία ἐντολὴ μεγάλη ἐν τῷ νόμῳ? Jésus répond en renvoyant à deux commandements: celui de l'amour de Dieu selon Dt 6,5 et celui de l'amour du prochain selon Lv 19,18. Ce dialogue se lit également dans l'évangile de Marc, et, sous une forme assez différente, dans celui de Luc. Mais Matthieu est le seul à conclure l'épisode par ces mots attribués à Jésus: «En ces deux commandements tiennent toute la Loi et les prophètes». Cet ajout est certainement rédactionnel.

D'après ces deux exemples, on voit que la Rédacteur matthéen affectionne la formule «la Loi et les prophètes». Par ailleurs, dans le second texte, il complète un logion où il n'était question que de l'accomplissement de la Loi en y ajoutant le thème des prophètes. C'est exactement ce qu'il a dû faire en 5,17.

À la suite de Descamps donc, on peut conclure qu'en Mt 5,17 l'expression ἢ τοὺς προφήτας fut ajoutée par le Rédacteur matthéen. Sur ce point, le texte court des citations patristiques apparaît plus archaïque que celui de l'évangile de Matthieu: il n'a pas l'addition rédactionnelle.

Qu'en est-il maintenant de la formule complexe: μὴ νομίσητε ὅτι ἦλθον καταλῦσαι … οὐκ ἦλθον καταλῦσαι ἀλλά? Elle se lit encore,

Mt 5,16	Justin	Eusèbe	1 P 2,12	1 P 3,1-2
οὕτως λαμψάτω τὸ φῶς ὑμῶν	λαμψάτω δὲ	λαμψάτω	τὴν ἀναστροφὴν ὑμῶν	ὁμοίως γυναῖκες ὑποτασσόμεναι τοῖς ἰδίοις ἀνδράσιν
	ὑμῶν τὰ καλὰ ἔργα	τὰ ἔργα ὑμῶν		
ἔμπροσθεν τῶν ἀνθρώπων	ἔμπροσθεν τῶν ἀνθρώπων	ἔμπροσθεν τῶν ἀνθρώπων	ἐν τοῖς ἔθνεσιν	
ὅπως		ὅπως	ἔχοντες καλήν	
ἴδωσιν	ἵνα		ἵνα	ἵνα
			ἐν ᾧ καταλαλοῦσιν ὑμῶν ὡς κακοποιῶν	καὶ εἴ τινες ἀπειθοῦσιν τῷ λόγῳ διὰ τῆς τῶν γυναικῶν ἀναστροφῆς
	βλέποντες	βλέποντες τὰ καλὰ ὑμῶν ἔργα	ἐκ τῶν καλῶν ἔργων	ἄνευ λόγου κερδηθήσονται
ὑμῶν τὰ καλὰ ἔργα			ἐποπτεύοντες	ἐποπτεύσαντες
καὶ δοξάσωσιν	θαυμάζωσιν	δοξάσωσιν	δοξάσωσιν	τὴν ἐν φόβῳ ἁγνὴν ἀναστροφὴν ὑμῶν
τὸν πατέρα ὑμῶν τὸν ἐν τοῖς οὐρανοῖς	τὸν πατέρα ὑμῶν τὸν ἐν τοῖς οὐρανοῖς	τὸν πατέρα ὑμῶν τὸν ἐν τοῖς οὐρανοῖς	τὸν θεὸν ἐν ἡμέρᾳ ἐπισκοπῆς	

sous une forme identique, en Mt 10,34: μὴ νομίσητε ὅτι ἦλθον βαλεῖν εἰρήνην ἐπὶ τὴν γῆν, οὐκ ἦλθον βαλεῖν εἰρήνην ἀλλὰ μάχαιραν. Le parallèle de Lc 12,51 est assez différent; c'est une interrogation: δοκεῖτε ὅτι εἰρήνην παρεγενόμην δοῦναι ἐπὶ τῇ γῇ; οὐχί, λέγω ὑμῖν, ἀλλ' ἢ διαμερισμόν.

Même en tenant compte de l'activité rédactionelle de Luc, il est difficile de faire dériver son texte de celui qui est attesté par Matthieu. Tout porte à croire que la formulation matthéenne du logion est ici le fait du Rédacteur matthéen. De toute façon, rien ne permet de faire remonter Mt 5,17 à la source Q puisque ce texte ne trouve aucun écho dans Luc. Il faut donc en conclure que, au moins en Mt 5,17, la formule complexe est du Rédacteur matthéen.

En revanche, la forme courte attestée dans les citations patristiques: οὐκ ἦλθον καταλῦσαι ... ἀλλὰ πληρῶσαι... appartient à la tradition évangélique commune. Elle se lit dans les textes parallèles de Mt 9,13; Mc 2,17; Lc 5,32: «Je ne suis pas venu appeler les justes, mais les pécheurs». On la trouve encore en Mt 20,28 et Mc 10,45: «Le Fils de l'homme n'est pas venu pour être servi, mais pour servir». Et dans ce logion conservé dans la tradition occidentale de Lc 9,55: «Le Fils de l'homme n'est pas venu perdre les âmes des hommes, mais sauver». Cette forme courte doit donc être plus archaïque que la forme longue de l'évangile de Matthieu, que l'on peut attribuer au Rédacteur matthéen.

Deux conclusions découlent des analyses précédentes.

Premièrement, lorsqu'ils veulent citer la parole de Jésus attestée en Mt 5,17, les Pères anciens utilisent, soit le texte de l'évangile de Matthieu, soit beaucoup plus souvent un texte qu'ils lisaient dans un document non canonique, que nous essaierons de préciser plus loin.

Deuxièmement, ce document nous donne le logion sous une forme plus archaïque que celle qui se lit dans l'évangile de Matthieu. Selon toute vraisemblance, le Rédacteur matthéen a donné une forme littéraire nouvelle, plus complexe, au logion attesté par le document non canonique. Les citations patristiques nous permettent donc de retrouver une forme du logion plus archaïque que celle qui se lit dans l'évangile canonique de Matthieu.

II

Le deuxième exemple que je veux vous proposer se lit en Mt 5,16: «Ainsi, que brille votre lumière devant les hommes afin qu'ils voient vos bonnes œuvres et glorifient votre Père qui est dans les cieux» — οὕτως λαμψάτω τὸ φῶς ὑμῶν ἔμπροσθεν τῶν ἀνθρώπων ὅπως ἴδωσιν ὑμῶν τὰ καλὰ ἔργα καὶ δοξάσωσιν τὸν πατέρα ὑμῶν τὸν ἐν τοῖς οὐρανοῖς.

Justin martyr cite ce logion sous une forme assez différente: λαμψάτω δὲ ὑμῶν τὰ καλὰ ἔργα ἔμπροσθεν τῶν ἀνθρώπων ἵνα βλέποντες θαυμάζωσιν τὸν πατέρα ὑμῶν τὸν ἐν τοῖς οὐρανοῖς[23].

Je n'insisterai pas sur l'omission du οὕτως initial, qui pourrait être due au fait que Justin cite le logion hors de son contexte matthéen. En revanche, il faut noter les deux variantes suivantes. D'une part, l'expression ὑμῶν τὰ καλὰ ἔργα n'est plus le sujet de la proposition finale ὅπως ἴδωσιν, mais le sujet de la proposition principale λαμψάτω, à la place du substantif τὸ φῶς qui disparaît du texte de Justin. D'autre part, au lieu de la séquence ὅπως ἴδωσιν ... καὶ δοξάσωσιν, on a ἵνα βλέποντες sans complément direct explicite.

Ces deux variantes du texte de Justin sont en partie soutenues par Eusèbe de Césarée: λαμψάτω τὰ ἔργα ὑμῶν ἔμπροσθεν τῶν ἀνθρώων ὅπως βλέποντες τὰ καλὰ ὑμῶν ἔργα δοξάσωσιν τὸν πατέρα ὑμῶν τὸν ἐν τοῖς οὐρανοῖς[24]. Comme dans Justin, le substantif τὸ φῶς a disparu, l'expression τὰ ἔργα ὑμῶν est sujet du verbe principal λαμψάτω, et le subjonctif ἴδωσιν est remplacé par le participe βλέποντες. Il est vrai qu'Eusèbe dédouble l'expression τὰ καλὰ ὑμῶν ἔργα, mais il le fait afin de donner un complément explicite au participe βλέποντες, par influence de la forme matthéenne du logion. Est-ce aussi par influence matthéenne qu'Eusèbe garde ὅπως ... δοξάσωσιν au lieu du ἵνα θαυμάζωσιν attesté par Justin? Il est impossible de répondre à ce stade de notre enquête, mais nous reviendrons plus loin sur ce point. Quoi qu'il en soit, Eusèbe de Césarée connaît certainement une forme du logion analogue à celle qui est attestée par Justin; tous deux doivent dépendre d'un document autre que l'évangile canonique de Matthieu.

Clément d'Alexandrie et Origène ne citent que la première moitié du logion; or il est clair qu'ils utilisent un texte analogue à celui de Justin: λαμψάτω ὑμῶν τὰ καλὰ ἔργα ἔμπροσθεν τῶν ἀνθρώπων, et non le texte du Matthieu canonique[25].

Un problème plus délicat est posé par la *Prima Petri*. On lit, en 2,12: τὴν ἀναστροφὴν ὑμῶν ἐν τοῖς ἔθνεσιν ἔχοντες καλήν ἵνα ἐν ᾧ καταλαλοῦσιν ὑμῶν ὡς κακοποιῶν ἐκ τῶν καλῶν ἐποπτεύοντες δοξάσωσιν τὸν θεὸν ἐν ἡμέρᾳ ἐπισκοπῆς — «Ayant bonne votre conduite parmi les païens afin que ... à partir de vos bonnes œuvres, en (les) considérant, ils glorifient Dieu au jour de la visite».

L'auteur de la *Prima Petri* cite certainement ici, mais sous une forme assez libre, le logion qui est attesté en Mt 5,16. L'idée générale est la même, et la formulation littéraire en partie analogue. Mais, et c'est ce que je voudrais montrer maintenant, le texte utilisé est celui

23. Justin, *1 Apol.* 16,2.
24. Eusèbe de Césarée, *in* Ps 28,1.
25. Clément d'Alexandrie, *Strom.* 3,36,4; 4,26,171. — Origène, *Mart.* 18,6; *in* Jo 2,1; 2,28.

que connaissent Justin, Clément d'Alexandrie, Origène et Eusèbe de Césarée, et non pas celui de l'évangile canonique de Mathieu.

Au début du logion, le thème de la «conduite ... bonne» (ἀναστροφὴν καλὴν) qu'il faut avoir devant les païens correspond à celui des «œuvres bonnes» qui doivent briller devant les hommes, selon le texte attesté par Justin. Nous verrons tout à l'heure que ce terme de ἀναστροφὴν, fréquent dans les épîtres de Pierre, correspond à celui de ἔργα.

Dans la suite du logion, malgré un vocabulaire en grande partie différent, on trouve la même structure littéraire entre le texte de Pierre ἵνα ... ἐποπτεύοντες δοξάσωσιν, et celui de Justin ἵνα βλέποντες θαυμάζωσιν; tous deux ont la conjonction ἵνα, au lieu du ὅπως de Matthieu, suivie d'un participe, on notera que le verbe ἐποπτεύειν ne se lit que deux fois dans tout le Nouveau Testament: ici et 1 P 3,2. Il fut certainement introduit par l'auteur de la *Prima Petri* pour remplacer le βλέποντες attesté par Justin et Eusèbe de Césarée.

Un problème plus difficile est posé par les mots ἐκ τῶν καλῶν ἔργων de Pierre, devant ἐποπτεύοντες. Certains auteurs les font dépendre directement de ce participe, ce qui rapprocherait le texte de Pierre de celui de Matthieu: ὅπως ἴδωσιν ὑμῶν τὰ καλὰ ἔργα. Mais une telle construction est difficile, et si Pierre dépendait du texte attesté par Matthieu, pourquoi n'aurait-il pas écrit plus simplement ἵνα ... τὰ καλὰ ἐποπτεύοντες? Pourquoi ἐκ τῶν καλῶν ἔργων? Il vaut mieux rattacher ces mots au verbe principal δοξάσωσιν, comme le demande Walter Bauer dans son *Wörterbuch zum Neuen Testament*, et traduire avec Osty: «Afin qu'ils puissent, en y regardant bien, glorifier Dieu pour vos bonnes œuvres»[26].

Cette exégèse est confirmée par le passage parallèle de 1 P 3,1-2. C'est une exhortation aux femmes mariées. Pierre la développe en utilisant encore le thème fondamental de Mt 5,16, moyennant les transpositions nécessaires. «De même, vous les femmes, soyez soumises à vos maris afin que, même s'il en est qui ne croient pas à la Parole, ils soient, sans parole, gagnés par la conduite de leur femme (ἵνα ... διὰ τῆς τῶν γυναικῶν ἀναστροφῆς κερδηθήσονται), en considérant votre sainte conduite pleine de respect (ἐποπτεύσαντες τὴν ἐν φόβῳ ἁγνὴν ἀναστροφὴν ὑμῶν)». On constate que la séquence de ce texte ἵνα ... διὰ τῆς τῶν γυναικῶν ἀναστροφῆς κερδηθήσονται correspond à celle de 2,12 telle que nous l'avons interprétée: ἵνα ... ἐκ τῶν καλῶν ἔργων ... δοξάσωσιν. Les maris incroyants vont être gagnés par la bonne conduite de leur femme, de même que les païens vont glorifier Dieu grâce aux bonnes œuvres des chrétiens. Par ailleurs, en 3,2, le complé-

26. E. OSTY, *Le Nouveau Testament*. Traduction nouvelle. Deuxième édition revue et corrigée, Paris, 1949.

ment direct du participe ἐποπτεύσαντες est l'expression τὴν ἀναστροφὴν ὑμῶν, il faut donc conclure que, en 2,12, le complément implicite du participe ἐποπτεύοντες est la formule τὴν ἀναστροφὴν ὑμῶν καλὴν du début du verset.

Le parallélisme avec le texte de Justin devient alors beaucoup plus net. Dans les deux structures analogues: ἵνα βλέποντες θαυμάζωσιν (Justin) et ἵνα ... ἐποπτεύοντες δοξάσωσιν (Pierre), les deux participes n'ont pas de complément direct *explicitement* exprimés; chez Justin, il faut sous-entendre le ὑμῶν τὰ καλὰ ἔργα qui précède, et chez Pierre le τὴν ἀναστροφὴν ὑμῶν du début du verset.

Au terme de ces analyses un peu complexes, on peut conclure de façon certaine, je le crois, que l'auteur de la *Prima Petri* cite le logion de Mt 5,16, non pas sous sa version matthéenne, mais d'après un texte analogue à celui qui est attesté par Justin et les autres Pères que nous avons mentionnés.

Cette conclusion est pour nous très importante. Dans son commentaire de la *Prima Petri* Selwyn a montré de façon décisive que l'auteur de l'épître avait utilisé une sorte de catéchisme destiné à l'instruction des catéchumènes en vue de leur baptême. Ceci confirmerait l'hypothèse avancée récemment par Bellinzoni, Mees et Zaphiris: quand ils citent les paroles de Jésus sous une forme différente de celle qui se lit dans les évangiles canoniques, spécialement dans l'évangile de Matthieu, les Pères anciens utiliseraient un catéchisme pour l'enseignement des catéchumènes; l'auteur de la *Prima Petri* a dû connaître et utiliser un catéchisme analogue, d'où son accord foncier avec Justin sur la formulation du logion de Mt 5,16.

Ce catéchisme avait-il été composé à partir de nos évangiles canoniques? En analysant ce logion de Mt 5,16, Bousset était d'avis que la forme patristique du texte était antérieure à la forme matthéenne. Bellinzoni le conteste, et voici l'argument qu'il donne: «...la substitution de τὰ καλὰ ἔργα au τὸ φῶς matthéen indique une époque postmatthéenne dans laquelle la discipline de l'église s'intéressait spécialement aux bonnes œuvres de ses membres»[27]. Je doute qu'un tel argument puisse convaincre beaucoup de lecteurs!

En revanche, on peut faire remarquer que la formule matthéenne «que brille votre lumière» est banale; que peut faire la lumière sinon briller? La formule du document para-synoptique au contraire, «que brillent vos bonnes œuvres», est plus subtile: les bonnes œuvres sont implicitement comparées à la lumière, par le fait même qu'elles doivent briller devant les hommes.

Ce thème a d'ailleurs de bons précédents dans l'Ancien Testament. On lit par exemple en Prov 4,18, d'après la Septante: «Les chemins des

27. BELLINZONI, *The Sayings*, 94.

Mt 5,37	Justin et alii	2 Cor 1,17-18
		v. 18
		πιστὸς δὲ θεὸς ὅτι
		ὁ λόγος ἡμῶν ὁ πρὸς ὑμᾶς οὐκ ἔστιν ναὶ καὶ οὔ
		v. 17
		ἢ ἃ βουλεύομαι κατὰ σάρκα βουλεύομαι ἵνα ἦ
		παρ' ἐμοὶ
		τὸ ναὶ ναὶ καὶ τὸ οὒ οὔ
	ἔστω δὲ ὑμῶν	
	τὸ ναὶ ναὶ καὶ τὸ οὒ οὔ	
ἔστω δὲ ὁ λόγος ὑμῶν		
ναὶ ναὶ οὒ οὔ		

justes brillent (λάμπουσιν) comme la lumière». Et en Sir 32,16, toujours
d'après la Septante: «Ceux qui craignent le Seigneur font resplendir
leurs bonnes actions comme la lumière». Citons encore ce texte des
Testaments des Douze Patriarches: «Si donc vous aussi vous accom-
plissez le bien ... Dieu sera glorifié par vous parmi les Nations»[28].

Il est même peut-être possible de serrer le problème de plus près.
Mt 5,14-16 contient la séquence suivante: l'affirmation de Jésus à ses
disciples «Vous êtes la lumière du monde»; puis un logion sur la ville
qui ne peut être cachée, dont on a l'équivalent dans l'évangile de
Thomas; un autre logion sur la lampe qu'il faut placer sur le lampa-
daire, qui se lit dans un tout autre contexte en Marc et Luc; enfin le
logion sur la lumière des disciples qui doit briller devant les hommes.
Une telle séquence est artificielle et fut arrangée par le Rédacteur
matthéen.

Enlevons de cette séquence les deux logia, primitivement indépendants, sur la ville et sur la lampe. Il reste l'affirmation «Vous êtes la
lumière du monde», puis le logion sur la lumière qui doit briller devant
les hommes. En adoptant pour ce logion le texte para-synoptique, on
aurait: «Vous êtes la lumière du monde. Que vos bonnes œuvres
brillent devant les hommes...» C'est exactement le thème de Prov 4,18:
«Les chemins des justes brillent comme la lumière».

En reprenant ce texte, le Rédacteur matthéen aurait inséré les deux
logia sur la ville et sur la lampe. Et puisque l'affirmation «Vous êtes la
lumière du monde» se trouvait maintenant coupée du logion primitif,
ce Rédacteur aurait réintroduit le thème de la lumière dans ce logion,
d'où la nouvelle rédaction: «Que brille votre lumière devant les hommes, afin qu'ils voient vos bonnes œuvres et qu'ils glorifient votre Père
qui est dans les cieux».

Même si l'on ne retient pas cette dernière hypothèse, il semble
difficile de nier que la forme du logion attestée par les Pères et par la
Prima Petri soit plus archaïque que la forme matthéenne; c'était, je l'ai
rappelé plus haut, la position de Bousset.

III

Le troisième exemple que je veux vous proposer se lit en Mt 5,37. Ce
verset termine la quatrième des cinq antithèses matthéennes du Sermon
sur la montagne. «Vous avez entendu dire ... et bien moi je vous dis...»
Il s'agit de serments. Jésus interdit de jurer: ni par le ciel, ni par la terre,
ni par Jérusalem, ni par sa tête, et il conclut: «Que soit votre parole
'Oui, oui', 'Non, non' (ἔστω δὲ ὁ λόγος ὑμῶν ναὶ ναὶ οὒ οὔ); tout le
reste vient du mauvais». (Voir la synopse des textes, p. 190.)

28. *Test. Nepht.* 8,4.

Ce dernier logion est cité par un grand nombre de Pères anciens:
Justin, Clément d'Alexandrie, Origène, Didyme, Cyrille d'Alexandrie,
l'auteur des Homélies pseudo-clémentines, Épiphane, Chrysostome²⁹.
Mais la forme en est assez différente: «Que soit votre oui, oui, et votre
non, non» (ἔστω δὲ ὑμῶν τὸ ναὶ ναὶ καὶ τὸ οὒ οὔ). Ce texte présente
trois différences par rapport à celui de Matthieu: il ne contient pas le
substantif ὁ λόγος; il a l'article neutre devant le premier ναὶ et le
premier οὒ; il a la conjonction καὶ entre les deux couples antithétiques
ναὶ ναὶ, οὒ οὔ. Ces deux dernières variantes se lisent aussi dans
quelques témoins manuscrits du texte matthéen.

On lit de même dans l'épître de Jacques, en 5,12: «Avant tout, mes
frères, ne jurez pas: ni par le ciel, ni par la terre, ni par quelqu'autre
serment. Mais que soit votre oui, oui, et votre non, non; ainsi, vous ne
tomberez pas sous le coup du jugement». Jacques connaît donc le
logion sous sa forme patristique, et non sous sa forme matthéenne.
Ajoutons un détail: au lieu de l'impératif ἔστω, il a la forme ἤτω, qui a
même sens. Certains auteurs ont pensé que le logion sous sa forme
patristique provenait d'une influence de l'épître de Jacques. Mais ce
n'est guère vraisemblable. Tous les Pères cités plus haut, à l'exception
d'Épiphane, ont la forme ἔστω, comme Matthieu. Beaucoup citent
explicitement ce logion comme parole d'évangile, aucun ne connaît la
finale propre à Jacques: «ainsi vous ne tomberez pas sous le coup du
jugement», tandis que plusieurs attestent la finale matthéenne: «Tout le
reste vient du Mauvais». Aujourd'hui donc, on s'accorde à reconnaître
que Jacques et les Pères anciens dépendent d'une tradition para-synoptique, et non directement de l'évangile de Matthieu.

Voyons maintenant le cas de Paul. Il se réfère certainement à cette
parole de Jésus en 2 Cor 1,17-18. Une question cruciale se pose
aussitôt: connaît-il le logion sous sa forme matthéenne ou sous sa
forme para-synoptique? Pour répondre à cette question, il est nécessaire
de préciser le sens qu'il faut donner aux deux formes du logion.

Dans le logion sous sa forme matthéenne, le substantif ὁ λόγος est le
sujet de la phrase, et les expressions ναὶ ναὶ, οὒ οὔ, ont une valeur
d'attribut. Comment comprendre ce redoublement des particules affirmative et négative? Il donne à l'affirmation ou à la négation un
caractère plus solennel; il en fait presque l'équivalent d'un serment,
comme on peut le constater d'après les écrits rabbiniques. En glosant
quelque peu, on pourrait traduire: «Que votre parole soit: absolument
'Oui', absolument 'Non'». Si l'on se refuse à gloser le texte, il faut alors
renoncer au dédoublement des particules, comme dans la traduction de
la TOB: «Quand vous parlez, dites 'Oui' ou 'Non'; tout le reste vient
du Malin».

---

29. Textes et références dans RESCH, *Paralleltexte*, 96-99; MEES, *Die Zitate*, 10;
ZAPHIRIS, *Le texte de l'évangile*, 301-307; BOISMARD-LAMOUILLE, *Synopsis*, sur Mt 5,34-37.

Dans le logion sous sa forme para-synoptique, au contraire, les deux ναί d'une part, les deux οὔ d'autre part, ne jouent pas le même rôle dans la phrase et doivent donc être dissociés. Le premier ναί et le premier οὔ, précédés de l'article, sont les sujets du verbe ἔστω; le deuxième ναί et le deuxième οὔ ont valeur d'attribut. On pourrait traduire, en mauvais français: «Que, de vous, le Oui soit oui et le Non soit non». En d'autres termes, que le Oui et le Non que vous prononcez soient sincères, qu'ils soient un véritable Oui ou un véritable Non parce qu'ils correspondent à ce que vous avez dans le cœur. Autrement, vous seriez comme cet homme dont parle une incantation sumérienne: «Sa bouche dit oui, son cœur dit non».

Qu'en est-il alors du texte de Paul en 2 Cor 1,17-18? Paul avait promis une visite prochaine aux fidèles de Macédoine; malheureusement, certaines circonstances l'ont obligé à modifier ses projets, et il n'est pas encore venu. Certains sont prêts à l'accuser de duplicité: il promet des lèvres alors qu'il a d'autres projets dans le cœur. Paul se défend en ces termes: ἢ βουλεύομαι κατὰ σάρκα βουλεύομαι ἵνα ἦ παρ' ἐμοὶ τὸ ναὶ ναὶ καὶ τὸ οὔ οὔ?

Cette réponse de Paul a embarrassé les commentateurs. En fait, pour la comprendre, il faut tenir compte, et de la forme matthéenne du logion de Jésus, et de la forme para-synoptique. La formulation littéraire est la même chez Paul: ἵνα ἦ παρ' ἐμοὶ τὸ ναὶ ναὶ καὶ τὸ οὔ οὔ, et dans la tradition para-synoptique: ἔστω δὲ ὑμῶν τὸ ναὶ ναὶ καὶ τὸ οὔ οὔ. De même, Paul comprend le logion dans le sens de la tradition para-synoptique: quand il affirmait aux fidèles de Macédoine: «Je viendrai chez vous», il avait bien l'intention de venir. Son cœur ne disait pas «non» tandis que sa bouche disait «oui». Mais, comme dans le texte matthéen, le redoublement des particules affirmative et négative a pour but de renforcer l'affirmation ou la négation, d'en faire comme l'équivalent d'un serment. C'est ce qu'a bien compris le chanoine Osty, lorsqu'il traduit: «Ou bien, mes projets s'inspireraient-ils de motifs charnels, en sorte qu'il y ait sans cesse en moi le oui et le non?» Le sens est bien rendu aussi dans la TOB, qui glose quelque peu le texte: «Ou bien, mes projets ne sont-ils que des projets humains, en sorte qu'il y ait en moi à la fois le Oui et le Non?».

Paul poursuit son apologie en ajoutant: πιστὸς δὲ ὁ θεὸς ὅτι ὁ λόγος ἡμῶν ὁ πρὸς ὑμᾶς οὐκ ἔστιν ναὶ καὶ οὔ — «Dieu m'en est garant! Notre parole pour vous n'est pas 'oui' et 'non'». Le sens fondamental est toujours celui de la tradition para-synoptique: il n'y a pas chez Paul à la fois le oui et le non, un «oui» des lèvres opposé à un «non» du cœur. Mais la formulation littéraire se rapproche beaucoup de celle du logion matthéen, avec la présence du substantif ὁ λόγος comme sujet de la phrase, et l'absence d'article devant les particules affirmative et négative; celles-ci ne sont plus dédoublées, ce qui nous confirme que dans le verset précédent, le redoublement avait valeur de superlatif.

On constate donc le fait suivant. Au verset 17 comme au verset 18, le sens général du logion est celui de la tradition para-synoptique: il doit y avoir correspondance entre le Oui que l'on exprime aux autres et un Oui du cœur, entre le Non que profère la bouche et un Non du cœur. Quant à la formulation littéraire du logion, au v. 17 elle correspond exactement à celle de la tradition para-synoptique, tandis qu'au v. 18 elle se rapproche beaucoup du texte matthéen. Enfin, au verset 17 comme au verset 18, en accord avec le texte matthéen, le redoublement des particules affirmative et négative a valeur de superlatif, presque de serment.

Une conclusion s'impose: Paul connaît déjà les deux formes du logion, la forme matthéenne et la forme para-synoptique. Toutes deux existaient donc avant l'an 57, date à laquelle Paul aurait écrit sa deuxième lettre aux Corinthiens. Dans ces conditions, il est impossible de dire que le logion, sous sa forme para-synoptique, dépend du texte de notre Matthieu canonique, dont la rédaction est certainement postérieure.

Beaucoup de commentateurs d'ailleurs, à la suite de Dibelius[30], estiment que la forme du logion donnée par l'auteur de l'épître de Jacques, et donc la forme para-synoptique, est plus primitive que celle qui se lit dans l'évangile de Matthieu. Mais je ne veux pas entrer ici dans cette discussion, qui nous mènerait trop loin. Je me contenterai d'ajouter la remarque suivante.

Beaucoup de commentateurs modernes admettent que le logion complet de Mt 5,33-37 n'est pas homogène. Le v. 33 donne à la suite deux préceptes: «Tu ne te parjureras pas», et «Tu rendras à Dieu tes serments». Se parjurer, c'est affirmer sous serment la véracité d'une chose que l'on sait fausse. Le premier précepte concerne donc nos rapports avec le prochain, ce qui est en harmonie avec les quatre autres antithèses matthéennes de ce chapitre. Rendre à Dieu ses serments, c'est s'acquitter des vœux que l'on a fait à Dieu, perspective absente des quatre autres antithèses matthéennes. Il existe donc une grande probabilité pour que ce second précepte ait été ajouté par le Rédacteur matthéen. Mais aux vv. 34b-36, les précisions «ni par le ciel … ni par la terre … etc» concernent les serments que l'on faisait à propos des vœux, d'après le parallèle de Mt 23,16-22. Elles auraient donc été ajoutées, elles aussi, par le Rédacteur matthéen. Or Justin, appuyé par Didyme d'Alexandrie, ignore les additions du Rédacteur matthéen puisqu'il passe directement du v. 34a au v. 37: «Ne jurez pas du tout; mais que soit votre Oui, oui et votre Non, non. Tout le reste vient du Malin». Selon toute vraisemblance, le Document para-synoptique dont dépend Justin ignorait les additions du Rédacteur matthéen.

---

30. M. DIBELIUS, *Der Brief des Jacobus*. 11. Auflage, herausgegeben und ergänzt von Heinrich GREEVEN, Göttingen, 1964, 295-298.

Il est temps de conclure. Nous avons examiné la façon dont les Pères anciens citaient trois paroles de Jésus rapportées dans l'évangile de Matthieu, au chapitre 5, versets 16, 17 et 37. Ces trois logia sont cités par Clément d'Alexandrie et par Origène. Justin ne s'interesse qu'aux versets 16 et 37. Les versets 17 et 37 sont cités par Didyme, Cyrille d'Alexandrie, Épiphane, Chrysostome, l'auteur des Homélies pseudo-Clémentines. Eusèbe de Césarée ne cite que les versets 16 et 17, pour nous en tenir aux principaux Pères grecs. Lorsqu'ils citent ces logia, les Pères que nous venons de mentionner utilisent, soit le texte de l'évangile canonique de Matthieu, soit, le plus souvent, un texte assez différent qu'ils devaient lire dans un document non canonique aujourd'hui perdu. Précisons que le plus ancien d'entre eux, Justin, ne connaît que la forme non matthéenne des deux logia qu'il cite. Ce document ne dépendait pas de l'évangile canonique de Matthieu; il donnait en effet les logia sous une forme plus archaïque, connue déjà, soit de Paul, soit de l'auteur de la *Prima Petri*. Ainsi se trouvent confirmées les positions tenues, en partie, par Credner, Hilgenfeld, Bousset, Resch, Lippelt, Waitz, Audet, Mees, Zaphiris.

Mais nous sommes en mesure maintenant d'apporter les précisions suivantes. Le document non canonique utilisé par les Pères était probablement un catéchisme destiné à l'enseignement des catéchumènes en vue de leur baptême, catéchisme comportant surtout, sinon exclusivement, des «paroles» de Jésus ayant une portée moralisante. Avait-il déjà des tendances harmonisantes, lorsque telle ou telle parole de Jésus était rapportée à la fois par Matthieu et par Luc? Les textes que nous avons analysés ne permettent pas de répondre à cette question.

Si le catéchisme ne dépendait pas de l'évangile canonique de Matthieu, où avait-il puisé les matériaux dont il était composé? Les trois logia que nous avons analysés ne se lisent que dans l'évangile de Matthieu. Par ailleurs, nous avons vu que le texte des citations patristiques ignorait ce que l'on pouvait considérer comme des additions du Rédacteur matthéen. On peut donc penser que le catéchisme dépendait d'une forme plus archaïque de l'évangile de Matthieu, comme l'avait proposé Lippelt.

École Biblique   Marie-Émile BOISMARD
B.P. 19053
91019 Jerusalem
Israël

SYNOPTIC TRADITION IN THE DIDACHE

In recent years a substantial body of opinion has agreed in general terms about the problem of synoptic tradition in the Didache. The three studies of R. Glover, H. Koester and J.-P. Audet which appeared in the 1950s, apparently independently of each other, argued that the presence of synoptic tradition in the Didache was not to be explained by direct dependence of the Didache on the finished synoptic gospels[1]. Rather, the Didachist used prior traditions available both to himself and to the synoptic evangelists. This view has been endorsed in recent years by Rordorf, Tuilier, Kloppenborg and Draper in various studies devoted to the Didache and by other scholars in passing[2]. Some have been more specific about the nature of the common traditions: for example, Glover argued that the synoptic Sayings Source Q was one source of the Didache's synoptic tradition[3]. It is true that there have always been those who have disagreed, arguing that the Didache presupposes the finished form of the synoptic gospels, or at least that of

1. H. KOESTER, *Synoptische Überlieferung bei den Apostolischen Vätern* (TU, 65), Berlin 1957, pp. 159-241; J.P. AUDET, *La Didachè. Instructions des apôtres*, Paris, 1958, pp. 166-186. R. GLOVER, *The Didache's Quotations and the Synoptic Gospels*, in NTS 5 (1958) 12-29; cf. also his *Patristic Quotations and Gospel Sources*, in NTS 31 (1985) 234-251.

2. See W. RORDORF & A. TUILIER, *La Doctrine des douze Apôtres* (SC, 248), Paris 1978; J.S. KLOPPENBORG, *Didache 16,6-8 and Special Matthaean Tradition*, in ZNW 70 (1979) 54-67; W. RORDORF, *Le problème de la transmission textuelle de Didachè 1,3b-2,1*, in F. PASCHKE (ed.), *Überlieferungsgeschichtliche Untersuchungen* (TU, 125), Berlin, 1981, 499-513; J. DRAPER, *The Jesus Tradition in the Didache*, in D. WENHAM (ed.), *Gospel Perspectives Vol. 5. The Jesus Tradition outside the Gospels*, Sheffield, 1985, pp. 269-287; also his *A Commentary on the Didache in the Light of the Dead Sea Scrolls and Related Documents*, Ph.D. dissertation, Cambridge University, 1983; cf. also D.A. HAGNER, *The Sayings of Jesus in the Apostolic Fathers and Justin Martyr*, in WENHAM (ed.), *Gospel Perspectives*, pp. 233-268, on p. 241f. (though this represents a change of view from Hagner's earlier position: see his *The Use of the Old and New Testament in Clement of Rome* (NT.S, 34), Leiden, 1973, p. 280: "It seems clear enough, however, that the Gospel of Matthew is used in the Didache"). Thus in a recent Dictionary article, Tuilier summed up the present state of opinion with the words: "Die neuere Forschung ist sich darin einig, daß die Didache als Ganzes die Schriften des Neuen Testaments in ihrer heutigen Gestalt nicht kennt" (A. TUILIER, art. *Didache*, in TRE vol. 8 [1981], p. 735).

3. GLOVER, *Didache's Quotations, passim*, esp. p. 29. (In his later article, Glover seems to have changed his views slightly; he now postulates another source [the "Terse Source"] known to Matthew, Mark, Luke, Clement, Didache, Polycarp and Justin, which overlapped extensively with Q. However, he still maintains his view that the Didache knew Q: see p. 239). Cf. also RORDORF & TUILIER, *Doctrine*, p. 91, who say that the silence of S. Schulz in his monograph on Q in omitting any reference to Did is "regrettable".

Matthew[4]. The conclusions of this paper are intended to support this latter view.

Any discussion of the problem of synoptic tradition in the Didache must take note of the question of the unity of the text usually referred to as "the Didache". This text is available to us in its entirety in only one 11th century Greek MS published in 1883 by P. Bryennios[5]. It is almost universally agreed that the present text[6] is, in some sense at least, "composite". Did 1-6 incorporates an earlier Two Ways tradition attested also in Barn 18-20, Doctrina Apostolorum and elsewhere; further, within this Two Ways tradition, the section 1,3 - 2,1 is probably a secondary, Christianising addition[7]. Other seams within our text have been suggested: for example, chs. 8 & 15 may be secondary additions to an earlier *Vorlage*[8]. The precise number of stages of redaction which one should postulate is much debated. Nevertheless it is clear that any theories about the origins of synoptic tradition in one part of the Didache will not necessarily apply to the Didache as a whole[9]. Each part of the text must therefore be examined separately and, to a certain extent, independently.

One further preliminary point to be made is that it is quite clear that, for the most part, the Didache does not "quote" the synoptic tradition. There are a few instances where the Didache clearly indicates its intention to quote something (from whatever source): cf. Did 1,6; 8,2; 9,5; 16,7. Elsewhere there are references to a εὐαγγέλιον (8,2; 11,3;

---

4. See É. MASSAUX, *Influence de l'Évangile de saint Matthieu sur la littérature chrétienne avant saint Irénée*, (repr. BETL, 75), Leuven, 1986, pp. 604ff.; B.C. BUTLER, *The Literary Relations of Didache, Ch. XVI* in *JTS* 11 (1960) 265-283; also *The "Two Ways" in the Didache*, in *JTS* 12 (1961) 27-38; Ph. VIELHAUER, in E. HENNECKE (ed.), *New Testament Apocrypha Vol. II*, London, 1965, p. 628f.; B. LAYTON, *The Sources, Date and Transmission of Didache 1.3b-2.1*, in *HTR* 61 (1968) 343-383; S. GIET, *L'Énigme de la Didachè*, Paris, 1970; K. WENGST, *Didache (Apostellehre), Barnabasbrief, Zweiter Klemensbrief, Schrift an Diognet* (Schriften des Urchristentums, 2), Darmstadt, 1984, pp. 25-30; U. LUZ, *Das Evangelium nach Matthäus. 1.* Teilband: Mt 1-7 (EKK I/1), Zürich-Neukirchen, 1985, p. 75. W.D. KÖHLER, *Die Rezeption des Matthäusevangeliums in der Zeit vor Irenäus* (WUNT 2. Reihe, 24), Tübingen, 1987, pp. 19-56. This was certainly the dominant view in the earlier period of research, prior to the 1950s.

5. Other witnesses include versions in Ethiopic, Georgian and Coptic, a fragment from one of the Oxyrhynchus papyri, POxy 1782, as well as later writers who used the Didache, notably the author of Book VII of the Apostolic Constitutions.

6. By this, I refer to the text of the Bryennios MS.

7. For this section, see part III below.

8. RORDORF & TUILIER, *Doctrine*, pp. 36, 63; cf. DRAPER, *Jesus Tradition*, p. 271. For doubts about the reliability of the Bryennios text, see too E. PETERSEN, *Über einige Probleme der Didache-Überlieferung*, in *Frühkirche, Judentum und Gnosis*, Freiburg, 1959, pp. 146-182. Cf. also n. 82 below.

9. Thus, for example, Koester argues that most of the Didache is independent of the synoptic gospels, but that 1,3-2,1 presupposes our gospels and represents a much later addition to the Didache.

15,3.4) which may be a written source[10]. However, the remaining links between the Didache and synoptic tradition are at the level of allusion only. It is thus inappropriate to judge the Didache's use of synoptic tradition as if it were a case of explicit quotation and to expect exact agreement between the quoted version and the source used. The Didache's use of synoptic tradition is more one of free allusion. Hence disagreements between the Didache and the gospels in, for example, the context and application of synoptic tradition need not imply that the Didache cannot have known our gospels[11]. Indeed it can be argued that precisely such freedom in the use of synoptic tradition is to be expected if the Didache is using our gospels as, in some sense, authoritative texts[12]. How then can one determine whether or not the Didachist presupposes the finished gospels?

In terms of methodology, Koester's approach remains exemplary. Not only did he set out the relevant texts clearly in parallel[13]; he also worked with a clearly defined criterion: if material which owes its origin to the redactional activity of a synoptic evangelist reappears in another work, then the latter presupposes the finished work of that evangelist. Such a criterion must of course be applied with care, and one must not rule out the possibility that a feature could have been added to the tradition by two independent redactors. Nor should one assume that any dependence which is established on the basis of this

10. For a discussion, see KOESTER, *Überlieferung*, p. 10f. It is a key point of Wengst's argument against Koester that εὐαγγέλιον must refer to a written gospel and that that gospel can only be Matthew: hence all the verbal similarities between the Didache and the synoptic tradition are due to dependence on Matthew. This however demands that the references to a εὐαγγέλιον, especially in 15,3.4, bear a lot of weight in the argument; it ignores the possibility that ch. 15 may belong to a later stratum within the present text; it also does not deal with the possibility that the Didache might be using a written source which lies behind Matthew, rather than Matthew's gospel itself. Wengst does not discuss whether the parallels to the Didache in Matthew are redactional or traditional.

11. This applies especially to the work of Glover (n. 1 above) who frequently argues that the Didache cannot be dependent on our gospels because the same material is used in such widely differing ways. (Glover even speaks of "the Didache's *Quotations*" in the title of his article). In any case, the different contexts imply freedom and change by at least one person, be it the Didachist or the synoptic evangelist. But the different contexts and uses of the same material cannot really be used in the argument here. Much the same can be said about Draper who argues that *any* difference between the Didache and the gospels may imply that the Didache is using independent traditions, since the tendency in the MS tradition was to harmonise the text of the Didache with that of the gospels (*Jesus Tradition*, p. 271 and cf. his argument on Did 16,8 and the text of Did 1,3 discussed below). But again this seems to assume that the Didache's practice is one of careful quotation, rather than alluding to, and using freely, the synoptic tradition. Wengst's comment is apt: "Nach diesem Argumentationsmuster müßte man etwa Paulus die Benutzung des AT absprechen" (*Didache*, p. 30).

12. Cf. F.E. VOKES, *The Didache and the Canon of the New Testament*, in *Studia Evangelica*, vol. 3 (TU, 88), Berlin, 1964, pp. 427-436.

13. Cf. the praise of LAYTON, *Sources*, p. 244; see too n. 102 below.

criterion is necessarily direct: the later document may be several stages removed from the earlier one. Nevertheless, this criterion is really the only one which ultimately can determine whether a text like the Didache presupposes the finished gospels or whether it uses traditions which lie behind our gospels. Such an approach differs from that of, say, B. Layton who, in his study of Did 1,3-2,1 (cf. n. 4 above) effectively assumed dependence and sought to clarify the Didache's redactional activity on that assumption. This certainly has great value in recognizing the importance of the Didachist's own intentions and contributions in producing his text. But Layton's approach is open to the criticism that what is "coherent" does not necessarily reflect historical fact. Thus, whilst Layton has shown how a later writer *could* have altered the synoptic gospels in the way suggested, his argument does not really show that this actually happened.

One must therefore supplement Layton's approach by a close analysis of the synoptic parallels to the text of the Didache to see if any elements are redactional there. Part of the weakness of the approach of some of those who have advocated the independence of the Didache from the synoptic gospels is that they fail to offer any sustained analysis of the synoptic data on its own terms. (This applies, for example, to the studies of Rordorf and Draper). If, for example, the Didache is using Q material in a form that existed prior to its use by Matthew and Luke, then the synoptic parallels to the Didache should all occur in elements which are pre-redactional in the gospels. Conversely, if the Didache shows agreement with redactional elements in the gospels, then this will be an indication that the Didache presupposes our gospels.

I. DIDACHE 16

Did 16 is widely recognised as containing a significant cluster of links with synoptic tradition and it may be regarded as an important test-case in the discussion of the problem of synoptic tradition in the Didache.

Many who have argued against any dependence of the Didache on Matthew's gospel have appealed to a peculiar pattern in the parallels between the Didache and the synoptic gospels. It is said that Did 16 only shows links with material peculiar to Mt 24 in the synoptic tradition: the Didache does not have any links with material from Mt 24 which Matthew has derived from Mark[14]. Hence, it is argued,

14. I am assuming through the discussion the theory of Markan priority, as indeed do most other scholars in their discussion of synoptic tradition in the Didache. This applies even in the articles of Butler. Butler himself is well-known as favouring the theory of Matthean priority, but he wrote his articles on the Didache taking care not to presuppose any particular solution to the Synoptic problem, though see nn. 63, 89 below.

the Didache is more likely to be dependent on the source(s) which lie behind Mt 24 and which were available to Matthew alone; if the Didache were dependent on Matthew, one would expect some of Matthew's Markan material to be reflected as well[15]. Such an argument is in danger of ignoring some of the evidence of Did 16 itself. For the text of Did 16 contains possible allusions to synoptic material in four verses common to Matthew and Mark (and which Matthew presumably derived from Mark).

Did 16,4.

Did 16,4 mentions the κοσμοπλανής who, it is said, will do (ποιήσει) signs and wonders (σημεῖα καὶ τέρατα) and will perform iniquities ἃ οὐδέποτε γέγονεν ἐξ αἰῶνος. The language used is similar to that of Matthew and Mark. Mk 13,22/Mt 24,24 refers to the coming of false messiahs and false prophets who will perform[16] σημεῖα καὶ τέρατα, "leading astray"[17] the elect; and in Mk 13,19/Mt 24,21 the coming tribulation is said to be such as never has been (οὐ γέγονεν) since the creation of the world[18]. It can be argued, of course, that these parallels are not very significant. Both the Didache and the synoptists could be reflecting standard eschatological motifs and using OT language[19]. However, it is clear that the verbal links between Did 16 and Mt 24 are *not* confined to material peculiar to Matthew.

Koester recognises these parallels but asserts that, since Mk 13,19.22 come from the *Vorlage* used by Mark in Mk 13, the Didache here shows links only with Mark's source and not with Mark's gospel itself[20]. This argument raises a number of critical problems. First there is a question about criteria. The argument here is that if the Didache shows links with Mark's source, it cannot be dependent on Mark's gospel. Elsewhere, however, Koester argues that since the Didache does

15. See GLOVER, *Didache's Quotations*, pp. 22-25; KOESTER, *Überlieferung*, p. 184f. (on Did 16,6); AUDET, *Didache*, p. 182; RORDORF & TUILIER, *Doctrine*, p. 90; KLOPPEN-BORG, *Didache 16,6-8*, passim; DRAPER, Dissertation, p. 325f.; *Jesus Tradition*, p. 283.

16. Mark ποιήσουσιν, Matthew δώσουσιν. The Didache is in fact marginally closer to Mark here, though this verbal agreement is scarcely significant enough to show anything.

17. Mark ἀποπλανᾶν, Matthew πλανῆσαι — hence the same root as the Didache's κοσμοπλανής.

18. Didache's ἐξ αἰῶνος is not verbally the same as Mark's/Matthew's phrase ἀπ᾽ ἀρχῆς κτίσεως/κόσμου, but the idea is the same.

19. The language is close to Deut 13,2 and Dan 12,1 θ᾽: see KOESTER, *Überlieferung*, p. 182, who also refers to 2 Thess 2,9; Rev 13,13. GLOVER, *Didache's Quotations*, p. 24, refers to the differences between the Didache and the gospels: e.g. in the Didache the single "world-deceiver" performs the signs and wonders, whereas in the gospels it is the (many) false prophets. However, this is an example of confusing quotations and allusions: cf. n. 11 above.

20. *Überlieferung*, p. 182.

not have allusions to material in Matthew's source (Mark), the Didache cannot be dependent on Matthew's gospel[21]. Clearly there are dangers of possibly contradictory criteria being applied and it would be better to consider the whole pattern of agreements between the Didache and the synoptic material in relation to synoptic sources before making premature judgements about individual verses. Second, the appeal to a *Vorlage* of Mk 13 raises complex issues of Markan study which can only be touched on briefly here. Koester appeals almost exclusively to the claims of Bultmann and Klostermann about the content of Mark's alleged source here. In recent years there have been several important studies of Mk 13[22], though not all would agree in assigning the relevant verses is this discussion to Mark's source. V. 19 probably is as likely as any verse to have been in whatever *Vorlage* there might have been, but opinions differ about v. 22. According to Pesch, Hahn and others, v. 22 is part of the pre-Markan source. According to Brandenburger, the verse is one of a number which come to Mark from traditions other than that of the basic apocalypse which underlies the present chapter, so that although the wording may be pre-Markan, the positioning of v. 22 here may be due to MkR[23]. However, Lambrecht and Laufen have argued very persuasively that v. 22 is due to MkR[24]. It is thus precarious to build too much on the alleged pre-Markan nature of v. 22.

Did 16,5.

Another possible link between the Didache and Markan material occurs in Did 16,5: οἱ δὲ ὑπομείναντες ... σωθήσονται cf. Mk 13,13/ Mt 24,13; 10,22 ὁ δὲ ὑπομείνας εἰς τέλος ... σωθήσεται. Again it can be argued that the parallel is not by itself very significant[25]. Koester again ascribes it to Mark's *Vorlage* and argues, somewhat strangely,

---

21. *Überlieferung*, p. 184f., on Did 16,6.
22. To mention only a few, see J. LAMBRECHT, *Die Redaktion der Markus-Apokalypse. Literarische Analyse und Structuruntersuchung* (AB, 28), Rome, 1967; R. PESCH, *Naherwartungen. Tradition und Redaktion in Mk 13*, Düsseldorf, 1968, and his *Das Markusevangelium. II Teil*, Freiburg, 1977; F. HAHN, *Die Rede von der Parusie des Menschensohnes Markus 13*, in R. PESCH & SCHNACKENBURG (eds.), *Jesus und der Menschensohn* (Fs A. Vögtle), Freiburg-Basel-Wien, 1975, pp. 240-256; E. BRANDENBURGER, *Markus 13 und die Apokalyptik* (FRLANT, 134), Göttingen, 1984.
23. BRANDENBURGER, *Markus 13*, pp. 147ff., and see his "Übersicht" on p. 166f. The problems of assigning v. 22 to the *Vorlage* are discussed on p. 24.
24. LAMBRECHT, *Redaktion*, p. 170f; R. LAUFEN, *Die Doppelüberlieferungen der Logienquelle und des Markusevangeliums* (BBB, 54), Bonn, 1980, pp. 379-382. V. 22 is of course also very important as evidence of Mark's concerns in the theory of T.J. WEEDEN, *Mark — Traditions in Conflict*, Philadelphia, 1971, esp. pp. 72ff.: "Mark's hand is most visible in the formation of sections 5-6, 9-13, 21-23, 28-37" (p. 72).
25. Glover does not even mention it.

that since Matthew's wording is dependent here on Mark, this cannot prove dependence of the Didache on Matthew[26]. By itself, such an argument is true though it appears to concede in passing that the Didache *does* have verbal links with material in Matthew which Matthew derives from Mark. The language is not unusual in such an eschatological context: cf. Dan 12,12; 4 Ez 6,25[27], though the verbal agreement between these texts and the Didache is not as close as that between the Didache and Matthew/Mark[28]. The problem of the origin of Mk 13,13 is a complex one. Many regard the verses as pre-Markan and it is certainly not easy to point to any clear Markan characteristics[29]. But whatever its origin, it is clear that Did 16,5 provides another instance where the Didache shows verbal links with material which Matthew shares with Mark.

Did 16,8.

The most significant connection between the Didache and material in both Matthew and Mark occurs in Did 16,8 (τότε ὄψεται ὁ κόσμος τὸν κύριον ἐρχόμενον ἐπάνω τῶν νεφελῶν τοῦ οὐρανοῦ). The allusion to Dan 7,13 here is very similar to that in Mt 24,30 (cf. Mk 13,26). The very close relationship between the Didache and Matthew has often been noted. In particular the Didache shares with Mark and Matthew the use of ὄψεται/ὄψονται and the inversion of the order of "coming" and "clouds" as compared with Dan 7. Further, the Didache agrees with Matthew's redaction of Mark in using ἐπάνω (Matthew ἐπί) for Mark's ἐν with the "clouds", and adding τοῦ οὐρανοῦ. A priori there is a strong case here for seeing the Didache reflecting MattR of Mark and hence presupposing Matthew's finished gospel.

Glover explains the agreement as due to "joint borrowing from Dan. vii 13"[30], but he offers no explanation for the unusual features (ὄψεται and the relative order of the "clouds" and "coming") mentioned above. Koester claims that Matthew is unlikely to have changed the text of Mark in the way suggested and hence Matthew's text is based on a *Vorlage* of Mark which read ἐπὶ τῶν νεφελῶν[31]. However the

26. *Überlieferung*, p. 183.
27. So KOESTER, ibid.; KLOPPENBORG, *Didache 16,6-8*, p. 66.
28. Despite Koester's claim that 4 Ez is "fast wörtlich gleich Mk 13,13b par". Dan 12,12 θ' has ὁ ὑπομένων but no exact parallel to σωθήσεται. 4 Ez 6,25 has "omnis qui derelictus fuerit ... saluabitur", but "derelictus" is rather weaker than the meaning of ὑπομένω here which probably has a meaning of more active endurance and is not just a reference to simply surviving (so Bauer's *Lexicon* ad loc.).
29. See R. KÜHSCHELM, *Jüngerverfolgung und Geschick Jesu* (ÖBS, 5), Klosterneuburg, 1983, p. 122. The verse is in Mark's *Vorlage* according to Pesch and Hahn. However, Brandenburger assigns it to other traditions included here by Mark.
30. *Didache's Quotations*, p. 24.
31. *Überlieferung*, p. 188.

basis for such a claim is unconvincing. Kloppenborg, who is also
defending the thesis of the independence of the Didache and Matthew,
rightly criticizes Koester here and says that there is no justification for
postulating an earlier version of Mark's text used by both the Didache
and Matthew[32]. Yet Kloppenborg also denies that the Didache shows
any dependence on MattR here. He appeals to the lack of any reference
in the Didache to the signs of heaven of Mt 24,29; however, the
Didache does have its own version of (admittedly quite different) signs
in 16,6. Kloppenborg also appeals to the fact that the words which
follow the allusion to Dan 7 in Matthew/Mark, μετὰ δυνάμεως καὶ
δόξης πολλῆς, do not appear in the Didache, and asserts that "there is
no reason for the author's avoidance of this phrase"[33]. However, an
argument from silence here is very precarious. It is universally agreed
that the text at the end of the Didache here is in some disarray and that
some further text has probably got lost[34]. It is thus very dangerous to
base any theory on the absence of material after Did 16,8 in our Greek
MS. Kloppenborg's claim is that "Did 16,8 agrees with Mt 24,30 at
those points where Matthew disagrees with Mark"[35]; this however
ignores the agreement between Matthew and Mark in using ὄψονται
and in inverting the "clouds" and the "coming" of Dan 7[36] as well as
the features common to the Didache, Matthew, Mark and Daniel.
Kloppenborg's conclusion is that "Did 16,8 represents an independent
tradition under whose influence Matthew altered his Markan source,
namely by substituting ἐπί for ἐν and adding τοῦ οὐρανοῦ"[37]. However, a much simpler explanation is available. Matthew's differences
from Mark here serve to align his version of Dan 7,13 with that of the
LXX. A tendency by Matthew to conform OT allusions to the form of
the LXX is well-documented[38]. The "tradition under whose influence
Matthew altered his Markan source" need only be the LXX text of

32. *Didache 16,6-8*, p. 61f.
33. Ibid., p. 63.
34. See AUDET, *Didache*, p. 73f.; RORDORF & TUILIER, *Doctrine*, pp. 107, 199; DRAPER,
Commentary, p. 326; WENGST, *Didache*, p. 20. Wengst even prints (p. 90) a further clause
as the ending of the text (ἀποδοῦναι ἑκάστῳ κατὰ τὴν πρᾶξιν αὐτοῦ) on the basis of the
text in ApConst, though the latter is considerably longer and more complex than this.
35. *Didache 16,6-8*, p. 63.
36. Kloppenborg argues that both these features may be pre-Markan since they can be
paralleled elsewhere (though not all his evidence is equally valid: e.g. the text of Justin
Dialogue 51,9 [wrongly cited as "15,9" consistently] could be due to influence of the
gospel tradition). But again this exludes a piece of evidence prematurely. The fact that the
features *may* be pre-Markan cannot settle the issue of how they are to be explained in the
Didache itself.
37. *Didache 16,6-8*, p. 63.
38. See K. STENDAHL, *The School of St. Matthew and Its Use of the Old Testament*,
Lund, 1954, pp. 147ff.; G. STRECKER, *Der Weg der Gerechtigkeit* (FRLANT, 82),
Göttingen, 1971, pp. 21ff.; W.G. KÜMMEL, *Introduction to the New Testament*, London,
1975, p. 110f.

Dan 7. There is no need at all to postulate a tradition very closely parallel to Mk 13, but independent of Mark and known only to Matthew. Such a theory is a totally unnecessary complication.

A different appeal to textual criticism is made by Draper. Draper refers to the text of ApConst VII which reads ἐν συσσεισμῷ as the equivalent of the Bryennios MS's τότε ὄψεται ὁ κόσμος τὸν κύριον ἐρχόμενον. He argues that, since ApConst has a tendency to conform the text of the Didache to that of Matthew's gospel, this reading in ApConst which differs from Matthew's text may represent a more original version of the text of the Didache; the reading in the Bryennios MS would then be the result of secondary scribal assimilation to the text of Matthew[39]. All this is somewhat speculative. It is not the case that the text of ApConst is uniformly closer to Matthew than that of the Didache[40]. Further, Draper's suggestion that the use of κύριος in the Bryennios text betrays the vestige of an independent tradition (Matthew has "Son of Man") is also unconvincing. The κύριος of 16,8 in the Bryennios MS presumably arises by assimilation to the κύριος of 16,7 (citing Zech 14,5). In fact the use of κύριος is quite characteristic of the Didache (it is used 18 times elsewhere, at times clearly referring to Jesus, cf. 8,2). Hence it is quite easy to ascribe the usage of κύριος in the Bryennios text at 16,8 to the "original author" of the Didache. In any case, it would probably be precarious to rely too much on such an indirect source as ApConst for reconstructing the text of the Didache.

None of the arguments considered appears to provide a convincing alternative to the theory that the Didache here presupposes knowledge of Matthew's revision of Mark. Thus Did 16 has links not only with Matthew's special material, but also with material common to Matthew and Mark and, in the last instance considered, presupposes Matthew's redaction of Mark. I now consider the links between Did 16 and material peculiar to Matthew.

Did 16,3-5.

The existence of links between Did 16 and material peculiar to Mt 24 is accepted by all. In Did 16,3-5 there is a cluster of similarities between the language of the Didache and Mt 24,10-12 and other Matthean passages. 16,3 πληθυνθήσεται οἱ ψευδοπροφῆται uses similar language to Mt 24,11f. (ψευδοπροφῆται in v. 11; πληθυνθῆναι in v. 12); "sheep becoming wolves" in Did 16,3 uses imagery similar to that of Mt 7,15; "ἀγάπη turning to μῖσος" reflects Mt 24,10.12 (μισήσουσιν in v. 10, ἀγάπη in v. 12); ἀνομία increasing (Did 16,4) is similar to Mt 24,11 (ἀνομία multiplying); and διώξουσι in Did 16,4 links with διώκωσιν in

---

39. *Jesus Tradition*, p. 283; *Commentary*, p. 325.
40. E.g. Did 16,4 has παραδώσουσιν as in Matthew; ApConst has προδώσουσιν.

the very closely related context of Mt 10,23. Finally σκανδαλισθήσονται πολλοί of Did 16,5 recalls the identical words in Mt 24,10.

It is noteworthy that the parallels to Did 16,3-5 in Matthew include the three Matthean references to ψευδοπροφῆται (Mt 7,15; 24,10-12; 24,24)[41] This is readily explained if the author of the Didache were attempting to cull from Matthew all the available material about false prophets. This provides a reasonable explanation for what might appear at first sight to be a rather random set of parallels in Matthew.

If the existence of these parallels is universally accepted, their significance is disputed. Much depends on one's beliefs about the origin of the material in Mt 24,10-12. Methodologically, the problem should perhaps be one of synoptic study before one considers the Didache itself[42]. Within Matthean scholarship there is widespread agreement that these verses are due to MattR[43]. If this is the case, then it would

41. For the parallel between Did 16,4 and Mt 24,24 see above, Glover, *Didache's Quotations*, p. 23, ascribes these references to three different sources in Matthew; but the multiple references are much more likely to be due to MattR.

42. Cf. the comments of F. NEIRYNCK, *John and the Synoptics*, in *Evangelica* (BETL, 60), Leuven, 1982, p. 379, in relation to the not dissimilar problem of the relationship between John and the synoptic tradition: "The question whether John depends upon Mark or upon the sources of Mark is primarily a problem of Synoptic criticism".

43. See J. LAMBRECHT, *The Parousia Discourse. Composition and Content in Mt., XXIV-XXV*, in M. DIDIER (ed.), *L'Evangile selon Matthieu* (BETL, 29), Gembloux, 1972, p. 320: "Matthew has formed these verses himself ... He has used words and ideas which the context has offered. The result is typically Matthean". See too G.D. KILPATRICK, *The Origins of the Gospel according to St. Matthew*, Oxford, 1946, p. 32; F.W. BURNETT, *The Testament of Jesus Sophia*, Washington, 1979, p. 247; KÜHSCHELM, *Jüngerverfolgung*, p. 124f.; R.H. GUNDRY, *Matthew. A Commentary on his Literary and Theological Art*, Grand Rapids, 1982, p. 479. Cf. the typical Mattheanisms καὶ τότε, σκανδαλίζομαι (14-8-2), πλανάω (8-4-1), ψευδοπροφήτης (3-1-1), ἀνομία (4-0-0) etc.

Very few have argued explicitly that this is traditional in Matthew. One exception is D. WENHAM: see his *The Rediscovery of Jesus' Eschatological Discourse*, Sheffield, 1984, pp. 256-259, and in more detail in *A Note on Matthew 24:10-12*, in *TynB* 31 (1980) 155-162. Wenham appeals to an allegedly clear chiastic structure (ABBCCA) though this is scarcely obvious (e.g. the alleged "A" elements, v. 10a and v. 12, are parallel only in the most general terms: a quite different chiastic structure for vv. 9-14 is proposed by KÜHSCHELM, *Jüngerverfolgung*, p. 63). He claims too that the paratactic style is uncharacteristic of Matthew; however, Mt 4,23-25; 17,18 (cf. Mk 9,25); 27,11-14 all owe a lot to MattR and are equally paratactic. (Cf. also instances where Matthew adds καί to Mark, as listed by F. NEIRYNCK, *The Minor Agreements of Matthew and Luke against Mark* (BETL, 37), Leuven, 1974, p. 204). Wenham also appeals to allegedly non-Matthean vocabulary. Some of this may be due to allusions to the language of Daniel which would be consistent with an origin in MattR, but he claims that ἀγάπη and ψυγήσεται are unexplained. (Cf. especially *Note*, p. 159 n. 4, where these are said to be the most significant). However, the importance of "loving" is widely recognised as of vital importance for Matthew's ethic and hermeneutic: cf. Mt 19,19; 22,40 (see R. MOHRLANG, *Matthew and Paul* (SNTS MS, 48), Cambridge, 1984, pp. 94-96 with full supporting bibliography). Hence, even though it is the noun rather than the verb which is used here, it would be precarious to base too much weight on this grammatical difference. Thus the only possible indication of non-Matthean vocabulary is the hapax ψύχω, and in view of

appear to provide clear evidence of the Didache's presupposition of Matthew's redactional activity and hence of Matthew's gospel.

This conclusion has however been disputed from the side of Didachean scholarship. Some have appealed to the fact that the same words are used in different ways in the Didache and Matthew as evidence of their independence: for example, in Matthew it is the lawlessness which is multiplied, in the Didache it is the false prophets[44]. However, this kind of argument tends to assume that the Didache is quoting synoptic tradition, whereas in fact there is at best here only an allusion and use of common language. Appeal is also made to the fact that much of the common vocabulary here may be reflecting stock motifs, though it is certainly the case that the verbal and contextual links between Did 16 and Mt 24 are much closer than those with other texts proposed as parallels here[45].

In a significant part of his argument, Koester recognises the parallels between Mt 24 and the Didache here. However, he claims that the verbal agreement is insufficient to show dependence on Matthew; rather, both depend on common tradition and indeed Did 16 itself may provide evidence that Mt 24,10-12 is a piece of pre-Matthean tradition[46]. Such an argument raises at least two major difficulties. First, the measure of verbal agreement between the Didache and Matthew cannot be used to determine whether that agreement is due to direct dependence of one on the other or to common dependence on a prior source. Common dependence on a prior source does not necessarily involve less close verbal agreement[47]. Second, and more important, the

the large number of Matthean features elsewhere in these verses it seems easiest to ascribe the whole section to MattR.

44. See GLOVER, *Didache's Quotations*, p. 23; KOESTER, *Überlieferung*, pp. 178, 180f.

45. GLOVER, *Didache's Quotations*, p. 23, refers to ἀνομία occurring also in 2 Thess 2,3 (though the usage in the Didache is much closer to Mt 24 than to 2 Thess's more specialised ὁ ἄνθρωπος τῆς ἀνομίας). KOESTER, *Überlieferung*, p. 178, refers to Bar 48,35 for the idea of "love turning to hate" (though neither "love" nor "hate" are explicitly mentioned there); he also appeals to ApocPet 1,1, though this text is almost certainly dependent on Matthew: see R.J. BAUCKHAM, *The Two Fig-Tree Parables in the Apocalypse of Peter*, in *JBL* 104 (1985), pp. 271-3. (Bauckham is discussing the Ethiopic version; the Achmim fragment, referred to by Koester, is an even less reliable witness to the text of ApocPet and assimilation to Matthew is even more likely there. The textual tradition of ApocPet is discussed by Dr Bauckham in a forthcoming article the contents of which he has kindly communicated to me). Koester also claims that Matthew's idea of love growing cold is secondary to Did's "kräftiger und ursprünglicher" phrase; but this is difficult to establish with any precision.

46. *Überlieferung*, pp. 181, 184: "...drängt sich die Frage auf, ob nicht Did. 16,4 beweist, daß Mt. 24,10ff. keine Schöpfung des Mt., sondern ein selbstständiges Traditionsstück ist, das Mt. und Did. unabhängig voneinander verwendet haben" (p. 181).

47. Cf. the situation in discussion about the synoptic problem: close verbal agreement between Matthew and Luke does not of itself exclude the Q hypothesis. Equally, a measure of verbal disagreement in triple tradition material does not preclude the possibility of direct dependence of one evangelist on another.

claim that Did 16 itself may provide evidence that Mt 24,10-12 is pre-Matthean is a case of petitio principii here. If the question is whether the Didache depends on Matthew's gospel or on a pre-Matthean source, one cannot use the evidence of the Didache itself to solve the source problem of Matthew's text. Koester's argument is thus dangerously circular.

Did 16,6.

Parallels between Did 16,6 and Mt 24,30a.31 are also widely recognised (e.g. the common use of φανήσεται, σημεῖον, ἐν οὐρανῷ, σάλπιγξ). Again many would ascribe this material to MattR in Matthew[48], though the limited extent makes any certainty impossible. In defending the theory of the independence of the Didache and Matthew, some have pointed to the differences between the two texts here[49], though one must again note that the Didache here is not explicitly quoting any source at this point. The Didache develops its own idea of the three "signs"[50], though this could well have been prompted by Matthew's "sign of the Son of Man". Several too point to the fact that Did 16,6 shows links only with material peculiar to Matthew[51]. However, this is valid only if one confines attention to 16,6; in 16,8 the Didache does use material common to Matthew and Mark, as we have seen. As before, it is possible to appeal to the fact that many of these motifs may be stock apocalyptic ideas (e.g. the trumpet)[52], though the connection between, for example, the eschatological trumpet and Dan 7,13, as in both Did 16,6.8 and Mt 24,30, is not easy to attest elsewhere.

The conclusion of this section is that there is nothing peculiar in the pattern of parallels with Did 16 in Mt 24. Did 16 shows verbal links with the material peculiar to Matthew in this chapter, with material common to Matthew and Mark, and with Matthew's redaction of Mark. There is little convincing evidence to show that Matthew had access to any extensive source other than Mark for this chapter. The pattern of parallels between the Didache and Matthew is thus most easily explained if the Didache here presupposes Matthew's finished gospel.

48. See LAMBRECHT, *Parousia Discourse*, p. 324; GUNDRY, *Matthew*, p. 488. For a pre-Matthean origin, see WENHAM, *Rediscovery*, pp. 318ff. Clearly Matthew is using traditional ideas and phraseology so that in that sense Matthew's language is traditional; the question is whether Matthew himself has supplied this traditional language.

49. See GLOVER, *Didache's Quotations*, p. 24f.; KOESTER, *Überlieferung*, p. 184f.

50. On which see DRAPER, *Commentary*, pp. 319-325; also A. STUIBER, *Die drei Semeia von Didache xvi*, in *JAC* 24 (1981) 42-44.

51. GLOVER, *Didache's Quotations*, p. 24; KOESTER, *Überlieferung*, p. 184f.; KLOPPEN-BORG, *Didache 16,6-8*, p. 64f.

52. GLOVER, *Didache's Quotations*, p. 25; KOESTER, *Überlieferung*, p. 186.

II. Other texts

Did 11,7.

The saying about the unforgivable sin in Did 11,7 πᾶσα γὰρ ἁμαρτία ἀφεθήσεται, αὕτη δὲ ἡ ἁμαρτία οὐκ ἀφεθήσεται may provide further support for this thesis. The evidence here is very small in extent and so certainty is not possible. However, the Didache's wording agrees exactly with Matthew's redaction of Mark in Mt 12,31/Mk 3,28. (Matthew πᾶσα ἁμαρτία ... ἀφεθήσεται; Mark πάντα ἀφεθήσεται ... τὰ ἁμαρτήματα). The second half of the saying in Did has been modelled very precisely on the first half. ἁμαρτία in the second half has no precise parallel in any synoptic version, though οὐκ ἀφεθήσεται agrees with Matthew again (Mt 12,31b.32b also Lk 12,10b). Koester admits that the Didache is closer to Matthew than to the other synoptic versions here, but denies direct dependence in view of the lack of any significant features[53]; however, any links between the Didache and Matthew's version are with redactional features in Matthew. Glover too denies any direct dependence here and seeks to find support for his general theory that the Didache is dependent on Q. He claims that the Didache here rejects words common to Matthew and Mark alone but not in Luke (e.g. βλασφημία). Further, Did shares some words with Matthew which are not from Mark (πᾶσα ἁμαρτία); but since Matthew is carefully conflating Mark and Q here, these words are probably words from Q and omitted by Luke[54]. This is however unconvincing. It is almost universally agreed that the Q version of the saying has "whoever/everyone who speaks a word against the Son of man" in the first half[55] and has nothing equivalent to the πᾶσα ἁμαρτία of Mt 12,31a which is almost certainly MattR of Mark's πάντα τὰ ἁμαρτήματα (Mk 3,28). Hence the verbal links with the Didache in the synoptic versions occur in Matthew's redactional material, not in Q. Koester also refers to Jewish parallels for the idea of speaking against the prophetic Spirit as being the unforgivable sin[56]. However, such an idea is not peculiar to non-Christian Judaism either[57]. It is thus difficult to decide the question of literary dependence just on traditionsgeschichtlich grounds.

Certainly there is nothing here to tell against the theory that the Didache is using language which is derived (perhaps at more than one stage removed) from Matthew's finished gospel.

---

53. *Überlieferung*, p. 216.
54. *Didache's Quotations*, p. 20.
55. See my *The Revival of the Griesbach Hypothesis* (SNTS MS, 44), Cambridge, 1983, p. 88, with further bibliographical references. Cf. Mt 12,32a/Lk 12,10a.
56. *Überlieferung*, p. 216f.; also RORDORF & TUILIER, *Doctrine*, pp. 53, 88.
57. Cf. GLOVER, *Didache's Quotations*, p. 20, referring to Ignatius and Justin.

Did 13,1.

This is probably also implied by the saying in Did 13,1, that every true prophet ἄξιός ἐστι τῆς τροφῆς αὐτοῦ. This recalls the language of the saying in the mission charge Mt 10,10/Lk 10,7. The Didache again shows links with Matthew's version rather than Luke's. (Luke has μισθοῦ not τροφῆς). Certainty is not possible but it seems most likely that Luke's version is more original and that Matthew's τροφῆς is MattR[58].

Koester argues that the saying may have been a stock proverb[59], though none of the non-Christian examples he gives offers a precise parallel. He also refers to 1 Tim 5,18 and 1 Cor 9,14 as evidence that the saying must have circulated in isolation of its synoptic context. However, 1 Tim 5 may well be dependent on 1 Cor itself (at least indirectly) and so not provide independent evidence here. 1 Cor 9 probably presupposes a version with μισθοῦ rather than τροφῆς, and Paul may indeed only know the saying as an isolated one[60]. But Paul's lack of knowledge of the synoptic context does not necessarily tell us anything about the form in which the saying was known to the Didachist. The fact that the Didache betrays links with Matthew's redacted form of the saying must provide some evidence that the Didache only knows the saying as mediated through Matthew's gospel.

Did 1,2.

I now consider the version of the double love command in Did 1,2a and the negative form of the golden rule in 1,2b. The commands to love God and one's neighbour are well-known separately in non-Christian Judaism, and at times together, notably in Test 12 Patr[61]. However, the use of πρῶτον ... δεύτερον is not easy to parallel in non-Christian sources, and may well betray Christian influence[62]. In view of what has been established so far, the simplest solution is to postulate dependence on Matthew's πρώτη ... δευτέρα in Mt 22,38f. The "first ... second" formulation is not confined to Matthew: Mark also has πρώτη ...

---

58. See my *1 Corinthians and Q*, in *JBL* 102 (1983) 607-619, on p. 612; also S. SCHULZ, *Q — Die Spruchquelle der Evangelisten*, Zürich, 1972, p. 406; P. HOFFMANN, *Studien zur Theologie der Logienquelle* (NTA, 8), Münster, 1972, p. 274; LAUFEN, *Doppelüberlieferungen*, p. 219. Wengst also agrees that Did is here dependent on Mt, though he gives no justification in terms of any argument that Mt's version here is redactional: he simply points to the fact that Mt's version is different from the Lukan parallel (*Didache*, p. 28).

59. *Überlieferung*, p. 212; RORDORF & TUILIER, *Doctrine*, p. 88 appeal to Koester.

60. See my *Paul and the Synoptic Mission Discourse?*, in *ETL* 60 (1984) 376-381.

61. See R.H. FULLER, *The Double Commandment of Love: A Test Case for the Criteria of Authenticity*, in FULLER (ed.), *Essays on the Love Commandment*, Philadelphia, 1978, 41-56.

62. This is admitted even by KOESTER, *Überlieferung*, p. 172.

δευτέρα (Mk 12,28.31) in a slightly different relation to the two love commands themselves[63]. This tells against Glover's thesis that the Didache tends to follow Matthew only when Matthew is not following Mark and hence that the Didache is dependent on Q rather than Matthew[64]. There may well have been a Q version of this pericope, but it is very doubtful if the πρώτη ... δευτέρα comes from such a Q version here[65]. It is not present in any form in Lk 10,25-28 and is thus probably in Matthew from Mark. Koester argues that the ordering and numbering of the commands is pre-redactional in the gospels and hence one need not deduce dependence on our gospels[66]. This may be the case, but we have already seen that there is a lot of material in the Didache which does presuppose Matthew's finished gospel. It seems therefore an unnecessary complication to presume that this feature of the text of the Didache is not also derived from Matthew's gospel.

The version of the golden rule in Did 1,2b may also be derived from Matthew. It is true that the version given here uses the negative form which is found elsewhere in Jewish sources, though it is not found in some other sources of the Two Ways tradition (e.g. Barnabas and 1QS)[67]. However, Butler has shown very clearly how several unusual features of Did 1,2b can be easily explained if the Didache is based on Mt 7,15[68]. Again, knowledge of Matthew's finished gospel is the simplest solution to explain Did's text.

Others.

The evidence from the rest of the Didache is less clear-cut for the present purposes. In the Lasterkatalog of Did 5,1f, Butler has shown how the order of vices in Did is explicable if the Didachist were editing a list similar to that of Barn 20,1f. in the light of the list of Mt 15,19[69]. Other links between the Didache and Matthew are easily explained if the Didache is dependent on Matthew, but they do not demand such a theory. The saying "the meek shall inherit the earth" in Did 3,7 could derive from Mt 5,5, though position and presence of that beatitude in

63. BUTLER, *Two Ways*, p. 29, goes too far in claiming that all the references to the "first ... second" commandments derive from his "M(g)" (i.e. the Matthean form of synoptic tradition). Perhaps this is a case of Butler's unconsciously assuming his own solution to the synoptic problem.

64. Here, *Didache's Quotations*, p. 13. Glover sees a reflection of Luke's version of the pericope in the reference to the way of "life" in Did 1,1; but this seems rather fanciful.

65. See FULLER, *Double Commandment*, p. 45.

66. *Überlieferung*, p. 172.

67. See BUTLER, *Two Ways*, p. 31, arguing against Audet.

68. BUTLER, *Two Ways*, p. 30. Note that again the Didache is not quoting. Hence Glover's assertion that the Didache here "is so different that it would be hard for anyone to write it if he were intending to quote our Gospel" (*Didache's Quotations*, p. 13) is beside the point.

69. BUTLER, *Two Ways*, p. 33.

Matthew is textually uncertain and common dependence of the Didache and Matthew on Ps 36,11 is equally likely. The baptismal commands in Did 7 are clearly similar to Mt 28,19, though a common milieu with similar liturgical practice will explain this as well. Agreements in the versions of the Lord's Prayer in Did 8 and Mt 6 may also be explicable in the same way. It *may* be significant that Did 8 links injunctions about prayer (including the Lord's prayer) with those about fasting and inveighs against opponents as "hypocrites", just as Mt 6,5-16 does. Certainly the text of Did 8 is readily explicable if the Didache knew Matthew, but perhaps does not compel such a belief. So too the saying in Did 9,5 about not giving what is holy to dogs, which is one of the few explicit quotations in the Didache, is verbally identical with Mt 7,6. However, Mt 7,6 is not clearly MattR and the saying looks very like a stock proverb[70]; hence one cannot lay too much weight on this parallel.

Did. 16,1.

One final synoptic parallel should be noted. Did 16,1 ("Watch over your life: let your lamps be not quenched and your loins be not ungirded, but be ready, for you do not know the hour in which our Lord comes") recalls various synoptic parallels. The introductory γρη-γορεῖτε is parallel to Mt 24,42 (MattR of Mk 13,33 though the word occurs elsewhere in Mark). The saying about the lamps and loins is close to Lk 12,35; and the saying about being "ready for you do not know..." is close to the ending of the parable of the thief at night in Mt 24,44/Lk 12,40 and the similar saying in Mt 24,42/Mk 13,35.

Certainty is not possible here. One must again bear in mind the fact that this is not an explicit quotation but a piece of exhortation perhaps using traditional language. Thus it is not unexpected that the uses of individual words may have shifted slightly from their synoptic contexts. There is nothing here that is so clearly MattR that it could only have derived from Matthew's gospel[71]. More difficult is the question about

---

70. Cf. R. BULTMANN, *The History of the Synoptic Tradition*, Oxford, 1968, p. 103.

71. Mt 24,44 is very closely parallel to Lk 12,40. γρηγορεῖτε in Mt 24,42 can scarcely count as significant enough to show dependence on Matthew in view of the common nature of the word, especially in eschatological contexts (so KOESTER, *Überlieferung*, p. 176); the parallel between the final clause of Did 16,1 and Mt 24,42 is perhaps more significant in this context though the verbal agreement is not exact (Didache has ὁ κύριος ἡμῶν where Matthew has ὁ κύριος ὑμῶν, MattR for Mark's ὁ κύριος τῆς οἰκίας). However, Bauckham has shown that a shift from the synoptic version of this parable to the application as found in the Didache is thoroughly typical of early Christian use of this parable: see his *Synoptic Parousia Parables and the Apocalypse*, in *NTS* 23 (1977) 162-176, esp. p. 169 in relation to this passage. Bauckham himself, referring to Audet, finds it "incredible" that the author of the Didache could have constructed this saying with the gospels in front of him (which may well be true, but one must remember that the Didache

the parallel between Did 16,1a and Lk 12,35. Some have seen this as clear evidence of the Didache's dependence on the gospel of Luke[72]. Others have disagreed, arguing variously that Lk 12,35 may be Q material so that the Didache is here dependent on Q rather than Luke[73], that the imagery is stereotyped (cf. 1 Pet 1,13; Eph 6,14)[74], that the verbal agreement between the Didache and Luke is not close enough to imply direct dependence[75], or that the Didache nowhere else shows knowledge of Luke's gospel and hence is unlikely to do so here[76].

It must be said that none of these arguments is absolutely convincing. Certainly the last argument is a case of petitio principii: the question of the dependence of the Didache on Luke at this point is precisely what is in question and can scarcely be solved by assuming the answer initially. The degree of verbal parallelism is also not a problem provided one remembers that the Didache is not explicitly quoting here. As far as the allegedly stereotyped imagery is concerned, it is true that the use of the "girding up loins" metaphor can be paralleled elsewhere, but the conjunction of this with the "lamps" motif is harder to parallel outside these two texts[77]. Whether Lk 12,35 belonged to Q is more debatable. More recent study has suggested that whilst Lk 12,36-38 may (in part at least) derive from Q, v. 35 is more likely to be LkR[78]. This would

is not quoting here: cf. n. 11 above); however, he does say that "it is unlikely that his [the Didachist's] tradition was wholly independent of the specifically Matthean redaction" (ibid.).

72. So BUTLER, Literary Relations, who appeals to the parallels between Did 16,1a.1b and Lk 12,35.40 respectively and argues that the link between Lk 12,35 and 12,40 is LkR.

73. GLOVER, Didache's Quotations, p. 21f; DRAPER, Jesus Tradition, p. 280.

74. KOESTER, Überlieferung, π. 175f.; DRAPER, ibid.; WENGST, Didache, p. 99.

75. Cf. AUDET, Didache, p. 181; KOESTER, ibid. See too R.J. BAUCKHAM, Synoptic Parousia Parables Again, in NTS 29 (1983) 129-134, on p. 131, who refers to a very similar form of saying in Methodius Symp. V. 2. He writes: "This agreement cannot be accidental ... Methodius' text could be influenced by the Didache, or it may be independent testimony to the same non-Lukan version of the saying which the Didache quotes. In that case it would confirm the Didache's independence of our Gospels at this point". However, dependence of Methodius on Did is equally possible. Methodius' work dates from the end of the 3rd century, not the 2nd century as Bauckham claims (n. 13 on p. 133), and this was a period when the Didache must have enjoyed some popularity: cf. H. VON CAMPENHAUSEN, The Formation of the Christian Bible, London, 1972, p. 213.

76. KOESTER, Überlieferung, p. 175f.; RORDORF & TUILIER, Doctrine, p. 89f.

77. Parallels in j.Kil. IX, 32b.9 or j.Keth XII, 35a.9 (DRAPER, Jesus Tradition, p. 280; Commentary, p. 299) are not close. Both metaphors may derive from Passover symbolism (DRAPER, ibid.) but the conjunction of both in a single saying in still striking.

78. See my Revival, p. 181, with further references. Certainly the link between v. 35 and vv. 36-38 looks to be secondary in view of the καὶ ὑμεῖς at the start of v. 36. For the theory that Lk 12,35 is a vestige of Mt 25,1-13 and part of an earlier source, see WENHAM, Rediscovery, pp. 77ff. However, this seems rather fanciful: J.A. FITZMYER, The Gospel according to Luke X-XXIV, New York, 1985, p. 988, points to several differences between this verse in Luke and the Matthean parable and calls the theory of a link between them "far-fetched"; cf. also I.H. MARSHALL, The Gospel of Luke, Exeter, 1977, p. 535.

imply that the Didache is dependent on LkR material and hence presupposes Luke's finished gospel. This last conclusion is not certain in view of the very limited extent of the evidence available. Nevertheless it seems perhaps the least problematic solution.

No attempt has been made to provide a fully comprehensive analysis of all possible parallels between the text of the Didache and the synoptic gospels in this section[79]. Only the parallels which are perhaps most significant for the present discussion have been noted. However, the analysis given suggests that these parallels can be best explained if the Didache presupposes the finished gospel of Matthew (and perhaps also of Luke). One section of the Didache which has not yet been considered is the small section in 1,3-2,1. In view of its peculiar problems, this section deserves a separate and detailed study.

III. Did 1,3-2,1

By almost universal consent, Did 1,3-2,1 is a passage of great complexity, posing critical problems at a number of different levels[80]. It occurs at the start of a sub-section of the Didache, namely chs. 1-6, which itself almost certainly had a history prior to its incorporation into the present text of the Didache. This section comprises the teaching about the "Two Ways" in a form which is closely paralleled in other texts, in particular in the Doctrina Apostolorum and in Barn 18-20. Further, in both these texts, there is nothing corresponding to Did 1,3-2,1 although the texts run closely parallel to the rest of Did 1-6. This Two Ways tradition is almost devoid of specifically Christian features, so that a Jewish Vorlage has long been suspected. Such a theory has now received considerable support from the evidence given by the Dead Sea Scrolls, since it has been shown that the Two Ways teaching in the Qumran Manual of Discipline (1 QS 3,13-4,26) shows many common features with the Two Ways tradition in the Doctrina Apostolorum, Barnabas and the Didache[81].

The small section in Did 1,3-2,1 clearly interrupts this Two Ways teaching. The textual evidence provided by DoctApost and Barnabas strongly suggest that Did 1,3-2,1 is a later addition to an earlier Two Ways Vorlage. In terms of content too, the section stands out from its

---

79. For a full list of possible parallels, see KÖHLER, *Rezeption*, pp. 30ff.

80. This Section III was not part of the paper given at the Colloquium. Research for it was untertaken during a period of study in 1987 in the University of Marburg, financed by the Alexander von Humboldt Stiftung, Bonn. It is included here by kind permission of the Editor.

81. See J.P. AUDET, *Affinités littéraires et doctrinales du "Manuel de discipline"*, in *RB* 59 (1952) 219-238; RORDORF & TUILIER, *Doctrine*, pp. 22ff.; DRAPER, *Jesus Tradition*, p. 270.

immediate context since the large number of parallels to the synoptic tradition in such a short compass of text contrasts strongly with the rest of Did 1-6 where explicitly Christian features are so strikingly absent. Thus Did 1,3-2,1 is generally accepted as a later, Christianizing addition to an earlier Vorlage lying behind Did 1-6.

Whether Did 1,3-2,1 is secondary in relation to the rest of Did 1-16 is another matter. The parallels to Did 1-6 suggest that the latter may have been taken over from an earlier, Jewish Vorlage by the Didachist to form the start of the present work. Hence the fact that 1,3-2,1 is a secondary addition to the Vorlage of Did 1-6 cannot in itself determine whether the section was added before, at the same time as, or after the time when the rest of Did 1-6 was combined with chs. 7-16[82].

Recent studies of the problem of synoptic tradition in this section of the Didache have reached widely differing results. Contrary to his general conclusions about the lack of dependence on the synoptic gospels by many of the apostolic fathers (including the rest of the Didache), Koester argued that Did 1,3-2,1 does presuppose the finished gospels of Matthew and Luke (perhaps via a post-synoptic harmony)[83]. The same conclusion was proposed in the detailed analysis of this section by B. Layton[84]. However, other recent studies of this section have argued in detail that the text of the Didache here is not dependent on the synoptic gospels and that the Didache represents a line of the tradition which is independent of the synoptic evangelists[85]. Draper is even more specific about the point at which the trajectory which leads to the text of Did 1,3-2,1 diverged from the synoptic trajectories: "It would seem a more likely inference that Didache had access directly to the so-called "Q" material, either in a written or an oral form"[86]. Such

---

82. See RORDORF, *Problème* (n. 2 above), p. 499f. However, Wengst is so convinced that the section is a later addition to the text of the original Didache that he assigns it en bloc to a footnote in his edition of the text (*Didache*, p. 66).

83. *Überlieferung*, pp. 217ff.

84. Cf. n. 4 above. For others supporting the dependence of the Didache here, see MASSAUX, *Influence*, pp. 608-613; BUTLER, *Two Ways*, p. 31; WENGST, *Didache*, p. 19; F. NEIRYNCK, *Paul and the Sayings of Jesus*, in A. VANHOYE (ed.), *L'Apôtre Paul* (BETL, 73), Leuven, 1986, pp. 265-321, on p. 298f.

85. See especially RORDORF, *Problème*, and DRAPER, *Jesus Tradition*; also Audet and Glover (as in n. 1 above); see too H.T. WREGE, *Die Überlieferungsgeschichte der Bergpredigt* (Tübingen 1968); H. CONZELMANN, art. χάρις, *TWNT* IX, p. 382; KÖHLER, *Rezeption*, p. 46f. (Köhler is thus rather different from Koester in advocating dependence on Matthew by the Didache elsewhere, but listing this passage as one where "Mt-Abhängigkeit eher unwahrscheinlich ist" [p. 42]. However, he does not make clear how he thinks the "Herrenwortsammlung", which he believes to be the immediate source used here, is related to the gospel of Matthew). It may be noted too that sometimes the independance of the Didache is assumed and then used to solve traditio-historical problems within the synoptic tradition: see nn. 93, 117 below.

86. *Jesus Tradition*, p. 279.

a theory needs rigorous testing, especially in the light of contemporary interest in Q.

Part of the complexity of the section 1,3-2,1 arises from the text itself. Despite its small compass, the section may well have had a complex tradition-history: editorial comments, and possible textual corruption, have long been suspected[87]. However, this is not the only factor which makes the problem of synoptic tradition in this section so difficult. The parallels in the synoptic gospels are mostly confined to one small section of the Great Sermon, viz., the sayings about non-retaliation and love of enemies in Mt 5,39-48/Lk 6,27-36. This is a "Q" passage which is itself one of notorious complexity. The section has been analysed in great detail many times in recent years (usually without reference to the Didache, though see nn. 93, 117 below)[88]. There is no absolute certainty about where precisely tradition and redaction are to be located here. The fact that this is a Q passage means that (on the basis of the Two Source theory) either Matthew or Luke could preserve the Q wording at any point and there is no clearly definable criterion for determining which version is original. Further, the version which is deemed not to preserve the Q original at any one point is not thereby guaranteed to be redactional. The "Q" available to Matthew and Luke could have been expanded independently in the pre-redactional tradition, so that one might have to think in terms of a Q^{mt} and a Q^{lk}[89].

87. See LAYTON, *Sources*, and RORDORF, *Problème*, passim, also n. 111 below.

88. To name but a few, see H. SCHÜRMANN, *Das Lukasevangelium*, Freiburg, 1969; WREGE, *Bergpredigt*; S. SCHULZ, *Q — Die Spruchquelle der Evangelisten* Zürich, 1972; D. LÜHRMANN, *Liebet eure Feinde (Lk 6,27-36/Mt 5,39-48)*, in *ZTK* 69 (1972) 412-438; D. ZELLER, *Die weisheitlichen Mahnsprüche bei den Synoptikern* (FzB, 17), Würzburg, 1977; H. MERKLEIN, *Die Gottesherrschaft als Handlungsprinzip. Untersuchung zur Ethik Jesu* (FzB, 34), Würzburg, 1978; G. STRECKER, *Die Antithesen der Bergpredigt*, in *ZNW* 69 (1978) 36-72, and *Die Bergpredigt*, Göttingen, 1984; J. PIPER, *Love Your Enemies. Jesus' Love Command in the Synoptic Tradition and the Early Christian Paraenesis* (SNTS MS, 38), Cambridge, 1979; R.A. GUELICH, *The Sermon on the Mount*, Waco, 1982; P. HOFFMANN, *Tradition und Situation. Zur "Verbindlichkeit" des Gebots der Feindesliebe in der synoptischen Überlieferung und in der gegenwärtigen Friedensdiskussion*, in K. KERTELGE (ed.), *Ethik im Neuen Testament*, Freiburg, 1984, pp. 50-118; J. SAUER, *Traditionsgeschichtliche Erwägungen zu den synoptischen und paulinischen Aussagen über Feindesliebe und Wiedervergeltungsverzicht*, in *ZNW* 76 (1985) 1-28; D.R. CATCHPOLE, *Jesus and the Community of Israel — The Inaugural Discourse in Q* in *BJRL* 68 (1986) 296-316; J. SCHLOSSER, *Le Dieu de Jésus* (LD, 129), Paris, 1987, and many others.

89. So STRECKER, *Antithesen*. Although the Two Source theory has been assumed throughout here, the whole argument could be repeated almost verbatim on the basis of the Griesbach hypothesis (the main rival today to the Two Source theory of synoptic relationships). Many modern defenders of the Griesbach hypothesis would argue that, at times, Luke has access to traditions which were parallel, but independent, to those of Matthew, and this effectively reduces to a form of the Q hypothesis. If one adopts a very "strong" form of the Griesbach hypothesis, and argues that Luke is always dependent on Matthew for the material they have in common, the present discussion becomes much simpler, with an identical result: every agreement between the Didache and Luke can be taken as an agreement with LkR and hence an indication that the Didache presupposes at

Nevertheless, despite the uncertainty inherent in the synoptic analysis, the method of trying to identify redactional elements in the gospels, and then comparing these with the text of the Didache, remains the best way of determining whether this section of the Didache presupposes the finished gospels or not.

(Since this paper is concerned primarily with *synoptic* tradition in the Didache, attention will be confined here to Did 1,3-5a and the parallels in the synoptic gospels dealing with love-of-enemies and non-retaliation. Other problems associated with this passage, e.g. the parallel between Did 1,5 and Hermas Mand. IV,2 and the parallel between Did 1,6 and Sir 12,1, will therefore not be discussed here).

For the sake of convenience, the relevant section of the Didache is divided into six smaller sub-sections which are examined in turn.

A. Did 1,3a

	Mt 5	Lk 6
	[44]ἀγαπᾶτε τοὺς ἐχθροὺς ὑμῶν	[27]ἀγαπᾶτε τοὺς ἐχθροὺς ὑμῶν καλῶς ποιεῖτε τοῖς μισοῦσιν ὑμᾶς
εὐλογεῖτε τοὺς καταρωμένους ὑμῖν		[28]εὐλογεῖτε τοὺς καταρωμένους ὑμᾶς
καὶ προσεύχεσθε ὑπὲρ τῶν ἐχθρῶν ὑμῶν νηστεύετε δὲ ὑπὲρ	καὶ προσεύχεσθε ὑπὲρ	προσεύχεσθε περὶ
τῶν διωκόντων ὑμᾶς	τῶν διωκόντων ὑμᾶς	τῶν ἐπηρεαζόντων ὑμᾶς

The evidence from this section is mostly ambiguous for the present purposes. Did 1,3a presents a version of the "love of enemies" saying which is closer to Lk 6,27f. than to Mt 5,44: the Didache has an exact parallel to the "Bless those who curse you" clause of Lk 6,28a which has no parallel in what are regarded as the best manuscripts of Matthew (though the extra words are contained in several other manuscripts of Matthew)[90]. Further, although Did 1,3a has no explicit statement here that one is to "love one's enemies" (Mt 5,44a/Lk 6,27a), the rhetorical question which follows in the next section ("if you love those who love you") suggests strongly that the Didache presupposes a command here to "love" people who are not well-disposed to one.

least Luke's finished gospel. Cf. also the argument of Butler (on the basis of his preferred Augustinian hypothesis rather than the Griesbach hypothesis, though both hypotheses assume Luke's dependence on Matthew here): the fact that Did 1,3-2,1 "borrows some of the specifically Lukan modifications of the M(g) material" [for Butler "M(g)" is Matthew] shows that Didache is dependent on Luke here (*Two Ways*, p. 31).

90. Notably in the Western text of Matthew and in several later manuscripts. One must always bear in mind the obvious fact that the version of the gospels which may have been known to the Didachist will not necessarily be identical with the version printed in the 26th edition of the Nestle-Aland text! Still, Glover's claim that the Didache agrees with Luke only when Didache "is covering ground common to both Luke and Matthew" (*Didache's Quotations*, p. 14), which he uses to posit some relationship between Didache and Q, is clearly true only in the most general terms here.

Moreover, the Didache has a clause at the end of the next section ("love those who hate you") which is parallel to both halves of Lk 6,27 ("*love* your enemies and do good to *those who hate you*"). The whole of the longer, four-fold command to love one's enemies thus seems to be presupposed by the Didache.

It is not certain whether Luke's four-fold form, or Matthew's two-fold form, most accurately represents the Q version of the command to love one's enemies[91]. Several scholars remain undecided[92]. However, even if one could establish that Matthew's shorter version represents the Q version, the presence of a (rough) parallel to Lk 6,28a in Rom 12,14 may suggest that Luke has added a traditional saying here, rather than creating the clause himself[93]. The strongest argument for the activity of LkR concerns the use of καλῶς ποιεῖτε. This links with the use of ἀγαθοποιεῖν later in this context in Luke, and this is widely regarded as LkR[94]. But it is just this phrase of Lk 6,27f. which does *not* have a parallel in Did 1,3. The Didache does have a parallel to Luke's "those who hate you" (cf. above), but Luke's use of μισέω here may well reflect the use of his source: many would argue that the "love of enemies" complex in Q followed immediately after the last beatitude in view of the close parallels in wording and substance between them, and it is probably the Q version of the final beatitude which referred to "hating"[95]. Thus the longer form of the command to love one's enemies in the Didache can probably not tell us very much in the present discussion.

The Didache's version differs from both the synoptic versions in making the "enemies" the object of the verb "pray for". The command

91. Luke's version is regarded as more original by J. SCHMID, *Matthäus und Lukas*, Freiburg, 1930, p. 229; SCHÜRMANN, *Lukasevangelium*, p. 346; MERKLEIN, *Gottesherrschaft*, p. 225; SAUER, *Feindesliebe*, p. 8; SCHLOSSER, *Dieu*, p. 248. Matthew is regarded as more original by LÜHRMANN, *Liebet*, p. 416f; ZELLER, *Mahnsprüche*, p. 102; HOFFMANN, *Tradition*, p. 52f; J.A. FITZMYER, *The Gospel according to Luke I-IX*, New York, 1981, p. 637.

92. PIPER, *Love your Enemies*, p. 56f; others cited in HOFFMANN, *Tradition*, p. 52 n. 9.

93. Cf. F.W. HORN, *Glaube und Handeln in der Theologie des Lukas* (GTA, 26), Göttingen, 1983, p. 105. However, Horn also adduces the evidence of Did 1,3 itself to show that the longer Lukan text is not LkR. Clearly such an appeal would be circular in the present context. Cf. the discussion of the parallels between Mt 24,10-12 and Did 16,3-5 at nn. 42, 46 above. For doubts about the parallel between Lk 6 and Rom 12, see NEIRYNCK, *Paul and the Sayings of Jesus*, p. 303. One may note that the verb "to curse" is used differently: in Luke it describes the behaviour of the opponents ("those who curse you"); in Paul it describes behaviour which the Christian is to shun ("do not curse"). Cf. also Neirynck, *ibid.*, p. 299: "The contrast between blessing and cursing appears in both texts but in biblical language this can scarcely be cited as a significant contact".

94. See n. 114 below and the discussion in the text there. Sauer's argument that καλῶς ποιεῖτε is a Lukan hapax, different from the Lukan ἀγαθαποιεῖν and hence pre-Lukan (cf. also HORN, *Glaube*, p. 105) seems unnecessarily restrictive of Luke's ability to vary his terminology. Cf. NEIRYNCK, *ibid.*, p. 297.

to "pray for your enemies" can be found in several other places in early Christian literature (cf. Justin, Apol 14,9; 15,3; Dial 35,8; 96,3; 133,6; POxy 1224; Didask 108,14; PsClemHom XII, 32). Some have seen here evidence of an independent saying[96]. However, Koester has shown that the saying probably reflects later church practice of praying for enemies, and Polycarp Phil 12,3 may show an intermediate phase of the tradition: here an exhortation to pray for various people is combined with a clear reference to the gospel saying in Mt 5,44/Lk 6,28, so that the general saying in the form "pray for your enemies" is probably due to later developments in the tradition[97].

The same may apply to the command to "fast" for one's persecutors, which has no synoptic parallel. Prayer and fasting were connected in several contexts in Christian (and Jewish) texts[98]. Hence a reference to fasting, secondarily added to an injunction to prayer, would not be unexpected in a later development of the tradition[99].

One small feature which may be more significant in this section is the use of διώκω which agrees with Mt 5,44b against Lk 6,28b. Many would argue that διώκω in Mt 5 is due to MattR. Luke's parallel here has ἐπηρεάζω which is not a Lukan word (it occurs only here in Luke-Acts). ἐπηρεάζω also occurs in 1 Pet 3,16 in a not unrelated context, which *may* indicate that the word had its place in a Christian paraenetic tradition of this nature[100]. Further, Luke uses διώκω 3 times in his gospel and 9 times in Acts, so there is no clear reason why he should avoid using the word here if it lay in his source. The word may well be a Matthean favourite (cf. the use in the penultimate beatitude Mt 5,10 which is widely regarded as due to MattR). Hence the likelihood is that it is due to MattR here[101]. One could argue that the word is too

---

95. Cf. SCHÜRMANN, *Lukasevangelium*, p. 346; LÜHRMANN, *Liebet*, p. 414f. Lührmann postulates that μισέω stood in Q in the second half of the original 2-fold saying as the object of προσεύχεσθε. This seems plausible, though Neirynck (*ibid.*, p. 297f.) sees the link as more probably Lukan.

96. Glover especially makes much of parallels between the Didache and Justin as evidence of independent traditions.

97. KOESTER, *Überlieferung*, p. 224; also A. BELLINZONI, *The Sayings of Jesus in the Writings of Justin Martyr* (NT.S, 17), Leiden, 1967, p. 79f.

98. Cf. KOESTER, *Überlieferung*, p. 224; DRAPER, *Jesus Tradition*, p. 276; MASSAUX, *Influence*, p. 611.

99. LAYTON, *Sources*, p. 353, refers to similar expansions to the references to prayer in Mk 9,29 and 1 Cor 7,5 in the manuscript tradition of the NT. RORDORF, *Problème*, p. 501f., thinks that the persecutors are Jews, but this says nothing about the relation of the passage to the synoptic tradition.

100. The question of the relation of 1 Peter to gospel tradition is of course much debated.

101. So SCHÜRMANN, *Lukasevangelium*, p. 333; SCHULZ, *Q*, p. 128; MERKLEIN, *Gottesherrschaft*, p. 225; HOFFMANN, *Tradition*, p. 52; SAUER, *Feindesliebe*, p. 11. For the evidence from the Beatitudes, see my *The Beatitudes: A Source-Critical Study*, in *NT* 25 (1983) 193-207, on p. 203. Cf. also n. 95 above.

general to carry much weight here; but against this is the fact that the motif of "persecution" is not one that really dominates this, or any, section of the Didache. It is therefore unlikely to have been added by the Didachist himself. This small agreement between the Didache and Matthew may thus be an instance where the Didache presupposes MattR and hence Matthew's finished gospel.

B. Did 1,3b

Did 1,3b	Mt 5	Lk 6
ποία γὰρ χάρις		
ἐὰν ἀγαπᾶτε τοὺς	⁴⁶ἐὰν γὰρ ἀγαπήσητε τοὺς	³²καὶ εἰ ἀγαπᾶτε τοὺς
ἀγαπῶντας ὑμᾶς;	ἀγαπῶντας ὑμᾶς	ἀγαπῶντας ὑμᾶς
	τίνα μισθὸν ἔχετε;	ποία ὑμῖν χάρις ἐστίν;
	οὐχὶ καὶ οἱ τελῶναι	καὶ γὰρ οἱ ἁμαρτωλοὶ τοὺς
	τὸ αὐτὸ ποιοῦσιν;	ἀγαπῶντας αὐτοὺς ἀγαπῶσιν
	⁴⁷καὶ ἐὰν ἀσπάσησθε	³³καὶ γὰρ ἐὰν ἀγαθοποιῆτε
	τοὺς ἀδελφοὺς ὑμῶν μόνον	τοὺς ἀγαθοποιοῦντας ὑμᾶς
	τί περισσὸν ποιεῖτε;	ποία ὑμῖν χάρις ἐστίν;
οὐχὶ καὶ τὰ ἔθνη	οὐχὶ καὶ οἱ ἐθνικοὶ	καὶ οἱ ἁμαρτωλοὶ
τὸ αὐτὸ ποιοῦσιν;	τὸ αὐτὸ ποιοῦσιν	τὸ αὐτὸ ποιοῦσιν ... (v. 34)
ὑμεῖς δὲ ἀγαπᾶτε τοὺς		³⁵πλὴν ἀγαπᾶτε τοὺς
μισοῦντας ὑμᾶς		ἐχθροὺς ὑμῶν ... καὶ ἔσται
		ὁ μισθὸς ὑμῶν πολύς
καὶ οὐχ ἕξετε ἐχθρόν.	⁴⁵ὅπως γένησθε υἱοὶ τοῦ πατρὸς	καὶ ἔσεσθε υἱοὶ ὑψίστου

In this section the Didache is once again close to Luke's version without being identical to it. Did 1,3b has only one rhetorical question, set in terms of "loving those who love you", as do both Matthew and Luke. The Didache agrees with Mt 5,47 in mentioning Gentiles as the "opposing group" from whom the readers are to distinguish themselves[102]. The Didache then enunciates a version of the love command, and in doing so follows the structure of Lk 6 where the love command is repeated after the rhetorical questions (Lk 6,35). Finally the Didache agrees with both Matthew and Luke in enunciating a consequence for those who obey the love command; but the consequence is not that of divine sonship (as in the synoptics) but the more mundane "you will not have an enemy".

One should perhaps first deal with a peculiar problem of the text of the Didache at this point. The word used for "love" here is uncertain. The Bryennios manuscript uses ἀγαπάω three times. However, POxy 1782 uses φιλέω in the last instance (the earlier instances do not appear on that part of the papyrus which has been preserved). Further, the text of ApostConst VII, which takes up the text of the Didache almost

---

102. DRAPER, *Jesus Tradition*, p. 277, is slightly confusing in saying "the Didache uses ἔθνη for ἁμαρτωλοί in Luke and τελῶναι in Matthew", though he concedes in a bracket "(cf. ἐθνικοί in 5:47)". The Didache is parallel to Mt 5,47 here, not 5,46. AUDET, *Didachè*, p. 184f., simply prints Mt 5,38-46 in toto without even considering v. 47 and makes no attempt to determine which part of the Didache is parallel to which part of the synoptic versions. He also appeals to the very different order in the Didache as compared with the synoptics, but fails to analyse Didache's own structure at this point.

wholesale whilst commenting on it and adding to it, has φιλέω on these three occasions. It is argued by some on the basis of this evidence that the original text of the Didache read φιλέω all three times. ApostConst has a tendency to conform the text of the Didache to that of the canonical gospels; hence in this instance, the disagreement between ApostConst's reproduction of the Didache's text and the synoptic versions is all the more striking. (There is no manuscript evidence for a text of the gospels reading φιλέω here). Also the Bryennios manuscript shows a tendency elsewhere to conform its text to that of well-known Biblical versions[103]. Hence, it is argued, the three-fold ἀγαπάω in this manuscript may represent a later scribal assimilation to the text of the gospels, and the original text of the Didache used φιλέω. Further, since this is unlike both the Matthean and Lukan forms of the saying, this may indicate that the Didache preserves an independent version of the saying[104].

This evidence is however of uncertain value. The text of ApostConst is not a manuscript of the Didache: it represents the use of the Didache by a later author, not a scribe[105]. Further, although the tendency of ApostConst generally is to conform the text of the Didache to that of the gospels, this has not happened at every point. (Cf. n. 40 above). There are thus other occasions when ApostConst makes the text of the Didache less like that of the canonical gospels, and hence one cannot rule out the possibility that the same has happened here. One must also note that φιλέω and ἀγαπάω are almost synonymous, or, even if they are not, that the author of ApostConst seems quite happy to regard them as synonymous. On two occasions he adopts the pose of the beloved disciple of the fourth gospel and uses φιλέω to describe his special relationship to Jesus: V, 14,3 φιλούμενος πλεῖον τῶν ἄλλων ὑπ' αὐτοῦ, VIII, 16,1: ἐγὼ ὁ φιλούμενος ὑπὸ τοῦ κυρίου. Although these could have been inspired by Jn 20,2 (ὃν ἐφίλει ὁ Ἰησοῦς), the more usual Johannine verb to use for Jesus' relationship to the beloved disciple is ἀγαπάω (13,23; 19,26; 21,7.20). One could even argue that these instances might indicate a slight preference by the author of

103. Cf. J.B. LIGHTFOOT, *The Apostolic Fathers. Part 1. Clement of Rome Vol. 1*, London, 1890, pp. 124ff., in relation to the text of 1 Clement in the Bryennios manuscript.

104. See AUDET, *Didachè*, p. 54; DRAPER, *Jesus Tradition*, p. 276f.; KÖHLER, *Rezeption*, p. 44; cf. also R.J. BAUCKHAM, *The Study of Gospel Traditions outside the Canonical Gospels: Problems and Prospects*, in *Gospel Perspectives* (n. 1) 369-403, on p. 389, who then uses the parallel in Ignatius Pol 2,1 (which also uses φιλέω) as a key point in his argument that Ignatius is demonstrably independent of Matthew at least at one point. It is, however, not clear how such a theory would relate to the Didache's alleged use of Q (cf. nn. 3, 86 above): is the variation due to independent translations of an Aramaic original? If so, is Q thought to be an Aramaic document? Or are we to think of variations in the oral tradition?

105. MASSAUX, *Influence*, p. 609, is slightly misleading when he says "certains *codices* lisent φιλεῖτε" (my italics) at the first use of ἀγαπάω.

ApostConst for φιλέω over against ἀγαπάω (though he uses ἀγαπάω frequently elsewhere). At another point it seems clear that the author regarded the two verbs as synonymous: at V,15,2 he refers to the Gentiles in words clearly influenced by the use of Hos 2 in 1 Pet 2 and Rom 9; but whereas Paul uses ἀγαπάω twice here, ApostConst uses φιλέω in the second instance (οἵτινές ποτε οὐκ ἠγαπημένοι νῦν δὲ πεφιλημένοι). The use of φιλέω in VII,2,2 (the parallel to Did 1,3) may therefore simply reflect the readiness of the author of ApostConst to use the verbs φιλέω and ἀγαπάω interchangeably. The evidence of the POxy 1782 fragment must retain its value, but this only supplies the φιλέω reading for the last occurence. (The papyrus is not extant earlier). It may be that the author of the Didache wanted to avoid having three uses of ἀγαπάω very close together. His use of his tradition (whatever that was) meant that with only one rhetorical question here, the two ἀγαπάω's of the question and the "love" command itself are very close together. The use of φιλέω in the third instance (*if* that is the correct reading) could then be due to the Didachist's desire to avoid repetition. In all, the textual evidence is too uncertain for us to be sure that the Didache used φιλέω all three times here. The indirect nature of the witness of the text of ApostConst must be borne in mind, and it would be very precarious to build too much on the use of two words here which are clearly regarded by the final author in the chain of witnesses as synonymous[106].

Turning to other features of the Didache's text in this section, the reference to "Gentiles" is probably indecisive for the present purposes. Almost all agree that Luke's "sinners" here represents a secondary alteration of the tradition and that Matthew's οἱ ἐθνικοί is most likely to represent the Q wording[107]. Thus the Didache's use of τὰ ἔθνη here only shows agreement with a pre-redactional element in the synoptic versions[108]. Glover and Rordorf both appeal to the allegedly "tactless"

106. LAYTON, *Sources*, p. 373f, points out that if the Bryennios readings are due to scribal assimilation, then such assimilation has not gone very far (e.g. not as far as ApostConst's other assimilations of the Didache here). He thus prefers to see the φιλέω readings as "separative errors". However, his further remark that "adoption of the *H* [i.e. Bryennios] variants also obviates the necessity of postulating a more complex and far less elegant hypothesis on the relationship of the *Didache* passage to its parallels" (p. 374) is perhaps less fortunate. One cannot assume that the least complex and most elegant hypotheses always correspond to historical reality.

107. SCHÜRMANN, *Lukasevangelium*, p. 353; SCHULZ, *Q*, p. 129f.; HOFFMANN, *Tradition*, p. 55; SAUER, *Feindesliebe*, p. 12; CATCHPOLE, *Inaugural Discourse*, p. 304, who also refers to a similar disparaging reference to Gentiles in another Q passage, viz. Mt 6,32/Lk 12,30.

108. It is dubious whether one can place too much weight on the difference between ἔθνη and ἐθνικοί (so RORDORF, *Problème*, p. 503, who claims that the Didache is close to Matthew but not verbally identical, and therefore probably independent). The two are almost synonymous and one must remember that the Didache is not a scribe's copy of the text of the gospels (cf. above). In fact it is Matthew's ἐθνικοί which is unusual and invites a change to ἔθνη: cf. LAYTON, *Sources*, p. 355.

way in which the Didachist refers to Gentiles here, and they deduce from this that the Didache is here preserving an old tradition which is at odds with a work addressed to Gentiles[109]. However, it is doubtful whether we can deduce too much from the title. There are, after all, two titles and it is not certain which, if either, is original and reflects the aim of the work as a whole[110]. One may also say that the Didachist is not renowned for his consistency of thought: cf. the tension between 1,5 and 1,6 on the question of whether one should ask questions before giving alms[111]. Thus an alleged tension between the title and this reference to Gentiles is not impossible in a work such as the Didache.

The one feature which is more noteworthy in this section is the introductory question ποία γὰρ χάρις; this agrees closely with Luke's form of the rhetorical questions in Lk 6,32f. (ποία ὑμῖν χάρις ἐστίν;). Further, it has become clear in recent Lukan study that Luke's version here is heavily indebted to LkR. Koester ascribed χάρις to LkR simply on the basis of a word count[112]. However, others have pointed out that wordcounts in themselves may be misleading in that the word in question may well have different meanings elsewhere: in this case χάρις elsewhere in Luke tends to mean divine grace[113]. Nevertheless, the redactional nature of the word here can be established via another route. In a programmatic article, van Unnik has shown how Luke has adapted his tradition in order to address the morality determined by a reciprocity ethic[114]; an ethic of doing good to others in order to receive reciprocal favours in return was widespread in the ancient world. Further, the language of "doing good" and χάρις had a firm place in such talk. Thus Luke's use of ἀγαθοποιεῖν and χάρις here are almost certainly redactional adaptations of the older tradition, addressing this ethos and criticizing it sharply. (The fact that very similar ideas recur in the almost certainly redactional verses Lk 14,12-14 indicate that this is a peculiarly Lukan theme)[115]. Luke's language is striking: ποία ὑμῖν

109. GLOVER, *Didache's Quotations*, p. 14; RORDORF, *Problème*, p. 502f.; also DRAPER, *Jesus Tradition*, p. 277.

110. LAYTON, *Sources*, p. 382, referring to the reference to "the twelve apostles" in the title, says: "The literary fiction in the title is, unless the date of composition be extremely early, a clear example of archaism, used here to lend authority to the document". The τοῖς ἔθνεσιν is probably intended to reflect Mt 28,19f. and has the same aim. One need not therefore see any great significance in the intended readership in the phrase.

111. The tension is so great that PETERSEN, *Probleme*, pp. 147ff., ascribes 1,6 to a marginal gloss.

112. *Überlieferung*, p. 224f.

113. Cf. WREGE, *Bergpredigt*, p. 89; PIPER, *Love Your Enemies*, p. 192 n. 146.

114. W.C. VAN UNNIK, *Die Motivierung der Feindesliebe in Lukas VI 32-35*, in *NT* 8 (1966) 288-300. See also the detailed discussion by Horn, *Glaube*, pp. 100-102. For LkR here, see too SCHMID, *Matthäus und Lukas*, p. 229f.; SCHÜRMANN, *Lukasevangelium*, p. 353; SCHULZ, *Q*, p. 129; LÜHRMANN, *Liebet*, p. 420; HOFFMANN, *Tradition*, p. 55; SAUER, *Feindesliebe*, p. 12, and many others.

χάρις ἐστίν; should probably be translated "what kind of a reward do you have?", to which the implied answer is that one has a human reward but not a divine one[116]. Luke's language thus belongs within a closely constructed framework of thought and needs that framework to make sense.

The Didache shares some of the same language but not the framework of thought. For the Didache too has ποία γὰρ χάρις; but the conclusion is the rather lame καὶ οὐχ ἕξετε ἐχθρόν. However, this is now precisely the ethos of the reciprocity ethic which Luke's language was designed to oppose: love others and they will love you back. Thus the formulation of the χάρις question, which makes excellent sense in the Lukan context, becomes confused when repeated verbatim in the slightly different context of the Didache. The fact that the agreement between the Didache and Luke goes beyond that of just the common use of χάρις alone suggests that there is some literary relationship involved here.

Some have appealed to the possibility that χάρις and μισθός may simply be translation variants of an Aramaic original, and that the parallel with Lk 6,32 in Did 1,3 and 1 Pet 2,20 suggests a common catechetical tradition[117]. However, the χάρις vocabulary in the Hellenistic tradition suggests that Luke's choice of vocabulary here is deliberate. Further, the appeals to the Didache and 1 Peter to solve the problem of the synoptic tradition-history create difficulties here. 1 Pet 2,20 is perhaps not relevant: although the idea in 1 Pet 2 is not dissimilar to that of Lk 6 (a contrast between something which is not particularly worthy of divine praise and something which is), the vocabulary is different: the negative statement is cast in the form ποῖον κλέος, and χάρις is used positively. The use of the Didache here is a case of petitio principii in the present context. We cannot use the Didache itself to establish the pre-Lukan nature of Lk 6,32f. and then use this "result" to establish the conclusion that the Didache betrays no links with redactional elements in the gospel. The fact remains that the author of this section of the Didache seems to presuppose Luke's version here in a way that goes beyond simply using the word χάρις: he takes over the Lukan rhetorical question, but fails to see its significance and hence betrays the secondary nature of his own text.

116. HORN, Glaube, p. 102.
117. Cf. WREGE, Bergpredigt, p. 89; PIPER, Love Your Enemies, p. 156; GUELICH, Sermon, p. 231.

C. Did 1,4a	Mt 5	Lk 6
ἀπέχου τῶν σαρκικῶν καὶ σωματικῶν ἐπιθυμιῶν	
ἐάν τίς σοι δῷ ῥάπισμα	³⁹ὅστις σε ῥαπίζει	²⁹τῷ τύπτοντί σε
εἰς τὴν δεξιὰν σιαγόνα στρέψον αὐτῷ καὶ τὴν ἄλλην καὶ ἔσῃ τέλειος	εἰς τὴν δεξιὰν σιαγόνα στρέψον αὐτῷ καὶ τὴν ἄλλην (cf. v. 48)	ἐπὶ τὴν σιαγόνα πάρεχε καὶ τὴν ἄλλην

The textual (and other) problems associated with the opening phrase will be left on one side here[118], as they do not affect the question of the Didache's possible use of *synoptic* tradition. The main part of this section represents a version of the saying about turning the other cheek. The evidence here is probably indecisive. Did 1,4 agrees very closely with the Matthean form of the saying, specifying the "right" cheek, using διδόναι ῥάπισμα (cf. Matthew's ῥαπίζει as opposed to Luke's τύπτω) and στρέψον (Luke πάρεχε). However, it is not clear if any of these features are due to MattR. The technical nature of the reference to the "right" cheek is often noted: such a blow implies a back-handed slap which, according to the Mishnah (B. Kamma 8,6), was regarded as extremely insulting and worthy of double recompense. But whether such a detail belonged to Q and was omitted by Luke as irrelevant, or whether it was added by Matthew (or in a Qᵐᵗ form of the tradition) is hard to say[119]. Matthew's other features mentioned above (i.e. the use of ῥαπίζω and στρέψον) are widely regarded as more original than Luke's τύπτω and πάρεχε[120]. Thus the Didache does not have any clear links with MattR.

One feature that is often adduced by supporters of the Didache's independence of the synoptics is the allegedly clumsy nature of the Didache's Greek phrase δῷ ῥάπισμα. This, it is argued, must tell against the theory of dependence on Matthew as Matthew has the more usual simple verb ῥαπίζει[121]. However, this need only show that the Didache is exercizing an element of freedom at this point and that, *if* the usage is clumsy[122], the Didachist is capable of writing poor Greek.

118. Cf. LAYTON, *Sources*, p. 376f.

119. For MtR, see SCHMID, *Matthäus und Lukas*, p. 229; SCHÜRMANN, *Lukasevangelium*, p. 347; HOFFMANN, *Tradition*, p. 59f.; GUELICH, *Sermon*, p. 221f.; FITZMYER, *Luke*, p. 638; SAUER, *Feindesliebe*, p. 12. It is regarded as pre-Matthean by WREGE, *Bergpredigt*, p. 76; SCHULZ, *Q*, p. 122; MERKLEIN, *Gottesherrschaft*, p. 269; CATCHPOLE, *Inaugural Discourse*, p. 306. KOESTER, *Überlieferung*, p. 226f., takes it as MattR and evidence of the dependance of the Didache on Matthew, but he offers little justification for the redactional nature of the word.

120. So SCHULZ, *Q*, p. 122; SAUER, *Feindesliebe*, p. 12f. and others cited there.

121. GLOVER, *Didache's Quotations*, p. 14f.; RORDORF, *Problème*, p. 504; DRAPER, *Jesus Tradition*, p. 277.

122. LAYTON, *Sources*, p. 357, suggests that the Didache's usage is "perhaps to avoid four utterly parallel sentences".

This may say something about the Didachist's style, but it does not solve the problem of whether the Didache is presupposing our gospels or not[123]. In fact, as Draper points out, the Didache's language is also that of Jn 18,22 and not dissimilar to that of Isa 50,6. Thus the Didache here may simply reflect further "biblical" influences. One must also allow for a greater element of freedom on the part of the Didachist in using his sources than in the case of a scribe seeking to copy a manuscript.

It is possible that the very last phrase of this section in the Didache, καὶ ἔσῃ τέλειος, may show a link with MattR. Mt 5,48 closes the series of antitheses in Matthew with an exhortation to be "perfect" (τέλειος) and there is almost complete scholarly agreement that this is due to MattR of the more original Lukan version "be merciful" (Lk 6,36)[124]. On the other hand, it could be argued that a very similar exhortation in Did 6,2 after the end of the Two Ways section, indicates that this language of "perfection" is of some importance for the Didachist. Thus the exhortation here could be due to independent redaction by the Didachist[125]. So whilst this feature looks at first sight to be a clear example of an agreement between the Didache and MattR, its value should probably not be over-estimated.

D. Did 1,4b

Did 1,4b	Mt 5
ἐὰν ἀγγαρεύσῃ σέ τις μίλιον ἕν ὕπαγε μετ' αὐτοῦ δύο	[41]καὶ ὅστις σε ἀγγαρεύσει μίλιον ἕν ὕπαγε μετ' αὐτοῦ δύο

Did 1,4b is parallel to Mt 5,41, which has no Lukan parallel. One cannot say with any certainty whether this verse is due to MattR, whether it was part of Q but omitted by Luke, or whether it originated in a Q^{mt} expansion of Q[126]. An origin in Q seems the least likely option on literary-critical grounds: the examples of non-retaliation in Lk 6,29f. constitute a reasonably neatly balanced pair of couplets; the presence of Mt 5,41 makes for five examples and this seems rather overloaded. (On the other hand, it could be argued that the two last examples are distinctly anti-climactic[127], so that an original trio of

123. Cf. the similar problem in discussions of the Synoptic problem in relation to Mark's allegedly rough style, and the remarks of W.R. FARMER, *The Synoptic Problem*, Dillsboro, ²1976, p. 122.

124. SCHULZ, *Q*, p. 130; LÜHRMANN, *Liebet*, p. 421, and many others.

125. Cf. RORDORF, *Problème*, p. 505. He also rightly notes that the reference in 6,2 (along with other agreements with different parts of the Didache) must cast some doubt on theories that the section 1,3-2,1 was added after the rest of the text was completed. Cf. n. 142 below.

126. For MattR, see SCHULZ, *Q*, p. 123; for Q, see PIPER, *Love Your Enemies*, p. 58; HOFFMANN, *Tradition*, p. 61; SAUER, *Feindesliebe*, p. 9; for Q^{mt}, see STRECKER, *Bergpredigt*, p. 87; ZELLER, *Mahnsprüche*, p. 55.

127. Cf. LÜHRMANN, *Liebet*, pp. 418, 427; ZELLER, *Mahnsprüche*, p. 55; SAUER, *Feindesliebe*, p. 15.

examples in the pre-Q tradition was secondarily expanded by the sayings about giving[128]). The situation presupposed here is probably that of Roman troops forcing service from native Jews; but whether this already reflects the situation of the Q "community", or the later Matthean community, or a stage of the tradition in between, is very hard to say without arguing in a circle[129]. Certainly the situation presupposed does not seem to be particularly "Didachean" and hence the presence of the saying here is almost certainly due to the writer's use of his tradition, but the evidence is not definite enough to enable us to identify that tradition accurately.

E.   Did 1,4c

Did 1,4c	Mt 5	Lk 6
ἐὰν ἄρῃ τις τὸ ἱμάτιόν σου	τῷ θέλοντί σοι κριθῆναι	καὶ ἀπὸ τοῦ αἴροντός σου
	καὶ τὸν χιτῶνά σου λαβεῖν	τὸ ἱμάτιον
δὸς αὐτῷ καὶ τὸν χιτῶνα	ἄφες αὐτῷ καὶ τὸ ἱμάτιον	καὶ τὸν χιτῶνα μὴ κωλύσῃς

The Didache here reveals close affinities with the Lukan version. Further, the differences between Matthew and Luke are quite considerable, though again it is difficult to know which version is more original. Matthew's version presupposes the situation of a law-suit where the person addressed is being sued for his shirt (χιτών) and is told to surrender even his cloak (ἱμάτιον), the one item which the Jewish Law expressly forbade anyone else to take (cf. Ex 24,25f.; Deut 24,13)[130]. Luke's (and the Didache's) version reverses the order of the χιτών and the ἱμάτιον and seems to presuppose a robbery situation: if a person is robbed of his cloak (the first thing a robber would grab) he is to surrender his shirt as well. Again the argument about originality can go (and has gone) either way. Luke could be generalizing

128. The sayings about non-retaliation and about giving are thus regarded as of separate origin by SCHÜRMANN, *Lukasevangelium*, p. 349; SCHULZ, *Q*, p. 123; LÜHRMANN, *Liebet*, p. 427.

129. G. Theissen argues that it is the Matthean situation: see his *Gewaltverzicht und Feindesliebe (Mt 5,38-48/Lk 6,27-38) und deren sozialgeschichtlicher Hintergrund*, in *Studien zur Soziologie des Urchristentums* (WUNT, 19), Tübingen, 1979, pp. 160-197, esp. p. 176f. HOFFMANN, *Tradition*, p. 61, argues strongly that this is the situation of the Q-"Gruppe" as well. Against Hoffmann, it must be said that there are virtually no other direct references to worries about contact with *Roman* troops in Q, whereas Matthew does reflect on the theological implications of the events of the Jewish war (cf. Mt 22,7). The preceding two examples about non-retaliation in Mt 5,39f. have to do with personal insult, and, if it is justified to connect the love-of-enemies complex in Q with the final beatitude (cf. n. 95 above), then the people addressed are those who are facing persecution for their Christian commitment. See L. SCHOTTROFF, *Gewaltverzicht und Feindesliebe in der urchristlichen Tradition. Mt 5,38-48; L, 6,27-26*, in *Jesus Christus in Historie und Theologie* (FS for H. Conzelmann), Tübingen, 1975, pp. 197-221. MERKLEIN, *Gottesherrschaft*, p. 272, and ZELLER, *Mahnsprüche*, p. 59, both argue that the non-retaliation sayings refer to quite general, typical situations of violence; however, it would seem that Schottroff is justified in her claims at least at the level of Q where the context gives a rather more precise application of the saying.

130. GUELICH, *Sermon*, p. 222.

Matthew's more technical language for a non-Jewish audience[131]; or it could have been Matthew who has introduced the legal ideas here (cf. Mt 5,38)[132]. Once again the evidence is indecisive and the agreement between the Didache and the Lukan version cannot be taken any further here.

F.Did 1,4d-5a	Mt 5	Lk 6
ἐὰν λάβῃ τις ἀπὸ σοῦ	[42b]καὶ τὸν θέλοντα ἀπὸ σοῦ	[30b]καὶ ἀπὸ τοῦ αἴροντος
τὸ σόν μὴ ἀπαίτει	δανείσασθαι μὴ ἀποστραφῇς	τὰ σὰ μὴ ἀπαίτει
οὐδὲ γὰρ δύνασαι		
παντὶ τῷ αἰτοῦντί σε	[42a]τῷ αἰτοῦντί σε	[30a]παντὶ αἰτοῦντί σε
δίδου καὶ μὴ ἀπαίτει	δός ...	δίδου ...

The final section to be considered here again shows agreement between the Didache and Luke. Did 1,4f has the sayings in the reverse order to that of the synoptics (probably so as to end with a saying about "giving" to lead on to 1,5). The last clause in the section given above, "give to everyone who asks", agrees with Luke in having παντί and δίδου. Both are probably LkR in Luke[133], though one cannot build too much on this here: Luke's aim is to generalize the idea of giving, but the Didache has exactly the same idea and hence the παντί and the present imperative δίδου could just as easily be seen as independent redaction of the tradition by the Didachist.

More significant in the present context is the opening sentence here, where the Didache agrees with Luke against Matthew in referring to someone who takes, rather than someone who wants to borrow; there is also agreement between the Didache and Luke in using ἀπαίτει in the final part. Now it is almost certain that Matthew's reference to "borrowing" represents the Q version here: Luke uses the same (rather rare) verb in vv. 34, 35 and this seems to constitue a reminiscence of the earlier saying[134]. Luke is above all here interested in the idea of generous giving, and he appears to save up the borrowing reference to develop it considerably in v. 34f. Further, it is of considerable impor-

131. So SCHÜRMANN, Lukasevangelium, pp. 349, 351; SCHULZ, Q, p. 123; HOFFMANN, Tradition, p. 60; SAUER, Feindesliebe, p. 13.

132. Cf. GUELICH, Sermon, p. 222; CATCHPOLE, Inaugural Discourse, p. 306. THEISSEN, Studien, p. 184, argues that Luke is primarily interested in the idea of borrowing, and hence would not have altered his tradition here. This is not altogether convincing. Luke may well have omitted the borrowing reference here (see below), perhaps simply because he wanted to generalize and make things more relevant for a non-Jewish audience, and also to develop the lending motif later.

133. See SCHULZ, Q, p. 123; SAUER, Feindesliebe, p. 13 and others cited there. KOESTER, Überlieferung, p. 228, sees this as evidence of dependence of the Didache on LkR, but this is probably over-pressing the evidence.

134. See SCHULZ, Q, p. 123; LÜHRMANN, Liebet, p. 418; SAUER, Feindesliebe, p. 13; CATCHPOLE, Inaugural Discourse, p. 306f. The attempt of SCHÜRMANN, Lukasevangelium, p. 357f (followed by GUELICH, Sermon, p. 223) to see the connection as pre-Lukan is unnecessary: see the critique in HOFFMANN, Tradition, p. 66f.

tance to Luke to stress the idea that one should expect nothing in return. (This is, of course, part of his critique of the reciprocity ethic). Hence Luke's "lending" to a borrower is virtually equivalent to a gift[135]. However, the "not expecting anything back" idea dominates Luke's version here[136]. Thus the Lukan ἀπαίτει in v. 30 is much more likely to be redactional than Matthew's ἀποστραφῇς[137]. In v. 30 Luke appears to have continued the robbery idea from v. 29, and saved the reference to the "borrower" for later; but he starts to introduce the idea of not asking for anything in return (μὴ ἀπαίτει) here.

The result is that Luke's version is rather uneven. For the Lukan text exhorts someone who has just been robbed not to demand his property back. But whatever means one might employ to recover stolen goods, simply demanding is unlikely to have any effect at all[138]. It may be that it is precisely this incongruity in the Lukan text which is reflected in the notorious little clause, οὐδὲ γὰρ δύνασαι, which is appended at this point in the Didache. The clause has caused immense perplexity[139]. However, it may be that it is simply the Didachist's comment on the preceding exhortation which he recognizes as somewhat incongruous: if you have been robbed, do not demand back[140] your property, "for you cannot" — you will have no success![141]. The perplexity of commentators on the Didache may simply be a reflection at one stage removed of the Didachist's (or perhaps a later scribe's) worldly comment on the slightly puzzling preceding clause.

If this suggestion has any value, it may indicate that the Didachist was using his sources here with a certain degree of faithfulness: he was primarily interested in the exhortation to "give"; but he found this in his tradition coupled with another exhortation not to demand back

---

135. SCHOTTROFF, *Gewaltverzicht*, p. 217; HORN, *Glaube*, p. 102.

136. See PIPER, *Love Your Enemies*, p. 157f.

137. So SCHÜRMANN, *Lukasevangelium*, p. 349; SCHULZ, *Q*, p. 123; GUELICH, *Sermon*, p. 223; HOFFMANN, *Tradition*, p. 63; SAUER, *Feindesliebe*, p. 13. Contra CATCHPOLE, *Inaugural Discourse*, p. 307.

138. Catchpole, *op. cit.*, p. 307, is one of the very few who have noted the incongruity of the Lukan text here: he speaks of the Lukan ending as providing "an unduly weak sequel" here.

139. See the discussion of older views in LAYTON, *Sources*, pp. 346ff., together with his own proposed emendation of the text.

140. Lake's translation of the text in the Loeb edition ("if any man will take from thee what is thine, refuse it not") is probably misleading: the idea is of demanding back what one has not got, not refusing to give what one has.

141. RORDORF, *Problème*, p. 505, also seems to hint at the strange nature of the Lukan version, reproduced in the Didache: "Or à la différence du cas du vol (1, 4e) où une réclamation serait illusoire, elle serait possible dans le cas d'un prêt (1, 5a)". However, he resorts to the interpretation of the extra phrase in the Didache as referring to the spiritual impossibility of the Christian filled with love for his enemies to engage in such action. The Didache may be rather more mundane!

stolen property, and although he found this difficult, he nevertheless reproduced it faithfully (albeit adding a comment of his own). This may then imply that the author of this clause regarded his source with some considerable respect. The source may thus have had something of the status of a "canonical" work, and this is clearly easier to envisage if this section of the Didache (at least in its present form) has a relatively late origin.

The net result of the discussion of this section is that the Didache here appears to presuppose Luke's redactional work and hence Luke's finished gospel.

The result of this detailed analysis of Did 1,3-5a in relation to the synoptic parallels in Mt 5 and Lk 6 shows that this section of the Didache appears on a number of occasions to presuppose the redactional activity of both evangelists, perhaps Luke more clearly than Matthew. This suggests very strongly that the Didache here presupposes the gospels of Matthew and Luke in their finished forms.

IV. CONCLUSIONS

This paper has analysed some of the parallels between material in different parts of the Didache and material in the synoptic gospels. The result has been that these parallels can be best explained if the Didache presupposes the finished gospels of Matthew and Luke. Further, this result seems to apply to all parts of the Didache examined here[142]. Precisely how the gospels were available to the author of the Didache is impossible to say: they may have been available as separate texts; they may have been already combined to form a single harmonised text. However, the evidence of the Didache seems to show that the text is primarily a witness to the post-redactional history of the synoptic tradition. It is not a witness to any pre-redactional developments.

Faculty of Theology   Christopher M. TUCKETT
University of Manchester
Manchester M 13 9PL
England

142. I have not discussed in detail the problem of the unity of the Didache, in particular the question of whether the section 1,3-2,1 should be regarded as an integral part of the text of the Didache (cf. n. 82 above). I remain unpersuaded that it should not be so regarded. Rordorf, *Problème*, pp. 509ff., gives an impressive list of links between Did 1,3-2,1 and the rest of the Didache. The fact that there is no parallel to this section in the Two Ways teaching of the so-called "Church Order" (regarded by Wengst as decisive evidence that Did 1,3-2,1 is a secondary addition) may be explained by the latter being dependent on the Didachist's Vorlage: cf. Rordorf, *ibid.*, p. 513. In any case the Church Order only parallels part of Did 1-6, omitting the "Way of Death" in Did 5-6.

UNE CITATION DE L'ÉVANGILE DE MATTHIEU
DANS L'ÉPÎTRE DE BARNABÉ

1. « *Beaucoup d'appelés, mais peu d'élus!* »

Le chapitre IVᵉ de l'Épître de Barnabé se termine par une exhortation à la vigilance eschatologique, dans laquelle l'auteur invite les destinataires à faire attention afin que même parmi les Chrétiens, comme déjà en Israël, il n'y ait pas «beaucoup d'appelés, mais peu d'élus» (πολλοὶ κλητοί, ὀλίγοι δὲ ἐκλεκτοί)[1].

Étant donné que cette phrase est présentée comme une citation littérale d'un texte ayant valeur canonique d'Écriture Sainte, moyennant la formule usuelle «comme il est écrit» (ὡς γέγραπται), pendant longtemps les savants ont discuté pour essayer d'identifier la source en question. L'opinion dominante est que Barnabé a commis une faute ou bien qu'il cite ici une œuvre apocryphe qui nous est inconnue, à laquelle il attribue, comme ailleurs à *Énoch*[2] ou au *IVᵉ Esdras*[3], la valeur de prophétie révélée ayant une fonction normative pour les fidèles. Déjà au début du siècle, le *Committee* de la Société d'Oxford de Théologie historique s'est prononcé dans ce sens[4]. Parmi ceux qui plus tard ont adopté cette solution nous pouvons mentionner ici Hans Windisch[5], Helmut Köster[6], Klaus Wengst[7].

Il faut admettre que cette phrase «beaucoup d'appelés, mais peu d'élus» ressemble de façon impressionnante à des affirmations contenues dans le *IVᵉ Esdras* comme: *Multi quidem creati sunt, pauci autem salvabuntur*[8], ou encore: *Plures sunt qui pereunt quam qui salvabuntur*[9].

---

1. *Barn.* 4,14. Pour le texte grec de Barnabé nous nous référons aux éditions de P. PRIGENT-R.A. KRAFT, *Épître de Barnabé* (SC 172), Paris, 1971, et de K. WENGST, *Didache (Apostellehre), Barnabasbrief, Zweiter Klemensbrief, Schrift an Diognet* (Schriften des Urchristentums II), München, 1984, pp. 101-202.

2. Cité dans *Barn.* 4,3 et 16,6; mais l'ancienne version latine lit dans *Barn.* 4,3: *Danihel.* Voir l'édition de J.M. HEER, *Die Versio Latina des Barnabasbriefes und ihr Verhältnis zur altlateinischen Bibel*, Freiburg i.B., 1908, *ad loc.*

3. Allusion probablement à *IVᵉ Esdras* 5,5 dans *Barn.* 12,1.

4. A COMMITTEE OF THE OXFORD SOCIETY OF HISTORICAL THEOLOGY, *The New Testament in the Apostolic Fathers*, Oxford, 1905, pp. 18-19.

5. Selon H. WINDISCH, *Der Barnabasbrief* (HNT, Erg. Bd; *Die Apostolischen Väter* III), Tübingen, 1920, pp. 299-413, spéc. p. 326, Barnabé aurait erronément cru que la phrase se trouvait dans l'Ancien Testament.

6. H. KOESTER, *Synoptische Überlieferung bei den Apostolischen Vätern* (TU 65), Berlin, 1957, pp. 125-127; 157-158; 262.

7. K. WENGST, *Barnabasbrief*, p. 198, note 64.

8. *IVᵉ Esdras* 8,3 (éd. A.F.J. KLIJN, *Der lateinische Text der Apokalypse des Esra* [TU, 131], Berlin, 1983, p. 56).

9. *IVᵉ Esdras* 9,15 (*ibid.*, p. 65).

On notera toutefois que la forme de l'expression ne correspond pas
exactement au texte de Barnabé. Beaucoup plus près de *Barn.* 4,14,
voire pratiquement identique, est la teneur de Mt 22,14, c'est-à-dire la
sentence finale de la parabole des invités au banquet: πολλοὶ γάρ εἰσιν
κλητοί, ὀλίγοι δὲ ἐκλεκτοί[10]. La coïncidence littérale entre Barnabé et
Matthieu sur ce point est telle que certains savants — et je cite surtout
Édouard Massaux de Louvain — ont inévitablement conclu que Barnabé se réfère ici justement à l'Évangile selon Matthieu en tant que
texte sacré[11]. En principe, ceci est non seulement possible, mais aussi
vraisemblable. N'oublions pas qu'une claire allusion à Mt 9,13b est
présente dans *Barn.* 5,9[12], et que ce même verset de Matthieu est cité
comme γραφή dans la *II*[e] *Épître de Clément*[13]. Sans compter que même
le refus catégorique du titre christologique «Fils de David» chez *Barn.*
12,10 correspond exactement à Mt 22,41-46 par.

Il semblerait donc raisonnable d'affirmer que *Barn.* 4,14 et *II Clément* 2,4 sont les textes les plus anciens de la littérature chrétienne où le
premier évangile est mentionné en qualité de texte canonique[14]. Mais
on ne parviendra probablement pas à décider de manière définitive si
Mt 22,14 est cité ou pas chez *Barn.* 4,14 tant que la discussion sera
limitée à la recherche d'affinités exclusivement littéraires. Nous croyons
qu'une aide importante pour la solution du problème pourra être
fournie par l'analyse comparative des contextes théologiques et ecclésiastiques dans lesquels se situent les paroles examinées. De cette façon
nous pensons pouvoir confirmer à notre tour que la phrase citée par
Barnabé provient directement de la parabole du banquet de Matthieu.

2. *La polémique contre les Enthousiastes*

Un examen détaillé de la parabole du banquet de Matthieu révèle,
dans la sentence finale Mt 22,14, l'existence d'une intention polémique
précise vis-à-vis de courants ou tendances antinomistes et enthousiastes très actifs dans la communauté de l'évangéliste[15]. Dans le projet

10. Mt 22,1-14. Le logion final a été ajouté dans Mt 20,16.
11. É. MASSAUX, *Influence de l'Évangile de saint Matthieu sur la littérature chrétienne
avant saint Irénée*, Gembloux-Louvain, 1950 (réimpr. anast. [BETL, 75], Leuven, 1986),
pp. 73-75. Hésitant: P. PRIGENT, *Les Testimonia dans le christianisme primitif. L'épître de
Barnabé I-XVI et ses sources* (EB), Paris, 1961, p. 157, et SC 172, pp. 41-42; 104-105,
note 5. Selon W.-D. KÖHLER, *Die Rezeption des Matthäusevangeliums in der Zeit vor
Irenäus* (WUNT 2. Reihe, 24), Tübingen, 1987, pp. 111-113, la chose est bien possible.
12. Encore MASSAUX, *Influence*, pp. 75-76.
13. 2 *Clém.* 2,4. Cf. WENGST, *Zweiter Klemensbrief*, p. 220.
14. Voir H. VON CAMPENHAUSEN, *La formation de la Bible chrétienne*, trad. fr.,
Neuchâtel, 1971, p. 131, note 63.
15. L'étude la plus complète sur le sujet est le volume collectif édité par J. DUPONT,
La parabola degli invitati al banchetto. Dagli evangelisti a Gesù (Testi e ricerche di Scienze
religiose, 14), Brescia, 1978, et tout spécialement l'essai de G. BARBAGLIO, *La parabola del
banchetto di nozze nella versione di Matteo*, pp. 63-101.

rédactionnel de Matthieu, la parabole du banquet prend pour cible, dans un premier temps, l'Israël infidèle qui poursuit et tue les envoyés de Dieu, et qui, justement à cause de cette indignité, est puni avec la destruction de Jérusalem (Mt 22,7-8: οἱ δὲ κεκλημένοι οὐκ ἦσαν ἄξιοι). Ensuite l'attention de l'évangéliste se tourne vers les substituts venant du paganisme, et tout particulièrement ceux qui, tout en ayant accepté l'invitation à participer au banquet, ne se donnent pas la peine de mettre la robe nuptiale des bonnes œuvres. Ceux-ci sont expulsés du festin avec un jugement implacable du roi. Au schéma de l'exclusion des Juifs indignes et de leur substitution par les nations suit ainsi le schéma de la séparation ou sélection parmi les nouveaux venus sur la base du critère de la pratique des œuvres de justice (Mt 22,9-14).

La présence chez Matthieu d'une charge polémique forte et caractéristique adressée contre les tendances charismatiques et enthousiastes apparaît à maintes reprises au cours de la narration évangélique et constitue l'apport spécifique de son travail de rédaction[16]. Du Sermon sur la Montagne (5,17-20), au réquisitoire contre les faux prophètes (7,12-27), jusqu'aux invitations répétées à la vigilance eschatologique et à la pratique des œuvres de charité (24,11 – 25,46), Matthieu ne se lasse point de répéter que l'éthique chrétienne sera mesurée, dans le jugement eschatologique, exclusivement en se basant sur la nouvelle «justice» (δικαιοσύνη) qui se réalise dans l'observation de la Loi christologiquement orientée: la pratique de cette justice, ainsi définie, est la condition nécessaire pour pouvoir «entrer au Royaume»[17].

Dans cette perspective, «le sens final (de la parabole du banquet) est un appel à la vigilance, à l'effort, à la crainte de se trouver exclu»[18], ce qui est également vrai pour d'autres paraboles de Matthieu, comme celle de la zizanie (13,24-30; 37-43) ou celle du filet en mer (13,47-50)[19]. Dans la parabole du banquet de Matthieu, donc, le renvoi à l'infidélité et à l'indignité d'Israël, avec le rappel de la punition qu'elles lui ont value, sert d'exemple négatif, d'avertissement aux Chrétiens pour qu'ils ne retombent pas dans la même faute commise par les Juifs de se croire définitivement élus en raison du seul appel divin, indépendamment de la capacité réelle de s'en montrer chaque fois dignes.

Si la signification du texte de Matthieu est bien celle-ci, on comprend que Barnabé n'aurait pas pu trouver ailleurs un enseignement plus

16. Voir R. HUMMEL, *Die Auseinandersetzung zwischen Kirche und Judentum im Matthäusevangelium* (BEvTh, 33), München, 1966², pp. 66-71.

17. Pour la définition de la «justice chrétienne» selon Matthieu, voir les pages de J. DUPONT, *Les Béatitudes*, t. III: *Les Évangélistes* (EB), Paris, 1973², pp. 211-305, spéc. pp. 245-272, et de B. PRZYBYLSKI, *Righteousness in Matthew and his World of Thought* (SNTS MS, 41), Cambridge, 1980, pp. 77-123.

18. Ainsi E. BOISSARD, *Note sur l'interprétation du texte: «Multi sunt vocati, pauci vero electi»*, in *RevThom* 52 (1952) 569-585, spéc. pp. 580 suiv.

19. G. BARBAGLIO, *La parabola*, p. 86.

influent et plus clair à transmettre à ses destinataires. Le chapitre IVᵉ de l'Épître de Barnabé, en effet, nous paraît reproduire avec beaucoup de fidélité le message de la parabole du banquet chez Matthieu; c'est ainsi que s'explique, comme chose évidente et tout à fait naturelle, que Barnabé ait conclu son discours avec une citation extraite justement de la même parabole!

Qu'affirme Barnabé dans le chapitre IVᵉ? Il commence en mettant en garde ses interlocuteurs contre les œuvres de l'iniquité (4,1 τὰ ἔργα τῆς ἀνομίας; cf. Mt 7,23), et les invite à ne pas fréquenter les pécheurs pour ne pas devenir comme eux (4,2). En particulier, il les prie «de ne pas devenir comme certains, qui accumulent les péchés en disant que l'Alliance appartient aux Juifs aussi bien qu'aux Chrétiens, puisque, en réalité, elle n'appartient qu'à nous» (4,6-7)[20]. Nous avons ici une déclaration formelle de condamnation, de la part de l'auteur, de positions théologiques présentes dans la communauté chrétienne, selon lesquelles les Chrétiens et les Juifs auraient eu en commun la διαθήκη, l'Alliance, et, par conséquent, le Livre saint dans lequel l'Alliance est déposée, l'Ancien Testament[21].

Pour Barnabé, comme chacun sait, les Juifs ont perdu tout droit à l'Alliance à cause de leur indignité: αὐτοὶ δὲ οὐκ ἐγένοντο ἄξιοι (14,1.4), depuis que Moïse la reçut et, en raison de l'idolâtrie du peuple, cassa les tables en pierre pour faire place dans les cœurs des fidèles à l'Alliance de Jésus le Bien-Aimé[22]. Cet incident originel dans l'histoire d'Israël explique pourquoi l'Ancien Testament et sa légitime interprétation spirituelle ne reviennent qu'aux Chrétiens. Et toutefois l'événement tragique du rejet d'Israël de la part de Dieu en raison de son indignité est évoqué par Barnabé à l'intérieur même de la parénèse eschatologique successive, afin que les Chrétiens, se croyant à tort déjà sûrs de l'élection, comme les Juifs, n'aient pas à répéter les mêmes erreurs fatales.

La tentation contre laquelle Barnabé se bat consiste précisément dans l'illusion que la justification soit déjà arrivée (4,10 ὡς ἤδη δεδικαιωμένοι), une illusion qui a comme conséquence inévitable la conviction que l'élection soit un bien possédé une fois pour toutes: le résultat est que ceux qui pensent avoir atteint l'état de paix définitive seulement pour

---

20. Il est possible de résoudre la question de critique textuelle grâce à l'ancienne version latine: *testamentum illorum et nostrum est*, qui renvoie à un texte original grec perdu ὅτι ἡ διαθήκη ἐκείνων καὶ ἡμῶν (ou ἡμῶν καὶ ἐκείνων). Cf. HEER, *Die Versio Latina*, p. 30, et WENGST, *Barnabasbrief*, p. 144. Le problème est formulé à nouveau dans *Barn.* 13,1: εἰ ἡ διαθήκη εἰς ἡμᾶς ἢ εἰς ἐκείνους. La conjecture de KRAFT, dans SC 172, pp. 96-97: ὅτι ἡ διαθήκη ἡμῶν ἡμῖν μένει, née d'une contamination des variantes du codex Sinaïticus et du Hiérosolymitain 54, est superflue et injustifiée.

21. Pour la signification de διαθήκη chez Barnabé, voir maintenant WENGST, *Barnabasbrief*, pp. 129-136.

22. Le thème est développé dans *Barn.* 4,7-8 et 14,1-4.

l'appel reçu risquent au contraire de s'endormir sur leurs péchés (4,13 προσέχωμεν μήποτε ἐπαναπαυόμενοι ὡς κλητοὶ ἐπικαθυπνώσωμεν ταῖς ἁμαρτίαις ἡμῶν). La thérapie proposée par Barnabé pour lutter contre ces tendances déviantes qui existent dans la communauté fait appel à l'observation des commandements inspirée par la crainte de Dieu (4,11 μελετῶμεν τὸν φόβον τοῦ θεοῦ καὶ φυλάσσειν ἀγωνιζώμεθα τὰς ἐντολὰς αὐτοῦ, ἵνα ἐν τοῖς δικαιώμασιν αὐτοῦ εὐφρανθῶμεν). En d'autres termes, il s'agit d'éviter les œuvres de la voie méchante contrôlée par le Noir, le prince méchant[23].

L'invitation pressante à la vigilance se justifie dans l'optique de Barnabé par l'approche du temps final et du jugement eschatologique. Désormais «le scandale suprême est proche» (4,3); «faisons donc attention aux derniers jours: tout le temps de notre vie et de notre foi, en effet, ne nous servira à rien si maintenant, au temps de l'iniquité et parmi les scandales à venir, nous ne résistons pas comme il convient à des enfants de Dieu» (4,9). Quand le moment sera venu, «Le Seigneur jugera le monde sans faire préférence de personne. Chacun aura selon ce qu'il a fait. S'il a été bon, sa justice le précédera; s'il a été méchant, la récompense pour sa méchanceté lui sera devant» (4,12).

Le caractère central de l'idée du jugement eschatologique, qui aura lieu à la résurrection des morts sur la base des œuvres et de l'observation des commandements (*Werkgerechtigkeit*), apparaît évident même en parcourant sommairement l'Épître de Barnabé[24]. Je me bornerai à mentionner seulement trois textes, outre 4,12, à savoir 1,6: «justice, commencement et fin du jugement»; 5,7: «ce sera lui-même, le Seigneur, qui rendra le jugement après avoir opéré la résurrection des morts»; et 21,1: «Il est donc bon de connaître les dispositions du Seigneur telles qu'elles ont été décrites et de marcher en elles. Celui qui les pratique sera glorifié dans le Royaume de Dieu; celui qui au contraire choisira autre chose périra avec ses œuvres. C'est pourquoi il y a la résurrection, c'est pourquoi il y a la rétribution».

Dans la pensée de Barnabé, contrairement à ses adversaires, la justification n'a pas déjà été donnée une fois, et elle ne constitue donc pas une possession sûre et définitive; elle n'aura lieu qu'à la fin des temps, dans le contexte de la véritable sanctification du sabbat: «Mais si maintenant il est impossible, nous sanctifierons le sabbat, en nous reposant vraiment (τότε καλῶς καταπαυόμενοι), quand nous serons en mesure de le faire après avoir été justifiés (αὐτοὶ δικαιωθέντες) et être entrés en possession de la promesse, quand il n'y aura plus d'iniquité, et toutes les choses auront été renouvelées par le Seigneur. C'est alors que

---

23. *Barn.* 20,1.
24. Cf. J. Liébaert, *Les enseignements moraux des Pères apostoliques*, Gembloux, 1970, pp. 125-158; T.H.C. van Eijk, *La résurrection des morts chez les Pères apostoliques* (Théologie historique, 25), Paris 1974, pp. 29-39.

nous pourrons le sanctifier puisque nous aurons été d'abord sanctifiés (αὐτοὶ ἁγιασθέντες πρῶτον)»[25]. Seulement celui qui connaît le chemin de la justice (ὃς ἔχων ὁδοῦ δικαιοσύνης γνῶσιν) et qui y marche jusqu'à la fin arrivera à destination[26].

De cette façon la conclusion du IVe chapitre acquiert son entière signification: «Considérez cela aussi, mes frères: quand vous voyez qu'après tant de signes et de prodiges arrivés en Israël ils ont toutefois été abandonnés, faisons attention à ce que nous ne soyons trouvés, comme il est écrit, 'beaucoup d'appelés, mais peu d'élus'» (4,14). La coïncidence avec la position du premier évangéliste ne pourrait être mieux définie: les deux écrivains, Matthieu et Barnabé, proposent à l'attention des destinataires l'événement du rejet d'Israël de la part de Dieu en vue de faire un usage pédagogique de cet exemple historique, face à une communauté chrétienne menacée par le danger de tomber victime, comme l'ancien Israël, de l'illusion immotivée qui veut que l'appel soit en lui-même suffisant pour garantir l'élection, c'est-à-dire le salut final.

Encore plus que la simple identité des mots, l'identité des contextes théologiques devrait confirmer que Barnabé dans 4,14 cite explicitement Mt 22,14, en se situant dans le même horizon ecclésiologique et rédactionnel que le premier évangéliste. Ceci ne peut pas ne pas avoir des conséquences pour l'interprétation générale de l'Épître qui, comme chacun sait, présente encore aujourd'hui d'importantes incertitudes. Au moins il est possible d'établir avec suffisamment de certitude qu'elle doit être située chronologiquement après la composition de l'Évangile de Matthieu, dans une zone géographiquement identique ou voisine de celle d'origine et de diffusion du même évangile, à savoir la Syrie occidentale et l'Asie Mineure[27]. Mais il sera légitime de tirer encore bien d'autres conclusions également en raison de l'encadrement théologique et littéraire de ce document tant discuté.

---

25. *Barn.* 15,7. Cf. LiÉBAERT, *Les enseignements*, pp. 133-134. La comparaison avec Hébr 3,7-4,11, à propos du thème de la κατάπαυσις, mériterait d'être approfondie.

26. *Barn.* 5,4. Cf. 1,4 et 21,1. Dans le Nouveau Testament cf. Mt 21,32 et 2 Pt 2,21. Traditionnellement, déjà dans l'Ancien Testament et dans le judaïsme l'expression «voie de justice» implique l'observation des commandements: cf. DUPONT, *Les Béatitudes*, t. III: *Les Évangélistes*, pp. 213-222.

27. Jusqu'il y a quelque temps, on avait l'habitude de penser à une origine égyptienne de l'Épître de Barnabé, surtout à cause d'une affinité prétendue de ses méthodes exégétiques avec celles de la tradition d'Alexandrie. Ce point de vue est encore défendu par L.W. BARNARD, *The Epistle of Barnabas in its Jewish Setting*, in *Studies in Church History and Patristics* (Analekta Vlatadon, 26), Thessaloniki, 1978, pp. 52-106. Mais PRIGENT, *Les Testimonia*, a attiré l'attention sur ses affinités avec le milieu syriaque, alors que WENGST, *Tradition und Theologie des Barnabasbriefes* (AzKG, 42), Berlin-New York, 1971, voudrait la situer dans l'Asie Mineure occidentale. Notre argument confirmerait ces nouvelles orientations.

3. *Le témoignage le plus ancien sur le monachisme*

Sur la nature de l'erreur contre laquelle combat Barnabé, on a jusqu'à aujourd'hui avancé des solutions disparates et générales, fondées essentiellement sur l'usage de l'Écriture que fait Barnabé. Nous pensons qu'il faut désormais considérer comme définitivement dépassée l'explication courante selon laquelle l'Épître de Barnabé serait une œuvre tout simplement antijuive[28]. En effet, comme il a été correctement remarqué par Philipp Vielhauer, il ne fait aucun doute que la polémique développée dans le texte possède un caractère intra-ecclésial[29]. Cela n'empêche que l'on rencontre de nombreuses difficultés lorsqu'on essaie de définir la physionomie de ce front intérieur.

La citation de l'Évangile de Matthieu, dont nous avons établi l'existence, nous aide à comprendre que l'objectif de Barnabé est le même front enthousiaste auquel dut faire face le premier évangéliste. Nous sommes ainsi amenés à rejeter, comme étant sans fondement, d'autres propositions élaborées récemment, comme par exemple celle du même Vielhauer, selon laquelle Barnabé viserait des chrétiens traditionalistes, partisans de la théologie de l'Alliance axée sur la continuité entre l'Ancien et le Nouveau Testament[30], ou celle de Pierre Prigent, qui pense à des groupes à tendance gnostique[31]. Encore moins peut-on voir dans l'Épître, comme le fait Andreas Lindemann, une «paulus-kritische Tendenz»[32].

28. M. SIMON, *Verus Israël. Étude sur les relations entre Chrétiens et Juifs dans l'Empire romain (123-425)*, Paris, 1964², p. 91: «les débuts de la littérature de polémique anti-juive se placent vers cette date, avec la lettre de Barnabé et le dialogue d'Ariston de Pella». Parmi les nombreux auteurs qui se sont prononcés en ce sens nous citons ici, outre BARNARD et LIÉBAERT, spécialement S. LOWY, *The Confutation of Judaism in the Epistle of Barnabas*, in *JJS* 11 (1960) 1-33; F.M. DE LIAGRE BOEHL, *Christentum, Judentum und Altes Testament in ihrem gegenseitigen Verhältnis nach dem Brief des Barnabas*, in *Schrift en Uitleg. Studies van oud-leerlingen, collega's en vrienden aangeboden aan Prof. Dr. W.H. Gispen*, Kampen, 1970, pp. 95-111; J. DANIÉLOU, *Teologia del Giudeo-Cristianesimo*, ediz. ital., Bologna, 1974, pp. 52-54.

29. Ph. VIELHAUER, *Geschichte der urchristlichen Literatur. Einleitung in das Neue Testament, die Apokryphen und die Apostolischen Väter*, Berlin-New York, 1978², pp. 599-612, spéc. p. 606: «Dagegen scheint eine innerchristliche Kontroverse der Anlass gewesen zu sein, und zwar eine Diskussion über die Bedeutung des 'Bundes'». Des signes se trouvent déjà chez WINDISCH, *Barnabasbrief*, pp. 323-324, et surtout chez P. MEINHOLD, *Geschichte und Exegese im Barnabasbrief*, in *ZKG* 59 (1940) 255-303, p. 259.

30. VIELHAUER, *Urchristliche Literatur*, p. 606: «Der ganze erste Hauptteil des Barn (4-16) ist der Bekämpfung der traditionellen Bundestheologie gewidmet». WENGST, *Tradition und Theologie*, lui fait écho: d'après lui Barnabé polémiquerait contre la «übliche christliche Vorstellung vom Alten und Neuen Bund» (p. 82), c'est-à-dire contre la «übliche christliche Schriftauffassung» (p. 103).

31. PRIGENT, *Les Testimonia*, p. 156: «des chrétiens (judéo-chrétiens?) teintés par quelque gnose»; jugement répété dans SC 172, pp. 102-103, note 1: «des chrétiens tentés par les affirmations définitives de la gnose et l'indifférentisme moral qui peut en résulter». Ce point de vue a été accepté par VAN EIJK, *La résurrection des morts*, p. 31.

32. A. LINDEMANN, *Paulus im ältesten Christentum. Das Bild des Apostels und die*

Il sera possible d'arriver à une nouvelle solution du problème en reconsidérant justement le IVᵉ chapitre de l'Épître. Toute l'opposition porte autour de l'ἤδη qui accompagne la prétention que la justification ait déjà eu lieu: les adversaires soutiennent d'être «déjà» justifiés (4,10) et, parallèlement, ils prétendent pouvoir sanctifier le sabbat à partir de maintenant (νῦν) avec le cœur pur (15,6). Que signifie tout cela? Tout simplement que les adversaires de Barnabé sont des défenseurs de cette même doctrine qui, dans les études sur le Nouveau Testament, se définit couramment comme *realized eschatology*. De ce point de vue, ils partagent la même attitude des enthousiastes de Corinthe qui, d'après Paul, se vantaient d'être «déjà» rassasiés et riches dans la possession du Royaume (1 Cor 4,8); même les ascètes combattus dans les Lettres Pastorales prêchaient que la résurrection a «déjà» eu lieu (2 Tim 2,18) et ils condamnaient le mariage (1 Tim 4,3). Des formes semblables d'eschatologie réalisée se constatent déjà auprès de certains groupes d'ascètes judéo-hellénistes comme les Thérapeutes, à propos desquels Philon le Juif écrit que «leur désir d'immortalité et de vie heureuse leur fait croire qu'ils ont 'déjà' (ἤδη) terminé leur vie mortelle»[33]. Mais pour rester en milieu chrétien il faut se tourner vers les Encratites: «Eux — écrit Clément d'Alexandrie vers 200 — ils ont anticipé la résurrection et pour cette raison ils suppriment le mariage»[34].

Les adversaires de Barnabé se trouvent ainsi sur la trajectoire qui, des Enthousiastes du Nouveau Testament, conduit jusqu'aux Encratites du IIᵉ siècle. Mais il y a encore autre chose. En lisant *Barn.* 4,11, où l'on cite Is 5,21 (LXX), on pourrait déduire que, fort probablement, ils se définissaient «sages» (συνετοί) et «intelligents» (ἐπιστήμονες), c'est-à-dire doués de Sagesse, et en plus «spirituels» (πνευματικοί) et «parfaits» (τέλειοι)[35]. Des termes comme πνευματικοί et τέλειοι faisaient partie intégrante du lexique des Corinthiens, comme il résulte, par exemple, de 1 Cor 2,6.13-15 et 3,1, sans parler de leur prétention de posséder la Sagesse (cf. 1 Cor 2,1.6-7; 13,2). Il y a raison de conclure que, auprès des chrétiens réprouvés par Barnabé, la doctrine de l'eschatologie réalisée devait être intrinsèquement conjointe à des expressions d'élitisme spirituel, pneumatique, enracinées dans la théologie de la

---

Rezeption der paulinischen Theologie in der frühchristlichen Literatur bis Marcion (BHTh, 58), Tübingen, 1979, p. 280. En effet, il n'est pas du tout évident que les enthousiastes critiqués par Barnabé se rapportaient justement à Paul et aux formulations de sa théologie! Au contraire, des textes comme Rom 4,3; Rom 5,1; Tit 3,7, sont proches de *Barn.* 13,7 même.

33. PHILON, *De vita contemplativa*, 13 (éd. F. DAUMAS – P. MIQUEL, Paris, 1963, p. 86).

34. CLÉMENT D'ALEXANDRIE, *Stromates*, III, 48,1 (GCS 15, p. 218): τὴν ἀνάστασιν ἀπειλήφασιν, ὡς αὐτοὶ λέγουσι, καὶ διὰ τοῦτο ἀθετοῦσι τὸν γάμον. Cf. P.F. BEATRICE, *Continenza e matrimonio nel cristianesimo primitivo (secc. I-II)*, dans R. CANTALAMESSA (éd.), *Etica sessuale e matrimonio nel cristianesimo delle origini*, Milano, 1976, pp. 3-68.

35. Nous développons ici une observation subtile de LINDEMANN, *Paulus im ältesten Christentum*, p. 276.

Sagesse judéo-hellénistique d'une façon non différente de ce que nous avons cru pouvoir soutenir à propos des adversaires corinthiens de Paul dans une de nos études sur Apollos d'Alexandrie[36].

L'attitude d'élitisme spirituel et sapiential, conjointement à l'idéologie de l'eschatologie réalisée et du repos sabbatique déjà obtenu, débouche dans une forme d'isolement et de repli ascétique pour laquelle il y a affirmation de la tendance à éviter la participation active à la vie sociale et liturgique de la communauté. C'est une situation qui présente de profondes analogies avec celle qui est dénoncée dans d'autres textes chrétiens de la même période[37]. Dans ce contexte, le langage utilisé par Barnabé est éclairant: Μὴ καθ' ἑαυτοὺς ἐνδύνοντες μονάζετε. C'est la première fois que dans la littérature chrétienne apparaît le verbe μονάζειν, si chargé de significations et destiné à avoir un grand avenir en raison de sa parenté étroite avec le substantif μοναχός[38]. Ce n'est que dans le *Pasteur* d'Hermas que réapparaît le participe μονάζοντες qui désigne ceux qui, après s'être éloignés de la communauté avec les serviteurs de Dieu, perdent leur âme à cause de l'isolement dans lequel ils se sont retirés[39]. Un précédent judéo-hellénistique pourrait être celui de certains ascètes critiqués par Philon parce qu'ils vivent comme dans un désert complètement seuls et repliés sur eux-mêmes (ὥσπερ ἐν ἐρημίᾳ καθ' ἑαυτοὺς μόνοι ζῶντες)[40]. En tout cas, je serais porté à voir dans le verbe μονάζειν, utilisé par Barnabé, la désignation d'une forme de vie isolée, qui annonce certainement les développements monastiques postérieurs et qui, vu le contexte dans lequel on en parle, présente les connotations d'une expérience ascétique et enthousiaste de type tout à fait encratite. Si notre analyse est exacte, Barnabé offrirait le témoignage le plus ancien et le plus sûr du rapport existant entre l'Enthousiasme sapiential de la communauté chrétienne primitive et le monachisme primitif, en nous donnant ainsi la clé pour résoudre l'énigme de la position historique et des matrices idéologiques de ce dernier.

Pour éclairer encore mieux la nature des doctrines qui font l'objet du blâme de Barnabé, il ne sera pas superflu de signaler quelles sont les

---

36. P.F. BEATRICE, *Apollos of Alexandria and the Origins of the Jewish-Christian Baptist Encratism*, étude à paraître dans *Aufstieg und Niedergang der Römischen Welt*, II. *Principat*, t. 26.

37. Cf., par exemple, Hebr 10,25; *Did.* 16,2; *2 Clem.* 17,3; IGNACE, *Eph.* 13,1; *Polyc.* 4,2.

38. K. HEUSSI s'en est aperçu dans *Der Ursprung des Mönchtums*, Tübingen, 1936 (Nachdruck, Aalen, 1981), p. 29: «Es ist das erste Auftauchen eines mit μοναχός zusammenhängenden Wortes in der altchristlichen Literatur».

39. HERMAS, *Pasteur*, 103 = *Sim.* IX, 26,3 (éd. R. JOLY, dans SC 53bis, p. 344).

40. PHILON, *De migr. Abr.*, 90 (éd. J. CAZEAUX, Paris, 1965, p. 150). Ce texte n'a pas reçu, de la part de M. SIMON, *L'ascétisme dans les sectes juives*, dans U. BIANCHI (éd.), *La tradizione dell'Enkrateia. Motivazioni ontologiche e protologiche*. Atti del Colloquio Internazionale Milano, 20-23 aprile 1982, Roma, 1985, pp. 393-431, l'attention qu'il aurait méritée.

sources littéraires qui contiennent la même théologie du repos sabbatique que suppose Barnabé dans 4,13 (ἐπαναπαυόμενοι) et dans 15,6-7
(νῦν – καταπαυόμενοι). On pense immédiatement à un fragment de
l'*Évangile des Hébreux* où l'on peut lire : «Celui qui cherche ne s'arrête
pas tant qu'il n'a pas trouvé; quand il aura trouvé il s'étonnera et, en
s'étant étonné, il régnera; et étant arrivé au Royaume il se reposera
(ἐπαναπαήσεται)»[41]. Une pensée semblable se trouve dans le *P. Oxy.* 654 :
«Jésus dit : Que celui qui cherche n'abandonne pas tant qu'il n'aura pas
trouvé; et quand il aura trouvé il s'étonnera et étonné il régnera et
(étant arrivé au Royaume) il se reposera»[42]. Le thème de l'*anapausis*
(ἀνάπαυσις) est également développé dans l'*Évangile de Thomas* où
Jésus dit : «Ce repos que vous attendez est arrivé, mais vous ne l'avez
pas reconnu»[43], et : «Vous aussi, cherchez-vous un lieu pour vous
reposer afin que vous ne deveniez pas des cadavres et que l'on vous
mange»[44]. Or, c'est justement cet évangile qui fournit une interprétation extrêmement spiritualisée du sabbat : «Jésus dit : si vers le monde
vous ne jeûnez pas, vous ne trouverez pas le Royaume. Si vous ne
sanctifiez pas le sabbat, vous ne verrez pas le Père»[45]. En outre, c'est
toujours dans ce même évangile qu'apparaît pour la première fois le
mot μοναχός : «Jésus dit : Heureux les *solitaires* et les élus, car vous
trouverez le Royaume; vous en effet vous venez de lui et c'est à lui que
vous retournerez»[46]; «Jésus dit : Nombreux sont ceux qui restent
devant la porte, mais seulement les *solitaires* entreront dans la chambre
nuptiale»[47].

L'impression qui se dégage très nettement de ces comparaisons est
que la théologie enthousiaste critiquée par Barnabé est enracinée dans
les milieux où l'*Évangile des Hébreux* et l'*Évangile de Thomas* ont vu la
lumière. Il ne reste qu'à se demander quelle est la signification de
l'affirmation, que Barnabé attribue à ses adversaires, selon laquelle
l'Alliance appartiendrait aux Chrétiens au même titre qu'aux Juifs (4,6),
si l'on considère que l'identité du contexte polémique exige que cette

---

41. Texte cité par CLÉMENT D'ALEXANDRIE, *Stromates*, V, 14,96,3 (éd. A. LE BOULLUEC,
dans SC 278, p. 182). Référence claire à l'*Évangile des Hébreux* dans *Stromates*, II, 9,45,5
(éd. C. MONDÉSERT, dans SC 38, p. 69).

42. *P. Oxy.*, 654, 5-9. Le logion 2 correspondant de l'Évangile copte de Thomas,
cependant, ne cite pas le «repos» final. Cf. J.É. MÉNARD, *L'Évangile selon Thomas* (Nag-
Hammadi Studies, 5), Leiden, 1975, pp. 78-80.

43. Log. 51. Texte et commentaire chez MÉNARD, pp. 65 et 153-154.

44. Log. 60. Cf. MÉNARD, pp. 66 et 160-161.

45. Log. 27. Nous en avons le texte grec dans *P. Oxy.* 1,4-11 : voir MÉNARD, pp. 119-
121.

46. Log. 49 (MÉNARD, pp. 64 et 151-152).

47. Log. 75 (MÉNARD, pp. 69 et 175-176). Sur ces aspects de la spiritualité de Thomas
on peut voir mon article *Il significato di Ev. Thom. 64 per la critica letteraria della
parabola del banchetto (Mt. 22, 1-14/Lc. 14,15-24)*, dans le volume cité *La parabola degli
invitati al banchetto*, pp. 237-277.

conception de l'Ancien Testament appartienne uniquement aux enthou-siastes que combat Barnabé, et non pas à d'autres fronts adversaires. À cette question est reliée celle qui concerne la signification de l'attaque lancée par Barnabé contre le «judaïsme» et contre son interprétation charnelle de la Loi mosaïque.

4. *Position historique de Barnabé*

Non seulement Klaus Wengst a revendiqué l'unité littéraire de l'Épître de Barnabé, mais il a également eu le mérite certain d'avoir introduit dans la discussion un texte très important des lettres d'Ignace d'Antioche, *Philad.* 8,2[48]. Dans ce texte, l'évêque d'Antioche parle d'un débat animé né à Philadelphie entre lui et certains adversaires pas très bien identifiés, lesquels soutenaient qu'ils voulaient s'en tenir exclusive-ment à ce qui était déposé dans les «archives» (ἐν τοῖς ἀρχείοις), et que seulement à ces conditions ils auraient pu faire également foi à l'évan-gile: «Si je ne le trouve pas dans les archives, je ne crois pas à l'évangile» était la devise de ses adversaires; et lorsqu'Ignace répondit: «mais c'est écrit» (ὅτι γέγραπται) — à l'évidence dans l'évangile —, la réplique sèche fut: «Voilà justement le point controversé», c'est-à-dire si l'évangile est Écriture au même titre que l'Ancien Testament et s'il en possède la même autorité, à tel point qu'on puisse l'utiliser à sa place[49].

Aujourd'hui les savants sont d'accord pour admettre sans aucune difficulté que le terme ἀρχεῖα désigne précisément l'Ancien Testament dans sa totalité et que les adversaires qui se disputaient avec Ignace à Philadelphie étaient des chrétiens qui croyaient pouvoir fonder leur foi exclusivement sur la révélation de l'Ancien Testament, évidemment réinterprété dans un sens chrétien[50]. Mais pour Ignace celle-ci était une position théologique erronée et qui devait être rejetée car, à ses yeux, elle représentait un abandon total au «judaïsme». C'est pour cette raison qu'il n'hésite pas à accuser ses interlocuteurs d'être, en réalité, des incirconcis qui prêchent le «judaïsme»[51].

---

48. Wengst, *Tradition und Theologie*, pp. 114-118; *Barnabasbrief*, p. 133.

49. Ignace, *Philad.* 8,2 (éd. P. Th. Camelot, dans SC 10, Paris, 1958³, pp. 148-150).

50. Cf. H. von Campenhausen, *Das Alte Testament als Bibel der Kirche vom Ausgang des Urchristentums bis zur Entstehung des Neuen Testaments*, dans *Aus der Frühzeit des Christentums. Studien zur Kirchengeschichte des ersten und zweiten Jahrhunderts*, Tübingen, 1963, pp. 152-196, pp. 163 suiv.; C.K. Barrett, *Jews and Judaizers in the Epistles of Ignatius*, dans *Jews, Greeks and Christians. Religious Cultures in Late Antiquity*. Essays in Honor of W.D. Davies, Leiden, 1976, pp. 220-244; W.R. Schoedel, *Ignatius and the Archives*, in *HTR* 71 (1978) 97-106; H. Paulsen, *Die Briefe des Ignatius von Antiochia und der Brief des Polykarp von Smyrna* (HNT, 18; *Die Apostolischen Väter* II), Tübingen, 1985, pp. 64-65.

51. *Philad.* 6,1 (SC 10, p. 144).

L'exagération de la polémique est claire: le «judaïsme» des adversaires n'est qu'une construction d'Ignace[52]. Une définition plus proche des données historiques devrait les considérer comme des chrétiens qui, sans pratiquer la circoncision, prêchaient un type de christianisme élaboré à partir de l'exégèse allégorique de l'Ancien Testament.

Malheureusement, Klaus Wengst a cru voir une identité essentielle entre cette théologie biblique des adversaires d'Ignace, théologie qui, selon lui, ne serait pas autrement documentée dans le christianisme primitif, et l'Épître même de Barnabé, dont l'auteur serait donc à ranger précisément parmi les incirconcis qui, dans la région de Philadelphie, utilisaient exclusivement l'Ancien Testament pour prêcher un christianisme qui présentait des traits marqués de judaïsme[53]. Rien de plus faux! D'après nous, c'est le contraire qui est vrai. Barnabé se situe du même côté qu'Ignace, et, comme lui, il a recours à la citation d'écrits néo-testamentaires (ὡς γέγραπται) pour réfuter ceux qui, au contraire, ne font référence qu'à l'autorité du seul Ancien Testament[54]. Par contre, ce sont les enthousiastes critiqués par Barnabé qui partagent l'attitude des adversaires d'Ignace, en soutenant que l'Alliance est la même pour les Chrétiens et pour les Juifs, c'est-à-dire que les Chrétiens doivent utiliser les mêmes «archives» de l'Ancien Testament que possèdent les Juifs: voilà ce que c'est le «judaïsme» que Barnabé et Ignace condamnent en tant que partagé par des chrétiens! Une confirmation importante de l'identité des groupes contre lesquels se battent respectivement Barnabé et Ignace est donnée par le fait que, encore à Magnésie, Ignace affronte des chrétiens qui tout en parlant de Jésus Christ prétendent, comble de l'absurde, vivre selon les préceptes du «judaïsme» en continuant à observer le sabbat[55]!

Barnabé et Ignace, donc, nous mettent face à un phénomène intéressant qui, jusqu'à présent — il faut le dire — n'a pas été beaucoup

---

52. Ainsi déjà E. MOLLAND, *The Heretics Combatted by Ignatius of Antioch*, in *JEH* 5 (1954) 1-6, suivi par VON CAMPENHAUSEN, *Das Alte Testament*, p. 163.

53. K. WENGST, *Tradition und Theologie*, p. 114: «Denn eben dieses Schriftverständnis [de Barnabé] begegnet uns noch ein einziges Mal in der auf uns gekommenen Literatur des Urchristentums. In Ign Phld 8,2...». Et il en tire la conclusion suivante: «Da die philadelphischen Gegner des Ignatius dieselbe — seltene — theologische Grundeinstellung haben wie Barnabas und kein Anzeichen vorliegt, dass sie daraus wesentlich andere Folgerungen gezogen haben als dieser, liegt es nahe, zwischen beiden auch eine historische Beziehung anzunehmen» (p. 117).

54. Nous partageons par là la critique de LINDEMANN, *Paulus im ältesten Christentum*, p. 282: «Es ist jedoch unwahrscheinlich, dass Barn ein Zeuge der in Ign Phld 8,2 bekämpften Theologie ist, wie K. Wengst meint. Denn jene Gegner des Ignatius waren eher Judaisten bzw. Judenchristen, die das Evangelium offenbar in alttestamentlichen Kategorien deuten wollten; das in Barn vertretene theologische Prinzip ist im Gegenteil gerade die damals von Ignatius den 'Ketzern' gegenüber praktizierte Hermeneutik (γέγραπται)».

55. IGNACE, *Magn.* 8-10 (SC 10, pp. 100-104).

étudié, à savoir l'existence de groupes de chrétiens de formation sapientiale, judéo-hellénistique, détachés de l'observance rigide du judaïsme pharisien — comme le démontre leur rejet de la circoncision —, lesquels, cependant, justifient leur adhésion à la foi en prenant comme seul critère de vérité la lecture allégorique et spiritualiste de l'Ancien Testament. Au fait, il ne s'agit pas d'un cas isolé: n'est-il pas vrai qu'en Asie Mineure, à la même époque, les Pastorales font une âpre polémique contre des gens qui se posent en docteurs de la Loi (1 Tim 1,7 θέλοντες εἶναι νομοδιδάσκαλοι) et qui, de surcroît, prêchent une eschatologie réalisée qui présente des issues encratites évidentes[56]? Il ne sera pas inutile de rappeler qu'une exégèse allégorique radicale de l'Ancien Testament était déjà pratiquée par les solitaires mêmes (μόνοι ζῶντες) qui avaient été critiqués par Philon le Juif[57].

Mais pour rester dans le domaine de la documentation chrétienne primitive, une situation qui, sous plusieurs angles, est analogue à celle que suppose Barnabé, peut être conjecturée au travers des critiques que Paul adresse à ses adversaires de Corinthe guidés par Apollos d'Alexandrie. En lisant les réponses articulées de Paul contenues dans les deux lettres aux Corinthiens, on peut en effet conclure que ceux-ci étaient des enthousiastes admirateurs de la Loi de Moïse, qu'ils lisaient à la lumière d'idées judéo-hellénistiques et sapientiales, et qu'en même temps ils prêchaient la chasteté absolue[58].

Certainement, le langage de Barnabé peut sembler encore plus intransigeant que celui de Paul. Si l'Apôtre, quoiqu'il définisse la Loi une «lettre qui tue» et un «ministère de mort» (2 Cor 3,6-8), en reconnaît toutefois la gloire passagère, Barnabé, par contre, nie toute valeur à la lettre de l'Ancien Testament, et arrive à affirmer que les Juifs ont transgressé parce qu'un ange méchant les avait trompés (9,4 ἄγγελος πονηρός). Dans cette expression surprenante, toutefois, il ne faut voir aucune dimension de pensée prégnostique[59]. Déjà Paul avait attribué la pensée théologique et les comportements de ses adversaires judaïsants à l'influence directe de Satan[60]: de même Barnabé a tendance à «démoniser» l'Ancien Testament — ou du moins son interprétation «judaïque» — dans la mesure où il constitue le texte de référence pour la théologie et la spiritualité de ses adversaires enthousiastes. On peut ajouter que le fait que Barnabé insiste sur le thème du jugement eschatologique a un antécédent très significatif justement dans l'usage que Paul avait fait du même argument dans des contextes analogues de conflit antipneuma-

---

56. P.F. BEATRICE, *Continenza e matrimonio*, pp. 62-63.
57. PHILON, *De migr. Abr.* 89 (éd. J. CAZEAUX, p. 148).
58. Pour une analyse détaillée, je renvoie à mon étude *Apollos of Alexandria* (cf. *supra*, n. 36). Textes décisifs sont 1 Cor 7 et 2 Cor 3.
59. Contre DE LIAGRE BOEHL, p. 110.
60. Je pense surtout à des textes comme 2 Cor 4,4; 6,14-15; 11,13-14; 12,7.

tique, comme par exemple Gal 6,7-9; 1 Cor 3,13-15; 2 Cor 5,10; Rom 2,2-11; 13,1-10; 14,10[61].

5. Conclusion

Pour en arriver à des considérations de conclusion, qui fassent abstraction des problèmes compliqués de la date et du lieu d'origine de l'Épître de Barnabé, on peut dire que Barnabé se situe, avec Ignace, sur la ligne de continuation du combat qui avait déjà été engagé dans le Nouveau Testament (Paul, Pastorales, Matthieu) contre le mouvement des spirituels de formation sapientiale judéo-hellénistique.

La critique radicale contre l'Ancien Testament — critique que ces écrivains présentent comme une condamnation chrétienne du «judaïsme» — vise, en réalité, à soustraire l'Ancien Testament à des interprétations chrétiennes alternatives de type prophético-enthousiaste et encratite. C'est ici la véritable raison de ce que Barnabé fut pendant longtemps rangé parmi les auteurs inspirés et considéré comme partie intégrante du Nouveau Testament[62]; ceci explique également pourquoi Clément d'Alexandrie tint en grande considération l'Épître, dont il fit usage justement dans sa lutte contre le gnosticisme[63].

Un commentaire nouveau et systématique de l'Épître de Barnabé, que nous attendons encore aujourd'hui, devrait partir des considérations sommaires que nous avons faites ici et qui ne peuvent pas ne pas produire un changement radical de perspective dans l'évaluation globale de sa signification dans l'histoire du christianisme primitif. Mais au fond, tout compte fait, ce qui est remis en mouvement par là est toute la discussion relative à la problématique obscure que constitue l'identification des «faux prophètes» et des «adversaires» dans le Nouveau Testament et dans la littérature chrétienne primitive.

Après être partis de l'analyse d'une citation de l'Évangile de Matthieu dans l'Épître de Barnabé, nous avons établi une série de connexions dont l'approfondissement ne manquera pas de servir, en premier lieu, à l'exégèse du premier évangile: on confirme par là que l'étude de la réception du Nouveau Testament dans le christianisme primitif constitue une opération de grande valeur scientifique tant du point de

61. Cf. mon article *Il giudizio secondo le opere della Legge e l'amore compimento della Legge. Contributo all'esegesi di Rm 13,1-10*, in *Studia Patavina* 20 (1973) 491-545.

62. Il est significatif que, encore au IVe siècle, le codex Sinaïticus place Barnabé avec les livres du Nouveau Testament, tout de suite après l'Apocalypse.

63. Clément avait commenté l'Épître de Barnabé dans les *Hypotyposes* (cf. EUSÈBE, *Hist. eccl.* VI, 14,1, dans SC 41, p. 106). Il définit Barnabé «apôtre» (*Stromates* II, 6,31,2, dans SC 38, p. 57; *Stromates* II, 7,35,5, p. 61), et ailleurs il en fait un des 70 disciples (*Hypot.*, fragm. 13 STÄHLIN III, GCS 17², p. 199; *Stromates* II, 20,116,3, p. 122).

vue de l'histoire des premières communautés chrétiennes que de celui de l'interprétation globale du Nouveau Testament.

Via Pietro Metastasio 16
I-35100 Padova

Pier Franco BEATRICE

L'ASCENSION D'ISAÏE ET L'ÉVANGILE DE MATTHIEU
Examen de AI 3,13-18

L'Ascension d'Isaïe (AI) est une œuvre du deuxième siècle, préservée dans son entièreté dans une version éthiopienne. Dans l'écrit apocryphe, il est question du prophète Isaïe mis à mort par le roi Manassé (1,1-3,12; 5,1-16) à cause d'une vision concernant l'incarnation du Christ, sa victoire sur le diable et la fondation de l'Église (3,13-4,22). Une deuxième partie décrit comment le prophète, par un voyage dans les sept cieux, est témoin de la venue du Christ au monde (6-11). La provenance chrétienne de 3,13-4,22 et de 6-11 est généralement reconnue[1].

AI 3,13-4,22 fonctionne comme une longue excursion dans le récit du martyre. L'auteur y explique pourquoi le diable Béliar, par l'inter-

---

1. Les éditions les plus complètes restent celles de A. DILLMANN, *Ascensio Isaiae Aethiopice et Latine*, Leipzig, 1877, et de R.H. CHARLES, *The Ascension of Isaiah*, London, 1900. On peut encore mentionner des traductions et commentaires: E. TISSERANT, *Ascension d'Isaïe*, Paris, 1909; J. FLEMMING-H. DUENSING, in E. HENNECKE-W. SCHNEE-MELCHER (éd.), *Neutestamentliche Apokryphen in deutscher Übersetzung*, t. 2, Tübingen, 1904; 1964³, p. 454-468; M. ERBETTA, *Gli Apocrifi del Nuovo Testamento*, t. 3, Torino, 1969, p. 175-208; H.F.D. SPARKS, *The Apocryphal Old Testament*, Oxford, 1984, p. 775-812; M.A. KNIBB, *Martyrdom and Ascension of Isaiah*, in J.H. CHARLESWORTH (éd.), *The Old Testament Pseudepigrapha*, t. 2, London, 1985, p. 143-176. Voir aussi les introductions: A.M. DENIS, *Introduction aux Pseudépigraphes grecs d'Ancien Testament* (Studia in Veteris Testamenti Pseudepigrapha, 1), Leiden, 1970, p. 170-176; J.H. CHARLESWORTH, *The Pseudepigrapha and Modern Research* (Septuagint and Cognate Studies, 7), Missoula, 1976; 1981², p. 125-130; ID., *The Old Testament Pseudepigrapha and the New Testament. Prolegomena for the Study of Christian Origins* (SNTS MS, 54), Cambridge, 1985, p. 37; A. DIEZ MACHO, *Apocrifos del Antiguo Testamento*, t. 1, Madrid, 1984, p. 258-264.

Selon Charles, AI est une composition de trois œuvres indépendantes: le Martyre d'Isaïe (1-3,12; 5,2-14, à l'exception de quelques versets du premier chapitre), le Testament d'Ézéchias (3,13-4,22), et la Vision d'Isaïe (6-11). L'argumentation en ce qui concerne le Testament d'Ézéchias se base sur une interprétation discutable de 1,2-5 comme se référant à une vision du roi Ézéchias qui ferait partie de ce Testament, et sur le témoignage du byzantin Georges Cedrenus (11ième s.). Cet aspect de l'hypothèse de Charles a été critiqué depuis Tisserant.

Récemment, l'ancienne hypothèse d'une seule rédaction d'origine chrétienne (F.C. Burkitt, 1914; V. Burch, 1919-1920) a été relancée par un groupe de chercheurs de Bologne, qui préparent une nouvelle édition de AI: M. PESCE (éd.), *Isaia, il Diletto e la Chiesa. Visione ed esegesi profetica cristiano-primitiva nell'*Ascensione di Isaia. *Atti del Convegno di Roma, 9-10 aprile 1981* (Testi e ricerche di Scienze religiose, 20), Brescia, 1983; voir la contribution de Pesce: *Presupposti per l'utilizzazione storica dell'*Ascensione di Isaia. *Formazione e tradizione del testo; genere letterario; cosmologia angelica*, p. 13-76 (spéc. 24-28; 39). Cf. déjà P.C. BORI, *L'estasi del profeta.* «Ascensio Isaiae» 6 e l'antico profetismo cristiano, in *Cristianesimo nella Storia* 1 (1980) 367-389. AI ne serait pas une apocalypse juive christianisée, mais une apocalypse chrétienne contenant des éléments d'origine juive. Voir la même position chez B. DEHANDSCHUTTER, *Judentum-Christentum. Das Problem der frühchristlichen Apokalypsen*, in *Archivio di Filosofia* 53 (1985) 261-266.

médiaire d'un certain Belchira, ennemi du prophète, et du roi Manassé, veut se venger sur Isaïe (3,11-12). Les raisons pour l'accusation sont formulées en 3,6-10. Isaïe y est présenté comme un prophète de malheur qui se vante d'avoir vu Dieu de face en face (3,9). Isaïe, dévoilant la vraie nature de Béliar-Sammaël, avait prédit dans une vision que le Christ, le Bien-Aimé, descendra du ciel, sera capturé et crucifié, mais qu'il resurgira de la mort pour fonder l'Église (3,13-18). Cette Église sera menacée par Béliar qui tuera ses membres et provoquera une grande détresse (3,19-31) jusqu'à ce que le Seigneur viendra avec ses anges pour vaincre Béliar (4,1-15). Après l'ascension des saints dans le septième ciel, le Seigneur détruira toute manifestation de Béliar dans ce monde et exterminera l'ennemi par le feu (4,16-18). La vision se termine par une allusion au livre canonique d'Isaïe et par une liste d'autres prophètes (4,19-22). En 5,1, l'auteur reprend le texte de 3,13: «à cause de ces visions, Béliar s'irrita contre Isaïe». La vision d'Isaïe contient ainsi une brève allusion à l'incarnation du Christ, à sa passion, sa mort et sa résurrection (3,13-18) et une longue description de la vie de l'Église et de la lutte entre le diable et le Christ ressuscité (3,19-31; 4,1-18).

Le texte de AI 3,13-18

AI 3,13-18 est conservé dans un papyrus grec du 5/6ième siècle contenant le texte de 2,4-4,4, édité par Grenfell et Hunt en 1900[2]. Nous basons notre étude sur cette version grecque, mais la traduction éthiopienne sera utilisée pour la reconstruction du verset 15, lacuneux dans le papyrus[3].

2. B.P. GRENFELL-A.S. HUNT, *The Amherst Papyri*, I,1. *The Ascensio Isaiae and Other Theological Fragments*, London, 1900, p. 1-22. Cette édition est reprise par Charles, qui avait été consulté par les éditeurs. Voir l'édition récente (2,4-3,12 seulement) sans commentaire dans A.M. DENIS, *Fragmenta pseudepigraphorum* (Pseudepigrapha Veteris Testamenti Graece, 3), Leiden, 1970, p. 105-114. Sur le papyrus, voir encore A. HARNACK, *Zu den Amherst Papyri*, in *Sitzungsberichte der Kön. Preuss. Akademie der Wissenschaften*, Berlin, 1900, p. 984-995.

3. Les auteurs qui défendent l'existence indépendante du Martyre d'Isaïe ont postulé parfois une version hébraïque à la base de AI 1,1-3,12; 5,2-14, qui serait traduite en grec avant d'être incorporée dans AI. L'origine grecque des autres parties est généralement reconnue.

La traduction éthiopienne (E), remontant peut-être au 4-6ième s., est préservée (sauf une exception; 11ième s.?) dans des manuscrits du 15-18ième s. Notons encore l'existence d'une version latine (L1), du 5-6ième s., contenant AI 2,14-3,13a et 7,1-19; éd. par C. LEONARDI, *Il testo dell'* «Ascensio Isaiae» *nel Vat. lat. 5750*, in *Cristianesimo nella Storia* 1 (1980) 59-74.

Selon Grenfell et Hunt (p. 2-3), Knibb (p. 146), et Norelli (cf. *infra*, n. 7; p. 320-324), le fragment grec offre un texte comparable à E L1. Le papyrus aide à corriger des fautes dans E (Grenfell et Hunt parlent de «minor improvements»), mais illustre aussi que E a

Les éditeurs ont reconstitué le verset 15 comme suit[4] :

22 νείου, καὶ ὡς ἡ κ[ατάβα-
23 σις τοῦ ἀγγέ[λου τῆς
24 ἐκκλησίας τῆ[ς ἐν οὐρα-
25 νῷ ... με ... [καλοῦν-
26 τος ἐν ταῖς ἐ[σχάταις
27 [ἡμ]έ[ραις], κα[ὶ Γαβριὴλ
1 ὁ ἄγγελος τοῦ πν(εύματο)ς
2 τοῦ ἁγίου καὶ Μιχα-

Compte tenu du texte éthiopien, la plupart des conjectures sont plausibles. E lit 3,15 : «et la descente de l'ange de l'Église chrétienne qui est dans les cieux, — c'est lui qui appellera aux derniers jours — et l'ange du Saint Esprit...»[5]. Les additions sont compatibles avec la largeur des lacunes.

Il reste cependant quelques problèmes. Les éditeurs proposent de lire [καλοῦν]τος (l. 25-26) en raison du verbe 'appeler' dans E. Pour με (l. 25), par contre, Grenfell et Hunt ne se hasardent pas à des conjectures et ne précisent pas si le fragment με fait partie du verbe (après ὡς ἡ κατάβασις) ou d'un complément comme τῆς ἐν οὐρανῷ [γινο]μέ[νης][6]. Après κα[à la ligne 27, il y a de la place pour huit caractères : les éditeurs y lisent κα[ὶ Γαβριήλ.

Dans un article récent sur la résurrection du Christ en AI 3,13-18, E. Norelli propose une lecture différente[7]. Il accepte la plupart des

---

bien suivi son original grec (ainsi Knibb). Norelli conclut qu'il y a a «un sostanziale accordo» entre les deux versions (p. 324). Pour Charles, E et L1 présentent une même tradition et le papyrus n'en diffère que dans des variantes «incidental to the process of transmission» (p. XXXI). La relation entre E L1 (et la 'Légende grecque', un résumé de AI préservé dans deux manuscrits du 11-12ième s.) d'une part, et du papyrus d'autre part, est plus étroite que celle entre E L1 et la version slave (S) et une autre version latine (L2) qui sont des témoins pour AI 6-11. Là les différences sont plus grandes «due to a deliberate recension» (*ibid.*).

Puisque AI n'est préservée dans son entier qu'en E, les traductions et commentaires se réfèrent au papyrus seulement dans les notes, mais on admet généralement que le fragment du papyrus n'est pas secondaire vis-à-vis de E et que les deux versions peuvent s'éclairer réciproquement. Cf. aussi Appendice I.

4. Voir la colonne de droite dans Grenfell et Hunt et leurs remarques dans les notes à la p. 21. Dans la colonne de gauche, les auteurs offrent une reproduction du papyrus qui contient quelques conjectures dont ils n'ont pas tenu compte (outre les variantes d'orthographe à la l. 22 NIOY...; 23 CEIC...) : 24 ... TH ...; 25 NWḲ ... MEI̦ ...; 26 TOCENTAICE ...; 27 ... Ẹ ... ḲẠ ...; les deux à la l. 25 n'ont pas été retenues.

5. C'est la traduction de Tisserant. D'autres interprétations ont été proposées : «whom He will summon in the last days» (Charles et Knibb; en note Charles remarque qu'on peut traduire aussi : «who will summon»); «et qu'il appellera au dernier jour» (Basset); «den er rufen wird in den letzten Tagen» (Duensing). Voir le commentaire p. 268.

6. L'omission d'un verbe après ὡς ne doit pas étonner. Les anacoluthes ne manquent pas dans AI (cf. n. 11).

7. E. NORELLI, *La resurrezione di Gesù nell'Ascensione di Isaia*, in *Cristianesimo nella*

additions de Grenfell-Hunt basées sur la version éthiopienne, mais il critique les conjectures [καλοῦν]τος et Γαβριήλ. L'ange n'a pas de nom dans E et si Gabriel appartenait à la version originale, on ne voit pas pourquoi E l'aurait supprimé[8]. Le renvoi à AI 11,4 est discutable, car là non plus le nom de Gabriel n'est mentionné[9]. Cinq des sept manuscrits éthiopiens lisent, entre ἐν ταῖς ἐσχάταις ἡμέραις (*badaḥāri mawa'el*) et ὁ ἄγγελος τοῦ πνεύματος τοῦ ἁγίου (*wa-mal'ak za-manfas ḳeddus*), le verbe *yeṣēwwe'*: 'to summon' (Charles), 'appeler' (Tisserant), καλέω. Deux des manuscrits (eg) y lisent le sujet *za-we'etu* («qui appellera» ou «l'appellera»), les autres (bcf) *ze-we'etu* (οὗτος, αὐτός: «il appellera»)[10]. Norelli prend]τος pour la fin de οὗτος/αὐτός et κα[à la ligne 27 pour κα[λέσει καί] (*yeṣēwwe' wa*; Norelli écrit toujours καλήσει), ce qui fait également huit caractères. Pour με et le verbe manquant de κατάβασις, Norelli n'offre pas de conjecture, bien que plus loin il émet des spéculations sur la signification de cette descente sans rendre compte des possibilités du texte (comp. *infra*). Si on accepte les conjectures de Norelli, plus fondées en ce qui concerne le futur de καλέω (*yeṣēwwe'*), au lieu d'un participe, et l'omission du nom de l'ange, on obtient le texte suivant: καὶ ὡς ἡ κατάβασις τοῦ ἀγγέλου τῆς ἐκκλησίας τῆς ἐν οὐρανῷ ... με ... οὗτος ἐν ταῖς ἐσχάταις ἡμέραις καλέσει καὶ ὁ ἄγγελος τοῦ πνεύματος τοῦ ἁγίου. Si l'on tient compte du fait que chaque partie de phrase en 3,13-18 commence par καί, on peut encore conjecturer un καί avant οὗτος: dans ce cas, la lacune serait réduite à quatre caractères avant et trois après με[11].

Storia 1 (1980) 315-366. Cf. aussi ID., *Sulla pneumatologia dell'*Ascensione di Isaia, in M. PESCE, *Isaia* (cf. n. 1), p. 211-276.

8. Voir la discussion dans *La resurrezione*, p. 322-323 et l'analyse du mot 'ange de l'Esprit Saint'. Cf. Appendice II.

9. Le texte, préservé seulement en E, parle de l'ange de l'Esprit qui annonce la naissance de Jésus à Marie. Chez Luc le messager est identifié avec Gabriel (1,19), mais le contexte de AI 11 a plus de correspondances avec le récit matthéen.

10. Le mot *we'etu* est un renforcement du pronom relatif *za* («celui qui»), mais *za* peut être lu comme un pronom personnel proclitique avec la fonction d'objet du verbe («qui l'appellera»); *ze* est le pronom démonstratif au nominatif (NORELLI, *La resurrezione*, p. 322).

11. Le texte du papyrus est très proche de E, et il n'est pas probable qu'il ait été corrompu et que la version que nous avons ne soit qu'un résumé. L'omission, dans tous les manuscrits éthiopiens, de ὡς et du verbe de κατάβασις semble indiquer que la construction était assez brouillée. S'il y avait un verbe, l'original grec ne disait probablement rien d'autre que «cette descente avait lieu», et E pouvait rendre cela tout aussi bien sans ὡς et sans verbe, comme au début du verset 13. Dans d'autres textes de AI où il est question d'une descente, on ne trouve aucune autre qualification que «cette descente avait lieu» (10,18) ou «était vue par Isaïe» (10,20). La 'Légende grecque' utilise les verbes καταβαίνω, κατέρχομαι, et une fois le substantif de ces verbes dans des textes parallèles à 10,18.20 (LG 2,38.39.41.43 verbe, et 1,2 subst.). Le fragment με et la largeur de la lacune permettraient l'addition d'un participe présent d'un verbe moyen tel γινομένη ou ἐρχομένη (le féminin en accord avec κατάβασις), mais il faut dire que la combinaison d'un participe présent avec ὡς est un assez grand obstacle à cette hypothèse; ce serait la

Contenu et structure de AI 3,13-31

13. ἦν γὰρ ὁ Βελιὰρ ἐν θυμῷ πολλῷ [ἐ]πὶ Ἡσαίαν
    ἀπὸ τῆς [ὁρά]σεως
    καὶ ἀπὸ τ[οῦ δει]γματισμοῦ
                ὅτι [ἐ]δειγμάτισεν τὸν [Σ]αμαὴλ
    καὶ ὅ[τι δι᾽ α]ὐτοῦ ἐφανε[ρώθη

   a. ἡ] ἐξέλευσις [τοῦ ἀγα]πητοῦ ἐκ [τοῦ ἑβδ]όμου οὐρα[νοῦ
   b. καὶ ἡ] μεταμόρφωσις αὐτοῦ
   c. καὶ ἡ κατάβασις αὐτοῦ
   d. καὶ ἡ ἰδέα
                ἣν δεῖ αὐτὸν μεταμορφωθῆναι ἐν εἴδει ἀνθρώπου
   e. καὶ ὁ διωγμὸς
                ὃν διωχθήσεται
   f. καὶ αἱ κολάσεις
                αἷς δεῖ τοὺς υἱοὺς τοῦ Ἰσραὴλ αὐτὸν κολάσαι
   g. καὶ ἡ τῶν δώδεκα μαθητεία
   h. καὶ ὡς δεῖ αὐτὸν μετὰ ἀνδρῶν κακοποιῶν σταυρωθῆναι
   i. καὶ ὅτι ἐν μνημε[ί]ῳ ταφήσεται

14a. κ[α]ὶ δώδεκα οἱ μετ᾽ α⟨ὐ⟩τοῦ σκανδαλισθήσονται
   b. κα[ὶ] ἡ τήρησις τῶν τ[η]ρητῶν τοῦ μνημονείου

15a. καὶ ὡς ἡ κ[ατάβα]σις τοῦ ἀγγέ[λου τῆς] ἐκκλησίας τῆ[ς ἐν οὐρα]νῷ ... με ...
   b. [καὶ οὗ]τος ἐν ταῖς ἐ[σχάταις ἡμ]έ[ραις] κα[λέσει

16. καὶ] ὁ ἄγγελος τοῦ πν(εύματο)ς τοῦ ἁγίου
    καὶ Μιχαὴλ ἄρχων τῶν ἀγγέλων τῶν ἁγίων
                ὅτι τῇ τρίτῃ ἡμέρᾳ αὐτοῦ ἀνοίξουσιν τὸ μνημενεῖον

17a. καὶ ὁ ἀγαπητὸς καθίσας ἐπὶ τοὺς ὤμους αὐτῶν ἐξελεύσεται
   b. καὶ ὡς ἀποστελεῖ τοὺς μαθητὰς αὐτοῦ

18a. καὶ μαθητεύσουσιν πάντα τὰ ἔθνη καὶ πᾶσαν γλῶσσαν
                εἰς τὴν ἀν[ά]στασιν τοῦ ἀγαπ[η]τοῦ
   b. καὶ οἱ [π]ιστεύσαντες τ[ῷ] σταυρῷ αὐτοῦ σωθ⟨ή⟩σονται
                καὶ ἐν τῇ ἀναβάσει αὐ[τ]οῦ εἰς τὸν ἕβδομον [ο]ὐ[ρ]ανὸν
                ὅθεν καὶ [ἦλθε]ν

19. καὶ ὡς π[ο]λ[λοὶ κ]αὶ πολλοὶ [τ]ῶν [πιστε]υόντων εἰς [αὐτὸν]
                ἐν τῷ ἁγίῳ π[(νεύματι) λαλήσουσ]ιν

20. καὶ ὡς πολλὰ σημεῖα καὶ τέρατα ἔ[σ]ται ἐν ταῖς ἡμέραις ἐκείναις

21. καὶ ἐν τῷ ἐγγίζειν αὐτ[ὸ]ν [ἀ]φήσουσιν οἱ [μ]αθηταὶ αὐτοῦ
                τὴν προφητείαν τῶν δώδεκα ἀποστόλων αὐτοῦ
                καὶ τὴν πίστιν καὶ τὴν ἀγάπην αὐτῶν καὶ τὴν ἁγνείαν αὐτῶν

seule fois en 3,13-18 que l'auteur utilise un participe dépendant du verbe ἐφανερώθη, et en plus, un participe présent parmi toute une série de verbes au futur.

Il n'est pas à exclure que le verbe de κατάβασις ait été tout simplement oublié. L'auteur de AI fait un usage désespérant de l'anacoluthe (comp. 4,13). Le double complément déterminatif «de l'ange de l'Église qui est aux cieux» est de nature à tromper un auteur tel que celui de AI. L'alternance de phrases complétives et de simples sujets dépendants de ἐφανερώθη peut également expliquer la confusion en 3,15. Enfin, un participe féminin au génitif du verbe γίνομαι peut combler plus parfaitement la lacune (trois caractères après με).

22. καὶ ἔσονται αἱρέσεις πολλαὶ ἐν τῷ ἐγγίζειν αὐτὸν
23. καὶ ἔσονται ἐν ταῖς ἡμέραις ἐκείναις πολλοὶ θέλοντες ἄρχειν
καὶ κενοὶ σοφίας
24. καὶ ἔσονται πολλοὶ πρεσβύτεροι ἄνομοι
κα[ὶ] ποιμένες ἄδικοι ἐ[π]ὶ τὰ πρόβατα αὐτῶν ...
25. [lacuneux]
26. καὶ ἔσονται καταλαλιαὶ πολλαὶ καὶ κενοδοξία πολλὴ
ἐν τῷ ἐγγίζειν τὸν κύριον
καὶ ἀναχωρήσει τὸ πνεῦμα τὸ ἅγιον ἀπὸ τῶν πολλῶν
27. καὶ οὐκ ἔσονται ἐν ἐκείναις ταῖς ἡμέραις προφῆται πολλοὶ
λαλοῦντες ἰσχυρὰ
ἢ εἷς καὶ εἷ[ς] καὶ εἷς ἐν τόποις καὶ τόποις
28. διὰ τὸ πνεῦμα τῆς πλάνης κ[αὶ τ]ῆς πορνείας
καὶ τῆς κενοδοξίας καὶ τῆς φιλαργυρ[ί]α[ς...
29. [lacune]
30a. ... [ζ]ῆλος γὰρ ἔσται π[ολὺς] ἐν ταῖς ἐσχάταις ἡμέραις
b. ἕκαστος γὰρ τὸ ἀρεστὸν ἐν τοῖς ὀφθαλμοῖς αὐτοῦ λαλήσει
31. καὶ ἐξαφήσουσιν τὰς προφητείας τῶν προφητῶν τῶν πρὸ ἐμοῦ
καὶ τὰς ὁράσεις μου ταύτας καταρ[γή]σουσιν
ἵνα τὰ [ὀ]ρέγμ[α]τ[α] τῆς καρδίας αὐτῶν λαλήσωσιν.

Le récit de la vision commence par une série de sept sujets dépendant de ὅτι ἐφανερώθη [12]. Les quatre premiers concernent la venue du Christ au monde. La terminologie de ἐξέλευσις, κατάβασις, μεταμόρφωσις, ἰδέα peut s'éclairer par un recours à AI 10,17-31 [13]. On y trouve le même vocabulaire de descente, de transformation et de métamorphose. Ainsi, le meilleur parallèle de 3,13a-d n'est autre que AI même [14]. Les quatre éléments de 3,13a-d forment une expression double. La venue du Christ (a ἐξέλευσις) ou sa descente (c κατάβασις) se réalise par une transformation (b μεταμόρφωσις, repris dans d avec le verbe μεταμορφόω, et la double mention de ἰδέα). On retrouve la figure étymologique dans les deux éléments suivants: les synonymes ὁ διωγμὸς ὃν διωχθήσεται et αἱ κολάσεις αἷς δεῖ ... κολάσαι (3,13e-f). Dans cette allusion

12. Le même verbe revient dans AI 4,18, à la fin de la vision du prophète, dans l'expression 'tout ce qui manifestait Béliar sera détruit' (NORELLI, *Sulla pneumatologia*, p. 237).
13. Les auteurs qui défendent l'origine indépendante des trois parties de AI se réfèrent également à ce texte, mais ne discutent pas en détail la relation entre 10,17-31 et 3,13 (comp. KNIBB, *art. cit.*, p. 148: 3,13 suppose que 6-11 était déjà connu par l'auteur).
La venue du septième ciel est suivie d'une ascension à travers les sept sphères (cf. ἀνάβασις en AI 3,18). Le motif se trouve aussi dans AI 10,17-31; l'ascension dans le septième ciel est mentionnée encore en AI 11,32. La descente du Christ est à comparer avec celle de l'ange (AI 3,15) et celle de Béliar (4,2; le verbe de la même racine en E). Comme le Christ, Béliar aussi se transforme 'dans la forme d'un homme' (4,2).
14. Dans AI 11,2-18 (omis par L2 S), l'auteur connaît aussi un récit de la naissance de Jésus comparable à celui de Matthieu. AI 11,2-22 est parfois considéré comme une interpolation (p.e. PESCE, *art. cit.*, p. 40, contre NORELLI, *Sulla pneumatologia*, p. 213).

à l'opposition des juifs contre Jésus le verbe δεῖ (déjà dans 3,13d et aussi en h) rappelle sans doute la prédiction de Jésus en Mc 8,31 (par. Mt 16,21; Lc 9,22). Cet élément 3,13e-f et la brève mention des disciples en 3,13g (qui sera reprise dans 3,17b-18) sont les seules allusions à la vie publique de Jésus avant la passion. La passion sera mise en relief dans la suite.

Nous lisons d'abord deux phrases complétives concernant la crucifixion et la mise au tombeau qui commencent par ὡς et ὅτι (3,13h-i). À partir de 3,14, la structure devient moins claire. Une troisième phrase, sur la réaction des disciples (σκανδαλισθήσονται), est ajoutée, sans doute en reprenant implicitement ὅτι. Les phrases de 3,13h-i.14a forment un triptyque.

Les disciples seront mentionnés de nouveau à partir de 3,17b, introduit par la conjonction ὡς. Les phrases 3,17b-18 constituent un triptyque relatif à l'enseignement des μαθηταί après la résurrection (comparer le verbe μαθητεύω en 3,18a avec μαθητεία en 3,13g). Après 3,20 la dépendance par rapport à ἐφανερώθη devient encore plus confuse: les phrases 3,21-31, avec la formule caractéristique καὶ ἔσονται sont plutôt des propositions indépendantes. En fait, AI 3,19 marque le passage à la description de la vie de l'Église (3,20-31) et la fin du récit évangélique (noter l'inclusion en 3,13a et 3,18b sur le septième ciel).

Il reste encore 3,14b-17a. On y trouve mentionnées la garde (3,14b) et la descente d'un ange qui «ordonne»[15] à deux autres d'ouvrir le tombeau et d'accompagner le Christ sortant (3,15-17a). Cette section ne manque pas de singularités. En 3,14b on rencontre de nouveau la structure de 3,13a-g (un sujet dépendant du verbe principal). La reprise de cette construction après καὶ ὡς et καὶ ὅτι peut étonner. Mais l'accent est mis sur la sortie du tombeau (3,15-17a) qui, à son tour, donne lieu au triptyque de 3,17b-18.

La structure que nous proposons exige quelques éclaircissements. La syntaxe pose ici des problèmes quasi insolubles. La mention de la garde est suivie d'une phrase complétive sans verbe (3,15a). La structure devient encore plus brouillée dans la suite. On pourrait lire 3,15b comme une apposition («c'est l'ange de l'Église qui appellera»)[16] et «les derniers jours» comme une référence au jugement dernier (la traduction de Basset), mais une telle information serait superflue dans ce contexte. Il vaut mieux de considérer 3,15b comme une phrase complétive en parataxe avec 3,15a (on en trouve d'autres exemples dans 3,13h-i/14a; 3,17b/18a-b). Le pluriel «aux derniers jours» est attesté dans le grec du papyrus (ταῖς) et dans la version éthiopienne. S'il s'agit du jugement dernier, on attend plutôt un singulier (cf. Jn 6,39.40.44.54). Le pluriel indique les temps eschatologiques (ainsi AI 9,13 E; et dans le

---

15. Le verbe καλέω peut avoir cette connotation; cf. p. 270.
16. C'est la traduction de Tisserant, cf. n. 5.

NT, Act 2,17; 2Ti 3,1; Jac 5,3; 2P 3,3). La tournure est reprise trois fois dans ἐν ταῖς ἡμέραις ἐκείναις (3,20.23.27) et littéralement en 3,30 (les versets décrivent la détresse de l'Église pendant ces temps).

L'ange de l'Église descend pour appeler (καλέω). L'objet du verbe n'est pas exprimé comme tel. La phrase suivante commence par le sujet (l'ange de l'Esprit Saint et Michaël), suivi de ὅτι (3,16). Toutes les autres phrases complétives commencent par καί + conjonction. Du point de vue de la syntaxe, il est plus recommandable de considérer 3,16 comme une nouvelle phrase complétive avec καὶ ὅτι (comparer l'alternance ὡς-ὅτι en 3,13h-i), dépendante de ἐφανερώθη. Toutefois, en 3,16 l'ordre habituel est renversé et le sujet est placé en tête de la phrase. Cette accentuation du sujet ne reflète-t-elle pas l'intention de l'auteur de considérer les deux anges de 3,16 comme ceux qui exécutent l'ordre de l'ange de l'Église[17]?

AI 3,13-18 et les Évangiles

Dans AI 3,13-18, l'auteur traite du Christ Sauveur, mort et ressuscité. Le texte se présente comme une énumération des principaux éléments du kérygme[18]. Il est donc justifié de se demander dans quelle mesure l'auteur de AI ait pu se baser sur les évangiles. Nulle part il ne se réfère explicitement au Nouveau Testament. Cela n'a rien d'étonnant dans un récit sur le prophète Isaïe. Mais on y trouve des allusions et des correspondances verbales[19]. En 3,13-18 il n'y a pas mal d'éléments comparables aux récits évangéliques. AI parle de la persécution de Jésus,

17. Tisserant reconnaît également que 3,15 «doit être rattaché au suivant, et que l'ange de l'Église céleste doit coopérer à l'ouverture du sépulcre» (*o.c.*, p. 110), mais je ne comprends pas pourquoi il remarque que cette interprétation doit être limitée à la version éthiopienne et ne se rencontre pas dans le grec du papyrus.

Résumons la structure. Il y a huit sujets dépendants du verbe principal ἐφανερώθη (3,13a-g.14b), deux phrases complétives avec ὅτι (3,13i.16), quatre phrases avec ὡς et δεῖ + inf. ou un verbe au futur (3,13h.17b.19. 20, anacoluthe en 3,15a), et des phrases sans conjonction en parataxe avec ὅτι du verset précédent (3,14a.17a; mais le raisonnement exige que 3,14a y est à cause de 3,13h et non de 3,13i), ou avec ὡς. La transition entre 3,15a/b et 3,17b/18a-b est facile parce que ce sont toutes des phrases au futur; pour 3,13h-i.14a il y avait d'abord δεῖ + infinitif (comp. 3,13d.f) et puis l'auteur utilise un verbe au futur (en 3,13i et dans le reste du texte); les tournures avec δεῖ contiennent déjà cette nuance du futur. En 4,1s. le texte continue ces phrases complétives dépendantes de ὡς.

18. Comp. J. DENKER, *Die theologiegeschichtliche Stellung des Petrusevangeliums. Ein Beitrag zur Frühgeschichte des Doketismus* (Europäische Hochschulschriften, XXIII, 36), Frankfurt, 1975, p. 151 (n. 97): AI 3,13-18 offre «einen kurzen Abriss wesentlicher christlicher Daten». AI 9,14-17 et 11,19-22 donnent également un résumé de la vie de Jésus avec des références à la passion (vv. 19-22).

On peut comparer la reprise des conjonctions ὡς et ὅτι dans 3,13-18 avec 1Cor 15,3-5 (ὅτι... καὶ ὅτι, dépendant de παρέλαβον).

19. Comparer AI 4,3 et Mt 15,3; AI 3,21 et 1Ti 4,12.

de la crucifixion, l'ensevelissement et la résurrection et de l'instruction des disciples et de leur offense après l'arrestation. L'auteur mentionne la présence d'une garde au tombeau et même un 'détail' comme les deux bandits crucifiés[20].

Les auteurs des commentaires sur AI se contentent de signaler plusieurs textes de Mt, admettant apparemment sans problème une dépendance vis-à-vis de Mt. Charles renvoie à Mt 1,19 pour le verbe δειγματίζω (3,13), à Mt 26,31 pour σκανδαλισθήσονται (3,14a) et à Mt 28,4 pour τήρησις (3,14b). Il fait remarquer à propos de AI 3,16 qu'en Mt 28,2 il n'y a qu'un seul ange qui descend du ciel. Le parallèle le plus évident se trouve dans le verset 18a, «based on command given in Mt 28,19»; «the Ethiopic rendering of μαθητεύω is the same as here»[21]. Vu les autres références à Mt dans AI (AI 1,4: Mt 12,18; AI 4,3: Mt 15,3; AI 9,17; 11,21: de nouveau Mt 28,19; les trois textes cités dans l'index), Charles admet l'influence de Mt sur AI[22].

É. Massaux discute deux passages de AI qui «ont des affinités spéciales avec l'évangile de *Mt.*», dont 3,17-18a[23]. Il admet la possibilité d'une «réminiscence de *Mt.*», puisque seulement dans Mt 28,19 et AI 3,18a il est question de la mission des disciples et de l'ordre d'enseigner tous les peuples (μαθητεύσουσιν πάντα τὰ ἔθνη en AI et πορευθέντες οὖν μαθητεύσατε πάντα τὰ ἔθνη en Mt). Un peu plus loin Massaux s'exprime avec plus de réserve. La deuxième partie de AI 3,18a (καὶ πᾶσαν γλῶσσαν εἰς τὴν ἀνάστασιν τοῦ ἀγαπητοῦ) ne se trouve pas en Mt; la correspondance avec Mt peut aussi être le résultat secondaire d'une interprétation de l'auteur du papyrus[24]. Cela me paraît être une attitude trop sceptique parce que la version éthiopienne a, elle aussi, les mots de Mt 28,19 en 3,18a.

Dans la section des 'thèmes traditionnels', Massaux cite toute une série de ressemblances entre Mt et AI 3,13-4,18; pour 3,13-18 il ne fait que reprendre la liste de Tisserant. L'auteur accentue qu'il s'agit de faits

---

20. La différence la plus remarquable par rapport aux récits évangéliques de la passion est l'absence du récit des femmes au tombeau vide.

21. CHARLES, *o.c.*, p. 18-21.

22. Il le remarque explicitement en ce qui concerne le Testament d'Ézéchias dont, selon son hypothèse, AI 3,13-18 fait partie: «the writer of the latter (= Testament d'Ézéchias) was acquainted with Mt» (*o.c.*, p. 150). La référence à AI 9,17; 11,21 montre que cette influence s'étend aussi à AI 6-11.

Tisserant (*o.c.*, p. 108-111) et Erbetta (*o.c.*, p. 187-188) mentionnent globalement les mêmes textes que Charles, mais ils y ajoutent aussi des parallèles synoptiques: Mt 26,31 (par.) pour l'offense des disciples; Mt 27,38 (par.) pour la crucifixion avec des criminels; Mt 27,57-61 pour l'ensevelissement.

23. É. MASSAUX, *Influence de l'évangile de saint Matthieu sur la littérature chrétienne avant saint Irénée*, Gembloux, 1950; (BETL, 75), Leuven, 1986², p. 196. Le deuxième passage est AI 11,2-4, cf. Mt 1,18-19.20.24. Aucun des deux reçoit un astérisque dans l'index (p. 664s) marquant un contact littéraire certain.

24. *Ibid.*, p. 197.

qui «sont un bien commun de la tradition»[25]. Massaux conclut: l'affirmation d'une dépendance littéraire certaine vis-à-vis de Mt n'est pas autorisée vu l'absence du texte original, mais il admet néanmoins que «l'absence de toute référence aux autres évangiles place *Mt.* à une place privilégiée»[26].

W.-D. Köhler, reprenant le travail de Massaux[27], reconnaît trois passages influencés par Mt, dont un seulement concerne AI 3,13-18: la mention de la garde[28]. Une influence de Mt n'est pas probable mais reste possible pour des passages où il y a des parallèles synoptiques[29]. Mais Köhler est plus affirmatif pour 3,16: le fait qu'un/deux ange(s) ouvre(nt) le tombeau n'a d'autre parallèle que dans Mt 28,2[30]. Pour AI 3,18 (Mt 28,19), il fait remarquer la différence entre les deux contextes: dans 3,18 où il est question de la mission des douze disciples (Mt 28,16: onze), le verbe μαθητεύω ne signifie pas «faire des disciples» mais «enseigner»[31], et l'enseignement ne porte pas sur les discours de Jésus (comme en Mt 28,20) mais sur la résurrection du Bien-Aimé. Selon Köhler, l'universalisme de la mission, réalisée par l'enseignement, est bien présente aussi dans Mt 28,16-20, mais n'est pas exclusive pour Mt et n'est qu'une interprétation de la «tatsächliche Entwicklung»[32]. L'auteur mentionne des détails divergents, mais passe sur l'identité évidente de l'expression πάντα τὰ ἔθνη μαθητεύειν. Certes, la signification ambiguë du verbe est à souligner[33] et le contenu de l'enseignement

25. *Ibid.*, p. 203.
26. *Ibid.*, p. 205.
27. W.-D. KÖHLER, *Die Rezeption des Matthäusevangeliums in der Zeit vor Irenäus* (WUNT, II.24), Tübingen, 1987. Köhler commence son commentaire sur AI avec la remarque finale de Massaux concernant la place prépondérante de Mt dans AI par rapport aux autres évangiles (p. 303). Cf. aussi p. 307: «Das Mt lieferte dabei für die hinter der AscJes stehenden Kreise wohl die 'Basisinformation' bezüglich der Geschichte Jesu».
Il renvoie encore à C.S. Morgan, qui défend la même position que Massaux (C.S. MORGAN, *The Comparative Influence of the Gospels of Matthew and Luke on Christian Literature before Irenaeus*, diss. Harvard, 1970-1971, p. 423).
28. Les deux autres sont AI 11,3-5 (comp. Mt 1,15-25) et le mot ἀγαπητός (emploi substantivé) pour le Christ (comp. Mt 12,18). La garde est citée aussi dans P. VIELHAUER, *Geschichte der urchristlichen Literatur: Einleitung in das Neue Testament, die Apokryphen und die Apostolischen Väter*, Berlin-New York, 1975, p. 524 (n. 5).
29. Mt 26,31; 27,38.60.
30. «eine sachliche Entsprechung» (*o.c.*, p. 305).
31. L'expression πάντα τὰ ἔθνη μαθητεύειν n'est donc pas reprise de Mt selon Köhler.
32. KÖHLER, *o.c.*, p. 306.
33. Le verbe μαθητεύειν (Mt 13,52; 27,57; 28,19; Act 14,21; les deux premiers au passif + datif; les deux autres à l'actif + accusatif) peut avoir le sens d'enseigner et, en fait, Mt 28,19 a été traduit de cette façon (Vulgate; Lagrange; Liddell-Scott pour 28,19). Pour G. Strecker, le verbe a le sens technique d'«unterweisen» en Mt 28,19 (*Der Weg der Gerechtigkeit*, Göttingen, 1971[3], p. 192). W. Schenk n'exclut pas cette «semantische Präzisierung» (*Die Sprache des Matthäus*, Göttingen, 1987, p. 342). Le sens de 'faire des disciples' est improbable en AI 3,18 à cause de l'objet suivant εἰς τὴν ἀνάστασιν τοῦ

n'est peut-être pas tout à fait le même, mais ici encore AI se rapproche des textes kérygmatiques[34]. Malgré cette position critique à propos de l'influence de Mt 28,19 sur AI 3,18, l'auteur reprend sa position initiale dans sa conclusion générale: AI connaît des traits «die nur aus dem Mt stammen können und kaum auf vormatthäische Tradition zurückzuführen sind»[35].

L'hypothèse d'une influence matthéenne sur AI a été discuté aussi dans des études récentes sur l'évangile de Pierre (EP). À l'encontre de la position 'classique' sur EP[36], B.A. Johnson et J. Denker défendent l'existence d'une tradition commune à Mt et EP dont AI serait un troisième témoin[37].

D'après l'analyse de Johnson, les passages concernant la garde en Mt formaient originellement une unité. Il cite AI et EP comme témoins extérieurs, indépendants de Mt, d'un récit pre-matthéen de la garde. Trois éléments sont communs à Mt, AI et EP: la présence de la garde, l'apparition d'un ou des être(s) céleste(s), l'ouverture du tombeau. Mt et EP ont la demande d'une garde et le rapport de celle-ci après la résurrection. Johnson note aussi les ressemblances entre Mt et AI: τήρησις - τηροῦντες, un ou des ange(s) ouvre(nt) le tombeau, une scène

ἀγαπητοῦ (ainsi pourtant le *Patristic Greek Lexicon* de Lampe). Selon H. Frankemölle, μαθητεύειν en Mt 28,19 est explicité par deux participes: βαπτίζοντες-διδάσκοντες (*Jahwebund und Kirche Christi*, Münster, 1974, p. 144-146); par contre, Schenk (*o.c.*, p. 342) souligne le changement de genre: le neutre ἔθνη a été remplacé par αὐτούς. En AI 3,18, l'objet εἰς τὴν ἀνάστασιν τοῦ ἀγαπητοῦ explique également en quoi consiste l'enseignement; en plus, on peut y remarquer le même changement de genre, πάντα τὰ ἔθνη ayant été repris par οἱ πιστεύσαντες.

Noter aussi que E traduit les substantifs μαθητεία (l'instruction *des* disciples; AI 3,13g) et προφητεία (l'instruction *par* les apôtres; 3,21) par le même mot.

34. Cf. aussi KÖHLER, *o.c.*, p. 308: «nicht die 'Worte', sondern die Geschichte Jesu» constituent le thème central de AI 3,13-18. La relation étroite entre mission et résurrection/ascension peut expliquer la différence avec le contenu de l'enseignement selon Mt 28,20. Une telle connexion se trouve aussi en AI 11,22. La mission des douze est mentionnée encore en AI 9,17 (version latine et slave). L'absence en AI du récit de la trahison de Judas rendrait un changement dans le nombre de disciples moins opportun.

35. *Ibid.*, p. 307; cf. déjà p. 305. Köhler réagit contre l'hypothèse de Burch (cf. n. 1).

36. Voir, p.e., C. MAURER, *Petrusevangelium*, in E. HENNECKE-W. SCHNEEMELCHER, *Neutestamentliche Apokryphen*, t. 1, Tübingen, 1959[3], p. 118-124, p. 118: «eine Weiterentwicklung des Traditionsstoffes der vier Evangelien ... gedächtnismäßig benutzt ... Mt mit seinem Sondergut bildet den Grundstock der Komposition»; le mélange des quatre évangiles donne parfois l'impression que l'auteur écrivait indépendamment des évangiles canoniques.

W. Schneemelcher, dans la réédition du livre (1987[5], p. 180-188) est plus réservé; p. 183: «(es) fällt schwer, ein präzises Urteil ... abzugeben».

37. B.A. JOHNSON, *Empty Tomb Tradition in the Gospel of Peter*, diss. Harvard, 1965; ID., *The Gospel of Peter: Between Apocalypse and Romance* (StPatr, 16,2; TU, 129), Berlin, 1985, p. 170-174. Pour Denker, cf. n. 18.

Leur propos n'étant pas AI, ils se contentent d'affirmations plutôt générales (JOHNSON, p. 52-55; DENKER, p. 22; 43-45; 137-138, n.).

sur la mission des disciples[38]. Dans AI et EP, on lit une description de
la résurrection, avec la mention de la sortie de Jésus du tombeau en
compagnie de deux êtres célestes[39]. Il y a une différence de genre entre
AI («a summary of an outline of the kerygma») et Mt/EP («the
account in narrative»), mais, et c'est là selon Johnson «the single most
significant feature of AI for our purposes», AI n'a transmis que le récit
de la garde et ne semble pas connaître la version marcienne (les femmes
au tombeau).

On peut tout de même se demander si un simple aperçu d'éléments
comparables ou différents doit nécessairement mener à la conclusion
qu'une dépendance de AI vis-à-vis de Mt soit à exclure. Johnson ne
donne que peu de poids à la différence de genre entre AI et Mt. Elle
pourrait expliquer l'absence dans AI d'éléments narratifs. Il est certes
quelque peu exagéré de dire à propos de AI 3,14b: «(AI is) the one
place where the only empty tomb *story* present is the *story* of the guard
at the tomb»[40]. L'auteur de AI ne donne pas de récit; il note seulement
la présence de la garde. À mon avis, cela n'est pas un indice pour
conclure que AI avait à sa disposition une source ancienne racontant
les péripéties de la garde (et c'est bien de cela qu'il s'agit dans la
reconstitution qu'en donne Johnson; cf. p. 104-105). L'auteur de AI a
seulement «emprunté» ce motif suffisamment connu de Mt. Il va de soi
que l'auteur n'était pas enclin à compliquer autrement son texte.
L'élément le plus narratif en AI 3,13-18 est la description de la sortie du
tombeau dont le rapport avec la garde se conçoit plus facilement.
Quant à la similitude entre EP et AI, voir encore *infra* (p. 270). On ne
voit donc pas sur quelle base Johnson peut conclure à propos des trois
témoins: «if we were to postulate the precedence of any it would have
to be AI»[41].

38. JOHNSON, *o.c.*, p. 53-54: «three points of specific contact with material present in
Mt, *and in which there are no Mkn parallels*».
39. *Ibid.*: «a highly unusual feature».
40. *Ibid.*
41. Denker suit Johnson dans son énumération des parallèles entre AI-EP-Mt (la
garde; la présence de figures célestes; l'ouverture du tombeau) et entre AI-EP (la sortie du
tombeau; l'accompagnement par des anges), mais il ne les discute pas en détail et se
contente de la conclusion que AI ne dépend certes pas de EP et qu'il s'agit d'une même
tradition. Le motif de la descente en enfer serait présent dans les deux textes, mais sans
qu'on y puisse trouver des parallèles exactes (p. 138, n. 104; comp. *infra*).
   Pour la relation entre EP et Mt, comp. aussi N. WALTER, *Eine vormatthäische
Schilderung der Auferstehung Jesu*, in *NTS* 19 (1972-1973) 415-429; H. KOESTER, *Apocryphal
and Canonical Gospels*, in *HTR* 73 (1980) 105-130; R. CAMERON, *The Other Gospels. Non-
Canonical Gospel Texts*, Philadelphia, 1982; Guildford, 1983; W.L. CRAIG, *The Guard at
the Tomb*, in *NTS* 30 (1984) 273-281.
   Une réaction contre l'hypothèse de Johnson et Denker chez D.F. WRIGHT, *Apocryphal
Gospels: The 'Unknown Gospel' (Pap. Egerton 2) and the Gospel of Peter*, in D. WENHAM
(éd.), *The Jesus Tradition Outside the Gospels* (Gospel Perspectives, 5), Sheffield, 1985,

Récemment, E. Norelli a repris la question en ce qui concerne AI. Norelli veut «individuare contatti con la narrazione matteana»[42]. Il cite l'intérêt pour la garde, la mention de la descente de l'ange et l'ordre d'aller enseigner tous les peuples. Les deux premiers traits figurent dans la description de la résurrection dans AI, qui a cependant encore un nouvel élément: la sortie du Christ du tombeau ouvert en compagnie de deux anges. Ce motif manque dans Mt mais on en trouve un parallèle dans EP et dans le codex Bobbiensis (Mc 16,4)[43]. À cause des différences de vocabulaire, il n'est pas probable qu'il y ait un lien direct entre EP et AI[44]. AI aurait donc eu connaissance du récit de Mt et d'une tradition sur la résurrection semblable à celle de EP[45]. Mais puisque dans EP la résurrection est étroitement liée à la présence d'une garde, cette même tradition peut également être responsable pour les motifs de la garde et de la descente d'un ange dans AI. Selon Norelli, la solution est trop compliquée de supposer que AI dépendrait de la tradition d'EP mais aurait repris le vocabulaire matthéen[46]. Le mot τηρεῖν ne se rencontre qu'en Mt 27,36.54; 28,4, qui sont des passages propres à Mt et peuvent être empruntés à une tradition pré-matthéenne. Il y a d'ailleurs d'autres exemples d'un contact avec une tradition pré-matthéenne, notamment

p. 207-232, spéc. 222-225; *Apologetic and Apocalyptic: The Miraculous in the 'Gospel of Peter'*, in D. WENHAM-C. BLOMBERG (éd.), *The Miracles of Jesus* (Gospel Perspectives, 6), Sheffield, 1986, p. 401-418; *Papyrus Egerton 2 (the* Unknown Gospel*) – Part of the Gospel of Peter?*, in *Second Century* 5 (1985-1986) 129-150. R.E. BROWN, *The* Gospel of Peter *and Canonical Gospel Priority*, in *NTS* 33 (1987) 321-343. J.B. GREEN, *The Gospel of Peter: Source for a Pre-Canonical Passion Narrative?*, in *ZNW* 78 (1987) 293-301. F. NEIRYNCK, *The Apocryphal Gospels and the Gospel of Mark* (dans ce volume, p. 123-175, spéc. 143-156). Wright, Green et Neirynck se montrent favorables à l'hypothèse d'une dépendance de EP vis-à-vis de Mt; Brown est plus réservé (p. 337: «a past hearing (or reading) of Matt.»; sur AI: 3,13-18 et 1P 3,19; 4,6 prouvent l'existence d'autres formes du récit de la garde et des deux anges). Selon J.E. Alsup, EP est indépendant de Mt, mais il n'y a pas de raison de supposer une tradition commune (p. 117). Le récit de la garde est rédactionnel en Mt; pour EP il reconnaît néanmoins la possibilité que l'auteur s'inspirait de tendances très semblables à Mt (J.E. ALSUP, *The Post-Resurrection Appearance Stories of the Gospel Tradition. A History-of-Tradition Analysis. With Text-Synopsis* (Calwer Theologische Monographien, 5), Stuttgart, 1975, p. 125).

42. NORELLI, *La resurrezione*, p. 324. En fait, cela n'est qu'un aspect de sa contribution. Selon Norelli, l'auteur de AI se base sur d'autres traditions encore, en particulier pour 3,15, qui serait le restant d'une description de la descente en enfer, et pour 3,16 (la présence des anges).

43. D.W. PALMER, *The Origin, Form, and Purpose of Mark XVI.4 in Codex Bobbiensis*, in *JTS* 27 (1976) 113-122.

44. NORELLI, *La resurrezione*, p. 328; comp. φυλάσσω, στρατιῶται, κεντυρίων, κατέρχομαι en EP; AI se rapproche plus de Mt: μαθητεύω, καταβαίνω, τηρέω (pour les deux derniers AI a le subst.).

45. Il est à noter que Norelli ne mentionne pas dans ce contexte AI 3,15 (la descente du Christ en enfer?) qui pourrait être cité en faveur de cette hypothèse (cf. EP 41-42). Pour cette explication du verset 15, cf. *infra* p. 266s.

46. *Ibid.*, p. 329.

Mt 27,9 et 51b-53 (cf. AI 3,16-17)[47]. Quant à la ressemblance entre 3,18a et 28,19, elle n'est que partielle selon Norelli[48].

L'hypothèse de Norelli est contestable sur plus d'un point. D'abord, l'auteur n'accepte pas de dépendance directe vis-à-vis de Mt pour AI 3,13-18, mais, par contre, c'est bien le récit matthéen, et non quelque source pré-matthéenne, qui serait à la base de AI 11,2-5[49]. Norelli parle d'une tradition, mais n'explique pas les contours de cette tradition. Elle contenait des données conservées dans EP, dans AI et dans la version de notre Mt. Quelles seraient les conséquences d'une telle hypothèse?

a. La terminologie parallèle de AI et Mt doit remonter à la tradition commune changée par EP[50].

b. On doit supposer que Mt, ayant à sa disposition une description de la résurrection, l'ait supprimée, alors qu'il s'agissait d'un élément très ancien qu'il aurait pu utiliser dans un sens polémique[51].

c. Si l'ancienne tradition parlait de deux descentes d'anges, comme le suppose Norelli[52], il faut reconnaître que les restants de cette version dans AI et EP sont assez divergents. Ici encore, on devrait expliquer pourquoi Mt n'a pas retenu cette double descente. Un recours à la

---

47. Norelli suit ici les vues de M. Riebl qui reconnaît la présence de caractéristiques matthéennes en Mt 27,51b-53, mais conclut quand même à l'existence d'un hymne ou un texte liturgique (basé sur Éz 37,1-14) comme source du passage matthéen (M. RIEBL, *Auferstehung Jesu in der Stunde seines Todes? Zur Botschaft von Mt 27,51b-53* (SBB), (Stuttgart, 1978, p. 49-67). Récemment, D. Senior a montré comment Mt 27,51-53 reflète «evidence of Matthew's typical stylistic patterns and theological concerns» (D. SENIOR, *Matthew's Special Material in the Passion Story. Implications for the Evangelist's Redactional Technique and Theological Perspective*, in *ETL* 63 (1987), 272-294, p. 273). Selon Senior, l'influence de Éz 37,1-14 ne nécessite pas l'hypothèse d'une source, mais peut être expliquée dans la rédaction de Mt (p. 280-284). Pour une critique de l'hypothèse d'une tradition commune à EP et Mt 27,51-53, cf. D. SENIOR, *The Death of Jesus and the Resurrection of the Holy Ones, Matthew 27: 51-53*, in *CBQ* 38 (1976) 312-329.

48. *Ibid.*, p. 329. Norelli note aussi une ressemblance entre 3,18b (καὶ οἱ πιστεύσαντες) et Mc 16,16a. Il cite encore AI 3,19-20 et Mc 16,17.

49. *La resurrezione*, p. 330 (n. 35): «rigorosamente parallela a Mt 1,18-20a.24-25».

50. L'hypothèse d'une source commune intermédiaire de Mt et AI pourrait expliquer ces ressemblances, mais une telle supposition n'est pas discutée par Norelli.

51. Comme il le fait pour le motif de la garde.

52. À l'encontre de Walter (*art. cit.*, p. 423; cf. Johnson, *o.c.*, p. 104), pour qui la tradition commune contenait une descente de deux anges que Mt et EP ont remaniée en parlant d'une descente d'un ange (Mt) ou en ajoutant une harmonisation avec Mc 16,5 (EP), Norelli considère la mention de la descente d'un ange et de la présence de deux autres en AI (il parle à tort de deux descentes) comme une trace de l'ancienne tradition (p. 328, n. 30). Mt aurait préservé seulement la descente d'un ange (cf. Mc 16,5) et EP aurait substitué l'*angelus interpres* de Mc 16,5 à la descente du premier ange. Selon Norelli, le singulier du verbe 'ouvrir', qui figure dans la plupart des manuscrits éthiopiens, appartenait à la version de la tradition (*un ange ouvre le tombeau*), mais il ne le retient pas dans sa traduction (p. 317) parce que la version E parle aussi de deux anges comme le sujet du verbe 'ouvrir' et de 'leurs' épaules (grec: αὐτῶν); le papyrus lit ἀνοίξουσιν.

dominance du texte de Marc ne suffit pas pour un auteur qui accepte une tradition pré-matthéenne dans Mt 28.

d. Norelli remarque la ressemblance entre AI et EP en ce qui concerne la sortie du Christ en compagnie de deux anges. Le motif d'une sortie du tombeau est connu dans les évangiles, comme le note Norelli à propos de Jn 11,44 (Lazare) et de Mt 27,51-53. Le fait que AI et EP parlent de deux compagnons du Christ n'est pas la preuve d'un rapport quelconque. Luc a adapté le texte de Marc en parlant de deux hommes, sans avoir eu connaissance de cette tradition pré-matthéenne. AI et EP peuvent réaliser un même redoublement indépendamment l'un de l'autre; cela vaut surtout pour AI, comme nous allons voir plus loin. Quant à la façon de représenter cet accompagnement du Christ, le récit plus légendaire de EP est fort différent et il reste à voir si la signification de la scène est la même dans les deux versions (*infra*, p. 269).

e. AI ne mentionne que la descente d'un seul ange; celle des deux autres n'est que supposée. La présence de l'ange n'a rien à voir avec le récit des femmes au tombeau qui est absent en AI. EP, par contre, fait mention de deux descentes (d'abord deux, puis un être céleste). La deuxième descente (EP 44) semble être influencée par le texte de Mc 16,5: l'ange joue un rôle dans la scène des femmes au tombeau [53].

f. Norelli reconnaît la rédaction matthéenne de Mt 28,19 et la ressemblance avec AI. N'est-il pas trop hasardeux de supposer que AI a écrit presque le même texte sans connaissance de Mt? Pour ce qui est des ressemblances entre AI 3,18b-20 et Mc 16,16.17, Norelli est le premier à admettre qu'elles sont encore moins probantes [54].

g. Enfin, Norelli explique les 'contacts' entre AI 3,15-17a et Mt 27,51b-53 par un recours à une même tradition influencée par Éz 37,1-14. Il reconnaît toutefois qu'il existe des différences entre AI et Mt 27/Éz 37 (les phénomènes de la nature manquent en AI), mais apparemment cela ne fait pas obstacle à son hypothèse d'une tradition commune. En plus, les rapprochements entre ἐκκλησία (3,15) et la sortie du peuple (Éz 37,11.13) et entre l'ange du Saint Esprit (3,16) et l'Esprit en Éz 37,14 sont des contacts discutables. Par contre, on notera que trois mots de Mt 27,52-53a (ἀνοίγω, ἐξέρχομαι, μνημεῖον), que Norelli ne retient pas parce qu'ils sont trop communs, se trouvent tous dans AI 3,16-17a (3,14b.16 ont μνημεῖον, mais comp. 3,13i).

Dans deux études sur l'évangile de Pierre, J.D. Crossan cite également EP, AI et le codex Bobbiensis comme les témoins indépendants d'une même tradition [55]. Il note quatre éléments de AI qui nous dirigent

---

53. Cf. F. NEIRYNCK, *Marc 16,1-8. Tradition et rédaction*, in *ETL* 56 (1980) 56-88 (= *Evangelica*, 1982, p. 239-272). Cf. aussi n. 64 (sur Mt).

54. *Ibid.*, p. 329 (n. 34).

55. J.D. CROSSAN, *Four Other Gospels. Shadows on the Contours of Canon*, Minneapolis, 1985, p. 165-174; ID., *The Cross that Spoke. The Origins of the Passion Narrative*, San

vers une tradition commune reflétée aussi en Mt: la garde (Mt 27,54 et
EP 35), la descente de l'ange, deux anges ouvrant le tombeau, Jésus
sortant en compagnie des deux anges. Pour le troisième trait (un/deux
ange(s) ouvrant le tombeau), Crossan remarque la conformité avec
Mt 28,2 contre EP 37[56]. Selon Crossan, il existe une ressemblance entre
AI et EP pour le motif de la sortie du tombeau (AI 3,17a et EP 36.40)[57]
et pour la descente de l'ange (AI 3,15) qui est interprétée par Crossan
comme une descente en enfer (cf. EP 41-42). Il conclut que AI et EP
représentent des variations d'une même tradition[58].

Le parallélisme n'est pourtant pas si impressionnant. Des trois traits
caractéristiques de EP (deux hommes, la mention de la hauteur des
personnages, la lumière autour des hommes), les deux premiers seraient
présents en AI selon Crossan, mais contrairement aux *hommes* de EP,
les deux *anges* de AI sont bien identifiés; leur nom est mentionné dans
d'autres passages de AI. Quant au motif de la hauteur, la représentation de EP, où les personnages s'élèvent jusqu'au ciel, est bien loin de
l'humble geste de «porter sur leurs épaules» dans AI.

Dans son livre *The Cross That Spoke*, Crossan fait encore mention de
AI à propos de ce qu'il appelle la «résurrection escortée» (en présence
d'anges/hommes) et la «résurrection commune» (des morts par le
Christ). L'existence de parallèles prouve que ces deux motifs ne sont
pas inventés par EP, mais figuraient déjà dans la tradition[59]. Crossan
se réfère (entre autres) à AI 3,13-18 et Mc 9,2-8; 15,37-39; Mt 27,62-66
pour le premier motif et à AI 3,15; 4,21; 9,7-18; 10,7-8.14; 11,19-22.32
pour le deuxième.

Mais peut-on dire qu'en 3,13-18 la résurrection et l'ascension sont
séparées par l'instruction aux disciples après la résurrection[60], et que
«the scarcity of extant mentions [d'une résurrection escortée] may well
be a sign more of its antiquity than of its novelty»[61]? En 3,18
l'ascension n'est mentionnée que dans le résumé du kérygme que les

---

Francisco, 1988. Sur la relation entre EP et Mt, il défend une position plus nuancée. Il
reconnaît la redevance de EP aux évangiles canoniques dans trois sections (EP 23-24; 50-
57; 58-60). Dans trois autres (1-22; 25-34; 35-49), EP puise dans une source extra-
canonique. Sur cette hypothèse, cf. F. NEIRYNCK (n. 41), p. 124-126; 152-157; 165-167.

56. Mais un peu plus loin il résume ce trait de AI comme 'l'ouverture du tombeau' et
le considère comme parallèle avec EP (*Four Other Gospels*, p. 171).

57. Mais il y a une nette différence en ce qui concerne le motif de la hauteur des
personnages et celui de la lumière est absent en AI (présent dans le codex Bobbiensis).

58. *Four Other Gospels*, p. 165-172, p. 171. Comme pour Norelli, il faut remarquer
que l'auteur ne donne pas de reconstitution de cette tradition commune (p.e., l'ouverture
du tombeau (Mt 28,2/AI 3,16 contre EP 37), ou l'absence de la sortie du tombeau dans
Mt 28).

59. *The Cross That Spoke*, p. 345.

60. *Ibid.*, p. 342; 369.

61. *Ibid.*, p. 345.

disciples doivent porter vers tous les peuples. Il s'agit plutôt de la foi dans l'ascension.

Pour ce qui est de la résurrection commune, Crossan remarque qu'il y a une certaine tension dans les textes de AI entre ce motif et celui d'un séjour du Christ ressuscité sur terre (explicité dans l'ordre aux disciples). En AI 4,21; 10,7-8.14 cette tension a été résolue en éliminant le motif du séjour; en 11,19-22.32 la résurrection commune n'est présente qu'implicitement (les justes sont dans le ciel) et préférence est donnée au motif du séjour et de l'instruction des disciples. Seulement en 9,7-18 et (moins clair) en 3,15.18 ces deux motifs seraient mentionnés ensemble[62].

La division de Crossan ne me semble pas correcte. En 9,16 et 10,7-8.14 la descente vers l'ange du Sheol est une réminiscence à la résurrection commune. Mais en 11,19 la même expression ne le serait pas? La présence des deux motifs n'est apparemment pas un obstacle pour l'auteur de AI et semble être intentionnelle, comme le prouve 9,7-18 avec l'expression forte «piller l'ange du Sheol» et l'accentuation du séjour du Christ ressuscité pendant 545 jours, et l'étonnement d'Isaïe en trouvant déjà des justes «du temps d'Adam» dans le septième ciel, même avant l'incarnation du Christ (9,7). La présentation de AI n'est donc pas si doctrinale et plus «mythologique» que ne le suppose Crossan[63]. Mais tout cela ne veut pas dire qu'en AI 3,15 il est question d'une descente en enfer ou d'une résurrection commune.

La réserve de Massaux et la critique de Norelli et des autres ne nous ont pas convaincu. Une dépendance littéraire paraît fondée pour trois éléments. *a.* La mention de la garde, dont le vocabulaire est identique à Mt 27,36.54; 28,4[64]. *b.* La descente d'un ange du ciel (Mt 28,2); dans

---

62. *Ibid.*, p. 370.

63. *Ibid.*, p. 365.

64. Noter le participe substantivé de τηρέω en Mt 27,54 et 28,2; AI a les substantifs τήρησις, τηρητής (cf. aussi E). Le verbe se lit encore dans Mt 19,17; 23,3; 28,20, dans le sens d'«entretenir les lois et observances».
Cet élément nous renvoie tout d'abord à l'évangile de Matthieu, le seul dans le NT à mentionner la garde. Certainement, AI se limite à une simple mention tandis que Mt raconte l'histoire de la garde en trois étapes, mais on ne peut pas dire que le mot τήρησις en AI ne nous permet pas de choisir entre la tradition de EP ou l'évangile de Mt comme source (contre R. AGUIRRE MONASTERIO, *Exegesis de Mateo, 27,51b-53. Para una teologia de la muerte de Jesus en el evangelio de Mateo* (Biblica Victoriensia, 4), Vitoria, 1980, p. 152). Un rapprochement trop rigide entre AI et Mt pour ce trait se trouve chez X. Léon-Dufour, qui défend l'origine pré-matthéenne des trois passages sur la garde en Mt, parce que «en ultime raison les éléments A B C (= Mt 27,62-66; 28,2-4; et 11-15), se trouvent dans le même ordre en EP 28-45 et dans un autre apocryphe, l'AI, en 3,14b-17» (*Résurrection de Jésus et message pascal*, Paris, 1971, p. 165). Mais l'élément C est absent de AI et la garde ne joue aucun rôle par rapport à la descente de l'ange comme en B.
La rédaction matthéenne de ces péricopes sur la garde a été discutée de façon convaincante par F. NEIRYNCK, *Les femmes au tombeau: étude de la rédaction matthéenne*

les deux cas l'ange a été identifié (cf. Mt 1,20). *c*. La mission des disciples pour enseigner tous les peuples: l'expression μαθητεύειν πάντα τὰ ἔθνη n'est connue que par Mt, le seul évangile à utiliser ce verbe (13,52; 27,57; voir aussi Act 14,21). La formule de Lc 24,47 (κηρυχθῆναι ... εἰς πάντα τὰ ἔθνη/Mc 13,10), bien que semblable, n'est pas strictement parallèle. La différence dans la deuxième partie de AI 3,18 vis-à-vis de Mt 28,19 ne doit pas être exagérée. L'expression πᾶσαν γλῶσσαν ne figure pas dans les évangiles, mais elle est connue dans l'Écriture et n'est autre qu'une répétition de «tous les peuples». Par contre, Mt parle du baptême, mentionné nulle part dans AI. L'auteur de 3,18 préfère expliciter la substance du kérygme chrétien: la résurrection du Christ.

Le parallélisme de ces trois données concerne tant le contenu que la forme de l'expression et sa position dans le récit. Les ressemblances s'étendent d'ailleurs encore sur d'autres éléments et ne se limitent pas au récit de la passion[65]. Nous nous sommes bornés à des expressions qui ne sont mentionnées que par Mt, ou par lui seul parmi les évangélistes.

Le verbe δειγματίζω (3,13) ne se trouve dans le NT qu'en Col 2,15 et Mt 1,19, le texte qui serait à la source de AI 11,2-18. Le mot εἰδέα (var. ἰδέα) en Mt 28,3 est un hapaxlegomenon; en AI 3,13 on lit ἡ ἰδέα du Christ ἦν δεῖ αὐτὸν μεταμορφωθῆναι ἐν εἴδει ἀνθρώπου (le verbe en Mt 17,2, par. Mc 9,2). Le mot κόλασις se trouve en 1 Jn 4,18 et Mt 25,46[66]. L'expression υἱοὶ Ἰσραήλ en tant qu'adversaires du Christ se lit en Mt 27,9[67]. À côté de οἱ δώδεκα Mt connaît aussi οἱ δώδεκα μαθηταί (10,1; 11,1; 20,17; *v.l.* 26,20). L'expression rare ἡ τῶν δώδεκα μαθητεία de AI est-elle inspirée par celle de Mt? Le οἱ μετ' αὐτοῦ pour les disciples et Jésus n'est mentionné qu'en Mt 26,51. Le verbe σκανδα-

---

(*Matt. XXVIII.1-10*), in *NTS* 15 (1968-1969) 168-190 (= *Evangelica*, 1982, p. 273-296); I. BROER, *Die Urgemeinde und das Grab Jesu. Eine Analyse der Grablegungsgeschichte im Neuen Testament* (StANT, 31), München, 1972, p. 60-78. Pour ceux qui admettent la rédaction matthéenne, l'hypothèse d'une dépendance de AI vis-à-vis de Mt ne poserait aucun problème. Mais même l'hypothèse adverse devrait commencer par une analyse des ressemblances entre Mt et AI. Telle étude ne peut qu'arriver à la même conclusion.

65. Ces ressemblances illustrent que l'auteur de AI connaissait d'autres parties de Mt et peuvent indiquer qu'il avait à sa disposition l'évangile de Mt et non pas une source prématthéenne hypothétique sur la résurrection.

66. Selon Celse, la passion du Christ est fréquemment caractérisée comme κόλασις, κολάζειν par les chrétiens (NORELLI, *La resurrezione*, p. 317, n. 6). Pour διώκω, διωγμός (la persécution de Jésus), on peut citer Jn 15,20; Act 9,4-5; 22,7-8. Les mots se trouvent plus souvent en connexion avec la persécution des disciples qui n'est qu'une continuation de celle des prophètes (Mt 5,11-12). Dans ce sens le mot διωγμός (τῶν δικαίων) se lit aussi en AI 2,5; cf. aussi la persécution des apôtres en 4,3 (cf. NORELLI, *Sulla pneumatologia*, p. 225).

67. Lc 1,16 a un sens positif. En Act 5,21 la γερουσία des fils d'Israel sont les adversaires des apôtres. L'expression se lit aussi en AI 11,19 (NORELLI, *Sulla pneumatologia*, p. 247).

λίζομαι pour les apôtres, avec une référence explicite à Jésus, se trouve seulement en Mt 26,31.33 (ἐν ἐμοί - ἐν σοί manque en Mc 14,27.29). Mt est le seul des évangélistes à utiliser le mot ἐκκλησία (16,18; 18,17). Le motif que l'ange descendu du ciel ouvre le tombeau n'apparaît qu'en Mt 28,2 (avec ἀπεκύλισεν τὸν λίθον); en AI 3,16 il est question de deux anges mais l'ouverture du tombeau par un/des ange(s) y est exprimée également. Le verbe ἀνοίγω pour ouvrir un tombeau se trouve seulement en Mt 27,52 (cf. Jn 11,44). La connaissance de Mt 27,51-53 est peut-être à la source de AI 9,17 (E), concernant l'ascension de beaucoup de justes avec le Seigneur après sa résurrection.

Une liste plus exhaustive d'affinités possibles avec Mt renfermerait aussi toutes les références où Mt n'est qu'un témoin parmi d'autres dans le NT. À la lumière des parallèles exclusifs entre AI et Mt ces données sont également intéressantes (p.e., καθίζω, cf. *infra*). Si on exclut encore, dans AI, les éléments propres à l'apocryphe, comme l'intérêt pour les sept cieux, le motif de l'incarnation du Christ comme descente et transformation (3,13a-d) et la mention de son ἀνάβασις (3,18b), et, en outre, les noms des antagonistes d'Isaïe connus du contexte (Béliar, Sammaël), il n'en reste pas une expression d'une certaine importance qui peut être imputée à *un* auteur à la manière des parallèles avec Mt[68]. Les différences dans la version éthiopienne vis-à-vis de celle du papyrus ne modifient pas cette constatation[69].

---

68. En cela, AI diffère profondément de EP qui présente un mélange d'affinités (ἄνδρες de Lc; νεανισκός de Mc; la garde de Mt). On peut y reconnaître le trait d'une adaptation moins originale.

Une position adverse chez G. LOHFINK, *Die Himmelfahrt Jesu. Untersuchungen zu den Himmelfahrts- und Erhöhungstexten bei Lukas* (StANT, 26), München, 1971, p. 129-130. Selon lui, AI 3,13-18 est composé d'un amalgame de traditions. Il reconnaît l'influence de Mt 28,2 (la descente d'un ange), des ressemblances avec EP (deux anges, porter sur les épaules) et des traces du récit de Lc: «die Himmelfahrt wird erst nachträglich genannt. Warum?». La raison serait que l'auteur de AI suivait la présentation de Act 1,2.8-9: résurrection-instruction des disciples-ascension. Une telle influence peut être à la base de AI 11,20-22, mais l'ordre formel aux disciples en 3,18 est plus proche du texte de Mt 28,19. En outre, en AI l'ascension n'est pas séparée chronologiquement de la résurrection mais n'est mentionnée que comme un élément du kérygme. Cf. aussi la critique de J. HUG, *La finale de l'Évangile de Marc (Mc 16,9-20)* (Études Bibliques), Paris, 1978, p. 148-149; 172.

Quant à nous, la raison pour étudier un passage relativement court comme 3,13-18 n'est donc pas qu'on peut, derrière ce texte, «identificare, con un certo grado di probabilità, una tradizione particolare che troviamo utilizzata anche altrove nella primitiva letteratura cristiana» (NORELLI, *La resurrezione*, p. 364).

69. Cf. Appendice II. Pour l'addition de «avant le sabbat il sera mis en croix» dans AI 3,13, Erbetta (*o.c.*, p. 189) renvoie à Mc 15,42; Jn 19,31. D'abord il faut dire que la possibilité d'une influence d'autres passages néotestamentaires dans 3,13-18 ne serait pas extraordinaire (cf. le mélange de passages parallèles qu'on cite d'ordinaire pour AI 3,19-31) et ne change pas beaucoup à la position dominante du texte matthéen comme source de 3,13-18. Mais on peut se douter de la valeur de ces références à Mc et à Jn. La présence de passages comparables dans AI 9,14; 11,20 pour le motif de la croix ne doit pas

Il nous reste encore à éclaircir deux thèmes qui pourraient indiquer une source non-matthéenne: la signification de la descente en AI 3,15 et la représentation de la sortie du tombeau en AI 3,16-17[70].

L'hypothèse qu'il s'agit en 3,15 d'une référence cryptique ou corrompue à la descente en enfer (Norelli, Crossan) se base sur la position du verset 15 entre l'ensevelissement et la résurrection[71] et sur AI 4,21, où le thème est mentionné sans aucune explication comme si l'auteur se référait à un passage antérieur de son livre. En AI 9,16; 10,8.14; 11,19-20, c'est toujours le Christ même qui descend en enfer: une identification de l'ange de l'Église avec le Christ est contre la logique du récit. AI 3,15 serait d'ailleurs le seul passage où le motif n'est indiqué qu'implicitement. En plus, en 4,21, je ne vois aucune référence à 3,15; il me semble plutôt que 4,21 soit une addition, avant de finir cette grande

---

nécessairement être compris comme une indication de l'originalité de cet élément en 3,13 comme le veut Charles. AI 9,14; 11,20 peuvent être la source de l'interpolation en 3,13. Le mot προσάββατον en Mc 15,42 est un hapaxlegomenon et indique un jour précis (παρασκευὴ ὅ ἐστιν προσάββατον); dans 3,13 (E) on lit «avant le sabbat», ce qui est plus vague. Le texte de Jn nous informe que Jésus était crucifié avant le sabbat car les juifs vont demander à Pilate de vouloir ensevelir Jésus le jour avant le sabbat (παρασκευή). Jn 19,31 ne contient qu'une indication indirecte et vague du jour de la crucifixion. La chronologie de AI 3,13 (E) peut toute aussi bien être dérivée de Lc 23,54 ou de Mt 27,57.62; 28,1. Dans Jn 19,31 on trouve la combinaison 'croix-sabbat'. Mais le contexte diffère de celui de AI 3,13 (en Jn il s'agit de la demande des juifs à Pilate) et la version éthiopienne ne lit pas 'croix' (σταυρός) mais ξύλον. Ce mot est absent des évangiles (cf. Act 5,30; 10,39: être suspendu ἐπὶ ξύλου; 13,29: descendre ἀπὸ ξύλου; Gal 3,13 cit. de Dt 21,22-23; 1P 2,24 et Apoc 2,7; 22,2.14.19 avec l'addition 'de la vie'), mais se trouve déjà dans l'Ancien Testament et dans AI même. Sauf en 9,14 et 11,20, il se lit aussi en 8,12 où il est considéré par Charles (p. 56) comme une interpolation parce qu'il manque dans L2 et S. Norelli fait encore remarquer que le motif de 'bois' est cher à l'auteur: en 5,11 Isaïe est tué avec une scie en bois (*Sulla pneumatologia*, p. 254, n. 50; selon lui, la présence de ce motif dans AI 1-5 et 6-11 serait même une indication de l'unité du texte). Le mot παρουσία, proposé par Charles pour «la venue des disciples», se lit dans les évangiles seulement dans Mt 24 pour indiquer la venue du Fils de l'Homme. Notons encore à propos du pluriel 'cieux' (3,15) que Mt a une préférence pour οὐρανοί (dans l'expression matthéenne 'Royaume des cieux' et avec la préposition ἐν).

70. L'apocryphe *Paralipomena Jeremiae* (9,18) contient ce qui peut être une citation assez libre de AI 3,17b, dit par Jérémie, à quoi réplique le peuple en 9,20 par une allusion à Is 6,1 (cf. AI 3,9). L'absence de toute référence à 3,15-17a indique-t-elle que cette manière de présenter la résurrection n'était pas traditionnellement reconnue? Sur la relation de cet apocryphe avec AI, cf. CHARLES, p. 20 («loosely quoted»); TISSERANT, p. 111; ERBETTA, p. 188, mais cf. A. ACERBI, *Serra lignea. Studi sulla fortuna della Ascensione di Isaia*, Rome, 1984, p. 69-71: il y a une «affinità tematiche», mais pas de dépendance littéraire.

71. Il y a pourtant des exceptions. Cf. J. KROLL, *Gott und Hölle. Der Mythos vom Descensuskampf* (Studien der Bibliothek Warburg, 20), Leipzig, 1932 (Darmstadt, 1963), p. 1-125 (passim). Noter aussi que AI 3,15 n'est jamais considéré comme un témoin de la descente en enfer dans des monographies sur ce thème, cf. K. Gschwind (1911), W. Bieder (1949), H.J. Vogels (1976). «3,13ff. wird bei der Erwähnung von Jesu Tod, Begräbnis und Auferstehung von Descensustaten nichts erwähnt» (J. KROLL, p. 61).

prophétie d'Isaïe, d'un motif cher à l'auteur qu'il pensait devoir énumérer dans cette vision[72]. En le mentionnant ici, le thème reçoit plus de poids. L'auteur s'efforce même d'expliquer cette descente en citant un texte du prophète Isaïe, un procédé de travail qu'il n'a pas pratiqué dans le passage 3,13-18. Je ne comprends pas comment Crossan peut interpréter 3,15 de la descente en enfer et dire en même temps que 4,21 est ajouté à la dernière minute parce que l'auteur pensait que ce motif «had been missed somewhere in 3:15»[73]. Enfin, la lacune du papyrus grec ne donne pas lieu à une telle explication.

À l'encontre de Crossan qui propose son interprétation de 3,15 d'une façon générale et assez affirmative, Norelli étudie en détail la possibilité de cette lecture du verset 15 tout en soulignant qu'il procède «in via del tutto ipotetica»[74]. Il ne s'agit effectivement que d'un restant du récit de la descente (p.e., le résultat n'y est même pas mentionné). La portée hypothétique d'une telle explication est indiquée également par la façon dont Norelli arrive à son interprétation. Après avoir parcouru tous les suggestions faites dans la littérature pour identifier l'ange de l'Église[75], celle proposée par lui s'avère en quelque sorte la dernière issue. Des autres passages témoignant de la descente dans AI, Norelli ne discute que 9,15-17. Le résultat y est clairement indiqué: les justes sont avec le Christ. Mais Norelli reconnaît que la structure et l'interprétation de ces versets font difficultés. Il y est question de «piller l'ange du Sheol» et d'une ascension/résurrection (9,16). Puis, à l'ascension vers le ciel (9,17b), les justes monteront avec lui. La résurrection et l'ascension sont séparées par une période de 545 jours (élément original selon Norelli), mais on n'apprend rien du sort des justes entretemps. En plus, quel est le rapport de ces justes avec ceux qu'Isaïe a vu dans le ciel en 9,7-8? Pour Norelli, l'auteur de AI a essayé en vain d'harmoniser deux thèmes[76]. Norelli note encore l'existence d'une variante: la descente en enfer en compagnie d'anges qui ouvrent la porte[77]. Est-ce que Norelli

---

72. La descente apparaît plutôt comme un des motifs dont il n'a pas été question dans ce qui précède.

73. CROSSAN, *Four Other Gospels*, p. 170. Cf. Norelli, qui remarque que AI 4,21 traite de la descente «senza ulteriori precisazioni» (*La resurrezione*, p. 336), mais cela ne veut pas dire que l'auteur avait déjà donné des précisions dans le chapitre précédent.

74. NORELLI, *La resurrezione*, p. 340.

75. Norelli donne un aperçu des interprétations proposées: l'ἐκκλησία est l'assemblée des élus (Tisserant), des personnes vétérotestamentaires ou des morts; il s'agit de l'ange de l'Esprit Saint (Seeberg, Kretschmar) ou de l'ange protecteur de cette assemblée (mais d'ordinaire c'est le Christ qui est protecteur); la descente a pour but de réaliser la présence de l'Église comme témoin de la résurrection ou de symboliser le fondement de l'Église dès la resurrection, mais ces interprétations se heurtent à AI 3,17 où il est question d'une période intermédiaire entre la résurrection et le début de l'Église. Ces exemples illustrent seulement combien toute explication reste lacuneuse (*La resurrezione*, p. 334-335).

76. *La resurrezione*, p. 339.

77. *Ibid.*, p. 339 (n. 61).

serait tenté de voir tout le passage AI 3,15-17 comme un remaniement
de la descente en enfer? Il s'agirait d'une situation encore antérieure-
ment à la tradition, dont dépend AI, de la descente d'un ange pour
ouvrir le tombeau (cf. n. 52). Norelli admet également que la descente
de l'ange en 3,15 a «un' origine letteraria diversa» (notamment Mt 28,2)
que celle de la descente en enfer[78]. Aucun des éléments de 3,15 ne
semble d'ailleurs recevoir une explication satisfaisante dans cette hypothèse. Le 'ciel' est absent du thème de la descente en enfer: la libération
des morts s'effectue après la mort de Jésus. Pourquoi est-ce un ange qui
descend et non pas le Christ[79]? Comment l'ἐκκλησία est-elle liée à la
descente en enfer[80]? Enfin, l'interprétation de καλέω comme l'appel à
la réunion des justes et à leur retour dans les cieux qui serait une
anticipation de la convocation eschatologique[81], néglige complètement
l'union qui existe entre 3,15 et 3,16.

AI 3,15 doit être compris en relation avec les versets suivants. Dans
l'analyse de la structure, nous avons déjà mis en relief le lien entre
3,15.16-17. Le commencement de 3,15 est en accord avec Mt 28,2: un
ange descend du ciel. En AI, sa tâche est d'appeler en ces derniers jours.
Ceux qu'il doit appeler ne peuvent être que les deux anges du verset 16,
dont il n'est pas dit qu'ils sont descendus du ciel mais qui vont réaliser
ce que l'ange de Mt 28,2 fait lui-même: ouvrir le tombeau. La position
du sujet devant ὅτι relie ces anges aussi au verset précédent. L'activité
de l'ange matthéen est donc transportée par l'auteur de AI à deux
anges[82]. La présence de *deux* anges et leur identification ne doit pas
nous étonner. Ce sont les deux seuls anges qui ont reçu une qualification ou un nom dans le récit de l'ascension du prophète en AI 6-11[83]. Il
est donc parfaitement logique que c'est à eux deux que revient la tâche
d'assister à la résurrection du Bien-Aimé de Dieu.

L'ange de l'Église qui commande aux deux anges suprêmes n'a pas de
parallèle exact dans la littérature biblique ou chrétienne[84]. Cet ange fait
partie de l'angélologie de AI et il est difficile d'en dire plus. Son épithète

---

78. *Ibid.*, p. 340.

79. C'est pourtant le Christ qui guide les morts qui montent avec lui (*Ibid.*, p. 340).

80. Selon Norelli, c'est l'Église céleste qui accueille les justes libérés par le Christ, mais
on s'attendrait à une mention de l'ascension des justes alors.

81. *Ibid.*, p. 340.

82. Mais il est à noter que la κατάβασις n'est mentionnée que par rapport au seul ange
de l'Église. Est-ce un autre indice que les versets 15 et 16 doivent se lire ensemble. Par
contre, J. Daniélou sépare 3,15.16 pour éviter qu'il y a trois anges présents à la
résurrection (*Théologie du Judéo-Christianisme*, t. 1, Tournai, 1958, p. 178).

Il n'y a pas de raison de penser à une influence de Lc 24,4 ou de Jn 20,12 parce que les
deux hommes/anges y ont une autre tâche en relation avec la présence des femmes au
tombeau.

83. Voir Appendice II.

84. On pourrait référer à Apoc 1,20; 2,1.8.12, mais il s'agit là d'un ange-protecteur
d'*une* communauté.

«de l'Église qui est aux cieux» fait supposer qu'il fait partie de l'Église céleste, *ou* est-ce l'Église céleste même, le corps de tous les anges, dont font partie l'ange de l'Esprit Saint et Michaël? Cette βουλή des anges a apparemment décidé *qui* pouvait recevoir cet ordonnance d'assister le Christ.

Après l'ouverture du tombeau, les deux anges portent le Christ sur leurs épaules[85]. Le Christ commande alors à ses disciples et fonde l'Église. L'ascension n'est plus mentionnée telle quelle, mais seulement comme un des principaux éléments du kérygme (3,18)[86]. Cela nous mène à envisager le verset 17 d'une perspective nouvelle. La sortie du Christ sur les épaules des anges n'est certes pas un signe de son infirmité à cause de sa mort[87].

Dans d'autres instances encore l'accompagnement par des anges est un signe de la gloire du Christ[88]. Ils sont là à l'occasion de l'ascension

85. Noter le verbe ἐξέρχομαι au singulier: c'est bien le Christ qui sort, assis sur les épaules; le verbe souligne l'activité du Christ.

86. Tisserant (p. 111) et Norelli (*La resurrezione*, p. 338, n. 56) notent à propos de 3,17 qu'ici, comme dans EP, la résurrection et l'ascension se suivent immédiatement. Mais la situation est plus complexe. Dans AI 3,16-18 l'ascension n'est pas mentionnée de la même façon que la résurrection. En plus, AI contient aussi une autre présentation en 9,16 (une période intermédiaire de 545 jours, passage considéré comme original par Norelli), cf. V. LARRAÑAGA, *L'ascension de Notre-Seigneur dans le Nouveau Testament*, trad. G. CAZAUX, Rome, 1938, p. 548-549; R. AGUIRRE MONASTERIO, *o.c.*, p. 152. Quant à l'auteur de EP: «Il n'ignore pas et ne veut pas ignorer la succession des différents moments du mystère, mais chacun d'eux est vu et vécu dans la synthèse finale de la gloire» (M.G. MARA, *Évangile de Pierre* [SC, 201], Paris, 1973, p. 176).

87. Cela est plutôt le cas dans EP (comp. les commentaires de Vaganay et de Mara; aussi Crossan). Denker note pour AI: «ein Bild des Triumphes der Auferstehung, dem sich die triumphale Auffahrt in den siebten Himmel anschliessen wird» (*o.c.*, p. 100) et: «ein Akt der Ehrerbietung». La présence de deux anges «entspricht einem glorifizierenden symmetrischen Schema» (p. 101). Cela s'applique surtout à AI où le triomphe du Christ est peint plus nettement qu'en EP.
Le vocabulaire de EP (ὑπορθόω, χειραγωγέω) est plus ambigu (comp. pour le deuxième mot, Act 9,8; 22,11).

88. Noter que le verbe καθίζω (Mt avait κάθημαι en 28,2) se trouve seulement en Mt (19,28; 25,31) avec le sens du Christ assis sur son trône (en compagnie de ses anges). Un manuscrit éthiopien (a) a remplacé le faible αὐτῶν de 3,17 par le plus majestueux «des Séraphins». Les deux anges de 3,17 seraient une allusion à Mt 17,15(?) et à 25,31 «au sujet du Fils de l'homme qui doit paraître dans sa puissance, entouré de tous les anges» ([P.-G. BRUNET], *Dictionnaire des Apocryphes ou Collection de tous les livres apocryphes relatifs à l'Ancien et au Nouveau Testament*, J.P. MIGNE [éd.], Paris, 1856, I, p. 656, n. 1383). Cf. aussi H. JOLOWICZ, *Die Himmelfahrt und Vision des Propheten Jesaia*, Leipzig, 1854, p. 37 (n. 16): il cite Mt 16,27; 25,31 «wonach des Menschen Sohn in seiner Herrlichkeit mit allen heiligen Engeln erscheinen wird». La présence de trois anges en AI 3,15 est d'ailleurs «leicht erklärlich» pour Jolowicz: «er zählte ausser dem Auferstehungsengel des Mt 28,2 auch die beiden des Lukas» (p. 37, n. 15); comp. déjà, I. NITZSCH, *Über das* Ἀναβατικὸν Ἡσαίου, in *TSK* 3 (1830) 209-246, p. 234. Une influence du motif du Christ assis sur son trône n'est pas à exclure d'avance, mais il me semble que le cadre spécifique de 19,28; 25,31 avec la perspective de jugement est absent en AI 3,13-18. M. PESCE, *art. cit.*, p. 66 parle de la «funzione salvifica» des anges en 3,16. Les anges jouent un rôle dans la résurrection, mais ce ne sont pas eux qui ressuscitent le Christ.

en Act 1,6-11; ils sont plus actifs dans le récit de la tentation (Mt 4,6, par. Lc 4,10; surtout Mt 4,11), où le Satan explique Ps 91,11-12 en fonction de la gloire du Christ. En Mt et Lc c'est le Christ même qui est, *et* protégé de cette façon, *et* glorieusement reconnu comme Fils de Dieu. L'accompagnement par des anges portant le Christ sur leurs mains ou sur leurs épaules est donc bien le signe par excellence de protection du Christ et de reconnaissance de sa nature divine. C'est une sortie triomphale[89].

Le rapport avec la tentation n'a rien d'étonnant. Bien sûr, il ne s'agit pas d'un texte pris du récit de la passion, comme pour la plupart des ressemblances avec Mt, mais les deux contextes ont des éléments communs[90]. L'auteur de AI trouve en Mt 4,1-11 une des références les plus explicites au combat entre le Bien-Aimé et le Satan/Béliar (cf. AI 4). On peut encore noter l'interprétation de la passion comme πειρασμός en AI 11,19[91]. Mais il y a aussi la présence du verbe 'ordonner' en Mt 4,6 et 28,20. Serait-il tout à fait accidentel que dans la citation du Ps 91,11 l'hébreu lit le verbe *yeṣawweh* (la Septante traduit par ἐντέλλομαι) qui réapparaît, avec le même sens, comme *yeṣēwwe·* dans la version éthiopienne de AI 3,15 et qu'on a introduit à juste titre dans la lacune du papyrus en le traduisant par un synonyme avec la connotation d'ordonner, notamment καλέω.

Appendices

I. *Comparaison entre les versions éthiopienne, grecque et latine de AI 3,13-18*

Il existe quelques différences secondaires entre les versions E, L1 et le grec du papyrus (dorénavant dans cet aperçu Pg):
3,13: La différence la plus importante se trouve dans la deuxième partie du verset. E lit «et la venue des douze apôtres et l'enseignement; et qu'avant le sabbat il sera mis en croix et crucifié avec des hommes criminels». Pg a un texte plus court: καὶ ἡ τῶν δώδεκα μαθητεία, καὶ ὡς δεῖ αὐτὸν μετὰ ἀνδρῶν κακοποιῶν σταυρωθῆναι. Il n'y a pas de traces dans le papyrus que le surplus de E ait figuré dans la version grecque. Grenfell-Hunt, Charles et Tisserant défendent la lecture de Pg pour μαθητεία («the terser form of G2 may be

---

89. La résurrection assume en quelque sorte la gloire de l'ascension. La sortie du tombeau contraste avec la persécution et la mort dont il était question en 3,13-14.

90. Plusieurs auteurs ont rapproché le récit de la tentation de celui de la passion. Comp. D. SENIOR, *The Passion Narrative According to Matthew. A Redactional Study* (BETL, 39), Leuven, 1975, p. 141-142 et 284; H. MAHNKE, *Die Versuchungsgeschichte im Rahmen der synoptischen Evangelien. Ein Beitrag zur frühen Christologie* (BET, 9), Frankfurt, 1978, p. 155; W. WILKENS, *Die Versuchung Jesu nach Matthäus*, in *NTS* 28 (1982) 479-489; et les commentaires sur Mt de C.S. Mann (p. 348); U. Luz (p. 164); A. Sand (p. 561); J. Gnilka (p. 92).

91. Moins clair en 9,14 (comp. DENKER, *o.c.*, p. 51).

right», CHARLES, *o.c.*, p. 19). Pour la deuxième partie, Charles préfère la version de E comme originale, parce que le même élément se retrouve plus ou moins en AI 9,14; 11,20 (une référence à la croix, mais pas au sabbat). Grenfell et Hunt ne prennent pas de position: «perhaps due to the recurrence of σταυρωθῆναι, but it is quite possible that they are an interpolation» (*o.c.*, p. 21). Cf. encore n. 69.

E et Pg lisent «à cause de la vision et de la révélation par laquelle il avait dévoilé Sammaël»; L1 a «propter quod in se ostenderit Sammael». Charles reconstitue «propter (visionem et propter) quod»; pour «in se ostenderit» il propose une lecture originale «(in) ostensione ostenderit» (*o.c.*, p. 18; 92). Le verbe 'révéler' (*'astera'ya*) en E peut être lu comme une forme passive (ainsi Pg ἐφανερώθη) ou active (L1 «nuntiavit»). La lecture «adventum» de L1 est plus proche du ms *c* que ἐξέλευσις (Pg et *ab* de E). La lecture «transfigurati que» (Charles «quem») de L1 pour 'transformation'/μεταμόρφωσις de E et Pg est évidemment une erreur de copiste (cf. aussi l'orthographe «Beliac» en L1). L1 a pour ἐν εἴδει ἀνθρώπου ('selon la forme humaine') un simple génitif: «transfiguraretur esse hominis». L1 omet trois fois le verbe 'devoir' (δεῖ) dans les phrases relatives dépendantes de ἰδέα, διωγμός, κολάσεις: «transfiguraretur esse, passurus est, patere» (Charles: «pateretur»). E l'a chaque fois; Pg l'a omis dans le second cas (διωχθήσεται) qui a toutefois cette même connotation de 'devoir'.

3,14: Charles a changé la version de E «les (ou: ces) gardes qui garderont le tombeau» pour l'harmoniser avec Pg et traduit par «the watch of those who watched» (il change *wa-'aqabetni* en *wa-'eqbat*, p. 19). Cf. Grenfell et Hunt: «better than the E reading». Généralement, ce principe d'harmonisation est soutenable, bien que Charles ne le suit pas toujours (p.e. 3,16 où il lit avec les mss *bc* «le sépulchre» au lieu de «son sépulchre» comme en *a* et Pg; cf. L. PERRONE, *Note critiche (e «autocritiche») sull'edizione del testo etiopico dell' Ascensione di Isaia*, in M. PESCE, *Isaia*, p. 77-93, p. 84, n. 19.

3,15: Pg lit au début καὶ ὡς ἡ κατάβασις. La conjonction est absente en E. Grenfell et Hunt (p. 21) la considèrent comme une insertion. En E, c'est «l'ange de l'Église chrétienne qui est dans les cieux» qui descend. La détermination «chrétienne» «means nothing more» (CHARLES, p. 19) et a été omise à juste titre en Pg selon Grenfell et Hunt (p. 21). Pg lit le singulier ἐν οὐρανῷ. Si en E l' addition «qui est dans les cieux» peut se référer à l'ange ou à l'Église (TISSERANT, p. 110), en Pg il s'agit manifestement de l'Église (τῆς ἐν οὐρανῷ).

3,16: E a le singulier du verbe 'ouvrir', mais retient apparemment les deux anges comme sujet; Pg a le pluriel ἀνοίξουσιν (cf. n. 52).

3,17: Deux différences sont à signaler. E lit «et le (ce) Bien-Aimé... enverra ses *douze* apôtres»; Pg a ὁ ἀγαπητός... καὶ ὡς ἀποστελεῖ τοὺς μαθητὰς αὐτοῦ. La traduction de l'article défini par un pronom démonstratif se trouve fréquemment dans les mss de E et ne constitue pas une véritable variante vis-à-vis de Pg (CHARLES, p. 20).

Il n'y a pas de différence fondamentale entre E, L1 et Pg. En L1 il s'agit de fautes de copistes, de simplifications du texte (p.e. l'omission du verbe 'devoir') ou d'interprétations («transfiguratio», cf. la 'Légende grecque' (1,2), qui comprend μεταμόρφωσις de AI 3,13 de la transfiguration en y ajoutant ἔμπροσθεν τῶν μαθητῶν). Quelques variantes en E sont manifestement secon-

daires ou insignifiantes (p.e. «chrétienne», «les cieux», l'omission de ὡς en
3,17). D'autres peuvent s'expliquer comme un essai d'alléger le texte (p.e.
l'omission de ὡς et du verbe en 3,15). Parfois, il n'est plus possible de proposer
une solution satisfaisante. Charles et al. défendent le texte court (μαθητεία
seulement), bien que l'insertion de «la venue (des disciples)» — Charles suggère
παρουσία dans l'original — est plus difficile à expliquer que l'omission de cette
expression obscure. Peut-être l'auteur a-t-il voulu créer un parallèle entre Jésus
(ἐξέλευσις) et les disciples (même racine du mot 'venue' en E). La référence à
AI 9,14; 11,20 (ξύλον = croix) ne peut pas expliquer la mention du sabbat
en 3,13. Le texte du papyrus n'est pas corrompu ou lacuneux pour ce verset.
Il n'est pas probable non plus que Pg ait voulu éviter une récurrence de
σταυρωθῆναι. Le motif est répété en 9,14; 11,20 et dans d'autres instances aussi
Pg a retenu des répétitions (cf. 4,2). Une omission à cause d'un homoioteleuton
est également improbable: d'ordinaire E suit littéralement l'ordre des mots de
Pg; si on traduit cet élément comme le fait Charles (p. 92; il propose πρὸ τοῦ
σαββάτου σταυρωθῆναι ἐπὶ ξύλου) σταυρωθῆναι n'est pas le dernier mot de
l'expression. La différence entre E et Pg n'est pas si grande pour le motif de la
garde (cf. encore n. 64). Une traduction active ou passive du verbe 'révéler' est
correcte. La mention des douze apôtres en 3,17 (E) est peut-être une harmonisation avec 3,14.21 (cf. n. 34); le texte du Pg n'est pas corrompu ici. La variante
'devoir' avec 'persécuter' (E) peut s'expliquer comme une harmonisation avec le
contexte immédiat, ou comme un essai de varier la construction sans que pour
autant la connotation de 'devoir' a tout à fait disparu (le futur sera utilisé
exclusivement à partir de 3,14).

II. L'identification des anges de AI 3,16

Norelli remarque qu'il reste impossible d'expliquer avec certitude l'identification des anges en 3,16. Michaël est l'archange le plus populaire qui très souvent
a pour fonction d'assister des peuples ou des individus chers à Dieu ou
d'accompagner les morts au paradis (TISSERANT, p. 111). Son rôle de protecteur
des hommes peut rendre compte de sa présence en 3,16. Norelli cite une
homélie copte où l'ange de Mt 28,2 est identifié avec Michaël (La resurrezione,
p. 341-342). Mais AI 3,15-16 est «ben più plasticamente» comparé à l'homéliste
qui suit pieusement les récits canoniques. Selon Norelli, ce parallèle montre que
la présence de Michaël à l'occasion de la résurrection n'est pas un thème isolé;
il est possible que AI dépendrait ici d'une source (p. 342).

Mais Michaël est mentionné plusieurs fois dans les versions latine et slave de
AI 9,23.29.42. Il est identifié comme l'archange «deprecans semper pro humani-
tate» (9,23) qui adore Dieu (9,29.42). Si L2 et S remontent à la même branche
de la tradition textuelle que le fragment grec 2,4-4,4, comme a proposé Charles
(p. XXXIII), la présence de Michaël en 3,16 peut s'expliquer en référant à
9,23.29.42. Ces textes sont originaux pour Charles (p. 65). Cf. aussi R. BAUCKHAM,
The Worship of Jesus in Apocalyptic Christianity, in NTS 27 (1980-81) 322-341,
p. 334: il ne s'agit certes pas du Christ en 3,16. Comp. aussi ID., The Study of
Gospel Traditions Outside the Canonical Gospels. Problems and Prospects, in
D. WENHAM (éd.), The Jesus Tradition (cf. n. 41), p. 369-403, où il traite des
méthodes à suivre en étudiant les textes apocryphes et annonce une étude sur

«gospel traditions in the Ascension of Isaiah». Par contre, Dillmann et Tisserant (p. 183) considèrent le nom de Michaël comme une interpolation; voir aussi A. VAILLANT, *Un apocryphe pseudo-bogomile: la Vision d'Isaïe*, in *Revue des Études Slaves* 42 (1963) 109-121, p. 112. Si ce nom figurait dans le texte, E ne l'aurait pas supprimé: l'archange était trop populaire en Éthiopie (Tisserant). Mais cela n'est pas une indication suffisante, puisqu'il est possible que E disposait d'une version grecque d'où le nom de Michaël était déjà absent (NORELLI, *La resurrezione*, p. 342, n. 69; dans *Sulla pneumatologia*, p. 217, il donne une autre explication: E l'a supprimé pour mettre en relief le Bien-Aimé et l'(ange de l')Esprit Saint). Si Michaël figurait dans le texte original en AI 9, l'auteur de AI n'avait pas besoin de recourir à une source quelconque en 3,16 (contre NORELLI, *Sulla pneumatologia*, p. 218: Michaël est introduit en 3,16 parce que la tradition parlait de deux ou trois anges présents à la résurrection).

Le nom de Gabriel, proposé par Grenfell et Hunt pour la lacune de 3,15, ne se retrouve nulle part en AI. La qualification «ange de l'Esprit Saint» se lit encore en AI 7,23; 9,36 et 11,33, et sans l'adjectif «saint», en 4,21; 9,39.40 (omis par homoioteleuton dans les versions latine et slave); 10,4 et 11,4. La version éthiopienne de 8,14 semble être corrompue: «l'ange de l'Esprit» (ac) ou «Dieu de l'Esprit» (b); Charles préfère lire avec L2 S: «per voluntatem patris». Notons encore que l'Esprit Saint n'est pas toujours représenté comme un ange (AI 6,6.8.10; 8,18; 11,40). En 9,36.39.40; 10,4 et 11,33, il s'agit de l'Esprit Saint qui est près du Père et du Fils (10,4), à la gauche du Seigneur (9,36; 11,33), adorant Dieu (9,39.40). C'est aussi l'Esprit Saint qui a parlé dans les justes (9,36), qui a inspiré les Psaumes (4,21), et qui aidera les justes à monter dans le ciel (7,23 et 8,14?).

À l'encontre de Charles et Tisserant qui identifient l'ange de l'Esprit Saint en 3,16; 11,4 (Tisserant aussi 7,23; 11,33) avec Gabriel, Daniélou défend l'identité des expressions Ange de l'Esprit Saint et Esprit Saint, qui sont tous deux des dénominations pour Gabriel (*o.c.*, p. 177-180; en plus, Michaël serait identique au Fils de Dieu). Norelli suit Daniélou en ce qui concerne l'identité de l'Ange de l'Esprit Saint et de l'Esprit Saint, mais n'admet pas l'identité avec Gabriel ou l'identification de Michaël (*La resurrezione*, p. 345-348; *Sulla pneumatologia*, p. 215-219; 238-240; 253-254; 261).

Il n'existe pas de nom équivalent dans la littérature chrétienne (*La resurrezione*, p. 343). La participation dans l'ascension (7,23, mais cf. *infra*) et le fait que l'ange de l'annonciation est identifié comme l'ange de l'Esprit en 11,4 (le passage est lacuneux en L2 S) peuvent expliquer à la fois pourquoi on a pensé de pouvoir l'identifier avec Gabriel (Charles, Tisserant) et pourquoi cet ange est mentionné à l'ascension du Christ (Norelli). Il faut remarquer cependant qu'il reste une différence entre la fonction de guider les morts vers le ciel et celle d'assister le Christ à la résurrection (*La resurrezione*, p 349-350). En plus, le sens de 7,23 n'est pas tout à fait clair. E lit: «ceux qui aiment le Très-Haut... ascendront par l'Ange de l'Esprit Saint»; L2 a «quia sicut angeli sancti spiritus sic hi ascendunt in illum»; S «et sicut ab angelo sancti spiritus hi illic exeunt» (selon Norelli E et S concordent contre L2; Charles note la dissonance en E). Si la lecture de E est correcte, l'ange joue le même rôle que Michaël (*supra*): il assiste les défunts. Se basant sur G. KRETSCHMAR, *Studien zur frühchristlichen Trinitätstheologie* (Beiträge zur historischen Theologie, 21), Tübingen, 1956, p. 74-77, Norelli s'efforce de trouver une présentation similaire (assister les fidèles à l'ascension) dans la *Demonstratio* 6 d'Aphraate (Kretschmar) et dans la *Visio Pauli* (Norelli), afin de pouvoir supposer une tradition à la base de AI 3,16 (Kretschmar, p. 74; Norelli, p. 346). Kretschmar et Norelli trouvent enfin des traces de cette *Engelpneumatologie* dans la théologie alexandrine du 2-3ième siècle (Clément, Origène). Il ne s'agit pas ici d'étudier en détail l'origine de cette représentation de l'ange-esprit, guide des défunts. Mentionnons seulement que pour la *Visio Pauli* une dépendance de AI n'est pas à exclure (contre Acerbi, *o.c.*, p. 71-73); le prophète se réfère à lui même comme ἐγώ εἰμι Ἡσαίας, ὃν ἔπρησεν Μανασσῆς ἐν ξυλίνῳ πρίονι. Il y a certes des affinités entre les textes cités par Norelli. Mais il n'en suit pas qu'en 3,16 l'auteur se base sur une tradition bien identifiée. Le trait caractéristique de ce verset 16, c'est la présence des deux anges, Michaël et l'ange de l'Esprit Saint, à l'occasion de la résurrection. On ne peut pas dire, comme le fait Kretschmar, que les deux *anges* de 3,16 sont mentionnés aussi en EP (p. 74, n. 4). Les deux anges, présents ensemble à la résurrection et avec la même fonction, ne se rencontrent pour la première fois que dans AI 3,16. Il n'y a donc pas de raison de conclure avec Kretschmar à propos du verset 16: «die zwei Engel sind des asc. Is. also vorgegeben, das zeigt sich auch daran, dass Michaël und der Heilige Geist an sich ja einander nicht gleichgeordnet sind» (p. 74, n. 4). Cette *Gleichordnung* peut bien être le résultat de la rédaction par l'auteur de AI. Enfin, un recours au seul passage 7,23 (le point de départ pour Kretschmar et Norelli) risque de dissimuler la différence assez grande entre 3,16 et 7,23 en ce qui concerne la fonction des anges (cf. p. 269).

La mention fréquente de ces anges dans AI, qui sont seuls à recevoir une identification parmi la masse anonyme d'anges dont il est question en AI 6-11, peut être une raison satisfaisante pour comprendre leur présence et leur fonction en 3,16.

Outre ces deux anges et celui de 3,15, AI mentionne encore un ange guide du prophète (6,13; 7,2.21; 8,5.(14).25; 9,31) dont le nom n'est pas connu par Isaïe (en 8,5.(14) il se désigne comme le serviteur). En 9,4 un ange, le chef du sixième ciel, intervient et en 9,21 un ange «qui est plus grand que l'ange-guide» d'Isaïe (et qui est identifié avec Michaël en 9,23 L2 S) lui montre le livre céleste. Bauckham trouve cette angélologie «restrained» (p. 332; cf. aussi Norelli, *Sulla pneumatologia*, p. 217) et conclut qu'il n'y a pas de traces d'une christologie angélique en AI (contre Daniélou).

Berglaan 32   Joseph Verheyden
B-3030 Heverlee (Leuven)   Chargé de Recherches au FNRS

POLYCARP'S EPISTLE TO THE PHILIPPIANS
An Early Example of "Reception"

In 1886 George Salmon published the second edition of his *Historical Introduction to the Study of the Books of the New Testament*[1]. One of the particular features of this big volume is the attention paid by the author to the reception of the gospels in the early Church (pp. 33-109). One hundred years later only very few introductions to the New Testament show the same interest in the phenomenon of the reception, although in recent years an increasing importance has been accorded to this phenomenon in the understanding of the *early* Christian literature. Remarkably, Salmon virtually neglects Polycarp's *Letter to the Philippians* (= PolPhil). References to this writing are scattered throughout his book, but there is no summary evaluation of Polycarp's *place* as "receiver" of earlier Christian tradition.

PolPhil is nevertheless an interesting example of reception. The letter "receives" not only many apostolic and post-apostolic writings, but it also deals in its own way with the gospel tradition. Nonetheless Polycarp's use of earlier Christian tradition has often been considered as an indication of his lack of originality. According to Dibelius for example Polycarp wrote "a completely unoriginal, very insignificant but well-intended letter"[2] and P. Vielhauer qualifies the theology of the letter as made of cast-iron[3]. A long florilegium of negative statements could be compiled. It seems that reception is not always qualified as a positive phenomenon[4]. However, a careful study of PolPhil reveals some interesting aspects of the phenomenon of reception, at least when the letter is considered in its own right. Indeed the study of reception has often been limited to its witness on the history of the canon[5] or questions such as whether or not PolPhil reveals a non-canonical gospel tradition. In the following paragraphs we will try to reevaluate PolPhil dealing primarily with some critical problems which have consequences

---

1. G. Salmon, *A Historical Introduction to the Study of the Books of the New Testament*, London, 1886[2].

2. M. Dibelius, *Geschichte der urchristlichen Literatur*, Neudruck, München, 1975, p. 119.

3. P. Vielhauer, *Geschichte der urchristlichen Literatur*, Berlin, 1975, p. 566.

4. To add one more example. H. Jordan, *Geschichte der altchristlichen Literatur*, Leipzig, 1911: "Er (Pol.) schreibt hier einen wirklichen Brief, wie Paulus es getan hatte, aber er kann in dieser Nachahmung Pauli die Höhe des Ignatius nicht erreichen und verfällt ingefolgedessen in die Allgemeinheiten des 1. Clemensbriefes. Die Originalität ist geringer als der gute Wille des Briefschreibers. Er lehnt sich krampfhaft, selbst im Wortlaut, an die Vorgänger...an" (pp. 137-138).

5. Cf. I. Frank, *Der Sinn der Kanonbildung*, Freiburg, 1971, p. 45-53.

for a better understanding of Polycarp's use of older Christian literature.

1. PolPhil: Its Authenticity and Integrity

1.1. The authenticity of PolPhil is often connected with the Ignatian problem[6]. Indeed, PolPhil 13 contains the earliest reference to the existence of Ignatian letters. In the past many authors closely linked the (in)authenticity of PolPhil and the Ignatian letters[7]. Presently however, there are at least two major objections to overall inauthenticity of PolPhil: 1) the undeniably early testimony of Irenaeus[8]; 2) the completely different character of PolPhil when compared with the Ignatian letters[9]. If the Ignatian letters and PolPhil were written by the same forger, one might expect more unity in matters of language, style etc.

1.2. As a result, another approach has been accepted. Even when difficulties about the authorship of the Ignatian letters remain, it seems sufficient to remove the questionable chapter 13 of PolPhil, and to accept at the same time the authenticity of (much of) the rest of the letter. In this way a critical author as D. Völter defends the authenticity of PolPhil. He removes the references to Ignatius in chapter 13 and in some passages of 1 and 9. These references can only be the work of an interpolator working to put the forgery of the Ignatian letters under the

---

6. See recently R. JOLY, *Le dossier d'Ignace d'Antioche*, Bruxelles, 1979; this book reopens the question of the authenticity of the Ignatian letters. See among the many reactions: R. GRYSON, *Les Lettres attribuées à Ignace d'Antioche et l'apparition de l'épiscopat monarchique*, in *RTL* 10 (1979) 446-453; Ch. KANNENGIESSER, *L' "Affaire" Ignace d'Antioche*, in *RechScRel* 67 (1979) 599-608; W.R. SCHOEDEL, *Are the letters of Ignatius of Antioch Authentic?*, in *RelStRev* 6 (1980) 196-201; C.P.H. BAMMEL, *Ignatian Problems*, in *JTS* 33 (1982) 62-97; B. DEHANDSCHUTTER, in *NTT* 35 (1981) 158-161; ID., *L'(in)authenticité des lettres d'Ignace d'Antioche*, in E.A. LIVINGSTONE (ed.), *Studia Patristica XIX* (forthcoming).

7. As a rule these authors belong to the Tübingen-School, or to the Dutch Radical School. D. Völter (n. 10) lists Baur, Schwegler, Zeller, Hilgenfeld, van Manen, Steck. Also a modernist as H. Delafosse is to be mentionned. For a survey of ancient studies see P.N. HARRISON, *Polycarp's Two Letters to the Philippians*, Cambridge, 1936, p. 27-72.

8. Irenaeus speaks of *one* epistle to the Philippians (*Adv. Haer.* III, 3,4 = Eus., H.E. IV, 14,8): "Now there is also an epistle of Polycarp written to the Philippians, of a most adequate kind; from which such as so desire, and have a care for their own salvation, can learn both the character of his faith and the message of the truth". In his epistle to Florinus (= Eus. H.E. V, 20,4-8) he mentions several epistles of Polycarp. The legendary *Vita Polycarpi* (ch. 12) lists writings, epistles and homilies. As to the epistles, this is borrowed from Irenaeus, the homilies are probably inspired by Ign., *Pol.* 5.

9. See e.g. W. BAUER, *Die Briefe des Ignatius von Antiochien und der Polykarpbrief*, Tübingen, 1920, p. 282-283, followed by H. PAULSEN in the new edition (1985), p. 112; also A. LELONG, *Ignace d'Antioche et Polycarpe de Smyrne. Épitres. Martyre de Polycarpe*, Paris, 1927², p. LV.

cover of PolPhil[10]. Similar views have been defended by other critics of the authenticity of the Ignatian correspondance[11].

1.3. Recently, R. Joly vouched for this opinion in his attack on the Ignatian Epistles[12], but he has to reckon at the same time with another hypothesis, the well-known proposal of P.N. Harrison[13]. To avoid the tension between chapter 9 and 13[14], Harrison divided the whole of the letter in two parts: 1-12 and 13 (+ probably 14), the latter being a covering note sent by Polycarp along with the Ignatian epistles which had been asked for, the former being a later letter to the Philippians (about A.D. 135). To Joly there are too many difficulties in the attempt to reconcile the contents of chapter 9 and 13 as well as too many problems arising from Harrison's division. Not without reason he insisted on the enigmatic character of the combination of both the letters as actually found: why is chapter 13 placed exactly between 12 and 14, with the omission of its introduction and its salutations? Another difficulty received (too) little attention from Joly. In Harrison's hypothesis the combination must have taken place very soon. The fact that already Irenaeus mentions a single letter to the Philippians is not very favourable to this hypothesis. For G. Bardy, Irenaeus' testimony is sufficient to maintain the unity of the letter[15]. As to the genuineness of chapter 13, Joly added another objection: in his opinion chapter 13 is difficult to read after chapter 3: the latter passage does not give any importance to Ignatius as an authority. This objection is obviously

10. So D. VÖLTER, *Polykarp und Ignatius und die ihnen zugeschriebenen Briefe neu untersucht*, Leiden, 1910, p. 16-28.

11. See e.g. A. LOISY, *Remarques sur la littérature épistolaire du Nouveau Testament*, Paris, 1935, p. 151-156. Loisy dates PolPhil rather late, "vers l'an 160", agreeing about the later dating of the martyrdom of Polycarp (166) with H. DELAFOSSE, *Lettres d'Ignace d'Antioche*, Paris, 1927, p. 24-50 (date between 150-166). A later date of PolPhil is accepted anew by H. VON CAMPENHAUSEN, *Die Entstehung der christlichen Bibel*, Tübingen, 1968, p. 209, n. 156, because of the "Eusebian" date of the martyrdom (166/7). See on this question our study *Martyrium Polycarpi*, Leuven, 1979, p. 191-219. A late date has been accepted again by P. BRIND'AMOUR, *La date du martyre de saint Polycarpe (le 23 février 167)*, in *Anal. Boll.* 98 (1980) 456-462. We maintain our opinion of a date about 156 for the martyrdom.

12. See note 6.

13. See note 7.

14. On a first reading ch. 9 presents Ignatius as already a martyr, ch. 13 on the contrary as still living. This opposition was already noted by J. Daillé (1666), cf. P.N. HARRISON, *Polycarp's Two Episles* (n. 7), p. 30-34. Daillé's problem was also that of many subsequent authors: the Ignatian Letters with their apparent support to the (monarchian) episcopacy were to be proved a forgery; and Polycarp's testimony to those Letters was to be eliminated. The discussion of three centuries shows not a little of dogmatic interest. In the meantime, it has scarcely been noticed that Polycarp's words on the Ignatian Letters are of little value for the proof of the authenticity of the reconstructed *middle-recension* of the seven Letters.

15. G. BARDY, *Eusèbe de Césarée. Histoire Ecclésiastique*, Paris, 1952-1960, vol. I, p. 180, n. 6; vol. II, p. 63, n. 8. Eusebius at least refers in the same passage to ch. 9 and 13 as taken from the same letter (H.E. III, 36,13-15).

connected with the problem of Ignatian influence on PolPhil. Where it really could have existed, Joly tries to show that it is the Ignatian forger who depends on Polycarp and not vice-versa. We however have already shown that this is a precarious argument[16].

1.4. How then is one to decide about the integrity and unity of PolPhil? Very recently H. Paulsen pleaded prudently in favour of its unity[17]. This still seems the better solution, notwithstanding the fact that Harrison's views have largely been followed. The unity of style and the appropriate place of chapter 13 at the end of the writing do not oblige us to isolate this chapter from the rest of the epistle[18]. Moreover, there is no need to press the chapter 9 against chapter 13 or vice-versa. The tension disappears when one is allowed to interpret the writing as having been written some time after Ignatius left Smyrna. In chapter 13 Polycarp asks for more news from the Philippians. The contradiction with chapter 9 is not absolute when one interprets 9,2 (οὗτοι πάντες) with regard to the ἄλλοι ἐξ ὑμῶν, Paul and the other apostles. One could even interpret 9,2 as limited to Paul and the apostles if one is aware of the reference-character of this passage (cf. Phil 2,16; 1 Clem 5,4.7)[19]. The epithet μακάριος applied to Ignatius and his fellows is not a secure indication of his status as a martyr. In early Christian literature before Martyrium Polycarpi μακάριος is not used as an indication of a martyr or martyrdom[20]. In 3,2 Polycarp writes about the *blessed* Paul in a general way, imitating perhaps 1 Clem 47[21], but certainly not insisting on the apostle's martyrdom (cf. also PolPhil 11,3).

1.5. The date of PolPhil is to be fixed near to the time of Ignatius' martyrdom (about A.D. 110-117). It is remarkable that even those authors who accept the theory of the two letters often criticise Harrison for his late dating of the second letter (135). Authors such as Barnard, Fischer, Camelot, etc. bring this date much nearer to the first letter

---

16. Joly follows here Völter very closely; see our article *L'(in)authenticité* (n. 6).

17. W. BAUER-H. PAULSEN, *Die Briefe des Ignatius* (n. 9), p. 112. In recent times Paulsen is preceded by W.R. SCHOEDEL, *Polycarp. Martyrdom of Polycarp. Fragments of Papias*, London, 1965.

18. The unity of style and the continuous use of *1 Clement* have often been mentionned, see G. KRÜGER, *Geschichte der altchristlichen Literatur*, Freiburg, 1898², p. 18; O. BARDENHEWER, *Geschichte der altkirchlichen Literatur*, Freiburg, 1913², vol. I, p. 167; E. HENNECKE, *Handbuch zu den neutestamentlichen Apokryphen*, Tübingen, 1914, p. 202; A. LELONG, *Ignace d'Antioche* (n. 9), p. LIV; K. BIHLMEYER, *Die apostolischen Väter*, Tübingen, 1970³, p. XXXIX.

19. According to Lelong (*o.c.*, p. 121) Polycarp considers the martyrdom of Ignatius as already a fact, without having exact information (cf. PolPhil 13,2). But this does not fit very well in the picture of vivid remembrance about Ignatius' presence in Smyrna (ch. 1).

20. Of course, *Rev.* 14,13 may have contributed to the martyrological "application" of the adjective.

21. Comp. also *1 Clem.* 44,5.

(Barnard: A.D. 120)[22]. However, an early dating of PolPhil (or chapter 1-12.14) is not without interest for the question of reception with which we are to deal[23].

2. The Literary Genre of PolPhil: Paraenesis

2.1. PolPhil belongs to a characteristic form of early Christian epistolary literature: a writing conceived as a real letter, though the contents are largely paraenetical. 1 Clement is a very clear illustration of this epistolary genre: a letter written on a particular occasion, but allowing the author to deal with a problem in a more general way, so that his recommendations are also applicable beyond the specific situation of his first readers. The problems in Corinth have been for the author of 1 Clement a starting point for a long paraenetical consideration on peace and order in the Christian community[24]. In the same way Polycarp deals with the theme of *righteousness*: the case of Valens is an opportunity to insist on an essential value of Christian life: δικαιοσύνη, in all its apects[25].

22. L.W. BARNARD, *The Problem of St. Polycarp's Epistle to the Philippians* in *Church Quarterly Review* 163 (1962) 421-430; = *Studies in the Apostolic Fathers and their Background*, Oxford, 1966, p. 31-39; J.A. FISCHER, *Die Apostolischen Väter*, München, 1956 (1981[8]), p. 236-237; P.T. CAMELOT, *Ignace d'Antioche. Polycarpe de Smyrne. Lettres. Martyre de Polycarpe*, Paris, 1969[4], p. 165-167; see also J.A. KLEIST, *The Didachè. The Epistle of Barnabas. The Epistle and Martyrdom of St. Polycarp*, London, 1948, p. 184, n. 6. P. VIELHAUER, *Geschichte* (n. 3), p. 558-563, comp. p. 154, accepts the theory of the two letters but leaves open the question of the date; comp. A. LINDEMANN, *Paulus im ältesten Christentum. Das Bild des Apostels und die Rezeption der paulinischen Theologie in der frühchristlichen Literatur bis Marcion*, Tübingen, 1979, p. 87. H. VON CAMPENHAUSEN, *Polykarp von Smyrna und die Pastoralbriefe* (1951), in *Aus der Frühzeit des Christentums*, Tübingen, 1963, p. 197-252, p. 238-239, pertinenly remarks that a date about 135 is rather difficult in view of ch. 1 with its vivid remembrance of Ignatius' captivity; but see n. 11.

23. Some authors maintain the date of Harrison, often in connection with the hypothesis of the anti-marcionite tendency of PolPhil 7,1, cf. T. AONO, *Die Entwicklung der paulinischen Gerichtsgedankens bei den Apostolischen Vätern*, Bern, 1979, p. 384-397, with discussion of preceding literature; comp. E. DASSMANN, *Der Stachel im Fleisch. Paulus in der frühchristlichen Literatur bis Irenäus*, Münster, 1979, p. 149-150. See recently C.M. NIELSEN, *Polycarp and Marcion: a Note*, in *Theological Studies* 47 (1986) 297-299; he considers that Polycarp's attack on Marcion is rather weak because Polycarp shares Marcion's view on canon. This is not very probable as long as PolPhil 7,1 lacks any clear reference to a specific point of marcionite doctrine.

24. See B. DEHANDSCHUTTER, *Martyrium Polycarpi* (n. 11), p. 161-164, comp. W.C. VAN UNNIK, *Studies over de zogenaamde eerste brief van Clemens. I. Het litteraire genre*, Amsterdam-London, 1970, whose description of *1 Clement* as belonging to the *symbouleutikon genos* is mere formal.

25. Cf. J. LIÉBAERT, *Les enseignements moraux des Pères apostoliques*, Gembloux, 1970, p. 70-80; P. STEINMETZ, *Polykarp von Smyrna über die Gerechtigkeit*, in *Hermes* 100 (1972) 63-75; A. BOVON-THURNEYSEN, *Ethik und Eschatologie im Philipperbrief des Polykarp von Smyrna*, in *TZ* 29 (1973) 241-256; comp; J. QUASTEN, *Patrology*, vol. I, Utrecht-Brussels, 1950, p; 79: "... a moral exhortation comparable to St. Clement's First Epistle to the Corinthians"; J.A. FISCHER, *Die Apostolischen Väter* (n. 22), p. 242.

2.2. The contents of the letter[26] make this clear enough. The laudatory introduction is followed immediately by a paraenetical application on the interrelation of faith and the righteous life (chapter 2). This is repeated with reference to the doctrine of Paul (chapter 3), to which a new application is added in the style of the "Haustafel". Chapter 4 is expanded by an instruction about the different groups in the community, but again stresses concrete moral conduct (5-6,1). The warning against heresy is put in a context of paraenesis (6,2-7,2) as well as the development on hope, followed by examples of Christian endurance (8-9). The appeal to follow the model of the Lord is again accompanied by paraenetical application (10), the case of Valens figuring as a negative example. The warnings of Scripture tend towards edification (11). After the last recommendations (12) even the reference to the letters of Ignatius contains the same theme[27]. The concluding recommendation of Crescens does not follow without a judgment on his behaviour (14).

2.3. It is not exaggerated to consider Polycarp's reception of preceding Christian literature as an integrated part of this paraenesis. He "received" this literature not only in the sense that it thoroughly influenced his own language and thought — there are a lot of reminiscences which indicate Polycarp's acquaintance with many early Christian books, without its being possible to trace them to one specific passage — but in many instances it is the authoritative source of his paraenesis. Polycarp's reception is nothing other than a demonstration that his ethical teaching is in continuity with the traditional Christian faith, guaranteed by the words of the Lord and the writings of the apostles. Why should this be considered as *un*original? Before looking more closely at Polycarp's reception (§ 3) we should briefly consider how he cites his authorities.

2.4. The first striking fact is the fourfold introduction εἰδότες ὅτι (1,3/4,1/5,1/6,1). This formula is quite Pauline, but Polycarp uses it as an introductory transition to a quotation from tradition (comp. 1 Peter 1,18)[28]. This means that his readers were also supposed to identify the quotation as such. The *Scriptures* (sacrae litterae; scripturae) are in a

26. The general epistolary outline of PolPhil is as follows: Inscriptio; Laudation of the Philippians (1); Admonition to faith and righteous life (2,1-4,1); Duties of members of the community (4,2-6,2); Warnings against the heretics (6,3-7,2); Admonition to endurance (8,1-9,2); Concluding paraenesis (10); The case of Valens (11-12,1); Conclusion: final recommendations and personal remarks 12,2-14.

27. "... they comprise faith and endurance and every kind of edification which pertaineth unto our Lord" (transl. Lightfoot).

28. Comp. J.B. LIGHTFOOT, *The Apostolic Fathers. Part II. S. Ignatius. S. Polycarp*, London, 1889², vol. III, p. 323-324; P.N. HARRISON, *Polycarp's Two Letters* (n. 7), p. 292-293. J.A. KLEIST, *The Didachè* (n. 22), p. 187, n. 12 provides another interpretation: the participle could be considered as conditional ("a joy which many would like to experience *if they were assured* etc...").

general way referred to in 12,1. The *teaching of the Lord* is referred to in 2,3/6,2/7,1/7,2. The *apostles* are mentioned in 6,3 and 9,1, and *Paul* alone in 3,2/9,1/11,2.3. In the case of 11,2 it has been supposed that the phrase "sicut Paulus docet" is an addition by the Latin translator[29], who wanted to confirm the preceding quotation as really Pauline. This supposition is quite possible in view of the following phrase (11,3) about the "*blessed* Paul". However, Paul is an authority explicitly mentioned. Yet is it right to conclude that he is the *only authority and the other apostles are of lesser importance?*[30] It seems to us that Paul is rather an authority with the *Philippians*: Polycarp, knowing that Paul is "their" apostle (see ch. 3), refers continually, be it implicitly, to the Pauline letter to the Philippians. It may be noticed that the name of Paul figures explicitly in the context of his relations to the Philippians. His role as explicitated authority seems well nigh limited to this.

3. Polycarp's Reception of Early Christian Literature

3.1. After the remarks of the preceding paragraph, we can now have a critical look at Polycarp's reception of the Pauline letters. According to *New Testament in the Apostolic Fathers* Polycarp knows almost all the Pauline letters, excepted *Col, 1 Thess, Philemon* and *Titus*[31]. A reliable trace of *Hebr.* is not easy to establish, though there are some contacts. P.N. Harrison and É. Massaux[32] arrive at the same results, but the latter adds: "il est à noter que tous les passages pauliniens dont il dépend ont un caractère moral nettement marqué ou bien sont introduits dans des contextes moraux"[33]. More recently, Lindemann stressed the difficulty of trying to know for sure which letters were used. In the case of PolPhil 4-6,1 for example, it is clear that Polycarp

---

29. See É. MASSAUX, *Influence de l'Évangile de saint Matthieu sur la littérature chrétienne avant saint Irénée*, Louvain-Gembloux, 1950 (= BETL 75, Louvain, 1986), p. 177; A. LINDEMANN, *Paulus* (n. 22), p. 90, n. 113; 228.

30. See e.g. G.G. BLUM, *Tradition und Sukzession. Studien zum Normbegriff des Apostolischen von Paulus bis Irenäus*, Berlin-Hamburg, 1963, p. 62; H. KÖSTER, *Introduction to the New Testament*, Philadelphia, 1982, vol. II, p. 307: "For Polycarp there is no apostolic authority other than Paul". The studies of Lindemann (n. 22) and Aono (n. 23) refer to the importance of Paul for Polycarp, recognising at the same time the theological distance that separates the two. According to Dassmann (n. 23) Polycarp proclaims Paul as an authority of the church, exactly in a time of less confidence in the apostle in orthodox circles. Vielhauer (n. 3) holds a similar view. But these opinions suppose a polemical context which is not present in the case of an early date of PolPhil.

31. *The New Testament in the Apostolic Fathers* (= NTAF), Oxford, 1905, p. 85-98; P.V.M. Benecke was responsible for PolPhil. A. Harnack includes also *1 Thess.* among the epistles known to Polycarp, cf. *Zu Polykarp ad Philipp. 11*, in *Patristische Miscellen* (TU 20), Leipzig, 1900, p. 86-93. W. SCHNEEMELCHER, *Paulus in der griechischen Kirche des zweiten Jahrhunderts* (1964), in *Gesammelte Aufsätze*, Thessaloniki, 1974, p. 154-181, see p. 162-163, is much more sceptic about Polycarp's knowledge of Pauline letters.

32. P.N. HARRISON, *Polycarp's Two Letters* (n. 7), p. 291-295.

33. É. MASSAUX, *Influence* (n. 29), p. 183.

presents a combination of "Haustafel", "Gemeinderegel" and "Tugend-
und Lasterkatalog" of his own. This has much in common with the
Pastoral Epistles, but it is not very easy to derive it from specific
texts[34]. Nevertheless, Paul must be recognised as an important source
for Polycarp's paraenesis, although one must bear in mind Massaux'
correct observations on the limits of the use of Paul's letters as to their
moral application. As such, Polycarp's use of Paul does not differ
essentially from his use of 1 Peter or 1 Clement!

Another remark must be made: H. Köster agrees that Polycarp
knows apostolic letters, uses them thoroughly, but quotes them rarely
in an explicit manner, and never as *Scripture*. Here Köster has to
explain away the case of 12,1, where we find a clear reference to
Eph 4,26, *quoted* as Scripture. Of course this could be accounted for by
the fact that the first part of the quotation corresponds with *Ps* 4,5 and
that Polycarp is unaware that the latter part does not belong to the Old
Testament[35]. This is very unlikely in a context which focuses on the
Philippians' knowledge of Scripture. The real reason for Köster's
reservation seems to be the implications for the history of the Canon[36].
Here a confusion is at hand between Polycarp's considering a text as
Scripture and the *canonical* status of a Pauline epistle. These are
different matters. Consequently, the possibility of Polycarp quoting
Eph 4,26 as Scripture is not to be excluded[37]. In the whole section

---

34. A. LINDEMANN, *Paulus* (n. 22), p. 221-232; comp. E. DASSMANN, *Der Stachel im
Fleisch* (n. 23), p. 154-155. The problems concern often Polycarp's knowledge of the
Pastoral epistles, denied e.g. by A.E. BARNETT, *Paul Becomes a Literary Influence*,
Chicago, 1941; M. DIBELIUS-H. CONZELMANN, *The Pastoral Epistles*, Philadelphia, 1972,
p. 2; N. BROX, *Die Pastoralbriefe*, Regensburg, 1969[4], p. 26-28. But see now K. ALAND,
*Methodische Bemerkungen zum Corpus Paulinum bei den Kirchenvätern des zweiten
Jahrhunderts*, in *Kerygma und Logos. Festschrift C. Andresen*, Göttingen, 1979, p. 29-48,
cf. p. 37; 45.

35. H. KÖSTER, *Synoptische Überlieferung bei den Apostolischen Vätern*, Berlin, 1957,
p. 113.

36. Comp. W.G. KÜMMEL, *Notwendigkeit und Grenze des neutestamentlichen Kanons*,
in E. KÄSEMANN, ed., *Das Neue Testament als Kanon*, Göttingen, 1970, p. 62-97, cf. p. 67,
n. 15: the quotation of *Eph*. 4, 26 as scripture only can be "ein Fehler der Überlieferung
oder ein Irrtum" (!); see the reaction of A. SAND, *Kanon. Von den Anfängen bis zum
Fragmentum Muratorianum* (Handbuch der Dogmengeschichte I, 3a) Freiburg, 1974,
p. 53-54.

37. C.M. NIELSEN, *Polycarp, Paul and the Scriptures*, in *ATR* 47 (1965) 199-216,
arrives at similar conclusions. However we don't share his opinion that Polycarp testifies
to an emerging canon. The fact that Polycarp considers Pauline letters on a par with the
Old Testament (in the context of 11-12,1) does not immediately mean an idea of
"canonisation". The Pauline letters are given "Lehrautorität" (A. HARNACK, *Die Briefsammlung des Apostel Paulus*, Leipzig, 1926, p. 72, n. 4), and even the value of *scripture*
(cf. already A. Jülicher, *Einleitung in das Neue Testament*, Tübingen, 1913[2], p. 428;446);
see otherwise R.M. GRANT, *The Formation of the New Testament*, London, 1965, p. 105-
106); comp. A. LINDEMANN, *Paulus* (n. 22), p. 228; I. FRANK, *Der Sinn der Kanonbildung*
(n. 5), p. 48-50. Earlier D. VAN DEN EYNDE, *Les normes de l'enseignement chrétien dans la
littérature patristique des trois premiers siècles*, Gembloux-Paris, 1933, pp. 45-46, refused

about Valens, Polycarp's paraenesis is almost Pauline: 12,1 is the conclusion of the treatment of the Valens-case. Polycarp judges it precisely on the base of the Philippians' knowledge of Pauline doctrine. Since they are familiar with Paul's letters (11,2-4), he stresses the authority of the apostle for the solution of the problem. This ought not to contradict the fact that elsewhere Pauline phrases are not introduced as Scripture. The authority of the apostle is taken together with other traditional paraenetical elements, because the aim of the first part of the letter is different (2-10).

3.2. There is little doubt that Polycarp knows and uses *1 Peter*[38]. Some passages could rely on liturgical tradition on which *1 Peter* is also dependent[39]. On the whole, *1 Peter* is received with a particular stress on the ethical dimensions of its thought. In 8,2 the idea of imitation is interpreted as an ethical motive, without much of the connotation of persecution which it might have in the context of *1 Peter* (cf. PolPhil 10,1)[40]. The clear references suggest that *1 Peter* has for Polycarp the same authority as the Pauline writings[41], but Polycarp does not mention Peter explicitly, because that apostle has no particular authority with the Philippians.

---

the interpretation of *Eph.* 4,26 as scripture in 12,1. Here again canonisation is confused with the idea of "scripture". Van den Eynde is followed by E. FLESSEMAN-VAN LEER, *Tradition and Scripture in the Early Church*, Assen, 1954, p. 43-45; cf. EAD., *Prinzipien der Sammlung und Ausscheidung bei der Bildung des Kanons*, in ZTK 61, 1964, 404-420, p. 406; R.P.C. HANSON, *Tradition in the Early Church*, London, 1962, p. 205-206.

38. Eusebius remarks: "Now Polycarp, in the said writing of his to the Philippians, extant to this day, has employed certain testimonies taken from the former epistle of Peter" (H.E. IV, 14,9). PolPhil seems however the only example of reception of *1 Peter* before the end of the second century, cf. K.H. SCHELKLE, *Die Petrusbriefe. Der Judasbrief*, Freiburg, 1976[4], p. 15-16. According to W.C. VAN UNNIK, *The Gospel of Truth and the New Testament*, in F.L. CROSS, ed., *The Jung Codex*, London, 1955, p. 79-129, the Gospel of Truth shows traces of the knowledge of *1 Peter*; but see K.H. SCHELKLE, *Das Evangelium Veritatis als kanongeschichtliches Zeugnis*, in BZ 5 (1961) 90-91.

39. For 2,1 see R. BULTMANN, *Bekenntnis- und Liedfragmente im ersten Petrusbrief*, in *Exegetica*, Tübingen, 1967, p. 285-297, cf. p. 289-291; *Theologie des Neuen Testaments*, Tübingen, 1977[7], p. 505. For 8,1 see K. WENGST, *Christologische Formeln und Lieder des Urchristentums*, Gütersloh, 1972, p. 85. It remains however possible that Polycarp had direct access to 'Pistis-formulae', cf. P. VIELHAUER, *Geschichte* (n. 3), p. 564-565. One could wonder whether this could be the better explanation for the parallel of PolPhil 1,2 *in fine* with Acts 2,24, though almost all authors consider it as a (free) quotation of Acts, cf. D. VÖLTER, *o.c.*, p. 31; A. LELONG, *o.c.*, 109; É. MASSAUX, *o.c.*, p. 173; others are less affirmative, cf. NTAF p. 98 (class c). PolPhil 1,2 is in this way comparable to the case of 2,1 with the parallel of Acts 10,42, see K. WENGST, *Didache* (n. 59), p. 270, n. 2. Compare now B.M. METZGER, *The Canon of the New Testament. Its Origin, Development and Significance*, Oxford, 1987, pp. 59-63.

40. But see otherwise T. BAUMEISTER, *Die Anfänge der Theologie des Martyriums*, Münster, 1980, p. 290.

41. Cf. É. MASSAUX, *Influence* (n. 29), p. 187; comp. O. KNOCH, *Petrus und Paulus in den Schriften der Apostolischen Väter*, in *Kontinuität und Einheit für F. Mussner*, Freiburg, 1981, p. 240-260.

3.3. There can be no doubt about the influence of the *Johannine Epistles* (1-2 *John*) H. von Campenhausen was nevertheless strongly opposed to this view. In 7,1 he found a "typische kirchliche Parole im Kampf gegen die kleinasiatische Gnosis"[42], but on the whole this idea is not very probable. Let us mention only the expression ἀντίχριστος; it is typical for *1-2 John*, and figures nowhere else in the New Testament. Polycarp is the *only* author among the Apostolic Fathers to use this specific designation for a heretic. This constitutes, together with the use of ἐκ τοῦ διαβόλου ἐστίν (*1 John* 3,8) in 7,1, a strong presumption for Polycarp's use of the Johannine epistles, or at least of *1 John*. Polycarp receives its strong condemnation of heresy, but not without commenting upon and interpreting it. It would be too much to expect him to quote the epistle under the name of John![43]

3.4. The reception of *1 Clement* is generally accepted. It is already manifest from the introductory formulae[44], but long lists of parallels can be drawn. To O. Bardenhewer *1 Clement* even figures as a direct example for Polycarp[45]. That the latter was not uncritical of his paragon we may learn from the comparison of *1 Clem* 13,2 and PolPhil 2,3 (see 4.3). *1 Clem* 7,2 (see also *1 Clem* 9,1; 19,2) as a model for PolPhil 7,2 is also instructive. Smyrna's bishop stresses not only the element of ψευδοδιδασκαλία (as a consequence of 7,1), but also changes παραδόσεως κανόνα into παραδοθέντα λόγον which he exemplifies immediately in the following reminiscences from *1 Peter* 4,7 and the borrowing from Matthew (see 4.3).

The influence of *1 Clement* on Polycarp is not unique. In the second century, the writing is fairly well known, as is testified by Dionysius of Corinth (= Eusebius, *H.E.* III, 16) and Irenaeus (*Adv. Haer.* III, 3,3).

---

42. H. VON CAMPENHAUSEN, *Polykarp von Smyrna* (n. 22), p. 239-240.

43. It is much less probable that Polycarp knew the gospel of John, how difficult this might seem in the light of the tradition from Irenaeus on, and taken into account his reception of the Johannine epistles. Many authors are inclined to accept some influence of Johannine thought or theology, e.g. F.M. BRAUN, *Jean le théologien et son évangile dans l'église ancienne*, vol. I, Paris, 1959, p. 282-287; but this does not strengthen the reception of the *fourth gospel* (of which the identity of the author is very obscure). At any rate apostolic authority of *John* is not to be shown before 150 A.D. Comp. also N.A. DAHL, *Der Erstgeborene des Satans und der Vater des Teufels (Polyk. 7,1 und Joh 8,44)*, in *Apophoreta. Festschrift E. Haenchen*, Berlin, 1964, p. 70-84. Comp. now for Papias: U. KÖRTNER, *Papias von Hierapolis. Ein Beitrag zur Geschichte des frühen Christentums*, Göttingen, 1983, pp. 197-198.

44. Cf. B. DEHANDSCHUTTER, *Martyrium Polycarpi* (n. 11), p. 165-171. E.T. MERRILL, *Essays in Early Christian History*, London, 1924, objected against Polycarp's knowledge of *1 Clement*; he was answered by B. CAPELLE, *La 1a Clementis et l'Épitre de Polycarpe*, in *Revue bénédictine* 37 (1925) 283-287. See also A.M. RITTER, *De Polycarpe à Clément: aux origines d'Alexandrie chrétienne*, in *ΑΛΕΞΑΝΔΡΙΝΑ. Mélanges C. Mondésert*, Paris, 1987, pp. 151-172, cf. pp. 152-153.

45. O. BARDENHEWER, *Geschichte der altkirchlichen Literatur* (n. 18), p. 166.

Yet Polycarp's reception displays a remarkable feature which certainly is to be noted: whereas in *1 Clement* the Old Testament and judeo-hellenistic paraenesis play a remarkable role[46], one does not find any trace of it in PolPhil. This has often been explained as the result of Polycarp's lack of knowledge of the Old Testament[47]. We think, however, that Polycarp was primarily looking for a specifically *Christian* paraenetical tradition, capable also of being similarly identified by the Philippians. His *originality* consists precisely in the fact that again and again he refers to earlier Christian literature in order to instruct the Philippians in the right way of solving the Valens-case by means of *Christian* conduct, not by following current Judeo-hellenistic models.

4. Polycarp's Reception of the Gospels

4.1. This question requires a close look at the introductory formulae. Polycarp's reference to the *words* of the Lord could be claimed to be an indication of his acquaintance with logia collections.

The case of PolPhil 2,3 offers a remarkable correspondence with the introduction and the logia in *1 Clem* 13,1-2. Nevertheless it is important to note that Polycarp *never* uses an indication of λόγια or λόγοι *in connection with a quotation*, rather he introduces a citation by referring to the Lord speaking, or teaching (2,3a; 7,2). Τὰ λόγια τοῦ Κυρίου occurs in 7,1 in a warning to him who alters the words of the Lord. In the context of the anti-heretical warnings of 7,1 it is rather improbable that τὰ λόγια refers only to a collection of sayings rather than to the *Gospelteaching* as such, i.e. the teaching handed down from the very beginning (7,2)[48]. It is important to compare with *1 Clement*'s use of λόγια. From *1 Clem* 53,1 it becomes clear that logia is almost parallel with sacred Scripture (cf. also 19,1; 62,3). Precisely in the context of *1 Clem* 13 a parallel is made between that notion and the words (λόγοι, cf. 2,1; 46,8) of Jesus (13,3-4) by means of a quotation of *Is* 66,2. In

46. See O. KNOCH, *Eigenart und Bedeutung der Eschatologie im theologischen Aufriss des ersten Clemensbriefes*, Bonn, 1964, p. 50-56; 64-68; A. JAUBERT, *Clément de Rome. Épitre aux Corinthiens*, Paris, 1971, p; 42-52; G. BRUNNER, *Die theologische Mitte des Ersten Klemensbriefs*, Frankfurt, 1972, 1972, p. 75-89.

47. Cf. P.T. CAMELOT, *Ignace d'Antioche* (n. 22), p. 168, n. 1; comp. A. PUECH, *Histoire de la littérature grecque chrétienne*, Paris, 1928, vol. II, p. 68; both authors see a reason in Polycarp's pagan origin. But H. VON CAMPENHAUSEN, *Die Entstehung der christlichen Bibel*, Tübingen, 1968, p. 76-90 gives a "theological" explanation: "Die Krise des alttestamentlichen Kanons".

48. See R. GRYSON, *À propos du témoignage de Papias sur Matthieu. Le sens du mot logion chez les Pères du second siècle*, in ETL 41 (1965) 530-547, cf. p. 537. From the long discussions about the testimony of Papias it became clear that logia may signify the contents of the *gospels*, cf. J. KÜRZINGER, *Papias von Hierpolis und die Evangelien des Neuen Testaments*, Regensburg, 1983. Even Irenaeus still speaks about the "falsantes verba Domini", meaning obviously the gospel teaching. As to PolPhil, it would be difficult to understand 7,1 about the heretics, if not the gospel teaching was meant.

this way the introduction of *1 Clem* 13,1-2 is much more than a mere reference to a saying collection. The words of the Lord are introduced as authoritative teaching.

1 Clem 53,1 is also important as to another aspect of the introductory formulae: "For you know the Holy Scriptures right well, beloved, and you have studied the words (logia) of God. So we write these things to remind you". In the first place this reminds us of PolPhil 12,1, which, in the light of *1 Clem*, has to be considered as an expression of modesty. But it is the notion of *remembrance* that is striking. The reminder of the words of Jesus in *1 Clem* 13,1-2 and 46,7-8 seems to us to be read in the light of 53,1, i.e. it gives no indication of a reference to *oral* tradition (of Jesus-sayings).

4.2. The use of the (synoptic) Gospels itself is a matter of much circumspicion for many authors. At least four approaches must be mentioned:

4.2.1. *New Testament in the Apostolic Fathers*[49] accepts only the presence of synoptic *tradition* in PolPhil. There is no serious evidence of the use of one of the synoptics, not even of Matthew. One can only speak of oral tradition (7,2), a body of teaching similar to the Sermon on the Mount (2,3; 12,3) or the early ecclesiastical use of the Lord's Prayer (6,1-2)[50].

4.2.2. To Harrison there is no doubt about Polycarp's *knowledge of Matthew and Luke*. Nor is it impossible to read in 5,2 an adaptation of *Mc* 9,35. The alteration of *1 Clem* 13,2 in PolPhil 2,3 is based on the Gospel text. 7,2 offers a combination of *Mt* 6,13 // *Lc* 11,4-5 and *Mt* 26,41 on the same ground, not as the result of "free quoting"[51].

4.2.3. Köster follows Harrison in the case of PolPhil 2,3; but the synoptics are also to be considered as "Vorlage" for 2,3b and 7,2. In 6,2 and 12,1 the presumption of *liturgical use* has much strength. Köster's general conclusion comes very near to Harrison's: there is knowledge of Matthew and Luke, less probably of Mark[52].

4.2.4. Massaux' dealing with PolPhil is very cautious. Far from insisting straightforward on the influence of Matthew, he admits for 2,3a the same base as for *1 Clem* 13: a primitive catechism, based on the Sermon of the Mount. Polycarp seems to use a more developed form of such a catechism, which appears to be derived from the *Matthean* Sermon on the Mount. On the other hand, PolPhil 2,3b

---

49. Before NTAF see e.g. W. SANDAY, *The Gospels in the Second Century*, London, 1876, pp. 82-87; V.H. STANTON, *The Gospels as Historical Documents. Part I. The Early Use of the Gospels*, Cambridge, 1903 pp. 16-21.

50. *The Testament in the Apostolic Fathers* (n. 31), p. 101-103.

51. P.N. HARRISON, *Polycarp's Two Epistles* (n. 7), p. 114-123.

52. H. KÖSTER, *Synoptische Überlieferung* (n. 35), p. 114-123; also *Introduction*, vol. II (n. 30), p. 306.

shows a literary dependance of the Matthaean text, as also is the case
for 7,2. 6,2 on the contrary refers to the Lord's Prayer as a prayer of
the community. Finally in all these texts neither Luke's nor Mark's
influence is ascertainable[53].

4.3. Let us now consider the evidence in the light of these approaches.

4.3.1. *PolPhil 2,3a*. In view of Polycarp's use of *1 Clement*, even as a
model, one can easily speak of an adaptation of *1 Clem* 13. Adaptation
here equals interpretation. On the one hand we find influence of the
Gospeltext. The beginning and the end of the quotation correspond to
Mt 7,1-2. The second and third recommendations are chosen from
1 Clement, very probably as a counterpart to the preceding implicit
quotation of *1 Peter* 3,9 and at the same time as thoroughly in
accordance with the general theme of δικαιοσύνη. The preceding
phrase also shows Polycarp's tendency to expansion. But an element
such as ἀφίετε κ.τ.λ. may be due also to Polycarp's intention to return
to the theme of forgiveness (cf. 6,2) with a much clearer allusion to the
Gospel[54].

4.3.2. *PolPhil 2,3b*. Polycarp adds a second element, the macarism
indicating anew inspiration by his interpretation of *1 Clement*. As
Köster stresses, this macarism, because of the redactional character of
its elements in the context of the Gospel of Matthew, must be based
on *Mt* 5,3.10. Polycarp's interpretation goes further. He omits the
reference to the *logoi* and quotes the Lord *teaching*. This reminds us of
Mt 5,2, the introduction of the Sermon on the Mount. We suppose
Polycarp reunites the preceding tradition (i.e. *1 Clement* and *Matthew*)
in order to conclude the first paraenetical section with a reference to the
authoritative teaching of the Lord. When admitting this originality on
the part of Polycarp in receiving *1 Clement* and *Matthew* in his own
way, the sharp distinction made by Massaux between 2,3a and 3,b
disappears[55].

---

53. É. MASSAUX, *Influence* (n. 29), p. 166-172; 186.

54. J.M. ROBINSON, *Logoi Sophon. On the Gattung of Q*, in H. KÖSTER-J.M. ROBINSON,
Trajectories through Early Christianity, Philadelphia, 1971, p. 71-113, cf. p. 98-99 even
sees PolPhil 2,3 in connection with the free development of sayings-collections, but the
tendency to bring 1 Clem. 13,2 into line with the gospels indicates the end of this freedom;
indeed 7,1 should point to the misuse of such collections by heretics. See also R. CAMERON,
Sayings Traditions in the Apocryphon of James, Philadelphia, 1983, p. 113-114. According
to H.T. WREGE, *Die Überlieferungsgeschichte der Bergpredigt*, Tübingen, 1968, p. 26-27;
126-126, *1 Clement* and PolPhil illustrate the fact of still existing *oral* cathechetical
traditions in the early church. Compare now W.-D. KÖHLER, *Die Rezeption des Matthäusevangeliums in der Zeit vor Irenäus*, Tübingen, 1987, pp. 105-108; this author nevertheless
agrees on knowledge of Matthew in other cases, mainly in 2,3b and 12,3.

55. É. MASSAUX, *Influence* (n. 29), p. 166-170; according to Massaux 2,3a depends on
a primitive catechism (based on Matthew's Sermon on the Mount), 2,3b shows literary
dependence on *Matthew*. Massaux seems to exaggerate the difference of style between the
two elements.

On the other hand, why suppose that Polycarp "assumes that a body of teaching, oral or written, *similar* to the Sermon on the Mount, was familiar to the Philippian Church?"[56] Before the middle of the century we cannot expect Polycarp to quote the first Gospel under the name of the apostle! The Gospel has authority because it contains the teaching of the Lord. Polycarp is confident that his readers will recognise the source of his teaching as authoritative. Therefore he adapts *1 Clement* in the sense of *Matthew*[57] and omits a confusing reference to *logoi*. He adds in his adaptation the macarism of *Mt* 5,3.10 containing the important notion of δικαιοσύνη, which is taken up again in the following.

4.3.3. *PolPhil 7,2 (6,2)*. Taken together with 6,2 this passage contains a strong indication of Polycarp's knowledge of the synoptic Gospels, or at least of *Matthew*. A verbatim agreement with the Gospel text is not denied by *New Testament in the Apostolic Fathers* for the concluding τὸ μὲν … ἀσθενής. Why then an appeal to oral tradition or "a document akin to our Gospels"?[58] One has to recognise that Polycarp offers his own combination of passages from different contexts. He is aware of the connection present in the Gospel itself between the petition of the Lord's Prayer and the Gethsemane text. Polycarp's reception points to the use of the Gospel of Matthew; only through this Gospel is the combination understandable, especially in view of the text of 6,2: the beginning of this passage suggests the reading of *Mt* 6,14-15. Massaux' different evaluation of 7,2 and 6,2 shows that it is not satisfactory to consider these texts separately; they are to be read in the context of PolPhil as a whole[59]. A little remark may be added about

56. *The New Testament in the Apostolic Fathers* (n. 31), p. 102. Recently R. GLOVER, *Patristic Quotations and Gospel Sources*, in *NTS* 31 (1985) 234-251, comes back to such an hypothesis. In his view 1 Clement 13 and PolPhil 2,3 document the existence of a "Terse source", much alike Q but not identical. D.A. HAGNER, *The Sayings of Jesus in the Apostolic Fathers and Justin Martyr*, in D. WENHAM, *The Jesus Tradition outside the Gospels*, Sheffield, 1985, p. 233-268, prefers the possibility of oral tradition (for 6,1-2 liturgical tradition), cf. p. 235-236; 240.

57. There is no need to suppose Lucan influence in 2,3b. The Mattaean τῷ πνεύματι is often omitted, cf. Gospel of Thomas log. 54. See also D. VÖLTER, *Ignatius*, p. 31: "Es ist kaum nötig zur Erklärung des blossen *ptōchoi* noch auf Luk. 6,20 zu reflectieren". Polycarp may combine easily Mt 5,3 and 5,10 because the formal structure of the macarism is parallel (see the ὅτι αὐτῶν ἐστι…). The use of βασιλεία τοῦ θεοῦ is not surprising in a context of "free" quotation. It could be influenced by the quotation of 1 Cor. 6,9 in 5,3; more in general the obtaining of or the entrance in the "kingdom" has in the Apostolic Fathers the expression βασιλεία τοῦ θεοῦ.

58. *The New Testament in the Apostolic Fathers*, p. 103.

59. É. MASSAUX, *Influence* (n. 29), p. 170-171. The difference is due to the supposition of the general use of the Lord's Prayer in the christian communities. But how is this use documented before 120 A.D.? *Didachè* 8,2 is the earliest instance and gives the impression that the use still is to be established. As it is done with reference to the *euaggelion*, it seems that at the beginning of the second century the Lord's Prayer becomes known through the

6,2. The second phrase is a peculiar example of Polycarp's reception. Very near to *Rom* 14,10.12 (a paraenetical passage), it omits the Old Testament quotation of 14,11. Does this not mean that Polycarp is looking for the sources of a properly Christian paraenetical tradition, rather than relying on the authority of Scripture in the sense of the Old Testament? (See also 3.4).

4.3.4. *PolPhil 12,3*. According to Köster a dependence on Matthew is probable because of a reference to the same Matthean context: the love of one's enemies and the claim for perfection (*Mt* 5,44/5,48). It is precisely this connection which makes influence of Luke (et odientibus vos) less probable. Also the notion of *praying* (Luke: do good) is Matthean; neither PolPhil 2,3 nor 7,2 indicates a sure reference to the third Gospel. The few Lucan elements in these texts and in 12,3 can be explained otherwise[60].

4.4. So far Harrison and Köster accept the influence of the Gospels (or of Mt) in view of their later dating of (2) PolPhil. Köster states that his conclusions about PolPhil contradict his findings about other Apostolic Fathers from about the same time (Ignatius, 1 Clement), but that Harrison provides an explanation[61]. But how valuable is this argument of contradiction in itself? It presumes that the knowledge of Gospels or parallel writings must have been the same for all *known* authors of a same period. On the other hand one could ask what argues against the knowledge of *Matthew* by Polycarp at an early date. Not the introductory formulae: the fact of remembering is not sufficient to point to *oral* tradition. Recently, R. Cameron has given some insights about the shift of meaning of the term "remembering". Though we cannot accept entirely his interpretation, it is clear from the comparison of *Jude* to *2 Peter* that "remembering" does not necessarily involve an oral source[62]. Also the introduction of the Lord *"saying"* gives little

gospel of Matthew. Cf. K. WENGST, *Didache (Apostellehre). Barnabasbrief. Zweiter Klemensbrief. Schrift an Diognet*, München, 1984, p. 26-27.

60. Textual variation does not exclude direct dependence on *Matthew*. Varying elements may be the result of adaptation by a "receiving" author. The last sentence of PolPhil 2,3a is a good example. Polycarp writes ἀντιμετρηθήσεται, seemingly nearer to Luke (Matthew: μετρηθήσεται; the textual transmission of Mt. gives some instances of the reading ἀντιμετρηθήσεται). 1 Clement 13 seems on the side of Matthew. But Clement of Alexandria, quoting precisely 1 Clement 13,2 gives nevertheless ἀντιμετρηθήσεται, omitting also ἐν αὐτῷ (Strom. II, 91,2). Are we to suppose for Clem. Al. a source other than *1 Clem.* 13? It may be added that Clem. Al. elsewhere quotes the same sayings in parallel with the gospels, though not without variation, cf. *Quis dives*, 33,4. In *Strom*. III, 107, 2, Clement quotes literally *1 Clem.* 46,8; again in this case we can perceive the tendency to quote the sayings of the Lord, without the exact mention of the source.

61. H. KÖSTER, *Synoptische Überlieferung* (n. 35), p. 120-123; P. VIELHAUER, *Geschichte der urchristlichen Literatur* (n. 3), p. 564 allows Polycarp knowledge of *Matthew*, also on the supposition of the later date of PolPhil 1-12.14.

62. R. CAMERON, *Sayings Traditions* (n. 54), p. 112-116. But already Salmon remarks in the case of 1 Clement 13 that the words "remember..." point distinctly to a written record which Clement could know to be recognised.

support to the supposition of a collection of *logia*. Even such later authors as Irenaeus or Clement of Alexandria quote our passages from the Gospel and introduce them by the Lord *speaking* (cf. Irenaeus, *Adv. Haer.* IV, 30,3; Clem. Alex., *Strom.* IV, 45,4), though they are supposed to quote from the written Gospel, known already as "according to Matthew" etc.

4.5. Our opinion could be strengthened if we could allow for the possibility of *1 Clement* and *Ignatius* knowing *Matthew*. Contrary to Köster e.a. we want to maintain that such is the case for 1 Clement[63]. O. Knoch rightly remarks that the moral sentences of Jesus were of importance to Clement[64]. Polycarp does not differ in this respect. But why claim that these sentences are available only through oral tradition or logia collections? The fact that from Justin's time on Matthew is considered as an important source must have had some kind of preparation in the first half of the second century. The Christian authors of that time were rather negligent in matters of literal quotation. Their main interest was not to quote from an (anonymous) Gospel, but to bring forward the teaching of Jesus. "Aux yeux de Clément Romain l'Évangile de Matthieu apparaît ... comme la source par excellence où on peut puiser les paroles de Jésus"[65]. In our opinion the same applies to Polycarp.

In so far as Ignatius is concerned, his knowledge of *Matthew* has again been accepted in recent times[66]. Though one must reckon with some difficulties, it is interesting to observe that the clearest references to Matthew belong to Ignatius, *Smyrn* (I, 1, cf. *Mt* 3,15; VI, 1, cf. *Mt* 19,12) and to *Pol* (II, 2, cf. *Mt* 10,16)[67]. Particularly the allusion in *Smyrn* I, 1 is difficult to understand without any connection with the Matthean text. Does not this imply that Ignatius supposes that the first Gospel was well known to the Smyrneans?

63. Cf. E. MASSAUX, *Influence* (n. 29), p. 35; J.A. FISCHER, *Die Apostolischen Väter* (n. 22), p. 8; O. KOCH, *Eigenart und Bedeutung* (n. 46), p. 99; D.A. HAGNER, *The Use of the Old and New Testaments in Clement of Rome*, Leiden, 1973. Hagner changes his mind in the article mentioned n. 56. The critique of K. BEYSCHLAG, *Clemens Romanus und der Frühkatholizismus*, Tübingen, 1967, p. 30-31, on Massaux' position is rather strange. He asks whether it is possible that 1 Clem. could use Matthew in a "pre-canonical" period. Again, why could the first gospel not have exercised influence before its 'canonical status'?

64. O. KNOCH, *Eigenart und Bedeutung* (n. 46), p. 99.

65. É. MASSAUX, *Influence* (n. 29), p. 65.

66. Cf. H. PAULSEN, *Studien zur Theologie des Ignatius von Antiochien*, Göttingen, 1978, p. 37-39; with more conviction U. LUZ, *Das Evangelium nach Matthäus*, Neukirchen-Zürich, 1985, p. 75-76. W.R. SCHOEDEL, *Ignatius of Antioch*, Philadelphia, 1985, p. 9 recognises the possibility, but inclines to agree with Köster on Ignatius' indebtedness to oral material. The Ignatian tradition however was of a Matthean type. But what is than the difference with the gospel? See now also with much nuance W.-D. KÖHLER, *o.c.*, 73-96.

67. The difference with a parallel passage in Ign. *Eph.* 18,2 is striking; to the Ephesians, the argument is almost "Pauline".

4.6. Within the limits of this study, we have not gone into the doctrinal aspects of PolPhil[68]. Nevertheless, it has been noted that Polycarp's concept of δικαιοσύνη comes very near to that of Matthew (and *1 Clement*). As a phenomenon of reception this points more to the use of the Gospel than to that of a sayings-collection. In the same time, a comparison with the notion of righteousness in *Clement* makes it clear that PolPhil is situated *between* the New Testament-writings and 2 Clement[69]. This forms a valuable indication in favour of our early date of PolPhil.

Conclusion

PolPhil is a remarkable example of reception in the first quarter of the second century. Contrary to the common view, we assume that its author is not unoriginal. He tries to defend Christian behaviour on the grounds of recognised Christian sources. In this he takes a big step in comparison with *1 Clement* by asking his adresses to consider their situation in the light of a specifically Christian tradition.

St. Michielsstraat 2-6   Boudewijn DEHANDSCHUTTER
B-3000 Leuven

---

68. Cf. T. AONO, *Die Entwicklung des paulinischen Gerichtsgedankens* (n. 23), p. 366-384; see also A.H.C. VAN EIJK, *La résurrection des morts chez les Pères apostoliques*, Paris, 1974, p. 127-134.

69. A. BOVON-THURNEYSEN, *Ethik und Eschatologie* (n. 25). On δικαιοσύνη in Polycarp see also W.-D. KÖHLER, *o.c.*, p. 103-104, and A.M. RITTER, *art. cit.*, pp. 154-155.

THE LORD'S PRAYER IN THE TEXTUAL TRADITION
A Critique of Recent Theories and Their View on Marcion's Role

The Lord's Prayer in its parallel yet different versions in Mt and Lk did not escape textual variation. The importance of this Prayer for all Christians and its early and widespread use have resulted in a set of variant readings which reflect, to some degree, its reception in various Christian communities. Although a majority of scholars agree with the Nestle-Aland text, this majority view has been disputed in different ways. After a brief picture of the consensus, we will give a critical appraisal of the alternative theories, and their consequences for the study of the reception.

I. TEXTUAL HISTORY AND RECEPTION OF THE LORD'S PRAYER ACCORDING TO THE MAJORITY VIEW

1. The majority view on the textual history

The critical texts of the Lord's Prayer as proposed by N[26] correspond to a broad consensus since Westcott-Hort. The data is well known. Mt 6,9-13 has the longer text with seven demands[1], Lk 11,2-4 the shorter one with five demands: the third and seventh demands from Mt are missing. If these forms of the text are indeed original, the explanation of the differences between Mt and Lk devolve on source and redaction criticism[2]. Textual criticism has to explain the remaining phenomena:
— in Mt: an extensive doxology after the seventh demand, part of which is already witnessed by the Didache[3]; a few witnesses have a trinitarian formulation of the doxology[4];

1. The number of demands in Mt has been disputed for centuries. Comp. J.A. BENGEL, *Gnomon Novi Testamenti*, Stuttgart, ³1860, p. 48: «Sexta rogatio et septima arcte cohaerent, ideo a nonnullis habentur pro una». Augustine counted seven, Origen and Chrysostom only six. That seven is a symbol of perfection is used as an argument against dividing v. 13. Comp. recently J. GNILKA, *Das Matthäusevangelium* (Herders theologischer Kommentar zum Neuen Testament, I, 1), Freiburg, 1986, p. 212: «Denn nur so ergibt sich die Siebenzahl (Zahl der Volkommenheit) aller Bitten, die sicher beabsichtigt ist». Without entering into this discussion, we prefer the distinction of seven demands, also because it simplifies a precise comparison with Lk.
2. Cf. recently G. SCHNEIDER, *Das Vaterunser des Matthäus*, in *À cause de l'évangile*. FS J. Dupont, Paris, 1985, p. 59-90. Comp. a clear summary by the same author: *Das "Gebet des Herrn" und das Vaterunser der Kirche*, in *Katechetische Blätter* 112 (1987) 580-586.
3. οτι σου εστιν η βασιλεια και (om. βασ. και Did) η δυναμις και η δοξα εις τους αιωνας αμην (omn. αμην Did): L W Θ 0233 f¹³ 𝔐 f g¹ q sy sa boᵖᵗ Didache.
4. οτι σου εστιν η βασιλεια του πατρος και του υιου και του αγιου πνευματος εις τους αιωνας αμην 1253 (pc).

— in Lk: the addition of the third and seventh demands from Mt, and a particular reading in v. 2, "may the Holy Spirit come upon us and cleanse us"[5].

All these variants, both in Mt and Lk, are explained by the consensus view as later additions, because of the age and quality of the witnesses, and the secondary nature of the readings.

2. The majority view on the reception

According to this theory, there were at the outset two different versions of the Lord's Prayer in the original text of the N.T. Because of the ecclesiastical authority and the frequent use of Matthew's gospel, the Matthean text of the Prayer has been the most successful version. Through liturgical use it has been expanded with a doxology. It has also strongly influenced the textual tradition of the shorter version in Lk, which has been assimilated in various ways to the longer version, both spontaneously and intentionally. The demand for the Holy Spirit in a minor fraction of the Lukan textual tradition is also due to a liturgical addition, most probably in the context of baptism.

3. The challenge of the consensus

The theory which we just summarized has been challenged in different ways. The authenticity of the demand for the Holy Spirit in Lk (v. 2), as well as the originality of the longer text in both the "Western" and Byzantine traditions of the Lord's Prayer as a whole in both Mt (including the doxology) and Lk, has ancient and recent defenders. The testimony of Marcion is always a central issue in the discussion. We will therefore pay special attention to the problems related to Marcion's text in our critical review of the alternative theories.

II. THE DEMAND FOR THE HOLY SPIRIT IN LK 11,2 v.l.

A few witnesses include a demand for the Holy Spirit in the Lukan text of the Lord's Prayer. The origin of this passage has been discussed for over a century[6].

1. The evidence

Tertullian, *Adversus Marcionem*, IV, 26, 3-4
3. (...) Cui dicam 'pater'? Ei, qui me omnino non fecit, a quo originem

---

5. For the Greek text in its variant forms, see II, 1.

6. For a brilliant survey of the *Forschungsgeschichte*, see G. SCHNEIDER, *Die Bitte um das Kommen des Geistes im lukanischen Vaterunser* (Lk 11,2 v.l.), in W. SCHRAGE (ed.), *Studien zum Text und zur Ethik des Neuen Testaments*. FS H. Greeven, Berlin-New York, 1986, p. 344-373.

non traho, an ei, qui me faciendo et instruendo generavit? A quo spiritum sanctum postulem? 4. A quo nec mundialis spiritus praestatur an a quo fiunt etiam angeli spiritus, cuius et in primordio spiritus super aquas ferebatur? Eius regnum optabo venire, quem numquam regem gloriae audivi, an in cuius manu etiam corda sunt regum? ... [7]

Instead of ἐλθέτω ἡ βασιλεία σου, a few witnesses have the following text:

— MS. 700 (British Museum MS. Egerton 2610; 11th C.): ἐλθέτω τὸ πνεῦμά σου τὸ ἅγιον ἐφ᾽ ἡμᾶς καὶ καθαρισάτω ἡμᾶς

— MS. 162 (Rom. Barberini Gr. 449; A.D. 1153): ἐλθέτω σου τὸ πνεῦμα τὸ ἅγιον καὶ καθαρισάτω ἡμᾶς

— Gregory of Nyssa (†394), De oratione dominica, 3. 737f.: ἐλθέτω τὸ ἅγιον πνεῦμά σου ἐφ᾽ ἡμᾶς καὶ καθαρισάτω ἡμᾶς (PG 44, 1157 C)

— Maximus Confessor (†662): Expositio orationis dominicae, 1. 350: ἐλθέτω σου τὸ πνεῦμα τὸ ἅγιον καὶ καθαρισάτω ἡμᾶς (PG 110, 884 B) [8]

2. The Holy Spirit in the Lord's Prayer according to Marcion

Since Harnack it is usual to refer to Marcion as the earliest witness for our variant [9]. This point of view however is not to be accepted without nuances.

7. Cf. *Tertulliani Opera. Pars I. Opera Catholica. Adversus Marcionem* (Corpus Christianorum. Series Latina, I), Turnhout, 1954, p. 615. Unfortunately, Epiphanius does not comment on Marcion's text of Lk 11,2-4.

8. For a discussion of codex 700 and a facsimile of the page with the variant reading under discussion, see H.C. HOSKIER, *A Full Account and Collation of the Greek Cursive Codex Evangelium 604*, London, 1890. Gregory of Nyssa repeats the text three times, the second time ἐφ᾽ ἡμᾶς is left out. Maximus may be dependent on Gregory, cf. F. HAUCK, *Lukas*, p. 149; B.M. METZGER, *A Textual Commentary on the New Testament*, Stuttgart, 1971, p. 155. In addition, Harnack refers to Acta Thomae, c. 27: ἐλθὲ τὸ ἅγιον πνεῦμα καὶ καθαρισάτω τοὺς νεφροὺς αὐτῶν καὶ τὴν καρδίαν. In its original context, this passage has no relation with the Lord's Prayer. It is to be noticed that the impressive increase of available NT MSS. in the 20th century has not brought to light any new witness containing this particular reading in Lk 11,2.

9. Cf. A. HARNACK, *Über einige Worte Jesu, die nicht in den kanonischen Evangelien stehen, nebst einem Anhang über die ursprüngliche Gestalt des Vaterunsers* (SPAW), Berlin, 1904, t. 1, p. 170-208; ID., *Der ursprüngliche Text des Vater-Unsers und seine älteste Gestalt*, in ID., *Erforschtes und Erlebtes. Reden und Aufsätze*, N.F., 4, Gießen, 1923, p. 24-35; ID., *Marcion. Das Evangelium vom fremden Gott*, Leipzig, ²1924 (repr., Darmstadt, 1960). According to Harnack, the demand for the Spirit was even the only demand in the first half of the original Lukan text. His reconstruction of Marcion's text:

Πάτερ,

(ἐλθάτω) τὸ ἅγιον πνεῦμα (σου ἐφ᾽ ἡμᾶς καὶ καθαρισάτω ἡμᾶς)

ἐλθάτω ἡ βασιλεία σου

τὸν ἄρτον σου τὸν ἐπιούσιον

δίδου ἡμῖν τὸ καθ᾽ ἡμέραν

(καὶ) ἄφες ἡμῖν τὰς ἁμαρτίας (ἡμῶν)

(καὶ) μὴ ἄφες ἡμᾶς εἰσενεχθῆναι εἰς πειρασμόν.

Tertullian does not quote Marcion's text literally, but he seems to refer to its various elements in the context of his own refutation of the heretic viewpoint[10]. The second demand ("Thy kingdom come") is not lacking as in MS. 700, but Tertullian does not mention the first demand "Hallowed be thy name". Instead we read "a quo spiritum sanctum postulem?" Tertullian's answer is: from God who created the angels, and whose spirit was moving over the face of the waters.

In our opinion there are several reasons why this passage in Tertullian does not entitle us to quote Marcion among the witnesses for the logion in the form of MS. 700.

a. In Marcion the reference to the Spirit does not replace the second demand ("Thy kingdom come") but the first demand ("Hallowed be Thy name").

b. In Tertullian's free rendering of the other demands, the original verb is always maintained: "cuius regnum optabo *venire*; quis mihi *dabit* panem cottidianum; quis mihi delicta *dimittet*; quis non sinet nos *deduci* in temptationem". This does not necessarily prove that it is also the case in the first question, "a quo spiritum sanctum *postulem*", but it is at least hypothetical to suppose a verb like "advenire" (ἐλθέτω).

c. In addition, if Marcion's text were identical with MS. 700, it would have two subsequent demands starting with ἐλθέτω. In view of the fact that all the other demands have a different verb, this would not fit very well with the overall literary form of the Lord's Prayer[11].

d. There is no trace in Tertullian of the second part of the logion: καὶ καθαρισάτω ἡμᾶς. Therefore, there are no grounds whatsoever to postulate these words in Marcion's text[12].

Provided that the text referred to by Tertullian is really Marcion's, we may infer that the Holy Spirit was certainly mentioned in Marcion's

10. According to some scholars, Tertullian may be referring here to his own text of the Lord's Prayer. Comp. A. LOISY, *Luc*, p. 315: "On dirait que le texte de Marcion est aussi bien celui de Tertullien"; B.M. METZGER, *Textual Commentary*, p. 155. Contra: R. FREUDENBERGER, *Zum Text der zweiten Vaterunserbitte*, in *NTS* 15 (1968-69) 419-432.

11. E. LOHMEYER, *Das Vater-unser*, Göttingen, 1946; [5]1962, p. 186, sees the problem: "denn nun beginnen die beiden ersten Bitten auf fast unmögliche Weise mit einem 'es komme'". He thinks that this is the result of the inclusion of an existing prayer into the Lukan text by Marcion. On the other hand, Lohmeyer would not attribute the creation of the verse to Marcion, because of its Old Testament flavour (*ibid.*, p. 186f). According to A. LOISY, *Luc*, p. 316: "Les allusions de Tertullien suggéreraient plutôt: 'Soit ton esprit saint sur nous' etc.". Comp. W. GRUNDMANN, *Lukas*, p. 232: "Die dem Vaterunser widersprechende Parallelität des zweimaligen 'es komme' bei Marcion verbietet diesen Text als ursprünglich anzusehen". F. HAUCK, *Lukas*, p. 149, on the contrary supposes that Marcion indeed has ἐλθέτω twice, but this then proves that the text is not original (comp. Lohmeyer).

12. Several authors too easily add these words to their reconstruction of Marcion's text without mentioning that there is no historical evidence for this reconstruction. A.o. I.H. MARSHALL, *Luke*, p. 458; JEREMIAS, *The Lord's Prayer in Modern Research*, in *ExpT* 70 (1958-59) 141-146; esp. 141.

text, but that there is perhaps no relationship at all between this reference and the logion in Gregory of Nyssa and MS. 700. Apart from the arguments mentioned above, which concern the form of the prayer in Marcion, a (direct) influence on Gregory can also be doubted because of Marcion's reputation as a heretic[13]. The variant with ἅγιον in Marcion may have a quite independent origin. He may have introduced the theme himself: the idea of holiness was already present in the original text (ἁγιασθήτω τὸ ὄνομά σου)[14] and, as has often been suggested, Marcion may have replaced the Jewish concept of ὄνομα by πνεῦμα[15]. However, it is no longer possible to restore the exact formulation of the Marcionitic prayer, so that any further speculation about his inspiration and motives when introducing the theme of the Spirit, must remain highly hypothetical[15b].

13. Cf. G. SCHNEIDER, *Die Bitte*, p. 359.

14. The suggestion has been made by C.B. AMPHOUX, *La révision marcionite*, p. 110 (cf. *infra*, n. 32): After having rejected the hypothesis that Marcion's text corresponded with MS. 700, he makes the following suggestion: «*Sanctum* est, en effet, un rappel possible de l'impératif de la première demande (lat. *sanctificetur*), surtout si l'on comprend *spiritum sanctum* comme une proposition infinitive dépendant du *postulem*: 'à qui demanderai-je (que ton) esprit (soit) saint?'".

15. Among many others, see, e.g., B. WEISS, *Markus und Lukas*, ⁹1901, p. 461, note: "von Markion an die Stelle der so stark alttestamentlich klingenden 1. Bitte gerückt ...". Comp. V. ROSE, *S. Luc*, p. 113; J.M.S. BALJON, *Lukas*, p. 270; M.-J. LAGRANGE, *Luc*, p. 323; H. VON BAER, *Der Heilige Geist in den Lukasschriften*, Stuttgart, 1926, p. 149-152. It is often said that the Jewish "name" is exchanged for the Christian "spirit". This may be correct, provided that "spirit" is not considered exclusively Christian and unjewish (cf. e.g., Joel 3,1ff!).

15b. The presence of the full variant (in the form of MS. 700) in Marcion's text has been defended in a recent article by J. MAGNE, *La réception de la variante "Vienne ton Esprit Saint sur nous et qu'il nous purifie" (Lc 11,2) et l'origine des épiclèses, du baptême et du "Notre Père"*, in *Ephemerides Liturgicae* 102 (1988) 81-106. It would lead us too far to discuss in detail his use of an extensive range of ancient liturgical material, and his breathtaking reconstruction of the development of the text of the Lord's Prayer, from its earliest version attributed to John the Baptist (in Q?) to the later versions presented as a prayer of Jesus in Lk and Mt. His main argument in favour of accepting the full variant as belonging to Marcion's text is related to Tertullian's procedure. Magne is convinced that Tertullian cites only those passages from Marcion's text which can be useful for his polemic goal. Therefore, the absence of a passage does not prove that it was actually lacking in Marcion: either there was no reason for Tertullian to conserve it, or there was a good reason to omit it. So, according to Magne, the demand "hallowed be thy name", was certainly in Marcion's text, but Tertullian did not want to stress the reference to the name (the "new" name of "Father") because the followers of Marcion could have abused it to proof their distinction between the God of Jesus and the God-Creator. On the other hand, the absence of "and cleanse us" in Tertullian's reference to Marcion's text, is explained by the fact that this part of the sentence was useless for Tertullian's argumentation, just like the second part of the demand concerning the remission of the debts: "Il n'avait rien à tirer de ces deux phrases pour sa démonstration,; il n'y a donc pas lieu de douter de leur existence" (p. 85). In our opinion, such a procedure to reconstruct Marcion's text, though attractive at first sight, could lead into pure arbitrariness, and it

As a result, we would not quote Marcion among the witnesses for the
logion on the Holy Spirit in the form of MS. 700. An unqualified
reference to Marcion in the critical apparatus at this point may be
misleading.

3. *An authentic logion?*

Several authors have defended the authenticity of this logion on
various grounds[16]. For most of them an important argument of
external criticism is Marcion's version of the Lord's Prayer. They
therefore date the logion before 150. As we have shown above, this
argument is disputable. On the level of internal criticism it has sometimes
been argued that the reference to the Holy Spirit in Lk 11,13 ὁ πατὴρ
[ὁ] ἐξ οὐρανοῦ δώσει πνεῦμα ἅγιον, where Mt 7,1 reads δώσει ἀγαϑά,
is due to the original presence of the Spirit in v. 2[17]. Some authors
point to the Lukan wording of the demand, his emphasis on the Holy
Spirit (Lk 11,13; Acts 4,31; 10,15; 11,8; 15,9), the affinity with several
other NT passages (e.g. Mk 1,10 par; Lk 1,35; 4,18; Jn 1,33; Acts 8,15,
10,44; 15,8f.; 19,6; 1 Thess 4,8; Gal 4,6; Rom 8,15; Tit 3,5; 1 Pet 4,14),
and the liturgical colour which may prove the baptismal or eucharistic
origin perhaps in Luke's own day or even in Jesus' life[18]. In this case, it
is said, the witnesses, though few, are valuable because they escape the
strong tendency of assimilation with Mt[19]. The replacement of the

seems safer to prudently stick to the elements which are actually present in Tertullian's
text.

16. G. SCHNEIDER, *Die Bitte*, p. 358, mentions Resch, Blass, Harnack, Spitta, Paslack,
G. Klein, J. Weiss, Loisy, Leisegang, Streeter, Klostermann, Greeven, Lampe, Grässer,
Leaney, Ott, Freudenberger. Among earlier authors, one can refer to Hilgenfeld, Zeller,
Volkmar, etc. In recent times, a more extensive argumentation in favour of authenticity is
given by R. LEANEY, *The Lucan Text of the Lord's Prayer (Lk XI, 2-4)*, in *NT* 1 (1956)
103-111; R. FREUDENBERGER, *Zum Text*; G. SCHNEIDER, *Die Bitte*. Their main arguments
are mentioned in our discussion.

17. Comp. HARNACK, *Worte*, p. 199. According to A. LOISY, *Luc*, p. 316, "Il paraît
arbitraire de renverser le rapport en supposant qu'une variante aurait été introduite dans
la prière par l'influence de cette conclusion". However, Loisy does not explain why that
would be so arbitrary.

18. Cf. R. LEANEY, *art. cit.*, p. 104: "καϑαρίζω of a spiritual or metaphorical
purification cf. Ac X 15, XI 18 and especially XV 9 ..." Concerning the affinity with other
NT texts, Leaney refers to F. CHASE, *The Lord's Prayer in the Early Church* (Texts and
Studies, I, 3), Cambridge, 1891, p. 25ff., who quotes Mk 1,10 par; Lk 1,35; 4,18; Jn 1,33;
Acts 8,15; 10,44; 15,8f; 19,6; 1 Thess 4,8; Gal 4,6; Rom 8,15; Tit 3,5; 1 Pet 4,14. Leaney
concludes: "A petition like 'may the Holy Spirit come upon us and cleanse us' may
therefore have been in constant use in the early days of the church's history" (p. 106). But
his arguments in favour of an early eucharistic origin of the formula are highly
hypothetical.

19. Comp. HARNACK, *Worte*, p. 198. In his opinion, even the demand for the kingdom
in Luke is a secondary assimilation with Mt. On the other hand, because of the authority
of Mt, no later scribe would have ventured to introduce a new reading (Lk 11,2 v.1.) into
the text of the Lord's Prayer. Comp. H. GREEVEN, *Gebet und Eschatologie im Neuen
Testament* (NTF, III, 1), Gütersloh, 1931, p. 73.

demand for the parousia (ἐλθέτω ἡ βασιλεία σου) by a prayer for the Holy Spirit is considered characteristic for Lukan theology. The biblical and Jewish background of the terminology is stressed[20], and it is argued that a reference to the Holy Spirit well suits a prayer taught by Jesus, which is compared with a prayer taught by John the Baptist (comp. Lk 11,1)[21]. It has also been proposed that Luke has introduced the Spirit as an "Ersatz" for the Kingdom, in line with his concept of "Parusieverzögerung"[22]. The disappearance of the passage from almost all the witnesses "is part of the process by which the Matthean version has completely ousted the Lucan in general christian usage"[23].

4. *The origin of the logion*

The common opinion, however, is not in favour of the authenticity of this logion. The weakness of the textual evidence is stressed[24]. Lukan redaction is rejected on the basis of literary and theological arguments[25]. Lk 11,13, which is often considered redactional change of Q[26], may have itself inspired the introduction of the Spirit in the Lord's

20. Cf. I.H. MARSHALL, *Luke*, p. 458. He refers to Ps. 51,11; 143,10; Wis 9,17; 1QS 4,21.

21. Comp. HARNACK, *Worte*, p. 206; R. LEANEY, *art. cit.*, p. 110; I.H. MARSHALL, *Luke*, p. 458.

22. E. GRÄSSER, *Das Problem der Parusieverzögerung in den synoptischen Evangelien und in der Apostelgeschichte* (BZNW, 22), Berlin, ³1977, p. 110: "Im Zuge der *Parusieverzögerung* tritt die Bitte um das Reich zurück hinter die um den Geist, der das Unterpfand dafür ist, daß Gott — wenn auch mit Verzug — doch zu seiner Verheißung steht!" Comp. W. OTT, *Gebet und Heil. Die Bedeutung der Gebetsparänese in der lukanischen Theologie* (SANT, 12), München, 1965, p. 115f.

23. Cf. R. LEANEY, *art. cit.*, p. 104.

24. E.g. J. HENSLER, *Das Vaterunser. Text- und literarkritische Untersuchungen* (NT Abh, IV, 5), Münster, 1914, p. 37. J. SCHMID, *Lukas*, p. 197: "muß schon auf Grund der Textbezeugung als späterer Einschub gelten". I.H. MARSHALL, *Luke*, p. 458: "A reading which is attested in only two later Greek MSS is highly unlikely to be original". One should also add that MS. 700 is known for its many particular readings (cf. H.C. HOSKIER, *A Full Account*; see n. 8). R. Freudenberger, who defends the authenticity of the variant (which would even be older than Q!), relies for a great deal on minor indications from indirect evidence: Old Latin, Syriac and Diatessara, which are supposed to contain traces of the ἐφ' ἡμᾶς of Codex D, which itself could be "eine karge Erinnerung an die durch die Reichsbitte verdrängte Geistbitte"; cf. *Zum Text*, p. 432 (comp. already B. Weiss, A. Plummer, a.o.). One wonders if such a construction stands against the impressive quasi-unanimity of the direct evidence. In addition, one has to take into account that Maximus may be dependent on Gregory, and MS. 162 on MS. 700. For ἐφ' ἡμᾶς in codex D, see also *infra*, n. 40.

25. Cf. G. SCHNEIDER, *Bitte*, p. 367-369. The presence of the demand also contradicts the structure of the prayer; cf. J. CARMIGNAC, *Recherches sur le "Notre Père"*, Paris, 1969, p. 91: "en outre elle constitue une requête pour les hommes, alors que le début du 'Notre Père' est manifestement consacré à des souhaits offerts à Dieu".

26. Against Loisy (cf. *supra*, n. 17), we would prefer the hypothesis according to which Lk may have introduced his favoured theme of the Holy Spirit in this Q-text. And this

Prayer, perhaps first as a marginal gloss which later intruded into the text[27]. The logion could be the result of the ancient tendency to spiritualize the prayer[28]. Originally it may have been a baptismal prayer or it may have been related to the laying on of hands[29]. The insertion of this demand is considered to be in line with the general tendency to expand the Lukan text of the Lord's Prayer. Bruce Metzger remarks that "the cleansing descent of the Holy Spirit is so definitely a Christian, ecclesiastical concept that one cannot understand why, if it were original in the prayer, it should have been supplanted in the overwhelming majority of witnesses by a concept originally much more Jewish in its piety"[30].

In his recent analysis G. Schneider carefully examines different possibilities, and ultimately agrees with the conclusion of the majority of scholars. The demand for the Spirit does not correspond with the New Testament concept of the coming of the Spirit. It pleads against the hypothesis of a Lukan redaction that in Luke's view the promise of the Spirit has been fulfilled (cf. Acts 2,14; 8,14-17; 10,44-48), and that the Lukan writings never attribute "cleansing" to the Spirit. A later copyist may have been inspired by Ez 36,22-32 LXX where the sanctification of God's name (v. 23), the announcement of the cleansing (v. 25) and the reception of the Spirit (v. 27) are mentioned[31].

---

verse on its turn may have inspired the introduction of the Spirit into the Lord's Prayer itself. Comp., e.g., H.A.W. MEYER, *Lukas*, p. 411, note. J. WEISS, *Lukas*, p. 465, note, calls it "ein Vorblick auf V. 13". Also: Rose, Baljon.

27. Among those who consider Marcion as the earliest witness, several authors think that he included such a marginal note into the text. Cf. H. VON SODEN, *Die ursprüngliche Gestalt des Vaterunsers*, in *Die Christliche Welt* 18 (1904) 218-223, p. 223; ZAHN, *Lucas*, p. 770; MEYER, *Markus und Lukas*, p. 410, note; J. HENSLER, *Das Vaterunser*, p. 43. BALJON, *Lukas*, p. 270; MANSON, *Luke*, p. 134. But the addition of a marginal note is not necessarily related to Marcion.

28. Cf. J. WEISS, *Lukas*, p. 456, note.

29. Cf. VON SODEN, *ibid.*; PLUMMER, *Luke*, p. 295, n. 1; HAUCK, *Lukas*, p. 149; LOHMEYER, *Vater-unser*, p. 261-270; SCHMID, *Lukas*, p. 197; MARSHALL, *Luke*, p. 458; SABOURIN, *Luc*, p. 230; J. JEREMIAS, *The Lord's Prayer*, p. 141: "We know that it was an old baptismal prayer and we may conclude that it was added to the Lord's Prayer when this was used at the baptismal ceremony"; J. CARMIGNAC, *Recherches*, p. 90. G. SCHNEIDER, *Die Bitte*, p. 363, also prefers this explanation: "nach den Gesagten darf man wohl einen Ursprung der Geistbitte im Zusammenhang der Taufspendung als Möglichkeit in Rechnung nehmen".

30. Cf. B.M. METZGER, *Twentieth Century Encyclopedia in Religion*, II, Grand Rapids, Mich., 1955, p. 673; again in *A Textual Commentary*, p. 156.

31. Cf. G. SCHNEIDER, *Die Bitte*, p. 370-371. Another question is why the demand for the Spirit replaces the demand for the Kingdom. Did the scribe consider the Spirit as "Ersatz" for the delay of the Kingdom? Comp. SCHNEIDER, *ibid.* p. 370. Such an intervention by an "intelligent" scribe is not to be excluded, but there may be a very simple explanation on the level of transcriptional probability: a scribe has introduced the demand for the Spirit without leaving out anything, a later scribe has left out the demand for the Kingdom by accident (homoeoarcton: twice ἐλθέτω).

In our opinion, the arguments against authenticity are indeed decisive. The hypothesis of a later liturgical insertion remains the most probable, though unproven, explanation. Provided that Marcion is not to be considered a witness for the logion under discussion, its insertion was not necessarily made very early, Gregory of Nyssa being the earliest witness. The nature and the date of the Lukan MS. at his disposal is unknown to us.

III. Back to the "Western" text

In a paper read at the Colloquium on the Latin Bible in Louvain-la-Neuve in 1986, C.B. Amphoux has strongly defended the "prerecensional" character of the "Western" text of the Lord's Prayer, and the paramount importance of Marcion's influence in the creation of the shorter type which became the critical text in the editions since Westcott-Hort[32]. He expressed the hope that his paper would provoke reactions.

1. *The main trend of the argumentation*

The author first gives a detailed and very useful survey of the different shorter and longer forms of the Lord's Prayer in Luke. Then he argues that Marcion's text of Luke from about 140 A.D., with a short version of the Lord's Prayer, is the oldest datable form we know, but that the Old Latin with a longer text is to be dated only a few years later[33]. That means that, about 150 A.D., there are two forms of the Lord's Prayer which contain all the variants of the MS.-tradition (except for v. 2 according to MS. 700)[34]. How to choose then among

---

32. C.B. Amphoux, *La révision Marcionite du "Notre Père" de Luc (11,2-4) et sa place dans l'histoire du texte*, in R. Gryson & P.-M. Bogaert (eds.), *Recherches sur l'histoire de la Bible Latine* (Cahiers de la RTL, 19), Louvain-la-Neuve, 1987, 105-121. The Colloquium was held on April 18th, 1986, at the occasion of the promotion of H.J. Frede as a *doctor honoris causa* in theology.

33. Cf. *Révision*, p. 108, 116.

34. *Ibid.*, p. 110. Amphoux's reconstruction of Marcion's text:

Πάτερ
ἁγιασθήτω τὸ πνεῦμά σου
ἐλθέτω ἡ βασιλεία σου
τὸν ἄρτον σου τὸν ἐπιούσιον
δίδου ἡμῖν τὸ καθ' ἡμέραν
καὶ ἄφες ἡμῖν τὰς ἁμαρτίας ἡμῶν
(καὶ γὰρ αὐτοὶ ἀφίομεν παντὶ ὀφείλοντι ἡμῖν)
καὶ μὴ ἄφες ἡμᾶς ἀνεωχθῆναι εἰς πειρασμόν.

The "Western" text of the Lord's Prayer (Codex D):
Πάτερ ἡμῶν ὁ ἐν τοῖς οὐρανοῖς
ἁγιασθήτω τὸ ὄνομά σου
ἐφ' ἡμᾶς ἐλθέτω σου ἡ βασιλεία
γενηθήτω τὸ θέλημά σου

these two forms whose attestation is (almost) equally ancient? Marcion is known for having abbreviated the New Testament in many ways in his effort to eliminate Jewish elements from Christianity. It would be surprising, Amphoux thinks, if he had not done so in this case[35]. This is one reason why the short text, which has been preserved in the Alexandrian type, is supposed to be the result of this "recension". Another reason is that this short version, with its shift from immediate needs to lasting situations in the 4th and the 5th demands, is more adapted to the later situation of the church, and therefore points to the second century[36]. Finally, and most importantly, the "Western" text is constructed according to well-known Jewish rhetorical principles, which point to an early origin[37]. It may therefore be considered to have maintained a prerecensional form, close to the original text. On the other hand, the 4th C. recension in the East (the Byzantine text) has a different origin: it is an adaptation of the shorter form to the longer form.

2. *The reception of the Prayer in this view*

The picture of the reception of the Lord's Prayer, which results from

ὡς ἐν οὐρανῷ
καὶ ἐπὶ τῆς γῆς
τὸν ἄρτον ἡμῶν τὸν ἐπιούσιον
δὸς ἡμῖν σήμερον
καὶ ἄφες ἡμῖν τὰ ὀφειλήματα ἡμῶν
ὡς καὶ ἡμεῖς ἀφίομεν τοῖς ὀφειλέταις ἡμῶν
καὶ μὴ εἰσενέγκῃς ἡμᾶς εἰς πειρασμὸν
ἀλλὰ ῥῦσαι ἡμᾶς ἀπὸ τοῦ πονηροῦ.

35. *Ibid.*, p. 111.

36. *Ibid.*, p. 109: "la quatrième demande (d'après Origène) contient l'impératif présent δίδου, dont la valeur de durée est renforcée par l'expression verbale 'chaque jour'"; "comme le présent de la quatrième demande, les 'péchés', commis sans cesse et dont le pardon est toujours à demander, impliquent une idée de durée, tandis que la 'dette' est remise une fois pour toutes"; p. 116 (concerning these readings which take into acount 'la durée'): "si Marcion en est l'auteur, c'est qu'il n'a pas seulement accompli l'œuvre négative que lui reprochent ses détracteurs, mais, en véritable bibliste, il a su faire une actualisation utile, dont les principaux éléments lui ont survécu".

37. *Ibid.*, p. 111f. For the text of Codex D, cf. *supra*, n. 34. There are 7 demands: 3 for God, 4 for men; 7 imperatives in the aorist, pointing to a precise urgent context; in the demands for God, σου is used once in each of the three (= 3); in the demands for men, the personal pronoun 1st plural is used twice in each demand (= 8); "or dans une symbolique des nombres couramment reconnue comme existant dans la Bible, 1 représente l'unité qui caractérise le monde céleste, 2, la division du monde terrestre, 3, Dieu et 4 l'humanité (...); les encadrements des demandes (...) soulignent, nous semble-t-il, cette fonction des nombres: le même mot ('ciel') est répété pour encadrer les demandes pour Dieu, tandis que deux mots différents ('terre' et 'mal') se répondent, de part et d'autre des demandes pour l'homme". Amphoux underlines the structural importance of numbers throughout the New Testament, a delicate matter to evaluate anyway.

this reconstruction of early textual history, is of course quite different from the development mentioned above. Indeed, in this view all communities originally used a longer form (according to Mt or to Lk). Marcion has abbreviated the Lukan text in line with his anti-Jewish tendency, and to meet the needs of a "lasting" church. Various Christian communities in different regions of the ancient world reacted in various ways to this amputation. Some churches maintained the heretical shorter form with minor corrections, while others remained faithful to the original longer form, either by preserving the "Western" version, or by adapting the shorter text to the longer (the "Byzantine" type).

3. *Critical remarks*

It seems difficult to agree with this reconstruction for several reasons.
a. The phenomenon of assimilation and harmonization, which is so typical for the D-text, especially in Lk, has been underestimated[38].
b. In this particular passage, the longer text is almost literally parallel to Mt. The rhetorical features, which are so heavily stressed by Amphoux, are all there in Mt. In our opinion, their presence in the D-text of Lk is due to simple assimilation. The formulation of the second demand is indeed somewhat particular (ἐφ' ἡμᾶς ἐλθέτω σου ἡ βασιλεία), but its importance should not be overemphasized. According to Amphoux: "La deuxième demande, selon D.05, dans Lc mais non dans Mt, a en son centre l'impératif et le pronom σου, qui sont aux extrémités des demandes 1 et 3. Cette disposition en chiasme n'est pas une fantaisie, elle est, par sa subtilité, dans l'esprit du reste de la composition"[39]. One wonders if the subtlety is not rather in this hypothesis. Indeed, the words ἐφ' ἡμᾶς may very well be the end of the first demand. Palaeography rather points in that direction, whereas grammar and content do not make this impossible[40]. In that case, there

---

38. The harmonizing tendency of Codex Bezae is a well-known phenomenon, especially in Luke. In our study of the context of Lk 6,5D, we have seen that "the degree of harmonization of the D text in these Sabbath pericopes varies greatly among the Synoptics. In Mt D has only a few peculiar variants; thus one can hardly speak of harmonization. In Mk the number of exclusive D readings is still limited, but they are more harmonistic. In Lk however, the overwhelming majority of deviations from N[26] are exclusively D readings (in both D and d) and the text has been harmonized throughout..." Cf. J. DELOBEL, *Luke 6,5 in Codex Bezae: The Man Who Worked on Sabbath*, in *À cause de l'évangile* (cf. supra, n. 2) p. 453-477, p. 456. Tests in other passages confirm this conclusion. Comp. also J. DELOBEL, *The Sayings of Jesus in the Textual Tradition. Variant Readings in the Greek Manuscripts of the Gospels*, in ID. (ed.), *Logia. Les paroles de Jésus. The Sayings of Jesus* (BETL, 59), Leuven, 1982, p. 431-457; esp. 443: "The distribution of the variants over the different gospels is also remarkable: Mt 6; Mk 8; Lk 21; Jn 2. One can observe analogous differences in the degree of harmonization in the narrative material: it is scanty in Mt, more extensive in Mk, and very strong in Lk. The 'Harmonistik' of Codex Bezae has to be studied in a differentiated way".

39. Cf. AMPHOUX, *Révision*, p. 115.

40. In both the Greek and the Latin text of MS. D, the formula ἐφ' ἡμᾶς 'super nos' is

is no chiasm left any more, and the localisation of σου before ἐφ' ἡμᾶς may be purely accidental.

c. It seems that the emphasis on the role of Marcion has been the consequence of the prejudice in favour of the "Western" text. The argumentation is somewhat surprising here: if the short text were original, it is said, that would mean that in this instance, as an exception, Marcion would have intervened only very little. We would think that the short text *is* original, and that therefore Marcion had not to intervene extensively. Did he not generally prefer the third Gospel exactly because it better suited his concept?

d. It is also surprising to read that the "Western" text, which stresses the immediate needs of the Christians, better corresponds to the original Lukan situation, whereas the shorter text with its reference to a lasting period, betrays a second century situation, i.e., the time of Marcion. Is it not rather a well-known feature of Luke's redaction, both in his Gospel and in Acts, that he meets precisely that problem of "la durée", because of the weakening of the imminent eschatological expectation[41]? If the 4th and 5th demands contain hints at that development, they can be explained on the basis of Luke's own view, without appealing to a highly hypothetical reconstruction of Marcion's intervention.

e. Finally, the testimony of P[75] (early 3rd C.) and B (4th C.) is put aside too easily. It is argued that the quality of these witnesses cannot be invoked to make a judgement about the text before 200. But that means that we have to prefer to the oldest available direct witnesses:
— a problematic reconstruction of Marcion's text mainly on the basis of Tertullian's free rewriting;
— Old Latin versions which are too easily dated before 150 in a form which is not attested by direct evidence before the 5th C[42].

written at the end of the first demand. As the text is written in sense-lines of unequal length, it seems that the scribe believed the formula to belong there (comp. already J.M.S. BALJON, *Lukas*, p. 270). He may have been wrong, but even in this form the text, though a little strange, is still meaningful: "to pray that God's name may be hallowed upon us is entirely congruent with Old Testament references to causing the divine 'name to dwell there' (e.g., Dt 12,11; 14,23; 16,6.11...)" (B.M. METZGER, *Commentary*, p. 155).

41. Comp. Lc 19,11; Acts 1,6-8. See, e.g., G. SCHNEIDER, *Apostelgeschichte*, Part I, p. 150: "Daß bei Lukas die eschatologische Naherwartung zurücktritt und gewissermaßen im Gegenzug eine gewisse Konzeption der Heilsgeschichte entwickelt wird, sollte nicht bestritten werden. (...) Wenn Lukas seiner Evangelienschrift die Apostelgeschichte folgen läßt, so zeigt dies an, daß er der durch die Dehnung der Zeit veränderten Situation Rechnung trägt". Even apart from the theses on "Parusieverzögerung" and "Frühkatholizismus", it is clear that Luke is concerned with "la durée", the "Dehnung der Zeit".

42. It is astonishing that the author dates the Old Latin so easily in the 2nd century, as if there were no problems related to the early date of this version as a whole and to the nature and the exact wording of its earliest text. As far as the Lord's Prayer in Luke is concerned, there is no Latin patristic evidence which clearly confirms the early existence of the shorter form (cf. *infra*, n. 65).

We have no ambition to solve the riddle of the "Western" text, but in our opinion the argumentation in favour of the authenticity of the D-text of the Lord's Prayer is not convincing, partially because, the role of Marcion has been interpreted in a disputable way[43].

IV. TEXTUS RECEPTUS REDIVIVUS

The rebirth of the Textus Receptus started a few years ago with a rather emotional plea for the authenticity of the Majority text[44], but some recent authors have tried to work out a more scientific argumentation[45]. As for the Lord's Prayer the originality of the Byzantine text is defended: in Mt it includes the doxology, in Lk it includes all seven demands. We are mainly referring here to a dispute between Jacob Van Bruggen and Andrew J. Bandstra in *Calvin Theological Journal*[46]. Even if one feels that the recent discussion on the Byzantine text is not very relevant, and that the arguments fall on deaf ears, the trend in part of the recent literature cannot be ignored.

1. *The main arguments for the Koine-text*

a. In favour of the authenticity of the Matthean doxology, Van Bruggen

43. As a confirmation of the thesis concerning Marcion's role in the early and influential rewriting of the third Gospel, Amphoux refers to several other passages. E.g., "En 6,5, Marcion atteste un état de texte intermédiaire entre le codex de Bèze et le reste de la tradition: il n'a pas la parole (énigmatique) de Jésus à l'homme qui travaille un jour de sabbat, mais il atteste, comme le codex de Bèze, en 6,10, la formule sur le fils de l'homme et le sabbat. Vraisemblablement, c'est Marcion qui a supprimé la parole de v. 6,5, et, après lui, la tradition a déplacé le v. 6,10 en 6,5, par harmonisation avec Mt-Mc" (Cf. *Révision*, p. 113-114). In our study of this "agraphon", we rather doubted that Marcion may be cited as a witness for the localisation of v. 5 after v. 10. The only argument, indeed, is Tertullian's allusion on "Dominus Sabbati" at this place, an element which, in our opinion, can be perfectly explained within Tertullian's own reasoning. Cf. J. DELOBEL, *Luke 6,5 in Codex Bezae*, p. 469 and n. 53.

44. E.F. HILLS, *The King James Version Defended! A Christian View of the New Testament Manuscripts*, Des Moines, 1956; D.O. FULLER, *True or False? The Westcott-Hort Textual Theory Examined*, Grand Rapids, 1973.

45. W.N. PICKERING, *The Identity of the New Testament*, Nashville, N.Y., 1977; J. VAN BRUGGEN, *De tekst van het Nieuwe Testament* (Kamper Bijdragen, 16), Groningen, 1976; H.A. STURZ, *The Byzantine Text-Type and the New Testament Textual Criticism*, Nashville-London-New York, 1984; see also the recent edition of the T.R.: Z.C. HODGES & A.L. FARSTAD, *The Greek Testament According to the Majority Text*, Nashville, N.Y., ²1985.

46. J. VAN BRUGGEN, *Abba, Vader! Tekst en toonhoogte van het Onze Vader*, in C. TRIMP (ed.), *De biddende kerk*, Groningen, 1979, p. 9-42; A.J. BANDSTRA, *The Original Form of the Lord's Prayer*, in *Calv. Theol. Journ.* 16 (1981) 15-37; J. VAN BRUGGEN, *The Lord's Prayer and Textual Criticism*, ibid. 17 (1982) 78-87; A.J. BANDSTRA, *The Lord's Prayer and Textual Criticism: A Response*, ibid. 17 (1982) 88-97.

points to its constant and non-variable form[47] in all the MSS. of the
Majority text[48] on the one hand, and to the many variations in the
liturgical texts on the other hand: the liturgy therefore cannot be the
origin of the uniform NT formula[49]. The presence of the doxology in
some Old Latin MSS. is meaningful, whereas its absence in most of
them may be due to the non-use of the formula in the Western
liturgies[50]. The absence in a few Greek uncials may be the result of
intentional omission for various reasons, even in ℵ and B[51], e.g.,
because the doxology is missing in Lk or because in many Eastern
liturgies the formula is not said by the community but by the priest
alone, and may therefore have been looked upon as not belonging to
the original text of the Lord's Prayer[52].

b. In favour of the authenticity of the longer form in Lk it is argued
that this cannot be the result of an assimilation process because there
are differences between the longer texts in D, in ℵ and in the Koinè
MSS. The complete absence of the doxology in Lk also contradicts the
hypothesis of an assimilation tendency[53]. The unanimous Old Latin
tradition, going back to the 2nd C., supports the longer text[54]. The
longer text in Luke has the oldest "established" age[55], and again

47. Cf. VAN BRUGGEN, *Tekst*, p. 15.

48. *Ibid.*, p. 18: "Wij concluderen dat het voorkomen van de doxologie in verreweg de
meeste Griekse handschriften van Mattheüs (6:13) doorslaggevende reden vormt om deze
doxologie ook in de bijbelvertaling op te nemen (...). Zij heeft ook reeds een plaats in de
oudste ons bekende weergave van het Onze Vader buiten het Nieuwe Testament, in de
Didache (VIII, 2; eind eerste/begin tweede eeuw)".

49. *Ibid.*, p. 15: "Wanneer de doxologie uit de liturgie in de handschriften zou zijn
binnengedrongen, is het onverklaarbaar hoe déze vorm kon binnendringen et dat *over de
hele linie!*"

50. *Ibid.*, p. 14: "het zou heel goed kunnen zijn dat de Westerse liturgie hier de
oorzaak is van het op zo grote schaal ontbreken van de doxologie in de Latijnse
handschriften". In *The Lord's Prayer*, p. 86-87, the author also mentions the influence of
the Vulgate where the doxology is missing, because, in his opinion, Jerome used a MS.
without this passage.

51. Even in ℵ and B there are many traces of philosophical reworking. Comp. *ibid.*,
p. 16: "Het verrast dus niet wanneer deze twee handschriften in het Onze Vader de
doxologie zouden hebben weggelaten, hetzij omdat deze ook in Lukas ontbreekt, hetzij
omdat zij haar beschouwden als een liturgisch insluipsel".

52. *Ibid.*, p. 17; *The Lord's Prayer*, p. 85: "The liturgical custom to have the doxology
said by the priest is older than the later fixation of liturgy. The custom was originally not
limited to the East"!

53. Cf. *Tekst*, p. 19-20.

54. *The Lord's Prayer*, p. 82-83: "The unanimous Old Latin tradition (only one
manuscript has an abridgement in the address) shows that this translation goes back to a
Greek textual tradition with the longer text. Because of the age of the Old Latin version
this means that the longer text was present in the second century and, in fact, before
Origen".

55. *Ibid.*, p. 84.

Marcion is referred to as responsible for the shortening of the text, in view of an adaptation to his theology[56].

2. *The picture of the reception in this approach*

It is the conviction of the new defenders of the Byzantine text that Jesus himself taught the Prayer at two different occasions[57]. Apart from minor differences, the two forms were identical at the outset, and were so transmitted for more than one hundred years. Marcion adapted the Lukan form to his theology and this shorter form was successful in limited circles. The great majority of Christian communities, however, remained faithful to the ancient longer form as given by Mt and originally by Lk.

3. *Critical reflections*

The defence of the Majority text of the Lord's Prayer is part of a general attack on the Nestle-Aland text of the N.T., and a real refutation would involve the complete argumentation on both sides[58]. We must limit our reply to the elements which are directly involved in the discussion of this particular passage. We think that several of Bandstra's arguments are to the point.

a. Mt: the Greek witnesses for the omission of the doxology are limited in number but impressive by the quality of some MSS. (‭א‬, B)[59],

---

56. Cf. *Tekst*, p. 21-24; p. 22: "Al deze veranderingen hangen samen met de theologie van Marcion". According to Van Bruggen, Marcion's God, who is different from the god-creator, does not allow him to admit the formula "who art in heaven", and the demand "thy will be done, on earth as it is in heaven", because this would refer to the heaven of the god-creator and his angels obeying him. For the same reason, his God cannot be involved in the struggle between good and evil, and therefore the final demand "but deliver us from evil" had to be dropped.

57. *Ibid.*, p. 21-27. Even between the longer form of Lk and the text in Mt there are some differences; cf. p. 26: "De verschillen tussen Lukas en Mattheüs zijn daaruit te verklaren dat de Heiland, na het basisonderwijs in de bergrede, naar aanleiding van een latere vraag der discipelen het Onze Vader nog eens opnieuw naar voren heeft gehaald". See also the subsequent discussion: BANDSTRA, *The Original Form*, p. 31; VAN BRUGGEN, *The Lord's Prayer*, p. 79; BANDSTRA, *Response*, p. 95-97. The discussion involves the very broad question of historicity, tradition and redaction of the gospels as a whole. The basic methodological option of the defenders of the TR seems to function almost as a prejudice against a redactional explanation of the differences. Comp. K. ALAND, *Die Grundurkunde des Glaubens*, in *Bericht der Hermann Kunst-Stiftung*, Münster, 1985, p. 9-75, esp. 27: "Dabei geht die Ablehnung der Zweiquellentheorie für die Entstehung der Evangelien, die wir ebenfalls wissenschaftlich gesichert meinten, mit den Sympathien für den Mehrheitstext Hand in Hand, ebenso wie mit einem gewissen Fundamentalismus".

58. See K. ALAND, *Grundurkunde*, p. 17-23: "III. *Rückkehr zum Textus Receptus?*"; p. 23-28: "IV. *Text der Kirche?*".

59. One cannot simply dismiss the weight of ‭א‬ and B by referring to a certain degree of philological reworking even in these MSS. (see note 51). The value of these MSS. appears from countless passages where they have proved to be thrustworthy according to

and by the diversity of the text-types[60]. The earliest Greek witnesses
having the doxology are dated from the 5th C., and we should not
forget that the earliest MS.-evidence of the Didache is still much
later[61]. The omission of the formula in most Latin MSS. cannot be
dismissed so easily because they share that omission with ancient
Greek, other versional and patristic evidence[62]. If its non-use in the
Western liturgy was responsible for the omission, one may wonder why
this very suitable doxology has been cancelled in the Western liturgy if
it was authentic in Mt, the most ecclesiastical Gospel. The free variation in Eastern liturgies may be due precisely to the non-canonical
nature of the doxology. In addition, our information about the precise
form and practice of early liturgies is too scanty to permit the conclusion that the proclamation of the doxology by the priest alone would
have been responsible for its omission. That it happened that way in
several liturgies proves that the doxology has a special status in
comparison to the Lord's Prayer itself[63].

b. Lk: the arguments in favour of the Koine-text of the Lord's Prayer
in Lk are very debatable too. Assimilation and harmonization is not a
uniform process but a widespread and multiform practice which lead,
by its very nature, to divergencies in the MS. tradition[64]. That the

the criteria of internal criticism. It would be a sort of agnostic hypercriticism to ignore or
to deny that among the impressive mass of Greek MSS., a few, like P[75] and B, are of
better textual quality.

60. Cf. BANDSTRA, *Original Form*, p. 23: "...It is precisely the variety of textual
traditions that deserves consideration, for the omission is supported by early and
important representatives of the Alexandrian (*Aleph*, B), the Western (D and most of the
Old Latin), and what has been called the pre-Caesarean (f[1]) types of text". In addition,
there is the witness of Church Fathers from different geographical areas. On the other
hand, it is true that the longer text is witnessed by a variety of text-types as well, see VAN
BRUGGEN, *The Lord's Prayer*, p. 82. The weight of the argument is therefore not to be
exaggerated, but the point is that the shorter text is not confined to one text type and to
one area.

61. Comp. BANDSTRA, *Original Form*, p. 23, n. 25. The oldest MSS. of the Didache are
from the 11th century. See also the discussion in ID., *Response*, p. 88-91, with the
conclusion: "In summary, there is no Greek (or Latin) New Testament manuscript prior
to the beginning of the fifth century that contains a doxology in Matthew's text of the
Lord's Prayer. (...) Since there is no evidence in the church fathers prior to the fifth
century (Chrysostom, who died in A.D. 407, is the earliest witness from the fathers) that a
doxology was present in Matthew, it is much more likely that some scribes added it to
later manuscripts of the Old Latin than to assume that the doxology goes back to a text of
the second century".

62. *Original Form*, p. 21.

63. *Ibid.*, p. 21-22. An analogous observation is made by Van Bruggen himself, see
Tekst, p. 18: "Zowel het ontbreken van deze doxologie in de Westerse liturgie als het
voorkomen van variërende en vrije weergaven ervan in de Oosterse liturgie, bewijst dat
men deze doxologie vanouds als een wat 'vrijer' element in het Onze Vader heeft
opgevat".

64. Comp. also BANDSTRA, *Original Form*, p. 26: "Assimilation does not imply a
uniform process". The pluriformity of the assimilation process may be due to a

doxology is not involved in that harmonization process may be an additional indication that it was simply not present in the early MSS. of Mt[65]. In line with the promoters of the "Western" text, the promoters of the Koine also admit too easily the early date of the longer form in the Old Latin because its most ancient direct attestation is from the 5th C., and there is no clear Latin patristic evidence confirming the longer form in the second century[66]. Also, we again find a disputable interpretation of Marcion's influence. As far as a reconstruction of Marcion's text of the Lord's Prayer is possible, it is rather different from the short form in the Lukan MSS. in several details[67], but most of all by the reference to the Holy Spirit in the first demand.

It is our impression, then, that the arguments for re-promoting the Koine as the original form of the Lord's Prayer are not convincing.

CONCLUSION

We have tried to point to some implications of textual history for the study of the reception of the N.T. In our opinion, recent attempts to challenge the established opinion concerning the textual tradition of the Lord's Prayer have not been convincing. We have seen that in each of the alternative theories Marcion is an essential and central element in the argumentation. It is our strong conviction that his influence has been largely overestimated and even misinterpreted.

Naamsestraat 68/3   Joël DELOBEL
B-3000 Leuven

spontaneous reaction of different scribes. Therefore, Bandstra's explanation of the presence of the third demand in the Lukan text of Sinaiticus, despite the omission of the other Matthean features of the prayer, may be a little too complicated: the scribe would have consciously restored the Matthean structure (three "you" and three "we" petitions).

65. The complete absence of the doxology in the Lukan MSS., despite the numerous traces of assimilation with Mt, does not only confirm the thesis that the doxology is secondary in Mt, but also suggests that even the scribes associated it with the liturgical form of the Lord's Prayer, i.e. with Matthew's text only.

66. In Van Bruggen's opinion, Tertullian is commenting on the longer form of the Lukan Prayer, and therefore confirms its existence in the 2nd century (cf. *The Lord's Prayer*, p. 83). Bandstra replies that Tertullian is clearly combining the Matthean and the Lukan form, so that his knowledge of the longer form rather points to the use of Mt (Cf. *Response*, p. 90-91,94).

67. When we accept Harnack's reconstruction of Marcion's text (cf. *supra*, n. 9), we note several differences from the Lukan form, which have to be explained if Marcion is given the responsibility for the Lukan text of the Lord's Prayer. Comp. BANDSTRA, *Original Form*, p. 28-29. On the other hand, that the "omissions" correspond to some degree to Marcion's ideas does not yet prove that they are due to his intervention, but may explain his preference for the (shorter) Lukan version.

"A STAFF ONLY, NOT A STICK"
Disharmony of the Gospels and the Harmony of Tatian
(Matthew 10,9f.; Mark 6,8f.; Luke 9,3 and 10,4)

I. INTRODUCTION

1.1. The existence of discrepancies between the Gospels was one of the major problems in the gradual acceptance of the apostolic memoirs in the churches during the second century[1]. Disharmonies in the wording of sayings of Jesus or rather the differences in arrangement of the Gospel narrative became one of the targets of those groups within early christianity that did not accept but *one* Gospel, such as the Marcionites, or refused to accept the fourth Gospel besides the Synoptic Gospels, such as the Alogi. Moreover, such discrepancies did not remain unnoticed in the anti-christian polemics of the philosopher Celsus, whose criticism of the disharmony of the Gospels became a *topos* in the works of later polemicists as Porphyrius, Hierocles and Julian "the Apostate": the differences between the Gospels were exploited by them in order to demonstrate the unreliability of the Gospel narratives. One cannot be surprised that Church Fathers like Origen, Eusebius or Augustine have tried, either by allegorizing or by historical research, to overcome the difficulties presented by these discrepancies, in order to reassure the believers who were confronted with this problem[2]. One of these problems is found in Matthew 10,9f. and parr. The object of this contribution is to show how an early harmonist, Tatian, made an attempt at solving the problem presented by these texts.

1.2. Apart from the difference in the commands with respect to the

---

1. It was to this problem that I devoted my contribution on "Tatian's Diatessaron and the Reception of the Gospels in the IInd Century" presented at the 1986 Colloquium Biblicum Lovaniense. Since part of my lecture will be published in the Conference Volume *Gospel Traditions in the Second Century* of the colloquium held at the University of Notre Dame, April 15-17, 1988, it seems appropriate to limit myself in this volume to one of the problems which I have discussed at the Louvain session, namely the discrepancies found in the Gospel passages concerning the commission of the Twelve in Matthew 10,9f. and parr.

2. For a discussion of this problem, cf. O. CULLMANN, *Die Pluralität der Evangelien als theologisches Problem im Altertum* (1945), in ID., *Vorträge und Aufsätze 1925-1962*, Tübingen-Zürich, 1966, 548-565; H. MERKEL, *Widersprüche zwischen den Evangelien*, Tübingen, 1971; T. BAARDA, *Vier = Een, Enkele bladzijden uit de geschiedenis van de harmonistiek der Evangeliën*, Kampen, 1969; cf. also my Διαφωνία and Συμφωνία, Factors in the harmonization of the Gospels, especially the Diatessaron of Tatian, in the forthcoming Congress volume to be published in *Studies in Christianity and Judaism in Antiquity* II, Notre Dame, 1989.

footwear of the apostles (Mt-Lk interdict ὑποδήματα, whereas Mk allows sandafllia), which might be explained away as a seeming contradiction (no shoes permitted, only sandals)[3], there is at least one discrepancy that cannot be explained so easily: Mt and Lk forbid the ῥάβδος, Mk allows it: εἰ μὴ ῥάβδον μόνον. The history of textual tradition and of exegesis tells us how ingeniously people attempted to get rid of this problem. The plural form ῥάβδους found in many manuscripts[4] both in Mt and Lk is most probably one of the solutions, suggesting that Mt and Lk only forbid the bearing of more than one ῥάβδος, whereas Mk allows just one. Another solution has been that Mark's εἰ μή was a mistranslation of Aramaic לא as אלא[5] which seems to have been a rather early attempt at solving the problem, for Dionysios bar Ṣalībī mentions a similar solution in Syriac exegesis: "Others say that in both evangelists they were denied a ܫܒܛܐ. And they read ܐܠܐ, which Mark says, as ܐܠܐ, which may be interpreted as ܐܘܠܐ, so that the meaning would be: not even a ܫܒܛܐ only"[6]. However, the goal of this study is not to registrate all kinds of solutions for the problem, but to investigate how Tatian dealt with the problem when harmonizing his sources, which involves a methodical procedure in an attempt at reconstructing the original Diatessaron on the basis of the eastern witnesses of this harmony.

II. RECONSTRUCTION

2.1. The history of reconstruction of the Diatessaron begins with Th. Zahn's splendid attempt (1881)[7] to use for that goal the Latin translation of the Armenian version of Ephraem's Syriac commentary on the concordant Gospel which was published five years before by

3. Cf. E. HAENCHEN, *Der Weg Jesu*, Berlin, 1966, 221: "nur die leichten Sandale, nicht aber die Schuhe mit Oberleder", cf. 224.

4. Cf. in Mt: C L W *fam 13* Majority text (T.R.) *a ff¹ k* μ pc.; in Lk: A Majority text (T.R.); for the harmonistic implication cf. e.g. H. GROTIUS, *Annotationes in Novum Testamentum* (ed. nova, C.E. de Windheim) I, Halle, 1769, 211f. Another harmonization is found in Mk where Θ 565 read μητι *l.* ει μη (565 omits also μονον).

5. E. LOHMEYER, *Das Evangelium des Markus*, Göttingen, (ed. 3 [= 10]), 1953, 114 n. 1.

6. A. VASCHALDE, *Dionysii Bar Salibi Commentarii in Evangelia* II:1 (CSCO 95), Louvain, 1953, 191:8-11; cf. also M.D. GIBSON, *The Commentaries of Isho'dad* I, Cambridge, 1911, 219:2; cf. also J.R. HARRIS, *Introduction*, in GIBSON, *idem*, II, Cambridge, 1911, xxiii; the same solution is mentioned in Isho bar Nun's *Questions and Answers* (MS. Cambr. Add. 2017, fol. 76ro: *ll.* 16f. — a photograph of the very page was kindly presented to me by Rev. Drs. H.J. Hofstra).

7. Th. ZAHN, *Tatians Diatessaron* (FGNK I), Erlangen, 1881, 142-145 (§ 24), esp. 142ff.; *Evangelienharmonie*, in *PRE*, 3rd. Ed., V, Leipzig, 1898, 656f.; *Die syrische Evangelien-übersetzung vom Sinai*, ThLBl 16 (1895), 18; *Zur Geschichte von Tatian's Diatessaron im Abendland*, in *NkZ* 5 (1894), 95f.

J.B. Aucher and G. Moesinger[8]. Zahn was handicapped by the fact that he had no direct approach to the Armenian edition[9], but his achievement was certainly outstanding. The reconstruction of the passage in question reads:

(1) Nolite possidere aurum
(2) *et argentum ab eis prohibuit*
(3) virgam ... non baculum
(4) *non dixit* caligas, sed sandalia

The italics denote Zahn's uncertainty about the actual wording of Ephraem's text, of which he gave the author's paraphrastic references. In a later approach to our passage he revised his reconstruction of line 3 by suggesting "non baculum, sed tantummodo virgam" (add. "only" *and* inversion of the order)[10].

2.2. The second reconstruction was published by J. Hamlyn Hill in 1896, who with the help of the renowned J. Armitage Robinson could present the readers with an English translation of the Ephraemic Diatessaron fragments which was revised on the basis of the two Armenian manuscripts[11]. Moreover, in matters of order and arrangement Hill had consulted the Arabic Diatessaron which he had previously translated into English[12]. His reconstruction of the passage in Ephraem's Diatessaron reads:

(1) Possess no gold <nor> silver
(2) a staff ... no shoes
(3) no stick, but sandals

The deviation in order from that of Zahn was caused by the arrangement found in the Arabic Diatessaron.

2.3. Dom L. Leloir presented the scholarly world with the third reconstruction on the basis of the Ephraemic commentary, in 1962[13]. The importance of this new attempt was that it was based not only on the Armenian text (of which Leloir gave a new edition and a Latin

8. J.B. AUCHER-G. MOESINGER, *Evangelii concordantis expositio facta a sancto Ephraemo doctore Syro*, Venice, 1876. The relevant passage in ch. viii, *o.c.*, 90f.

9. *Srboyn Ep'remi Matenagrowt'iwnk'* II, Venice, 1836.

10. Th. ZAHN, *Zur Geschichte*, 95 ("wie es wahrscheinlich bei ihm gelautet haben wird") betrays an uncertainty which was not intended, since he makes the juxtaposition of the positive and negative command a criterium for his judgment that the Arabic translator presented us with an inferior text of the passage (cf. §6.5).

11. J.H. HILL, *A Dissertation on the Gospel Commentary of S. Ephrem the Syrian*, Edinburgh, 1896, 75-119 (for our passage *o.c.*, 86 [ch. 12:49f.]); the text was already published in *The earliest Life of Christ ... being the Diatessaron of Tatian*, Edinburgh, 1894, 333-377 (esp. 344); for the role of J. Armitage ROBINSON, cf. *Life*, 15,333; *Dissertation*, 25f., 75.

12. HILL, *Life*, 41-263; a separate edition in *The earliest Life of Christ ... being the Diatessaron of Tatian*, second edition, Edinburgh, 1910, 1-223.

13. L. LELOIR, *Le témoignage d'Éphrem sur le Diatessaron* (CSCO Subs. 19), Louvain, 1962 (the passage in question: 27).

translation [14]), but also on a newly found Syriac manuscript comprising almost half of the commentary, which was published by the same author in 1963 [15]. Unfortunately, the passage in question was only preserved in the Armenian text (ch. viii,2). His reconstruction reads as follows:

(1) Nolite possidere aurum, (nec) argentum   (Mt 10,9)
(2) ... virgam   (Mk 6,8)
(3) ... non caligas   (Mt 10,10)
(4) ... sed sandalia   (Mk 6,9)

What strikes us here is the omission of "nec baculum" (Zahn, cf. Hogg "no stick"), which may imply that Leloir was not sure about the textual character of these words.

2.4. So far reconstructions were based on Ephraem's commentary. The next one, that of I. Ortiz de Urbina [16], however, was the result of combining this material with the data presented from other Syriac writing authors whose Gospel quotations were presented in a large collection which formed the first part of his work; the second part contained the reconstruction of the Diatessaron. Our passage reads thus [17]:

Mt 10,9 (1)   ܐܠܐ ܬܩܢܘܢ (nos. 697-699; cf. 700)

         (2)   ܕܗܒܐ (nos. 697-699; cf. 700)

         (3)   ܐܘ ܐܠܐ ܣܐܡܐ (nos. 698; 697: ܘܐܦ; 699: ܘܟܣܦܐ; cf. 701)

         (4)   ܒܟܝܣܝܟܘܢ (nos. 697-698)

Mt 10,10 (5)   [ܘܠܐ ܬܪܡܠܐ] (no. 697)

         (6)   [ܘܠܬܪܬܝܢ] (no. 697)

         (7)   [ܘܠܐ ܬܪܬܝܢ ܟܘܬܝܢܝܢ] (no. 699)

         (8)   [non caligas] (no. 702)

The only element of Ephraem's commentary which is preserved here is line 8, but the brackets denote that the editor is not sure of its textual character. The Syriac wording of this passage is based upon the following early Syriac sources:

14. L. LELOIR, *Saint Éphrem, Commentaire de l'évangile concordant, Version arménienne*, Texte (CSCO 137), Louvain, 1953; ID., Traduction (CSCO 145), Louvain, 1954.

15. L. LELOIR, *Saint Éphrem, Commentaire de l'évangile concordant*, Texte syriaque (Manuscrit Chester Beatty 709), Dublin, 1963; a French translation of both the Syriac and Armenian texts: in ID., *Éphrem de Nisibe, Commentaire de l'évangile concordant ou Diatessaron* (SC 121), Paris, 1966 (for our passage: 157).

16. I. ORTIZ DE URBINA, *Vetus evangelium Syrorum et exinde excerptum Diatessaron Tatiani* (Bibl. Polygl. Matr. VI), Madrid, 1967, 205-299, esp. 229 (for our passage, based upon the quotations nos. 697-702, o.c., 55).

17. ORTIZ DE URBINA, o.c., 55 (nos. 700-702) mentions the Ephraemic fragments on the basis of Leloir's translation of the Armenian, but for some reason omits the elements *virgam* and *sed sandalia* here (see however below n. 21); he mentions *non caligas*, but adds to the confusion by rendering them with *ni sandalias*.

1) no. 697: the Syriac translation of Eusebius' *Theophania* 5,21[18].
2) no. 698: the martyrdom of Shimʿon bar Sabbaʿe 10[19].
3) no. 699: the Syriac translation of Eusebius' *Historia Ecclesiastica* 5,23[20].

The text of Ephraem (no. 700: nolite possidere aurum, 701: argentum) may have been used in lines 1-3, but the complete neglect of "virgam, non baculum" and of "sed sandalia"[21] is hardly to be accounted for. Moreover, the choice of the Syriac word for silver (ܣܐܡܐ 698 = Syp, instead of ܟܣܦ 697, 699 = Sys) seems hardly warranted; the wording ܐܦ ܠܐ with 698 (697: ܘܐܦ ܠܐ) instead of ܘܠܐ (699 = Sys, cf. Syp) is neither certain.

2.5. The reconstruction of Ortiz de Urbina occasioned the last reconstruction to be mentioned, that of J. Molitor[22], who left out all bracketed textual elements in the work of his predecessor so as to present his readers only with what he thought to be the certain text of the Diatessaron. This leaves, in his view, for our passage only the following wording:

Mt 10,9 (1) Ne acquiratis aurum
        (2) etiam ne (= neque) argentum
        (3) in marsupiis vestris.

III. Mar Ephraem's comment on the passage in the Armenian version

3.1. Mar Ephraem comments upon the commands of Jesus in the commission of the apostles (ch. 8) by laying emphasis on the fact that there is a close parallel between the messengers and their sender. The latter preached without having any gain from his message, therefore the messengers should keep in mind that since they had received it freely, they had to give it freely (Mt 10,8)[23].

3.2. The passage in question begins with a comment on Mt 10,9 in the following way[24]:

a) *Do not* — he says — *acquire* (or: *possess*) *gold*, lest there be found among them a Judas; for this (gold) bereaved Nachor of his life (ref. to

18. S. Lee, *Eusebius bishop of Caesarea on the Theophania*, London, 1842, 183.

19. M. Kmosko, S. Simeon bar Sabbaʿe, *Patrologia Syriaca* I:II, Paris, 1907, 659-1054, Martyrium, *ibid.*, 715-777, esp. 734:16f.

20. W. Wright - N. McLean, *The Ecclesiastical History of Eusebius in Syriac*, Cambridge, 1898, 296:13f.

21. Cf. however Ortiz de Urbina, *o.c.*, 63 (no. 801f.: "virgam" and "sed sandalia"; translation: *bastún ... sino las sandalias*) on the wrong place with no effect for his reconstruction of the Diatessaron.

22. J. Molitor, *Tatians Diatessaron und sein Verhältnis zur altsyrischen und altgeorgischen Überlieferung* I, in *Oriens Christianus* 53 (1969), 1-88, esp. 48f.

23. Leloir, *o.c.* (Arm.), 107:1ff. (tr. 78:11ff).

24. Leloir, *o.c.* (Arm.), 107:17-22.

Josh 7,1-26), it covered Gehazi with lepra (ref. to 2 Kgs 5,20ff), and it
seduced the whole people in the desert.

b) And he also prohibited and detracted from them *silver*, lest one
should think them to be merchants, and not preachers.

3.3. Ephraem then continues his comments (ch. 8,2)[25]:
"And that he says: "a *qшιшηшй (gawazan)*"[26]: a mark of straightfor-
wardness and a sign of humility. And that (he says[27]): "not a *qпιщ
(çowp)*": because it is not to a revolting flock that they went out to
tend, as in fact Moses (Exod 4,17). But you — observe that, where the
flock was out of mind against their shepherd, he (Moses) abandoned
the *çowp* (Exod 4,2), and took a sword (Exod 32,26f.); but (*lit.* and)
here, because the flock was dwelling in peace, he (Jesus) abandoned the
çowp and took a *gawazan*.

3.4. Before discussing this passage we may continue Ephraem's
comment on the other contrast in the commands of Jesus[28]: "And that
(he says): "not *ЏшιзḥЏu (kawšik-s)*", because they would be rejected by
all, "but *Znпш/əшḥu (hołat'ap'-s)*", that at least there is by this a reward
for those who honour them"[29]. It is clear that the Armenian text
maintains a difference that was made in the Syriac text of Ephraem in
which apparently the forbidden ὑποδήματα of Mt-Lk were contrasted
with the σανδάλια of Mark that were allowed.

IV. The interim between Armenian and Syriac

4.1. Those scholars who attempted to reconstruct the Diatessaron
wording of the passage had at their disposal only the Armenian version
of Ephraem's commentary. They could only guess what the Syriac

25. Leloir, *o.c.* (Arm.), 107:23-108:4. See for the passage also E. Power, *The Staff
of the Apostles, A Problem in Gospel Harmony*, in *Biblica* 4 (1923) 241-266, 256
(= Moesinger, *o.c.*, 91); J.R. Harris, *Introduction*, xxv; cf. J. Armitage Robinson,
Euthaliana (TS III: 3), Cambridge, 1895, 77f.

26. MS.B adds "only", apparently supplementing the text with this Marcan element.

27. Aucher-Moesinger ("non baculum") and Leloir ("non autem baculum") do not
render *qḥ-zi*, which should, however, not be neglected, since it most probabaly renders
— as in other places — Syriac *ı* as an introduction of direct speech, that is, a quotation.
This neglect has possibly caused the omission of this wording in Leloir's reconstruction.

28. Leloir, *o.c.* (Arm.), 108:4-6; cf. Harris, *Introduction*, xxv. It is surprising that
scholars have not registrated the fact that the Armenian version of the separate Gospels
betray the influence of the Diatessaron in using the same word as in Ephraem-Arm for the
forbidden shoes (Mt-Lk: mi kawšik's) and for those allowed (Mk: ayl aganel hołot'ap's),
cf. B.O. Künzle, *Das altarmenische Evangelium* I, Bern-Frankfurt-Nancy-New York,
1984, 23, 169 and 98. The Georgian seems to follow either the Old Syriac or the
Armenian, when it distinguishes between *sandalia* (Mk) and *calceamenta* (Mt, cf. Lk);
J. Molitor, *Synopsis Latina Evangeliorum Ibericorum antiquissimorum* (CSCO, Subs. 24),
Louvain, 1965, 77f.

29. I follow Leloir's suggestion (*o.c.*, 108 app.) to read the text of MS.B here, where
MS.A due to an inner-Armenian misreading has "of their commandments".

exemplar underlying the Armenian read. One of the clues was found in possible echoes in the Separate Gospels evoked by the Diatessaron in the process of tradition[30], moreover in quotations and allusions in early Syriac writings[31]. One of the merits of J. Rendel Harris has been that he discovered the dependence of later Syriac exegetes on the early commentary of Ephraem (even where Ephraem is not specified[32]), such as Isho'dad of Merw, Moses bar Kepha, Dionysios bar Ṣalībī and Barhebraeus. For our passage Harris could refer to Bar Ṣalībī who presents us, after his own comments, with "another fashion" (ܒܠܐ ܐܚܪܬܐ) of interpretation which turns out to be Ephraem's comment[33].

Mt 10,9a in Ephraem's Diatessaron

4.2. Ephraem apparently read in his text "Do not acquire (possess) gold", which agrees with the ordinary Syriac text ܠܐ ܬܩܢܘܢ ܕܗܒܐ (= Sys, Syp). This is also the lemma in the "other fashion" comment presented by Bar Ṣalībī[34]. The comment agrees *in nuce* with that of Ephraem (see §3.2):

$$\text{ܕܠܐ ܢܗܘܘܢ ܐܝܟ ܥܟܪ ܘܓܚܙܝ, ܘܝܗܘܕܐ}$$

"lest they are not like Achar, Gehazi and Judas", but it explains the unusual reading of the Armenian: Ναϰ'owr, *Nak'owr*, which is merely a misreading of the translator of his Syriac exemplar: ܥܟܪ read as ܢܟܪ. The Armenian name should have been spelled ψωψ (Zohrab's spelling in Josh 7,1: *Ak'ar*).

4.3. The Armenian version suggests that silver was mentioned besides gold: "And (that) he prohibited and detracted from them uρδωβ (*arčat'*), the word used for ἄργυρος in Mt 10,9, for ἀργύρια in Mt 25,27; 28,12.15 etc.)[35]. Hogg (< nor >) and Leloir (< nec >) seem to suggest that the Syriac text might have read ܘܠܐ (= Syp), but it could have been a mere ܘ "and" (= Sys) as well[36]. For "silver" two Syriac words suggest themsel-

---

30. For the problem of the relation between Diatessaron and Separate Gospels, cf. H.J. VOGELS, *Die altsyrischen Evangelien in ihrem Verhältnis zu Tatians Diatessaron*, Freiburg i.Br., 1911, 4ff.; cf. n. 47 below.

31. In this case there is no mentioning of the text in the *Demonstrations* of Aphrahat, in the *Liber Graduum* or in the other writings of Ephraem (see notes 18-20 for the other early Syriac references).

32. J. RENDEL HARRIS, *Fragments of the Commentary of Ephraem Syrus upon the Diatessaron*, London, 1895; cf. ID., *Introduction*, xxii-xxv.

33. HARRIS, *Fragments*, 51f.; *Introduction*, xxv; cf. I. SEDLACEK-J.-B. CHABOT, *Dionysii bar Ṣalibi, Commentarii in Evangelia* I:2 (CSCO 77), Louvain, (repr.) 1953, 285:26-286:6 (after his own exegesis of the passage, 284:24-285:26).

34. SEDLACEK-CHABOT, *o.c.*, 285:26-28.

35. KÜNZLE, *o.c.*, II, 107.

36. The initial ܘ (= ܘ) in Ephraem's text belongs to the comment rather than to his text. — A reminiscence of Ephraem's comment is found in Isho'dad, cf. M.D. GIBSON, *The commentaries* II, 218:16f.: "...lest they would think of you that you were sent as for trade" (see above §3.2. under b).

ves, namely ܪܒܘܪܐ (Syp) and ܟܣܦܐ (Sys), of which the second one is to be preferred, since it occurs also in the Syriac *Doctrina Addai*, where Abgar wishes to give silver (ܟܣܦܐ) and gold to Addai, but his present is declined with an appeal to the command of Jesus in Mt 10 or Lk 10, where the use of ܢܚܫܐ and ܕܗܒܐ is forbidden [37].

Mt 10,10 and Lk 9,3 versus Mk 6,8 in Ephraem's commentary

4.4. The comments of Ephraem contrast two textual elements in the Diatessaron text, which in their turn apparently preserve the contrast between Mark ("except a ῥάβδος only") and Matthew - Luke ("and not a ῥάβδος"), but is clear that the Armenian in contrast to the Greek uses two different words զաւազան (*gawazan*) and ցուպ (*çowp*), which suggests that the underlying Syriac must have contained two different words also.

4.5. What do these two Armenian words mean? We have to consider the fact that we cannot deduce their meaning from Ephraem's comment, since this author explains the underlying Syriac words. Of course, it is not wholly impossible that the Armenian translator reckoned with that comment in his choice of words. Now the problem is that the two words are synonyms. When Moesinger and Leloir differentiate between *virga* and *baculus* (or *baculum*), one has to consider the fact that both words share a semantic field [38]. The same is true for the Armenian words, which share meanings as *virga*, *baculus* or *baculum* and *sceptrum* [39]. The comments of Ephraem seem to differentiate between a *staff* (or *scepter*) and a *rod* (or *stick*), but we cannot deduce from this difference which Syriac words are used.

4.6. Here again is Bar Ṣalībī's commentary of some help, when it presents us with the exegesis of "another fashion" [40].

---

37. G. PHILLIPS, *The Doctrine of Addai, the Apostle*, London, 1876, 8 (syr.; transl. p. 9).

38. *Baculum (-us)* means staff, walking-stick, the lictor's rod, and scepter; *virga* which has the meaning twig or shoot, can also mean stick, rod (ad regendum equum), the lictor's rod and the magic wand.

39. J. MISKGIAN, *Manuel lexicon armeno-latinum*, Roma, 1887, 56, 441, who for *gawazan* adds "auctoritas, dignitas", for *çowp* "fustis, scipio, hasta" a.o.; cf. Künzle, *o.c.*, II, 152,670, for both: bAton, verge, (Wander-)Stab. J.A. ROBINSON, *Eutheliana*, 78 renders "no stick, but only a staff".

40. SEDLACEK - CHABOT, *o.c.*, 286:3f; HARRIS, *Fragments*, 52 (*l.* 5: ܚܘܛܪܐ; *l.* 6: *om.* ܗܘ); HARRIS, *Introduction*, xxv, assumes that Bar Ṣalībī may have preserved the better reading of the Syriac Ephraem (contra Ephr-Arm) in reading "scrip" (tr. Harris), the prohibition of which is a sign of poverty rather than the carrying of a stick or staff (N.B. Harris introduces the idea of poverty which is not found in the comments). His suggestion is to read "And as to what he said "no wallet" etc." and then "And a stick but no club etc.". In my view this conjecture is not necessary, when one assumes that the idea of "humility" is suggested to Ephraem by the "staff" of Psalm 45,7.

ܪܒܘܝܬ ܪܒ.	(1) And no wallet,
ܫܘ ܪܬܐܒܝܗܐܬ	(2) an indication of simplicity
ܩܐܪܐ ܬܡܬܘܬܐܗ.	(3) and a sign of humility;
ܐܠܐ ܐܘܝܪ.	(4) and no stick,
ܕܠܐ ܐܕ ܐܝܪ܀	(5) since they were not going out
ܒܥܣ ܗܘܐ ܠܕܬ ܪܐ	(6) to tend flocks,
ܐܝܪܩ ܐܡܣܐܪ.	(7) like Moses.

The agreement with Ephraem (§ 3.3) is striking, except in the first line where one would expect something that was allowed and that was a sign of simplicity and humility rather than the prohibition of a wallet; apparently, Bar Ṣalībī in transcribing that other exegesis muddled the text here, since we would expect a contrast to "and no stick" as we have found in Ephraem's comments. We know what this word was, since the Old Syriac Gospel (Sys) has preserved that for us: ܪܒܘܝܪ (cf. § 4.7). Another difference between Ephraem and Bar Ṣalībī's reference is that the latter's *simplicity* does not agree with Ephraem's *regimen* (Leloir; French: *commandement*). However, the word ուղղութիւն has a variety of meanings, *directio, rectitudo, correctio*, but also *aequitas, iustitia, veritas*. It is most probable that the translator understood the word in the latter sense, which partly shares the meaning of ܪܬܐܒܝܪܐ, *extension, simplicity*, but also *rightness* (cf. ܒܝܪܐ, *upright, straight, simple*)[41]. One might refer here to the text that may have been in the mind of both Ephraem and his translator, namely Psalm 45:7, where the Syriac ܪܒܝܪܐ ܪܒܘܝܪ is an equivalent of Armenian զաւազան ուղղութեան[42].

The echo of the Diatessaron in the Separate Gospels

4.7. When Moesinger annotated his translation of the Armenian Ephraem, he referred to the phenomenon that there was a parallel of Ephraem's distinction of two words in the Armenian Gospels of Matthew and Mark[43]: in Matthew where the ῥάβδος is forbidden the Armenian uses the word *çowp*, մի գուպ (*mi çowp*), whereas in Mark where the ῥάβδος is allowed the *gawazan* is mentioned: բայց միայն զաւազան (*bayç miayn gawazan*). This is in full agreement with the distinction in Ephraem's commentary (Notice, however, that in Luke the word *gawazan* is used for the forbidden ῥάβδος). Of course the Armenian Separate Gospels cannot explain Ephraem's distinction, since — as Zahn already pointed out[44] — Ephraem's comments presuppose

41. Cf. MISKGIAN, *o.c.*, 309; cf. the meaning "guileless, righteous" in Col. 3,22, Heb. 1,8 etc. (W. JENNINGS, *Lexicon to the Syriac New Testament*, Oxford 1926, 181).

42. Cf. D.M. WALTER, *Psalms* (*Vetus Testamentum Syriace* II:3), Leiden, 1980, 50; (NB.h.1. Arm. *gawazan*).

43. KÜNZLE, *o.c.*, I, 23, 164 and 98 (see above n. 28!); AUCHER - MOESINGER, *o.c.*, 91 n. 2; CONYBEARE, *o.c.*, 78.

44. ZAHN, *Diatessaron*, 144 (143 n. 4).

a difference in the *Syriac* text which he explains. Zahn registrated that Syp rendered the Greek word in all three places with the same word ܫܒܛܐ. It may be observed here that also Syh rendered it thrice with the same word, but here the word ܚܘܛܪܐ is used by the translator. Syc is only preserved in Luke, where it is in agreement with the Peshitta. We do not know whether he was in agreement with the latter text in the other Gospels or whether he distinguished between the two Syriac words in Matthew and Mark (just like the Armenian Separate Gospels). Zahn had guessed that there must have existed some Old Syriac Gospel text which contained the distinction between the two words (in spite of Syc in Luke). His conjecture turned out to be wholly justified, when the second Old Syriac manuscript came to light, that is Sys[45]:

Mt	ܚܘܛܪܐ ܘܠܐ	contra Syp:	ܘܠܐ ܫܒܛ
Mk	ܒܠܚܘܕ ܫܒܛܐ ܐܠܐ ܐܢ	with Syp.
Lk	ܚܘܛܪܐ ܘܠܐ	contra Syc/Syp:	ܘܠܐ ܫܒܛ

It turned out that Sys was the Old Syriac Gospel text which had preserved the phenomenon of a distinction between two Syriac words for Greek ῥάβδος, one being allowed, one being prohibited[46]. Remarkably enough, Zahn's conjecture was prompted by his earlier view that the Syriac Diatessaron was based on an already existing Old Syriac Tetraevangelium[47], but he had to reconsider this view, since it was exactly in our passage that it is more logical that a harmonist of necessity applied a distinction of the two words (one for the forbidden ῥάβδος, another for the one which was allowed), than that a translator of the separate Gospels would invent such a distinction[48]. I fully agree with that reasoning. Tatian's text was the first one to introduce the distinction; once the distinction was well-known in the Syrian churches, the translation of the Old Syriac adopted this distinction. It may have been the Old Syriac Tetraevangelium that influenced the early Arme-

45. ZAHN, *Evangelienübersetzung*, 18f.; for the texts cf. A.S. LEWIS, *The Old Syriac Gospels or Evangelion da-Mepharreshe*, London, 1910, 22, 88. Cf. HARRIS, *Introduction*, xxiv; for ܚܘܛܪܐ in Sy-pal, cf. POWER, *o.c.*, 257.

46. A. HJELT, *Die altsyrische Evangelienübersetzung und Tatians Diatessaron* (FGNK VII,1), Leipzig, 1903, 117, "Erst in Ss wurden die Originalwörter des T. gefunden".

47. ZAHN, *Diatessaron*, 223; it was after the discovery of Sys that Zahn changed his view and posited the priority of Tatian's work and its influence on the Separate Gospels, cf. Evangelienübersetzung, 19. His view was attacked by HJELT, *o.c.*, 117; cf. also HARRIS, *Introduction*, xxv ("the evidence is slightly in favour of a harmonization of previous existing Syriac Gospels"). Cf. for the correctness of Zahn's view C. PETERS, *Das Diatessaron Tatians*, Rome, 1939, 29ff.

48. HJELT, *o.c.*, 117, however, assumes that the Old Syriac Gospels were the work of more than one translator, which might explain the difference in wording between Mk and Mt-Lk; however, it would imply that the translators who rendered the Matthaean and Lucan prohibition both chose the same word, whereas the one who rendered Mark chose the other word, by mere coincidence, and that it was Tatian who followed these words in his harmony. It is easier to understand the other way, cf. POWER, *o.c.*, 257.

nian text, at least for Matthew and Mark; the deviation in Luke may have been caused due to an Old Syriac copy which differed already from the older pattern in Luke, cf. Syc which has ܫܒܛܐ in Luke (Syc does not of necessity agree with Syp in having this very word in all three places).

4.8. So we may conjecture that the Diatessaron influenced the Old Syriac, the Old Syriac in its turn influenced the Armenian texts, whereas either the Syriac or the Armenian Gospels influenced the Georgian version in this passage, at least the Georgian version that has been preserved in the Adysh Gospels[49]:

Mk: "except a *kuert'hi* only"
Mt: "nor an *argani*"

It is again difficult to distinguish between the words, since they as well seem to be synonymous[50].

The difference between ܫܒܛܐ *and* ܚܘܛܪܐ.

4.9. Since the distinction between *gawazan* and *çowp* in the Armenian was not clear, one might ask whether the distinction between the underlying Syriac words may be of some help in tracing the meaning of the Armenian words. It has turned out now that the translator rendered ܫܒܛܐ with *gawazan* and ܚܘܛܪܐ with *çowp*. However, the Syriac words themselves are also synonymous, so that Bar Ṣalībī in his commentary on Mt 10 (Syp)[51] can explain one word with the other: ܚܘܛܪܐ "ܗ : ܫܒܛܐ. This is a clear indication that these Syriac words (just as is the case with their equivalents in other Semitic languages) share the same semantic field to a great extent[52].

4.10. One cannot stress the fact that ܚܘܛܪܐ has been derived from a Semitic stem *ḥtr* (which means "to strike, to smite"), so that the word would mean something like "a rod, a rough stick" used to strike[53], which as a matter of fact seems to have been Ephraem's evaluation of the word. However, if one takes one's recourse to etymology, one has to consider that ܫܒܛܐ has also been derived from a root (*šbṭ*) that

---

49. R.P. BLAKE, *The Old Georgian Version of the Gospel of Mark*, Paris, 1928, 55; *The Old Georgian Version of the Gospel of Matthew*, Paris, 1933, 53; MOLITOR, *o.c.*, 77, coll. 1-2 (the Adysh Gospel is different from the Opiza and Tbet' manuscripts which have the same word in Mt and Mk). The Georgian Luke does not render the word in Luke, cf. *Lect* 254.

50. The translations of Blake and Molitor distinguish between *baculum* (Mt) and *virgam* (Mk). Cf. S. LYONNET, *Les origines de la version arménienne et le Diatessaron* (Biblica et Orientalia, 13), Rome, 1950, 214.

51. SEDLACEK - CHABOT, *o.c.*, 285:2f.; Bar Ṣalībī understood it in the sense of the stick or staff that travellers use to resist robbers or animals.

52. Cf. HJELT, *o.c.*, 117: "Es muss also eine reine Geschmackssache gewesen sein, ob dem einen oder dem anderen der Vorzug gegeben wurde".

53. Cf. LYONNET, *o.c.*, 213.

has the connotation of "to strike, to smite"[54]. Apart from the meaning φυλή-*tribus* which is peculiar to the word ܫܒܛܐ (cf. שֵׁבֶט), both words share the following meanings: *virga, baculus, baculum, sceptrum* and *virga (pastoris)*[55].

4.11. When Zahn[56] writes (re ܫܒܛܐ), "nur eine Rute, einen dünnen Stocken, sollen die Apostel tragen", it is rather a guess on the basis of Ephraem's comment than an interpretation of the word itself; the same is true for ܚܘܛܪܐ, "einen derben Stock, eine Keule", which in itself is not of necessity the meaning of a word that also figures in Isaiah 11,1 for the *twig* (חֹטֶר = ܚܘܛܪܐ).

4.12. The commentary of Ephraem was based on a Diatessaron text in which the two words occurred. Therefore Ephraem had to give sense to either of them: it was apparently Psalm 45,7 that led him in his exegesis of the word ܫܒܛܐ (שֵׁבֶט) which in this connection seems to denote a scepter or a perhaps a staff. The word ܚܘܛܪܐ was known to Ephraem as the staff or rod used by Moses (Exod 4,2.4: מַטֶּה), and by connecting it with the action of Moses against the tumultuous flocks Ephraem seems to give the word the connotation of a rough stick, rod, club or cudgel. One may do justice to Ephraem's exegesis by rendering the contrast with "a staff ... no stick"[57]. Whether this was also the meaning of the contrast in the Syriac Diatessaron cannot be ascertained, but it is not impossible that Ephraem hit the mark with his interpretation.

Mt 10,10 and Lk 10,4 versus Mk 6,9 in Ephraem's commentary

4.13. Ephraem distinguishes between the forbidden կաւշիկս and the permitted ձհռապատս (cf. § 3.4), which reflect respectively the ὑποδήματα of Mt-Lk and the σανδάλια of Mk. Just as the Greek words are synonyms, the Armenian words are synonymous as well[58]. Moesinger

---

54. the root *šbṭ*, cf. Accad. *šabbiṭu*, to smite; *šabbiṭu*, rod, scepter; cf. for the Hebrew, Aramaic and Ethiopic, L. KOEHLER - W. BAUMGARTNER, *Lexicon in Veteris Testamenti Libros*, Leiden, 1953, 941, 1128.

55. R. PAYNE SMITH, *Thesaurus Syriacus* I, Oxford, 1879, 1249f.; II, Oxford, 1901, 4029f.

56. ZAHN, *Geschichte*, 95; *Evangelienharmonie*, 657; cf. CONYBEARE, *o.c.*, 78 ("not a rough "stick" ..., but only a light "staff" ... was permitted to the travellers"); A. MERX, *Die vier kanonischen Evangelien nach ihrem ältesten bekannten Texte* I, Berlin, 1897, 72, renders the word in Mk-Sys with "Stab", but also the other word in Lk with "Stab" (129), whereas he renders it in Mt with "Stock". See § 7.3 for a quite different interpretation of E. Preuschen. The confusion is apparently great.

57. Cf. HILL, *o.c.*, 86 (cf. HJELT, *o.c.*, 119).

58. Vgl. KÜNZLE, *o.c.*, II, 367, 419 (in both cases "Sandals"); MISKGIAN, *o.c.*, 165, 189 (both times: *calceus, calceamen(tum), sandalium*); see n. 28 above for the differences between Mt-Lk and Mk in the Armenian Separate Gospels. Cf. Liddell-Scott for the identification of ὑπόδημα as "sandal" (1879).

and Leloir differentiate by rendering *caligae* or *chaussures* and *sandalia* or *sandales*, which is a distinction prompted either by the exegesis of Ephraem or by the usual interpretation of the Greek words as *calcea-menta* and *sandalia*[59]. One might ask which Syriac words were rendered by the Armenian translator.

4.14. Again Bar Ṣalībī may be of some help here, in a passage not registered by Harris. The former's commentary explains Mt 10,10 in the following way[60]:

ܘܠܐ ܡܣܐܢܐ. and no shoes,

ܗ" ܐܬܐ ܕܡܣܟܢܘܬܐ. that is: a sign of poverty,

with which the commentator means the voluntary renunciation of wordly goods, since as he explains almost immediately these were only for the rich people. He then refers to Marks's text which allows ܣܐܘܢܐ "sandals" (= Syp). In the exegesis of "another fashion" (which as we have seen is related to Ephraem's comment) he mentions again the contrast between Matthew and Mark, but now he uses the words ܐܠܐ ܡܣܐܢܐ, "but sandals" (= Sys) and adds to it the explanation[61]:

ܗ" ܕܐܦܢ ܒܗܠܝܢ ܢܗܘܐ ܐܓܪܐ ܠܐܝܠܝܢ ܕܡܩܒܠܝܢ ܠܗܘܢ

"that is: in order that at least by these there will be a reward for those who receive them", which is quite similar to Ephraem's text, "that at least there is by this a reward for those who honour them" (MS.B). The distinction between the two words "shoes" and "sandals" is confirmed by the Old Syriac Gospels[62]:

ܘܠܐ ܡܣܐܢܐ Sys, Syp (Mt), Sys, Syc, Syp (Lk)

ܘܡܣܐܢܐ ܗܘܘ ܣܐܢܝܢ Sys (Mk) contra Syp (ܣܐܘܢܐ)

Reconstruction of Ephraem's Diatessaron text

4.15. On the basis of Ephraem's comments and the Syriac witnesses mentioned here one might attempt at reconstructing the Diatessaron text of Ephraem:

ܐܠ ܬܩܢܘܢ ܕܗܒܐ	1. Do not acquire (possess) gold (Mt)
ܘ(ܠܐ)? ܣܐܡܐ	2. and (not?) silver (Mt)
(ܐܠܐ ܐܪ) (ܫܒܛܐ (ܒܠܚܘܕ?)	3. (except) a staff (only?) (Mk)
ܘ(ܠܐ) ܚܘܛܪܐ	4. (and) not a stick (Mt-Lk)
ܘ(ܠܐ) ܡܣܐܢܐ	5. (and) not shoes (Mt-Lk)
ܐܠܐ ܡܣܐܢܐ	6. but sandals (Mk)

---

59. See the observation of Haenchen above n. 3; cf. E.P. GOULD, *The Gospel according to St. Mark* (ICC), Edinburgh, 9th ed., 1955, 106f. (although he finds in Mt/Lk an interdiction to take extra sandals along).

60. SEDLACEK - CHABOT, *o.c.*, I, I:2, 285:17f.

61. SEDLACEK - CHABOT, *o.c.*, 286:5f.

62. Cf. LEWIS, *o.c.*, 22, 88, 153; Ph. E. PUSEY-G.H. GWILLIAM, *Tetraevangelium sanctum iuxta simplicem Syrorum versionem*, Oxford, 1901, 64, 230, 384.

This reconstruction (which agrees with that of Zahn and Hill) is merely a registration of the wording suggested by Ephraem's commentary, but it does not establish the order in which the words stood in the Diatessaron Gospel. Hill changes the order of lines 4 and 5 on the basis of the Arabic Diatessaron (cf. §7). Ephraem's order is apparently determined by his playing on the contrasts. Line 4 is lacking in the reconstructions of Leloir, Ortiz de Urbina and Molitor, lines 3 and 6 in those of the latter two scholars, line 5 again in Molitor's.

V. The discovery of another part of the Syriac text of Ephraem

5.1. Most of this article had already been written when Dom. L. Leloir announced the discovery of 41 folios of the Syriac text of which he published two examples[63]. It turned out that the passage of the commission of the disciples was also found in this new text. Dom Leloir kindly sent me the Syriac text of fol. 35 recto (a), together with a Latin translation of the passage[64]. I deliberately chose to deal with this text in a separate paragraph for two reasons. First I wished to enable a comparison of this text with the Armenian version, secondly I wished to demonstrate that the methodical approach in the preceding paragraph and the conclusions drawn there are to a large extent confirmed by the new text.

The Syriac text of the comment on Mt 10,9

5.2. The first lemma and commentary reads thus (ch. 8:1):

ܐܠܐ ܠܟ ܗܘܐ ܩܢܐ ܕܗܒܐ	1. *Do not* – it says – *acquire (possess) gold*
ܕܠܐ ܢܫܬܟܚ ܒܗܘܢ ܝܗܘܕܐ	2. lest there be found among them a Judas
ܗܘ ܗܟܢܐ ܐܦܩ.	3. For this put out
ܐܦ ܠܥܟܪ ܡܢ ܚܝܐ	4. also Achar from life
ܘܟܣܝ ܠܓܚܙܝ, ܐܠܕ ܟܪܒܐ	5. and covered Gehazi with lepra
ܘܠܟܠܗ ܥܡܐ ܐܚܛܝ ܒܡܕܒܪܐ.	6. and made all the people sin in the desert

The Armenian proves to have been an adequate rendering of this Syriac (cf. §3.2a), except that it has the misreading of Achar as Nachor (cf. §4.2). Ephraem made a word play with ܝܥܟܪ (line 3) and the name ܥܟܪ (line 4).

63. L. Leloir, *Le commentaire d'Éphrem sur le Diatessaron. Quarante et un folios retrouvés*, in *Revue biblique* 94 (1987), 481-518; *S. Éphrem: Le texte de son commentaire du sermon sur la montagne*, in *Mémorial Dom Jean Gribomont (1920-1986)*, Rome, 1988, 361-391; especially this latter publication demonstrates that the Syriac text contains more material than the Armenian version.

64. In a letter of 14th of June, 1988. Prof. Leloir authorized me to publish the text of f. 35ro, ll. 1-10.

5.3. Ephraem continues:

ܘܕܟܠܐ ܡܢܗܘܢ ܦܪܘܛܐ — 7. And that he withheld from them *money*

ܕܠܐ ܢܬܚܫܒܘܢ — 8. lest they were thought

ܕܬܓܪܐ ܐܢܘܢ ܘܠܐ ܟܪܘܙܐ. — 9. to be merchants and not preachers.

Here the Armenian used two verbs in line 7 to describe one Syriac verb, as is often seen in this version[65]. What surprises most is that Ephraem does not use ܟܣܦܐ as one would expect (Armenian *արծաթ* suggests *silver* or *money*), but ܦܪܘܛܐ which is the Syriac word for small money, such as χαλκός (Mk 12,41) or κέρμα (John 2,15), used as change (cf. ܡܦܪܛܢܐ = κολλυβιστής, Mt 21,12). Now the problem arises whether Ephraem used the word to denote the copper money of Mt 10,9 (μηδὲ χαλκόν), or that he used it for *silver* (one should then expect ܦܪܘܛܐ ܕܟܣܦܐ), or that he merely summarized the two words *silver-money* and *copper-money* as small change[66]. It is clear that the new text burdens us with a new question.

Ephraem on staff and stick

5.4. Ephraem continues his comment with an explanation of the staff (ch. 8:2):

ܘܕܫܒܛܐ — 10. And that (it is said): a staff

ܢܝܫܐ ܕܦܫܝܛܘܬܐ — 11. –a mark of simplicity

ܘܐܬܐ ܕܡܟܝܟܘܬܐ — 12. and a sign of humility.

This text agrees with the Armenian, if we take into account what we have noticed on account of Bar Ṣalībī (§4.6). Now it is confirmed that the first word Ephraem wrote was the allowed ܫܒܛܐ. (= Sys Mk).

5.5. Then Ephraem contrasts the stick:

ܘܐܦܠܐ ܚܘܛܪܐ — 13. And that (it is said): nor a stick, (is)

ܡܛܠ ܕܠܐ ܠܓܙܪܐ ܥܙܝܙܐ — 14. because not to furious flocks

ܢܦܩܝܢ ܗܘܘ — 15. they went out

ܕܢܪܥܘܢ ܐܝܟ ܡܘܫܐ. — 16. to tend, like Moses.

Here the Syriac confirms what had already been conjectured (§4:6,7) that the ܚܘܛܪܐ was the forbidden stick of the Armenian (*çowp*). Bar Ṣalībī turned out to have preserved the Ephraemic text to a great extent (though using the infinitive in line 16).

5.6. Ephraem dwells on the difference between the two words:

ܚܙܝ ܓܝܪ ܕܐܝܟܐ ܕܡܪܥܝܬܐ — 17. For observe that where the flock

ܥܠ ܪܥܝܗ ܐܬܥܫܢܬ — 18. raged against its shepherd,

ܐܫܬܒܩ ܚܘܛܪܐ — 19. the stick was abandoned

ܘܐܫܬܩܠ ܣܦܣܪܐ. — 20. and the sword was taken up.

65. Cf. LYONNET, *o.c.*, 124, 126, cf. 29, 31; T. BAARDA, *"The Flying Jesus" Luke 4:29-30 in the Syriac Diatessaron*, in *Vigiliae Christianae* 40 (1986), 313-341, 317.

66. The last alternative seems to me the more likely one. Leloir writes in a letter of 8th of August, "J'ai traduit 'monetum', ce qui correspond au contexte 'ne existimerentur mercatores esse' ... ce pourrait être, chez Éphrem, un mot large, interprétatif et englobant".

Again the Armenian and Syriac agree: the Syriac tells us that *βηημιι* and *ωπωιι* should be taken as passive forms.

ܟܝܢܐ ܕܢܘܪܐ	21. And here, since the flocks,
ܒܫܠܡ ܗܘ ܪܥܝ	22. look, were in peace,
ܐܬܫܒܩ ܚܘܛܪܐ	23. the stick was abandoned
ܘܐܬܢܣܒ ܫܒܛܐ	24. and the staff was taken.

The Syriac adds "look" in line 22 and uses the passive forms which suggest that we should interpret the Armenian verbs likewise.

Ephraem on shoes and sandals

5.7. The last comment to be quoted here is on the shoes and sandals;

ܘܕܠܐ ܡܣܢܐ	25. and that (it is said): "no shoes"
ܕܢܓܒܘܢ	26. – in order that they choose poverty –
ܐܠܐ ܣܐܢܐ	27. "but sandals",
ܕܒܗܕܐ ܢܗܘܐ ܐܓܪܐ	28. – in order that by this at least there
ܠܐܝܩܪܘܢ	29. will be a reward for those who honour them.

The Armenian translator followed the Syriac closely, except that he rendered the verb in line 26 in a different way. He apparently took it for an *Ethpa'el* with the meaning "to be made void", "to be emptied" and also "to be rejected". The Syriac, however, should be understood as an *Ethpe'el* with the sense of choosing poverty as Christians do who renounce all wordly possessions (cf. §4.14 for Bar Ṣalībī's exegesis)[67]. In the last line the suggestion of Leloir to follow Ms.B of the Armenian is now confirmed. Here Bar Ṣalībī's text "for those who received them" is either a misreading or an interpretation.

VI. The contribution of the Arabic Diatessaron

6.1. Not long after the publication of the Latin translation of Ephraem's commentary a new witness to the Diatessaron presented itself, namely the Arabic harmony edited by A. Ciasca (1888)[68]. Expectations ran high in the first period of research, but it turned out after a while that the Syriac text underlying the Arabic version must have been revised in many details after the Syriac Vulgata, the Peshitta[69]. This in its turn caused a decline of interest in this new witness, which in my view was undeserved[70]. The Arabic text is

67. Cf. the rendering "ut-paupertatem-profiterentur" of Leloir in his letter (n. 64).
68. A. Ciasca, *Tatiani Evangeliorum Harmoniae Arabice*, Rome, 1888.
69. See the literature mentioned in T. Baarda, *An archaic element in the Arabic Diatessaron (Ta 46:18 = John xv.2)*, in *Novum Testamentum* 17 (1975), 151-155; esp. 151f.; *To the Roots of the Syriac Diatessaron Tradition (Ta 25: 1-3)*, in *Novum Testamentum* 28 (1986), 1-25, esp. 1ff.
70. Cf. *To the Roots*, 3f., 24f.

worthwhile because it is a full harmony text which may give us an idea of the overall arrangement of the Diatessaron, but also because it has preserved several details of the original Syriac text.

6.2. To what extent does the Arabic text contribute to the reconstruction of the Diatessaron passage under discussion? If one makes use of modern translations of this text, one might be disappointed. For example, if one consults the English and French translations of H.W. Hogg[71] and A.-S. Marmardji[72], one finds respectively:

> except a staff only ... nor staff
> sauf un bâton seulement ... bâton

The translation of Hogg prompted D. Plooij[73] to speak of a nonsensical text ("Zooals 't daar staat, is 't natuurlijk onzin"), which in his view was caused by the fact that the text was revised after the Peshitta which had the same word in all three Gospel passages. However, if he had looked up the Latin translation of Ciasca, or that of Hamlyn Hill (the translation of E. Preuschen was not yet published) he would have found the following renderings of the very passage[74]:

> nisi virgam tantum ... neque baculum
> save a wand only ... nor staff
> (ausser allein einen Stecken ... nicht ein Stab)

Apart from the way they have translated the Arabic here, it is clear from their renderings that the Arabic Diatessaron also contained two different words in the passage.

6.3. The two words in question are respectively قضيب (qaḍib) and عصا ('aṣan). The first word related to a root which has the connotation "to cut off" may mean all kinds of wooden items cut off from a tree such as twig, switch, stick, rod, or wand[75]. One has tried to distinguish it from the second word as being an "insigne de charge", in contrast with 'aṣan as a rod or stick with which one strikes or on which one leans[76]. However, the latter word does not only have the meanings "stick, cane, rod, wand, staff" but also that of "scepter" or "marshall's baton"[77]. In my view, it is very difficult to decide which meaning has to be attributed to either of these words (as can be seen from the given translations), but it is at the same time clear that the Arabic translator wished to distinguish between the two words, since he had two different

71. H.W. HOGG, The Diatessaron of Tatian, in Ante-Nicene Library, Add. Vol., Edinburgh, 1897, 35-141, 63.

72. A.-S. MARMARDJI, Diatessaron de Tatien, Beyrouth, 1935, 119.

73. D. PLOOIJ, Tatianus en Mt. 10,10, Mc. 6,8, Lc. 9,3, in Theologisch Tijdschrift 46 (1914), 517f.

74. Resp. CIASCA, o.c., 23; HILL, Earliest Life (1894), 92; E. PREUSCHEN - A. POTT, Tatians Diatessaron aus dem Arabischen übersetzt, Heidelberg, 1916, 101.

75. H. WEHR, Arabisches Wörterbuch, Leipzig, 1952, II, 687.

76. POWER, o.c., 255; LYONNET, o.c., 213.

77. WEHR, o.c., II, 555; cf. PAYNE-SMITH, Thesaurus I, 1249f.; II, 4029f., where we find 'aṣan as an equivalent of both Syriac words according to the Syriac-Arabic lexica.

Syriac words in his source, respectively ܟܠܬܐ and ܣܢܐܠܐ, which pleads for the accuracy of the translator.

6.4. In order to see which is the order of the commands in the Syriac text underlying the Arabic version we may give the Arabic text and a tentative reconstruction of the Syriac recension that was used by the translator (ch. 12:48-50a)[78]:

لا تقتنوا ذهبا	1.	ܠܐ ܬܩܢܘܢ ܕܗܒܐ
ولا فضة ولا نحاسا	2.	ܘܠܐ ܣܐܡܐ ܘܠܐ ܢܚܫܐ
في اكياسكم	3.	ܒܟܝܣܝܟܘܢ
ولا تاخذوا سيئا للطريق	4.	ܘܡܕܡ ܠܐ ܬܫܩܠܘܢ ܠܐܘܪܚܐ
الا قضيبًا حسب	5.	ܐܠܐ ܐܢ ܫܒܛܐ ܒܠܚܘܕ
ولا خرجا ولا خبزًا	6.	ܘܠܐ ܬܪܡܠܐ ܘܠܐ ܠܚܡܐ
ولا يكون لكم قيصان	7.	ܘܠܐ ܬܪܬܝܢ ܟܘܬܝܢܝܢ ܢܗܘܝܢ ܠܟܘܢ
ولا خفاف	8.	ܘܠܐ ܡܣܐܢܐ
ولا عصا	9.	ܘܠܐ ܫܒܘܛܐ
لكن انتعلوا بنعال	10.	ܐܠܐ ܣܐܢܘ ܗܘ ܛܠܐܣܝܢ

6.5. Zahn[79] denounced the translator's method of harmonizing, since he observed that the sharp contrast between the permission of the *virga* and the prohibition of the *baculus* which he found in Ephraem was destroyed or at least obscured: although the Arabic translator maintained the difference in wording, he broke up the original contrast by separating the elements (lines 5 and 9) by other prohibitions. This judgment does not do justice to the translator, who in my view may have preserved the original form of the text, even in its harmonistic pattern. Ephraem does not deal with the other prohibitions, but only with the contrasts in the commands of Jesus: staff — no stick, no shoes but sandals. This selection can be made by an exegete who is struck by these contrasts, but not by a harmonist who has to combine his sources: the first place is given to Mark's permission of the ῥάβδος, because two of the sources have this word before the prohibition of the wallet (Mk, Lk 9); the prohibition of the ῥάβδος is mentioned last in Mt. The prohibition of the two tuniques (last in Mark) is found before that of the ὑποδήματα in Mt, so that a harmonist as Tatian who usually followed the lead of Matthew (an apostolic witness) had to mention the permission of the sandals as the last instruction of Jesus. This is exactly the text which the Arabic translator presents us with, and it is most likely that he followed his Syriac source at this point. In spite of the ingenious contrast that Zahn, due to Ephraem, wished to secure for Tatian, one may say that the text presented by the Arabic witness fits in

78. For the Arabic, cf. CIASCA, *o.c.*, ٤٩; MARMARDJI, *o.c.*, 118.

79. ZAHN, *Geschichte*, 96: "Den ursprunglichen Gegensatz ... hat er hier getilgt"; Zahn speaks of the different position of the word which "den von Tatian geistreich ersonnenen Gegensatz sprengt oder doch verdunkelt": "die ursprüngliche Zeichnung (schimmert) noch durch, ist aber doch schon recht verweicht".

with the well-considered and meticulous method in which Tatian seems to have created his embroidery of all details of his sources, even by maintaining as best as he could the original arrangements in these sources.

6.6. Nevertheless, the Arabic translator may have had before him a Syriac text that has undergone the influence of the Peshitta in some details. In line 1 the original Syriac text may have contained the idiomatic ‎ܠܟܘܢ "for yourselves" (= Sys) after the verb which is lacking in Syp, and the same may be true for line 4 (Sys in Lk 9, Sys-Syc-Syp in Lk 10)[80]. The wording in line 4 may have preserved the original text, containing ‎ܘܠܐ (Syp in Mt, Sys-Syp in Lk 9), ‎ܢܚܫܐ (Sys in Mt, Sys-Syp in Lk 9), if we take it for granted that Ephraem's wording (see §5.3) combines "silver" and "copper"[81]. In line 3 the original text must have contained the plural "purses" and the addition of "your"[82]. The words "for the road" are placed here in agreement with Mk (Sys-Syp) and Lk 9 (Sys-Syc-Syp) contra Mt (after "wallet"). The wording in line 5 is in agreement with Mk (Sys-Syp). Line 6 is in agreement with Mk and Lk 9 as to its place and form. The phrase reconstructed in line 7 agrees with Lk 9,3 (Syc-Syp; Sys differs only in the initial wording ‎ܘܐܦܠܐ, instead of ‎ܘܠܐ), and with Mt (Sys-Syp) for the words "and not two tuniques" (the Arabic dual form replaces the numeral). The wording "will be for you" suggests the reading ἔχετε instead of ἔχειν[83]. For lines 8 and 9 see above §§4.4, 7ff., 13f. In line 10 the Arabic has the imperative form "be shod" instead of the participle ὑποδεδεμένους, in agreement with Sys (‎ܡܣܐܢ ܗܘܘ), where Syp reads ‎ܢܣܐܢܘܢ, "they shall put on (or: wear)", which might imply that the Syriac exemplar of the Arabic translator read also with Sys ‎ܡܣܐܢܐ, not ‎ܛܠܪܐ which is found in Syp[84].

80. Cf. aur. in Lk 9,3 "nihil tuleritis vobis", a remnant of the Syro-Latin text.

81. The Arabic فضة "silver" could have been a rendering of any of the three Syriac words: ‎ܣܐܡܐ, ‎ܢܚܫܐ or ‎ܩܢܝܢܐ.

82. This is in agreement with the Matthaean text; in Mark (εἰς τὴν ζώνην) the plural is found in 238 b c e ff² Sah Boh Sys Syp Arm Arab (ed. Lagarde); the possessive pronoun "your" is found in Δ Boh Sys Syp (3 mss.), whereas "their" is attested in Sah Boh (ms.) Syp Syh Arab Eth.

83. The reading ἔχετε (אᶜ L Ξ 0202 33 892 1071 1241 1342 1890) or ἔχητε (157 1547) is found in Latin texts (e aur a b c f ff g gat l q r Vulg), in the Georgian, but also in the Syriac versions, the Armenian and the Arabic (ed. Lagarde) — which should be supplied in the The New Testament in Greek I, 190).

84. The imperative is also found in the prohibition of Matthew "do not put on" (not in the Markan text element!), cf. G. MESSINA, Diatessaron Persiano, Rome, 1951, 202:12f (III:7; not in II:1, 94:9-11). I have left out this Persian witness, which is not related to the Tatianic Diatessaron, although it has a strong Syriac influence which explains some of the Tatianisms which are preserved in it. Messina's view that the Persian text has also preserved the Tatianic distinction between staff and stick (un bastone di mano, II:1, III:7, and randello III:7) is not really convincing. The arrangement of the Persian text is quite different from that of the other Tatianic witnesses and a very bad one; if Messina is right in his assumption it only betrays that there is a Syriac impact on the Persian text.

VII. Conclusion

An ingenious solution

7.1. Zahn was the first scholar to pay attention to the inventive way in which Tatian solved the problem that the discrepancies in the commands of Jesus caused for a harmonist. In the case of the synonyms ὑποδήματα and σανδάλια the problem could easily be solved by assuming that two different kinds of shoes were meant, as was also the view of later commentators, but in the case of ῥάβδος there was a clear contradiction in the sources. At this point Tatian's originality can be seen in his bold assumption[85] that the word was a homonym with different meanings in the case of the prohibition and in that of the permission, "a stick" and "a staff". He could have followed another method which he sometimes applies in his work in the case of discrepancies, namely the approach of other historians (exemplified in Arrianus' *Anabasis*: to follow the sources if they agree, but to follow the more reliable one if they disagree[86]) to weigh the reliability of his sources and to choose between them. So he could have followed here Matthew because tradition attributed to this Gospel apostolic authority and the benefit of an "eyewitness" report, the more so because Matthew was supported here by Luke who was held to be an accurate historian. However, he did not wish to reject here the testimony of Mark, perhaps because this Gospel was held in high esteem in Rome. Another reason may have been that the custom of travelling preachers to take with them a staff had become rather common due to the permission of the Marcan Gospel. Anyhow, from our sources it is unmistakably clear that Tatian wished to do justice to his three sources at this point and include both the permission and the interdiction.

A Syriac origin of the different translation?

7.2. So far we have followed the textual tradition in the Eastern textual witnesses[87] and concluded that the existence of the variety in

85. Cf. ZAHN, *Diatessaron*, 143, n. 4 ("sehr kühn"); Evangelienübersetzung, 18 ("eine der kühnsten Harmonisierungen von T"), 19 ("Die kühne Differenzierung eines und desselben Wortes"); Geschichte, 95 ("Zu den merkwürdigsten Beispielen der harmonistischen Kunst Tatians gehört seine Komposition der sogenannten Instruktionsrede ...; ... sein Verfahren (zeigt) hier von ebensoviel Entschlossenheit als Überlegung"); cf. PLOOIJ, *o.c.*, 517 ("Tatianus' oplossing is zoo origineel en als ze niet waar is, zoo buitengewoon goed gevonden, dat ik het jammer vind als zij in de bladzijden van een boek dat slechts specialisten in handen komt, begraven bleef ...").

86. A.G. ROOS, *Flavius Arrianus, Alexandri Anabasis*, Leipzig, 1967, 1 f (Prooemium 1-3); A.B. BREEBAART, *Enige historiografische aspecten van Arrianus' Anabasis Alexandri*, Leiden, 1960, ch. II-III; BAARDA, *Vier = Een*, 21.

87. The western Diatessaron tradition is not treated here, since it would complicate the matter. It deserves a separate treatment, since its history is closely connected with the

wording in Georgian, Armenian and early Syriac in the three Gospels was caused by the influence of the Old Syriac Diatessaron: Tatian was the first scholar to draw this distinction between the permitted "staff" and the forbidden "stick"[88]. For Zahn this passage was "ein handgreiflicher Beweis" and even "ein unwiderleglicher Beweis" for a Syriac origin of the Diatessaron ("also ist das Diatessaron ein vom Haus aus syrisches Buch gewesen")[89], since it could not have been part of a Greek harmony whose sources contained only the word ῥάβδος.

A Greek harmony as the source of the differentiation?

7.3. This verdict of Zahn has been challenged by E. Preuschen, who admitted that Zahn's argumentation seemed solid, but can easily be refuted: if Tatian could introduce two different words in the Syriac form of the Diatessaron, why could he not have done so in a possible Greek form of the harmony: "Soviel Sprachgewandtheit darf man ihm ohne Bedenken zutrauen, dass es ihm nicht schwer wurde, ein solches Synonym zu finden". Preuschen suggests that Tatian might have written μηδὲ ὑποδήματα μηδὲ ῥάβδον, ἀλλὰ βακτηρίαν μόνον καὶ σανδάλια ὑποδεδεμένους. Remarkably enough, Preuschen makes the suggestion that Syriac ⲣⲓⳑⲁⲩ stood for "das leichtere ῥάβδος" as a sign of sovereignty and dignity, whereas ⲣⳑⲟⲭ was a rendering of βακτηρία which he designated as "den derberen Stock", as the sign of a traveller[90]. Tatian had contrasted likewise the ὑποδήματα of the rich people with the σανδάλια of the modest people. Preuschen concludes his argument with the observation that this procedure is in line with Tatian's way of thinking, apparently his encratitic view[91]. Now the text which for Zahn was a crown witness for the originality of the Syriac Diatessaron became part of an argumentation for the existence of an original Greek Diatessaron which — in Preuschen's view — *both* influenced the Greek Gospel manuscripts *and* was the basic text from which the Latin Diatessaron took its origin.

Tatian's first draft in Greek

7.4. This contribution does not enter into the question whether there was a Greek Diatessaron that circulated in the churches of Rome and the western world or not. It is my conviction that as long as we have no certain indications for a Greek harmony of Tatian, one has merely the

western commentary tradition. The most remarkable witness is in this case the *Pepysian Harmony.*

88. ZAHN, *ll. cc.*

89. ZAHN, *Evangelienharmonie*, 657; *Evangelienübersetzung*, 18.

90. E. PREUSCHEN, *Untersuchungen zum Diatessaron Tatians*, Heidelberg, 1918, 47ff.

91. PREUSCHEN, *o.c.*, 49: "Damit gewinnt das Wort in seiner Umgestaltung durch Tatian einen Sinn, der mit seiner Denkweise vortrefflich stimmt".

task of reconstructing the Eastern text of the harmony on the basis of the witnesses such as Ephraem's commentary, the Arabic Diatessaron and all the other eastern testimonies. However, in my view it was absolutely necessary for Tatian, in order to produce a Syriac text of his harmony, to make first a Greek synopsis of his sources — mainly the four Gospels that were known in Rome in those days — which were actually written in Greek. The next step was to combine and harmonize all the textual elements of his sources, which in my view resulted in a Greek draft of his harmony, which then could be translated into Syriac. If this were the case, one has to ask how he dealt with the passage in question and especially with the problem of the ῥάβδος, once allowed and twice forbidden in his sources. I think, one cannot rule out the possibility that Tatian — what Preuschen suggested — solved the problem by using two Greek words instead of one. However, I disagree from this view that Tatian introduced into his Greek draft the word ῥάβδος as the forbidden "staff" and βακτηρία as the "stick" or "cane" that was allowed.

Tatian's description of the philosopher

7.5. When Tatian, in his *Oration* ch. 25, scorns the philosophers for making use of philosophy as a technique to get after money, he also deals with their pretending to have no needs: ... λέγοντες μὲν δεῖσθαι μηδενός, κατὰ δὲ τόν Πρωτέα

σκυτοδέψου μὲν χρήζοντες διὰ τὴν πήραν,
ὑφάντου δὲ διὰ τὸ ἱμάτιον
καὶ διὰ τὸ ξύλον δρυοτόμου, ...[92]

This description may have been partly suggested by the passage under discussion. It may perhaps tell us that Tatian saw the "wallet" and "stick" as part of the outfit of the wandering philosophers. The apostles differed from them in having no πήραν and no ξύλον. One might think that Tatian in making his first draft, in Greek, created a distinction between ῥάβδος and ξύλον, the first one being allowed, the other one being forbidden.

7.6. It may be noted here that the word ξύλον in the sense of "stick" which occurs in the episode of the arrest of Jesus is rendered with ܚܘܛܪܐ in all Syriac versions (Mt 26,47 and 55: Sys-Syp; Mk 14,43 Sys-Syp; Lk 22,52 Sys-Syc-Syp), and with عصا in the Arabic Diatessaron (ch. 48:22 and 41), that is both in Syriac and Arabic the words which are used in our passage to denote the forbidden "stick". This means that there is a good reason to guess that in this latter passage

92. E. Schwartz, *Tatiani Oratio ad Graecos*, Leipzig, 1888, 26:21-23.

Tatian's Greek draft distinguished the ῥάβδος that was allowed and the ξύλον that was forbidden.

Faculteit der Godgeleerdheid   Tjitze BAARDA
Heidelberglaan 2
3508 TC Utrecht NL

MELCHISEDEKS WIRKUNG
Eine traditionsgeschichtliche Untersuchung eines Motivkomplexes in NHC IX, 1,1-27,10 (*Melchisedek*)

I

Obwohl es nicht die Absicht is, in diesem Beitrag über die — übrigens schon oft durchgeführte — Frage der Rezeption des Hebräerbriefes als solche zu handeln, werden doch gelegentlich Aspekte dieser Frage zur Sprache kommen, weil uns in ihm Melchisedek begegnet. Beide, der Brief und der mannigfach wirkende Priesterkönig, sind einander darin ähnlich, dass sie durch so viel Unbekanntes umgeben sind. Es war Franz Overbeck, der diese Gegebenheit einmal auf folgende schlagende Weise kennzeichnete: "Man kann von diesem Brief, mit Anwendung einer seiner eigenen seltsamsten Allegorien auf ihn, sagen, dass er im Kanon vor dem nach seiner historischen Entstehung fragenden Betrachter, wie ein melchisedekitisches Wesen ohne Stammbaum dasteht"[1].

Wie rätselhaft die Herkunft des Briefes und in ihm des Melchisedek auch sind, ihre Wirkung in der Kirche und ausserhalb von ihr ist gross gewesen. Das lehren uns die Kirchen- und Dogmengeschichte und andere theologische Disziplinen.

Durch die Funde bei Qumran (1947) und Nag Hammadi (1945) — so unvergleichbar hinsichtlich der Sprache und des Inhaltes sie auch sind — wird uns jedoch eine überaus gute Chance geboten, dem geistigen Milieu gerade des Melchisedek besser auf die Spur zu kommen und demnach auch besser seiner Bedeutung in und ausserhalb des Briefes. Es handelt sich um die Schrift *Melchisedek* aus Qumran Höhle 11 (hinfort: *QMelch*), ein "eschatologischer Midrasch", vor der Ärawende, in dem Melchisedek mit Belial zu kämpfen hat, wobei himmlische Heerscharen ihm helfen. Man hat vorgeschlagen, diesen Melchisedek mit dem Erzengel Michaël zu identifizieren, der auch im Endkampf den Sieg über die Mächte der Finsternis davonträgt, vgl. 1 Q M XVII, 5-9. Ob er auch noch priesterliche Züge aufweist, bleibt diskutabel[2].

---

* Abkürzungen: Schriften der Nag Hammadi Bibliothek nach J.E. MÉNARD, *Lettre de Pierre à Philippe (NHC VIII, 2)* (= BCNH, 1), Laval (Canada), 1977 p. vii-ix; Bibelbücher nach *Bible, Nouveau Testament* (TOB), 1972, p. 824. Crum = W.E. CRUM, *A Coptic Dictionary*, Oxford, 1939. Mein herzlicher Dank gilt Herrn Prof. Dr. M. Krause, dem Förderer der Koptologie (Münster), für das Durchlesen meines deutschen Textes.

1. F. OVERBECK, *Zur Geschichte des Kanons. Zwei Abhandlungen*, Chemnitz, 1880.

2. A.S. VAN DER WOUDE, *Melchisedek als himmlische Erlösergestalt in den neu gefundenen eschatologischen Midraschim aus Qumran-Höhle XI*, in P.A.H. DE BOER (ed.), כה 1940-1965 (= OTS 14 (1965), pp. 354-373 (= "v.d. Woude I"). Definitiver Text *QMelch*: M. DE JONGE and A.S. VAN DER WOUDE, *11 Q Melchizedek and the New Testament*, in

Zweitens handelt es sich um die erste Schrift in Codex IX von Nag Hammadi, *Melchisedek*, (hinfort: *Melch*), eine wohl gnostisierende jüdisch-christliche Apokalypse, deren griechischer Urtext um 180 anzusetzen sei[3]. Der Text ist leider sehr schlecht erhalten geblieben. Von den ursprünglichen 745 Textzeilen, sind nur 19 vollständig erhalten und nur 47% des Textes ist mittels mehrerer Konjekturen zurückzugewinnen[4]. Immerhin kommen wir mit Melch doch "medias in res" sowohl in bezug auf die Wirkung des Hebräerbriefes in gnostischen Schriften, wie auch in bezug auf die Herkunft der Melchisedektraditionen, die sich hinter den 8 Melchisedek-Stellen in He irgendwie ahnen lassen. Wie zB Feld formuliert: "Dennoch kann das Nag-Hammadi-Dokument auch zur Interpretation der Melchisedek-Vorstellung des Hebr einiges beitragen"[5]. Auch da wo die Melchisedektradition in späteren Texten legendär angereichert erscheint, darf auch die Aussage Brauns gelten, dieser Umstand sei auch "für das Verständnis des Hb selber von beträchtlichem Interesse dort, wo die Rivalität zwischen Melchisedek und Jesus zur Debatte steht"[6]. Selbstverständlich hängen Melchisedektradition und -Rezeption eng zusammen.

II. Die Rezeption des Neuen Testamentes in der Bibliothek von Nag Hammadi

Die Zitate und Anspielungen in der Nag Hammadi Bibliothek in bezug auf biblische Texte bilden ein eigenes Untersuchungsfeld. Die Kompliziertheit der diesbezüglichen Fragen zeigt sich auch darin, dass auf die von *Teylers Godgeleerd Genootschap* in Haarlem ausgeschriebene Preisfrage: "Gevraagd wordt een onderzoek naar het gebruik van bijbelse geschriften in de Koptische teksten van Nag Hammadi" (1977) nie eine Antwort erhalten wurde. Glücklicherweise sind inzwischen mehrere dieser Thematik gewidmete Aufsätze erschienen. Es mag hier genügen, was das NT anbelangt, hinzuweisen auf die Listen möglicher Zitate bei Ménard, Schnackenburg und van Unnik[7]. Recht nützlich ist

NTS 12 (1966) 301-326 (= "v.d. Woude II"). Vgl. auch van der Woude, s.v. χρίω, in *TWNT* IX, p. 509 (siehe dazu unten Anm. 87). Für die neuere Literatur über Melchisedek vgl. *TWNT* X, 2, pp. 1174-1175. Die Untersuchung von E. Puech, *Notes sur le manuscrit de XI Q Melkîsédeq*, in *RdQ* 12 (1987; ersch. 1988), pp. 483-513, konnte für diesen Beitrag nicht mehr verwertet werden.

3. B.A. Pearson, *NHC IX, 1: Melchizedek*, in B.A. Pearson (ed.) *Nag Hammadi Codices IX and X* (= NHS XV), Leiden, 1981, pp. 41-85 (Text/Translation). Deutsche, auf Pearsons Ausgabe basierende Übersetzung von H.M. Schenke, *Die jüdische Melchisedek-Gestalt als Thema der Gnosis* (zitiert: *Gestalt*), in K.W. Tröger (ed.), *Altes Testament-Frühjudentum-Gnosis*, Berlin, 1980, pp. 111-141, bes. 115-123 (Übersetzung).

4. Pearson, *o.c.*, pp. 19f.

5. H. Feld, *Der Hebräerbrief* (= Erträge der Forschung, 228), Darmstadt, 1985, p. 49.

6. H. Braun, *An die Hebräer* (HNT 14), Tübingen, 1984, p. 139 (vgl. p. 74).

7. Vgl. J.E. Ménard, *L'Evangile de Vérité* (= NHS II), Leiden, 1972 pp. 3-8; W.C. van Unnik, *The "Gospel of Truth" and the New Testament*, in F.L. Cross, *The Jung*

auch das Verzeichnis in Siegerts *Nag Hammadi Register*. Dort heisst die Überschrift bedeutungsvoll "Nag Hammadi-Stellen, zu denen in diesem Wörterbuch eine Bibelstelle assoziiert wurde"[8]. Die erste Monographie liegt erst jetzt vor. Es ist die mustergültige Untersuchung von Christopher Tuckett[9]. Völlig unzureichend und sogar irreführend ist die Liste in Pagels' *The Gnostic Paul*, wo eine Stichprobe in bezug auf u.a. den Hebräerbrief lehrte, dass die Zitate (öfters aus Väterschriften gewählt) als solche in den Schriften von Nag Hammadi nicht aufzufinden sind[10]. Für He bietet Siegert 9 Stellen wie zB He 4,12 in EvVer 26,2. *Melch* wird jedoch von ihm nicht erwähnt. Pearson hat in seiner Edition freilich 21 Stellen aufgeführt, muss jedoch gestehen: "I have not found any explizit quotations ... some of the suggested allusions to — or influences from — Hebrews are more certain than others"[11]. Colpe hat sich in seinem neunten Aufsatz in seiner Serie "Heidnische, Jüdische und Christliche Überlieferung in den Schriften aus Nag Hammadi" recht positiv geäussert, indem es heisst, die Frage könnte aufgeworfen werden, ob etwa der ganze He in *Melch* verwendet worden sei; vgl. seine Aussage *Melch* 6,28-7,3 über Tieropfer lese sich wie eine Rezeption von He 10,3-7[12].

III. Die Sicht Käsemanns und Melch

Als Ernst Käsemann 1938, ein knappes Dezennium vor den beiden Funden von Qumran und Nag Hammadi, sein später berühmtes Buch *Das wandernde Gottesvolk* herausgab, lag ihm vor allem daran, den Hintergrund von drei Motivkomplexen oder Vorstellungsgruppen aufzudecken, und zwar die Wanderschaft zur Ruhe, die Zusammengehörigkeit von Sohn und Söhnen und die Hohepriesterchristologie. Er fand sie bekanntlich in gemutmassten gnostischen Gedanken. So heisst es zB im Hinblick auf die Hohepriesterchristologie: "Zu fragen wäre auch hier also nur, ob Philo und Hebr. etwa eine gemeinsame zugrundeliegende Tradition divergierend fortführen. Dabei wäre zu beachten, dass Philo sich unverkennbar in seiner λόγος — ἀρχιερεύς — Spekulation insofern mit dem gnostischen Mythos berührt, als sein die Welt als Kleid tragender Hohepriester offensichtlich das himmlische Allerheiligste in der Eigenschaft des ἀρχηγός und πρόδρομος dieser Welt

Codex, London, 1955, pp. 115-121, und R. SCHNACKENBURG, *Das Johannesevangelium*, Freiburg, 1972 I, p. 173.

8. F. SIEGERT, *Nag Hammadi-Register* (WUNT, 26), Tübingen, 1982, pp. 335-343.

9. C. TUCKETT, *Nag Hammadi and the Gospel Tradition. Synoptic Tradition in the Nag Hammadi Library*, Edinburgh, 1986.

10. E. PAGELS, *The Gnostic Paul*, Philadelphia, 1975, pp. 171-174.

11. PEARSON, *o.c.*, p. 35.

12. C. COLPE, in *JAC* 23 (1980), pp. 115 und 119-120.

betritt"[13]. Nachdem uns gnostische Originalschriften zu Gebote stehen wie zB *Melch*, sind die Dinge nicht mehr so klar und eindeutig wie sie Käsemann damals erschienen. Mit Recht nennt Colpe gleich nach der oben angeführten Stelle die komplizierteste Vorfrage "die, was es mit der interpretatio gnostica des Hebräerbriefes selbst auf sich hat"[14]. Übrigens wird ebenda diese "interpretatio gnostica" als von Käsemann bahnbrechend und anregend vertreten bezeichnet. Käsemanns Deutung des He hat ihre eigene Wirkungsgeschichte. Tatsächlich wird die Studie öfters voller Begeisterung angeführt oder wenigstens erwähnt. Dies war schon bei dem letzten Vertreter der Holländischen Radikalen Schule, G.A. van den Bergh van Eysinga, der Fall, der aussagt: "Käsemann levert het overtuigend bewijs voor een Gnostischen achtergrond van de hier veronderstelde Christologie"[15]. Zutreffend bemerkt Schenke: "Zwar gibt es nur wenige die die These Käsemanns in Bausch und Bogen übernommen hätten, aber *unterschwellig* und partiell *durchsäuert* sie die Auffassung vieler bis hin zu W.G. Kümmel (*Einleitung in das NT* 1965[13]) und in der wissenschaftlichen Diskussion über den Hebr bildet sie einen ganz entscheidenden Streitpunkt"[16]. Die These wurde später von vielen beanstandet (so Grässer, Köster, de Jonge, Braun und Feld[17]) und aus guten Gründen widerlegt von Colpe, Früchtel (gerade in bezug auf den Hohepriester im He) und vor allem grundlegend von Hofius in seinem *Katapausis. Die Vorstellung vom endzeitlichen Ruheort im Hebräerbrief*[18]. Der schwerwiegendste Einwand war und ist, dass

---

13. E. KÄSEMANN, *Das wandernde Gottesvolk* (FRLANT, 37), Göttingen, 1957[2], p. 125.

14. COLPE, *o.c.*, p. 115, mit Anm. 18.

15. G.A. VAN DEN BERGH VAN EYSINGA, *De Brief aan de Hebreeen en de oudchristelijke Gnosis*, in *Nieuw Theol. Tijdschrift* 28 (1939) 301-330, Zitat p. 303; vgl. noch DERS., *De Oudste Christelijke geschriften*, den Haag, 1946, pp. 147-151; MICHEL, s.v. Μελχισεδέκ, in *TWNT* IV, p. 574, Anm. 8; BRAUN, *o.c.*, p. 93 und H.M. SCHENKE, *Erwägungen zum Rätsel des Hebräerbriefes*, in *Neues Testament und christliche Existenz* (Festschrift H. Braun, ed. H.D. BETZ/L. SCHOTTROFF), Tübingen, 1973, pp. 421-437; bes. p. 426.

16. SCHENKE, *Erwägungen*, p. 422. Die Hervorhebung stammt von mir. Ein interessantes Beispiel dieses unterschwelligen Wirkens bietet A. VAN DE BEEK, *Waarom? Over lijden, schuld en God*, Nijkerk, 1984, pp. 203 und 206 (das NT sei überhaupt nicht gnostisch, dessenungeachtet wird Käsemann in bezug auf das *wandernde* Gottesvolk ("God's volk *onderweg*") zustimmend angeführt).

17. Vgl. E. GRÄSSER, *Der Hebräerbrief 1938-1963*, in *ThR* 30 (1964) 138-236; diesbezüglich pp. 215 und 222; H. KÖSTER, *Einführung in das NT*, Berlin, 1980, p. 713; H.J. DE JONGE, *Traditie en exegese: de hogepriester-christologie en Melchizedek in Hebreeën*, in *NTT* 37 (1983) pp. 1-19; diesbezüglich p. 2; BRAUN, *o.c.*, p. 73 und FELD, *o.c.*, p. 49.

18. Siehe C. COLPE, *Die religionsgeschichtliche Schule*, Göttingen, 1961, p. 63f. In bezug auf den Hohepriester: U. FRÜCHTEL, *Die kosmologischen Vorstellungen bei Philo von Alexandrien*, Leiden, 1968, pp. 3-4 und 184. Grundlegend widerlegt von O. HOFIUS, *Katapausis. Die Vorstellungen vom endzeitlichen Ruheort im Hebräerbrief*, Tübingen, 1970 (mit der Folgerung: nicht das *wandernde* Gottesvolk sei Skopos des Briefes sondern das *wartende*, vgl. He 11, 10.16). Vgl. noch SCHENKE, *Erwägungen*, p. 423; COLPE, *JAC, o.c.*, p. 121.

der von Käsemann vorausgesetzte Modellmythos von "Urmensch-Hohepriester-Erlöser" als socher in den nun bekannt gewordenen originellen gnostischen Schriften nicht belegt ist. Hinzu komt, dass sowohl Philo als auch He zu Unrecht rücksichtslos in den gnostischen Geistesbereich einverleibt werden. Die Kritik an der Käsemannschen These ist durch *Melch* nicht einzuschränken. Ganz im Gegenteil.

Hofius qualifizierte die Apokalyptik in seiner Untersuchung als *den* Hintergrund des He. Interessanterweise wird durch diese Auffassung eine Aussage Käsemanns bestätigt. In bezug auf die religionsgeschichtlichen Hintergründe der Hohepriester-Vorstellung bei Philo und in He möchte er nämlich zunächst auf den Bereich der jüdischen Apokalyptik blicken, und zwar hinsichtlich einer gemeinsamen Ausgangstradition. Sodann schliesst er auf folgende Aussage: "Bereits im 2. Jahrhundert v. Chr. begegnet neben der Messiashoffnung die Erwartung eines endzeitlichen Hohenpriesters in den Testamenten der zwölf Patriarchen. Und wahrscheinlich wird man hier den Ausgangspunkt für die *ganze spätere Entwicklung* ansetzen dürfen"[19]. Diese Aussage gilt um so mehr, wenn es sich dabei nicht um eine Ausgangstradition handeln würde, auf der gnostische Spekulationen basieren, sondern um eine Tradition, die den Hintergrund der Qumran-Schriften, des He und des *Melch* bilden dürfte.

Deswegen könnten — wie wir unten nachzuweisen versuchen werden — *QMelch* und *Melch*, verglichen vor allem mit Test Lev und Test Dan, Wertvolles zur Erklärung der Hohepriesterpassagen und paränetischer Aussagen in He (2,14;3-7 und 12,1ff) und zur Herkunft wie Wirkungsgeschichte der sogenannten Melchisedek-Typologie bieten.

IV. Die Person des Melchisedek

In Gn 14, 18ff geht eine jebusitischer Stadtkönig und Priester aus Salem, namens Melchisedek, dem Abram entgegen. Sein Name könnte — wie Adoni-Zedek in Jos 10,1 — bedeuten: "Mein König ist 'Zedek'", oder (der Gott) "Malak ist gerecht"[20]. Jedenfalls handelt es sich an dieser Stelle um eine Kultätiologie des davidischen Kultes mit Priestern und Zehntpflichtigkeit, findet dieser doch in Melchisedek seine Legitimation. In Ps 110,4 begegnet Melchisedek das zweite und letzte Mal im Alten Testament. In diesem Inthronisationspsalm aus ältester Königszeit in dem der König vom Propheten auch als Priester angeredet wird, wird diesbezüglich zurückgegriffen auf alte jebusitische Kulttraditionen. "Diese 'Übertragung' ältester Traditionen auf David und seine Dynastie

---

19. KÄSEMANN, *o.c.*, p. 127. Die Hervorhebung stammt von mir.

20. Vgl. C. WESTERMANN, *Genesis* (BKAT I, 2), Neukirchen, 1981, pp. 240-241; PEARSON, *o.c.*, p. 31; BRAUN, *o.c.*, p. 137 und H.St.J. THACKERAY, Josephus, *Antiq*, I-IV, London, 1967 (Loeb Library Jos., IV), p. 89 mit Anm.g.

ereignet sich bei der Übernahme der jebusitischen Ordnungen und Kultüberlieferungen, die eine umfassende Rezeption in Israël erfahren"[21].

Auch Philo (Leg All III, 79: Melchisedek ist als Priester der Logos; und Congr 99: Melchisedek als "Autodidakt") und Josephus (Bellum VI, 438 und Antiq. I, 180) erwähnen ihn. Das gilt auch von Clemens Alexandrinus, der auf ihn in Strom. IV, 161,3 Bezug nimmt.

V. MELCH: EINE MEHRSCHICHTIGE SCHRIFT

Nach Pearson lässt die Schrift sich folgendermassen einteilen[22]. Zuerst eine dem Melchisedek gegebene Offenbarung seitens Gamaliël über den Erlöser als Vorhersage, was alles ihm widerfahren wird; über Archonten; über die ersten Menschen, abgeschlossen durch eine strenge Warnung, niemandem diese Geheimnisse mitzuteilen (p. 1-14, 15). Im Zwischenstück (p. 14, 15-18, 11) erfährt man Melchisedeks Reaktion auf die Offenbarung und die von ihm zu vollziehenden Riten, wie vor allem eine Wassertaufe (p. 8, 2ff). Im dritten Teil erhält Melchisedek nochmals Offenbarungen, in denen er aufgefordert wird zu kämpfen (p. 18, 11-27, 10, Ende der Schrift); wiederum folgen Warnungen am Schluss der Schrift, nichts weiterzugeben. Die im dritten Teil begegnenden Offenbarer sind "die Brüder, die zu den Geschlechtern des Lebens gehören". Es gibt sethianisch-gnostische Züge wie zB p. 5, 29f über "die Kirche des Seth oberhalb von abertausenden Äonen", und es finden sich in der Schrift die vier bekannten Lichter Armozel, Oroiaël, Daveithe und Eleleth (p. 6,4f). Der leider lückenhaft erhaltene Text stellt uns vor viele Fragen, die im Rahmen dieses Beitrages nicht behandelt werden können.

Eines der bemerkenswertesten Merkmale der Schrift ist zweifellos die klare *anti-doketische* Passage p. 5, 1-11. Weiter ist wichtig zu bemerken, dass Melchisedek in p. 26 eine Kampfrolle spielt. So liesse sich fragen, ob, und wenn ja, in wiefern es eine mögliche Querverbindung zwischen *QMelch* und *Melch* geben könnte[23]. Oder anders gesagt, *wie* stellt man sich die Beziehung zwischen Christlichem, Gnostischem und Jüdischem in *Melch* wohl vor?

Für Pearson ist das sethianische Gut in *Melch* das grosse Problem. Seiner Meinung nach sind die gnostischen Züge sekundär. Er schlägt nun folgende Entwicklung vor: erst gab es eine Gruppe, die der von Epiphanius beschriebenen Sekte der Melchisedekianer sehr ähnlich sei und zweitens wäre diese Gruppe daraufhin unter dem Einfluss eines sethianisch-gnostischen Milieus geraten, so dass in der "final redaction" des Traktates die Adressaten sowohl als "Kinder des Seth" (p. 5, 20)

21. Vgl. H.J. KRAUS, *Psalmen* (BKAT XV/2), Neukirchen, 1960, pp. 760-761.
22. Siehe PEARSON, *o.c.*, pp. 20-28; auch pp. 38-40.
23. SCHENKE, *Gestalt*, p. 133; vgl. PEARSON, *o.c.*, p. 33.

also auch als "Rasse des Hohenpriesters" (p. 6, 17) bezeichnet werden konnten. Aber wie schon oben erwähnt, im Grunde ist *Melch* für Pearson eine jüdisch-christliche Apokalypse, die He re-interpretiere[24].

Für Schenke sieht die Lage folgendermassen aus. So wie der Traktat uns jetzt vorliegt kann er nicht mehr als gnostisch bezeichnet werden oder aber er hat den gnostischen Geist schon hinter sich gelassen. Er denkt vielmehr an ein nichtchristliches Substrat; ein jüdisches Substrat oder einen jüdischen Legendenkranz, in dem die Vorstellung von Melchisedek als Anti-Typos des Seth sich aufweisen liesse; dabei hinweisend auf die (syrische) Schatzhöhle, die Adamliteratur und den Melchisedek-Appendix im slavischen Henochbuch. Die jüdische Melchisedeklegende sei folglich als die Basis gnostischen Sethianismus anzusehen, m.a.W. die Einbeziehung des Melchisedek in den Rahmen des Sethianismus sei gar nicht zufällig[25]. Colpe schliesslich qualifiziert den Traktat zuerst als christlich, dann aber auch als sethianisch[26]. Das sethianische Element jedoch versucht er auf derselben Weise wie Schenke als unabhängig zu charakterisieren, wobei auch er auf die Schatzhöhle Bezug nimmt: "Doch klar dürfte sein, dass wir in irgendeiner Form eine Christianisierung sethianischer Grundanschauungen vor uns haben. Es sind Grundanschauungen, die anderswo gnostisiert werden konnten"[27]. Dieser mutmassliche Vorgang ist selbstverständlich etwas ganz anderes als eine etwaige Verchristlichung sethianischer Gnosis. Weiterhin analysierend, unterscheidet Colpe diese sethianische Tradition von der Melchisedektradition mit der sie im Traktat verflochten sei[28].

Fazit dieser kurzen Übersicht ist, dass — nicht zuletzt angesichts der vielen nicht oder schlecht erhaltenen Seiten — in *Melch* noch sehr vieles unklar ist und dass die Schrift im Hinblick auf die Struktur und vor allem den traditionsgeschichtlichen (c.q. religionsgeschichtlichen) Hintergrund recht kompliziert aussieht.

Nach dem heutigen Stand der Forschung und Untersuchung des *Melch* hat Schenkes Theorie eines vorauszusetzenden jüdischen Melchisedek-Substrates vieles für sich. Es wird jedoch eine Forschungsaufgabe für die kommenden Jahre sein, hier die richtigen Fragen zu formulieren und das einschlägige Material zu sammeln. Dabei fällt aber gravierend ins Gewicht, dass ein für Schenke wichtiger Text, die Schatzhöhle, aus ziemlich später Zeit stammt[29].

24. PEARSON, *o.c.*, pp. 38-39 und 34.
25. SCHENKE, *Gestalt*, pp. 124, 130-133. Vgl. auch J.-M. SEVRIN, *Le dossier baptismal Séthien. Études sur la Sacramentaire Gnostique* (BCNH, Et, 2), Laval (Canada), 1986, pp. 226-228.
26. COLPE, *JAC, o.c.*, p. 112.
27. COLPE, *o.c.*, p. 113 (Zitat).
28. COLPE, *o.c.*, p. 120.
29. Die *Schatzhöhle* ist im 6. Jhdrt anzusetzen, in Mesopotamien geschrieben. Die

VI. Melchisedek: Das Bild des wahren Hohenpriesters?

Zu *Melch* p. 15, 7-13.

Die zentrale Frage, vor die diese Schrift uns stellt, ist die nach dem Verhältnis zwischen Melchisedek und Jesus Christus. Das heisst: sind sie in dem Sinne *identisch*, dass (angesichts der anti-doketischen Passage) auf p. 25 *und* 26 das Leiden des Jesus = des Melchisedek beschrieben wird? Koschorke, Pearson und Feld bejahen diese Frage und denken dabei an die gemeingnostische Anschauung eines himmlischen Zwillings, in diesem Fall des Melchisedek auf Erden[30].

Für eine richtige Einschätzung der Beziehung von Jesus Christus (*Melch* p. 1, 2) und Melchisedek (p. 1,1; [5,14]; 12,10; [14,16]; 15,9; [19,13] und [26,2]) zu einander in diesem Traktat und im Hinblick auf die Frage ob beide Figuren in dieser Apokalypse quasi auswechselbar, identisch, sind, müssen wir vor allem den Zeilen p. 15, 7-13 ganz genau nachgehen.

> ογⲛⲧⲉⲓ ⲅⲁⲣ ⲙⲙⲁⲩ ⲛ̄ⲟⲩⲣⲁⲛ ⲁⲛⲟⲕ [ⲙⲉⲗⲭ] ⲉⲓⲥⲉⲇⲉⲕ ⲡⲟⲩⲏ̄ⲏ̄ⲃ ⲙ̄ⲡ[ⲛⲟⲩⲧⲉ]
> ⲉⲧⲭⲟⲥⲉ· ϯ[ⲉⲓⲙ]ⲉ ϫⲉ ⲁ[ⲗ]ⲏ̣ⲑ̣ⲱⲥ ⲁⲛⲟⲕ ⲡⲉ [_____ ⲙ̄] ⲡⲁⲣⲭⲓⲉⲣⲉⲩⲥ ⲙ̄ⲙⲉ
> [ⲙ̄ⲡⲛ] ⲟⲩⲧⲉ ⲉⲧⲭⲟⲥⲉ·

("Denn ich habe einen Namen. Ich bin [Melch]isedek, der Priester des höchsten [Gottes]. Ich [weiss], dass ich wahrlich [(die Gleichartigkeit? der Name?)] bin des wahren Hohenpriesters [des] höchsten Gottes").

Bemerkung: nach dem fünften Wort ist im MS deutlich Raum für den bestimmten Artikel, sodass es einen regelmässigen Nominalsatz ergibt. Schlüsselwort dieser ganzen Passage ist für Pearson das von ihm konjizierte ⲡⲓⲛⲉ, das von nahem betrachtet, der Grundstein seiner Interpretation des Traktates auf der ganzen Linie bildet. Er übersetzt das Wort mit: "image". So Schenke [das Bild (?)][31]. Sein Fragezeichen und die eckigen Klammern weisen immerhin auf einen Vorbehalt hin. Nun erhebt sich der merkwürdige Umstand, dass Pearson in seiner koptischen Wortliste s.v. ⲉⲓⲛⲉ, Subst., folgende Übersetzungen bietet: "form(ally); likeness; aspect; species; appearance" und (nur hier!) "image". Man kann sich schwer des Eindrucks erwehren, dass hier eine Art Voreingenommenheit im Spiele ist. Denn, wenn die Konjektur ⲡⲓⲛⲉ richtig ist — wofür nur der Raum für vier Buchstaben plädieren kann — dürfte es doch schon im voraus einsichtig sein, dass die Übersetzung "image", "Bild" zu beanstanden ist. Pearson hat sich diesbezüglich unmissverständlich ausgedrückt, wenn es heisst: "If the restoration of the word ⲡⲓⲛⲉ ("the image" = εἰκών) at 15,12 is correct, we have here a clear statement of the relationship between

---

noch immer massgebliche Ausgabe ist C. Bezold, *Die Schatzhöhle, syrisch und deutsch*, Leipzig, 1883-1888.

30. So K. Koschorke, *Die Polemik der Gnostiker gegen das kirchliche Christentum* (NHS XII), Leiden, 1978, p. 165; Pearson, *o.c.*, p. 28 und Feld, *o.c.*, p. 49.

31. Pearson, *o.c.*, p. 69 und Schenke, *Gestalt*, p. 120.

Melchizedek and Jesus Christ: Melchizedek functions on earth as the image, or even "alter ego" of the heavenly Christ. This idea, based on Hebr. 7,3 must be taken in greater detail"[32]. Durch die "Zwillings-theorie" sind hier die Weichen für eine "Bild"-Interpretation gestellt, die auf der völlig unzulänglichen Gegebenheit einer zu kritisierenden Übersetzung eines konjizierten Wortes beruht. Demgegenüber gilt es jedoch, folgendes zu berücksichtigen.

Das koptische ini, eine bedeutet "gleich, ähnlich" (Crum 80ᵇ); das koptische ϩικων hingegen gibt εἰκών wieder, vgl. zB PrôTri XIII: 1:38, 11-12[33]. Mit eine alterniert tontn̄, vgl. dazu den öfters ange-führten El Balaʻizah-Text[34]. Wichtig ist zu bemerken, dass die sahi-dische Übersetzung von He 7,3 die Verbform eϥtn̄twn hat, wie He 7,15 für κατὰ τὴν ὁμοιότητα ebenfalls dieses Wort benutzt: κατα πεινε. Nur ein einziges Mal begegnet εἰκών in He, und zwar He 10,1. Auch da hat der Kopte (sah.) ϩικων. Nebenbei sei bemerkt, dass im valentinianischen Gnostizismus ein strenger Unterschied besteht zwischen Pneumatikern (εικων genannt) und Psychikern, (ναπεινε vgl. zB TracTri 98). Obwohl Pearson die richtige Übersetzung von He 7,3 offen-sichtlich kennt (vgl. "made like the Son" (29) und "resembles the Son of God" (32), liegt ihm daran, immer wieder die restlose Identifizierung des Melchisedek mit Jesus zu betonen, dabei dann auf *Melch* 15,12 basierend. So heisst es: "The key text from Heb is 7:3 (which seems to be the starting point for all early Christian speculations about Melchi-zedek; see Horton, *The Melchizedek Tradition*, pp III, 152), specifically the phrase ἀφωμοιωμένος δὲ τῷ υἱῷ τοῦ θεοῦ. The interpretation found in *Melch*. is, in fact, very close to the original meaning of the passage in Heb: the eternal Son of God is the priestly *type*, and Melchizedek is the *anti-type* ... Our tractate goes further, however, in positing an ultimate identity between the Savior, Jesus Christ, and the eschatological High-priest, Melchizedek"[35].

Im Kommentar zu 15,12 heisst es wiederum "Melchizedek is the

---

32. PEARSON, *o.c.*, pp. 25-26 (Zitat); vgl. auch FELD, *o.c.*, p. 49 und DERS., *Der Hebräerbrief: Literarische Form, religionsgeschichtlicher Hintergrund, theologische Fragen*, in *ANRW* II, 25, 4, p. 3558.

33. Dieses koptische Wort begegnet ein einziges Mal im erhaltenen Text *Melch* 11,8 in bezug auf Adam; vgl. dazu ApocrJn (BG 47,14) bei Sevrin *o.c.*, pp. 22-23 und Test. Naf. II, 5. Vgl. zu ὁμοίωμα SCHNEIDER, s.v., *TWNT* V, p. 191. Zum Bildgedanken in der religiösen, vor allem ägyptischen Umwelt, vgl. E. OTTO, *Der Mensch als Geschöpf und Bild Gottes in Ägypten*, in *Probleme biblischer Theologie* (Festschrift von Rad, ed. H.W. Wolff), München, 1971, pp. 335-348; bes. p. 347; weiterhin B.L. MACK, *Logos und Sophia. Untersuchungen zur Weisheitstheologie im hellenistischen Judentum*, Göttingen, 1973, pp. 92; 166 und J. JERVELL, *Imago Dei. Gen 1,26f im Spätjudentum, in der Gnosis und in den paulinischen Briefen*, Göttingen, 1960, pp. 126, 129. Siehe auch unten den Exkurs.

34. Siehe P.E. KAHLE, *Balaʻizah. Coptic Texts from Deir El-Balaʻizah in Upper Egypt*, London, 1954 I, pp. 475-477. Vgl. dazu PEARSON, *o.c.*, p. 38 und SCHENKE, *Gestalt*, p. 113.

35. PEARSON, *o.c.*, pp. 34-35.

'image' of the heavenly High-priest Jesus Christ. Cf. Heb 7:3"[36]. Und: "The Manichaean doctrine of Mani's heavenly 'twin' would provide an analogy"[37]. Nun gilt es vor allem einzusehen, dass die Verbform ἀφωμοιωμένος in He 7,3 darauf hindeutet, dass Melchisedek dem Christus *gleicht*, *ähnlich* ist und zwar auf Grund ihrer (ewigen) Amts*dauer*, kurz der Überzeitlichkeit. Mit Recht hat de Jonge in bezug auf die Verbform in He 7,3 festgestellt: "Het woord betekent gewoon 'gelijkend op' ... Het gaat er toch om, dat Melchizedek en Christus op elkaar lijken op het punt van de eeuwige duur van hun ambt"[38]. Hinzu kommt seine Bemerkung hinsichtlich des ewigen Priesteramtes des Melchisedek: "Dit is hoogst waarschijnlijk een eigen operatie van de auteur van Hebr. En van de vèr strekkende consequenties is hij zich niet direct bewust geweest"[39]. De Jonge meint die gefolgerte Präexistenz Melchisedeks bei späteren Sekten. Es waren nämlich erst die Melchisedekianer, die behaupteten, Christus sei κατ' εἰκόνα des Melchisedek auserwählt (vgl. Hippolyt, Ref. VII, 36 und X, 24[40]): ob Pearson laut seiner Aussage S. 39 dadurch beeinflusst, zurückprojizierte?

Wenn man schon Wert darauf legt, in *Melch* 15,12 den *Gedanken* des "Ebenbildes" vorauszusetzen, kämen eher folgende koptische Äquivalente in Betracht: ⲥⲁⲓⲉϣ (Crum 374ᵇ), ϩⲣⲃ (Crum 701f), ϩⲁⲧⲣⲉ (Crum 726ᵇ immer mit Belegstellen in bezug auf Mani!) oder ⲥⲙⲟⲧ (vgl. *Melch* 14,2; Crum 340ᵇf.: *likeness*, form = μορφή[41]). Übrigens bedeuten das zweite und vierte Wort vor allem Ähnlichkeit, Form, währenddessen das erste und dritte Wort deutlich "twin", Zwilling bedeuten in bezug auf Mani. Aber wie gesagt, der Text ist zu schlecht erhalten, um gut begründete Konjekturen zu bieten, die natürlich am besten aus dem Textzusammenhang hervorgehen müssten. Und *Melch* als solche zwingt keineswegs zum Gedanken des Bildes. Von He 7,3 her käme nur "Ähnlichkeit" in Betracht.

Nun gibt es vor dem Hintergrund des *direkten* Textzusammenhanges in 15,12 noch eine ganz andere Möglichkeit für eine glaubhafte Konjektur. Nämlich ⲡⲣⲁⲛ, der Name. Der Gedanke wäre demnach: (Melchi-

36. PEARSON, *o.c.*, p. 68. Vgl. auch SCHNEIDER, s.v. ἀφομοιόω, *TWNT* V, p. 198.
37. PEARSON, *o.c.*, p. 35.
38. H.J. DE JONGE, *Traditie*, p. 14.
39. H.J. DE JONGE, *Traditie*, p. 16. Vgl. auch p. 345 Anm. 45. Im selben Sinne die Ähnlichkeit betonend: BRAUN, *o.c.*, p. 198; V.D. WOUDE II, p. 321 Anm. 4; und SCHRENK, s.v. ἱερεύς, *TWNT* III, p. 275. Zu Unrecht SEVRIN, *o.c.*, p. 225, der das griechische Verb He 7,3 ohne weiteres auf (Pearsons) "image" bezieht. COLPE, *JAC*, p. 121 sieht die Beziehung Melchisedek-Christus vom hypostatischen Denken her anders ausgerichtet, ohne Verbindung mit He 7,3.
40. Siehe weiter unten den Exkurs.
41. Vgl. JERVELL, *Imago*, pp. 167-168; auch 165-166 und 170; vgl. weiterhin (mit reichem Material) SIEGERT, *o.c.*, pp. 21-22 und J. HELDERMAN, *Die Anapausis im Evangelium Veritatis* (NHS XVIII), Leiden, 1984, p. 185.

sedek spricht:) "Ich habe einen Namen, ich bin Melchisedek usw., ich weiss dass *ich* in Wahrheit der Name des wahren Hohenpriesters bin". Vgl. 5,1 (wohl Jesus' Name) und 16, 13-14 (Melchisedeks Name bei seiner Taufe). Nun bezeugt der direkte Kontext in 15, 5-6 (die Unwissenheit) ein gnostisches Denken. So könnte "Name" hier etwa bedeuten "Wesensoffenbarung" wie zB in EvVer 38,25-32[42]. Bekanntlich war der Name den Gnostikern bei ihren Taufriten wichtig, vgl. Irenäus, Adv. haer. I, 21,3[43]. Wenn Melch einen Gnostisierungsprozess erfahren hat (siehe oben zum jüdischen Substrat), so könnten wir ihn in *Melch* 15-16 gewissermassen ertappen. Melchisedek wird laut 16,14-15 unter den heiligen lebendigen Namen gerechnet. Ursprünglich könnte von einem Namen im Sinne des He 7,3 die Rede gewesen sein, dem Namen des neuen, erwarteten Hohenpriesters, wie in Test Lev 8,14 und 18,2 ausgesagt wird. Melchisedek also als Hohepriester der Endzeit (siehe unten, VII). Das "Ich bin der Name des wahren Hohenpriesters" wirkt in der jetzigen Textgestalt doch irgendwie gnostisierend.

Wie dem auch sei, es bleibt auch die hier vorgeschlagene Konjektur, reine Hypothese. Ein Loch im MS bleibt eben Loch. Und man soll sich davor hüten, *Melch* 15,7-13 und vor allem 15,12, weiterhin zu einem Tummelplatz mannigfaltiger Konjekturen zu machen.

Es gibt noch einen weiteren Grund für Pearsons Identifikationstheorie, und zwar p. 25 und 26 der Schrift *Melch*. P. 25 begegnet Jesus Christus, der seinen archontischen Gegnern sein irdisches Kreuzesleiden vor Augen hält, und p. 26 wird Melchisedek offenbar von himmlischen Wesen begrüsst und aufgefordert, seine archontischen Feinde zu bekämpfen, wobei sein Sieg über sie ausgesagt wird. Pearson stellt nunmehr fest: "We are drawn to the conclusion that, in the revelation which the priest Melchizedek has received, he has seen that he himself will have a redemptive role to play as the suffering, dying, resurrected and triumphant Savior Jesus Christ. If this hypothesis as to the identification of Melchizedek with Jesus Christ is tenable then the two revelations contained in this tractate are to be understood as progressive revelations". Und weiterhin: "from what we read on p. 26 it seems that the victory of Jesus Christ is the victory of Melchizedek, and that, in fact, they are one and the same ... Melchizedek ... who is actually assimilated to Jesus Christ the Son of God"[44]. Ich bin der Meinung dass die von Pearson gegebene Hypothese nicht "tenable" ist. Die fragmentarischen Texte p. 25 und 26 sind nämlich ebenso wenig für diese weitreichende Schlussfolgerung tragfähig wie die Konjektur 15,12[45].

---

42. Vgl. HELDERMAN, *o.c.*, pp. 169-170, 173 und 179; ebenfalls JERVELL, *Imago*, p. 129 zur Wesensähnlichkeit in bezug auf εἰκών.

43. Vgl. zu den Riten der Taufe und Salbung im Zusammenhang des Namens, HELDERMAN, *o.c.*, pp. 172, 180 und 187-188.

44. PEARSON, *o.c.*, respektive pp. 28 und 29.

45. Vgl. Sevrins "vraisemblance" (SEVRIN, *o.c.*, p. 225) mit Pearsons "tenable".

P. 25 wird klar auf Christi Kreuzesleiden Bezug genommen (25,6-9). Mit keiner Möglichkeit lässt sich aus der erhaltenen Passage p. 26 etwas in Richtung eines priesterlichen Leidens wie auf p. 25 oder gar eines Sterbens herauslesen. Ganz im Gegenteil. Es wird hier gekämpft und gesiegt. Melchisedek hält durch und siegt. Ihm wird zugerufen: "Sei kräftig, O Melchisedek!". Vielmehr müsste man diese Kampfsituation als einen eschatologischen Kampf bewerten und als einen Topos an sich schätzen, vgl. *Melch* 2,6;15,22ff und 26,4. Übrigens weist p. 25, so weit erhalten, keine archontischen Züge auf. Der Hohepriester Melchisedek wird p. 26 als eschatologischer, kämpfender Hohepriester beschrieben, der an Test Lev 18 (siehe weiter unten) erinnert. Die Unterscheidung Pearsons, Melchisedek als "an eschatological High-Priest" und als "an eschatological holy warrior", leuchtet nicht ein, um so mehr als er "holy warrior" und "Highpriest" vor dem Hintergrund der Qumran-schriften wieder zusammenbringt[46]. Schliesslich sagt Melchisedek in p. 16,7-12 von sich selbst, er habe sich zusammen mit den Seinigen dem Vater des Alls geopfert. Dieses Selbstopfer wird man in übertragenem Sinne aufzufassen haben. Das gilt auch von p. 6,24-28, wo von lebenden Opfern, den Tieropfern gegenüber, die Rede ist. Es ist vielbesagend, dass die Formel des Darbringens der Opfer (in geistigem Sinne) ebenso in der Pistis Sophia IV, 142 begegnet[47]. Bei diesen Selbstopfer bildet nicht, wie Pearson es tut[48], He 9,12-13 den Hintergrund, sondern He 10,5-10; vgl. auch He 13,15. Und weiterhin im NT Stellen wie Rm 12,1;15,16 und 1 P 2,5. Eine gute Parellele ist auch II Clem. 3, wo ebenfalls von Wahrheit, Selbstopfer statt der früheren Tieropfer gesprochen wird[49]. Pearson möchte bei *Melch* 16,7ff von einer priesterlichen Konsekration reden und bei 8,28 von einer "intercessory role"[50]. Bei all diesem amtiert im Hintergrund immer wieder Melchisedek als Bild des wahren Hohenpriesters, dessen Zwilling er ist. Wie oben gezeigt wurde, kann man diesen folgenschweren Gedanken dem uns jetzt vorliegenden Text nicht entnehmen.

Wenn man nun in 15,12 den Gedanken der Ähnlichkeit konjizieren möchte, so bestünde die darin, dass Melchisedek, wie der *wahre* Hohepriester von den Toten auferweckt wurde (5,10-11), *er* aus der Unwissenheit auferweckt wurde (15,5) und als Lebendiger nunmehr auch Spender der vollkommenen Hoffnung und des Lebens (5,13-17) sein wird. Auferweckung und Leben als tertium comparationis. Optiert man

46. PEARSON, *o.c.*, pp. 31 und 33.

47. Siehe die Ausgabe der Pistis Sophia: V. MacDermot, *Pistis Sophia* (NHS IX), Leiden, 1978, pp. 369-372.

48. PEARSON, *o.c.*, p. 55 zu Melch 6, 28.

49. Vgl. ebenfalls Test Lev 3,6 und zum ganzen: WEISS, s.v. προσφέρω, *TWNT* IX, pp. 70-71.

50. PEARSON, *o.c.*, respektive pp. 26 und 32.

für die Konjektur des Namens, so wäre Melchisedek eine zentrale Figur im Rahmen gnostischer, wohl sethianischer Taufzeremonien[51].

Weit wichtiger ist, unsere Aufmerksamkeit in *Melch* 26 dem Motivkomplex des kämpfenden Hohenpriesters Melchisedek, der auch mit dem Heilsgut der Ruhe (26,11) zu verbinden ist, zu widmen.

VII. DIE TESTAMENTE DER XII PATRIARCHEN

Schon einige Male begegneten wir den Testamenten, vor allem Test Lev. Es ist nicht von ungefähr, dass man immer wieder in Untersuchungen über die Figur des Melchisedek oder über den eschatologischen Hohepriester — entweder mit ihm identifiziert oder nicht —, der gegen den Fürst der Finsternis zu kämpfen hat, kurze Hinweise[52] auf vor allem Test Lev 18, als Belegstelle findet. Gelegentlich findet man auch im Hinblick auf die Investitur des eschatologischen Priesters kurze Verweisungen auf Test Lev 8,5 und 8,14[53].

Da *Melch* als eine (gnostisierte) jüdisch-christliche Apokalypse aus dem (späten) zweiten Jahrhundert bezeichnet werden kann, scheint es ertragreich, nach verwandtem Schrifttum aus zeitlicher Nähe, in dem gleichartige oder gar identische Motive und Motivkomplexe sich finden, Umschau zu halten. Wir beabsichtigen dabei, eine methodisch durchgeführte traditionsgeschichtliche Untersuchung der Motive des eschatologischen Hohenpriesters, der zu kämpfen hat gegen Finsterniskräfte und Ruhe den Gläubigen zuspricht, durchzuführen. Für die hier passende Methode sei verwiesen auf die einschlägige Literatur[54].

---

51. Siehe hierzu SEVRIN, *o.c.*, p. 231, der — aufbauend auf Pearsons Konjektur — in *Melch* 16, 21ff "un rite de baptême sous-jacent" beobachtet.

52. Vgl. schon H.L. STRACK/P. BILLERBECK, *Kommentar zum NT aus Talmud und Midrasch*, Bd IV, p. 460 Anm. 1 (im Exkurs über Ps 110); C. SPICQ, *L'Épitre aux Hébreux, Apollos, Jean-Baptiste, les Hellénistes et Qumran*, in *Rev. Qumran* 1 (1958) 365-390, bes. p. 380f; F.F. BRUCE, *Commentary on the Epistle to the Hebrews*, London, 1964, p. 144 Anm. 46; PEARSON, *o.c.*, p. 33; BRAUN, *o.c.*, p. 73-74 und SEVRIN, *o.c.*, p. 224 Anm. 7. Es ist zu beachten, dass in P. VOLZ, *Die Eschatologie der jüdischen Gemeinde im neutestamentlichen Zeitalter*, Tübingen, 1934, p. 191 das *ganze* Test Lev 18 sich findet in bezug auf eschatologische *Heilspersonen*. Es mutet einen fremd an, dass in der an sich wichtigen Anmerkung 4 bei V.D. WOUDE II, p. 322, Lev 18 eben nicht begegnet. Die ebenda ausgesprochene Hoffnung dürfte durch die jetzt vorliegende *Melch* teilweise erfüllt sein.

53. So BRUCE, *o.c.*, pp. 135 und 146; PEARSON, *o.c.*, p. 26 und BRAUN, *o.c.*, p. 138 und 140. Bezeichnend ist, dass in Test Lev 8,14: κατὰ τὸν τύπον τῶν ἐθνῶν, "nach der Weise der Heiden", augenscheinlich Bezug genommen wird auf He 7. Siehe zu diesem Punkt H.W. HOLLANDER/M. DE JONGE, *The Testaments of the Twelve Patriarchs. A Commentary*, Leiden, 1985 (hinfort zitiert: DE JONGE, *Com.*), pp. 152 und 154.

54. Siehe vor allem K. BERGER, *Exegese des NT* (UTB 658), Heidelberg, 1977, pp. *168-169*, 191, 197-199 (sub *g* und *h*) und 198; DERS., *Formgeschichte des NT*, Heidelberg, 1984, pp. 112-115 und gleichfalls G. THEISSEN, *Untersuchungen zum Hebräerbrief*, Gütersloh, 1969, pp. 118-*119* (sub 3). Ebenfalls von grosser Bedeutung für die traditionsgeschichtliche Untersuchungen von Motivkomplexen u.ä. sind die Beobachtungen von Karlheinz Müller,

Als verwandtes und für die beabsichtigte Untersuchung am besten geeignetes Schrifttum bieten sich tatsächlich die Testamente der XII Patriarchen an. Denn dieses Corpus wurzelt nicht nur in der jüdisch-apokalyptischen Literatur, sondern es ist in der vorliegenden Textgestalt als jüdisch-hellenistisches Schrifttum von de Jonge um 150 angesetzt worden. Er betrachtet das Corpus als eine "consistent reworking of an earlier Jewish writing" und es hat sehr in christlichen Kreisen vor allem in bezug auf die jetzige Textform gewirkt[55]. Wir pflichten seinen diesbezüglichen Ergebnissen bei und verwenden unten seinen massgeblichen Text der Testamente[56].

Es its angesichts der knappen, meist nur im Vorübergehen gemachten Hinweise auf Test Lev 18, nunmehr angebracht, uns dieses Kapitel genauer im Hinblick auf die traditionsgeschichtlich wichtig gewordenen Motive und Motivkomplexe im Vergleich mit *Melch* anzusehen.

Test Lev 18,2 "alsdann erweckt der Herr einen neuen Priester (ἱερέα καινόν), ihm werden alle Worte des Herrn enthüllt (ἀποκαλυφθήσονται)".

Die religionsgeschichtliche Methode, in *BZ* 29 (1985) 161-193; diesbezüglich pp. *186-188* (sub 5.4 und 5.5). Man findet sie auch schon kurz angegeben in R. SCHNACKENBURG, *Entwicklung und Stand der johanneischen Forschung seit 1955*, in M. DE JONGE, *L'Évangile de Jean* (BETL XLIV), Leuven, 1977, pp. *36-37* (sub. δ und ε). Es wird wohl nicht bezweifelt, dass die Midrasch-Methode im NT angewendet wurde (vgl. zB BRAUN, *o.c.*, p. 137 über He 7 als Midrasch zu Gn 14), die Frage jedoch der Datierung der späteren Midraschim in bezug auf das NT, bleibt (gerade in der heutigen Zeit!) eine akute. Man siehe u.a. M.J. MULDER, *Joodse exegese ..., van betekenis voor ons?*, in *Geref. Theol. Tijdschr.* (*GTT*) 77 (1977) 172-196, bes. pp. 181-183; DERS., *1 Chronik 7,21b-23 und die rabbinische Tradition*, *JSJ(udaism)* 6 (1976), pp. 141-166, bes. pp. 164-166. Weniger positiv in bezug auf eine frühe Datierung mit Recht J. MAIER, *Geschichte der jüdischen Religion*, Berlin, 1972, pp. *125-126*. Wohl zu früh setzt P. BORGEN, *Some Exegetical Traditions ...*, in M. DE JONGE, *L'Évangile de Jean*, *o.c.*, p. 257, die Datierung an. Interessant im Hinblick auf die Herkunft der Midrasch-und Pesher Methode, ist F. DAUMAS, *Littérature prophétique et exégétique égyptienne et commentaires esséniens*, in *À la rencontre de Dieu. Mémorial Albert Gelin*, Lyon, 1961, pp. 201-221, bes. pp. 209 (*dd* vgl. das koptische ⲭⲉ = "das bedeutet" ("à savoir") im Pesher) und 221. Schliesslich sei auf zwei Beispiele der hier angewandten Methodik hingewiesen. Erst einmal W.C. VAN UNNIK, *Een merkwaardige formulering van de verlossing in de Pascha-homilie van Melito van Sardes*, in R. SCHIPPERS e.a., *Ex auditu verbi* (Festschrift G.C. Berkouwer), Kampen, 1965, p. 297-311, bes. 308-311 (zu einer bestimmten Formel und Wortfolge in EpAp, Pes (bT) X, 5 u.a.; vgl. dazu auch DE JONGE, *Com.* p. 154 zu Test Lev 8, 14); DERS., ΑΦΘΟΝΩΣ ΜΕΤΑΔΙΔΩΜΙ, *Meded. Kon. Vlaamse Acad. Wet.* (Lett) 33 (1971) nr. 4, p. 69. Weiterhin D.E. AUNE, *The Cultic Setting of Realized Eschatology in Early Christianity*, Leiden, 1972, pp. 24-29 (über die Merkmale von "interrelated texts"). Die für die traditionsgeschichtliche Methodik wichtigsten Seitenzahlen wurden kursiv gesetzt.

55. Siehe DE JONGE, *Com.*, p. 83 (Zitat); vgl. weiterhin pp. 29, 68 und 83-85. Zur Apokalyptik und Test XII Patr, DE JONGE, *Com.*, p. 24; PEARSON, *o.c.*, p. 33 und DE JONGE, *Traditie*, p. 4. Die Gründe für die Nichtberücksichtigung der Test XII Patr bei U. FISCHER, *Eschatologie und Jenseitserwartung im hellenistischen Judentum*, Berlin, 1978, pp. 10-11 sind recht seltsam. Dadurch hat er sein Buch um die Gültigkeit der Folgerungen gebracht.

56. M. DE JONGE, *Testamenta XII Patriarcharum*, Leiden, 1970² (Text) und DE JONGE, *Com.* (Kommentar).

Vgl. Test Lev 8,14 (neues Priesteramt). Siehe zum endzeitlichen Hohe-priester Melchisedek *Melch* 5,15; 15,9 und 26,3. Er erhält Enthüllungen und Offenbarungen von Gamaliël (5,18), siehe 6,9-11;6,22-23;14,9-12 und 27,3-6, vom Erlöser 4,5-6[57].

Test Lev 18,7 "des Höchsten Herrlichkeit (δόξα ὑψίστου)".
In *Melch* wird Gott öfters Gott der Höchste genannt so 12,11; 15,10.13; 19,14 und 26,4[58]).

Test Lev 18,8 "Ihm folgt bis in die fernsten Zeiten niemand nach (οὐκ ἔσται διαδοχή)".
In *Melch* 15,9 ("Ich bin Melchisedek'usw.) wird das Einmalige des Hohenpriesters Melchisedek klar ersichtlich. Es ist an sich möglich, dass im Hintergrund He 7,3 mitschwingt. Siehe jedoch oben S. 346[59].

Test Lev 18,9 "Die Gerechten werden ruhen in ihm (καταπαύσουσιν ἐν αὐτῷ)".
Vgl. den wichtigen Vorstellungskomplex der Ruhe He 3,7-4,13 und unten Test Dan 5,12. Es ist anzunehmen, dass im (schlecht erhaltenen) *Melch* 26,11 von der Ruhe der dem Melchisedek Angehörigen gespro-chen wird. Die Gerechte sind hier jedoch "Kinder des Seth"[60].

Test Lev 18,12 "Und Beliar wird von ihm gebunden und seinen Kin-dern, gibt er Macht, 'auf die bösen Geister zu treten' (τοῦ πατεῖν ἐπὶ τὰ πονηρὰ πνεύματα)".
Vgl. *QMelch*, 12-14: "(nach Ps 7, 8-9 und Ps 82,2:) Its interpretation concerns Belial and the spirits of his lot which ... (13) and Melchizedek will avenge with the vengeance of the judgements of God ... from the hand of Belial and from the hand of all the spirits of his lot (14). And to his help are all the heavenly ones on high"[61]. In *QMelch* 20 ist von לנוח, *um Ruhe zu geben*, die Rede. Vgl. auch Lc 10,19 (Vollmacht zu treten auf Schlangen und Skorpione). In *Melch* 10,3 heisst es: "Als Adam und Eva vom Baum der Erkenntnis gegessen hatten, *zertraten* (ⲣ ⲕⲁⲧⲁⲡⲁⲧⲉⲓ)[62] sie die Cherubim und Seraphim "mit dem flammenden

57. Siehe DE JONGE, s.v. χρίω, *TWNT* IX, pp. 503-504 und DE JONGE, *Com.*, p. 179 und noch pp. 77 und 107. Vgl. BRUCE, *Commentary, o.c.*, p. 144, Anm. 46.
58. Vgl. DE JONGE, *Com.*, p. 180.
59. Vgl. DE JONGE, *Com.*, pp. 180-181.
60. Vgl. DE JONGE, *Com.*, pp. 181 und 289; AUNE, *o.c.*, p. 189; HOFIUS, *o.c.*, pp. 203 Anm. 615 und 215 Anm. 828 und BRAUN, *o.c.*, p. 91.
61. Vgl. V.D. WOUDE II, pp. 302-303.
62. Vgl. PEARSON, *o.c.*., pp. 59 (zu 10,3 mit Verweis auf Test Lev 18,12) und 69; SEESEMANN, s.v. πατέω, *TWNT* V, pp. 943-944; SEVRIN, *o.c.*, p. 224 Anm. 7 und DE JONGE, *Com.*, pp. 181-182 (vgl. auch p. 215 zu Test Sim 6,6). Das Binden des Beliar findet sich auch in Melitos Osterhomilie, vgl. VAN UNNIK, *Een merkwaardige formulering*, pp. 307-308 und DE JONGE, *Com.*, pp. 154 und 182. Zum Motiv der Zertretung (ⲣ ⲕⲁⲧⲁⲡⲁⲧⲉⲓ) vgl. die reichen Angaben bei L. Painchaud, *Fragment de la République de Platon (NH VI,5)* (= BCNH-Textes, 11), Laval (Québec), 1983, p. 151, Anm. 41.

Schwert". Es ist klar, dass die Seraphim und Cherubim hier negativ bewertet worden sind; fallen sie doch quasi der Anziehungskraft des *Beliar*[63] anheim. Dies wird am Gedanken der Verirrung vollends ersichtlich. In Test Sim 6,6 wird betont: "Zertreten werden dann des Irrtums Geister" (τότε δοθήσονται πάντα τὰ πνεύματα τῆς πλανῆς εἰς καταπάτησιν), so auch Test Zeb 9,8: "Er (Gott) wird die Menschenkinder erlösen aus Beliars Gefangenschaft, und jeder Irrtumsgeist wird zertreten werden" (πᾶν πνεῦμα πλάνης πατηθήσεται[64])". In Test Dan 5,10-11 wird Beliar von Gott selbst bekämpft und besiegt. Beliars Gefangenschaft der Seelen der Heiligen wird ein Ende gesetzt. Der Irrtumsgedanke begegnet ebenfalls in *Melch* 15, 23-25: der Tod und die Naturen führen in die Irre (ⲣ̄ ⲡⲗⲁⲛⲁ). Mit dieser Stelle zu verbinden: 2,5-11: Tod und Archonten, Erzengeln zittern; 14,9: der Tod wird vernichtet (ⲣ̄ ⲕⲁⲧⲁⲗⲅⲉ) und 26,4f: Archonten bekämpfen Melchisedek, aber er überwindet und vernichtet sie (ⲣ̄ ⲕⲁⲧⲁ]ⲗⲅⲉ). Jedenfalls gehören die Seraphim und Cherubim zur feindlichen Archontenwelt, vgl. 10,6-11 und ebenfalls 6,20f (die "feindlichen Geister", ⲡⲛⲁ̄ ⲛ̄ⲁⲛⲧⲓⲕⲉⲓⲙⲉⲛⲟⲛ). Was in Test XII Patr. Beliar und die Irrtumsgeister sind, sind in *Melch* Archonten, Irrtums-Naturen, Seraphim usw. Hier wird das Gnostische in bzw an *Melch* deutlich: die heiligen, gerechten und legitimen Seraphim/Cherubim (vgl. Gn 3,24) werden zu Beliarsgenossen verteufelt. Wichtig in Test XII Patr. und *Melch* ist, dass Beliar c.s. besiegt und zertreten werden. Noch ein Element verdient unsere Aufmerksamkeit: das "flammende Schwert", *Melch* 10,5, wird vom wahren (ⲁⲗⲏⲑⲉⲓⲛⲟⲥ) Adam und der wahren (ⲁⲗⲏⲑⲉⲓⲛⲏ) Eva zusammen mit den Seraphim und Cherubim zertreten (ⲣ̄ ⲕⲁⲧⲁⲡⲁⲧⲉⲓ), *Melch* 9,28-10,5; vgl. *Melch* 10,29 (mit dem Verzichten auf die Archonten). Man erinnert sich nun an Test Lev 18,10: der neue Hohepriester wird das gegen Adam drohende Schwert zum Stehen bringen und die Tore des Paradieses öffnen. Das Motiv der Überwindung und Zertretung des Beliar c.s. begegnet also in Test XII Patr, *QMelch* und *Melch.*, in Schriften, die nicht nur durch geistige Nähe zueinander, sondern auch durch zeitliche Nähe miteinander verbunden sind, vor dem Hintergrund jüdisch-apokalyptischen Denkens.

Zentral steht der Gedanke des neuen endzeitlichen Hohenpriesters bzw. des Melchisedek, der eben auch wie der "neue Priester" gegen die bösen Geister aus dem Lose Beliars zu kämpfen hat. Zu beachten ist schliesslich Test Sim 7,2, wo Jesus Christus als Hoherpriester (Levi) und

---

63. Beliar begegnet 29 mal in den Test XII Patr., vgl. DE JONGE, *Com.*, pp. 18 und 49. Wichtig ist auch Ascensio Jesajae (im sog. Testament des Hizkia) 4,14-15; siehe den äthiopischen Text bei R.H. CHARLES, *The Ascension of Isaiah*, London, 1900 p. 96 (und die Übersetzung pp. 32-34). Vgl. zu Beliar: CHARLES, *o.c.*, pp. LXIX-LXX und p. 140; weiterhin FOERSTER, s.v. Βελίαρ, *TWNT* I, p. 606 und PEARSON, *o.c.*, p. 69.

64. Vgl. DE JONGE, *Com.*, pp. 271 und 273.

König (Juda) gedeutet wird. Vgl. He, wo Jesus nicht nur Hoherpriester ist, sondern auch König, der es mit Feinden zu tun hat, He 1,13 und 10,12-13[65]).

Das dritte Element im Motivkomplex (neben Hoherpriester und Kampf) ist das der Ruhe, wie wir in Test Lev 18,9-10 konstatierten. Die Ruhe und das Paradies bekommen noch schärfere Konturen in: *Test Dan* 5,11-12 "Er (Gott) wird ewigen Frieden (εἰρήνην αἰώνιον) denen geben, die Ihn anrufen. Und die Heiligen werden ruhen (ἀναπαύσονται) in Edem, und die Gerechten werden sich freuen über das neue Jerusalem".
Eden, das Paradies (vgl. Test Lev 18,9-10) und das neue Jerusalem der künftigen Heilszeit sind identisch und bezeichnen den eschatologischen Ort der Wonne und der Ruhe[66].
Was einem in *Melch* noch auffällt ist die Personifikation des Todes, der gewissermassen in die Archontenschar aufgenommen wird (vgl. 2,5 und 14,6) Ihm steht das von Melchisedek erhaltene und gespendete Leben gegenüber, vgl. 5,17 und 15,7. Der Tod wird dabei bedeutungsvoll mit dem Irrtumsgedanken verbunden. Vielbesagend heissen die Brüder "Angehörige der Generationen des Lebens", 27,8. Zu beachten ist, dass in Test Lev 19,1 Licht und Finsternis, der Herr und Beliar, einander entgegengestellt sind. Von den einzelnen übereinstimmenden Motiven abgesehen lässt sich nun zusammenfassend sagen, dass hier (Test XII Patr) wie dort (*Melch*, bzw *QMelch* ein neuer, einmaliger (Hohe-)Priester erscheint, der Offenbarungen erhält, gegen Beliar c.s. zu kämpfen hat und ihn besiegend zertritt, um dann den Gerechten die Ruhe zu geben. Somit ist dieser dreigliedrige Motivkomplex eine traditionsgeschichtliche Gegebenheit, die auch für He von grösster Bedeutung ist. Es handelt sich um *Melchisedeks Wirkung*.

VIII. MELCHISEDEK IN HE: ALTE TRADITIONEN?

Mittels zweier Voten kann die sich hier meldende Problematik aufs trefflichste gekennzeichnet werden.
Nach Erwähnung der Pearsonschen Hypothese sagt Schenke aus: "Und in der Tat, wenngleich die spezifische Relation des Melchisedek zu Jesus (= in Melch, H.) nicht ohne Einfluss des Hebr vorgestellt

---

65 . Vgl. DE JONGE, *Com.*, p. 77 und SCHRENK, s.v. ἀρχιερεύς, *TWNT* III, p. 282. Siehe zu diesem Punkt auch COLPE, *JAC*, pp. 118-119.

66. Vgl. DE JONGE, *Com.*, p. 289; HOFIUS, *o.c.*, pp. 64 Anm. 385 und 74 Anm. 444, wo auf die Schatzhöhle 3,21 hingewiesen wird: "Eden ist die heilige Kirche und das Paradies der Ort der Ruhe und das Erbteil des Lebens ..." (siehe bei RIESSLER, *Altjüd. Schrifttum*, p. 946 und zum Text C. BEZOLD, *Die Schatzhöhle, syrisch und deutsch*, Leipzig 1883/8). Vgl. noch HELDERMAN, *o.c.*, pp. 215 und 314 und zu II Clem 5,5 und 6,7 ebenda p. 61.

werden kann, so ist doch die besondere 'Farbe', mit der die Gestalt des Melchisedek an sich hier gemalt ist, aus dem Hebr in keiner Weise ableitbar. Und das wiederum ermutigt uns zu dem versuchsweise zu ziehenden Analogieschluss, dass, wie bei AscJes, auch im Falle von Melch ein nichtchristliches Substrat zugrunde liegen mag, das man sich etwa als eine jüdische Melchisedek-Legende vorzustellen hätte"[67].

Colpe erwägt: (Es sei nicht zu übersehen:) "dass die Bezeichnung Jesu als ἀρχιερεύς schon im ersten Hauptteil eingeführt wird (2,17 und 3,1) und zwar unvermittelt; der Verfasser kann hier nur mit Verständnis gerechnet haben, weil er stillschweigend auf eine *Tradition*, am ehesten eine gottesdienstlich-liturgische, zurückgriff, deren Bekanntheit er voraussetzen durfte. Diese Annahme lässt sich auf Melchis. (NHC IX, 1) übertragen: seine Aussagen können auf eine ähnliche *Tradition* zurückgehen und müssen kein schriftliches Dokument zur Grundlage gehabt haben"[68].

67. Vgl. SCHENKE, *Gestalt*, p. 130. Die Ascensio Jesaiae (AscJes) hat eine komplizierte Entstehungsgeschichte, während die Datierung der drei Teilen (Martyrium Jesajae I, 1-5, 15, innerhalb dessen das Testament des Hizkia (3, 13-4, 22), und die Ascensio/Himmelfahrt des Jesajae 6-11, 41) auch schwierig ist. Am besten pflichtet man den Resultaten der Untersuchungen von CHARLES, *o.c.*; E. TISSERANT, *Ascension d'Isaie*, Paris, 1909 (Übersetzung des äthiopischen Textes) und A.-M. DENIS, *Introduction aux Pseudépigraphes grecs d'Ancien Testament*, Leiden, 1970, bei, und nimmt man folgende Werdegang an. Im ersten Jhrdt eine ursprüngliche jüdische Schrift (hebräisch/aramäisch): Martyrium Jesajae (basierend auf einer jüdischen Legende wohl von 2 Kön 21,16) herrührend und auch dem Autor des He laut He 11,37 bekannt; vgl. DENIS, *o.c.*, p. 174 und E. HAMMERSHAIMB, *Das Martyrium Jesajae*, in W.G. KÜMMEL u.a., *Jüdische Schriften aus hellenistischer und römischer Zeit* II, 1 Gütersloh, 1973, p. 19. Darauf wurde die Schrift ins Griechische übersetzt von einem christlichen Autor, auf dessen Bearbeitung christliche Interpolationen hinweisen, sowie auch das Testament Hizkiae — eine christliche Apokalypse in bezug auf Christi Leiden in dem die Legende des Nero redivivus wiederzuerkennen ist — christlicher Herkunft ist. Diese Bearbeitung wäre ebenfalls noch im ersten Jahrhundert anzusetzen. Als eine selbständige Schrift gibt es die eigentliche Himmelfahrt oder Visio Jesaiae, Anfang des zweiten Jhdrts (Asc Jes 6-11, 41). Anfang des dritten Jhdrts wurden die drei Schriften in griechischer Fassung zusammengefügt. Der vollständige Text ist nur im Äthiopischen bewahrt geblieben. Von einer griechischen Version sind nur c. 2,4-4,4 im sog. Amherstpapyrus (fünftes/sechstes Jhrdt) übriggeblieben. Weiterhin gibt es noch einige koptische Fragmente. Vgl. zum Obigen CHARLES, *o.c.*, die *Introduction*, vor allem pp. XXXI-XXXIII, XLII-XLV und (zur Nerolegende) LVII-LXXIII; TISSERANT, *o.c.*, pp. 32-77 (*Histoire du livre*) vor allem pp. 48 und 59 und DENIS, *o.c.*, 170-176. Diese AscJes verwirre man nicht mit der erst um 950 entstandenen sog. *legenda graeca* (in einem MS-Paris gr. 1534 - des zwölften Jhrdts bewahrt geblieben), die sich zwar gründet auf der AscJes jedoch eine selbständige Arbeit ist, vgl. CHARLES, *o.c.*, pp. XX, XXII, XXVI-XXVIII; TISSERANT, *o.c.*, pp. 39-41 und DENIS, *o.c.*, p. 172. Charles nimmt sie in einem Appendix auf, während Tisserant eine Übersetzung liefert. Es ist recht seltsam, dass K. Berger dessenungeachtet diese späte und anders ausgerichtete *legenda* zitiert unter dem Namen der AscJes., siehe *ANRW* II, 25, 2, pp. 1184-1185 und K. BERGER/C. COLPE, *Religionsgeschichtliches Textbuch zum Neuen Testament*, Göttingen, 1987, p. 288 (zu Phil 2,6-11). Für den Leser ist dies wenigstens irreführend.

68. Vgl. COLPE, *JAC*, p. 117. Die Hervorhebung stammt von mir. Vgl. auch die wichtige Bemerkung bei V.D. WOUDE II, p. 318 Anm. 4.

Mich dünkt, Colpes Votum ist wegen seiner Umsicht dem Schenkes vorzuziehen. Übrigens droht immer die Gefahr, dass man die Traditionsgeschichte eines Vorstellungskomplexes und die Wirkungsgeschichte einzelner Elemente nicht genügend unterscheidet. Das lässt sich zB an Pearsons Gedankengang ablesen, der er auf Grund der späteren Bewegung der Melchisedekianer (ab 4. Jhdt) die Herkunft des *Melch* (um 150) in einer Vorstufe dieser Bewegung sucht, sei es denn sethianisch übermalt. Dieses unrichtige Verfahren findet man in lupenreiner Form bei Fossum, der hinter dem He schon eine Frühform der Melchisedekianer annehmen möchte. Er spricht in diesem Zusammenhang sogar von "Proto-Melchisedekianer"[69]. Dieses "Rückschlussverfahren" (schon so heikel an sich) ist als verfehlt zu betrachten, weil hier sehr komplizierte Fragen der Hintergründe, der Verschiedenartigkeit des Stoffmaterials, vor allem der Datierung wohl allzu rasch übergangen werden. Wenn zB auch Braun feststellt: "Kurz: Hb fand eine ausseratliche Melchisedek-Tradition vor. Welche? Sie ist natürlich weithin jüdisch" (es folgt dann eine Reihe von Materialangaben)[70], ist die Frage unumgänglich, was hier mit *Tradition* gemeint ist, d.h. wie sie konkret ausgefüllt wird. Das vom ihm angefürte Textmaterial, die angeführten Stellen, zeigen ein zeitliches Durcheinander, ein wahres Sammelsurium mit Targum-Stellen, Qumrantexte, Philo, Josephus, Clemens, samaritanische Quellen bei Euseb; synkretistische bei Epiphan usw. Die Schlussfolgerung ist jedoch klar: "Der *Hohe*priester des Hb ist vorchr.". Auch die in Targumen gebotene Gleichsetzung Melchisedek = Sem der Alte, wird erwähnt, nach der es heisst: "Aber dass der Hohepriester Melchisedek und seine Göttlichkeit zeitlich bereits vor dem Hb als jüd-dualistische Traditionselemente existieren, dürfte gleichfalls unbestreitbar sein"[71]. Diese Pauschalurteile werden glücklicherweise an anderen Stellen abgeschwächt, wenn as aaO heisst; "Innerhalb der jüd Tradition gibt es freilich Texte, welche atliche Aussagen abändern, sie unterschiedlich interpretieren und sie durch Zusätze bereichern. Solche Texte sind für den Hb interessant, sofern sie ihm *zeitlich vorausgehen*" und vorher "Die Gemeinde ... und der Hb selber haben den gottheitlichen, *wenn S Nu 25 alt* ist, auch den himmlischen Hohepriester im Judentum bereits vorgefunden"[72]. Tatsächlich: wenn das Material *alt*

---

69. J.E. FOSSUM, *The Name of God and the Angel of the Lord*, Utrecht, 1982, p. 173. Dieses Verfahren ist an sich nicht neu. Schon M. FRIEDLÄNDER hat — übrigens aus besseren Gründen — in seinem *Der vorchristliche jüdische Gnostizismus*, Göttingen, 1898, S. 28-33, die Melchisedekianer zeitlich, was ihre Entstehung anbelangte, sehr früh angesetzt. Vgl. dazu M. SIMON, in U. BIANCHI, *Le Origini dello Gnosticismo*, Leiden, 1967, pp. 360-362 und B.A. PEARSON, *Moritz Friedländer revisited*, in *Studia Philonica* 2 (1973), p. 26.

70. Vgl. BRAUN, *o.c.*, p. 137. Das Material ist pp. 137-138 angegeben.

71. Vgl. BRAUN, *o.c.*, p. 138.

72. Vgl. BRAUN, *o.c.*, p. 74. Die Hervorhebung stammt von mir.

wäre, *das* ist der Angelpunkt, der sich trotz allen Interessantes (wie die häresiologische Abwertung Melchisedeks: "ein aufschlussreiches Indiz für die Brisanz der dem Hb vorgegebenen und durch ihn übernommenen Melchisedek-Tradition"[73] nicht retuschieren lässt.

Die Datierungsfrage ist akut und darf nicht heruntergespielt werden. Und was He anbelangt, sollte man den Brief zuerst auf Grund des inneren Zusammenhanges, des Skopus, befragen, bevor man zeitlich spätere Traditionen mittels Rückschlussverfahren untersucht. Immerhin sind *QMelch* und die Testamente XII Patr, in denen altes jüdisches Material zugrunde gelegen haben könnte, für He wichtig in bezug auf die Traditionsgeschichte des hier behandelten Motivkomplexes. Eine Tradition, die sich dann nachher im 2. Jhdt, zB in *Melch* aufweisen lässt.

IX. DATIERUNGSFRAGEN UND MELCHISEDEK, ALIAS ...

Bevor wir aus dem obigen einige Folgerungen ziehen, scheint es sinnvoll, der Datierung der in Frage kommenden Schriften bzw Texte nachzugehen. Hinzu kommt eine Übersicht anderer, dem Priesterkönig gegebener Namen, vor allem in rabbinischem Schrifttum: *Melchisedek, alias Sem.*

Vor Anfang der christlichen Ära: *QMelch*, 1QM 1 QS usw.
Am Anfang der christlichen Ära: die Schriften Philos.
Um 85: der Hebräerbrief (He).
Um 100: 4. Esra und Joseph und Aseneth (JosAs).
Um 135: R. Ismäel in bT Nedarim 32[b].
Vor 150: Martyrium/Himmelfahrt des Jesaja (AscJes)[74].
Um 150: chr. Redaktion der Test. XII Patr.
Um 150: *Melch*, Pastor Hermae und II Clemens.
Um 200: die Schriften des Clemens Alexandrinus.
Um 350: der Genesiskommentar des Ephraim Syrus (siehe unten).
Um 380: der Jesajakommentar des Hieronymus (siehe unten).

Oft wird in bezug auf Melchisedek auch Material aus den Targumen angeführt (Targum Onqelos; Jerusch I; idem II (= Neofiti) usw.). Es gibt leider keinen festen Anhaltspunkt zur Datierung dieses Materials. Eine als pauschal wirkende Behauptung, die Targume enthielten altes — oder basierten gar auf altem Material, reicht nicht aus[75].

---

73. Vgl. BRAUN, *o.c.*, p. 140.

74. Das jüdische Martyrium Jesajae wird um 75 angesetzt und die Urfassung der christlichen Ascensio wohl vor 150. Siehe weiterhin oben Anm. 67.

75. Zur Datierungsfrage der Targume findet man Wichtiges bei M.J. MULDER, *Het meisje van Sodom*, Kampen, 1970, pp. 13-18 (mit einer richtigen Bemerkung Nickels' in Anm. 55); DERS, *Joodse exegese*, pp. 179-180. Wenn BRAUN, *o.c.*, p. 138 den "Hohepriester des Hb vorchristlich" nennt unter Verweisung auf die betreffenden Tagume, trifft Nickels' Bemerkung völlig zu.

Wie eben bemerkt wird Melchisedek entweder als irdisches Wesen oder als himmlisches, öfters mit einem anderen identifiziert. So — wenn man Pearsons Konjektur beistimmen möchte — in *Melch* mit Jesus Christus. Dann aber deutlich und klar mit Sem bzw Abraham in bT Ned. 32[b], wo es heisst "R. Zechariah sagte im Namen des R. Ismaël (um 135): Der Heilige gepriesen sei er, wollte, dass das Priesteramt herrührte von Sem, wie es geschrieben 'Und er war Priester des Allerhöchsten'". Weil er (d.h. Melchisedek!) aber in seinem Segnen Abraham die Priorität Gott gegenüber gab (Gn 14,19[b]-20[a]), "liess Er es herrühren von Abraham"[76]. Offenbar nimmt Sem hier Melchisedeks Stelle ein. Melchisedek wird übrigens nur indirekt am Ende der Passage in der Formel "nach der Weise Melchisedeks" erwähnt. Es ist wohl aus guten Gründen auszuschliessen, dass bei Ismaëls Deutung der einschlägigen Schriftstellen in dieser Weise, polemische Motive den Christen gegenüber vorgeherrscht haben sollten[77].

Aus den Targumen liessen sich folgende Stellen aufführen, an denen Melchisedek entweder "Sohn des Noah" (in T. Jerusch. I) oder "Sem der Grosse = der Ältere" genannt wird (Neofiti und T. Jerush. II (Fragmententargum):

ומלכא צדיקא הוא שם בר נח.

"Und Melchisedek ist Sem, der Sohn Noahs".

ומלכא צדק מלכא דירושלם הוא שם רובה (רבה =).

"Und Melchisedek, König von Jerusalem, ist Sem der Ältere".

מלכי צדק מלכא דירושלם דהוא שם רבא.

"Melchisedek, König von Jerusalem, denn er ist Sem der Ältere"[78].

Die älteste christliche Belegstelle für die Gleichsetzung Melchisedek-Sem findet sich bei Ephraim Syrus in GenKomm (zu Gn 14,18): "Hic autem Melchisedek est Sem, qui factus est rex propter magnitudinem

---

76. Text Nedarim in I. EPSTEIN u.a., *Hebrew-English Edition of the Babylonian Talmud*, London, 1985 (sog. Soncino-Talmud); Übersetzung ebenfalls bei F.L. HORTON, *The Melchizedek Tradition*, Cambridge, 1976, p. 118 und auch schon bei R. TRAVERS HERFORD, *Christianity in Talmud and Midrash* (1903); Nachdruck Clifton (USA) 1966, p. 338.

77. Beurteilt als polemisch ausgerichtet von STRACK/BILLERBECK, *o.c.*, IV, p. 460 und L. GINZBERG, *The Legends of the Jews*, Philadelphia, 1968[8], V, p. 226. Dies wird verneint von HORTON, *o.c.*, pp. 129-130 und überzeugend widerlegt von V. APTOWITZER, *Malkizedek. Zu den Sagen der Agada*, in *Monatschrift für Geschichte und Wissenschaft des Judentums* (= *MGWJ*) 70 (1926) 93-113, bes. pp. 98-99. Ich verdanke diesen Hinweis Herrn Prof. Dr. W. Baars (Brief 6-8-1986), derzeit Katwijk aan Zee.

78. Die respektive Ausgaben sind: Jerusch(almi) I: M. GINSBURGER, Berlin, 1903; Neofiti: A. DIÉZ MACHO, *Neofiti I*, Madrid/Barcelona, 1968 und Jerusch. II (Fragm. T.): M. GINSBURGER, Berlin, 1899. Vgl. zu Neofiti z.St.: APTOWITZER, *Malkizedek*, *o.c.*, p. 96 Anm. 1 und STRACK/BILLERBECK, *o.c.*, IV, p. 453 und zu Jerusch. II z.St.: HORTON, *o.c.*, p. 114 Anm. 1; GINZBERG, *o.c.*, V, p. 226 und APTOWITZER, *Malkizedek*, aaO.

suam, quippe qui caput quattuordecim generationum erat, et pontifex rursus erat, quod a Noe, patre suo, acceperat ex successione[79].

Im Jesajakommentar erklärt Hieronymus (zu Es (Jes) 41,4ff): *"Et extrema terrae* (Es 41,5). Sem videlicet filius Noe, qui tempore extremo terrarum cum patre et cum fratribus de diluvio evaserat et usque ad tempus illud fuerat reservatus; quem Melchisedec intellegi volunt, et venisse obviam Abraham"*[80].

Nun zu Melchisedek als himmlische Gestalt.

Zuerst ist selbstverständlich *QMelch* zu erwähnen, wo Melchisedek als himmlische Engelgestalt erscheint. Könnte er mit dem Erzengel Michaël gleichgesetzt werden? Es wird bejaht[81] und verneint[82].

Dass andererseits Origenes und Didymus Melchisedek schon als einen Engel betrachteten[83], darf keinen wundernehmen, der sich an Clemens' Aussage Strom. IV, 161,3 erinnert, wo "Unser Erlöser" (= Christus) mit Melchisedek gleichgesetzt wird (ὁ σωτὴρ ἡμῶν ... ὅν φησι Μωυσῆς Μελχισεδὲκ βασιλεὺς Σαλήμ, κτλ.). Dies um so mehr als schon früh in christlichen Kreisen Jesus Christus als ein Engel gedacht werden konnte. Es sei verwiesen auf Pastor Hermae, sim 8,3 und 9,6.8 (wo indirekt Jesus mit Michael assoziiert wird). Recht bemerkenswert ist in EvTh Log. 13 die Bezeichnung Jesu durch Petrus er "gleiche einem gerechten Engel". Und es ist demnach nicht verwunderlich, dass Clemens Jesus expressis verbis als "Engel" kennzeichnet, wie aus Strom. VII, 5,6 und Paed. I,7:59,1 hervorgeht[84]. Und diese Gegebenheit sollte man wieder im Rahmen der damals im frühen Christentum existierenden "Engelchristologie" bewerten, eine Gegebenheit die in modernen christologischen Untersuchungen oft vernachlässigt wird[85].

---

79. Übersetzung: R.M. TONNEAU, *Sancti Ephraemi Syri in Genesim et in Exodum* (CSCO vol. 153; script. syr. vol 72), Louvain, 1955, p. 55. Hier findet sich die älteste sicher datierbare Erwähnung der Gleichsetzung Melchisedek = Sem.

80. Text im *Corpus Christianorum. Series latina*, Turnhout 1963, vol. LXXIII A (pars 2A, *S. Hieronymi presbyteri opera; commentariorum in Esaiam libri*, etc.), p. 470.

81. Bejaht von V.D. WOUDE I, pp. 369-370 und FOSSUM, *o.c.*, p. 175; vgl. schon KÄSEMANN, *o.c.*, p. 126. Interessant ist die Bemerkung von H. MERKLEIN, *Jesu Botschaft von der Gottesherrschaft* (SB 111), Stuttgart, 1984², p. 164 Anm. 84 (Melchisedek und Menschensohn als apokalyptische Verschlüsselung Michaels als des himmlischen Repräsentanten des Erwählungskollektivs), bedürfe jedoch eingehender Prüfung.

82. Verneint, bzw. angezweifelt von BRAUN, *o.c.*, pp. 73-74 und 138 (Material sei zu jung) und H. STORK, *Die sogenannten Melchisedekianer*, Leipzig, 1928 (= Th. Zahn, Forsch. zur Gesch. des NTl. Kanons VIII, 2), p. 73. Ebenfalls angezweifelt von V.D. WOUDE II, pp. 305 und 321.

83. Vgl. BRAUN, *o.c.*, p. 139 und V.D. WOUDE II, p. 323 Anm. 4.

84. Vgl. J. ZANDEE, *"The Teachings of Silvanus" and Clement of Alexandria* (Med. EOL 29), Leiden, 1977, p. 91.

85. Die Engelchristologie wird erwähnt von J.A. BÜHNER, *Der Gesandte und sein Weg im 4. Evangelium* (WUNT II, 2), Tübingen 1977, pp. 320-322 und 428-433; J. DANIÉLOU, *Théologie du Judéo-Christianisme*, Turnhout 1958, pp. 167-198; FELD, *o.c.*, p. 50; FOSSUM, *o.c.*, p. 133; PEARSON, *o.c.*, p. 33 und G. QUISPEL, *Gnostic Studies*, Istanbul, 1974, I, pp. 149 und 227; 1975 II, pp. 223 und 229.

X. Schlussfolgerungen

In der vorliegenden traditionsgeschichtlichen Untersuchung eines durch drei Topoi gekennzeichneten Motivkomplexes — nämlich des endzeitlichen Hohenpriesters, des Kampfes gegen Beliar und der Ruhe —, haben wir einen langen Weg durch die Zeit, von *QMelch* bis *Melch*, zurückgelegt. Wichtige Zwischenstationen waren He und Test XII Patr.

Zwar könnte sofort die Frage aufgeworfen werden, ob die hier vergenommene enge Verbindung zwischen einerseits jüdisch-apokalyptischem Schrifttum (wie *QMelch*, Test XII Patr und *Melch*) und andererseits dem Hebräerbrief mit seinem hellenistisch-philonischen Kolorit, zulässig sei. Die Antwort kann affirmativ lauten; denn welche wesentlichen Unterschiede es im frühen Judentum und jüdischen Christentum auch gab, in ihrer Denkungsart war die Interdependenz zwischen Hellenistisch-weisheitlichem und Apokalyptischem weit wichtiger als man bis vor kurzem noch dachte. Die Wechselbeziehung war umfassend. Ich verweise auf einige einschlägige Bemerkungen, die die Interdependenz sattsam nachweisen[86].

In *QMelch* haben wir es mit einer kämpfenden himmlischen Gestalt zu tun, der auch Ruhe verschafft. Man ist sich darüber noch nicht einig, ob dieser endzeitliche Kämpfer in dem fragmentarisch erhaltenen Text[87] auch nicht priesterliche Züge aufwiese.

Des weiteren sind He 3-4 und 5-7, in denen sich der untersuchte Motivkomplex aufdecken lässt, gegen Käsemann, nicht vor dem Hintergrund eines gnostischen Urmensch-Hohepriester-Mythos (als modernes Interpretament) zu lesen, sondern von ihrem inneren Zusammenhang her auf Grund des Skopos des Hebräerbriefes als praktische Paränese[88]. He ist dabei nicht anti-qumranisch ausgerichtet[89].

Wir lenken die Aufmerksamkeit auf folgendes. In He 2,14-17 erfahren wir, dass Jesus den Teufel, der die Macht über den Tod hatte, vernichtete durch seinen Tod, seinen Brüdern in allen Dingen gleich, damit er ein treuer Hohepriester vor Gott würde ... Unbeschadet der anderen

---

86. Siehe H. Köster/J.M. Robinson, *Entwicklungslinien durch die Welt des frühen Christentums*, Tübingen 1971, pp. 15, 63 und 105; vgl. v.d. Woude II, pp. 318 und 322-323.

87. Dass Melchisedek in *QMelch* priesterliche Züge habe, wird bejaht von Bühner, *o.c.*, pp. 368-371, bes. p. 369; Feld, *o.c.*, p. 50 und Schenke, *Erwägungen*, pp. 431-432. Es wird verneint von v.d. Woude II, pp. 306 und 322 und von Braun, *o.c.*, pp. 137-138. Zu Verneinung neigt hin Theissen, *o.c.*, pp. 141-142. Durch ein anderes Anliegen ist Colpe, *JAC*, pp. 114-115 als "neutral" zu bezeichnen. Es ist zu beachten, dass nur an einer einzigen Stelle in den Qumranschriften der endzeitliche Hohepriester ein Gesalbter genannt wird, u.zw. 1 QS 9,11; vgl. de Jonge, *Com.*, p. 107.

88. Vgl. Braun, *o.c.*, pp. 74 und 91; Colpe, *o.c.*, pp. 115 und 117f und 121; Theissen, *o.c.*, p. 119 und v.d. Woude II, pp. 316-317.

89. Vgl. Braun, *o.c.*, pp. 137 und 193; v.d. Woude II, p. 318.

Ausrichtung in He verglichen mit zB Test Lev 18, ist der Kernpunkt (Vernichtung des Teufels/Beliars) derselbe. In He 3-4 ("das Lieblingsstück der interpretatio gnostica", Colpe[90]) klingt das Thema der Ruhe schon 4,11 an in enger Verbindung mit dem Hohepriester in 4,14, und zwar "einem grossen Hohepriester". Dann folgt He 6,20: Jesus Hoherpriester nach der Ordnung Melchisedeks als Übergang zu He 7, der Hohepriester-"midrash"[91]. Dieser Hohepriester erlöst nicht nur (He 7,25), er ist einer, der königlich thront (He 8,1: die "Hauptsache"). Ihm (dem Herzog, He 2,10; dem Vorläufer, He 6,20; dem Führer des Glaubens, He 12,2), müssen die Gläubigen nunmehr nachfolgen im Wettkampf und Widerstand, He 12,1-4. Hier tritt der paränetische Charakter des Briefes klar ans Licht. Der innere paränetische Zusammenhang basiert, was die Motive der Ruhe und des Hohenpriesters anbelangt, auf zwei Psalmen als Ordnungsprinzipien, und zwar Ps 95 und 110.

Fanden wir in Qumran den Hohepriester nur 1 QS 9,11 und vielleicht in QMelch, wie einen Hinweis auf die Ruhe in QMelch und kämen als zeitlich dem He am nächsten 4 Esra und JosAs als parallele Ruhestellen in Betracht[92], so fanden wir die drei Motive (Hohepriester, Kampf und Ruhe) im (späteren?) Test Lev 18, in einem zusammenhangenden Text. Doch sollte man nicht vergessen, dass Kampf und Ruhe schon im AT zusammengehörten[93], wenn sie auch später spiritualisiert wurden wie in He, Melch und Test XII Patr[94]. Immerhin erklären Test Lev und Melch sich gegenseitig, wie wir konstatierten. Auch in II Clem 3 und 7 begegnen wir Kampf und Ruhe.

Die Wirkung des Melchisedek ist seit Qumran gross gewesen im jüdisch-apokalyptischen Denken und im christlichen und gnostischen Denken. Dabei wurde seine Wirkung in den kirchlichen Kreisen der sog. Melchisedekianer bis zum 5. Jhdrt wohl überaus gross und besonderer Natur. Ja, seine Wirkung lässt sich schliesslich selbst in einer calvinistischen Bekenntnisschrift des 16. Jhdrt, der Confessio Belgica, im Art. XXI (über die Sühne Christi) registrieren, wird er hier doch namentlich erwähnt.

90. So COLPE, o.c., p. 121.
91. Vgl. BRAUN, o.c., p. 137 und oben Anm. 54.
92. Vgl. HELDERMAN, o.c., pp. 214-215; BRAUN, o.c., pp. 91-93. Seine Folgerung auf p. 93 trifft jedoch nicht zu.
93. Vgl. HELDERMAN, o.c., p. 55-56.
94. Vgl. DE JONGE, Com., pp. 48-49.

EXKURS: DIE MELCHISEDEKIANER UND ÄGYPTEN

Zielte die Untersuchung auf die Wirkung des Melchisedek als Heilsperson im jüdischen, christlichen bzw. gnostischen *apokalyptischen* Denken, richten wir nun kurz unsere Aufmerksamkeit auf eine Wirkung Melchisedeks, mit der es eine ganz andere Bewandtnis hat. Es handelt sich um eine *christologische* Spekulation im Raum der Kirche in einer historisch genau fixierbaren Periode. Man geht darum fehl, wenn man, wie de Jonge und van der Woude[95], sich fragen würde, auf welche Weise "the original view of the author of Hebrews was transmitted in the period between the writing of Hebrews and the time of Theodotus des Geldwechslers (um 200 in Rom)". Diese Frage ist darum unrichtig, weil die Bewegung der Melchisedekianer nicht aus dem weiter fliessenden Strom apokalyptischen Denkens hervorging, sondern in christologischen Streitigkeiten des 2. Jhdt ihren *Anfang* nahm. Theodotus der Geldwechsler war ein Schüler Theodotus' des Gerbers (190 aus Byzanz nach Rom), und beide waren Stifter bzw. Förderer der dynamistischen monarchianischen Theologie. In dieser theologischen Denklinie wurde Christus als reiner Mensch von Gott "adoptiert", weil er von einer (unpersönlichen) göttlichen Kraft erfüllt war. So blieb Gottes exklusive Monarchie unverletzt. Dynamis, Kraft, war das Schlüsselwort. Es wird nun einsichtig, dass die früheren und späteren "Melchisedekianer" sich nicht umsonst auf He beriefen, um ihre Meinung zu begründen, so namentlich He 5,5-6 und ... 7,3. Weil das ganze einschlägige Material schon von Hellmuth Stork gründlich gesammelt und befragt wurde in seiner noch immer richtunggebenden Studie *Die sogenannten Melchisedekianer* (Leipzig 1928), lassen wir es in bezug auf die Melchisedekianer im allgemeinen hierbei bewenden. Uns interessiert die Begeisterung in Ägypten für diese christologische Denkrichtung, die merkwürdigerweise Pearson, wie gesagt, zur Begründing seiner Interpretation der Schrift *Melch* und vor allem seiner Konjektur ΠΙΝΕ, das Bild, diente[96]. Diese Begründung ist darum zu beanstanden, weil das Anliegen und die Herkunft der *Melch* und die spätere Bewegung nichts miteinander zu tun haben, also unvergleichbar sind. Tatsächlich erfährt man bei Hippolyt, dass Theodotus c.s. Melchisedek eine sehr grosse Kraft hiessen, grösser als Christus, der eben nach dem Bilde (κατ᾿ εἰκόνα) des Melchisedeks eintraf (Ref. VII, 36 und X, 24). Wie soll man das verstehen? Um auf die richtige Fährte zu gelangen, ist wichtig das theologisch-theoretische Moment in der Melchisedekianischen Denkrichtung richtig

95. So V.D. WOUDE II, p. 326. Mit Recht hat KÄSEMANN, *o.c.*, p. 215 festgestellt, dass die Bewegung der Melchisedekianer für die Exegese des He ohne jeglichen Wert sei.
96. Vgl. PEARSON, *o.c.*, pp. 30-31 und 38-40 und SEVRIN, *o.c.*, pp. 225 Anm. 12 und 229.

zu beurteilen. Nach Epiphanius (Pan. 55,8) lehrte diese Sekte (αἵρεσις), Melchisedek sei von Gott im Himmel als ein geistiges Wesen "als Sohn Gottes eingesetzt" (καὶ υἱὸς θεοῦ τεταγμένος). Er ist unser Vermittler bei Gott, durch ihn finden wir das Leben, währenddessen Christus auserwählt (ἐξελέγη) sei, um uns den Weg zu zeigen usw. Mit Hilfe des Vokabulars des Hebräerbriefes, wird hier ziemlich abstrakt reflektiert und durchkomponiert aus einem ganz anders ausgerichteten Anliegen als das des leidenschaftigen, sich nach Himmelsruhe sehnenden Apokalyptikers[97].

Aufgrund einer indirekten Aussage in Epiphanius Pan. 55,9 seien die Melchisedekianer in Ägypten am populärsten gewesen (μάλιστα δὲ ἐν τῇ τῶν Αἰγυπτίων χώρᾳ). Diese Beobachtung wird verständlich wenn man folgende Tatsachen in Anbetracht zieht:

— Der gelehrte Asket Hierakas aus Leontopolis im Nildelta (um 300) hielt Melchisedek für den H. Geist selbst. Wiederum auf Grund von He 7,3 behauptet Hierakas, dass der Geist (Melchisedek) dem Sohne darin gleich ist, weil beide ohne Vater, Mutter sind, unter Hinweis auf AscJes 9, 35-36[98]. Zu bedenken ist weiterhin, dass Hierakas Koptisch und Griechisch beherrschte, wie sein Opponent und Bekämpfer Epiphanius den Hierakas in der koptischen Sprache angriff.

— In der Sketis waren um 400 Mönche, die Melchisedek als den Sohn Gottes betrachteten. Der Bischof von Alexandrien bekämpfte diese Melchisedekianer und bekehrte sie mit Hilfe des Mönchen Makarius zum orthodoxen Glauben[99].

— Es gab in der Sketis' Väter (= Mönche), die einmal zusammengekommen waren, um über Melchisedek nachzusehen, und sie vergassen, den abt Kopri herbei zu rufen. Später jedoch riefen sie ihn herbei und forschten ihn diesbezüglich aus. Er aber schlug dreimal auf seinen Mund und sagte: "Wehe dir, Kopri, wehe dir, Kopri, wehe dir, Kopri;

97. STORK, *o.c.*, pp. 27-28 und 76-78 und V.D. WOUDE II, pp. 324-325. Ginzberg plädiert für einen jüdischen Ursprung der Melchisedekianer, *o.c.*, IV, p. 202 und VI, p. 325 Anm. 39, vgl. dazu BÜHNER, *o.c.*, p. 347 Anm. 16.

98. Vgl. STORK, *o.c.*, pp. 36-37, wo in Anm. 7 den bei Epiphanius, *Panarion*, 67, 3 bewahrt gebliebenen griechischen Text geboten wird. Epiphanius führt Hierakas' Zitat aus AscJes IX, 34-35 an um ihn zu bekämpfen. Dasselbe Zitat (jedoch mit περὶ πάντων statt περιπατῶν) findet man bei J.C.L. GIESELER in *Academiae Georgiae Augustae Prorector cum Senatu Sacra Pentecostalia* (Göttingen), 1832, p. 16. Siehe für die äthiopische und lateinische Wiedergabe, CHARLES *o.c.*, p. 126 (Texte), pp. 67-68 (Übersetzung). Vgl. zur grossen Sprachenkenntnis Epiphans Hiëronymus' *Apologia contra Rufinum* II, 22 und III, 6. Siehe zu Epiphanius und Hierakas weiterhin J. HELDERMAN, *Das Evangelium Veritatis in der neueren Forschung*, in *ANRW* II, 25, 5, p. 4068 Anm. 42.

99. Vgl. PEARSON, *o.c.*, p. 31. Interessante Angaben bietet E.A. WALLIS BUDGE, *The Book of Governors: the Historia Monastica of Thomas, Bishop of Margâ* (A.D. 840), London, vol. II, p. 94 Anm. 2 (in bezug auf die Scetische Mönche und Theophilus von Alexandrien p. 94-95). Die beste Gesamtschau der patristischen Materialien bietet immer noch G. BARDY, *Melchisédech dans la tradition patristique*, in *RB* 35 (1926) pp. 496-509 und 36 (1927) pp. 25-45; siehe vor allem die Analyse pp. 505-507.

denn was Gott dir aufgetragen hat, hast du vernachlässigt. Und for-
schest du nach dem, was Er nicht von dir verlangt? Als die Brüder dies
hörten, flohen sie in ihre Zellen"[100].
— Auch Cyrillus von Alexandrien (um 430) begegnete melchisedekianischen Mönchen, die er jedoch korrigieren konnte. Sehr geschickt
bittet er den Abt, von Gott über diesen Punkt Aufklärung zu erbitten,
wer Melchisedek sei. Nach drei Tagen gab der Abt ihm Bescheid: Gott
habe ihm (dem Abt) alle Partriarchen von *Adam bis Melchisedek*
gezeigt. Das heisse also, man habe Melchisedek als einen Menschen
anzusehen und nicht als Gottes Sohn[101].

Wenn man sich nun abschliessend fragt, warum die Bewegung der
Melchisedekianer gerade in *Ägypten* so augenscheinlich gut gedeihen
konnte, liesse sich an folgende Faktoren denken.
Der Bildgedanke war den Melchisedekianern offenbar sehr wichtig.
Sie werden ihn wohl von der Ähnlichkeit in He 7,3 her, aus der
bekannten Genesisstelle Ge 1,26 gewonnen haben. Und das "nach
Gottes Bild und Gleichnis" war ein von alters her tief im ägyptischen
religiösen Empfinden verwurzeltes Wissen um die Beziehung zwischen
Gott und einem besonderen Menschen, dem Gottkönig, dem Pharao.
Der Horus-König ist "Lebendes Bild auf Erden" und Amon ruft gleich
nach der Geburt des königlichen Kindes aus: "Mein Bild ist es, das Ich
erzeugt". Auch im hellenistischen Ägypten war der Herrscher das
"lebende Bild des Zeus" (εἰκὼν ζῶσα τοῦ Διός)[102]. Vor diesem ägyptischen Hintergrund gewinnt auch eine Stelle wie SapSal 2,23, wo es
heisst Gott "habe den Menschen zum Bild seines eigenen Wesen
geschaffen" (...τὸν ἄνθρωπον ... εἰκόνα τῆς ἰδίας ἀϊδιότητος
ἐποίησεν αὐτόν)[103], ihr Profil. Das Bild wird auch den christlichen
autochthonen Ägyptern eine im Gemüt stark resonierende Realität
gewesen sein.
Zweitens muss auch das "ohne Vater, ohne Mutter", ἀπάτωρ,
ἀμήτωρ, die ägyptische Seele tief beeindruckt haben, ein weiterer
Grund für das lebhafte Interesse an der Gestalt des Melchisedek. In der
ägyptischen Theologie, war der Gedanke der Autogamie der Gottheit,
vor allem des Amun-Min, ein vertrautes Datum. So heisst Min "Stier
seiner Mutter" was ebenfalls vom Gott der "Verborgenheit" Amun
galt[104]. Man lese in diesem Kontext einmal TracTri 51-52, im christ-

100. Text bei STORK, *o.c.*, p. 54.

101. Vgl. STORK, *o.c.*, p. 55; PEARSON, *o.c.*, p. 31; V.D. WOUDE II, pp. 325-326 und
K.E. KIRK, *The Vision of God*, London, 1932², p. 195.

102. Siehe oben Anm. 33.

103. Vgl. MACK, *o.c.*, p. 92.

104. Vgl. J. ZANDEE, *Egyptische tempels en goden*, Kampen, 1965, pp. 168, 172 und
175; weiterhin J.G. GRIFFITHS, *Plutarch's De Iside et Osiride*, University of Wales,
Swansea, 1970, p. 334.

lich-gnostischen Bereich (der Valentinianer). Auch die Tatsache, dass die Erklärung des Johannesevangeliums in Hexametern des um 400 aus dem oberägyptischen Panopolis stammenden Nonnus am Anfang vom Logos aussagt, er sei ein υἱὸς ἀμήτωρ ist doch vielsagend[105].

Zum Abschluss. Auch der im christlichen Ägypten beliebte Engelkult wird eine gewisse Rolle gespielt haben, zu denken ist ebenfalls an den Pastor Hermae[106]. In dieser geistigen ägyptischen Sphäre konnte "Melchisedek" zu voller Wirkung gelangen.

Ampèrestraat 46   Jan HELDERMAN
1171 BV Badhoevedorp NL

---

105. BRAUN, *o.c.*, p. 197 erwähnt Nonnus (übrigens nicht diese Schrift). Die gängige Ausgabe ist R. JANSSEN, *Das Johannesevangelium nach der Paraphrase des Nonnus Panopolitanus*, Leipzig, 1903.

106. Vgl. C.H. ROBERTS, *Manuscript, Society and Belief in Early Christian Egypt*, Oxford, 1979, p. 59 und HELDERMAN, *Anapausis*, p. 173.

THE EVALUATION OF THE TEACHING OF JESUS
IN CHRISTIAN GNOSTIC REVELATION DIALOGUES*

A characteristic feature of Gnostic revelation dialogues[1] is the account of the perplexities and the troubling questions of the recipients prior to the appearance of the heavenly revealer. In the tractate *Zostrianos*, *e.g.*, the protagonist of this extensive non-Christian revelation dialogue is worried about the mystery of the unbegotten Existence and about other metaphysical matters to such a degree that he decides to deliver himself to the beasts of the desert for a violent death. But at that moment, the messenger of knowledge of the eternal Light stood before him and disclosed to him the aeons of the heavenly realm[2].

The initial confusion and ignorance of the recipients is also emphasized in several Christian Gnostic dialogues. The opening narrative of the *Sophia of Jesus Christ* tells us how after the resurrection of their Lord, the twelve disciples and seven women followers of Jesus, gathered together on a mountain in Galilee, were perplexed about the origin of the Universe and about the plan of salvation. Then the Saviour appeared to them. He laughed and said: "What are you thinking about? Why are you perplexed? What are you searching for?"[3]. In the *Apocryphon of John*, the risen Christ appears to John, the son of Zebedee, when this disciple is in a desert place on the Mount of Olives, pondering over such crucial questions as: Why was the Saviour sent into the world; who is his Father, and of what nature is "the aeon to which we shall go"[4]. The *Letter of Peter to Philip* speaks of a revelation of Jesus Christ granted to the apostles who at the suggestion of Peter had come together on the Mount of Olives. At the time, the apostles were still without gnosis, as is indicated by the list of questions with which they address their Lord. They ask him *inter alia* how they

---

* Also published in *Novum Testamentum* 30 (1988) 158-168.

1. For definitions of this literary genre see K. RUDOLPH, *Der gnostische "Dialog" als literarisches Genus*, in P. NAGEL (ed.), *Probleme der koptischen Literatur* (Wiss. Beitr. der Martin-Luther-Universität), Halle (Saale), 1968, pp. 85-107; F.T. FALLON, *The Gnostic Apocalypses*, in *Semeia* 14 (1979), pp. 123-158; Ph. PERKINS, *The Gnostic Dialogue*, New York, 1980, esp. pp. 25-73; M. KRAUSE, *Die literarischen Gattungen der Apokalypsen von Nag Hammadi*, in D. HELLHOLM (ed.), *Apocalypticism in the Mediterranean World and the Near East*, Tübingen, 1983, pp. 621-637.

2. Nag Hamm. Cod. VIII, 1, pp. 2,21-4,19.

3. Berlin Codex (*BG* 8502) 3, pp. 77,9-79,18; Nag Hamm. Cod. III, 4, pp. 90,14-92,3. The English translation is from *The Nag Hammadi Library in English* (= *NHLE*), Leiden, 1977, p. 208.

4. *BG* 2, pp. 19,6-20,18; Nag Hamm. Cod. II, 1, p. 1,5-29; IV, 1 p. 2.

were held in "this dwelling place" (the cosmic world), how they had
come there, and how they would depart[5].

The remarkable thing is that in the above Christian Gnostic texts the
role of the perplexed and ignorant recipients is played by former
disciples of Jesus. What does the report of the lack of knowledge of the
disciples mean in view of the fact that they attended the teaching of the
Saviour during his earthly existence? How are in these texts the Gnostic
revelations of the Saviour related to his earlier teachings? I will try to
answer these questions through a closer examination of the *Letter of
Peter to Philip*, the *Sophia of Jesus Christ*, the *Apocryphon of John*, and,
finally, the *Gospel of Mary*, originally Greek texts dating from the
second half of the second century or perhaps from the first half of the
third century, known to us in Coptic translations of the fourth century.

1. *The Letter of Peter to Philip and the Sophia of Jesus Christ*

I distinguish three sections in the *Letter of Peter to Philip*: 1. the
brief letter that has given this document its name (Nag Hamm. Cod.
VIII, 2,132,12-133,8), 2. the section that concerns us most at this
moment: a dialogue between the resurrected Jesus and the apostles
(133,8-138,7), 3. some episodes from the early history of the apostles
(138,7-140,27). The Gnostic revelation of Jesus Christ in the second
section of this document is given in the form of answers to a set of
questions raised by the apostles. The Saviour introduces these answers
in the following way: "You yourselves are witnesses that I spoke all
these things to you. But because of your unbelief I shall say it once
more" (135,5-8). This statement purports, firstly, that the subsequent
revelation does not bring anything new as compared with the teaching
of Jesus "when he was in the body" (this expression is used three times
in the *Letter of Peter to Philip*: 133,17; 138,3; 139,11). Already the
"somatic" Jesus is supposed to have revealed the Gnostic teachings of
this text. It would seem that the same opinion is expressed in the
opening sentence of Peter's sermon in the third section: "Indeed, our
Lord Jesus, when he was in the body, indicated everything to us"
(139,11-12)[6]. The contention of this writing, however, is that a repetition was necessary since the apostles had not yet understood Jesus'
teaching. They are called as witnesses of the immutability of his
revelatory message, and, at the same time, criticized for their lack of
faith.

---

5. Nag Hamm. Cod. VIII, 2, pp. 134,23-135,2.

6. I adopt the textual reconstruction by J.É. MÉNARD (*La lettre de Pierre à Philippe*,
[Bibliothèque copte de Nag Hammadi, "Textes", 1], Quebec, 1977, p. 37) and M.W. MEYER
(*The Letter of Peter to Philip* [Soc. of Bibl. Lit., Diss. series, 53], Chico, 1981, pp. 28 and
43). Cf. the comments by H.-G. BETHGE, *Der Brief des Petrus an Philippus* (diss.
Humboldt-Universität Berlin 1984), pp. 149f.

We may take it for granted that there were apologetic, if not polemic, motives for this appeal to the apostles as well as for the emphasis on the conformity of the Gnostic doctrines of this text with the earlier teaching of Jesus: if it was attested by Peter and the other apostolic witnesses of Jesus' teaching that the Gnostic doctrines allegedly taught by the resurrected were a repetition of words spoken to them when he was still in the body, the adherents of these ideas could claim to be the true representatives of the orthodox and apostolic tradition[7].

Our text lays emphasis on the continuity between the teaching of Jesus and the Gnostic truths allegedly revealed by the resurrected, but it also claims that the apostles did not believe Jesus' teaching until the voice of the resurrected addressed them to repeat his words. While the revelatory teaching of Jesus remained the same, the attitude of the apostles towards this teaching is supposed to have changed radically. A distinction is made here between a period of unbelief and a period of full comprehension. Accordingly, the *Letter of Peter to Philip* suggests that the apostles were not able to preach the Gospel until they were instructed by the risen Jesus.

A few words about the *Sophia of Jesus Christ*. As observed a earlier, the opening frame-story of this text describes the perplexities of the twelve disciples and seven women followers of Jesus before the appearance of the Saviour. Wholly in agreement with the typical structure of the Gnostic revelation dialogue, the concluding narrative tells how after the revelations by the Saviour, the disciples were in great, ineffable joy and now felt competent to preach the Gospel[8].

The *Sophia of Jesus Christ*, however, fails to explain how those who had witnessed the teaching of the "earthly" Jesus could be perplexed about questions which, from a Gnostic point of view, must have been quite elementary and essential. Nor does this writing indicate in what way the teaching of the resurrected Jesus was related to his earlier teaching. In fact, the only reminiscences of Jesus' existence in a human body are the mention of his resurrection from the dead and the reference to his "earlier form" ("the Saviour appeared not in his earlier form but in the invisible spirit"). Both references occur in the opening narrative. On the whole, Jesus is pictured as an otherworldly revealer of mythological truths.

2. *The Apocryphon of John*

Quotations by Irenaeus[9] indicate that the main teachings of the

---

7. Cf. Th. BAUMEISTER, *Die Rolle des Petrus in gnostischen Texten*, in *Acts of the Second International Congres of Coptic Studies*, Rome, 1985, pp. 8f.

8. *BG* 3, pp. 126,17-127,10; Nag Hamm. Cod. III, 4, p. 119,8-16.

9. *Adv. Haer.* I 29.

Apocryphon of John existed before 185 C.E., the date of the *Adversus Haereses*. The narrative framework may be of later date. In some respects this revelation dialogue resemblance to the *Sophia of Jesus Christ* and the second section of the *Letter of Peter to Philip*. But there are also striking differences. For one thing, the revelation of Jesus is not delivered in a full session of the apostles (plus seven women followers in the *Sophia of Jesus Christ*) but it is granted to one, obviously trusted disciple, John the son of Zebedee. The limitation of the audience seems to be connected with another and more essential difference from the other two revelation dialogues. In the *Sophia of Jesus Christ* and the *Letter of Peter to Philip*, the disciples are commissioned to preach salvation (or to proclaim the Gospel) in the world, whereas in the *Apocryphon* the true revelatory knowledge is reserved for John and his "fellow spirits". Particularly at the conclusion of the Gnostic speech of the Saviour and in the final frame-story the secret character of the relevant teaching is stressed. We are dealing indeed with an *apocryphon*, a secret writing.

The opening framework of the *Apocryphon of John* at least sheds some light on the relation between the Gnostic teaching of the resurrected Jesus and his earlier teaching. It is reported that after a confrontation with a Pharisee, named Arimanias, John went to a desert place, where he became greatly grieved and brooded over the questions we mentioned before: the motive for the sending of the Saviour, the identity of the Father of the Saviour, and the nature of "the aeon to which we shall go". As to the last mentioned problem, John is said to have considered the following: "He (the Saviour) said to us: 'This aeon has received the type of the imperishable aeon', but he did not teach us concerning that one (the imperishable aeon) of what kind it is"[10]. This consideration gives indeed a clue to the relationship between the pre-Easter teaching of Jesus and the teaching of the resurrected. Jesus would have mentioned "the imperishable aeon", but he would not have taught of what kind it is. If this is supposed to be typical for the teaching of the "earthly" Jesus, we find in the *Apocryphon* a chronological distinction between incomplete or provisional teaching (the teaching of Jesus before his death and resurrection), on the one hand, and full and definitive teaching (the secret teaching of the resurrected), on the other.

Two more observations are in order. Firstly, this distinction cannot be equated with the distinction of the *Letter of Peter to Philip* between the initial unbelief of the apostolic witnesses and their final enlightenment. As we have seen, the interest of the *Letter of Peter to Philip* precisely is in the unity and the immutability of the alleged Gnostic

---

10. *BG* 2, p. 20,14-18; Nag Hamm. Cod. II,1, p. 1,26-29 (*NHLE*, p. 99).

teaching of Jesus. Secondly, it seems to me highly questionable whether the distinction made in the *Apocryphon of John* runs parallel with the opposition of obscure (or parabolic) and open, clear language. This opposition can be found in several Gnostic texts but also in Jewish apocalyptic literature and in the New Testament, *e.g.* in Jesus' words in the Gospel of John 16,25: "Till now I have spoken in figures (παροιμίαι); the hour is coming when I shall no longer speak to you in figures, but tell you plainly of the Father". The *Apocryphon of John*, however, is not a Gnostic clarification of earlier words of Jesus; it rather pretends to convey new revelations of Jesus, revelations which are quite possibly meant to surpass if not to replace the accounts of the teaching of the "earthly" Jesus.

3. *The Gospel of Mary*

The *Gospel of Mary* is the first tractate of the Coptic Berlin Codex (*BG* 8502). Apart from the Coptic text, two small papyrus fragments of the Greek text of the *Gospel of Mary* have been discovered (Rylands 463 and Oxyrhynchos 3525). On palaeographic grounds, these fragments must be dated to the early third century. This is an external indication that the *Gospel of Mary* was written in the second century.

The text can easily be divided into two distinct sections, Unfortunately, the greater part of the first section (6 out of 9 pages) is missing. The surviving fragment of this section reports the conclusion of a revelation dialogue between the resurrected Jesus and Peter, who probably was accompanied by other disciples. The second section fills a good nine pages in the Coptic manuscript, four of which, however, are lost. It should be clear that the fragmentary condition at best allows tentative conclusions with respect to the character of the text.

At first sight, one is tempted to put the first part of the *Gospel of Mary* on a level with other revelation dialogues, particularly with the dialogues between the Saviour and the assembled disciples in the second section of the *Letter of Peter to Philip* and in the *Sophia of Jesus Christ*. But upon closer examination, this equation seems to be quite problematic.

First of all, it is curious to find that this first section is followed up with an account of the great distress of the disciples and with their troubling question, "How shall we go to the Gentiles and preach the gospel of the kingdom of the Son of Man? ..." As we have seen, the description of the confusion and the ignorance of the recipients normally belongs to the introductory frame-story of a Gnostic dialogue. It is even more striking that after this dialogue with the Saviour, Peter invites Mary Magdalene to disclose the words of the Saviour which she remembered and which were hidden from the other followers of Jesus. For these reasons we must assume that essential pieces of knowledge were not yet revealed by the Saviour in his dialogue with Peter. The disclosure of these insights follows when Mary communicates the words which the Saviour had given to her alone. Only after the transmission of these words by Mary, the disciples are able to go forth and to proclaim the Gospel.

Within the present setting of the *Gospel of Mary* the dialogue of the Saviour with Peter and his fellow disciples seems to function as a preparation for the revelation through Mary Magdalene. This plan of the work clearly suggests that the full and definitive revelation of the Saviour is accessible only through Mary Magdalene. Not the dialogue with Peter but the account of the communication by Mary must be parallelled with the revelation dialogues in the Gnostic texts discussed above.

While according to the *Letter of Peter to Philip*, the Gnostic teaching of Jesus is just a repetition of his earlier words, and the *Apocryphon of John* seems to distinguish two forms of teaching, one public and provisional, the other secret and definitive, it would seem that the *Gospel of Mary* reckons with a progression in three stages.

It must be admitted that the preserved fragments of this text do not explicitly refer to the teaching of Jesus before his death and resurrection. But if even the post-Easter revelations given to Peter were incomplete and insufficient, this would the more be true of the teaching of the "earthly" Jesus.

4. *Implications for the Evaluation of the New Testament Accounts of the Teaching of Jesus*

We cannot presume *a priori* that these Gnostic evaluations of the teaching of the "earthly" Jesus are at the same time evaluations of the New Testament accounts of this teaching. The following observations will make this clear.

To begin with, we have to allow for the possibility that the relevant ideas about the pre-Easter teaching of Jesus were derived from other sources than the Gospels of the New Testament. As is well-known, early-Christian writers may have used oral traditions or written sources which are now lost. For this reason an allusion *e.g.* to a saying of Jesus known *to us* from one of the canonical Gospels does not necessarily mean that the author in question was acquainted with the finished text of this Gospel. We should rather look for references (first-hand references as we shall see presently) to elements of the Gospel texts that are clearly redactional.

But we have also to reckon with the possibility that Christian Gnostic writers of the second or third century made *indirect* use of New Testament texts. Instances of this can be suspected in the *Sophia of Jesus Christ* and in the *Apocryphon of John*. In both writings we find an allusion to the last words of Jesus in the Gospel of Matthew (28,20). In the *Sophia of Jesus Christ* the Gnostic Saviour is characterized as "the one who is with you until the end of the poverty of the robbers"[11], and in the *Apocryphon* the actual revelation to John is preceded by the statement, "I am the one who is with you (plur.) forever"[12]. Obviously Gnostic authors had a preference for these words of the risen Jesus for they are also found in the *Letter of Peter to Philip* (twice)[13] and in the Gnostic *Apocalypse of Peter*[14]. The echoes of Matthew 28,20 in the *Sophia of Jesus Christ* and the *Apocryphon of John* are remarkable because of the fact that in both texts further parallels with particular New Testament passages are very rare, if not wholly absent[15]. It is open to question, therefore, whether we should conclude from the occurrence of these well-known words of the risen Lord that the Christian Gnostic redactors of the *Sophia of Jesus Christ* and the *Apocryphon of John* were drawing directly on the Gospel of Matthew[16]. They may as well have been familiar with just this particular statement of the Saviour through Gnostic traditions.

A similar observation can be made with respect to the introductory frame-story of the *Sophia of Jesus Christ*. There can be little doubt that this narrative, speaking about an appearance of the risen Jesus to his twelve disciples and seven women followers on a mountain in Galilee[17], presupposes the appearance scene in Matthew 28,16-20. But it is far from evident that the composer of this dialogue setting is directly dependent on the text of Matthew. There is more reason to assume that he was familiar with elements of this story through post-Biblical traditions, perhaps through earlier Gnostic revelation texts. In that case there is a good chance that the Gospel of Matthew remained a closed book to him. So the Christian Gnostic redactors of the *Sophia of Jesus Christ* and the *Apocryphon of John* may have had their ideas about the pre-Easter teaching of Jesus but they are not likely to pronounce upon the teaching of Jesus as it is preserved in our canonical Gospels. Their

11. *BG* 3, p. 94,17-19; Nag Hamm. Cod. III,4, p. 101,13-15 (*NHLE*, p. 214).

12. *BG* 2, p. 21,18f; Nag Hamm. Cod. II,1, p. 2,12f; IV,1, p. 3,5f. Here the statement serves as a recognition formula. Cf. PERKINS, *o.c.* (n.1), p. 55.

13. Nag Hamm. Cod. VIII,2, p. 134,17f: "I am Jesus Christ who is with you forever" (recognition formula); 140,22f: "Behold, I am with you forever" (part of a farewell speech, as in Matthew 28,20).

14. Nag Hamm. Cod. VII,3, p. 84,8f: "I shall be with you (sing.) in order that none of your enemies will overbear you" (part of farewell speech).

15. Cf. C.M. TUCKETT, *Nag Hammadi and the Gospel Tradition*, Edinburgh, 1986, pp. 25-27 and 31-35.

16. Against TUCKETT, *ibid.*

17. In *BG* 3, p. 79,8f and Nag Hamm. Cod. III,4, p. 91,20 this Galilean mountain is identified as "the one of the Olives".

ideas rather related to their own conception of the content and meaning of this teaching[18].

When we try to find out how the New Testament accounts of the teaching of Jesus were evaluated by Christian Gnostics, an examination of the *Letter of Peter to Philip* will be more rewarding. The narrative structure of this writing as well as several of its scenes and some specific expressions are clearly reminiscent of the last chapter of the Gospel of Luke and the first chapters of the book of Acts. The most conspicuous parallels may be mentioned[19]. The command of the risen Jesus to the apostles to come together (VIII,2, pp. 132,16-20; 133,6-8; 137,23f) reflects Luke 24,49 and Acts 1,4. Philip's separation from the other apostles, for which he is blamed by Peter (133,1-5), seems to presuppose the report of the missionary activity outside Jerusalem of a namesake of the apostle, Philip the evangelist (Acts 8). The assembly of the apostles on the Mount of Olives, "the place where they used to come together with the blessed Christ" (133,13-17), recalls Luke 22,39; Acts 1,6 and 12, while their return to Jerusalem in great joy (138,9f; 139,4-6) is reminiscent of Luke 24,52 and Acts 1,12. The document tells how Peter and the other apostles were filled with holy spirit (139,14; 140,9f; cf. Acts 2,4; 4,8.31 and *passim*) and how they preached salvation in the name of the Lord Jesus Christ (139,6-8; cf. Luke 24,47; Acts 4,12.18). Reference is made to the "promise" given by Jesus (132,21-133,1; 137,25; cf. Luke 24,49; Acts 1,4.8), to the apostles as "witnesses" of Jesus' teaching (135,4-6; cf. Luke 24,48; Acts 1,8.22 etc.), and to Jesus as the "author (ἀρχηγός) of our life" (139,27f; 140,4: "author [of our] rest"; cf. Acts 3,15 and 5,31)[20].

The variety of allusions to the Lucan writings, particularly those to passages and motifs which are usually connected with Luke's redactional work, suggests that the author is deliberately using these texts for his own report of the appearances of Jesus in and near Jerusalem and of the further events in Jerusalem prior to the dispersion of the apostles in order to preach the Gospel in the world. It is much more difficult to

---

18. The only saying of the *Apocryphon of John* apparently associated with the pre-Easter teaching of Jesus ("This aeon has received the type of the imperishable aeon", cf. above, p. 366) is not found in the canonical Gospels. This clearly indicates that the author's conception of the teaching of the "earthly" Jesus was not based on the Gospels of the New Testament.

19. Cf. K. KOSCHORKE, *Eine gnostische Pfingstpredigt. Zur Auseinandersetzung zwischen gnostischem und kirchlichem Christentum am Beispiel der 'Epistula Petri ad Philippum'*, in *Zeitschrift für Theologie und Kirche* 74 (1977), pp. 326f; TUCKETT, *o.c.* (n.15), pp. 112f.

20. The words spoken by the voice of Jesus in 128,22-27, "I have often said to you: it is necessary for you to suffer, it is necessary for you to be brought to synagogues and governors so that you will suffer", reflect either Matthew 10,17 or Luke 21,12.

assess how far the author was acquainted with any other New Testament book[21].

It has been observed above that the *Letter of Peter to Philip* makes a chronological distinction between a period in which the apostles did not believe the alleged Gnostic teaching of Jesus and a period of full comprehension. I presume that this idea of the spiritual transformation of the disciples of Jesus enables us to perceive how the Christian Gnostics who sympathized with the doctrines of the *Letter of Peter to Philip* thought about the New Testament writings known to them. It is a matter of course that the ideas of the *Letter of Peter to Philip* were connected by its author and by its Gnostic readers with the teaching of Jesus as it was understood by the apostles after their eventual enlightenment by the risen Jesus. But it is highly doubtful whether the traditions about Jesus and the apostles in the Lucan writings and in the other books of the New Testament were evaluated in the same way. It is more in line with the reasoning of this document to assume that these New Testament accounts were connected with the incompetence and the ignorance of the apostles in the period *before* their enlightenment. If Jesus is considered a messenger of Gnostic wisdom who was not understood by his followers, such ungnostic presentations of Jesus and his teaching as are found in the Gospels of the New Testament are liable to be rejected indeed as products of unbelief and incomprehension.

The author of the *Letter of Peter to Philip* used materials from Luke-Acts. This does, however, not mean that he held the Gospel of Luke and the New Testament Acts in high esteem. The reverse is true: in claiming that Jesus is a revealer of Gnostic truths — before his death as well as after his death and resurrection — and in presenting Peter, the leader and spokesman of the apostles, as a Gnostic preacher (139,15-140,1), he thoroughly criticizes the Lucan accounts.

As noted earlier, the structure of the extant text of the *Gospel of Mary* is likely to disclose how the author thought about the pre-Easter teaching of Jesus. But it should be stressed that the surviving fragments do not explicitly refer to this teaching. Furthermore, this writing does not seem to be particularly interested in the Gospels of the New

---

21. I doubt whether the two reminiscences of Matthew 28,20 in 134,17f and 140,22f (quoted in n.13) prove that the author was directly dependent on the text of Matthew. Cf. above, p.7. As observed in the preceding note, the prediction of sufferings in synagogues and under governors can be traced back to Matthew 10,17 as well as to Luke 21,12 (the Coptic text seems to render the passive form of the Greek ἄγειν or ἀπάγειν, found in Matthew and Luke, not in Mark).

Testament either[22]. There is no reason to suppose that a more detailed study of the *Gospel of Mary* will lead to specific insights into the author's attitude towards the New Testament reports of the teaching of Jesus.

Hoofdstraat W 41   Gerard P. LUTTIKHUIZEN
NL-9951 AA Winsum

22. It may be significant that the few clear New Testament echoes are clustered at one point, *viz.* in the farewell speech of the Saviour at the conclusion of the first part of the text: "When the blessed one had said this, he greeted them all, saying, 'Peace be with you (cf. Luke 24,36; John 20,19.21.26). Receive my peace to yourselves (cf. John 14,27). Beware that no one lead you astray (cf. Matthew 24,4; Mark 13,5), saying, "Lo here" or "Lo there" (cf. Matthew 24,23; Mark 13,21; Luke 17,23). For the Son of Man is within you (cf. Luke 17,21). Follow after him! Those who seek him will find him (cf. Matthew 7,7; Luke 11,9). Go then and preach the Gospel of the Kingdom (cf. Matthew 28,19; Mark 16,15) ...'" (*NHLE*, p. 472). With regard to this striking catena of New Testament allusions Tuckett rightly observes: "It was clearly very important for the compiler of this section of Mary that the speaker be plainly identifiable as Jesus in a way that was apparently not the case for the rest of the text". (*o.c.*, pp. 41f).

ABRÉVIATIONS

AB	Analecta Biblica
Abh RWA	Abhandlungen der Rheinisch-Westphalischen Akademie
Anal. Boll.	Analecta Bollandiana
AncB	The Anchor Bible
ANRW	Aufstieg und Niedergang der Römischen Welt
ATR	Anglican Theological Review
AzKG	Arbeiten zur Kirchengeschichte
BBB	Bonner Biblische Beiträge
BCNH	Bibliothèque Copte de Nag Hammadi
BETL	Bibliotheca Ephemeridum Theologicarum Lovaniensium
BEvTh	Beiträge zur evangelischen Theologie
BG	Papyrus Berolinensis Graecus
BHTh	Beiträge zur historischen Theologie
BJRL	Bulletin of the John Rylands Library
BKAT	Biblischer Kommentar Altes Testament
BZ	Biblische Zeitschrift
BZNW	Beiheft zur Zeitschrift für die neutestamentliche Wissenschaft und die Kunde der älteren Kirche
CBQ	Catholic Biblical Quarterly
CSCO	Corpus Scriptorum Christianorum Orientalium
DBS	Dictionnaire de la Bible. Supplément
DS	Dissertation Series
EB	Études Bibliques
EHS	Europäische Hochschulschriften
EKK	Evangelisch-Katholischer Kommentar zum Neuen Testament
ETL	Ephemerides Theologicae Lovanienses
ExpT	Expository Times
FRLANT	Forschungen zur Religion und Literatur des Alten und Neuen Testamentes
FzB	Forschung zur Bibel
GCS	Die Griechischen Christlichen Schriftsteller der ersten drei Jahrhunderte
GTA	Göttinger Theologische Arbeiten
GTT	Gereformeerd Theologisch Tijdschrift
HNT	Handbuch zum Neuen Testament
HThK	Herders Theologischer Kommentar zum Neuen Testament
HTR	Harvard Theological Review
JAC	Jahrbuch für Antike und Christentum
JBL	Journal of Biblical Literature
JEH	Journal of Ecclesiastical History
JSNT	Journal of the Study of the New Testament
JTS	Journal of Theological Studies
KEK	Kritisch-exegetischer Kommentar über das Neue Testament
LD	Lectio Divina

MG	Patrologia Graeca
MGWJ	Monatschrift für Geschichte und Wissenschaft des Judentums
MS	Monograph Series
NHC	Nag Hammadi Codices
NHLE	The Nag Hammadi Library in English
NHS	Nag Hammadi Studies
NkZ	Neue Kirchliche Zeitschrift
NT	Novum Testamentum
NTAbh	Neutestamentliche Abhandlungen
NTAF	The New Testament in the Apostolic Fathers
NTApo	Neutestamentliche Apokryphen in Deutscher Übersetzung
NTS	New Testament Studies
NTT	Nederlands Theologisch Tijdschrift
ÖBS	Österreichische Biblische Studien
OTS	Oudtestamentische Studiën
PRE	Protestantische Realenzyklopädie
RB	Revue Biblique
RechScRel	Recherches de science religieuse
RevThom	Revue Thomiste
RHR	Revue de l'Histoire des Religions
RTL	Revue théologique de Louvain
S	Supplement
SANT	Studien zum Alten und Neuen Testament
SBB	Stuttgarter Biblische Beiträge
SBL	Society of Biblical Literature
SBS	Stuttgarter Bibelstudien
SC	Sources Chrétiennes
SNTS	Studiorum Novi Testamenti Societas
SNTU	Studien zum Neuen Testament und seiner Umwelt
SPAW	Sitzungsberichte der Königlichen Preussischen Akademie der Wissenschaften
StPatr	Studia Patristica
SUC	Schriften des Urchristentums
ThB	Theologische Bücherei
ThLBl	Theologisches Literaturblatt
TR	Theologische Rundschau
TRE	Theologische Realenzyklopädie
TS	Texts and Studies
TU	Texte und Unterscuhungen
TWNT	Theologisches Wörterbuch zum Neuen Testament
TZ	Theologische Zeitschrift
UTB	Uni-Taschenbücher
VigChr	Vigiliae Christianae
WuD	Wort und Dienst
WUNT	Wissenschaftliche Untersuchungen zum Neuen Testament
ZNW	Zeitschrift für die neutestamentliche Wissenschaft und die Kunde der älteren Kirche
ZTK	Zeitschrift für Theologie und Kirche
ZWT	Zeitschrift für wissenschaftliche Theologie

INDEX DES AUTEURS CITÉS

L'index renvoie à la page du texte (premier chiffre) et aux notes (chiffre en exposant). L'astérisque signale une référence bibliographique complète.

INDEX DES CITATIONS SCRIPTURAIRES
ET DES AUTEURS ANCIENS

ANCIEN TESTAMENT

Nouveau Testament

5,14	163, 164
46	163, 163[215]
6,1-15	**77-81**
26	78, 80
26-27	81
26-51	**69-72**, 81
27	80, 81
28-51	81
36	80
39	253
40	253
44	253
51-58	**72-75**, 81, 82
54	253
55	80
59-65	81
60-71	**75-76**
66-71	81
70	160[196]
7,13	147[126]
16	94
33	146[123]
8,44	284[43]
9,22	147[126]
10,10	80[15]
36	76[8]
11	128, 129, 132[50], 169
11,1	170
2	170
32	170
33	168
38	168
43	168
44	261, 265
12,1	170
27	12,12[35]
13,1	81
2	76[9]
11	76[9]
15	147[126]
18	76[9], 160[196]
21	76[9]
23	221
14,27	372[22]
15,16	160[196]
19	160[196]
20	264[66]
16,5	146[123], 147[126]
7	146[123], 147[126]
16,25	367
18,19	94
22	226
19,14	125
16	140[102]
26	221
31	265[69]
31-37	125
31-40	73[4]
38	147[126]
38-43	145
40	147[126]
41	168, 169
20,1	147[126]
2	145[121], 221
5	147[126]
11	147[126]
11-12	147[126]
12	73[4], 156[175], 268[82]
15	147[126]
17	146, 147[126]
19	147[126], 372[22]
21	372[22]
26	372[22]
31	98
21,7	221
20	221

ACTES DES APÔTRES

1,2	160, 160[196], 265
4	370
6	370
6-8	304[41]
6-11	270
8	370
8-9	265[68]
12	370
13	160
22	370
2,4	370
14	300
14	300
17	254
24	283[39]
3,15	370
4,8	370
12	370
18	370
31	298

AUTEURS ANCIENS

TEXTES GNOSTIQUES COPTES

De Resurrectione

10,2	54[63]
3	54
23	54
24	54
26	55[68]
39-55	54
48-56	54

CLÉMENT D'ALEXANDRIE
Extraits de Théodote

22,1-4	52, 52[55]
42,2-65,2	10, 18[55]
43,3	12
49,1	18[55]

Pédagogue

1,6,3	36
7	356

Stromates

II,6,31,2	244[63]
7,35,5	244[63]
9,45,5	240[41]
20,116,3	244[63]
III,36,4	187[25]
48,1	238[34]
107,2	289[60]
IV,26,171	187[25]
45,4	290
161,3	340, 356
V,14,96,3	240[41]
VII,5,6	356

Quis dives

33,4	289[60]

HIPPOLYTE DE ROME
Elenchos

5,7,26	15[45]
7,36	344, 359
10,24	344, 359

ORIGÈNE
In Matt.

(Mt 15,14ss.)	22[72]

In Joh.

1,24	22[71]
2,1	187
28	187

De principiis

3,1	54

4,2,3	22[70.71]
2,7	22[71]

Epist. ad Africanum

2-4	22[72]

Mart.

18,6	187

EUSÈBE
Hist. Eccl.

3,16	284
39,3b	28[87]
39,4	28[85]
39,17	28[86]
39,17	28[86]
39,11	28[86]
4,22s.	63[104]
14,6s.	61
14,8	276[8]
14,9	283
5,20,4-8	276[8]
23	315
28,13-19	13[88]
6,2,8s.	23[77]
14,1	244[63]

In Psalm.

28,1	185, 187

Theophania

5,21	315

ÉPIPHANE
Panarion

55,8	359
9	360
69,60,4	36[115]

JÉRÔME
Apologia contra Rufinom

2,22	360[98]
3,6	360[98]

ÉPHREM
Comm. du Diatessaron

8,2	314, 316

PSEUDO-CLÉMENTINES
Hom.

12,32	219
17,19,4	63
18,1,3	15[45]

BIBLIOTHECA EPHEMERIDUM THEOLOGICARUM LOVANIENSIUM

LEUVEN UNIVERSITY PRESS / UITGEVERIJ PEETERS LEUVEN

SERIES I

* = Out of print

*1. *Miscellanea dogmatica in honorem Eximii Domini J. Bittremieux*, 1947.
*2-3. *Miscellanea moralia in honorem Eximii Domini A. Janssen*, 1948.
*4. G. PHILIPS, *La grâce des justes de l'Ancien Testament*, 1948.
*5. G. PHILIPS, *De ratione instituendi tractatum de gratia nostrae sanctificationis*, 1953.
6-7. *Recueil Lucien Cerfaux*, 1954. 504 et 577 p. FB 1000 par tome. Cf. *infra*, nᵒˢ 18 et 71.
8. G. THILS, *Histoire doctrinale du mouvement œcuménique*, 1955. Nouvelle édition, 1963. 338 p. FB 135.
*9. J. COPPENS et al., *Études sur l'Immaculée Conception*, 1955.
*10. J.A. O'DONOHOE, *Tridentine Seminary Legislation. Its Sources and its Formation*, 1957.
*11. G. THILS, *Orientations de la théologie*, 1958.
*12-13. J. COPPENS, A. DESCAMPS, É. MASSAUX (éd.), *Sacra Pagina. Miscellanea Biblica Congressus Internationalis Catholici de Re Biblica*, 1959.
*14. *Adrien VI, le premier Pape de la contre-réforme*, 1959.
*15. F. CLAEYS BOUUAERT, *Les déclarations et serments imposés par la loi civile aux membres du clergé belge sous le Directoire (1795-1801)*, 1960.
*16. G. THILS, *La «Théologie Œcuménique». Notion-Formes-Démarches*, 1960.
17. G. THILS, *Primauté pontificale et prérogatives épiscopales. «Potestas ordinaria» au Concile du Vatican*, 1961. 103 p. FB 50.
*18. *Recueil Lucien Cerfaux*, t. III, 1962. Cf. *infra*, n° 71.
*19. *Foi et réflexion philosophique. Mélanges F. Grégoire*, 1961.
*20. *Mélanges G. Ryckmans*, 1963.
21. G. THILS, *L'infaillibilité du peuple chrétien «in credendo»*, 1963. 67 p. FB 50.
*22. J. FÉRIN & L. JANSSENS, *Progestogènes et morale conjugale*, 1963.
*23. *Collectanea Moralia in honorem Eximii Domini A. Janssen*, 1964.
24. H. CAZELLES (éd.), *De Mari à Qumrân. L'Ancien Testament. Son milieu. Ses Écrits. Ses relectures juives* (Hommage J. Coppens, I), 1969. 158*-370 p. FB 900.
25. I. DE LA POTTERIE (éd.). *De Jésus aux évangiles. Tradition et rédaction dans les évangiles synoptiques* (Hommage J. Coppens, II), 1967. 272 p. FB 700.
26. G. THILS & R.E. BROWN (éd.), *Exégèse et théologie* (Hommage J. Coppens, III), 1968. 328 p. FB 700.
27. J. COPPENS (éd.), *Ecclesia a Spiritu sancto edocta. Hommage à Mgr G. Philips*, 1970. 640 p. FB 1000.

28. J. COPPENS (éd.), *Sacerdoce et célibat. Études historiques et théologiques*, 1971. 740 p. FB 700.
29. M. DIDIER (éd.), *L'évangile selon Matthieu. Rédaction et théologie*, 1971. 432 p. FB 1000.
*30. J. KEMPENEERS, *Le Cardinal van Roey en son temps*, 1971.

SERIES II

31. F. NEIRYNCK, *Duality in Mark. Contributions to the Study of the Markan Redaction*, 1972. Revised Edition with Supplementary Notes, 1988. 252 p. FB 1200.
32. F. NEIRYNCK (éd.), *L'évangile de Luc. Problèmes littéraires et théologiques*, 1973. Nouvelle édition augmentée, 1989.
33. C. BREKELMANS (éd.), *Questions disputées d'Ancien Testament. Méthode et théologie*, 1974. Nouvelle édition augmentée, 1989. FB 1200.
34. M. SABBE (éd.), *L'évangile selon Marc. Tradition et rédaction*, 1974. Nouvelle édition augmentée, 1988. 601 p. FB 2400.
35. B. WILLAERT (éd.), *Philosophie de la religion – Godsdienstfilosofie. Miscellanea Albert Dondeyne*, 1974. Nouvelle édition, 1987. 458 p. FB 1600.
36. G. PHILIPS, *L'union personnelle avec le Dieu vivant. Essai sur l'origine et le sens de la grâce créée*, 1974. Édition révisée, 1989. 299 p. FB 1000.
37. F. NEIRYNCK, in collaboration with T. HANSEN and F. VAN SEGBROECK, *The Minor Agreements of Matthew and Luke against Mark with a Cumulative List*, 1974. 330 p. FB 900.
38. J. COPPENS, *Le Messianisme et sa relève prophétique. Les anticipations vétérotestamentaires. Leur accomplissement en Jésus*, 1974. Édition révisée, 1989. XIII-265 p. FB 1000.
39. D. SENIOR, *The Passion Narrative according to Matthew. A Redactional Study*, 1975. New impression, 1982. 440 p. FB 1000.
40. J. DUPONT (éd.), *Jésus aux origines de la christologie*, 1975. Nouvelle édition augmentée, 1989. 458 p. FB 1500.
41. J. COPPENS (éd.), *La notion biblique de Dieu*, 1976. Réimpression, 1985. 519 p. FB 1600.
42. J. LINDEMANS & H. DEMEESTER (éd.), *Liber Amicorum Monseigneur W. Onclin*, 1976. 396 p. FB 1000.
43. R. E. HOECKMAN (éd.), *Pluralisme et œcuménisme en recherches théologiques. Mélanges offerts au R.P. Dockx, O.P.*, 1976. 316 p. FB 1000.
44. M. DE JONGE (éd.), *L'Évangile de Jean. Sources, rédaction, théologie*, 1977. Réimpression, 1987. 416 p. FB 1500.
45. E.J.M. VAN EIJL (éd.), *Facultas S. Theologiae Lovaniensis 1432-1797. Bijdragen tot haar geschiedenis. Contributions to its History. Contributions à son histoire*, 1977. 570 p. FB 1700.
46. M. DELCOR (éd.), *Qumrân. Sa piété, sa théologie et son milieu*, 1978. 432 p. FB 1700.
47. M. CAUDRON (éd.), *Faith and Society. Foi et Société. Geloof en maatschappij. Acta Congressus Internationalis Theologici Lovaniensis 1976*, 1978. 304 p. FB 1150.
48. J. KREMER (éd.), *Les Actes des Apôtres. Traditions, rédaction, théologie*, 1979. 590 p. FB 1700.

49. F. Neirynck, avec la collaboration de J. Delobel, T. Snoy, G. Van Belle, F. Van Segbroeck, *Jean et les Synoptiques. Examen critique de l'exégèse de M.-É. Boismard*, 1979. XII-428 p. FB 1400.

50. J. Coppens, *La relève apocalyptique du messianisme royal*. I. *La royauté – Le règne – Le royaume de Dieu. Cadre de la relève apocalyptique*, 1979. 325 p. FB 1000.

51. M. Gilbert (éd.), *La Sagesse de l'Ancien Testament*, 1979. 420 p. FB 1700.

52. B. Dehandschutter, *Martyrium Polycarpi. Een literair-kritische studie*, 1979. 296 p. FB 1000.

53. J. Lambrecht (éd.), *L'Apocalypse johannique et l'Apocalyptique dans le Nouveau Testament*, 1980. 458 p. FB 1400.

54. P.-M. Bogaert (éd.), *Le Livre de Jérémie. Le prophète et son milieu. Les oracles et leur transmission*, 1981. 408 p. FB 1500.

55. J. Coppens, *La relève apocalyptique du messianisme royal*. III. *Le Fils de l'homme néotestamentaire*, 1981. XIV-192 p. FB 800.

56. J. van Bavel & M. Schrama (éd.), *Jansénius et le Jansénisme dans les Pays-Bas. Mélanges Lucien Ceyssens*, 1982. 247 p. FB 1000.

57. J.H. Walgrave, *Selected Writings – Thematische geschriften. Thomas Aquinas, J.H. Newman, Theologia Fundamentalis*. Edited by G. De Schrijver & J.J. Kelly, 1982. XLIII-425 p. FB 1400.

58. F. Neirynck & F. Van Segbroeck, avec la collaboration de E. Manning, *Ephemerides Theologicae Lovanienses 1924-1981. Tables générales. (Bibliotheca Ephemeridum Theologicarum Lovaniensium 1947-1981)*, 1982. 400 p. FB 1600.

59. J. Delobel (éd.), *Logia. Les paroles de Jésus – The Sayings of Jesus. Mémorial Joseph Coppens*, 1982. 647 p. FB 2000.

60. F. Neirynck, *Evangelica. Gospel Studies – Études d'évangile. Collected Essays*. Edited by F. Van Segbroeck, 1982. XIX-1036 p. FB 2000.

61. J. Coppens, *La relève apocalyptique du messianisme royal*. II. *Le Fils d'homme vétéro- et intertestamentaire*. Édition posthume par J. Lust, 1983. XVII-272 p. FB 1000.

62. J.J. Kelly, *Baron Friedrich von Hügel's Philosophy of Religion*, 1983. 232 p. FB 1500.

63. G. De Schrijver, *Le merveilleux accord de l'homme et de Dieu. Étude de l'analogie de l'être chez Hans Urs von Balthasar*, 1983. 344 p. FB 1500.

64. J. Grootaers & J.A. Selling, *The 1980 Synod of Bishops: «On the Role of the Family». An Exposition of the Event and an Analysis of Its Texts*. Preface by Prof. emeritus L. Janssens, 1983. 375 p. FB 1500.

65. F. Neirynck & F. Van Segbroeck, *New Testament Vocabulary. A Companion Volume to the Concordance*, 1984. XVI-494 p. FB 2000.

66. R.F. Collins, *Studies on the First Letter to the Thessalonians*, 1984. XI-415 p. FB 1500.

67. A. Plummer, *Conversations with Dr. Döllinger 1870-1890*. Edited with Introduction and Notes by R. Boudens, with the collaboration of L. Kenis, 1985. LIV-360 p. FB 1800.

68. N. Lohfink (éd.), *Das Deuteronomium. Entstehung, Gestalt und Botschaft / Deuteronomy. Origin, Form and Message*, 1985. XI-382 p. FB 2000.

69. P.F. FRANSEN, *Hermeneutics of the Councils and Other Studies*. Collected by H.E. MERTENS & F. DE GRAEVE, 1985. 543 p. FB 1800.

70. J. DUPONT, *Études sur les Évangiles synoptiques*. Présentées par F. NEIRYNCK, 1985. 2 tomes, XXI-IX-1210 p. FB 2800.

71. *Recueil Lucien Cerfaux*, t. III, 1962. Nouvelle édition revue et complétée, 1985. LXXX-458 p. FB 1600.

72. J. GROOTAERS, *Primauté et collégialité. Le dossier de Gérard Philips sur la Nota Explicativa Praevia (Lumen gentium, Chap. III)*. Présenté avec introduction historique, annotations et annexes. Préface de G. THILS, 1986. 222 p. FB 1000.

73. A. VANHOYE (éd.), *L'apôtre Paul. Personnalité, style et conception du ministère*, 1986. XIII-470 p. FB 2600.

74. J. LUST (éd.), *Ezekiel and His Book. Textual and Literary Criticism and their Interrelation*, 1986. X-387 p. FB 2700.

75. É. MASSAUX, *Influence de l'Évangile de saint Matthieu sur la littérature chrétienne avant saint Irénée*. Réimpression anastatique présentée par F. NEIRYNCK. Supplément: *Bibliographie 1950-1985*, par B. DEHANDSCHUTTER, 1986. XXVII-850 p. FB 2500.

76. L. CEYSSENS & J.A.G. TANS, *Autour de l'Unigenitus. Recherches sur la genèse de la Constitution*, 1987. XXVI-845 p. FB 2500.

77. A. DESCAMPS, *Jésus et l'Église. Études d'exégèse et de théologie*. Préface de Mgr A. HOUSSIAU, 1987. XLV-641 p. FB 2500.

78. J. DUPLACY, *Études de critique textuelle du Nouveau Testament*. Présentées par J. DELOBEL, 1987. XXVII-431 p. FB 1800.

79. E.J.M. VAN EIJL (éd.), *L'image de C. Jansénius jusqu'à la fin du XVIIIe siècle*, 1987. 258 p. FB 1250.

80. E. BRITO, *La Création selon Schelling. Universum*, 1987. XXXV-646 p. FB 2980.

81. J. VERMEYLEN (ed.), *The Book of Isaiah – Le Livre d'Isaïe. Les oracles et leurs relectures. Unité et complexité de l'ouvrage*, 1989. X-472 p. FB 2700.

82. G. VAN BELLE, *Johannine Bibliography 1966-1985. A Cumulative Bibliography on the Fourth Gospel*, 1988. XVII-563 p. FB 2700.

83. J.A. SELLING (ed.), *Personalist Morals. Essays in Honor of Professor Louis Janssens*, 1988. VIII-344 p. FB 1200.

84. M.-É. BOISMARD, *Moïse ou Jésus. Essai de christologie johannique*, 1988. XVI-241 p. FB 1000.

85. J.A. DICK, *The Malines Conversations Revisited*, 1989. 278 p. FB 1500.

86. J.-M. SEVRIN (ed.), *The New Testament in Early Christianity – La réception des écrits néotestamentaires dans le christianisme primitif*, 1989. XVI-406 p. FB 2500.

87. R.F. COLLINS (ed.), *The Thessalonian Correspondence*, 1989 (forthcoming).